杭州经济技术开发区年鉴

Hangzhou Economic and Technological Development Area Almanac

2014

杭州经济技术开发区地方志编纂委员会办公室　编

方志出版社
Publishing House of Local Records

图书在版编目（CIP）数据

杭州经济技术开发区年鉴．2014 / 杭州经济技术开发区地方志编纂委员会办公室编．-- 北京：方志出版社，2014.10

ISBN 978-7-5144-1440-0

Ⅰ．①杭… Ⅱ．①杭… Ⅲ．①技术开发区 — 杭州市 — 2014 — 年鉴 Ⅳ．① F127.551-54

中国版本图书馆 CIP 数据核字（2014）第 257390 号

杭州经济技术开发区年鉴（2014）

编　　者：杭州经济技术开发区地方志编纂委员会办公室

责任编辑：刘方圆

出 版 人：冀祥德

出 版 者：方志出版社

地址　北京市朝阳区潘家园东里 9 号（国家方志馆 4 层）

邮编　100021

网址　http://www.fzph.org

发　　行：方志出版社发行中心

电话（010）67110500

经　　销：各地新华书店

印　　刷：浙江天成印务有限公司

开　　本：889×1194　　1/16

印　　张：24.25

字　　数：708 千字

版　　次：2014 年 10 月第 1 版　2014 年 10 月第 1 次印刷

印　　数：001 ~ 800 册

ISBN 978 - 7 - 5144 - 1440 - 0/F·146　　定价：360.00 元

杭州经济技术开发区地方志编纂委员会

杭州经济技术开发区年鉴编辑部

杭州经济技术开发区图
海宁市
余杭区
杭州市
嘉兴市
杭州经济技术开发区与海宁市合作开发区块
体育公园
西区公园
东区公园
杭州绕城段
杭州松下工业园
九阳工业园
开发区管委会
下沙
临平
余杭
东西大道（101省道）
钱江

杭州经济技术开发区前进工业园区图
前进工业园区位置图
居住用地
工业用地
商业用地
绿化用地
图例
开发区管委会
街道办事处
设区市界线
县、市、区界线
高速公路及编号
规划道路
高速铁路
规划铁路
地铁及站点
地铁及站点(未开通)
学校
医院
大厦
酒店
银行
市场
山峰
比例尺：1:43000
编制：杭州市勘测设计研究院
地图审核：浙S(2013)191号
注：本图界线不作划界依据
萧山区
钱塘江
下沙大桥
江东大桥
下沙街道
浙江杭州出口加工区
杭州绕城高速
钱江通道(在建)
前进街道
临江街道
前进工业园区指挥部
开发区管委会
狮子山

开发区新貌鸟瞰图

（徐建龙　摄）

2013 年 6 月 21 日，中共浙江省委副书记、省长李强（右）会见美国福特汽车公司总裁兼首席执行官艾伦·穆拉利（左）

12 月 4 日，省委常委、常务副省长蔡奇（中）考察长安福特汽车项目及前进工业园区综合体项目

5月27日，省委常委、市委书记黄坤明（右一）调研开发区教育工作。图为到下沙第二小学看望师生

12月4日，省委常委、市委书记龚正（中）调研开发区。图为考察史陶比尔（杭州）精密机械电子有限公司

（本组照片由黄健员摄）

10 月 17 日，市委副书记、代市长张鸿铭（左一）调研并走访西子航空飞机零部件制造基地

6 月 14 日，杭州市副市长谢双成（左一）调研开发区企业。图为考察东芝信息机器（杭州）有限公司

5月9日，开发区党工委书记、管委会主任陈晨（左三）调研前进工业园区重点项目推进情况

10月15日，开发区举行莱默尔（浙江）自动化控制技术有限公司工厂奠基仪式

4月12日，开发区举行杭州优科豪马橡胶制品有限公司新工厂奠基仪式

（本组照片由黄健员摄）

新加坡杭州科技园 （郑体兵 摄）

12月16日，杭州和达希尔顿逸林酒店开业 （黄健员 供稿）

5月25日，和达·东东城商业中心开业 （黄健员 摄）

浙江康莱特药业有限公司产品生产线

（黄健员 摄）

史陶比尔（杭州）精密机械电子有限公司产品展示区 （黄健员 摄）

杭州纸友科技有限公司 （刘 年 摄）

东芝信息机器（杭州）有限公司厂房 （顾一进 摄）

江东开发

2007 年 10 月 27 日，江东区块梅林大道及桥梁工程开工建设，标志着开发区江东市本级区块（前进工业园区）正式启动建设。2013 年，开发区前进工业园区实现合同外资 4.31 亿美元，实际利用外资 1.83 亿美元，完成固定资产投资 65 亿元。长安福特、统一食品、西子航空、顾家家居（一期）等 10 个项目新厂房竣工。

2007 年 10 月 27 日，江东区块梅林大道及桥梁工程开工建设

12 月，长安福特汽车项目主体厂房建成

前进工业园区临鸿东路鸟瞰

2 月 25 日，华东医药生物科技园项目签约仪式在开发区前进工业园区举行

8 月 23 日，开发区前进工业园区被市政府授予“杭州市汽车及零部件产业示范基地”称号

9 月，西子航空飞机零部件项目新厂房建成投用　　　　（本组照片由前进工业园区供稿）

杭州经济技术开发区成立 20 周年

1992 年 11 月 4 日，开发区开发前原貌

1996 年 12 月，开发区东南部开发前原貌

1992 年 5 月 23 日，首期工程 6 个项目奠基开工

1993 年 5 月 28 日，庆祝国家级开发区成立暨二期项目开工典礼　　（本组照片由顾一进摄）

2013 年 12 月，建设中的开发区一角

开发区新貌

杭州经济技术开发区前身为浙江省人民政府批准成立的“杭州钱江外商台商投资区”，创立于1990年8月，1992年5月正式启动建设。1993年4月4日，国务院批准设立国家级杭州经济技术开发区。2013年是中国改革开放35周年，国务院批准成立杭州经济技术开发区20周年。

（郑体兵 摄）

（吴汝华 摄）

开发区东部快速路交通枢纽

1992 年 12 月 15 日，建设中的 6 号大街与 3 号大街交叉口

开发区连接杭州主城区的主干道——下沙路

2008 年 12 月 26 日，连接开发区江北区块与江东区块的江东大桥（钱江九桥）开通

1995 年 5 月 23 日，开发区至杭州火车站公交专线（525 路）开通

2012 年 11 月 24 日，杭州地铁 1 号线开通运营，开发区段设有 4 个站点　　　　（本组照片由开发区管委会办公室供稿）

社区文化节舞蹈大赛之排舞大赛

趣味运动会比赛现场

10 月 13 日，白杨街道第二届社区文化节
“激扬青春·全民健身”趣味运动会（郑体兵 摄）

4 月 13 日至 11 月 16 日，开发区举行第五届职工运动会，共举行羽毛球、足球、棋牌、乒乓球、广播操、趣味运动会 6 个大项 26 个小项比赛

6 月 1 ~ 2 日，杭州市第十八届运动会青少年射箭比赛在下沙中学举行　（区社发局　供稿）

5 月 10 日，杭州市第十八届运动会青少年部自行车项目比赛在开发区举行　（黄健员　摄）

10 月 18 日，开发区团工委、青年联合会举行“美丽青春 · 美丽下沙”征文选集首发仪式　（区团工委　供稿）

4 月 17 日，首届“发现杯”全国大学生软件设计大奖赛总决赛在开发区举行　（黄健员　摄）

开发区沿江湿地公园及住宅群

（张　菁　摄）

编辑说明

一、《杭州经济技术开发区年鉴》是中共杭州市委杭州经济技术开发区工作委员会、杭州经济技术开发区管理委员会主办的重要年刊，由杭州经济技术开发区地方志编纂委员会办公室承编。旨在系统地逐年记载杭州经济技术开发区（以下简称开发区）自然、政治、经济、文化和社会等方面的基本情况，为管委会机关部门、街道、驻区管理服务机构、社会各界人士，以及中外投资者了解和研究开发区提供丰富、翔实的地情资料。

二、本年鉴2011年创刊，《杭州经济技术开发区年鉴（2014）》是创刊以来连续出版的第4卷。本年鉴以马克思列宁主义、毛泽东思想、邓小平理论和“三个代表”重要思想为指导，全面贯彻落实科学发展观，贯彻落实中共十八届三中全会、浙江省委十三届四次全会、杭州市委十一届六次全会精神，全面记载2013年1月1日至12月31日开发区经济社会发展和城市建设基本情况，主要反映深化改革创新和推进产业、城市、社会“三大转型”取得的新成就、新经验、新特点，以及在发展中遇到的新情况、新矛盾、新问题。

三、本卷年鉴按分类法编排，主体内容分为类目、分目、条目三个层次。全书设类目32个、分目174个，收入条目1229条、随文图照199幅、表格35张、附属资料38篇。卷首设“特载”“专记”“大事记”，原“专辑”改为“专记”。百科类目作如下调整：“总述”增设分目“投资服务环境”和“生态环境建设”；取消“城市管理”和“建设管理”类目，合并新设“城市综合管理”类目；取消“公共安全”类目，原属下分目作相应归类；类目“外经外贸”名称改为“经济贸易 口岸”，“财政税务”改为“财政 税务”，“文化体育”改为“文化 体育”，“综合经济管理”改为“经济管理与监督”，“高教园区”改为“下沙高教园区”。卷尾为增加信息容量，“附录”设分目“先进名录”“企业表彰”“文件法规”“报道选摘”。

四、本年鉴所刊载的情况和数据，均由开发区有关职能部门提供，并经过严格审核。稿件由专人撰写，经领导审核，文后署作者名。统计表由开发区统计局提供，业务部门统计数据由各主管部门提供。统计资料使用现行法定计量单位。因统计口径和统计时间的原因，有些数据可能与统计资料公布的数字有差异，以统计资料公布的数字为准。

五、为表述简洁，杭州经济技术开发区简称开发区；中共杭州市委杭州经济技术开发区工作委员会简称开发区党工委；杭州经济技术开发区管理委员会简称开发区管委会；管委会机关部门、直属单位、驻区管理服务机构第一次出现时用全称，重复出现时用简称。

六、《杭州经济技术开发区年鉴》编纂工作得到全区各机关部门、直属单位、进区管理服务机构及下沙高教园区各高校的大力协助和支持，全体编纂人员为年鉴撰稿、编辑付出了辛勤劳动，在此谨致谢意。囿于编者水平和能力，书中如有疏漏和差错，恳请广大读者批评指正。

目 录

特 载

专 记

大事记

总 述

工 业

服务业

农　业

招商引资

经济贸易 口岸

科技创新

城市建设

城市综合管理

经济管理与监督

财政　税务

金 融

环境保护

国有资产运营

前进工业园区

党务政务

人民团体

政 法

教　育

卫 生

文化　体育

民生民政

辖区街道

下沙高教园区

人　物

统计资料

附　录

索　引

封面：开发区夜景

特 载

深化改革创新 推进四大工程 再创开发区率先发展新优势
——在开发区党工委扩大会议上的讲话（摘要）

（2014 年 1 月 26 日）

开发区党工委书记、管委会主任 陈 晨

这次党工委扩大会议的主要任务是：学习贯彻党的十八届三中全会、中央经济工作会议、省委十三届四次全会、市委十一届六次全会精神，回顾总结2013年主要工作，研究部署2014年工作任务，动员各级各部门进一步解放思想、振奋精神，全面深化改革创新，全力推进“四大工程”，再创开发区率先发展新优势。

一、充分肯定成绩，增强发展信心

过去的一年，在市委、市政府的正确领导下，党工委、管委会认真贯彻落实党的十八大精神，以群众路线教育实践活动为动力，团结带领全区广大干部职工，凝心聚力、真抓实干、攻坚破难，特别是在建区20周年之际，围绕“三大战略”的总体定位，全面启动了“四大工程”建设，各项工作取得了明显成效，有力促进了经济社会各项事业的健康发展，主要指标实现稳步增长：地区生产总值同比增长7.2%；完成财政总收入114.23亿元，同比增长8.75%，地方财政收入50.9亿元，同比增长6.21%；合同外资13.9亿美元，实到外资6.7亿美元，实到内资52.1亿元，三项指标均超额完成年度目标；全社会固定资产投资289.2亿元，同比增长18.7%；外贸出口58.4亿美元，同比增长11.3%；社会消费品零售总额53.3亿元，同比增长19.3%；规上工业销售产值1555.1亿元，工业增加值同比增长7.2%，工业经济呈现企稳回升态势。同时，“三改一拆”、交通治堵、“个转企”等省市重点工作均完成年度目标任务。

1. 科技创新实现新突破。我们围绕创新发展，全面启动了“东部人才港”和“东部科技港”建设，设立3亿元的人才专项资金和6亿元的科技专项资金，优化完善有关政策，进一步激发了创新活力、提升了创新能力。**一是创新平台加快建设**。坚持政府投资和社会投入相结合，全年建成投用创新平台17.5 万平方米，累计已达54.7万平方米，平台规模得到进一步拓展。**二是创新要素快速集聚**。制订实施高层次人才“双百计划”，健全完善人才政策体系，积极拓宽招才引智渠道，全年引进和培育高层次人才201名，其中“国千”“省千”“市521”等领军型人才20名，销售收入千万以上的高层次人才创办企业达到34个，特别是我们加大了科技招商力度，中科院理化所杭州分所、轻合金国家工程中心等高端科技项目招引取得实质性进展，为区域创新能力的提升奠定了基础。**三是创新效益不断提升**。我们充分发挥企业创新主体作用，并积极引进和培育高端科技项目，全年新增市级以上研发（技术）中心25个，新增市级以上高企43个，其中国家高企14个，高新技术产业产值占比达30.97%，创新质量和效益得到进一步提高。

2. 产业发展再上新台阶。我们围绕产业集聚，大力培育优势产业，努力提升质量效益，保持了经济健康发展。**一是扶优扶强力度加大**。为充分发挥大企业的支撑带动作用，我们进一步优化完善鼓励企业发展的政策体系，全年投入扶持资金11.5亿元，启动实施大企业“572”培育计划，支持企业做大做强、提质增效，58个5亿元以上企业产值增幅高于全区平均水平，其中20个企业实现两位数以上增长，大企业培育取得了较好成效。**二是招商引资成效明显**。我们坚持招大引强、招新引优和产业链招商并举，连续引进了东芝开利、长安民生、麦格纳光能、华东医药等一批世界500强以及行业领先的大项目，引进了菜鸟网络科技、中国电信、新浪微米等新兴产业项目；同时汽车产业链项目招引实现重大突破，新一代信息技术以及生物医药等产业“引龙头、促集聚”效应不断显现，为形成产业集群奠定了扎实基础。**三是有效投资快速增长**。我们把有效投入作为促进产业发展的重中之重，加快推进项目开竣投，全年完成产业性投资192.2亿元，同比增长72.9%，其中工业投资117.5亿元，同比增长94%，服务业投资74.7亿元，同比增长58.6%，切实增强了发展后劲。

3. 空间拓展迈出新步伐。我们高度重视空间拓展，整体推进八大功能区开发建设，做大做强江东市本级区块，为实现可持续发展奠定了扎实基础。**一是功能区建设开局良好**。针对发展空间受限的实际，我们通过“内部挖潜”，规划了八大重点功能区，为后续发展拓展了产业新空间。在此基础上，创新开发模式，完善运作机制，形成工作合力，扎实推进功能区规划布局、产业定位、基础建设、招商引资等工作，全年征地96.4公顷、农转用报批83.3公顷、拆迁14万平方米，落实规模指标205.1公顷，实现投资44.46亿元，为功能区的快速发展奠定了坚实基础。**二是江东开发势头强劲**。根据党工委、管委会的总体要求，指挥部上下齐心协力，深入开展了“三个年”活动，高效推进开发建设，全年完成固定资产投资65.6亿元，同比增长368.6%，其中工业投资56亿元，同比增长477.3%，投资规模实现了历史性突破。同时，努力破解用地指标、征地拆迁等瓶颈制约，不断完善项目建设服务机制，长安福特、西子航空、统一食品、加多宝饮料、顾家家居、横滨胶管、华东医药、宝钢平伟等大项目加快建设，城市综合体一期、小学和幼儿园等配套项目基本建成，形成了全面突破、快速推进的发展态势。

4. 副城建设开创新局面。我们围绕产城融合发展，全面启动“美丽东部湾”建设三年行动计划，在优化规划布局的基础上，不断完善城市功能，推进生态文明建设，有力提升了副城建设水平。**一是规划布局不断优化**。突出规划的前瞻性和功能性，完成了东部湾总部基地、江东创新产业园等一批规划编制，加快推进新城中心区、大学城北、松合等单元控规修编工作，以高标准规划引领发展。**二是城市功能加快完善**。路网建设推进顺利，德胜东路高架建成通车，地铁延伸段、江东大桥西接线等重大交通设施建设进展顺利，一批支小路竣工投用，城市交通体系进一步完善；下沙医院正式运营、东方医院二期项目顺利结顶，3所学校和幼儿园建成投用，112万平方米安置房和41.5万平方米人才专用房加快建设，完成2个社区回迁安置；现代服务业发展三年行动计划进展顺利，建成投用83.6万平方米商业平台，业态涵盖金融服务、商务办公、现代商贸等领域，城市综合保障能力进一步增强。**三是环境品质持续改善**。围绕创建国家生态工业示范园区，扎实推进生态文明建设，启动了“智慧环保”工程，构建起“实时监管、公众参与”平台，强化重点污染源综合监管，积极开展“清水治污”“大气整治”和“四边三化”等专项行动，生态环境进一步提升。同时，加强城市精细化、规范化管理，扎实推进三改一拆、交通治堵等重点工作，进一步提高了副城“五化”水平。

5. 社会建设取得新成效。我们围绕构建和谐社会，坚持以人为本，全面推进社会建设，不断提高人民群众的幸福感和满意度。**一是民生事业加快发展。**深入实施“十大民生工程”，全面推进教育强基、医卫利民、就业促进、职工素质提升等民生保障工作，不断加大民生投入，完善公共服务，人民群众生活品质显著提升。**二是社会管理有效强化。**以推进新型社区建设为重点，大力推广“邻里模式”，强化流动人口集中管理，社区建设水平进一步提升。高度重视政法工作，充分发挥法检两院的司法保障作用，维护了社会公平正义；同时深化“平安下沙”建设，努力化解各类矛盾纠纷，妥善处置不稳定因素，并注重强化安全生产、食药监管等工作，促进了社会和谐发展。**三是文明成果巩固提升。**进一步巩固全国文明城市创建成果，扎实做好文明指数测评工作，全面加强群众性精神文明建设，积极开展道德文明讲堂、文明单位创建等活动，提升了全社会文明水平。

6. 党的建设得到新加强。党工委高度重视并加强组织建设、队伍建设、廉政作风建设，进一步树立了为民务实、清正廉洁的好形象。**一是扎实开展教育实践活动。**按照中央、省委、市委关于群众路线教育实践活动的部署要求，以集中解决“四风”问题为主要任务，坚持规定动作做到位、自选动作求实效，突出领导带头、率先垂范，扎实推进“两进五联”活动，大力实施“九大专项行动”，努力实现转型发展出成效、人民群众得实惠的目标。**二是加强干部队伍建设。**我们以强化“五种”意识、培养“五事”干部为抓手，切实加强领导班子和干部队伍建设，健全完善干部选拔任用和考核评价机制，加大教育培训、轮岗交流、实践锻炼力度，进一步增强了干部队伍的凝聚力、战斗力和创造力。**三是强化廉政作风建设。**始终把党风廉政建设摆在重要位置，严格落实党风廉政建设和反腐败工作的主体责任，不断健全完善惩治和预防腐败体系，确保干部忠于职守、廉洁从政。同时，严格执行中央以及省市委关于作风建设的各项规定，在转变工作作风、提升服务能力、厉行勤俭节约等方面出台了18条实施办法以及相关配套规定，并强化日常监督检查，进一步营造了优作风、保廉洁、增效能的浓厚氛围。

一年来，面对复杂多变的宏观环境，开发区经济社会各项事业之所以取得新进展、实现新突破，关键在于我们根据中央、省、市的决策部署，在总结成绩和经验的基础上，深入分析面临的瓶颈制约，着眼于可持续发展，进一步理清了发展思路、明确了工作举措。关键在于各级各部门围绕中心、服务大局，始终把实施“三大战略”、推进“四大工程”作为工作的重中之重，强化责任意识、形成工作合力，推动了各项重点工作的有效落实。关键在于广大干部职工立足岗位、奋发有为、真抓实干，形成了干事创业的良好氛围。借此机会，我代表党工委、管委会，向全区广大干部职工表示衷心的感谢并致以崇高的敬意！

二、深化改革创新，抢抓发展机遇

党的十八届三中全会审议通过了《关于全面深化改革若干重大问题的决定》，提出了全面深化改革的总目标、总要求和总部署，强调要以改革创新的巨大动力推动经济社会持续健康发展。为深入贯彻十八届三中全会精神，省委十三届四次全会紧密结合浙江实际，明确了全省深化改革的主要任务和重大举措。市委十一届六次全会全面分析了杭州发展面临的新形势，提出了“杭改十条”。中央、省市的重大决策和改革措施为开发区带来了新机遇、增添了新动力，必将有力促进开发区加快转型发展，实现率先发展。

当前，开发区正处于转型发展的关键期和攻坚期，面临着先天优势明显减弱、产业发展空间受限、区域创新能力不足、产业集聚尚未形成、生态环境有待提升、社会稳定压力较大等诸多问题和挑战。应对困难挑战，关键在于通过深化改革、创新机制，破解转型发展过程中的各种难题。因此，全面深化改革既是历史机遇又是重大任务，更是开发区加快转型发展的必然要求。我们要紧紧抓住中央和省市全面深化改革、强化创新发展的重要契机，准确把握市委提出的“发展已进入新阶段、发展正面临新挑战、发展要体现新要求”的重要判断，按照市委、市政府对开发区提出的“坚持创新驱动、引领发展”、“坚持拉高标杆、走在前列”的要求，充分结合开发区实际，先行先试、攻坚破难，进一步创新体制机制、激发各方活力，确保“三大战略”和“四大工程”落到实处、取得成效。

全面深化改革，我们必须先行先试、走在前列。开发区是改革创新的产物，多年来，正是通过改革创新形成了竞争优势、增添了发展活力，走出了一条具有自身特色的科学发展之路。面对新形势新任务，特别是在当前各地抢抓改革机遇、争相推进创新的大背景下，在自由贸易区、主体功能区紧密布局的激烈竞争下，开发区要实现转型发展、率先发展，根本出路仍是改革，根本动力还在创新。为此，我们要坚决破除自我感觉良好的思想，大力弘扬开发区人的进取精神，争当全国和省市深化改革创新的先行区、试验田，敢想敢干、先行先试，再创开发区率先发展的新优势，充分体现开发区的示范引领作用。

全面深化改革，我们必须结合实际、突出重点。开发区深化改革，既要贯彻落实好中央和省市的决策部署，又要体现务实管用和自身特色。为此，党工委将根据中央、省委、市委精神，结合开发区实际，围绕实施“三大战略”，制定出台《开发区党工委关于学习贯彻党的十八届三中全会精神全面深化重点领域改革再创发展新优势的决定》，在两港建设、八园开发、产业转型、扩大开放、产城融合、美丽东部湾以及平安下沙、法治下沙建设等八个重点领域和关键环节，提出针对性、操作性强的改革措施，努力形成体制优、机制新、活力强的完整改革体系，确保“四大工程”建设快推进、见成效，增强可持续发展的内生动力。各级各部门要按照党工委、管委会的总体部署，瞄准重点、突破难点、创造亮点，切实抓好涉及本部门重大改革措施的组织实施，确保各项改革取得实质性进展。

全面深化改革，我们必须敢于担当、攻坚破难。深化改革是啃硬骨头，必须要有自我革新的勇气、敢于担当的锐气，才能真正解决矛盾问题，扫清发展中的各种障碍。敢于担当就是要敢字当头、干字在前，以强烈的责任意识勇于直面困难、主动承担重任，以锐意的进取精神探索新机制、实施新举措，以牢固的大局观念紧紧围绕中心、形成强大合力，努力解决“四大工程”推进过程中遇到的瓶颈制约和重点难点问题。党工委将根据市委、市政府出台的相关文件，结合开发区实际，建立责任豁免机制和激励保障措施，大力营造有利于改革创新的体制环境，着力形成鼓励改革、敢于创新、宽容失败的良好氛围。

三、推进四大工程，再创发展优势

2014年是贯彻落实党的十八届三中全会精神、全面深化改革的开局之年，做好今年各项工作，意义重大、任务艰巨。**今年我区经济社会发展的主要目标是：**地区生产总值同比增长8%以上；规模以上工业销售产值同比增长6%以上；工业增加值同比增长8%以上；全社会固定资产投资同比增长15%以上；地方财政收入同比增长8%以上；外贸出口总额同比增长7.5%以上；社会消费品零售总额同比增长15%以上；服务业增加值同比增长10%以上；利用外资和实到内资同比增长20%以上；全面完成市下达的“五水共治”、“三改一拆”、交通治堵、节能减排、“个转企”等目标任务。着重抓好以下五个方面重点工作：

（一）深入推进大引擎驱动工程，着力促进创新发展

要围绕创建国家级高新区目标，强化平台支撑、创新体制机制、促进要素集聚，全力打响“两港”品牌，切实增强区域创新能力，提升产业发展水平。

1. 做优创新平台。要健全完善平台建设和管理机制，努力促进平台效益最大化，真正构建起集孵化、加速和产业化为一体的综合性创新平台体系。一是拓展平台规模。要按照“新建和改造并重”的思路，在加快推进112万平方米创新平台建设的基础上，积极引导企业对闲置土地和厂房进行改造、推动转型，不断拓展平台整体规模，为优质项目提供平台支撑。二是明确平台定位。要按照“突出重点、体现特色”的原则，加快制定创新平台发展规划，细化平台功能定位，严把项目准入门槛，加快集聚符合产业发展导向的优质科技型企业，实现创新平台的专业化、高端化、集聚化发展。三是体现平台功能。要围绕高质量引进、高水平管理、高效益发展的目标，抓紧制订出台创新平台管理办法，进一步突出工作重点、强化考核激励、明确主体责任，使创新平台成为高端人才和项目的集聚基地，最大限度地发挥创新平台的功能和作用，真正实现高质发展。

2. 集聚高端要素。要紧紧围绕产业发展导向，加快集聚高端人才和高端项目，切实增强创新发展动力。**一是完善激励政策。**要按照综合施策的要求，坚持突出重点、提高实效，健全完善一体化的创新政策体系，为高端人才和项目的集聚营造良好环境，努力打造政策的洼地、创新的高地。**二是引进高端人才。**要围绕“双百计划”，以领军型人才为重点，着力引进和培育人才层次高、项目水平高、产业化程度高，促进优势产业发展的“三高一促型”创新人才团队，为创新型经济发展注入强劲动力。**三是培育高端项目。**要以壮大国家级高新技术企业为重点，努力引进和培育科技含量高、创新能力强、发展潜力大的科技龙头项目，力争全年新增国家高企30家，不断提高高新技术产业产值占比，进一步提升产业发展的质量和效益。

3. 创新工作机制。要按照协同推进的总体要求，进一步健全工作机制，整体推进“两港”建设。**一是完善部门联动机制。**要进一步健全完善“两港”建设联动机制，有效整合各类资源，在信息共享、项目引进、政策扶持等方面形成合力，确保平台建设、招才引智、科技创新等各项工作的整体推进。**二是构建协同创新机制。**要积极促进企业与科研院所的深度融合，围绕人才培育、项目研发、成果转化等方面探索合作模式，形成优势互补、利益共享的协同创新机制，切实提高创新效率，完善区域创新体系，提升区域创新能力。**三是健全多元投入机制。**要按照“政府引导、企业主体、社会参与”的原则，充分发挥政府投入的导向作用，建立健全激励机制，支持企业加大创新投入，引导社会资本提供融资担保、创业投资等各类金融服务，形成多元化、多层次、多渠道的科技创新投融资体系，助推科技型企业加快发展。

（二）深入推进大产业培育工程，着力促进集聚发展

要按照“企业集群、产业集聚”的工作思路，围绕打造六大产业集群，持续抓好扶优扶强、招大引强、投入增强等重点工作，努力形成完整的产业发展体系，实现产业的高端化、集聚化发展。

1. 优化产业结构。要围绕做强实体经济，着力推动转型升级，全面提升产业发展水平。**一是努力培育大企业大集团。**要高度重视大企业大集团培育，深入实施“572”培育计划，完善重点企业扶持政策，健全动态调整、梯度培育机制，全力支持优势企业实现产品、品牌、组织和商业模式创新，培育一批拥有自主品牌和关键技术、产品附加值高、具有示范引领作用的大企业大集团，全面提升企业的核心竞争力。**二是大力扶持成长型企业。**要围绕培育壮大亿元企业队伍，出台具有针对性的政策措施，全力推动企业上规模、快发展。同时，要探索建立依托龙头企业的产业发展联盟，发挥大企业的支撑带动作用，大力扶持一批成长性好、竞争力强、技术优势明显的潜力型企业，进一步夯实产业发展基础。**三是加快淘汰落后产能。**要建立“两高一低”企业的评价标准和退出机制，充分运用经济、行政、法律等手段，实施落后产能企业的搬迁改造和关停淘汰，为产业转型升级腾出空间、环境和能耗容量，不断提高产业发展的质量和效益。

2. 坚持招大引优。要坚持招商引资“生命线”工程不动摇，进一步突出重点、创新机制，始终保持招大引强、招新引优的良好势头，促进产业集聚发展。**一是突出招引重点。**要紧紧围绕优势主导产业，结合八大功能区的定位，紧盯“三个500强”以及行业领先，全力引进规模大、质量高、效益好的龙头旗舰型项目；同时，充分发挥大项目的带动作用和溢出效应，拉高项目招引标准，进一步拓展产业链，努力构建完整的产业发展体系，加快形成六大产业集群。**二是创新招引机制。**要进一步创新招商方式，强化专业化、精准化招商，针对招引龙头项目、产业链项目、新兴产业项目、高端服务业项目，健全完善“五并重”的招商工作新机制，进一步提升招商质量和水平。**三是提升开放水平。**要充分利用国家扩大对外开放的有利因素和开发区自身优势，积极对接上海自贸区，加快推进出口加工区升格综保区以及跨境贸易电子商务进口业务试点等重点工作，完善对外开放平台功能，大力引进龙头型的外贸出口企业，全面提高利用外资和外贸出口水平，以开放带动产业的优化升级。

3. 强化有效投入。要牢固树立“大投入形成大产业、大产业促进大发展”的理念，积极扩大有效投资，切实增强发展后劲。**一是加快推进项目建设。**要深入推进行政审批制度改革，进一步简程序、优服务、强保障，要不断健全完善项目联系服务制度，全力推进产业项目早建成、快见效，确保全年产业性投资占比保持在60%以上。**二是支持企业增资扩产。**要按照“保存量、扩增量、提质量”的思路，优化项目服务机制和扶持激励政策，全力支持现有企业通过增加新设备、引入新产品、上马新项目，加快技术改造、扩大生产能力，进一步提高投入强度和产能规模，实现滚动发展、持续发展。**三是促进土地集约利用。**要进一步强化节约集约用地理念，建立项目准入机制，实施“亩产倍增”计划，进一步提高单位土地投入强度和产出效益。同时，要针对闲置厂房和闲置土地，通过兼并重组、置换回购、项目合作等有效措施进行二次开发，努力实现土地利用效率的最大化。

（三）深入推进大平台构筑工程，着力促进持续发展

要高度重视产业性平台的开发建设，始终保持高强度投入、高质量引进、高效能管理的强劲势头，全面提升整体发展水平，努力实现可持续发展。

1. 加快功能园区建设。八大功能区是开发区新一轮发展的重要平台，要按照“一园一品”“高效集约”的发展要求，全面落实各项布局规划，整体推进各项工作。**一是体现开发速度。**要围绕“三年初见成效、五年形成规模”的目标要求，认真落实功能区开发建设实施方案，不断创新建设和管理模式，进一步完善投融资体系，扎实推进要素保障、基础建设、招大引优、产业培育等各项重点工作，不断提升开发建设水平，今年要努力完成150亿元以上的固定资产投资任务。**二是突破重点难点。**各功能区指挥部要牵头抓总，有关部门协同配合，进一步创新工作思路，采取有力举措，努力破解开发建设过程中的土地指标、征地拆迁、腾笼换鸟等方面的重点和难点问题，确保功能区开发建设顺利推进、早见成效。**三是坚持高质发展。**要紧紧围绕“四个区”的建设目标，牢固树立“空间有限、发展无限”的理念，进一步完善项目准入机制，按照符合园区定位、符合产业发展、符合副城建设的总体要求，重点引进投资强度大、亩产效益好、带动能力强的大项目、好项目，推动功能园区集约高效发展。

2. 做大做强本级区块。江东市本级区块要按照“拉高标杆、争先创优”的要求，全力打造产业发展新高地，充分体现示范引领带动作用。**一是加快项目投产。**要认真总结园区招大引强和项目落地的成功经验，进一步优化行政效能，切实加大在建项目服务力度，全力推进长安福特、西子航空、统一食品、加多宝饮料、华东医药等项目快建设、早见效，为明年园区实现300亿元产能规模奠定扎实基础。**二是促进产业集聚。**要重点围绕汽车、现代食品、生物医药等产业，充分发挥龙头项目的带动作用，加快引进产业链配套项目，特别是要注重抓好核心零部件项目的招引，加快打造产业集群，为开发区产业集聚发展发挥应有的作用。**三是完善功能配套。**要围绕“适度超前、综合配套”的目标，在确保人才公寓、商务配套等项目建成投用的基础上，全力推进蓝领公寓、高层安置房、商贸综合体、科技创新园等配套项目建设，全面满足园区生产、生活需求。同时，要根据现有企业发展实际，针对员工居住、日常生活等问题，抓紧研究并实施过渡性的配套方案，确保职工队伍稳定、企业正常生产。

（四）深入推进大环境优化工程，着力促进和谐发展

要深入实施“美丽东部湾”建设三年行动计划，推进生态文明建设，完善城市功能配套，提升社会治理能力，努力成为“美丽杭州”建设的先行区、社会和谐发展的示范区。

1. 全面优化生态文明环境。要以创建国家生态工业示范园区为抓手，强化工作举措，突破重点难点，不断提升副城环境和形象。**一是突出治理重点。**要按照省市部署要求，用铁的手腕、下铁的决心，围绕五水共治、大气整治、三改一拆、节能减排等重点，着重解决河道黑臭、污染偷排、违法建筑等突出问题，切实做到目标更高、举措更实、考核更严，确保各项工作落到实处、取得成效。**二是完善工作机制。**要充分发挥智慧环保监管效能，集中力量加大对重点领域、重点部位、重点企业的监管力度，督促企业加快环境治理、履行社会责任。同时，要积极探索环境治理新模式，努力构建公众参与平台，真正形成生态文明建设齐抓共管的强大合力。**三是强化城市管理。**要按照“属地管理、条块结合、突出重点”的原则，进一步创新城市管理运行机制，推动执法力量下沉、管理重心下移，强化精细化、网格化管理，切实加大对违法占道、摊点乱设、渣土乱倒等影响市容市貌行为的整治力度，不断提高城市的五化水平。

2. 全面提升公共服务环境。要以项目建设为重点，不断完善功能配套，努力提升副城综合承载能力。**一是优化完善交通网络。**要以“交通治堵”为突破口，在加快重大交通项目建设的基础上，围绕接轨地铁、企业、商住设施以及学校医院，进一步完善区内公共交通体系，重点抓好线路优化、站点设置、自行车投放、公共停车场建设等交通便民措施，切实提高居民群众出行的便捷度。**二是持续强化民生保障。**要按照惠民利民的原则，不断深化群众路线教育实践活动成果，结合“九大专项行动”，充分征求群众意愿，继续实施“为民办实事工程”，着力在发展优质教育、提高医疗水平、完善社会保障等方面取得新进展，不断提高人民群众的生活质量和幸福指数。**三是提升服务业发展水平。**要围绕现代服务业发展三年行动计划，按照促进副城建设、产业协调发展的总体要求，研究明确现代服务业发展重点，完善引进和培育政策，加快发展总部经济、金融服务、智能物流、高端商务、现代商贸等生产性和生活性服务业，不断提升现代服务业发展整体水平。

3. 全面营造社会和谐环境。要牢固树立底线意识，创新管理方式、提升服务能力，确保社会安定有序。**一是加强基层社区建设。**要以全市创建和谐社区建设示范城市为契机，以推进新型社区建设为抓手，以"网格化管理、规范化服务"为重点，进一步强化社区组织建设，积极推广邻里模式，健全管理和服务体系，努力打造"机构健全、运行顺畅、安居乐业"的和谐社区。同时，要高度重视村转居社区集体经济发展、惠民项目落实和文明社区创建，加快推进回迁安置、股份量化等重点工作，努力把社区打造成为集体经济发展的标兵、文明社区建设的典型。**二是加强社会文明建设**。要扎实做好文明城市复评迎检工作，强化重点领域管理，健全完善长效机制，努力提升城市文明水平；要深入推进社会主义核心价值体系建设，大力弘扬"最美精神"，全面提高公民思想道德素质。同时，要按照贴近生活、贴近社区、贴近群众的原则，多渠道、多层次整合文体资源，加快推进三级文体设施建设，积极开展区域性特色文体活动，不断丰富居民群众的精神文化生活。**三是加强平安下沙建设**。要进一步创新信访、维稳等工作机制，健全大调解体系，有效化解专业市场、回迁安置、环境保护等方面的矛盾和纠纷，确保社会稳定。要完善立体化社会治安防控体系，严厉打击各类违法犯罪活动，切实增强人民群众的安全感和满意度。同时，要针对安全生产事故多发的现象，进一步强化职能部门监管、落实企业主体责任，深入开展隐患排查治理，坚决遏制事故发生，促进社会和谐发展。

（五）切实加强自身建设，凝心聚力保障发展

要以加强党的执政能力建设、先进性和纯洁性建设为主线，进一步强化领导班子、干部队伍和廉政作风建设，为开发区深化改革创新、实现率先发展提供坚强保障。

1. 强化领导班子建设。要以"建设好班子"为重点，不断提高各级领导班子的整体素质和执政水平，努力造就一批政治坚定、能力过硬、作风优良的"狮子型"干部。**一是提高班长领导力**。一把手是各级领导班子的核心，更是贯彻落实重大决策部署的第一责任人，必须要善于顾全局、抓重点、勇担当，以敢抓敢管的魄力做好表率、带强班子，确保党工委、管委会的重点工作落到实处、取得成效。**二是增强班子凝聚力**。各级领导班子要牢固树立"一盘棋"思想，充分发挥班子的整体效能，紧紧围绕目标任务协同作战、互相配合，坚持大事讲原则、小事讲风格，心往一处想、劲往一处使、拧成一股绳，努力形成推动发展的强大合力。**三是强化工作执行力**。各级班子和领导干部要紧紧围绕中心、服务大局，不折不扣执行各项决策部署，推进工作必须一以贯之、一抓到底。同时，要深入开展调查研究，进一步掌握实情、找准问题，从群众利益出发、从开发区长远发展出发，提出切实可行的措施，进一步提高执行的针对性和操作性，促进工作的有效落实。

2. 强化干部队伍建设。要按照"培养好干部"的标准，着力深化干部人事制度改革，努力打造一支过得硬打胜仗的干部队伍。**一是树立正确导向**。要认真贯彻执行《党政领导干部选拔任用工作条例》，全面把握"选贤任能、用当其时，知人善任、人尽其才"的工作要求，改进民主推荐办法，完善竞争性选拔方式，努力做到让"能者上、平者让、庸者下"，营造"想干事者有机会、敢干事者没顾虑、能干事者有舞台、干成事者有地位"的干事氛围。**二是强化考核激励**。要突出工作绩效导向，完善干部考核评价体系，注重加强平时和经常性考核，及时掌握干部的一贯表现、履职成效、工作实绩和群众口碑，评准评实干部，真正体现"干与不干不一样、干多干少不一样、干好干坏不一样"。**三是加强培养锻炼**。要进一步完善轮岗交流、实践锻炼等工作机制，鼓励和引导年轻干部到艰苦岗位和基层一线成长锻炼，推动党员干部奋发有为、勤政务实、真抓实干，使广大干部在实干中磨炼意志、提高能力。

3. 强化廉政作风建设。要不断巩固群众路线教育实践活动成果，以聚焦"四风"为突破口，切实抓好问题的整改落实，进一步健全完善长效机制，牢固树立为民务实清廉的好形象。**一是抓作风建设**。要深入贯彻中央以及省委、市委关于作风建设的各项规定，建立健全作风建设的长效机制，一以贯之、持之以恒抓好开发区作风建设工作，健全干部作风考核评价机制，推进作风建设制度化规范化常态化。**二是抓效能建设**。要以"惠民利民、提能增效"为重点，坚持把群众满意不满意作为工作的根本评价标准，深入开展"效能亮剑""公述民评"和满意单位评选等活动，不断提升机关行政效能，进一步优化发展环境。**三是抓廉政建设**。要认真贯彻落实中纪委三次全会以及省纪委、市纪委全会精神，坚持标本兼治、综合治理、惩防并举、注重预防的方针，认真落实党风廉政建设责任制，强化各级党委主体责任和纪委监督责任，全面推进惩治和预防腐败体系建设，努力营造干部清正、政府清廉、政治清明的发展氛围。

说明：文中数据为初步统计数

深化改革创新 增强竞争优势
努力推进开发区经济率先发展
——在开发区2014年经济工作会议上的讲话(摘要)

(2014年3月7日)

开发区党工委书记、管委会主任 陈 晨

今天会议的主要任务是:深入贯彻十八届三中全会、中央经济工作会议以及省市相关会议精神,落实年初党工委扩大会议部署要求,总结2013年全区经济工作,明确今年的工作任务,动员全区上下凝心聚力、攻坚破难,全面深化改革创新,切实增强竞争优势,努力推进开发区经济率先发展。

一、充分肯定成绩,增强发展信心

过去一年,面对新形势新挑战,全区上下和衷共济、奋发有为,特别在建区20周年之际,启动了"四大工程"建设,各项工作取得明显成效,主要指标实现较好增长:地区生产总值471.71亿元,增长7.2%;财政总收入114.23亿元,增长8.75%,地方财政收入50.9亿元,增长6.21%;合同外资13.9亿美元,实到外资6.7亿美元,实到内资52.1亿元;进出口总额87.2亿元,其中出口58.4亿美元,增长11.3%;固定资产投资289.2亿元,增长18.7%;消费品零售总额53.3亿元,增长19.3%;规上工业销售产值1555.1亿元,工业增加值增长7.2%。回顾2013年,开发区经济运行主要呈现以下五个特点:

2014年3月7日,开发区2014年度经济工作会议召开
(管委会办公室 供稿)

1. 科技创新能力增强。我们围绕创新驱动,启动了"东部人才港"和"东部科技港"建设,进一步夯实了创新基础、提升了创新能力。**一是创新平台加快建设。**坚持政府投资和社会投入相结合,建成投用创新平台17.5 万平方米,累计已达54.7万平方米,有效拓展了平台规模。**二是创新要素加快集聚。**全年引进和培育高层次人才201名,其中"国千""省千"等领军型人才20名,新增高层次人才创办企业57家;成功引进中科院理化所、轻合金国家工程中心等高端科技项目,为提升区域创新能力奠定了基础。**三是创新效益明显提升。**全区企业研发投入增幅达30%以上,专利授权量1087件,增长32%;新增市级以上研发(技术)中心25个,市级以上高新技术企业43个,其中国家级高新技术企业14个,高新技术产业产值占比提高近3个百分点,企业创新效益明显提升。

2. 产业集聚步伐加快。我们围绕集聚领先,大力培育优势产业,增添了发展后劲。**一是扶优扶强力度加大。**启动实施了"572"培育计划,投入11.5亿元扶持资金,支持企业提质增效、加快发展;同时,企业也积极推进增资扩产、提升品牌、拓展市场等工作,进一步加快做大做强步伐。**二是招大引优成效显著。**连续引进了东芝开利、长安民生、麦格纳光能、华东医药等一批世界500强以及行业领先大项目,引进了菜鸟网络、中国电信、新浪微米等新一代信息技术项目;汽车产业链项目招引实现重大突破,生物医药产业"引龙头、促集聚"效应不断显现,为形成企业集群、产业集聚奠定了扎实基础。**三是项目建设顺利推进。**优化完善项目推进协调机制,进一步强化针对性服务,有关部门加强与企业团队的协同配合,共同推进项目的开竣投，为产业发展增添了后劲。

3. **质量效益提升水平**。我们以扩量提质和节能减排为重点，着力推进优化升级，提升了综合效益。**一是产业效益不断提升**。全区实现工业增加值344.9亿元，增幅达到7.2%；规上企业利润总额114.8亿元，增长12.8%；同时，重点企业增速较快，58个5亿元以上企业产值增幅明显高于全区平均水平，其中20家实现两位数增长。**二是有效投资持续增强**。完成产业性投资192.2亿元，增长72.9%，占固定资产投资比重66.5%，其中工业投资117.5亿元，增长94%，技改投资86.3亿元，增长184%，服务业投资74.7亿元，增长58.6%，产业投资创下历年新高。**三是节能减排扎实推进**。加大“两高”管控力度，支持企业开展相关技术改造，实施一批节能减排项目，万元工业增加值综合能耗下降2.1%，超额完成减排任务，综合效益得到提升。

4. **空间拓展成效明显**。我们着眼可持续发展，加快推进功能区块开发建设，构筑了产业发展新平台。**一是功能区建设开局良好**。全面启动了八大功能区开发建设，扎实推进规划布局、产业定位、基础建设等工作，新增产业用地近173.33公顷，盘活存量土地26.67公顷、闲置厂房6万平方米，为产业发展拓展了新空间。**二是江东开发势头强劲**。完成固定资产投资65.6亿元，增长368.6%，其中工业投资56亿元，增长477.3%，9个项目实现竣工投产，15个项目加快建设，商务办公、人才公寓等配套项目进展顺利，形成了全面突破、快速推进的发展势头。

5. **功能配套不断完善**。我们围绕产城融合，着力完善整体功能，提升了综合配套水平。**一是交通体系加快完善**。德胜东路高架建成通车，机场大巴开通营运，新开、优化公交线路9条，新增自行车服务点20处，交通出行更加便捷。**二是公共服务更加健全**。邵逸夫下沙院区正式运营、东方医院二期顺利结顶，建成投用3所学校和幼儿园，加快推进8.4万平方米公租房和41.5万平方米人才专用房建设，增强了公共配套能力。**三是推进产业协调发展**。深入实施现代服务业发展三年行动计划，建成投用商业平台83.6万平方米，业态涵盖金融服务、高端商务、现代商贸等领域，服务业发展水平得到提升。

总之，过去一年，是开发区强化创新驱动、集聚领先，各项工作取得新成效的一年。这些成绩的取得，是我们深入贯彻落实中央和省、市的决策部署，坚定发展信心、抢抓发展机遇、创新发展举措的结果；是辖区企业迎难而上、奋力拼搏、提升水平，充分发挥经济发展主体作用的结果；是社会各界关心支持、积极作为，合力创造良好发展环境的结果。借此机会，我代表党工委、管委会，向辖区企业和各界人士表示衷心的感谢并致以崇高的敬意！

二、深化改革创新，推进率先发展

当前，世界经济呈现缓慢复苏态势，存在着不稳定不确定因素，但发展形势总体向好；我国经济运行稳中趋好，虽然面临一些复杂因素，但也存在较多有利条件，具有保持中高速增长的良好基础。特别是十八届三中全会，以经济体制改革为重点，作出了全面深化改革的总体部署，通过一系列的改革措施，进一步解放和发展社会生产力，推动经济社会的持续健康发展。省、市也分别结合浙江和杭州实际，提出了深化改革创新的相关举措，努力再创体制机制新优势，实现高起点上的新发展。中央和省、市的重大决策部署，必将为开发区加快发展带来新机遇、增强新动力。

近年来，经过全区上下的共同努力，“三大战略”深入实施，“四大工程”扎实推进，开发区转型发展迈出坚实步伐，发展机制不断完善、发展要素加快集聚、产业水平有效提升，为实现率先发展创造了良好条件。但是，我们也要清醒地认识到，开发区经济发展仍然存在一些结构性、素质性问题，与创新驱动、集聚集约、高质高效发展目标还有距离。在当前区域竞争日趋激烈的形势下，提升发展水平、增强竞争优势、推进率先发展的任务十分艰巨。为此，我们必须抢抓发展机遇，深化改革创新，增强内生动力，激发各方活力，努力实现开发区经济率先发展。年初，党工委、管委会按照先行先试、走在前列的要求，出台了深化重点领域改革再创发展新优势的决定，在“两港”建设、“八园”开发、产业转型、扩大开放、产城融合、美丽东部湾以及平安下沙、法治下沙建设等八个方面，提出了针对性的改革措施，通过改革着力破解瓶颈制约，为加快发展提供有力保障，以此推动“四大工程”深入实施、快见成效，努力在提升创新能力、拓展产业空间、集聚优势产业、优化发展环境等方面实现更大突破，切实增强竞争优势，推进开发区率先发展。重点抓好以下三个方面工作：

（一）深入推进两港建设，切实增强创新驱动力

要围绕创新型开发区建设，全力打响“两港”品牌，提升区域创新水平，增强经济发展内生动力。

1. **做优创新平台**。要进一步整合资源，着力构建

集孵化、加速和产业化为一体的综合性创新平台体系，切实发挥创新平台的载体作用。**一是拓展平台规模**。要在加快推进东部产学研示范园、江东创新产业园、新加坡科技园等创新平台建设的基础上，结合创新区块整体布局，支持企业对闲置土地和厂房进行改造转型，共同推进创新平台建设。**二是打造平台特色**。要坚持突出重点、体现特色，按照产业发展导向，进一步明确创新平台的功能定位，严把项目准入门槛，推动创新平台的专业化、高端化发展。**三是体现平台功能**。要围绕“高质量引进、高水平管理、高效益发展”的目标，制定出台相关政策，着力强化平台功能、提升招才引智水平、增强成果转化能力，使创新平台真正成为高端要素的集聚基地、创新发展的重要载体。

2. 集聚创新要素。要紧紧围绕优势主导产业，加快集聚高端人才和高端项目，切实发挥创新要素的核心作用。**一是集聚高端人才**。要深入实施“双百计划”，健全完善激励政策，以领军型人才为重点，着力引进和培育人才层次高、项目水平高、产业化程度高，促进优势产业发展的“三高一促”型创新人才团队，为创新型经济发展提供人才保障。**二是集聚高端项目**。要加大科技招商力度，大力引进科技含量高、创新能力强、发展潜力大的科技龙头项目，积极招引和培育国家级高新技术企业，推动科技型企业快速集聚，促进产业高端化发展。**三是形成集聚合力**。要围绕集聚高端人才和项目，建立健全政府、企业、院所以及社会机构的联合推进机制，有效整合各类资源，强化信息网络建设，拓展招才引智渠道，形成多方参与、有机联动、合力促进的良好氛围。

3. 激发创新活力。要进一步加大科技创新扶持力度，充分调动企业积极性，切实发挥创新的主体作用。**一是强化政策激励**。要完善创新发展的激励政策，鼓励企业加大科技创新工作力度，加快组建研发机构，积极引进高端人才，持续强化研发投入，切实增强自主创新能力，不断提高企业核心竞争力，实现高质高效发展。**二是强化多元投入**。要按照“政府引导、企业主体、社会参与”的原则，在加大财政和企业创新投入的基础上，引导社会资本积极参与科技创新，形成多元化、多层次、多渠道的科技创新投融资体系，助推科技型企业加快发展。**三是强化协同创新**。要积极促进企业与科研院所的深度融合，形成优势互补、利益共享、富有活力的协同创新机制，加强人才培育、项目研发、成果转化等方面的合作，切实提高创新效率。

（二）加快推进产业集聚，切实增强综合竞争力

要围绕构建完整的产业发展体系，努力打造六大产业集群，实现集聚化、高端化发展，增强可持续发展能力。

1. 着力优化产业结构。要以做强企业、做优产业为关键，加快推进产业升级。**一是培育大企业大集团**。要深入实施“572”培育计划，大力推进“四换三名”工程，全力支持优势企业实现产品、品牌、组织和商业模式创新，加快扩量提质、做大做强步伐，全面提升综合竞争力。**二是发展壮大成长性企业**。要围绕培育壮大亿元企业队伍，全力扶持一批成长性好、竞争力强、技术优势明显的潜力型企业上规模、快发展。同时，探索建立依托龙头企业的产业发展联盟，促进产业链上下游企业的紧密合作，增强产业集聚效应。**三是加快淘汰落后产能**。要建立“两高一低”企业的评价标准和退出机制，实施产能落后企业的搬迁改造和关停淘汰，为优质企业的发展腾出空间、环境和能耗容量，不断优化产业结构、促进转型升级。

2. 持续增强产业后劲。要以招大引优、强化投入、扩大开放为重点，不断增强发展后劲。**一是坚持招大引优**。要以构建完整的产业发展体系为目标，紧紧围绕优势主导产业，紧盯“三个500强”以及行业领先，全力引进规模大、质量高、效益好的龙头旗舰项目和产业链项目，着力形成引龙头、强链条、促集聚的发展态势，加快打造六大产业集群，提升产业发展整体竞争力。**二是强化有效投入**。要高度重视产业性投资，在建项目要进一步加大推进力度，确保项目早投产、快见效，为产业发展增添后劲；现有企业要加大增资扩产力度，通过上马新项目、增加新设备、开发新产品，进一步扩大产能、提升效益。有关部门要不断加大支持和服务力度，及时协调解决项目推进中的难点问题，切实保障项目顺利实施。**三是提升开放水平**。要加快推进出口加工区升格综保区、跨境贸易电子商务进口业务试点等工作，打造功能更全、政策更优、效应更佳的外向型经济平台，形成对外开放新优势。

3. 加快拓展产业空间。要坚持做大增量、盘活存量并举，积极拓展产业发展平台，实现产业集聚化发展。**一是推动园区高质发展**。要按照符合产业发展、符合园区定位、符合副城建设的总体要求，强势推进八大功能区开发建设，切实抓好要素保障、基础建设、招商引资、产业培育等重点工作，加快实现高质高效发展，真正把功能区打造成为“科技创新的先导区、产业集聚的核心区、功能提升的示范区、转型升级的引领区”。**二是提高江东开发水平**。要坚持“拉高标杆、争先创优”，进一步提高服务效能、完善综合配套，全力推进招大引强和项目建设，加快打造产业发展新高地，真正体现工业经济发展的主平台、主引擎作用。**三是盘活存量空间资源**。要进一步强化“土地优用”导向，建立“亩产效益”评价体系，采取针对性措施，促使闲置土地和闲置厂房开发利用，实现土地利用效率的最大化。

（三）全面优化投资环境，切实增强协同保障力

要着力打造一流的投资创业环境，提升综合配套和服务水平，增强经济发展的协同保障能力。

1. 做优行政服务环境。要以企业需求为导向，全面提高行政效能，优化服务水平。一是提高行政效率。要围绕“审批流程最优、服务效能最优、投资环境最优”的目标，持续强化作风建设，切实提高办事效率和服务质量；同时，以行政审批制度改革为重点，进一步转变职能、简化程序、压缩流程，全面提升行政效能。**二是完善扶持政策**。要在保持政策连续性的基础上，进一步优化完善政策体系，切实提高扶持政策的针对性和有效性，重点围绕自主创新、扩量增效、提升品牌、有效投入等方面，加大扶持力度，促进企业更好更快发展。**三是加强企业服务**。要健全完善服务企业的长效机制，突出服务重点、提高服务实效，实实在在为企业解难题、办实事，促进企业健康发展。

2. 做优产业配套环境。要着力完善城市功能，优化公共服务，提高配套能力。**一是加快完善交通体系**。要在加快重点路网建设的基础上，围绕接轨地铁、企业、商住设施以及学校医院，进一步完善区内交通体系，抓好公交线路优化、站点设置、自行车投放、停车场库建设等工作，不断提高出行便捷度。**二是加快完善公共服务**。要进一步完善公共配套，加快14个教育项目和6个医疗项目建设，确保50万平方米外来人员公寓、41.5万平方米人才专用房建成投用，不断提高公共服务保障水平。**三是加快发展现代服务业**。要按照产业协调发展、促进副城建设的要求，加快发展总部经济、金融服务、电子商务、文化创意、服务外包、高端商务、现代商贸等生产性和生活性服务业，提升服务业发展整体水平。

3. 做优平安和谐环境。要强化生态建设和安全生产，努力营造幸福和谐的发展环境。**一是强化生态治理**。要以创建国家生态工业示范园区为抓手，突出“五水共治”、大气整治，积极推进清水治污、“三改一拆”、“四边三化”等工作；同时，深入实施“智慧环保”工程，强化重点领域监管整治力度，着力营造良好的生态环境。**二是强化节能减排**。相关企业要切实履行社会责任，积极实施环境治理项目，不断加大节能降耗和污染物减排力度，提高企业循环利用和清洁生产水平，真正实现绿色、可持续发展。**三是强化安全生产**。要按照“安全第一、预防为主、综合治理”的要求，全面落实安全生产责任制，深入开展隐患排查治理，坚决遏制事故发生，营造安全和谐的生产环境。

杭州经济技术开发区重点功能区开发建设三年行动计划（2013~2015年）

（2013年2月27日杭经开管办〔2013〕8号文）

为加快推进“三大转型”，进一步拓展发展空间、构建投资平台、推动科技创新、促进产业集聚、完善城市功能，提升可持续发展水平，根据党工委、管委会的总体部署，结合重点功能区开发建设工作实际，特制订本计划。

一、指导思想

坚持以科学发展观为指导，深入贯彻落实十八大精神，按照“打造东方品质之城、建设幸福和谐杭州”的总体要求，围绕“三年初见成效、五年形成规模”的目标，坚持创新驱动、集聚领先和产城融合三并重，着力打造“东部科技港”和“东部人才港”，努力建设创新驱动、集聚领先的示范园区，功能完备、特色鲜明的下沙副城，富裕富有、魅力彰显的和谐社会，争当全市创建“三城三区”的先行者和排头兵。

二、基本原则

1. 产业集聚、功能集中。以“产业集聚、一园一品”为导向，促进企业集中布局、产业集群发展、资源集约利用和功能集中构建，形成企业互为支撑、资源互为依托、产业联动发展的总体格局。

2. 整体规划、分期实施。加强统筹谋划，高起点、前瞻性地制定园区规划和产业规划，明确业态定位、招商重点和保障措施，通过滚动开发，实现可持续发展。

3. 政府引导、市场运作。强化政府引导，做到“统一规划、统一政策、统一招商”。以政府投资为带动，积极吸引多元化资本投入，通过有效运营实现资金自求平衡。

4. 实业为主、科技支撑。突出“工业立区”“实业兴区”“科技强区”战略导向，进一步扩大产业投资、优化经济结构、促进集聚发展、强化创新驱动，提升综合实力，加快转型升级。

三、总体目标

加快科技创新、产业集聚和二、三产业协调发展，通过三年开发建设，把重点功能区打造成为“科技创新的先导区、转型升级的引领区、产业集聚的核心区、功能提升的示范区”。

1. 产业空间全面拓展。通过重点功能区的开发建设，打造杭州东部高新产业园、江东汽车零部件产业园两大先进制造业园区，拓展和整合工业发展用地7.7平方千米；打造杭州东部湾总部基地、金沙湖中央商务区、现代物流专业市场集聚区三大实业发展园区，拓展和整合服务业发展用地5.4平方千米；打造新加坡杭州科技园、杭州东部产学研创新示范园、江东创新产业园三大科创园区，拓展和整合科技创新发展用地1.2平方千米，建成创新平台总量达到150万平方米。八大重点功能区共拓展产业发展用地14.3平方千米，形成江北、江东“一体发展、两翼齐飞”的产业新格局。

2. 经济实力大幅提升。以重点功能区的开发建设，促进经济持续健康发展。大力发展高新技术产业、科技型产业、总部经济和生产性服务业，通过三年发展，基本形成以高新技术、高附加值、低碳节能为特征的现代产业体系。以八大功能园区开发建设为带动，到2015年，规模以上工业销售产值超过2000亿元，服务业增加值占GDP比重超过25%，财政总收入超过140亿元，其中地方财政收入超过60亿元，3年累计完成全社会固定资产投资1000亿元，累计完成合同利用外资32亿美元、实际利用外资20亿美元，实际利用内资160亿元，综合经济实力迈上新的台阶。

3. 创新能力明显增强。充分发挥八大功能区的平台载体作用，大力发展创新型经济，打造“东部科技港”和“东部人才港”。到2015年，国家重点支持的高新技术企业达到150个以上，市级以上研发（技术）中心达到150个以上，企业研究开发费用占主营业务收入比例达到2%以上，高新技术产业产值比重达到50%以上（市口径）。集聚创新创业人才，三年累计培育和引进国家“千人计划”、省“千人计划”和市“521”计划入选者等领军型人才100名以上，销售收入超过1000万元的高层次人才创办企业累计达到100个以上，创新型开发区建设取得显著成效。

4. 副城功能配套完善。以重点功能区开发建设为抓手，带动城市化的全面推进。到2015年，下沙副城建成区达到60平方公里，基本形成布局合理、功能清晰、配套完善的城市化格局。金沙湖中央商务区基本建成，250万平方米商业设施投入使用，初步形成以楼宇经济、大型商贸和会展休闲为主要功能的副城CBD；杭州东部湾总部基地等区块建设初见成效，建成投用一批商务办公和公建配套设施，形成东部沿江靓丽的风景线。公共服务水平显著提升，文化、教育、卫生、体育等各项社会事业加快发展，基本公共服务均等化达到全市领先水平。生态环境不断优化，洁化、绿化、亮化、序化水平上新台阶，国家工业生态示范园区通过验收，宜业、宜学、宜居的副城形象充分彰显。

四、区位空间和产业定位

1. 杭州东部湾总部基地

区位空间：位于钱塘江沙嘴位置，被钱塘江西、南二方环抱，地量集中、交通便捷、环境优美，毗邻产业区和高端居住区。总用地137.4公顷（包括南侧湿地公园47.53公顷，东侧体育公园及绕城防护绿地17.6公顷），可建设用地50.87公顷。

产业定位：按照“总部—制造基地”双核模式，重点发展区域总部或“浙商”企业总部，招引大型企业的研发中心、销售中心、设计中心、采购中心、财务中心等入驻，打造全国一流、省内领先的双核型总部基地及“创业创新”浙商企业总部基地。

2. 金沙湖中央商务区

区位空间：东临1号路，南接下沙路，西衔省军区武警农场边界，北至学林街，总用地面积248.27公顷（包括金沙湖湖面30.67公顷），可建设用地83.73公顷，规划地上建筑面积295万平方米，由湖区板块、北片区、南片区、东片区四个板块组成。湖区板块东至海达北路、西至渠首路、北至九沙大道、南至天城东路，占地面积72.13公顷，其中建设用地共14.73公顷，规划湖面面积30.67公顷。北片区占地面积69.6公顷亩，建设用地共32公顷。南片区占地71.2公顷，建设用地共12.8公顷。东片区占地35.33公顷，建设用地共24.2公顷。其中留用地区块面积16.73公顷，规划地上建筑面积70万平方米；用于开发三产商业项目37.7公顷，规划地上建筑面积150万平方米。

产业定位：**湖区版块**除沿湖周边绿化景观、歌剧院等公共设施外，主要发展旅游休闲产业。北片区重点发展高档商务商贸、甲级写字楼、娱乐休闲等现代服务业和楼宇经济，招引有实力的开发商进行整体投资运营。南片区重点发展楼宇经济和高端商住配套，吸引金融、中介等生产性服务业企业投资入驻，打造标志性建筑群。东片区已基本完成土地出让，重点发展大型商业项目和居住配套。留用地区块重点发展楼宇经济和具有较好品牌的商业配套项目。

3、现代物流专业市场集聚区

区位空间：东临湾南、松合、中沙和头格社区，南至下沙路，西接九堡镇和乔司镇，北与乔司监狱、省未成年犯管教所等接壤，总面积为510公顷（其中省军区农副业基地412.67公顷，武警副食品基地97.33公顷）。

产业定位：通过改造提升，将现有物流、专业市场两大区块打造成为开发区现代物流专业市场集聚区，努力成为全市现代物流专业市场发展示范区。

4. 新加坡杭州科技园

区位空间：地处下沙高教园区和工业园区的中间地带，东起拇指路、南至6号大街、西至绕城高速、北至拇指路，其中腾飞项目规划用地43公顷，规划建筑面积100万平方米，已建成面积5.6万平方米，在建面积7.9万平方米。

产业定位：重点发展新一代信息技术、科技服务业、新兴服务业、服务外包产业。努力打造成高端人才集聚的龙头园区、杭州市科技创新产业的领跑园区、浙江省"头脑产业"集聚的核心园区、长三角信息产业发展的示范园区。

5. 杭州东部产学研创新示范园

区位空间：开发区现有存量及在建科技创新平台共67.4万平方米（占地约19.27公顷，不含新加坡科技园）。已建成31.6万平方米，在建及待建面积35.8万平方米。其中政府平台22.6万平方米，企业平台38.6万平方米，高校平台6.2万平方米。

产业定位：见下表。

6. 杭州东部高新产业园

区位空间：分南北片区及"腾笼换鸟"区块。北片

开发区科技创新平台一览

表1

类别	名称	总面积（万平方米）	已建成（万平方米）	在建或待建（万平方米）	产业定位
政府平台	高科技孵化器	15.6	15.6	—	生物医药、电子信息、新能源
	服务外包培训基地	5.0	5.0	—	软件与服务外包
	和达文创园	2.0	2.0	—	工业设计
	大安区块	待定	—	—	—
	合 计	22.6	22.6	—	—
企业平台	浙大数码港	16.4	—	16.4	软件与服务外包
	浙大中自	4.6	—	4.6	工业自动化
	休斯顿科技园	7.9	—	7.9	金融服务、研发机构
	大安科技	2.9	—	2.9	电子信息
	电子商务园	2.8	2.8	—	电子商务
	理想文创园	4.0	—	4	影视文化
	合 计	38.6	2.8	35.8	—
高校平台	12个大学科创园	6.2	6.2	—	结合学科优势的科技型产业
总 计		67.4	31.6	35.8	

区由元成西单元和松合单元部分区块组成，东起文渊北路、南至松乔街、西至聚首路和规划支路、北至新建河围合区域，总占地面积约426.67公顷，可用地面积228.8公顷（其中产业用地213.33公顷）。南片区位于出口加工区南部，东起21号路，西至15号路，北起12号路，南至20号路，总占地面积65.47公顷，可用面积48.73公顷。腾笼换鸟区块主要包括开发区南、北部工业区存量工业用地、闲置厂房及1号路以东、3号路以西、2号路以南、6号路以北区域工业用地，属于开发区的成熟区块。三年预计可以盘活存量土地约60公顷，闲置厂房约30万平方米。

产业定位：按照“北高、南智、中优”的原则，北片区重点发展高端装备制造、电子信息、新材料及生物医药产业。南片区重点发展新一代信息技术产业（包括互联网、物联网等产业）。腾笼换鸟区块通过清理闲置工业用地，逐步实现传统高能耗、低产值产业的转移，集中优势资源，向“高端高新、集聚集群”方向转型。

7. 江东汽车零部件产业园

区位空间：按照“总体规划、集中布点、分步实施、集聚发展”的思路，在梅林大道以西、江东三路以北、长安福特整车项目周边，规划汽车零部件产业园用地274.4公顷。

产业定位：瞄准核心零部件和大、精、尖的汽车零部件项目，重点发展以生产发动机、变速箱等为主的汽车核心零部件项目，为江东园区整车配套的零部件项目和汽车后市场服务项目，培育产值超千亿的汽车零部件产业园，打造杭州市乃至浙江省最高端的汽车零部件产业高地。

8. 江东创新产业园

区位空间：地块位于梅林大道以西、江东一路以北、江东三路以南、丰乐路以东，总占地面积105公顷，除城市道路、绿化、河道等面积，可建设用地74.07公顷。

产业定位：集聚培育“高端交通装备制造”和“现代食品”两大产业创新集群，建设孵化和加速相结合，产学研一体化的创新平台，为园区主导产业、落户企业提供技术研发、工业设计、文化创意、服务外包、金融办公等综合服务支撑。

五、重点任务

八大重点功能区的开发建设，是带动产业发展、拓展产业空间、构建投资平台、推动科技创新、完善城市功能的全局性工作，必须以“一园一品”为导向，通过资源整合、优势互补和错位发展，实现统筹协调推进。重点是抓好七项工作：

1. 优化规划布局。坚持“规划主导”，每个园区都要结合自身实际，高标准编制园区规划和产业规划，完善总体规划、详细规划、专项规划等规划体系。按照相对集中的原则，统筹园区规划和周边环境，做到“与产业定位相一致、与城市空间相和谐、与生态环境相协调”。要优化各园区的建筑设计，打造个性鲜明、功能实用的现代化建筑群。

2. 促进产业集聚。以重点功能区为载体，推进产业集聚化发展。各园区要结合自身优势，明确产业定位、实现错位发展。巩固工业经济基础，着力推进杭州东部高新产业园、江东汽车零部件产业园建设，促进区内企业腾笼换鸟和开发保留用地，打造“双千亿级”的汽车产业、2个“五百亿”的电子信息和食品饮料产业。做大做强实体经济，着力推进杭州东部湾总部基地、金沙湖中央商务区、现代物流专业市场集聚区建设，以“29个重点项目、219万方平台”为载体，大力发展总部经济、楼宇经济和生产性服务业，加快产业结构战略性调整。

3. 坚持创新驱动。坚持走创新驱动、转型发展的道路，突出高新、高端、高质导向，大力发展高新技术产业和创新型经济，集聚科技型人才，打响“两港”品牌。以新加坡杭州科技园、杭州东部产学研创新示范园、江东创新产业园为重点，促进创新平台大发展，全力打造一批具备“孵化器”和“加速器”功能的政府平台、高校平台和企业平台。要做优平台质量，进一步完善创新平台的管理服务机制，加强入驻企业的绩效评估，促进科技成果产业化、效益化。

4. 突出招大引强。坚持招商引资“生命线”工程不动摇，以项目为核心，带动功能区的开发建设。狠抓大项目带动，以杭州东部湾总部基地、金沙湖中央商务区为载体，大力引进“三个500强”、总部集团、浙商企业和国际金融机构。要做好“产业链招商”文章，以江东汽车零部件产业园、杭州东部高新产业园为载体，围绕龙头企业引进上下游配套项目，实现“招一个、引一串、带一片”效应。加大“招才引智”和“科技招商”力度，以新加坡科技园、杭州东部产学研创新示范园、江东创新产业园为载体，促进海内外高层次人才携技术、带项目落户。要强化工作统筹，做到项目招商和开发建设并联推进。

5. 狠抓有效投入。加大产业性投入为主的有效投入，以项目建设的大推进，促进经济建设的大发展。加大政府投入力度，在条件成熟的园区率先启动政府性项目，发挥示范引领作用，带动社会性资本投入，加快招商和建设的全面推进。要围绕产业集聚，着力引进一批质量高、效益好的工业和服务业大项目；围绕副城建设，加快推进一批楼宇经济、公建配套、公共服务等项目建设，形成“投产一批、竣工一批、建设一批”的良性循环态势，实现经济持续发展、城市形象提升。

6. 完善功能配套。八大功能区既是产业发展的平台载体，也是完善城市功能的重要抓手。要加快道路建设，推进金沙大道、之江东路、德胜高架东延伸段等主干道和园区内的路网建设，促进“以路带开发”。要加快商业配套设施和公建服务设施建设，打造适宜的办公环境和便利的生活环境，提高园区的综合承载能力。要提升生态环境，做到洁化、绿化、美化、亮化同步，用良好的环境引进人才、留住人才。

7. 加快建设进度。各责任部门要切实承担起对功能区规划建设、运营管理等职能。每个主体都要制订本区块开发建设三年行动计划的子方案，明确三年开发建设的发展目标、重点工作、重点项目、招商计划、财政资金安排等内容，并按照三年计划的工作要求，细化分解目标任务，扎扎实实抓好落实。各职能部门要加强业务指导，涉及审批审核事项应简化手续、精简环节。要建立健全园区各项长效管理机制，完善各项考核机制，突出“优胜劣汰”，确保良性发展。

六、保障措施

围绕三年奋斗目标，采取扎实有力举措，为实施三年行动计划提供坚实的组织保障、机制保障、资金保障、前期保障和效能保障。

1. 加强组织保障。构建“党工委、管委会统一领导、综合部门组织协调、责任部门各负其责”的工作格局。成立开发区重点功能区开发建设工作领导小组，委主要领导担任组长，相关委领导任副组长，各有关部门、街道、直属单位、进区配套机构主要负责人为成员。领导小组主要研究确定重点功能区的发展定位、规划方案、重大政策、重点项目招商和推进、开发建设体制及资金保障等重大问题。领导小组下设办公室，设在党工委、管委会办公室，根据领导小组的统一部署，明确重点功能区开发建设的总体目标和任务，制定规划和实施方案，组织成员单位的沟通、联系和协调，狠抓重点任务的分解下达、跟踪督查和责任考核。各功能区开发建设责任单位要成立相应的工作推进机构，确保各项工作有序运转。

2. 加强机制保障。建立委领导挂钩联系重点功能区开发建设工作机制，全面指导各责任部门的各方面工作，加强对重点工作的统筹协调，帮助解决困难问题。建立完善例会制度，重点功能区开发建设工作领导小组定期研究解决工作推进中的重点难点问题。建立“责任部门牵头抓总、配合部门各司其职”的工作联动机制，针对每一个重点功能区开发建设的实际，及时研究解决功能区的功能定位、规划布局、征地拆迁、土地指标、项目招引、资金平衡、配套建设等关键问题，抓紧明确和细化发展目标、开发时限、重点工作和保障措施，扎扎实实抓好落实；探索开发建设、运营管理机制，针对杭州东部湾总部基地、杭州东部高新产业园等重点功能区，抽调专人成立工作推进机构，形成整体合力，确保各项目标任务按计划推进。

3. 加强资金保障。切实加大投入，由区财政统筹安排，落实重点功能区开发建设的资金保障。发挥财政资金“四两拨千斤”作用，对部分重点功能区由政府投入启动开发，并采取多种方式，积极引导社会资本参与开发建设。强化对功能区开发建设的投入产出及效益分析，使每个功能区块都能通过有效的运行管理，实现自求平衡、滚动开发、有序推进。

4. 加强前期保障。通过全面梳理，加快解决重点功能区中涉及规划调整、征地拆迁、农转用、土地指标、市政配套等问题。进一步解放思想，加大工作力度，围绕重点功能区的开发建设目标，加快推进各项前期工作，为全面启动开发建设打开良好局面。

5. 加强效能保障。进一步强化对重点功能区开发建设工作的动态跟踪，通过定期会议、现场检查等形式，进一步加强工作督查、督办力度。建立健全体现功能区开发建设工作实绩的科学评价体系，完善相应制度和考核管理办法，把重点功能区开发建设工作列入年度绩效目标考核，充分体现“奖优罚劣”的工作导向，对完成较好的部门给予奖励，对完成不力的部门给予通报批评或问责。

"美丽东部湾"建设三年行动计划（2013~2015年）

（2013年10月11日杭经开管发〔2013〕255号文）

为深入贯彻市委十一届五次全会《关于建设"美丽杭州"的决议》精神，认真落实《"美丽杭州"建设实施纲要（2013~2020）》和《"美丽杭州"建设三年行动计划（2013~2015）》的总体部署要求，以实现"生产美、生态美、生活美"为总目标，实施"产业转型升级行动、城市品质提升行动、社会和谐构建行动"为总任务，以完善生态产业网链为核心，创建国家生态工业示范园区为重点，建设杭州东部"一江一湖二廊三园"七大绿色生态功能区为载体，全力打造**"天清地净、绿色低碳、创新集聚、活力智慧、富庶祥和"**的"美丽东部湾"。根据实施要求，特制订本行动计划。

一、行动目标

生产美：生态工业发展壮大，产业城市和谐共生。以科技创新为驱动力，促进产业布局与产业结构优化，加速绿色低碳转型，提高经济发展质量与效益，不断增强经济内生动力，不断壮大绿色经济、循环经济、低碳经济规模，努力实现引领全省开发区转型发展。实现服务业增加值占GDP比重达到30%以上，企业研发经费支出占主营业务收入比重达到2%以上，规模以上高新技术产业销售产值占工业总产值比重达到50%以上。全面完善规划体系，统筹区域产业、居住和生态布局，整合提升规划结构、城市空间形态，实现"以业兴城、以城促业、产城融合"的发展新格局。

生态美：生态环境优化活化，环境质量持续改善。生态功能区格局不断优化，生态系统服务功能和生态承载能力与社会经济发展基本协调。行政交界断面出境水质不劣于入境水质，全面消除辖区范围内河道黑臭现象，河流交接断面水质考核达到良好以上，金沙湖、沿江渠、高教景观渠"一湖两渠"水体质量主要指标符合国家Ⅲ类水质要求。区域环境空气质量逐年改善，空气质量指数优良率稳步提高，灰霾天气出现频率明显下降，区域大气污染环境信访率降幅达到30%。区域绿化覆盖率超过43%，主要河道、沿江湿地生态环境和生物资源得到有效保护。城市整体景观风貌彰显开发区特色。

生活美：生态理念普及深化，人居生活和谐幸福。生态文明理念进一步推广普及，生态文化进一步弘扬传播，生态文明宣传普及率达到90%以上，社会道德素质得到全面提升，社会美德深入人心，文化生活设施建设全面推进。"智慧城市"初步建成，环保基础设施建设不断完善，实现建成区污水管网全覆盖，生活垃圾处理的无害化，绿色出行设施不断完善，城市功能有机更新，建设舒适宜居的生活空间。教育、卫生、文化、体育、民政等公共服务水平不断提升，社会公共服务体系进一步完善，努力实现幼有所教、老有所养、困有所帮的安全和谐的社会环境，人民生活满意度和幸福感进一步提升。

二、行动任务

（一）产业转型升级行动

以创新驱动产业质量提升。以"两港八园"建设为主轴，全力促进产业转型升级，努力形成以高新技术、高附加值、低碳节能为特征的现代产业体系。坚持以创新驱动为引领，着力构建创新体系、发展创新型经济。加快推进新加坡杭州科技园、东部产学研示范园、江东创新产业园等创新平台建设，整合政府、企业、高校等创新资源，提升创新能力，积极争创国家级高新技术产业区。以信息化和信息产业为突破口，加快信息化与工业化深度融合，促进制造业与服务业紧密结合。积极引导企业运用高新技术、先进技术改造提升传统优势产业。加快推动纵向产业链与横向产业链有机融合，抓好信息技术在工业领域的深入应用，推进产业链向研发和营销两端延伸。努力形成以创新提升发展质量，以科技助推发展能力的良好局面。

以转移加速产业结构升级。以加快转变发展方式为主线，加快转移淘汰落后产能，进一步优化产业结构，提升发展水平。加快实施"腾笼换凤"，引导推动相关产业低端业态有序对外转移。对土地产出低、能源消耗高、污染排放大，未按土地出让合同建设的企业，利用法律法规、行政指令、政策补偿、市场调节等手段，研究制定对外产业转移的标准，发布工业产业对外转移指导目录，实行严格的区域产业退出机制，为实现永续发展腾出空间和资源。引导推动有核心技术同步跟进的高端产业加快对内转入，以产业带动性强的中央企业、外资研发机构、总部机构、世界500强企业和能实施重大科技成果合作及产业化的各大高校、研究所，拥有核心技术、创新成果的高端人才为重点，不断加大招商引资力度，拓宽招才引智渠道，提升产业层次，补强产业网链。通过产业“双向转移”，快速实现产业结构优化、产业竞争力提升。

以集聚推进产业布局优化。以集聚领先为重点，加快实施“筑巢育凤”。以八大功能区建设为重点，推进功能区和城市综合服务空间一体化，支撑产业集聚集群发展。坚持以扶优扶强为基础，加快现有大企业的培育发展，大力实施“572”培育计划，支持企业壮大经济规模、优化产业结构、提升质量效益。进一步提高功能区的准入标准，大力培育高新技术产业、科技型产业、总部经济和生产性服务业，实现产业集聚、资源集约，推进现有产业功能的科学布局，促使产业向高端、绿色、低碳发展。

推进示范园区建设。以实施自主创新示范区建设为引领，加快建设江北、江东特色产业集群示范区。完成国家生态工业示范园区创建，完善“四优产业”生态产业网链。构建“汽车整车和零部件”与“软件和信息技术服务业及电子商务”两个新兴产业的生态产业网链。大力发展环保产业，加速新技术、新工艺、新方法的推广和应用。开展绿色企业创建工作，建设一批绿色工业经济示范点和示范企业，培育一批低碳发展模式企业、废水零排放企业。加强工业废弃物的资源化综合利用，鼓励产业废物循环利用，推进循环经济发展。探索以低能耗、低污染、低排放为基础的低碳经济发展模式，努力建设示范全国的低碳发展开发区。

落实污染减排总量控制。采取工程减排、结构减排、监管减排等综合措施，扎实推进化学需氧量、二氧化硫、氨氮及氮氧化物等主要污染物排放总量控制，巩固热电行业烟气脱硫脱硝减排成果，确保实现国家和省下达的“十二五”主要污染物减排目标。落实排污权交易政策，健全总量申报、核定制度。完善项目联席会议制度，严格把关新项目准入，对产业不符、规划不符、总量不符、排放不符的“四不符”企业，一律不引进，实现增产不增污，保护区域环境存量。深入实施印染、电镀和化工行业专项综合整治，全面完成行业整治任务。实施重点行业刷卡排污工作。强化畜禽养殖污染防治，实现畜禽养殖总量和污染物排放总量的“双控”目标。

努力实现节能降耗目标。落实节约优先战略，提高资源利用效率，确保实现省、市下达的“十二五”单位地区生产总值能耗控制指标，主要耗能产品单位能耗继续保持全省领先水平。开展能源消费总量和能源消耗强度“双控制”，实施重点节能工程，继续加强塑料橡胶、纺织化纤、食品饮料、化工等重点行业和重点企业的节能降耗工作。全面推进清洁生产审核。加强工业节约用水、废水回收利用和中水回用系统建设。厉行节约用材，加快可再生材料、新型墙体材料和散装水泥推广应用。

（二）城市品质提升行动

优化区域空间布局。完善区域总体规划，优化空间格局，凸显城市生态功能。重点构建“一江一湖二廊三园”生态景观格局，“一江”即沿江大道一线钱塘江湿地生态区；“一湖”即金沙湖生态区；“二廊”即绕城高速东线、北线（下沙段）纵横贯穿开发区南北、东西的二条生态长廊；“三园”指高教西区生态公园、高教东区生态公园以及体育生态公园三个生态核心区。全面提升“一江二廊三园”六大生态功能区的品质，美化“一江”自然景观，优化“二廊”生态功能，活化“三园”人文风貌。加大金沙湖建设区域的征地拆迁力度，提速项目建设，打造水清地绿、自然和谐的城市开放空间。严格实施主体功能区和生态环境功能区规划，按照主体功能定位分类和生态红线保护要求，差别设置禁止准入、限制准入、重点准入和优化准入的环境准入门槛，推进生态红线应保尽保、景观格局有控有保、产业布局合理优化、城市格局自然协调。

实施清水治污专项行动。按照“强基础、抓整治、促优化、保长效”的指导原则，深入开展河网水系综合治理，全面提升河道水质。优化河网水系，完善水系规划与水系调整方案，科学制订河道引配水方案。强化截污纳管，完善全区地下管网数据库，开展市政管网排水普查，实现雨污水管网信息动态更新；加快污水管网系统建设，实现建成区污水管网全覆盖、全畅通。加强河道的长效管理，基本消除市政雨污管道混接现象。建设生态示范水域，重点完善金沙湖、沿江渠、高教景观东渠“一湖两渠”的城市水生态功能，着力打造集景观、休闲、健身为一体的亲水区。

推进大气复合污染综合整治。继续深入实施“大气整治三年行动计划”，强化工业企业废气污染防治，着力推进辖区群众关注的工业废气治理，重点开展信访反映集中的工艺废气治理，助推进七格污水处理厂废气污染整治工作。加强挥发性有机物排放削减管理。加强城市扬尘污染控制与餐饮油烟废气治理。实施关、停、改、迁等综合措施，加快转变以煤为主的能源结构，加大天然气能源替代工程，加快太阳能等可再生能源利用。积极推进建成区“无燃煤区”建设目标。加强机动车尾气污染防治，加快淘汰国Ⅱ及以下排放标准柴油公交车，大力推进公交车和出租车“油改气”“油改电”项目。

推进“智慧城市”建设。围绕城市管理、产业经济、社会民生、资源环境、基础设施等五方面的智慧应用，建立全面立体感知、安全可靠传输、智能高效处理的智慧城市基础支撑体系，完成智慧城市各个领域应用支撑体系、专用网络、支撑平台等基础设施建设。围绕环境、医疗、教育等市民关心的热点问题，加快推进信息化公共服务体系。建设“智慧环保”“智慧医疗”“数字下沙教育”等一系列智能化的专项综合信息平台，进一步完善区域“数字城管”、工程“数字质安监”、公安“天网工程”等智能系统。通过智慧城市建设，呈现出富有“预见性、高效性、科学性、敏捷性、创造性、互动性”的“美丽东部湾”六项“智慧”特质。

构建环境安全风险防控体系。开展区域环境容量核定与环境风险评价，建立健全环境风险预警与应急体系，制订环境风险应急预案。健全固体废物管理体系，开展城市生活垃圾分类和资源化、无害化和减量化行动，完善城市生活垃圾处理设施；加强工业污泥、危险废物等处置点的建设，开展危险废物刷卡转运工作。加强辐射事故风险防范，严防放射源丢失和被盗事件。探索土壤污染控制与综合治理工作，开展对工业、科研实验场所土壤持久性有机污染物和重金属污染监测、普查与评估，实施土壤生态修复和综合治理试点工程。

推进生态景观有机更新。开展湿地保护区建设，恢复湿地系统生物多样性，增强湿地固碳能力。以城市绿化向美化、彩化升级为主线，重点实施绿化工程、美化家园工程、立体绿化工程、健康绿道工程。增加区域绿地总量，丰富绿化体系层级，建设城市绿廊。组织开展“全民义务植树护绿大行动”，构筑“开门见绿”“出户有园”的绿色开敞空间，实现“小区—公园”10分钟步行圈，让居民能充分融入绿色、亲近绿色、享受绿色，描绘一幅“路在林中，房在园中，城在绿中，人在景中”人与自然相映成趣，相得益彰的“美丽东部湾”画卷。

推进“三改一拆”“三江两岸”“四边三化”等整治行动。结合城市建设、环境绿化、产业转型，开展“三改一拆”工作，通过改拆结合，实现以拆促建、以拆促绿、以拆促转，使旧住宅区改造、旧厂区改造、城中村改造和拆除违法建筑行动，成为推进城市有机更新和产业升级的有效突破口。重点保护“三江

开发区沿江住宅楼盘　　（郑体兵 摄）

两岸”自然生态环境，突出钱塘江自然风光和人文历史的融合，建成沿江绿带生态展示馆。全面开展“四边”沿线洁化、绿化、美化工作，确保主骨架道路可视范围内，生态环境得到全面提升。

（三）社会和谐构建行动

实施人文“最美”行动。推进“文化下沙”建设，提升文化软实力。以学习型城市建设为载体，加强社会公德、职业道德、家庭美德和个人品德建设。深入开展党的“十八大”精神学习宣传教育，深化“我们的价值观”主题实践活动，深入推进“最美下沙人”宣传实践活动，大力弘扬“最美精神”，弘扬“特别能团结、特别能吃苦、特别能战斗、特别能创新、特别能奉献”的开发区精神和“开放包容、务实进取”的下沙人文精神。深化拓展全国文明城市创建成果，切实加强公民道德建设、未成年人思想道德建设，推进青少年学生“第二课堂”工作和学雷锋活动常态化。

培育生态文明建设全民行动体系。积极开展机关、企业、社区、学校等多层次生态教育，建立生态环境教育常态化机制。积极创建国家级、省级生态文化教育展示基地、打造多样化生态文明教育载体、构筑全民参与的生态文明教育实践网络。构建多重覆盖的立体宣传网络，开展生态文明科普宣传和媒体传播。建立健全生态文明和“美丽东部湾”建设公众参与机制，积极发挥工、青、妇等群团组织作用，推进公众参与和工作交流，推动大环保格局形成。

深化绿色系列创建活动。深化生态环境教育示范基地、绿色企业、绿色学校、绿色社区、绿色庭院、绿色医院、绿色家庭、绿色饭店等创建活动，为广大公众提供生动直观、特色鲜明、功能多样的环境宣传教育场所和参与平台。开展绿色机关创建活动，管委会率先垂范，积极倡导绿色低碳节能的机关文化，引领示范全民创绿。

完善公共服务保障体系。完善社会保险体系，建立健全覆盖城乡居民的社会保险制度。加大社会救助力度，完善救助网络，进一步扩大社会救助覆盖面。提高社会福利水平，全面落实优抚政策。完善公共卫生体系，建立健全医疗救治体系和疾病预防控制体系，完善医疗服务网络。健全食品药品安全长效监管体系。构建立体化的社会治安防控体系，加强城市治安防范能力。健全防灾减灾与应急机制，加强防灾减灾基础设施和管理体制建设，进一步完善救灾应急预案。继续推进钱塘江防洪排涝及堤塘加固工程、城市防洪防涝工程、人防工程等减灾工程，着力提高城市防灾减灾能力。

三、行动保障

（一）加强组织保障。在区生态建设领导小组的基础上，成立杭州经济技术开发区生态文明（“美丽东部湾”）建设推进领导小组，发挥牵头抓总作用，统筹协调、指导监督生态文明和“美丽东部湾”建设的重大工作。领导小组下设办公室，充实人员力量。为广泛发动社会力量参与“美丽东部湾”建设，加快推进“一中心三协会”建设，即生态文明促进中心，绿色企业协会、环保志愿者协会、高教园区生态文明协会，分别从政府层面、企业层面、社会层面、高校层面推进生态文明建设工作，打造生态文明公众参与平台，着力加强党群、政企、厂居之间的沟通联系，充分发挥政府、企业、居民、高校在生态文明建设中的积极作用，推动产业共生，推进产城融合。

（二）加强制度保障。“美丽东部湾”建设主要任务纳入经济社会发展规划和年度计划，与城市总体规划、土地利用规划等有机衔接，纳入到产业政策、产业结构调整导向和区域开发等体系中。各责任部门（单位）按照各自职责及相关工作任务，制定每项工作的实施细则，分年度组织实施。切实履行职责，形成有效合作联动机制。将原有生态考核调整为“美丽东部湾”建设三年行动考核，并适当增加考核比重；对各项行动工程和项目严格实施考评制度，实施年度考核。将各责任部门（单位）“美丽东部湾”建设重点工程任务完成情况考核结果向全社会公开，考核结果作为领导班子和领导干部综合考评的重要依据。各项行动牵头和责任部门（单位）要建立联席会议制度，每月定期开展项目督查，每季定期开展进度通报。各责任部门（单位）要将行动任务作为本年度工作重点予以推进，强化项目节点控制与过程管理，实行有效的动态监管。

（三）加强资金保障。原“生态建设资金”调整为“美丽东部湾”建设引导资金，财政优先给予项目资金安排。依照“突出重点，注重实效”的原则，适当调整引导资金使用办法。建立有效的资金使用和监管制度，提高资金使用绩效，充分发挥财政资源配置职能和引导作用。建立多元化投融资体系，积极鼓励社会资金转向“美丽东部湾”建设领域。

专 记

·实施重点功能区开发建设·

【重点功能区开发建设三年行动计划】 2月27日，开发区印发实施《重点功能区开发建设三年行动计划（2013~2015年）》。为拓展发展空间、构建投资平台、推动科技创新、促进产业集聚、完善城市功能、提升可持续发展水平，开发区经专题研究，通过内部挖潜，规划建设杭州东部高新产业园、江东汽车零部件产业园、杭州东部湾总部基地、金沙湖中央商务区、现代物流专业市场集聚区、新加坡杭州科技园、杭州东部产学研创新示范园、江东创新产业园8个重点功能区，整合用地空间14.35平方千米，其中10平方千米可用于近期开发建设，重点发展支柱产业、高新技术、总部经济、新兴产业及现代服务业。围绕三年行动计划的推进实施，各重点功能区完善组织机构，明确工作重点、建设计划和投资、招商项目的具体目标，力争3年初见成效，5年形成规模，努力把功能区建设成为“科技创新的先导区、转型升级的引领区、产业集聚的核心区、功能提升的示范区”。为加强重点功能区开发建设的组织领导，开发区管委会成立重点功能区开发建设工作领导小组及其办公室，制定出台重点功能区开发建设工作联络员制度。各成员单位联络员具体履行上情下达、信息报送、日常管理等工作职责。

▶▶资料：开发区重点功能区

1.杭州东部高新产业园

由开发区元成松合区块、出口加工区部分区块和“腾笼换鸟”区块组成，总用地面积552.67公顷。产业定位为高端装备制造、生物医药、信息技术、新材料4个产业。按照“北高、南智、中优”的原则，北片区发展高端装备制造、电子信息、新材料及生物医药产业；南片区发展新一代信息技术产业；“腾笼换鸟”区通过清理闲置或低效工业用地，逐渐将传统高能耗、低产值产业转移出区，集中优势资源，促进区域经济向“高端高新、集聚集群”方向转型。

2.江东汽车零部件产业园

规划汽车零部件产业用地274.4公顷。重点发展以生产发动机、变速箱等为主的汽车核心零部件项目，为开发区前进工业园区整车配套的零部件项目和汽车后市场服务项目，培育产值超1000亿元的汽车零部件产业园，打造杭州市乃至浙江省高端的汽车零部件产业高地。

3.杭州东部湾总部基地

总用地面积137.4公顷，建设用地50.87公顷。按照“总部—制造基地”模式，重点发展区域总部或“浙商”企业总部，招引大型企业的研发中心、销售中心、设计中心、采购中心、财务中心等入驻，打造“双核”型总部基地及“创业创新”浙商企业总部基地。

4.金沙湖中央商务区

总用地面积248.27公顷，建设用地83.73公顷。规划地上建筑面积295万平方米。湖区版块除沿湖周边绿化景观、歌剧院等公共设施外，主要发展旅游休闲产业；北片区重点发展高档商务商贸、甲级写字楼、娱乐休闲等现代服务业和楼宇经济，招引有实力的开发商进行整体投资运营；南片区重点发展楼宇经济和高端商住配套，吸引金融、中介等生产性服务业企业投资入驻，建设标志性建筑群；东片区基本完成土地出让，重点发展大型商业项目和居住配套；留用地区块重点发展楼宇经济和具有较好品牌的商业配套项目。

5.现代物流专业市场集聚区

总用地面积510公顷（其中省军区农副业基地412.67公顷、武警副食品基地97.33公顷）。通过改造提升，将已有物流、专业市场两大区块打造成为开发区现代物流专业市场集聚区，努力成为杭州市现代物流专业市场发展示范区。

6.新加坡杭州科技园

占地48公顷，地处下沙高教园区和工业园区的中间地带，重点发展新一代信息技术、科技服务业、新兴服务业、服务外包产业，努力打造高端人才集聚的龙头园区、杭州市科技创新产业的领跑园区、浙江省“头脑产业”集聚的核心园区、“长三角”信息产业发展的示范园区。

7.杭州东部产学研创新示范园

开发区已有存量及在建科技创新平台面积67.4万平方米（占地约19.27公顷，不含新加坡科技园），已建成31.6万平方米，在建及待建面积35.8万平方米。其中政府型平台22.6万平方米、企业型平台38.6万平方米、高校型平台6.2万平方米，产业定位为生物医药、电子信息、新能源，以及软件与服务外包、工业设计等。

8.江东创新产业园

总占地面积105公顷，建设用地74.07公顷，集聚培育“高端交通装备制造”和“现代食品”两个产业创新集群，建设孵化与加速相结合，产学研一体化的创新平台，为开发区前进工业园区主导产业和落户企业提供技术研发、工业设计、文化创意、服务外包、金融办公等综合服务支撑。

【功能区开发成效初显】 2013年，开发区8个重点功能区围绕“3年初见成效、5年形成规模”的目标，创新开发模式，完善运作机制，形成工作合力，推进规划布局、产业定位、基础建设、招商引资等工作，完成预期目标，显现良好成效。通过内部挖潜和规划调整，8个园区拓展产业发展空间14.3平方千米，其中先进制造业空间7.7平方千米、现代服务业空间5.4平方千米、科技创新产业空间1.2平方千米。规划创新平台总量150万平方米。完成固定资产投资44.46亿元，占全区固定资产投资总额15.3%。实际利用外资3.63亿美元，占全区比重54%；引进实到内资13.8亿元，占全区比重25.3%。引进国家级高新技术企业4个，引进市级以上高新技术企业15个，引进市“521”人才计划以上高层次人才9人，人才项目完成注册落户11个。

【功能区开发方案研讨】 3月，为加快推进8个重点功能区开发建设，各功能区积极制订实施方案并开展研讨。7日，开发区前进工业园区指挥部召开江东创新产业园实施方案研讨会，听取创新产业园推进办公室关于实施方案调整内容的汇报，就创新产业园开发模式、建设计划、资金保障等问题进行讨论研究。13日，党工委书记、管委会主任陈晨主持召开专题会议，研究东部湾总部基地、金沙湖中央商务区、现代物流与专业市场集聚区的实施方案，听取3个功能区子方案及启动区块（项目）实施方案的汇报，就3个功能区功能定位、产业布局、建设计划、机构组建、资金保障等问题进行研究。14日，东部高新产业园开发建设指挥部召开例会，听取杭州市城市规划设计研究院关于《杭州东部高新产业园概念性规划方案》的汇报，就产业园概念性规划、实施方案、“加速器”建设、征地拆迁工作等进行研讨。28日，陈晨再次主持召开专题会议，研究杭州东部产学研创新示范园、江东创新产业园、新加坡杭州科技园的实施方案，听取3个功能区子方案及启动区块（项目）实施方案的汇报，并就3个功能区产业定位、招商项目、平台建设、人才政策、资金保障等方面问题进行讨论，要求3个功能区子方案在功能定位、重点产业选择等方面作进一步修改完善。

【东部湾总部基地规划设计】 杭州东部湾总部基地位于开发区沿江地块，毗邻产业区和居住区，重点发展区域总部或“浙商”企业总部。3月，开发区规划分局委托浙江华诚建设工程招标代理有限公司开展“杭州东部湾总部基地概念规划及城市设计方案”征集，制订方案征集文件，明确相关事项及内容。4月，开发区规划分局组织对该方案评审，省城乡规划设计研究院参加评审并中标。5月，该设计研究院结合评审意见完成东部湾总部基地方案修改和完善工作。6月，开发区召开杭州东部湾总部基地、杭州东部湾湿地公园规划设计专题讨论会，研究基地整体空间形成优化、重点区块与节点设计深化、道路交通网络系统衔接、湿地公园总体规划等问题。根据管委会对总部基地“三年初见成效、五年形成规模”的要求，该基地的园区概念规划与城市设计方案深化工作初步完成，园区土地整理、苗木迁移、内外交通设施建设、招商工作有序推进。

【3个大项目落户江东汽车产业园】 6月19日，江东汽车零部件产业园首批3个项目通过开发区管委会主任办公会议审议，顺利落户园区。3个项目分别是长安民生供应链一体化项目、宝钢平伟汽车零部件生产基地项目、星乔汽车零部件生产基地项目，合计总投资26.1亿元，其中固定资产投资18.8亿元。注册资本10.7亿元。全部达产后可实现年产值84.2亿元。长安民生供应链一体化项目由中国兵装集团的重庆长安民生物流股份有限公司和新加坡美集物流运输有限公司等企业联合设立，主要为长安福特汽车杭州工厂提供零部件分装制造、零部件仓储配送、整车物流、售后物流等供应链一体化服务。宝钢平伟汽车零部件生产基地项目由宝钢集团子公司宝钢国际经济贸易有限公司和长安福特汽车车身冲压件供应商重庆平伟科技（集团）有限公司联合设立，主要为长安福特汽车杭州工厂提供大型车身冲压件及钢材。星乔汽车零部件生产基地项目由重庆星乔实业有限公司投资，主要为长安福特汽车杭州工厂提供大型车身冲压件。引进的3个项目为高新技术企业，均采用世界先进工艺和设备进行生产制造。

【江东创新园引入国家级科研中心】 8月8日，经江东创新产业园推进办公室与国家纳米工程中心、轻合金国家工程研究中心多轮对接洽谈，前进工业园区指挥部召开项目研讨会研究确定两个项目进入招商谈判阶段。开发区前进工业园区指挥部引进国家纳米工程中心、轻合金国家工程研究中心两个国家级科研院所，以提升江东创新产业园科技创新能力。纳米技术及应用国家工程研究中心于2003年10月经国家发改委批准成立，是政府在布局国家发展纳米科技与产业方面专设的从事纳米技术及应用研究的唯一的国家工程研究中心。该中心计划在江东创新产业园区成立“产业技术研究院”，设立汽车纳米材料中心、生物医药发展中心、现代食品研究中心、汽车材料检测认证中心4个研究中心，推进园区产学研一体化。轻合金精密成型国家工程研究中心是由国家发改委批准上海交通大学于2000年3月成立的轻合金领域唯一的国家级工程研究中心，主要研究先进轻金属材料及其加工技术，其计划在江东创新产业园区成立上海交大杭州汽车技术研究院，设立先进制造中心、汽车电子中心、科技合作中心、成果转化中心等7个中心及院士工作站，提升园区汽车行业科技发展水平。

【物流市场集聚区项目建设】 开发区现代物流专业市场集聚区重点抓市场新建、改建提升工作，全年项目建设推进顺利。杭州长城机电市场占地20公顷，建筑面积35万平方米，项目投资16亿元，工程基础施工年内完成；浙江万品国际汽配商贸城由浙江万品实业投资有限公司投资建设，计划投资总额7亿元，占地面积13.73公顷，总建筑面积23.2万平方米，市场区12万平方米建设结顶，综合服务区完成5万平方米建筑；浙江近江集团现代仓储物流项目由浙江近江集团有限公司投资建设，项目占地9.07公顷，建筑总面积15.89万平方米，总投资1.2亿元，一期工程竣工投入使用；杭州恒大陶瓷建材交易市场南区提升改造工程由杭州恒大陶瓷建材交易市场有限公司筹资建设，项目占地5.71公顷，建筑面积16.2万平方米，计划投资5亿元，工程进入方案设计。

·启动“美丽东部湾”建设·

【“美丽东部湾”建设三年行动】 8月，开发区推出“美丽东部湾”建设三年行动计划（2013~2015年）。该计划以实现“生产美、生态美、生活美”为目标，实施产业转型升级行动、城市品质提升行动、社会和谐构建行动，以完善生态产业网链为核心，创建国家生态工业示范园区为重点，建设杭州东部“一江一湖二廊三园”7个绿色生态功能区为载体，打造“天清地净、绿色低碳、创新集聚、活力智慧、富庶祥和”的“美丽东部湾”，使之成为“美丽杭州”建设的先行区。计划中的产业转型升级行动，以“两港八园”建设为主轴，形成以高新技术、高附加值、低碳节能为特征的现代产业体系；以加快转变发展方式为主线，加快转移淘汰落后产能；以集聚领先为

杭州“美丽东部湾”——下沙副城 （管委会办公室 供稿）

重点，加快实施“筑巢育凤”；以8个功能区建设为重点，推进功能区和城市综合服务空间一体化；加快现有大企业培育发展，实施“572”培育计划，探索以低能耗、低污染、低排放为基础的低碳经济发展模式，建设示范全国的低碳发展开发区。计划中的城市品质提升行动，建设“智慧环保”“智慧医疗”“数字下沙教育”等系列智能化专项综合信息平台，通过智慧城市建设，呈现“美丽东部湾”6项“智慧”特质。优化区域空间布局，提升“一江一湖二廊三园”7个生态功能区的品质。实施清水治污、大气复合污染综合整治等行动，推进生态景观有机更新。计划中的社会和谐构建行动，实施人文“最美”方案；推进“文化下沙”建设，开展“最美下沙人”宣传实践活动。培育生态文明建设全民行动体系，创建国家级、省级生态文化教育展示基地，打造多样化生态文明教育载体，构筑全民参与的生态文明教育实践网络。

▶▶资料：“572”培育计划

2013年，开发区宣布推出新一轮大企业三年培育计划，即“572”培育计划，鼓励企业做大做强做优。“572”培育计划，指开发区2013~2015年力争培育产值5亿元以上的工业企业70个，工业销售产值达2000亿元。

【生态产业链构建】 开发区加快园区产业集群建设，构建“东部湾”生态产业链。至2013年末，开发区以“四优四新”主导产业为重点，初步建立食品饮料、装备制造、电子信息等生态产业链。食品饮料产业链涵盖“食品机械—食品包装—食品添加剂—软饮料、方便食品—物流运输”等相关企业；装备制造包括“电子元件、机械配件—家用电器、起重机械—物流配送”及“汽车配件—汽车整车”产业链。产业链以科技创新为驱动力，促进产业布局与产业结构优化，加速绿色低碳转型。开发区突出绿色招商和产业链招商，加快汽车零部件产业园建设，至年末，江东汽车零部件产业园已引进汽车零部件项目5个，涉及汽车车身冲压件及钢材、车身系统生产、零部件加工供应链一体化服务等整车关键核心配套项目，总投资30.75亿元。创建国家生态工业示范园区，通过近3年创建工作，完成天然气第二热电厂、家电企业废旧电器综合利用等19个生态工业网链的构建项目，园区初步形成装备制造、塑料橡胶、食品饮料、电子信息4个生态工业网链。

▶▶资料：“四优四新”主导产业

主导产业中“四优”指开发区传统优势产业，即生物医药、电子信息、食品饮料、装备制造4个产业；“四新”指开发区重点发展的战略新兴产业，即汽车及零部件、新能源新材料、服务外包及文化创意、现代物流4个产业。

【环境整治和管理】 为建设“美丽东部湾”，开发区加强环境整治和管理，继续推进大气环境整治三年行动，全年对20个企业下达整治任务，邀请专家对重点整治企业进行督查，制订具体整治方案。启动有机废气VOC（挥发性有机化合物）治理，针对化工、印刷、喷涂等行业推进VOC减排项目，已完成减排的6个企业均采用先进技术开展治理，并在浙江省范围内推广。整治重污染行业，通过部门联动、法人约谈、信访回馈、公众监督等手段，督促企业开展高标准整治。整治化工行业，浙江蓝天环保高科技股份有限公司于9月完成整治，成为杭州市首个通过验收的企业，其余6个化工企业按照标准年内均完成整治；整治印染行业，4个企业完成清洁生产及编制职业病危害控制报告书，3个企业完成“中水回用”项目工程建设。为弥补环保管理人员不足、解决现场管理手段缺乏等问题，依托物联网技术，启动实施开发区“智慧环保”工程，建设环保信息化软件应用系统、重点污染源全过程监管系统、污染源视频监控系统，以及环境监控预警指挥中心。“智慧环保”工程主要针对群众投诉热点企业，在其污染治理设施上加装传感器等监测设施，实现对污染源的全程监管。

·2013年开发区十大民生工程·

【2013年开发区十大民生工程推出】 3月1日，开发区宣布推出2013年十大民生工程，内容涵盖住房、教育、医疗、公交、就业、环境等与百姓生活密切相关的10个方面，着力提升公共服务水平，提高人民群众的幸福感和满意度。十大民生工程分别是：

1.百姓安居工程

推进保障房建设，开工建设拆迁安置房12.4万平方米，竣工拆迁安置房37.1万平方米，推进5个社区回迁安置工作；推进5.2万平方米公共租赁房建设，基本建成41.5万平方米人才公寓和人才专项用房。

2.科教强基工程

开工建设学正中学、世茂小学、新市民学校、国际幼儿园等8个中小学、幼儿园项目；推进大学城北小学、幼儿园建设；建成投用金隅小学、上沙幼儿园、头格幼儿园；成立开发区教师进修学校，加强师资教育培训，提升教育队伍能力。

3.医卫利民工程

开工建设朗琴社区、中沙社区卫生服务站，推进东方医院二期和白杨街道社区卫生服务中心建设，下沙医院、下沙街道社区卫生服务中心正式营运。推进中医药进社区工作，举办百场健康知识讲座。推进医疗健康教育进企业、进高校、进社区、进工地。

4.公交便民工程

推进地铁1号线延伸段、德胜高架东延伸段工程建设；开通下沙至萧山机场大巴专线；优化公交线路3条，新建公共自行车服务点20处、公交候车亭50座，投放公共自行车800辆；开工建设停车公共泊位600个，投用400个。

5.文化惠民工程

举办蛇年元宵灯会、白杨街道第二届社区文化节、“下沙之韵”摄影大赛、书画大赛等群众文化活动，送20场文艺演出和100场电影进社区，丰富群众精神文化生活。

6.就业促进工程

失业人员实现再就业1200人；新增城镇就业人数6700人，城镇登记失业率控制在4%以下；大学生创办企业总数突破1000个，创业带动就业人数5000人。

7.公共配套工程

开工建设沿江区域及大学城北公共服务中心2个和开发区残疾人综合服务大楼；新建公共厕所5座，建成投用中心区环卫用房。开工建设智格农贸市场，投用下沙农副产品综合市场、海天农贸市场，推进“菜篮子”直通车进社区工作。

8.环境提升工程

实施截污纳管项目13个，新增截污量3000吨/日；实施2号渠、高教景观东渠两条河道的环境综合整治；新增城市绿地46万平方米；实施大气环境整治三年行动计划，加强对重点污染源的整治力度，开展废气在线自动监测系统试点工作，提升大气环境质量。

9.养老服务工程

完善养老管理服务体系，成立开发区养老服务指导中心；累计建成28个社区居家养老服务站，享受居家养老政府购买服务的老年人数达220人以上；新增5个老年电大教学点，在册学员数量达760人。

10.职工素质提升工程

实施“蓝领成才”职工素质教育工程，搭建区、校、企三方共建平台，服务企业与职工需求，优化教学内容，全年新增受教育人数4000人，累计受教育人数达3.7万人。

（年鉴编辑部）

大事记

·2013年开发区大事记·

1月

6日 杭州市副市长佟桂莉带队到开发区调研经济社会发展情况及开发区前进工业园区开发建设情况。

7日 开发区管委会印发通知，部署2013年春节前及春节期间工作，严禁党员干部用公款大吃大喝。

△ 开发区召开出口加工区政策研究专题会议，贯彻落实《国务院关于促进海关特殊监管区域科学发展的指导意见》。

（△指同日，下同）

8日 市委常委、市纪委书记罗悦明带队到开发区前进工业园区调研长安福特汽车整车项目推进情况。

9日 开发区社会管理和“110”社会应急联动工作推进会召开。

9~21日 开发区组织杭州百事可乐饮料有限公司等50余个企业，参加由商务部、教育部、人力资源和社会保障部联合举办的2013年全国国家级经济技术开发区高校毕业生网络招聘会，面向全国大中专毕业生推出就业岗位876个。

11日 开发区现代服务业工作会议召开。

△ 浙江省山东商会石材专委会在开发区月雅桥石材市场挂牌成立。

△ 2012年中国最佳雇主评选杭州10强揭晓，开发区九阳股份有限公司名列其中。该评选活动由北京大学企业社会责任与雇主品牌传播研究中心和智联招聘联合推出。

13日 开发区总工会在新远影城组织“缘聚下沙幸福工程”之大龄青年专场活动，30余名大龄未婚男女青年报名参加。

15日 开发区第13次“春风行动”暨第8次慈善“助学助困”大会召开。

△ 开发区防范处置企业拖欠工资暨推进“双爱”（企业爱员工、员工爱企业）活动工作会议召开。

16日 在“百乡千村”省级示范服务中心创建活动中，开发区白杨街道行政服务中心入选全省100个“示范乡镇服务中心”名单，白杨街道邻里社区便民服务中心入选1000个省级示范村级（社区）便民服务中心名单。

△ 开发区集体土地所有权确权登记发证成果通过市国土局检查验收。

17日 以“服务企业、助力成长”为主题的杭州中小企业服务日活动在开发区举行。

△ 开发区党工委副书记邵立春一行到杭州职业技术学院调研“社区学院”筹建事宜。

19日 开发区青少年宫兴趣班报名开启，设科技、文艺、美术、文学、数学、体育6个大类、25个专业。

22日 开发区召开企业破解招工难专题会议，杭州艾博生物医药有限公司、杭州中策橡胶有限公司等10余个用工缺口大的制造业企业参会。

31日 杭州地铁1号线下沙延伸段文海南路站交通疏改便桥施工完成。该便桥位于交通流量大的23号大街，车辆载重吨位高，是地铁文海南站路施工的重要节点工程。

2月

1日 开发区2013年度党工委扩大会议召开。

4日 杭州市城管委副主任宋德成一行慰问开发区市政、环卫一线职工。

6日 党工委书记、管委会主任陈晨带队到基层一线慰问干部职工。

△ 开发区总工会组织公路包车，送企业外来务工人员返乡过年。

7日 开发区召开抗雪防冻工作会议，部署春节抗雪防冻工作。

16日 杭州市副市长佟桂莉调研开发区东芝信息机器（杭州）有限公司，了解企业发展情况。

17~18日 由世界华人社团联合总会等主办的"第七届香港国际青少年艺术节"在中国香港亚洲国际博览馆举行，开发区文海小学的毛宇桐和陈清羽获钢琴大赛儿童B组"钻石奖"和钢琴大赛儿童A组"金奖"。

18日 开发区获杭州市区河道综保工程"年度优秀"奖。

18~19日 开发区赴陕西省千阳县举办"2013年西部技能人才招聘洽谈会"。

20日 浙江省经信委副主任郑一方一行调研开发区前进工业园区，考察长安福特汽车项目进展情况。

22日 杭州市人力资源和社会保障局副局长方海洋一行到开发区白杨街道邻里社区，调研社区新杭州人职业培训工作。

24日 开发区2013年元宵灯会暨第二届社区文化节开幕式在区口广场启幕。

25日 华东医药生物医药科技园项目在开发区前进工业园区签约。项目总投资20亿元，占地21.07公顷。

△ 开发区前进工业园区"难题破解年、项目推进年、环境优化年"活动动员暨作风建设大会召开。

26日 在杭州市总工会十四届二次全委（扩大）会暨工会会员代表会议上，开发区杭州士兰明芯科技有限公司徐小明、中高柴油重工股份有限公司叶小清、旭化成医疗器械（杭州）有限公司徐小芳、杭州百事可乐饮料有限公司束斯强获杭州市"优秀职工"称号。

27日 《开发区重点功能区开发建设三年行动计划（2013~2015年）》正式印发施行。

△ 杭州东部湾总部基地指挥部办公室一行4人赴江干区浙商服务中心学习考察。

3月

1日 开发区2013年十大民生工程启动。工程涵盖住房、教育、医疗、就业、公交、环境等与百姓生活密切相关的10个方面内容。

△ 在杭州市城乡区域统筹发展暨农村工作会议上，开发区管委会获"2012年度城乡区域统筹发展（新农村建设）工作优胜单位"和"2012年度城乡区域统筹发展区县（市）协作贡献奖"两项荣誉。

2日 开发区文海实验学校与美国瑟蕾诺蒂伊克斯学校确立友好合作关系。

4日 在杭州市教育局召开的2012学年第二学期德育工作负责人会议上，开发区文海教育集团被评为杭州市学校家庭教育指导"百所骨干学校"。

△ 中国计量学院科技园被国家教育部、科技部联合认定为国家级高校学生科技创业实习基地。

5日 开发区与中国科学院理化技术研究所洽谈科技人才合作。

6日 开发区庆祝三八国际妇女节103周年暨表彰大会召开。

△ 开发区食品安全工作会议召开。

7日 开发区"岗位进社区、服务到家门"春季大型招聘会在杭州东沙商业中心广场举行。

△ 管委会副主任、前进工业园区指挥部副总指挥郝大龙一行赴上海，接洽纳米技术及应用国家工程研究中心项目。

11日 开发区2013年度经济工作会议召开。会议对获2012年度开发区工业、科技、现代服务业等奖项的292个单位，以及获国家和省"千人计划"的16名代表进行表彰奖励，兑现经济政策奖励7583万元、人才政策奖励1220万元。

△ 开发区白杨街道社区卫生服务中心新大楼正式开工。

12日 开发区在围垦街绿化带举行义务植树活动，230余人种树600余株。

△ 在2013年杭州市药品、医疗器械监管与不良反应监测工作会议上，开发区浙江史密斯医学仪

器有限公司被评为杭州市医疗器械不良事件监测优秀基层单位。

13日 党工委书记、管委会主任陈晨主持召开专题会议，研究杭州东部湾总部基地等重点功能区实施方案。

△ 开发区2013年党风廉政建设工作会议召开。

△ 团市委副书记李忠誉带队到开发区调研外来务工青年团建工作。

14日 开发区2013年建设工程质量安全工作会议召开。

18日 开发区党工委、管委会出台《杭州经济技术开发区人才奖评选办法（试行）》，设立人才奖（包括享受人才特殊津贴奖、杰出人才奖）和重才爱才先进单位奖。

△ 由北爱尔兰教育培训部巡视官保罗和穆拉格拉斯小学、赫伯顿小学等7所中小学校长组成的英国北爱尔兰的教育考察团到开发区考察教育工作。

20日 杭州市召开全市2012年度“双最”绿地系列评选活动总结表彰暨2013年度动员大会。开发区沿江大道被评为“2012年度杭州市区最佳道路绿地”；6号大街因连续3年被评为“杭州市区优胜道路绿地”，被追评为“杭州市区示范道路绿地”；高教西公园被授予“2013年度杭州市区公园（景区）双最评比进步显著奖”。

△ 开发区团工委、区青年联合会、钱江晚报《今日下沙》报、下沙新城网联合举办“美丽青春、美丽下沙”主题征文比赛（4月20日截稿）。

21日 开发区2013年度政法及信访工作会议召开。

22日 浙江省经信委资源节约与综合利用处到开发区杭州朝阳橡胶有限公司调研节能降耗工作。

25日 杭州天天物美商业有限公司、杭州正栩影业有限公司、信雅达（杭州）计算机服务有限公司、浙江华东科技检测有限公司、杭州德邦货运代理有限公司5个企业入选开发区现代服务业重点企业。

26日 “城乡统筹发展——江干区、杭州经济技术开发区、建德市2013年建德人力资源交流大会”在建德市新安江体育馆举行。

27日 杭州市卫生局卫生监督所经济技术开发区分所（杭州市食品药品稽查支队经济技术开发区大队）成立。

△ 杭州市物价局局长郭初民一行调研开发区价格工作。

31日 由杭州工业设计协会与开发区经济发展局主办的全国高等院校设计专业学生“就业新干线”杭州站活动在开发区和达创意设计园举行。

3月 开发区海外高层次人才、杭州中肽生化有限公司董事长李湘入选第9批国家“千人计划”。

▶▶资料：国家“千人计划”

国家“千人计划”指中央人才工作协调小组2008年印发的关于实施“海外高层次人才引进计划”，简称“千人计划”。其主要国家发展战略目标为自2008年开始用5~10年，在国家重点创新项目、重点学科和重点实验室、中央企业和国有商业金融机构、以高新技术产业开发区为主的各类园区等，引进2000名左右人才并有重点地支持一批能够突破关键技术、发展高新产业、带动新兴学科的战略科学家和领军人才回国创新创业。

4月

7日 市国土资源局发布杭州市2013年首期《读地手册》，开发区2013年出让的5宗地块被收录其中，共14.07公顷。

9日 开发区前进工业园区指挥部与西子联合控股有限公司召开西子航空零部件项目推进联席会议。

△ 在“扫毒2号”行动中，开发区公安分局抓获贩毒和容留吸毒人员各1人，王某因涉嫌贩卖冰毒被依法刑事拘留。

△ 嘉兴市南湖区副区长朱静一行到开发区考察小餐饮整治工作。

11日 开发区治理城市交通拥堵专题会议召开。

12日 由横滨橡胶株式会社独资设立的杭州优科豪马橡胶制品有限公司新工厂在开发区前进工业园区奠基。

△ 开发区召开H7N9禽流感工作协调小组会议，研究部署防控H7N9禽流感工作。

13日 开发区第五届职工运动会开幕（11月16日闭幕）。

15日 市发改委、市经信委联合调研组到开发区调研2013年国家产业振兴和技术改造申报项目情况。

△ 杭州出口加工区被省商务厅授予“省级进口平台”称号。

△ 2013年国际旅游小姐浙江总决赛在下沙高教园区的浙江传媒学院举行。

16日 由美国默沙东制药有限公司与杭州华东医药集团合资设立的杭州新工厂投入运营。该厂位于开发区，总投资1.2亿美元，占地面积7.5万平方米。

17日 开发区服务外包大楼正式落成并启用，新引进的达内IT培训集团总部落户。

△ 首届“发现杯”全国大学生软件设计大赛总决赛暨第二届启动发布会在开发区服务外包大楼举行。

△ 开发区社区党组织和居民委员会换届选举工作启动。

△ 《开发区工业用地评价考核实施细则操作办法》正式施行。

18日 经国家教育部批准，位于下沙高教园区的浙江财经学院更名为浙江财经大学（6月18日揭牌）。

19日 开发区召开“杭州东部湾总部基地概念规划及城市规划设计”方案评审，浙江省城乡规划设计研究院参加评审并中标。

△ 开发区与市公交集团召开公共交通专题会议。

△ 开发区城北小学和城北幼儿园开工。

△ 美国中关村瀚海硅谷人才考察团一行17人到开发区参观考察。

20日 8时02分四川省雅安市芦山县发生7.0级地震。为悼念四川雅安地震遇难同胞，缅怀逝者寄托哀思，开发区各界人士纷纷行动，捐款、祈愿、献血，为灾区传递爱心。

22日 党工委副书记邵立春率招才引智团赴美国、加拿大和中国香港，开展引才引智活动（5月3日返回）。其间，建立海外人才工作美国硅谷、芝加哥和加拿大3个联络站，举办海外高层次人才洽谈活动9场，对接人才项目20余个。

23日 杭州公共交通下沙有限公司将100辆全新索纳塔出租车投放市场。

△ 著名主持人曹启泰做客浙江工商大学名师讲坛，做主题为“正能量掌舵人生”的演讲，与师生共同探讨人生哲理。

24日 杭州市纪委副书记陈建华一行到开发区调研非公企业纪检工作，开发区纪工委书记俞斌就开发区非公企业纪检组织设置、纪检工作开展情况做汇报。

25日 开发区2013年节能降耗工作大会召开。

△ 开发区白杨街道总工会成立。

△ 下沙至萧山机场客运专线试运营。5月1日正式运营。

26日 河北怀来县公安局副局长刘永权一行12人到开发区公安分局考察交流警务信息化工作。

27日 市委副书记、政法委书记王金财到开发区白杨街道邻里社区调研流动人口服务管理工作。

△ 开发区纪念“五四”运动94周年表彰大会暨“美丽青春、美丽下沙”青年建功成才工程启动仪式在开发区城建文化馆召开。

△ 下沙高教园区“校园122”联动机制启动。

28日 2013年杭州市劳动模范和模范集体表彰大会在杭州之江饭店举行。开发区杭州安费诺飞凤通信部品有限公司的程冠伦获“全国五一劳动奖章”称号；杭州利群环保纸业有限公司、杭州和达市政园林建设有限公司养护班组被评为杭州市模范集体；杭州士兰集成电路有限公司总经理范伟宏、杭州九源基因工程有限公司研发中心主任孙汉栋、杭州百富电子技术有限公司工程部经理胡兆庭、杭州纸友科技有限公司部长助理应晓荣、杭州味全食品有限公司工程师俞有富被评为杭州市劳动模范。

5月

2日 杭州地铁1号线下沙延伸段三标文海南路站工程正式进入基坑开挖施工阶段。

△ 开发区江东汽车零部件产业园土地规划局部调整方案经省国土资源厅审查后报国土资源部。

3日 省委常委、市委书记黄坤明一行到开发区浙江三花钱江汽车部件集团有限公司、杭州士兰集成电路有限公司、中粮包装有限公司等企业走访调研，了解工业经济运行情况。

4日 开发区学正中学建设项目开工。

5日 根据杭州市有序用电工作安排，开发区即日起实施“错峰、避峰用电”。

6日 开发区首次刑事工作联席会议召开。

7日 杭州市轻工技工学校与开发区前进工业园区签订合作意向。管委会副主任、前进工业园区指挥部总指挥詹国平与该校党委书记、校长杨国强签订意向合作协议。

8日 开发区召开重点功能区开发建设专题会议，研究东部湾总部基地、杭州东部高新产业园、金沙湖中央商务区推进工作。

△ 2013年度杭州市优秀旅游纪念品大赛在余杭区良渚玉文化园启动。开发区杭州华人普雷森文化创意有限公司、杭州问童子文化创意有限公司、杭州唯智广告策划有限公司3个企业设计开发的5件作品入围参展。

9日 杭州市政府副秘书长、市公安局党委副书记、市流动人口服务管理办公室主任童继伟一行到开发区白杨街道朗琴社区调研群租房管理工作。

△ 党工委书记、管委会主任陈晨带队调研开发区前进工业园区重点项目和“两园”（江东汽车零部件产业园和江东创新产业园）推进情况。

△ 杭州东部产学研创新示范园与上海交通大学汽车工程研究院开展工作对接。

△ 温岭市委“两新工委”（新经济与新社会组织工作委员会）副书记郑君宏一行9人调研开发区非公有制企业党建工作。

△ 开发区纪念“6·5”世界环境日系列活动暨“美丽下沙·幸福家园”环保主题文艺大赛启动（6月6日结束）。

9~10日 由杭州市政府主办，市体育局、开发区社会发展局联合承办的杭州市第十八届运动会青少年自行车比赛在开发区金沙湖举行。来自杭州地区的6支代表队共84名运动员参与比赛，开发区文海自行车队获得22个单项比赛的全部金牌。

10日 开发区文海实验学校被国家体育总局、教育部、科技部授予“全国科技体育传统校”称号。

△ 开发区重点功能区开发建设专题网站上线。

14日 省人大法制委员会主任委员、常委会副秘书长、法工委主任丁祖年带队到开发区调研《杭州经济技术开发区条例》实施情况。

15日 开发区现代服务业发展推进工作会议召开。

△ 2013年是杭州经济技术开发区成为国家级开发区20周年。由开发区联合省、市摄影家协会举办的“美丽下沙”全省摄影大展即日起征稿。

16日 在杭州市城市管理工作会议上，开发区获“2012年度杭州市区道路保洁工作先进集体”“杭州市区生活垃圾分类工作先进单位”“杭州市数字城管工作考核优秀单位”“杭州市城市河道长效管理考核先进单位”“杭州市城区防汛防台、抗雪防冻工作考核先进单位”等称号。

△ 由杭州公交集团拟定的2013年度下沙区域公交线路新辟及优化方案向社会公布。

17日 杭州市“青少年生态文明工程——三江两岸我们在行动”青少年集体义务植树活动在开发区沿江大道举行。

17~20日 中国（杭州）第十三届最佳人居环境展览会在杭州和平国际会展中心、浙江世界贸易中心两个展馆举行。开发区德信中外公寓、桥福一品高尔夫等11个楼盘参加展览。

21日 开发区第3次经济普查工作领导小组成立。

22日 国家统计局能源司副司长王晓辉一行8人调研开发区杭州天创水务有限公司、杭州得力纺织有限公司、国际香精香料（浙江）有限公司、杭州杭联热电有限公司4个工业企业。

△ 开发区精神文明建设委员会全体（扩大）会议召开。

23日 开发区社区党组织换届选举圆满完成，选举产生新一届社区党组织委员111人、党组织兼职委员20人、社区党组织书记25人。

△ “技能让我更精彩”——杭州市职工岗位大练兵技术大比武暨技能竞赛活动在开发区启动，杭州市委副书记王金财出席活动。

24日 开发区召开重点功能区开发建设专题会议，研究江东汽车零部件产业园和江东创新产业园建设推进工作。

27日 省委常委、市委书记黄坤明到开发区星河幼儿园、下沙第二小学调研教育工作并看望慰问少年儿童。

△ 开发区管委会印发3份鼓励经济发展若干意见的通知，内容分别为加快工业经济发展、推进科技创新创业、鼓励现代服务业发展。

△ 在杭州市第四届“十佳”好婆媳表彰暨“浓浓婆媳情”大家讲活动中，开发区下沙街道智格社区居民陆雅琴、骆芬芬婆媳获“最美杭州人”——杭州市“十佳”好婆媳称号。

28日 之江东路钱江新城段（彭埠大桥—九堡大桥）开通。该路段是开发区进入杭州主城区的一条快车道，长约6.3千米。

29日 开发区慈善总会甘霖教育基金在金沙学校开展“六一”儿童节爱心捐书活动，捐赠书籍5350册。

31日 开发区学林小学四年级学生饶诗琪被2013年第5期《儿童音乐》杂志选为封面人物。

6月

1~2日 由开发区建设局主办、钱江晚报《今日下沙》报承办的第二届“下沙房展节”在开发区和达·东东城广场举行。

△ 由杭州市人民政府主办，杭州市体育局、开发区社会发展局联合承办的杭州市第十八届运动会青少年射箭比赛在下沙中学落幕。

3日 杭州绕城高速公路东线新建下沙南互通工程获省发改委批复。

4日 国家科技部公布2013年度中小企业节能减排科研合作资金立项项目名单，开发区杭州中能汽轮动力有限公司的“有机朗肯循环低温工业余热发电技术的开发与示范项目”为杭州市唯一入选项目，获300万元的专项资金支持。

△ 开发区杭州易沙网络科技有限公司总裁尚贞涛作为大学生创业代表向省委常委、市委书记黄坤明一行汇报青年创业中国梦。

5日 由开发区环保局主办、钱江晚报《今日下沙》报和杭州优科豪马轮胎有限公司承办的“美丽下沙·杭州经济技术开发区环保义工活动”启幕。

6日 坐落于开发区北部区块的史陶比尔（杭州）精密机械电子有限公司新工厂落成投用。

△ 长安福特汽车项目首批进口设备在开发区海关顺利通关。

△ 开发区东部产学研创新示范园建设调研组一行赴浙江大学国家大学科技园考察调研。

△ 新疆阿克苏地区招商代表团在开发区举行投资环境说明暨项目推介会。

7日 全国政协副主席、民盟中央常务副主席陈晓光率调研组到开发区白杨街道邻里社区调研外来务工人员教育、就业、保障性住房等情况。

△ 杭州市委常委、萧山区委书记俞东来调研开发区前进工业园区。

7~9日 管委会副主任王永芳率队参加在宁波举办的第十五届浙江投资贸易洽谈会。

10日 加多宝集团旗下的杭州冠亚饮料有限公司新工厂在开发区前进工业园区开工。

14日 杭州市副市长徐文光一行到开发区调研安全生产工作。

△ 杭州市副市长谢双成一行到开发区调研经济社会发展情况。

15日 浙江省海外留学人员创业园（下沙）在开发区伊比利亚园区揭牌。落户开发区的浙江省海外留学人员创业园由省委统战部、省侨联、省海创会与开发区共同组建，是首个省地联动、合作共建的海外留学人员创业园。

△ 浙江省政协副主席、省委统战部部长汤路黎一行考察开发区高科技企业孵化器园区。

18~19日 杭州开展治堵“平安”6号行动，重点整治行人、非机动车交通违法行为和静态违法停车。开发区交警大队民警在3号大街6号大街口、2号大街5号大街口、文津路学源街路口、德胜路乔下线路口、七格路下沙路口5个地方进行重点管理，两天查处交通违法行为327起。

19日 汽车零部件产业园首批3个项目通过管委会主任办公会议审议，顺利落户开发区前进工业

开发区下沙中学射箭队在杭州市第十八届运动会青少年射箭比赛中获团体第1名。图为队员获奖合影　　（郭莹莹　供稿）

园区。该3个项目分别是长安民生供应链一体化项目、宝钢平伟汽车零部件生产基地项目、星乔汽车零部件生产基地项目，总投资26.1亿元。

△ 开发区行政审批改革会议召开。

20日 福特汽车公司总裁兼首席执行官艾伦·穆拉利一行访问开发区。省委常委、市委书记黄坤明会见穆拉利一行。

△ 开发区新医保窗口在开发区市民中心试运行。7月1日，正式开展业务。

20~23日 主题为“生物资源、产业机遇”的第七届中国生物产业大会在云南昆明举行。开发区艾博生物医药（杭州）有限公司、浙江爱生药业有限公司、浙江诺倍威生物技术有限公司、浙江康莱特药业有限公司等7个企业参加大会。

21日 市委常委、组织部部长张仲灿一行到开发区调研，走访杭州立昂微电子股份有限公司和开发区行政服务中心。

△ 开发区防汛工作会议召开。

25日 开发区召开杭州东部湾总部基地、东部湾湿地公园规划设计专题讨论会，研究基地整体空间形态优化、重点区块与节点设计深化、道路交通网络系统衔接和湿地公园总体规划等问题。

△ 东芝ECU（电动方向阻力系统中的电子控制器的英文缩写）杭州项目签约。该项目是株式会社东芝涉足汽车配件行业以来落户海外的重点项目，ECU是唯一的海外生产基地。

△ 位于开发区元成路的龙驰幕墙工程有限公司1.5兆瓦光伏发电站开工。该光伏电站示范项目是2009年国家发改委批准的金钛阳示范工程浙江省33个项目之一。

△ 开发区前进工业园区与长安福特汽车公司召开江东汽车零部件产业园项目推进工作对接会。

26日 开发区召开杭州东部产学研创新示范园工作推进情况汇报会。

27日 杭州市总工会党组书记、常务副主席吴仁财带队到开发区检查指导开发区工会工作，督查工会干部配备及其待遇落实情况。

△ 在杭州市2013年节能减排工作会议上，开发区被授予“杭州市2012年主要污染物减排工作先进地区”称号。

28日 由杭州市科协主办、开发区科协和杭州机械工程学会承办的青年科技工作者论坛，在中国计量学院举办。“智能生产与装备制造业发展展望”报告会。

7月

1日 开发区下沙街道社区卫生服务中心新大楼运营。新大楼位于松乔街768号，占地1.33公顷，建筑面积1.38万平方米。

△ “垦城志庆”——书画作品展暨开发区书画协会成立仪式在开发区下沙文化中心举行。

△ 由博士郝小林率领的北美华人生物医药协会企业家回国创业考察团一行8人考察开发区。

2~4日 浙江检察机关举行第三届全省侦查业务竞赛。开发区检察院侦查监督科干警俞瑾以总分第一的成绩获“浙江省侦查监督十佳检察官”称号。

4日 开发区服务外包投资峰会召开。

△ 著名作家郭敬明携其自编自导的电影《小时代》主创人员在开发区新远影城举行杭州首场见面会。

6日 位于开发区学林街1269号的颐高数码下沙店开业。该店是开发区综合性数码商场，经营面积6000余平方米。

9日 由市财政局、市委政研室组成的杭州大江东投融资调研组到开发区前进工业园区调研投融资工作。

11日 杭州市政府副秘书长李强煜一行到开发区督查2013年上半年开发区工业和信息化及科技创新发展情况。

△ 由市政府主办、市体育局承办的杭州市第十八届运动会在陈经纶少体校闭幕，开发区代表团被授予“体育道德风尚奖”和“最佳赛区”称号。

12日 开发区“大引擎驱动、大平台构筑、大产业培育、大项目推进”四大工程建设正式启动。启动仪式上，市委常委佟桂莉为开发区建设“两港八园”的专家顾问团颁发聘书。

△ 菜鸟网络科技（杭州）有限公司落户开发区。菜鸟网络科技有限公司由阿里巴巴集团、银泰集团联合复星集团、富春集团、顺丰集团等公司合股组建，总部设在深圳。

17~18日 开发区党工委、管委会领导到环卫站、钱塘江堤、十字路口等地慰问高温酷暑下坚守岗位的环卫工人、养护作业人员、喊潮队员、交警等一线工作人员。

18日 由省发改委副主任赵彦年带队的省发改委"双重"(重大决策、重大项目)专项行动调研组到开发区前进工业园区调研重点项目建设情况。

19日 开发区召开党的群众路线教育实践活动工作会议,部署全区党的群众路线教育实践活动,杭州市委第八督导组组长张建涛到会讲话。

△ 开发区食品安全半年度工作会议召开。上半年,全区35家无证无照店被取缔,14起食品违法案件立案查办。

22日 中国恒天集团代表团一行到开发区考察杭州东部湾总部基地。

24日 进入高温天,居民用水量飙升,下沙当日用水量27.52万吨。

25日 由维思平联合国际咨询(北京)有限公司设计的开发区江东创新产业园城市概念规划方案定稿。

29日 开发区上半年招商引资形势分析暨"两港八园"招商工作会议召开。

30日 连续高温晴热天气使杭州供电形势趋于紧张,杭州将有序用电等级上调至最高级别F级。开发区对高能耗企业实行严厉限电措施。

△ 由杭州市委宣传部、市总工会和市纠风办等部门联合举办的2013年杭州市职工职业道德建设"十佳"集体和"十佳"标兵评选活动揭晓。开发区中高柴油机重工有限公司入选杭州市职工职业道德"十佳"单位,该公司技术中心船机研发部邓晓飞获"杭州市职工职业道德先进个人"称号。

8月

1日 省工商局副局长吴国升一行到开发区高沙农贸市场检查工作。

2日 面对连日高温,开发区管委会将位于3号大街和6号大街交叉口的综合办公楼一楼大厅开放作为休息区,让市民避暑纳凉。

7日 开发区党的群众路线教育实践活动网开通。

8日 开发区召开重点产业发展规划专题会议,研究开发区重点产业创新发展三年行动计划的规划编制工作。

△ 开发区九阳小家电有限公司、杭江牛奶乳品厂被省经信委、省环保厅授予"浙江省绿色企业"称号。

△ 杭州市邮政局设于开发区的听涛路支局开张营业。

13日 杭州市院士专家工作站建设协调小组公布2013年度首批"杭州市院士专家工作站"名单,开发区杭州三花研究院有限公司名列其中。

△ 杭州市有机废气污染治理工作现场会在开发区召开。

14日 国家统计局浙江调查总队副总队长程定莞一行6人调研开发区房地产企业。

16日 省委常委、市委书记黄坤明到开发区杭江牛奶公司、高沙农贸市场和娃哈哈集团乐维基地调研食品安全工作。

△ 开发区2013年半年度工作会议召开。党工委书记、管委会主任陈晨要求实施"三大战略",推进"四大工程",全面加快开发区转型发展步伐。

△ 杭州市政府授予首批10名外国专家"钱江友谊奖",开发区企业龙焱能源科技(杭州)有限公司董事长吴选之名列其中。

19日 凌晨起,开发区地域下起暴雨,5时起金沙大道、德胜路、4号大街、金隅农贸市场等地出现严重积水。清晨,进出开发区的德胜东路、艮山西路、之江东路、江东大桥因道路积水通行不畅。

20日 由市委宣传部和市国土资源局联合举办的"国土宣传进乡村、惠民政策送万家"下沙专场文艺演出在开发区下沙文化中心广场举行。

21日 开发区和达创意设计园被省经信委认定为首批浙江省省级工业设计中心。

△ 由开发区青少年宫声乐教师孙立青作曲的原创声乐作品《喊一声江南》(男高音独唱)在"放歌中华"第二届全国大型音乐展评活动中获"创作金奖"。

22日 杭州市副市长陈红英带队督查开发区文明城市创建工作。

△ "李尔长安座椅及配件"项目和"至信车身件"项目通过管委会主任办公会议审议,落户开发区江东汽车零部件产业园。

23日 开发区江东汽车零部件产业园被市政府授予"杭州市汽车及零部件产业示范基地"称号,这是开发区八大功能区中首个市级产业示范基地。

△ 第七届全国年鉴编校质量检查评比结果揭晓,《杭州经济技术开发区年鉴(2012)》获全国一等奖。

△ 杭州长安民生物流有限公司项目在开发区江东汽车零部件产业园奠基。该项目总投资12.3亿元，投资方为重庆长安民生物流股份有限公司。

28日 杭州市下沙医院（浙江大学医学院杭州下沙医院、浙江大学医学院附属邵逸夫医院下沙院区）开业。该院占地13.07公顷，总建筑面积17.57万平方米，由杭州市政府、浙江大学和开发区管委会合作共建，总投资9.8亿元。

△ 开发区现代服务业重点项目下沙银泰城签约。

△ 浙江省仪器仪表行业学会副理事长兼秘书长张伟宁一行访问开发区中自科技园，向浙江正泰中自控制工程有限公司颁发理事单位证书。

29日 开发区举行无偿献血活动，杭州顶益食品有限公司、杭州顶正包材有限公司等7个企业116名员工参与献血活动，献血3.36万毫升。

△ 市人大常委会副主任、总工会主席郑荣胜一行调研开发区工会工作。

30日 开发区党工委召开学习会，传达8月26日市直单位党的群众路线教育实践活动专题会议精神，对教育实践活动进行再部署。

△ 2013年杭州工业设计博览会在杭州和平会展中心开幕。开发区和达创意设计园组织园区8个设计创意类企业参加博览会。

△ 位于开发区天城东路252号的方回春堂下沙馆开业。该馆营业面积3000平方米，内设国医馆、国药馆、参燕柜台及汉方经络养生馆。

方回春堂下沙馆售药大厅 （郑体兵 摄）

▶▶资料：方回春堂

方回春堂创始于1649年（清顺治六年），至2013年有364年历史，是中国最古老的国药馆之一。创办人方清怡系钱塘籍人士，出身于中医医药世家，精通药理，悉心研究明代万历年间杭城名医吴元溟的《痘科切要》《儿科方要》，常以家传秘方研制丸药，使沉痾久病之人得以康复。2001年，方回春堂在杭州河坊街原址恢复营业。经过10余年的发展，已成为国内成长最快的国药老字号之一。

8月 开发区推出“美丽东部湾”建设三年行动计划（2013—2015年），围绕产业转型升级、城市品质提升和社会和谐构建三方面推进“美丽东部湾”建设。

9月

1日 开发区江湾小学、月雅河幼儿园、星辰幼儿园投入使用。

△ 即日起，开发区对福雷德广场和物美超市区块启动道路停车泊位的收费工作，首批共设819个收费停车位。

3日 党工委书记、管委会主任陈晨一行查看高教景观渠、临江护塘河、5号渠等区内河道水系，并召开会议部署开发区清水治污专项行动。

△ 开发区前进工业园区指挥部组织中层以上干部赴萧山临江工业园区学习交流。

4日 开发区行政审批制度改革工作推进会召开。

5日 杭州市副市长谢双成到开发区调研经济社会发展情况及江东市本级区块（前进工业园区）开发建设工作。

△ 市人力社保局课题调研组一行8人调研开发区电子商务业发展情况。

6日 杭州市“三江两岸”城区绿道建设现场推进会在开发区召开。

8～11日 开发区组队参加在福建厦门举行的第十七届中国国际投资贸易洽谈会。

10日 杭州地铁1号线站点周边新增16个24小时公共自行车服务点，开发区下沙西站、金沙湖站、高沙路站3个站点包括在内。

△ 开发区金沙湖一期公园永久电通过市电力局审批，实现湖区配电房永久变压器通电。

10~30日 开发区管委会借助下沙网平台，征集群众"我最关注的下沙民生问题"。调查结果显示，前3项民生问题分别是环境问题、出行问题、配套问题。

12日 江苏省常州市科教城管理委员会一行4人到开发区学习交流非公企业党建工作的经验和方法。

12~13日 浙江省环保厅会同省科技厅、省商务厅等单位组织专家组对开发区国家生态工业示范园创建工作进行预验收。

16日 开发区前进工业园区前进商贸城设计方案通过批复。建设内容为农贸市场、商业用房，总用地面积1.76万平方米。

△ 萧山区委常委、常务副区长洪松法一行到开发区前进工业园区进行对接交流。

17日 国家科技部发布2013年度科技型中小企业技术创新基金立项项目公告，开发区杭州景杰生物科技有限公司、杭州坚迪金属表面技术有限公司、德帕姆（杭州）泵业科技有限公司项目上榜，争取国家资金支持190万元。

19日 位于开发区前进工业园区的西子航空飞机零部件项目新厂房落成。

22日 国家人力资源社会保障部、国资委公布中央企业先进集体和劳动模范名单，开发区浙江蓝天环保高科技股份有限公司获"中央企业先进集体"称号。

△ 位于开发区前进工业园区的长安福特汽车项目办公大楼和员工食堂启用。

23日 开发区"生态下沙，节水先行"科普行动计划启动。浙江水利水电学院成为开发区首个"科普教育基地"。

25日 开发区下沙街道赴江干区四季青街道学习交流社区集体经济股份制改革工作经验。

27日 商务部外资司副司长邱丽新率调研组到开发区调研经济社会发展情况，并就优化国家级开发区投资环境及其评价体系的课题撰写进行探讨。

29日 省发改委资源节约与环境保护处到开发区杭州杭联热电有限公司、三花工业园调研循环化改造工作。

10月

6~8日 开发区全力防御第23号强台风"菲特"。受"菲特"影响，开发区有10余处低洼处或施工路段积水严重。

8~13日 全国全民健身操大赛总决赛在山东省青岛市举行。开发区下沙中学健美操队参赛取得有氧健美操规定动作徒手套路初中组第1名，获特等奖。

11日 杭州市民卡"智慧医疗——边诊疗边付费"功能在开发区下沙、白杨两个街道的社区卫生服务中心开通。

△ 开发区组队参加杭州市"喜聚重阳，舞韵太极"企业退休人员广场舞、太极拳比赛。开发区参赛的16人排舞队和太极队分别获三等奖和二等奖。

12日 第十五届杭州西湖国际博览会科技合作洽谈会暨外商投资项目签约仪式在浙江世贸国际展览中心举行，开发区"国瑞融资租赁"等3个重大投资项目完成签约。

△ 开发区史陶比尔（杭州）精密机械电子有限公司、东芝信息机器（杭州）有限公司、浙江正泰中自控制工程有限公司等6个企业参加第十五届杭州西湖国际博览会经贸科技合作洽谈会主题展。

13日 开发区东部湾电子商务协会成立，首批有会员单位14个，涉及服装、饮食、化妆品等行业。

15日 莱默尔（浙江）自动化控制技术有限公司在开发区杭州东部高新产业园奠基。该公司是德莱默尔有限公司全资子公司，注册资本600万美元，项目用地0.67公顷。

△ 开发区2013年度秋季大型招聘会在智格新城广场举行。杭州加多宝饮料有限公司、杭州顶正包材有限公司、浙江三花汽车零部件有限公司、杭州纸友科技有限公司等152个企业推出7000余个工作岗位。

16日 杭州市人大常委会副主任洪航勇一行到开发区考察杭州旭化成纺织有限公司废水治理工作。

△ 杭州市消防支队支队长金松柏率队调研开发区现代物流专业市场集聚区消防工作。

17日 市委副书记、代市长张鸿铭走访西子航空飞机零部件制造基地并调研开发区工作。

△ 开发区北部区块元西路道路建设涉及的3

个企业完成搬迁签约。元西路为北部区块主骨架道路，涉及下沙街道湾南、新元两个社区的2.06公顷土地。

18日 长安福特汽车有限公司采购部总监余先伦一行，召集首批本地供应配套零部件企业到开发区进行对接交流。

22日 位于沿江居住区块的开发区世茂小学开工。

24日 2013年海外华商杭州投资洽谈会分会在开发区举行。70余名华商、侨商考察开发区投资环境，参观高科技企业孵化器、浙江省海外留学人员创业园，并进行项目对接洽谈。

25日 参加第十六届杭州国内经济合作洽谈会的100余名浙商组成考察团，到开发区考察东部湾总部基地、东部高新产业园、新加坡杭州科技园、浙江杭州出口加工区。

26日 开发区菜鸟网络项目作为浙商回归重点引进项目，代表杭州市在第二届浙商大会上签约。

△ 著名经济学家吴敬琏一行到开发区三花工业园参观考察。

28日 杭州市副市长谢双成会见日本HI-LEX（海德世）集团总裁、重庆海德世集团董事长寺浦实一行。寺浦实一行到杭州专程考察江东市本级区块投资环境，与前进工业园区达成投资合作意向。

△ 开发区公安分局治安防控机动队（PTU）成立并启动运行。

△ 开发区工会第四次代表大会召开。大会选举产生新一届开发区总工会委员和经费审查委员会委员，宋惠安当选开发区总工会主席。

29日 长安福特汽车有限公司执行副总裁罗明刚一行到开发区，对接江东汽车零部件产业园建设工作。

30日 市委常委、纪委书记施彩华带队到开发区调研经济社会发展及党风廉政建设情况。

△ 由开发区管委会、杭州市文广新局、绍兴市文广新局主办，开发区社发局联合杭州市文化馆、绍兴市文化馆共同承办的“文化走亲”活动在开发区白杨街道邻里社区举行。

31日 杭州地铁1号线一期工程下沙延伸段盾构工程开始施工。

△ 白杨街道云水社区金沙学府小区正式实施物业自治，为开发区首个物业自治小区。

11月

1日 浙江省经济合作交流办公室主任姚少平一行到开发区调研，考察杭州东部湾总部基地、出口加工区项目地块。

△ 开发区空地拆违专题会议召开。

4日 开发区乡镇财政国库集中支付改革业务培训会议召开。

△ 北京市顺义区副区长盛德利一行到开发区杭州钱江弹簧有限公司参观考察。

5~6日 北京航空航天大学通用航空产业研究中心主任高远洋一行到开发区前进工业园区考察航空零部件产业园。

6日 2013年浙江·杭州国际人才交流与合作大会在杭州国际会议中心开幕。开发区洽谈项目152个，签约项目20个，签约资金2.5亿元。

△ 由市城管委主办、杭州网承办的“美丽城管”微电影大赛中，开发区城管行政执法大队参赛作品《温情夏日》获二等奖。

7日 开发区召开防汛积水点“一点一方案”专题会议，研究台风“菲特”期间全区19处积水点整治方案。

8日 作为浙江·杭州国际人才交流与合作大会的分会场，“相约东部人才港”创新创业推介会在开发区举行。

12日 萧山区政协主席谭勤奋一行到开发区前进工业园区调研，考察长安福特汽车、西子航空飞机零部件、统一食品等项目建设情况。

13日 开发区组织由人大代表、党代表、政协委员及群众代表、新闻媒体组成的“三改一拆”工作监督组对下沙街道智格社区过渡房、广州富利施工用房、上沙社区过渡房、新元社区违建农贸市场4个违法建筑拆除项目和浙江省海外留学人员创业园旧厂区改造项目进行现场督查。

△ 云南省昆明市副市长阮凤斌一行到开发区白杨街道考察交流。

14日 第十一届“最美杭州人——十大杰出青年”获选名单公布。开发区公安分局白杨派出所副所长张思洋被评为“十大杰出青年”，浙江顶尚信息服务连锁有限公司董事长王大祝被评为“十大青年英才”，德帕姆（杭州）泵业科技有限公司董事长兼总经理周良被评为“十佳来杭创业务工青年”。

△ 开发区召开首届“诚信药店”评选活动，启动药店流通企业量化分级管理和信用体系建设。

15日 杭州市人大代表江干代表团第三小组到开发区调研大气环境整治工作。

△ 开发区法院开展“收网2013”集中行动，集中梳理涉及民生、金融类案件中拒不履行的被执行人和企业。

15~18日 开发区杭州玫隆食品有限公司、杭州丘比食品有限公司等食品制造企业组团参展在宁波举行的2013年中国食品博览会。

21日 开发区高技能人才直接认定现场会在杭州世宝汽车方向机有限公司召开。

△ 内蒙古鄂尔多斯创意产业园代表团一行参观开发区和达创意设计园。

25日 杭州市委常委佟桂莉率市发改委、市经信委、市财政局等8个部门负责人到开发区前进工业园区督查长安福特汽车项目，了解项目推进情况。

△ 杭州市高科技企业孵化器有限公司二期工程被国家住房和城乡建设部评定为“2012~2013年度中国建设工程鲁班奖（国家优质工程）”，这是开发区建区以来首次获国家建设工程质量最高奖的工程项目。

▶▶资料：中国建设工程鲁班奖（国家优质工程）

中国建设工程鲁班奖（国家优质工程），简称“鲁班奖”，原名“建筑工程鲁班奖”，于1987年设立。鲁班奖作为全国建筑行业工程质量的最高荣誉奖，每年评选一次，奖励数额为每年45个，授予创建出一流工程的企业。鲁班奖工程划分为四类，分别是公共建筑工程，工业、交通、水利工程，住宅工程，市政和园林工程。杭州萧山国际机场航站楼、复兴大桥（钱江四桥）、高新区（滨江）高新产业大楼、杭州湾跨海大桥等建筑都曾获得该奖项。

△ 开发区党工委理论中心组召开学习会，传达中共十八届三中全会精神，部署开发区学习贯彻工作。

26日 下沙天然气热电厂竣工并实现从系统向电厂送电。下沙天然气热电厂位于开发区北部区块，占地7.2公顷，2012年7月开工建设。

27日 江干区委常委、常务副区长王敏，区委常委、副区长魏丹英率考察组到开发区行政服务中心考察交流。

△ 杭州市青年联合会组织近百名青联委员到开发区进行商务考察。考察的青联委员有浙江天天快递有限公司董事长詹际炜、灵隐宾馆总经理谢宗新等。

28日 开发区下沙街道柠檬、早城、艳澜3个社区党支部、居委会挂牌成立。

△ 由省教育发展中心承建、杭州电子科技大学等11所下沙高教园区高校联建的青年教师公寓“丽泽苑”启动交房仪式。

△ 位于4号大街191号的开发区时代山农贸市场开业。

29日 全国人大常委会原副委员长、“两院”（中国科学院和中国工程院）院士路甬祥一行考察开发区和达创意设计园。

△ 由省商务厅与浙江日报社联合推出的“首届浙江开发区特别贡献奖”榜单发布，杭州经济技术开发区获“首届浙江开发区特别贡献（开放创新）奖”。

△ 第十届百家优秀汽车零部件供应商颁奖典礼暨2013年中国汽车发展论坛在北京举行。开发区杭州钱江弹簧有限公司获“百家优秀汽车零部件供应商”称号，董事长张涌森获“中国汽车零部件行业杰出企业家”称号。

11月 开发区东芝信息机器（杭州）有限公司获由日本能率协会设立的“GOOD FAC-TORY奖”中的“制造过程革新奖”。

12月

4日 省委常委、常务副省长蔡奇赴大江东产业集聚区调研，并考察开发区前进工业园区长安福特汽车项目和城市综合体项目。

△ 省委常委、市委书记龚正带队到开发区调研经济社会发展情况。

△ 12时21分，市气象台发布2013年杭州市首个霾橙色预警信号，地处杭州东部的开发区雾霾严重。

△ 开发区助残服务月开幕式暨开发区助残志愿服务队成立启动仪式在浙江理工大学举行。该活

动由杭州市残联、开发区残联、浙江理工大学团委主办，浙江理工大学学生手语志愿服务社承办。

5日 开发区召开杭州东部高新产业园、江东汽车零部件产业园开发建设情况推进会，研究两大园区招商引资、配套建设、腾笼换鸟、方案优化等问题。

△ 开发区前进工业园区指挥部组织中层以上干部赴杭州钱江经济开发区学习，借鉴兄弟园区在集聚发展、创新发展、产城融合、要素破解、服务保障等方面的先进经验和特色做法。

△ 开发区AQI指数（空气质量指数）237以上，属重度污染。开发区社发局印发紧急通知，要求全区各中小学及幼儿园暂停户外活动。

7日 由开发区总工会、区团工委、钱江晚报《今日下沙》报、浙江理工大学艺术与设计学院社团管理委员会共同举办的“第三季高校达人秀”总决赛在浙江理工大学开赛。经综合评选，浙江传媒学院田益豪以故事插穿魔术的《折纸之悟》节目获得冠军。

9日 由中铁三局负责施工的杭州地铁1号线下沙延伸段文海南路站至文泽路站区间左线盾构机始发。

△ 开发区首个社区文化学习班在下沙街道头格社区开学。

11日 开发区召开江东创新产业园、杭州东部产学研创新示范园、新加坡杭州科技园开发建设情况推进会。

12日 2013年中国设计红星奖颁奖典礼在北京举行，开发区和达文创园企业杭州斯帕克造型艺术有限公司设计的“早教婴儿床”获红星奖。

△ 杭州空港经济区（空港新城）党工委书记、管委会主任姚进率中层以上干部到开发区前进工业园区座谈交流。

16日 位于开发区金沙大道600号的杭州和达希尔顿逸林酒店开业。该酒店有20层，拥有客房和套房308间，由杭州万国投资管理有限公司开发建设。

19日 位于开发区的物流服务企业—浙江网仓科技有限公司，在第三届中国电子商务与物流企业家年会上，获2013年中国电子商务物流服务模式创新奖、中国电子商务供应链优秀案例奖，并入选中国电子商务物流服务五十强。浙江网仓科技有限公司首席运营官罗贵获2013中国电子商务物流年度人物。

24日 2013年开发区“两新”组织（新经济组织和新社会组织）的党组织书记在高科技企业孵化器园区进行学习培训。

△ 开发区杭州朝阳橡胶有限公司开展的省内首个ISO 50001能源管理体系验收通过。

25日 省商务厅厅长周日星一行到开发区调研经济社会发展情况。

△ 由市经信委批准的杭州市3D打印产业联盟成立。该联盟理事长单位杭州先临三维科技股份有限公司在开发区建有大型3D体验中心。

27日 中共杭州经济技术开发区管委会机关委员会党员代表大会召开。会议选举产生新一届机关党委、机关纪委领导班子。

30日 杭州德胜快速路全线通车。该快速路东起开发区文汇路，西至杭州保俶北路，全长约16千米。

△ 由开发区与杭州职业技术学院合作共建的开发区产学研发展学院揭牌。中高控股集团公司、众泰控股集团公司、中国松下电化住宅设备机器社、白杨街道、开发区资产经营集团有限公司作为首批合作单位与学院签约。

31日 开发区第14次“春风行动”暨第9次“助学助困”慈善救助活动启动。

△ 开发区综合应急救援联席会议制度建立。

（年鉴编辑部）

总 述

·区域设置·

【地域沿革】 杭州经济技术开发区（简称开发区）所在地下沙，原为钱塘江故道。唐至清初，以钱塘江江滩为主要地貌。清末，称北沙。民国初年，开始有人开发垦殖。20世纪30年代，称杭州市皋塘区北沙村。中华人民共和国成立后，划属杭县，称乔司区下沙乡。1958年4月，杭县撤销，下沙乡归杭州市临平区管辖。1961年划归余杭县，建立下沙人民公社。20世纪50~70年代，为防御钱塘江洪潮灾害，该地沿江区块抛石构筑防洪大堤，形成三号大堤以西围垦滩地，称老围垦区。1971~1980年，余杭县组织下沙、乔司等地3万余人，围垦钱塘江江涂，形成钱塘江堤岸和三号大堤以东围垦区域，称新围垦区。1983年10月，余杭县恢复乡镇建制，下沙人民公社改为下沙乡。1994年4月，余杭县撤县建市，下沙乡属余杭市管辖。1996年12月，下沙乡成建制由余杭划归杭州市江干区。1998年10月，下沙乡撤乡建镇。1999年8月，下沙镇行政区域范围委托杭州经济技术开发区管理，划属开发区行政管辖至今。

根据杭州市委、市政府委托，开发区负责对位于萧山江东围垦区的前进工业园区实施开发建设。前进工业园区，早属原海宁县南部沙地。18世纪初，沙地淤积逐与萧山联结成陆。清嘉庆十八年（1813年），划萧山管辖。20世纪初，部分熟地开始农业垦殖。20世纪50~70年代，萧山在钱塘江东部区域开展大规模围垦，经数次滩涂沙地筑堤后围垦成形。因此地紧靠钱塘江，可继续向前围垦，故名前进。1976年开始筹建公社，1978年正式成立前进公社，1984年改名为前进乡。2001年7月，前进乡建制撤销，其行政区域并入新湾镇。2009年8月，萧山行政区划调整，河庄、新湾等5个镇建制撤销，在原河庄镇围垦大道与九工段直河之间的围垦区域和原新湾镇的前峰、临江、三丰3个行政村的行政区域内建立前进街道办事处。街道办事处驻地江东一路4766号。

【建区经过】 1984~1989年，杭州对开发钱塘江北岸下沙区块进行规划设计。1990年初，杭州市委、市政府根据浙江省政府关于建立“钱江经济技术开发区”“钱江出口工业区”等设想，组织有关部门调查论证，形成建立杭州钱江投资区的意见。同年6月，浙江省委常委会听取杭州市建立钱江投资区情况汇报，同意建立投资区并确定建设投资区的方针、开发范围、开发形式和领导管理体制；8月15日，浙江省人民政府批准建立杭州钱江外商台商投资区（简称钱江投资区）。钱江投资区以钱塘江为轴线，设江南、江北两个区块，江北区块面积30平方千米，分下沙、滨江两个区块（规划面积3平方千米的滨江区块后移交杭州市城乡建委负责开发）。1992年5月23日，钱江投资区下沙区块首期工程开工奠基，规划开发面积27平方千米的钱江投资区下沙区块开发建设正式启动。1993年4月4日，经国务院批准，杭州经济技术开发区在钱江投资区下沙区块范围内划块成立，批准开发面积10平方千米，区域范围北至规划2号大街、12号大街与20号大街，南至20号大街，西至1号大街，东至15号大街。

【扩容拓展】 1994年4月，浙江省第八届人大常委会第十次会议批准颁发《杭州经济技术开发区条例》，明确杭州经济技术开发区管理范围为先期开发10平方千米，外围规划控制面积17平方千米。1999年8月，经杭州市委、市政府批准，江干区原下沙镇行政区域范围（包括围垦区和部分钱塘江水域）成建制委托杭州经济技术开发区管理，开发区行政管辖面积由27平方千米扩至104.7平方千米。2000年4月，国务院在开发区东部地块批准设立浙江杭州出口加工区，面积2.92平方千米；8月，浙江省人民政府在开发区北部地块批准建设杭州下沙高教园区，面积10.91平方千米。2002年7月，杭州市委、市政府在萧山区江东围垦区域设立市本级区块江东工业园区，面积20平方千米，作为杭州经济技术开发区扩容区块。2003年6月，江东工业园区面积调整至40平方千米。2009年8月，“江东工业园区”更名为“前进工业园区”，由杭州经济技术开发区管理委员会负责该区块开发建设。

【管理机构】 设立杭州经济技术开发区管理委员会（简称开发区管委会），作为杭州市政府派驻机构，对开发区开发建设实行统一领导和管理，履行政府各项行政管理职能。海关、出入境检验检疫、工商行政管理、质量技术监督、税务等工作，由上级有关部门在开发区设立分支机构予以配套管理。开发区管委会内设若干职能机构，行使招商引资、经济发展、建设管理、人事劳动保障、城市管理、社会事业等相关行政职权。浙江杭州出口加工区管理委员会与杭州经济技术开发区管理委员会合署办公，实行“两块牌子、一套班子”管理体制，区综合管理局负责出口加工区日常工作。根据社会职能属地管理原则，杭州下沙高教园区社会事务管理由开发区管委会负责。成立杭州经济技术开发区前进工业园区开发建设指挥部，负责园区具体开发建设和管理，下设综合管理处、经济发展处、招商投资处、规划建设处、土地利用处5个内设机构。

·地理 气候 人口·

【区位交通】 开发区地处长江三角洲南翼，位于杭州市东部、钱塘江下游北岸，东南面与钱塘江相接，江岸线长13.5千米。地理位置为北纬30° 15′ 14″ ~30° 23′ 13″与东经120° 17′ 35″ ~120° 24′ 25″之间，东北部与嘉兴海宁接壤，东南以钱塘江江心线为界，与萧山隔江相望，西面与江干区九堡镇交接，北至余杭区乔司地块，管辖面积104.7平方千米。与杭州市中心相距19.5千米，经下沙路、之江东路、德胜快速路与杭州主城相接，杭州地铁1号线将杭州主城与开发区连为一体。毗邻上海、宁波，东北部邻近上海港，东南部邻近宁波港，距上海港170千米、宁波港160千米，距杭州萧山国际机场15千米，离京杭大运河杭州货运码头20千米。交通便利，建有高速公路枢纽中心，东北通沪杭高速公路，西北通杭宁高速公路，南面通杭金衢高速公路，东南通杭甬高速公路。

【地质水文】 开发区属钱塘江淤积平原，地势平坦，地面自然标高5.1米~5.8米（黄海高程）。土壤多为泥沙，系沙壤土，以粗粉沙为主。沉积70米~80米厚的第四纪地层，基岩为白垩系砂岩、砂粒岩。中更新世形成的陆相地层覆盖于基岩之上，顶板起伏及厚度变化大，物理力学性质较好。上更新统岩性为可塑状亚粘和密实状粗砂、砂砾石。全新世以海陆过渡相为主，分布整个区块，厚度较稳定，岩性为粉砂，亚黏土。全新统粉砂、粉细砂，物理力学性质较好，直接出露地表或埋藏较浅，厚度5米~14米，承载力10吨/平方米~12吨/平方米。大地构造单元完整，新构造运动不明显，地震活动微弱，属地壳较稳定地区，地震基本烈度为6度。钱塘江自西向东由辖区东、南边界流过，年均流量1020立方米/秒。域内人工河渠成网，向南、东流经排水闸后注入钱塘江，河水含盐量2‰~3‰。地下水有第四系孔隙水，分松散类孔隙水和基岩裂隙水，水量贫乏。浅表水位随区内河道水位变迁而升降，水位标高2.6米，无侵蚀性。

【气候特征】 开发区属亚热带季风气候，四季分明。春季温凉多雨，盛行风向以东风为主；夏季炎热湿润，以东及东南风为主；秋季先湿后干，以北及西北风为主；冬季寒冷干燥，以西北风为主。年平均气温15.9℃~17.0℃，极端最高气温39.8℃~42.9℃，极端最低气温-7.1℃~-15.0℃。年平均相对湿度63%~68%，年平均降雨量730毫米~1685毫米。年平均日照1900小时，无霜日302天~339天。7~9月，多台风，伴有大雨或暴雨，过程降雨量100毫米，最大时200毫米~300毫米。2013年，开发区年平均气温总体偏高，年雨雪日偏多，降水季节分布不均，全年突发异常天气影响严重。1月3~4日，出现大雪天气，道路积雪、结冰，交通受阻，中小学停课。2月7~8日和17~18日，出现两场降雪，气温较低，路面冰冻。6月7日，入梅，出现暴雨，伴随强雷电、大风、降温。6月27~29日，连续暴雨天气，海达南路与金沙大道交叉口等地出现严重积水。7月下旬至8月上旬，出现严重的高温热浪少雨天气，极端最高气温破历史同期最高纪录。10月6~7日，台风“菲特”袭击，强降雨使区内10余处低洼处或施工路段积水严重。12月4~9日，重度雾霾天气，能见度1000米~3000米，7~8日能见度低于50米，全区中小学叫停户外活动。

【全区人口】 2013年，开发区出生人数971人，死亡人数154人，人口自然增长数817人；人口出生率1.02%，人口死亡率0.16%，人口自然增长率0.86%。至年末，全区总人口41.02万人，从业人口22.71万人，其中规模以上工业企业从业人口13.74万人。公安部门户籍登记人口9.48万人，比上年（指2012年，下同）末减少0.22万人。登记人口中，男性4.83万人，占51.1%，性别比为104.34；非农业人口8.9万人，占93.9%。有暂住人口29.94万人，增加1.11万人。 （年鉴编辑部）

·经济社会发展·

【经济指标实现较好增长】 2013年，开发区实现地区生产总值471.71亿元，按可比价格计算，比上年增长7.2%。实现工业总产值1527.57亿元，增长4.0%。规模以上工业销售产值1555.1亿元，工业增加值增长7.2%。财政总收入114.23亿元，增长8.75%；地方财政收入50.9亿元，增长6.2%。合同利用外资13.5亿美元，实际利用外资7.45亿美元。引进实到内资52.1亿元。进出口总额87.2亿美元，其中出口58.4亿美元，增长11.3%。固定资产投资289.2亿元，增长18.7%。全社会消费品零售总额53.3亿元，增长19.3%。

【创新能力增强】 开发区坚持政府投资和社会投入相结合，加快创新平台建设，启动“东部人才港”和“东部科技港”建设，全年建成投用创新平台面积17.5万平方米，累计54.7万平方米。加快创新要素集聚，全年引进和培育高层次人才201人，其中国家“千人计划”、省“千人计划”等领军型人才20人，增加高层次人才创办企业57个。引进中国科学院理化技术研究所、轻合金国家工程中心等科技项目。创新效益提升，全区企业研发投入增幅30%以上，专利授权量1087件，比上年增长32%。增加市级以上研发（技术）中心25个。新增市级以上高新技术企业43个，其中国家级高新技术企业14个，高新技术产业产值占比提高3个百分点。

【产业集聚加快】 2013年，开发区启动实施“572”培育计划，投入11.5亿元扶持资金，支持企业提质增效、加快发展。招引大项目和优质项目，全年引进“东芝开利”“长安民生”“麦格纳光能”“华东医药”等世界500强及行业领先大项目，引进“菜鸟网络”“中国电信”“新浪微米”等新一代信息技术项目，汽车产业链项目招引实现突破，生物医药产业集聚效应显现。推进项目建设，管委会相关部门优化完善项目推进协调机制，加强针对性服务，与企业团队加强协同配合，共同推进项目开工、竣工和投产。

【质量效益提升】 全年开发区实现工业增加值344.9亿元，比上年增长7.2%。规模以上工业利润总额114.8亿元，增长12.8%。重点企业增速较快，58个产值5亿元以上企业产值增幅高于全区平均水平，其中20个企业实现两位数增长。全年完成产业性投资192.2亿元，增长72.9%，占固定资产投资比重66.5%。其中：工业投资117.5亿元，增长94%；服务业投资74.7亿元，增长58.6%。支持企业开展技术改造，实施一批节能减排项目，万元工业增加值综合能耗下降2.1%。

【空间拓展明显】 2013年，开发区启动实施八大功能区开发建设，推进规划布局、产业定位、基础建设等工作，增加产业用地173.33公顷，盘活存量土地26.67公顷、闲置厂房6万平方米。江东区块（前进工业园区）开发势头良好，全年完成固定资产投资65.6亿元，增长3.69倍，其中工业投资56亿元，增长4.78倍，9个项目实现竣工投产，15个项目加快建设，商务办公、人才公寓等配套项目进展顺利。

【功能配套完善】 2013年，杭州德胜东路高架快速路建成通车，下沙至萧山国际机场大巴开通营运，新开、优化公交线路9条，增加自行车服务点20处。杭州市下沙医院（邵逸夫医院下沙院区）运营，东方医院二期项目结顶，3所学校和幼儿园建成投用，8.4万平方米公共租赁房和41.5万平方米人才专用房建设加快推进。实施现代服务业发展三年行动计划，建成投用商业平台面积83.6万平方米，业态涵盖金融服务、高端商务、现代商贸等领域。 （辛　杰）

【教育均衡发展】 2013年，全区有中小学校13所，其中公办学校8所、民办学校5所。在校学生1.7万人，在册教职工1156人。义务教育阶段在校学生1.67万人，其中外来务工人员随迁子女1.2万人。教学班403个，其中初中教学班103个（学生3925人）、小学教学班300个，（学生1.27万人）。义务教育阶段在册教职工1027人，专任教师977人，其中初中专任教师312人、小学专任教师665人。幼儿园30所，其中公办幼儿园10所、民办幼儿园20所。在园幼儿8110人，其中公办幼儿园在园幼儿3560人，占在园幼儿总数的44%；民办幼儿园在园幼儿4550人，占在园幼儿总数的56%。（郭莹莹）

【民生保障加强】 2013年，开发区加快民生保障设施建设，成立养老服务指导中心，增加养老床位180张，每百位老人拥有床位4.7张。新建居家养老服务工作站8个、社区居家养老服务照料中心1个、老年食堂7个，居家养老政府购买服务人数220人。开展社会优抚，全区发放抚恤补助37.01万元，重点优抚对象医疗报销2.22万元。安置退役士兵7人，发放补助32.7万元、立功奖励2925元。全区28个社区帮扶救助服务站，全年向低保家庭发放低保金7.11万元，发放残疾人生活保障金等44.17万元、物价补助7.36万元。开展慈善救助，全年善款支出424.81万元。其中，助学助困支出70万元，单位、个人捐款定向支出262.62万元，日常救助支出36.5万元，甘霖教育基金救助支出39.23万元，四川雅安地震解缴市慈善总会16.46万元。（严 萍）

·园区建设·

【浙江杭州出口加工区】 位于开发区东南部，北起12号、14号大街，南至20号大街，西起11号、15号大街，东至21号大街，面积2.92平方千米，首期开发2.007平方千米。2000年4月，经国务院批准成立，是全国首批15个出口加工区试点之一。2001年3月，首期封闭区域围网、卡口、海关监管等硬件建设完成；同年5月，封关运作启动。2013年，出口加工区实现工业总产值124.54亿元，工业产品销售额124.68亿元，工业企业利润总额14.15亿元，税收总额4.03亿元，进口值8.67亿美元，出口值4.03亿美元。出口主要产品为笔记本电脑、汽车连接线和仪表配件、小家电、数码照相机配件及饮料瓶盖。入驻企业33个，从业人员9223人。（周郑宇）

【杭州下沙高教园区】 位于开发区东北部，北邻德胜东路，南至2号大街（部分4号大街），西起文渊路，东至钱塘江岸线，面积10.91平方千米。2000年8月，经浙江省人民政府批准建立，同年12月启动建设。园区以杭州绕城高速公路东线为界，分东、西两个校区，东校区6.88平方千米，西校区4.03平方千米。入驻高校14所，东校区入驻浙江工商大学、浙江财经大学、杭州师范大学、浙江水利水电学院、浙江金融职业学院、浙江经贸职业技术学院、浙江经济职业技术学院、浙江育英职业技术学院8所高校，西校区入驻浙江理工大学、杭州电子科技大学、中国计量学院、浙江传媒学院、浙江警官职业学院、杭州职业技术学院6所高校。14所高校有全日制普通高校在校生18.17万人。2013年，园区完成投资2.54亿元，其中西校区投资1.75亿元、东校区投资0.79亿元。至年末，园区累计完成投资77.95亿元。（沈建锋）

【前进工业园区】 位于萧山区东北部，东至九工段直河，南至江东大道，西至钱江大道，北至钱塘江岸线，东南面与萧山临江新城相接，西面与萧山江东新城相连，面积40平方千米，是开发区在杭州大江东区域的功能拓展区。2002年7月，批准成立。2006年4月，明确四至界线。2007年8月，进入实质开发，首期启动5.35平方千米开发建设。2013年，园区完成固定资产投资65.58亿元，其中基础设施建设投资10.04亿元、工业项目投资55.54亿元；招商实现合同外资4.31亿美元，实际利用外资1.83亿美元，实到内资31.23亿元。至年末，园区累计投入建设资金100亿元，建成主骨架道路11条，通车里程27千米。日供电能力28万千伏安，日供水能力15万立方米，日污水处理能力6万吨。累计引进项目31个。其中：外资项目14个，总投资19.24亿美元，内资项目17个，总投资163.4亿元。（何 畅）

·街道 社区·

【街道受托管理】 开发区实行带街道的管理体制，根据市委、市政府的委托，依法管理杭州市江干区下沙、白杨两个街道办事处及34个社区居民委员会。2013年，下沙街道辖头格、智格、七格、高沙、上沙、中沙、下沙、元成、新元、 松合、东方、湾南、新沙、铭和、杭铣、柠檬、滟澜、早城18个社区，户籍人口2.6万人，暂住人口9.29万人；白杨街道辖景园、大北、月雅苑、高教、邻里、闻潮、云水、多蓝水岸、朗琴、海天、伊萨卡、东湾、观澜、江滨花园、美达、江潮16个社区，户籍人口6.18万人，暂住人口20.65万人。

【下沙街道】 2004年7月，在原下沙镇行政区域内批准建立。东北自下沙东郊园向南沿海宁围垦接壤处至钱塘江边，南以钱塘江为界，西与江干区九堡镇八堡村、九堡村接壤，北与余杭区乔司镇吴家村、胜稼村、学稼村接壤，东至省第六监狱与余杭区乔司镇吴家村、南苑街道大园村及海宁市许巷乡唐桥村相接，区域面积95.3平方千米（除去该区域内白杨街道管辖的9.4平方千米，下沙街道全境地域面积85.9平方千米）。街道办事处驻开发区海达南路555号。2013年，街道完成工业销售产值21.6亿元。财政总收入2.93亿元，比上年增长26%；地方财政收入1.45亿元，增长10%；个体税收3290万元，增长20%。固定资产投资28亿元，增长68%；社会零售品消费总额24.62亿元，增长17.2%；引进内资7.51亿元，协议外资1.87亿美元，实际利用外资8110万美元。社区经济总收入12.94亿元，社区年收益6.08亿元，居民人均收入2.59万元。

【白杨街道】 2002年4月，经杭州市人民政府批准，在原下沙镇行政区域范围内切块设立。东至文津路与11号大街，西至文渊路、2号大街、1号河渠、6号大街与1号大街相接，南至12号大街，北至杭州绕城高速公路，面积9.4平方千米。受开发区管委会委托，托管辖区以东、以南至沿江及其他未建制区域（面积31.8平方千米），行政总管辖面积41.2平方千米。分公建区、住宅区、高教园区、工业园区、出口加工区5个功能区块，居民住宅小区41个。街道办事处驻开发区4号大街（浙江育英职业技术学院对面）。2013年，街道完成财政总收入1.87亿元，实现固定资产投资4.37亿元，社会消费品零售总额33.34亿元。协议外资1.62亿美元，实际利用外资2499.3万美元，引进内资7.51亿元。

【江潮、美达社区成立】 12月23日，经杭州市江干区人民政府第15次常务会议研究，同意建立白杨街道江潮、美达社区。调整云水社区四至范围，建立江潮社区；调整景园社区四至范围，建立美达社区。江潮社区四至范围为东至之江东路，南至6号大街，西至27号大街，北至学正街，规划居住户数5003户，由江语海阁小区、景冉佳园小区、沁香公寓组成，辖区面积0.37平方千米。调整后的云水社区四至范围：东至23号大街、27号大街，南至6号大街，西至11号大街，北至2号大街、学正街。美达社区四至范围：东至5号大街，南至4号大街，西至3号大街、小区支路（大都文苑风情小区、北银公寓、和达城小区之间支路），北至2号大街，规划居住户数2349户，由和达城小区、北银公寓、西子阳光星城组成，辖区面积0.22平方千米。调整后的景园社区四至范围为东至小区支路（大都文苑风情小区、北银公寓、和达城小区之间支路）、3号大街，南至12号大街，西至1号渠、6号大街、1号大街，北至2号大街。

·投资服务环境·

【行政审批制度改革】 2013年，根据杭州市深化行政审批制度改革行动部署，开发区管委会将审批制度改革列入年度考核重要内容和加强党风廉政建设的重点工作，成立开发区行政审批制度改革领导小组，加强对审改工作组织领导和统筹协调。成立“提升投资项目审批效能督察组”，通过工作例会、专项检查等方式对审改任务工作监督检查，对落实进度慢、落实不到位情况予以通报和绩效考核扣分。由投资项目审批相关的10个审批部门成立提升投资项目效能工作小组，明确职责，落实机构，提升督查效能。探索创新行政审批运行机制，推广集中审批、并联审批、联合审批、代理审批，优化审批流程，延伸服务方式，提高审批效率。

建立审批事项定期清理制度，规范审批服务事项，更新审批事项目录，同时通过台账抽查、业务量统计、群众反映等渠道，发现窗口事项变动情况及审批流程中的问题，在职能部门考核中明确整改。按照省、市简政放权稳增长、推转型、促就业的工作要求，对行政许可、非行政许可、带有审批性质的日常管理服务等事项开展自查清理，对省、市公布取消的事项进行调整，未保留的审批项目予以取消，清理结果向社会公示。

【行政审批事项缩减】 2013年，开发区以“务实、高效”和“办事不出区”为目标，努力缩减办事时效和清理各类行政审批事项。年初，开发区管委会研究制定《关于进一步提升投资项目审批效能的工作意见》，从10个方面减少和简化审批环节，推进投资项目审批提速，创造富有国家级开发区特色的投资创业发展环境。通过优化工业项目土地招拍挂办事流程，压缩优化工业项目用地出让程序42%的时间；实行项目建议书与可行性报告合并编报和审批、方案设计与初步设计合并审查等机制；运行投资项目综合管理系统，工业项目审批涉及的9个审批部门的43项事项均纳入系统管理，通过对项目审批各环节的留痕操作、实时监管，促进项目审批规范和提速。

【项目审批效能提升】 全年开发区通过优化项目审批流程、启用审批管理系统、集中事项办事、清理审批事项等方式，提升项目审批效能。项目立项采用部门协调合作的方式，实行立项、规划、土地等“同步审批”，将项目立项从最长的20个工作日缩至2个工作日；取消建设项目交通影响评价分析；以出让方式取得土地的项目，不再进行“建设项目规划条件核发”的审批。启用项目审批管理系统，通过统一的审批系统对一次性告知和预审情况进行留痕操作，工业项目审批涉及的区内9个审批部门的32项事项全部进驻，最大限度优化联合审批、并联审批机制，全年23个项目通过系统运行，其中4个项目已通过系统完成开工前手续。集中事项办理，全区11个审批职能部门、4个配套服务机构均在行政服务中心设置窗口，事项入驻率81%；启用“行政审批专用章”，提高进驻审批事项授权率。清理规范审批事项，全年入驻开发区行政服务中心的审批（服务）事项合并、调整或撤销82项，其中入驻窗口事项新增52项，涉及医保、市民卡、公积金等公共服务。统一规范3个类别投资项目涉及的17种32个审批事项的名称、条件和报件材料，取消文明施工、计划生育等“搭车审批”情况，编制工业项目审批流程图和《办事指南》，从源头对审批行为进行“减负”。

【开发区被列为投资环境评价试点】 8月，国家商务部为总结经验，优化国家级开发区投资环境，开展“以国际化、专业化视野提升开发区综合投资环境”的课题研究，杭州经济技术开发区被列为试点单位。近年来，开发区坚持解放思想、创新驱动，积极探索提升综合投资环境，硬件上从单一注重功能向结构优化转变，同步狠抓服务软环境建设，投资服务环境取得明显进步，为招强引优、推动经济社会发展奠定良好的基础。

·生态环境建设·

【“美丽东部湾”建设启动】 8月，根据杭州市委十一届五次全会通过关于建设“美丽杭州”的决议，开发区启动“美丽东部湾”建设三年行动计划（2013~2015年）。该行动计划以实现“生产美、生态美、生活美”为总目标，实施“产业转型升级行动、城市品质提升行动、社会和谐构建行动”，建设杭州东部“一江一湖二廊三园”七大绿色生态功能区为载体，打造“天清地净、绿色低碳、创新集聚、活力智慧、富庶祥和”的“美丽东部湾”。该计划的建设目标是：开展河道综合整治，实施区内河道污染整治，计划至2015年累计完成8条河道整治，清淤量约15万平方米；开展生态修复，重点完善金沙湖、沿江渠、高教景观渠城市水生态功能，打造集景观、休闲、健身为一体的亲水区，力争水体质量符合国家Ⅲ类水质要求；开展“全民义务植树护绿大行动”，计划每年植树绿化4.7万人次，辖区3年扩绿70万平方米以上，确保2015年达到绿化覆盖率43%，绿地率37%；实施旧住宅区改造、旧厂区改造、城中村改造和拆除违法建筑行动，完成改造旧厂区用地面积38.24万平方米、建筑面积44.81万平方米；完成9个社区拆迁安置房的安置，安置总户数3311户，建筑面积132.2万平方米；完善公共服务设施，加快推进停车场库、教育设施、卫生设施等布点规划编制。

【清水治污专项行动】 9月，开发区党工委书记、管委会主任陈晨带领规划、建设等相关部门，查看高教景观渠、临江护塘河、5号渠等区内河道水系，召开会议对开发区清水治污专项行动进行部署。通过优化河道水系、开展河道整治、落实长效管理机制等措施，按照“强基础、抓整治、促优化、保长效”的工作原则，全面开展水环境保护与整治，力争通过3年努力，全面消除黑臭河道，建成区内50%的河道主要指标达到Ⅳ类水质。2007年起，开发区即开始河道水质改善行动，坚持“河道综保工程与区内截污纳管相结合，与环境综合整治和绿化改造相结合，与新农村建设相结合，与开发区重大项目建设相结合”的原则，全面推进开发区河道综保工程建设和截污纳管专项整治。至2013年末，开发区已完成15条河道的综合整治，主要包括清淤疏浚、打通断头河、截污纳管、绿化景观整治、配套管线“上改下”和生态修复等。

【生态示范园区创建预验收通过】 9月12~13日，浙江省环保厅、省商务厅、省科技厅主持召开杭州经济技术开发区国家生态工业示范园区预验收会议。由环保部、清华大学等单位的专家教授组成的验收组考察杭州华电下沙天然气热电有限公司、史陶比尔（杭州）精密机械电子有限公司、杭州优科豪马轮胎有限公司、国家级高科技孵化器，以及沿江大道和沿江渠工程。经现场考察和资料审核后，验收组一致同意通过预验收审核，形成预验收意见："杭州经济技术开发区按照国家生态工业示范园区建设规划的要求，深入实施'产业高端化、环境品质化、城市国际化'三大战略，生态工业园区建设成效显著。通过推进企业清洁生产，创新环境管理，建设公共基础设施，加强环境整治，使资源能源利用效率明显提高，环境质量持续改善，环境监管体系和公共参与机制明显加强。创建工作档案基本齐全、资料完备、数据可靠，基本条件和建设指标达到《综合类生态工业园区标准》（HJ/T274—2009）和《关于在国家生态工业示范园区中加强发展低碳经济的通知》的要求。"（年鉴编辑部）

·组织机构及负责人·

【开发区组织机构及负责人名单】
（2013年1月至2013年12月）

中共杭州市委杭州经济技术开发区工作委员会

书　记：陈　晨
副书记：程　锋
　　　　邵立春
委　员：詹国平
　　　　何铨寿
　　　　王永芳
　　　　俞　斌
　　　　姚利民
　　　　马佳骏
　　　　郝大龙
　　　　虞付月

杭州经济技术开发区管理委员会

主　任：陈　晨
副主任：程　锋
　　　　詹国平
　　　　何铨寿
　　　　王永芳
　　　　姚利民
　　　　马佳骏
　　　　郝大龙

纪工委、监察局

书　记：俞　斌
副书记：王　勇
　　　　李朝航（至2013年12月）
局　长：王　勇

党工委、管委会办公室（信访局）

主　任：虞付月
副主任：张国平
　　　　李宗凯
　　　　麻　华（2013年1月始）
　　　　肖新宏（2013年1月始）
　　　　范悦诚（2013年1月始）
　　　　俞光辉（2013年10月始）
信访局局长：张国平

组织部、人劳局（人才办）

部长、局长：张义久
副部长：刘晓平
　　　　李军民
　　　　张　鹏
　　　　童华清
副局长：童华清
　　　　吴丽华（女）
人才工作领导小组办公室主任：李军民
"两新"组织党工委副书记：张　鹏

政法委、综治办（维稳办）、司法局

书　记：邵立春
副书记：姚利民
　　　　高云坤
委　员：吕金芳
　　　　张国平
　　　　袁阿兔
　　　　白明跃
　　　　芮智全
主任、局长：高云坤
副主任：袁阿兔
　　　　白明跃
　　　　芮智全
副局长：芮智全（2013年4月始）

机关党委

书　记：邵立春

专职副书记：刘晓平

副书记：黄功胜（2013年1月始）

纪委书记：刘晓平（至2013年12月）

　　　　黄功胜（2013年12月始）

人民法院

党组书记：刘　波（2013年4月始）

党组副书记：余莲娟（女）（2013年7月始）

党组成员：吴文峰（2013年4月始）

　　　　许　俊（2013年4月始）

　　　　吴跃明（2013年4月始）

院　长：刘　波

常务副院长：余莲娟（女）（2013年7月始）

副院长：吴文峰

政治处主任：许 俊（2013年4月始）

执行局局长：吴跃明（2013年4月始）

审判委员会专职委员：邱彤（女）（2013年4月始）

人民检察院

党组书记：吕金芳

党组成员：李桂明

　　　　李征宇

检察长：吕金芳

副检察长：李桂明

　　　　李征宇（女）（2013年4月始）

政治处主任：李征宇（女）

经济发展局（安监局、统计局、物价局、农发局、科技局、知识产权局）

局　长：毕建华（至2013年8月）

　　　史建峰（2013年8月始）

副局长：王伟民

　　　汤丽玉（女）

　　　陶　峰（2013年1月始）

　　　王荣祥

　　　余　军

　　　余庆锋（2013年1月始）

　　　卢建军（2013年1月始）

纪检组组长：王荣祥

社会发展局

局　长：袁　月（女）

副局长：黄功胜（至2013年1月）

　　　李跃清（至2013年1月）

　　　钱晓华

　　　翟敏卫（2013年1月始）

　　　贺学兵（2013年1月始）

　　　陈　雨（2013年8月始）

纪检组组长：黄功胜（至2013年1月）

　　　　贺学兵（2013年10月始）

文化执法大队大队长：翟敏卫

公安分局

党委书记：姚利民

党委副书记：冯惠民

　　　　徐国宏（2013年8月始）

党委委员：徐国宏（至2013年8月）

　　　　郭　强

　　　　赵根国（2013年1月始）

　　　　董　杰（2013年1月始）

　　　　俞　婷（女）

局　长：姚利民

政　委：冯惠民

常务副局长：徐国宏（2013年8月始）

副局长：徐国宏（至2013年8月）

　　　郭　强

　　　董　杰（2013年1月始）

纪委书记、督察长：俞　婷（女）

政治处主任：赵根国（2013年1月始）

巡特警大队大队长：汪建平

教导员：陈家梁（2013年1月始）

刑事侦查大队大队长：董　杰

教导员：刘　芳（女）（2013年1月始）

人口流动管理委员会办公室主任：郭强（2013年8月始）

下沙派出所所长：韩新港

白杨派出所所长：赵根国（至2013年1月）

闻潮派出所所长：盛　斌

财政局（审计局）

局　长：张雨秋

副局长：潘敏琴（女）

　　　章国民

　　　傅　权

国土分局

局　长：董　玮

副局长：盛春灵

规划分局

局　长：胡一彬

副局长：徐　强（2013年1月始）

建设局（房管局、环保局）

局　长：李路宁（女）
副局长：杨朝辉
徐伟良（至2013年8月）
徐　立
吴立新
阮顺良（2013年1月始）
邵　明
王国军
纪检组组长：吴立新
建设工程质量安全监督站站长：李强（至2013年1月）

招商局

局　长：汪新君
副局长：徐伟英（女）
郎　斌
张立溧（女）（2013年1月始）

卫生分局（食药分局）

局　长：吴　波
副局长：陈　红（女）
朱志俊（女）（2013年1月始）

城管办

主　任：陈　琪
副主任：徐　臻（2013年1月始）
朱明亮
余旭辉（2013年1月始）
江堤河道监管中心主任：毛　坚

出口加工区综合管理局

局　长：曲　伟（至2013年4月）
副局长：柴　明（2013年1月始）

总工会（团工委、妇工委、企业党工委）

主席、企业党工委书记：宋惠安（女）
副主席、企业党工委副书记：陈德瑜（至2013年1月）
徐志成（2013年1月始）
副主席：郭正良
团工委副书记：李　征
妇工委副主任：郁　力（女）（2013年1月始）

残疾人联合会

理事长：张永庆
副理事长：陈　平

前进工业园区开发建设指挥部

党委书记：陈　晨
党委副书记：詹国平
郝大龙
党委委员：李朝航
史建峰（至2013年8月）
徐伟良（2013年8月始）
李智梁（2013年1月始）
总指挥：詹国平
副总指挥：郝大龙
纪检组组长：李朝航
总指挥助理：史建峰（至2013年8月）
徐伟良（2013年8月始）
综合管理处处长：李跃清（2013年1月始）
经济发展处处长：姚晨蓬
招商投资处处长：陈　静（女）
规划建设处处长：彭公进
土地利用处处长：李智梁
江东开投公司董事、总经理：柴　明（至2013年1月）
杨　峰（2013年1月始）

下沙街道

党工委书记：吴中荣
党工委副书记：解长安
方　华
党工委委员：钟建荣
韩新港
梅广勤
郑建国
徐志成（至2013年1月）
施正森（2013年1月始）
方启军（2013年3月始）
孔铁林（2013年3月始）
纪工委书记：钟建荣
办事处主任：解长安
办事处副主任：郑建国
徐志成（至2013年1月）
方启军（2013年3月始）
人大工委主任：李永生
人大工委副主任：周梅香（女）
人武部部长：梅广勤
组织员：施正森

白杨街道

党工委书记：吴照华
党工委副书记：朱伟忠

周阿寿
党工委委员：赵根国（至2013年1月）
林建军（至2013年1月）
盛 斌
金 依（女）
陆贤超
叶萧红（2013年1月始）
俞春传（2013年3月始）
纪工委书记：周阿寿（2012年1月始）
办事处主任：朱伟忠
办事处副主任：金 依（女）
陆贤超
人大工委主任：胡瑞祥
人武部部长：林建军（至2013年1月）
俞春传（2013年3月始）
组织员：叶萧红（2013年1月始）

行政执法大队

大队长：张 志
副大队长：陶 峰（至2013年1月）
林建军（2013年1月始）
丁松法
纪检组组长：丁松法

城市建设发展中心

主任：杨朝辉
副主任：李 强（2013年1月始）
施慧烽
阮顺良（至2013年1月）
郑 郁（2013年1月始）
纪检组组长：刘志豪

资产经营集团公司

董事长：程 锋（至2013年10月）
陈开旭（2013年10月始）
副董事长：陈开旭（至2013年10月）
董 事：沈军玉
陈 冰（女）
沈 磊（2013年3月始至2013年4月）
盛 开
党委书记：陈开旭
党委委员：沈军玉
陈 冰（女）
齐爱芳（女）
沈 磊（至2013年4月）
秦广怡（2013年3月始）
总经理：陈开旭
副总经理：沈军玉
陈 冰（女）
沈 磊（至2013年4月）
盛 开
秦广怡（2013年3月始）
纪委书记：齐爱芳（女）

（方 力）

进区直属管理服务机构：

开发区海关

关 长：张 军

杭州出入境检验检疫局开发区办事处

主 任：颜贻明

杭州市工商行政管理局开发区分局

局 长：陈伟建（至2013年12月）
何伟平（2013年12月始）

杭州质量技术监督局开发区分局

局 长：陈其松

杭州市公安局交通警察支队开发区大队

大队长：虞晓平

杭州市公安消防支开发区大队

大队长：续 进

开发区国家税务局

局 长：林 晖

杭州市地税局开发区分局

局 长：叶 莉（女）

杭州市道路运输管理局开发区管理处

处 长：陈利平

杭州市水业集团有限公司下沙分公司

副经理：吴再腾（主持工作）

杭州公共交通下沙有限公司

总经理：吴根法

杭州市邮政局开发区局

局 长：程水才

中国电信股份有限公司杭州分公司下沙分局

局 长：张 言

中国移动通信集团浙江有限公司下沙分公司

总经理：李之璁

杭州钱江燃气有限公司

总经理：陆 平

驻开发区金融机构:

中国银行杭州经济技术开发区支行

行　长: 邹应军

中国工商银行杭州经济技术开发区支行

行　长: 方　晓

中国建设银行杭州经济技术开发区支行

行　长: 张仁国

中国农业银行杭州下沙支行

行　长: 孙国峰(2013年7月始)

交通银行杭州下沙支行

行　长: 余　盛

杭州银行经济技术开发区支行

行　长: 方言龙

兴业银行杭州下沙支行

行　长: 毛强华

中国民生银行杭州下沙支行

行　长: 俞晓孟(至2013年11月)
　　　　鲁　佳(2013年11月始)

中信银行杭州经济技术开发区支行

行　长: 沈利民(至2013年3月)
　　　　凌　昕(2013年3月始)

杭州联合银行下沙支行

行　长: 葛国峰

中国邮政储蓄银行杭州经济技术开发区支行

行　长: 沈　科

北京银行杭州钱江支行

行　长: 丁建英(女)

渤海银行杭州经济技术开发区小微企业专营支行

行　长: 楼　锋

中国人民保险集团股份有限公司杭州经济技术开发区支公司

总经理: 杨建良(2013年1月始)　　(年鉴编辑部)

【杭州下沙高教园区高校及负责人名单】

(2013年1月至2013年12月)

杭州下沙高教园区管委会办公室

主　任: 胡惠华

浙江理工大学

党委书记: 徐志平

校　长: 裘松良

杭州电子科技大学

党委书记: 费君清

校　　长: 薛安克

浙江工商大学

党委书记: 蒋承勇

校　　长: 张仁寿

中国计量学院

党委书记: 胡建成

院　　长: 林建忠

浙江财经大学

党委书记: 韩翼祥

校　　长: 王俊豪

浙江传媒学院

党委书记: 奚建华

院　　长: 彭少健

杭州师范大学

党委书记: 崔鹏飞(至2013年6月)
　　　　　陈新华(2013年6月始)

校　　长: 叶高翔(至2013年6月)
　　　　　杜　卫(2013年6月始)

浙江水利水电学院

党委书记: 楼玉宇(至2013年9月)
　　　　　符宁平(2013年9月始)

院　　长: 符宁平(至2013年9月)
　　　　　叶　舟(2013年9月始)

杭州职业技术学院

党委书记: 安蓉泉

院　　长: 叶鉴铭

浙江金融职业学院

党委书记: 周建松

院　　长: 盛　健

浙江警官职业学院

党委书记: 周祖勇

院　　长: 黄兴瑞

浙江经贸职业技术学院

党委书记: 童学敏

院　　长: 李曙明

浙江经济职业技术学院

党委书记: 俞步松

院　　长: 陈丽能

浙江育英职业技术学院

党委书记、院长: 洪致平　　(沈建锋)

工业

·工业综述·

【工业产值与销售产值双超1500亿元】 2013年，开发区工业经济平稳增长，全年完成工业总产值1527.57亿元，比上年（指2012年，下同）增长4.03%；完成工业销售产值1566.88亿元，增长3.31%。全区规模以上工业企业287个，完成规模以上工业总产值1515.79亿元，增长3.73%；完成规模以上工业销售产值1555.1亿元，增长3.06%。

优势产业稳中有增。全年机械制造、电子信息、食品饮料、生物医药四大优势产业完成工业销售产值913.6亿元，增长2.19%，占全区规模以上工业销售产值比重58.75%。其中：机械制造业销售产值382.7亿元，增长3.46%；电子通信业销售产值241亿元，增长2.20%；食品饮料业销售产值222.4亿元，下降3.89%；生物医药业销售产值67.5亿元，增长18.64%；四大优势产业分别占全区规模以上工业销售产值比重为24.61%、15.50%、14.30%、4.34%。

新兴产业发展速度较快。汽车及零部件产业实现规模以上工业销售产值414.6亿元，增长3.24%，占全区规模以上工业总量的26.66%；新能源产业实现规模以上工业销售产值15.1亿元，增长17.35%。

“572”工程企业支撑作用明显。全区规模以上工业企业287个，其中销售产值1亿元以上企业171个，全年实现销售产值1497.7亿元，占总量的96.3%；“572”工程企业实现工业销售产值1288.1亿元，增长4.4%，高于全区平均水平，产值占全区总量82.8%，其中玫琳凯（中国）化妆品有限公司、杭州益维汽车工业有限公司、杭州九阳小家电有限公司、杭州味全食品有限公司、统合电子（杭州）有限公司、史陶比尔（杭州）精密机械电子有限公司、浙江康莱特药业有限公司等15个大企业增速20%以上，引领全区工业经济发展。

主要产品产量保持增长。全年化妆品完成产值80亿元，增长19.4%；电力电缆2.72万千米，增长39.2%；轮胎外胎4475万条，增长11.4%；笔记本电脑164万台，增长1.9%；集成电路159万块，增长24.2%；中成药2072吨，增长20.7%；电饭锅129万个，增长4.0%。

▶▶资料：“572”工程

“572”工程是开发区管委会于6月启动培育发展大企业大集团三年行动计划。即从2013年至2015年，培育年销售产值5亿元以上的工业企业70个，工业销售产值突破2000亿元，力争比2012年翻一番。培育期内，开发区工业销售产值在2012年基础上首次超过5亿元、10亿元、20亿元、30亿元、50亿元、100亿元、300亿元7个档次的企业，分别获得5万元至300万元不等的奖励。

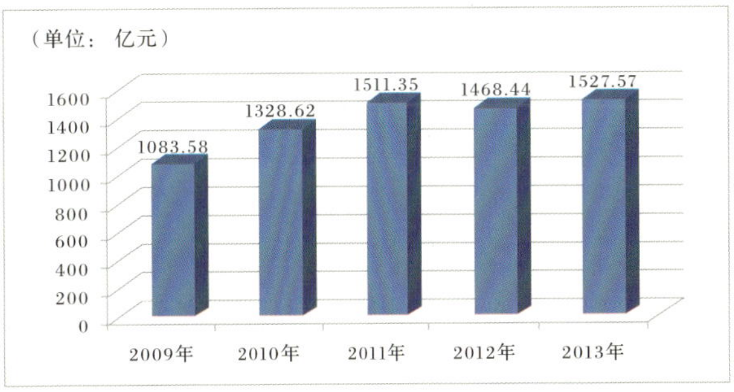

图1 2009~2013年开发区工业总产值

表2

2013年开发区主要工业产品产量产值情况

产品名称	计量单位	2012年	2013年	比上年增长(%)
软饮料	万吨	263	249	-5.3
其中：碳酸饮料	万吨	19	23	21.1
含乳饮料	万吨	30	33	10.0
饮用水	万吨	45	55	22.2
化妆品	亿元	67	80	19.4
高压开关	台	1 612	1 684	4.5
电力线缆	千米	19 561	27 226	39.2
医用导管	万套	12 805	12 793	-0.1
发电量	万千瓦时	28 981	27 729	-4.3
化学纤维	吨	39 580	38 078	-3.8
轮胎外胎	万条	4 017	4 475	11.4
方便主食品	万吨	33	24	-27.3
笔记本电脑	万台	161	164	1.9
集成电路	万块	128	159	24.2
电工仪器仪表	万台	138	135	-2.2
电饭锅	万个	124	129	4.0
中成药	吨	1717	2 072	20.7
改装车	辆	1 013	833	-17.8

【“四大工程”建设启动】 7月12日，开发区“大引擎驱动、大平台构筑、大产业培育、大项目推进”四大工程建设启动。市委常委佟桂莉出席启动仪式。2013年是杭州经济技术开发区成立20周年，开发区立足发展，推出四大工程。开发区打造“东部人才港”和“东部科技港”，设立3亿元人才专项资金，吸引高端领军型人才创新创业。设立6亿元科技创新专项资金，到“十二五”时期末，国家级高新技术企业达150个，高新技术产业产值比重50%以上，争创国家级高新技术产业区。坚持以集聚领先为重点构筑大平台，开发建设8个重点功能区，力争通过3~5年时间，把重点功能区建设成为“科技创新的先导区、转型升级的引领区、产业集聚的核心区、功能提升的示范区”，全面提升可持续发展水平。坚持扶优扶强、招大引强培育大产业，实施“572”大企业培育计划，力争到2015年，培育年产值5亿元以上的工业企业70个以上，销售产值2000亿元以上。坚持以产城融合为目标推进大项目，推进168个基础设施和公共服务项目建设，完成投资200亿元以上。全区提升副城建设水平，加快发展总部经济、现代商贸、高端商务等现代服务业。

【张鸿铭到开发区调研】 10月17日，市委副书记、代市长张鸿铭到开发区调研并走访西子航空飞机零部件制造基地。张鸿铭听取开发区管委会汇报后强调，开发区要结合党的群众路线教育实践活动，重点围绕“建区提升”和“造城发展”做文章，进一步拉高标杆，争先进位，坚定不移完成年度目标任务，坚定信心确保走在全国、全省前列。开发区领导陈晨、邵立春等陪同调研。在考察基地建设情况时，张鸿铭指出，“西子联合”在转型发展道路上，敢于创新、勇于探索，成绩值得肯定。希望“西子联合”在航空领域一如既往促转型，坚定不移抓发展，以国际一流为标杆，拓展产业领域，打造新的经济增长点，成为全市工业企业转型升级、创新发展的示范样本。西子航空飞机零部件制造基地是张鸿铭联系的工业大项目，西子航空零部件制造基地作为浙江省引进的第一个航空产业项目，一期达产后年产值10亿元以上。

【63个工业项目建设推进】 2013年，开发区工业投资计划项目63个，计划投资121.62亿元。其中：列入省重点建设项目3个，分别为杭州统一有限公司食品饮料生产基地、杭州冠亚饮料有限公司PET食品饮料项目和顾家家居股份有限公司沙发家具生产基地；列入市重点建设项目5个，分别为华电杭州江东天然气热电联产工程、西子航空控股有限公司航空零部

表3

2013年开发区列入省市级企业技术中心情况

企业名称	技术中心级别	所属行业
泰尔茂医疗产品（杭州）有限公司	市级	医药
杭州中肽生化有限公司	市级	医药
史陶比尔（杭州）精密机械电子有限公司	市级	机械
杭州九源基因工程有限公司	市级	医药
杭州奥普卫厨科技有限公司	市级	轻工
怡得乐电子（杭州）有限公司	市级	电子
杭州藤仓橡胶有限公司	市级	化工
杭州金松优诺电器有限公司	市级	轻工
杭州恒业电机制造有限公司	市级	机械
浙江三花汽车零部件有限公司	省级	机械

件制造项目、杭州统一有限公司食品饮料生产基地、杭州冠亚饮料有限公司PET食品饮料项目和顾家家居股份有限公司沙发家具生产基地。至年末，全区完成工业性投资117.5亿元，比上年增长93.99%。

【实施企业技术改造项目104个】 2013年，开发区实施技改项目104个，完成技术改造投资额48.41亿元，比上年增长10.35%。全年获得各级技改资助资金9944.19万元，其中杭州世宝汽车方向机有限公司提升循环球转向器品质技术改造项目、杭州优科豪马轮胎有限公司子午线轮胎环保技术改造项目等15个项目列入杭州市重点技术改造项目。至年末，杭州安费诺飞凤通信部品有限公司年产1600万片电容式手机触摸镜片（Touch Lens）项目、杭州立昂微电子股份有限公司年产72万片6英寸功率肖特基芯片项目、杭州顶正包材有限公司年产12万吨PE淋膜纸项目等38个技术改造项目完工。

【兑现工业企业奖励4200万元】 2013年，开发区加强政策宣传引导，加大市、区两级政府制定的各类工业企业奖励政策和扶持政策的宣传力度，修订完善《关于加快工业经济发展的若干政策（2012年度）》。3月11日，开发区召开2013年度经济工作会议，对符合2012年度奖励政策的292个企业及单位进行奖励，共兑现奖励资金7583.78万元，其中127个工业企业兑现奖励资金4248.45万元。

【新增省市级企业技术中心10个】 10月，经省、市经信部门认定，开发区有10个企业入选省、市级企业技术中心，其中浙江三花汽车零部件有限公司获“省级企业技术中心”称号、泰尔茂医疗产品（杭州）有限公司等9个企业获“市级企业技术中心”称号。至2013年末，开发区累计有省级企业技术中心11个，市级以上企业技术中心（研发中心）135个。

【两个企业获“浙江省绿色企业”称号】 9月，省经信委和省环保厅联合发文公布“2012年度浙江省绿色企业（清洁生产先进企业）”名单，全省84个企业获“2012年度浙江绿色企业”称号，开发区杭州九阳小家电有限公司、浙江省杭江牛奶乳品厂被列入其中。两个企业注重节能减排，重视企业工艺节能、技术节能和管理节能，产品单耗控制在全国

杭州九阳小家电有限公司家用电器生产线 （黄健员 摄）

杭州士兰明芯科技有限公司厂房外景 （黄健员 摄）

领先水平，在2012年清洁生产审核中均获得90分以上。至年末，开发区累计有26个企业被评为省、市绿色企业。

【两个企业获市级科技进步奖】 1月，杭州市政府印发《2012年杭州市科技进步奖评选结果的批复》，开发区杭州士兰明芯科技有限公司的“半导体照明高功率LED外延与芯片制造产业化关键技术研发”项目、杭州和利时自动化有限公司的“1000兆瓦超超临界火电机组DCS系统的研发与应用”项目分别获得2012年度杭州市科技进步一等奖、二等奖。开发区企业科技创新能力持续提高，优秀创新成果不断显现，至年末，累计已有10个企业先后获得国家、省、市级科技进步奖。

【开发区获首届浙江开发区特别贡献奖】 4月，浙江省商务厅、浙江日报社联合举办“首届浙江开发区特别贡献奖”推选活动，分设开放创新、转型标杆、科技创新、生态文明、产城融合5个单项奖。评选共有省内18个国家级开发区和68个省级开发区参加，经过读者投票推荐、典型业绩展示、相关专家评审等程序，依据开发区发展规模、增长潜力、龙头企业带动能力、技术先进性、低碳经济指标、国际化程度等评定标准，11月，省商务厅公布获奖名单，杭州经济技术开发区等11个国家（省）级开发区获得首届浙江开发区特别贡献奖。 其中：杭州经济技术开发区、嘉善经济技术开发区获浙江开发区特别贡献（开放创新）奖；长兴经济技术开发区、桐乡经济开发区、海盐经济开发区获浙江开发区特别贡献（转型标杆）奖；湖州经济技术开发区、临安经济开发区获浙江开发区特别贡献（科技创新）奖；衢州经济技术开发区、金磐经济开发区获浙江开发区特别贡献（生态文明）奖；嘉兴经济技术开发区、金华经济技术开发区获浙江开发区特别贡献（产城融合）奖。

【横滨橡胶新工厂奠基】 4月12日，横滨橡胶株式会社独资设立的杭州优科豪马橡胶制品有限公司新工厂在开发区前进工业园区奠基。横滨新工厂计划总投资4247万美元，集研发、制造、销售为一体，主要涉及汽车、建筑机械用胶管及其零部件、密封材料、电子封装材料和黏合剂，计划2014年第4季度投产，全面运营后年产值达11亿元。“优科豪马橡胶”项目的进驻，对前进工业园区先进装备制造业的发展起到推动作用。

【国家生态工业示范园区创建预验收】 9月，省环保厅、省商务厅、省科技厅共同主持召开杭州经济技术开发区国家生态工业示范园区预验收会议。验收组由国家环保部、清华大学等单位专家组成。验收组考察杭州华电下沙天然气热电有限公司、史陶比尔（杭州）精密机械电子有限公司、国家级高科技孵化器、沿江大道及沿江渠工程、杭州优科豪马轮胎有限公司，核查验收技术报告、回顾性评价报告及各基本条件、建设指标的台账资料。验收组认为开发区已按照国家生态工业示范园区建设规划的要求，深入实施“产业高端化、环境品质化、城市国际化”三大战略，生态工业园区建设成效显著。通过推进企业清洁生产，创新环境管理，建设公共基础设施，加强环境整治，使资源能源利用效率明显提高，环境质量持续改善，环境监管体系和公共参与机制明显加强。创建工作档案基本齐全、资料完备、数据可靠，基本条件和建设指标达到《综合类生态工业园区标准》（HJ/T274—2009）和《关于在国家生态工业示范园区中加强发展低碳经济的通知》的要求，同意通过预验收审核。

【企业上市扶持】 2013年，开发区管委会鼓励区内企业加快上市进程，对上市企业实行全过程扶持，分企业改制结束、取得上市申报材料受理函和完成股票发行上市3个阶段，分别给予50万元、150万元、200万元奖励。开发区全年有拟上市企业13个，首次募集资金82亿元，拟募投项目涉及新增用地50公顷。拟上市企业中，杭州电缆股份有限公司上市后首期募集资金预计10亿元；顾家家居股份有限公司上市后计划融资20亿元，80%投入开发区，主要用于建设江东生产基地、企业信息化及销售网络。13个拟上市企业中有6个完成股改，10个进入上市辅导期。12月27日，开发区举办拟上市企业负责人座谈会，杭州市金融办、国信证券投资银行、国浩律师（杭州）事务所、中汇会计师事务所专家和顾家家居股份有限公司等30余个企业的负责人参加会议。会议为政府、企业、专家和上市中介机构之间构建起多元化交流平台，提升企业对开发区发展投资环境和上市政策的了解，实现资源共享、优势互补。

史陶比尔（杭州）精密机械电子有限公司生产的"TX40 六轴机器人"产品 （黄健员 摄）

【开发区工业企业政策宣传会】 7月19日，开发区经济发展局（简称区经发局）召开工业企业政策宣传会，顾家家居股份有限公司、东芝信息机器（杭州）有限公司、杭州电缆股份有限公司等109个企业项目的负责人参加会议。区经发局宣讲开发区《关于加快工业经济发展的若干政策》，并对《杭州市重点产业（工业和信息化专项）发展资金管理办法（试行）》的政策条款，包括技术改造、节能降耗、技术创新、信息化等相关政策及申报方式进行全面讲解。会议梳理市、区两级申报资金的重点项目，为集中力量扶持开发区重点产业发展奠定基础。

【6个企业参展西博会】 10月12日，第十五届西湖国际博览会经贸科技合作洽谈会主题展在浙江世贸国际展览中心举行。经贸科技合作洽谈会是第十五届西博会核心项目，由主题展示、主题论坛、经贸科技合作洽谈、产业展览活动组成，展示面积30万平方米。开发区史陶比尔（杭州）精密机械电子有限公司、东芝信息机器（杭州）有限公司、浙江正泰中自控制工程有限公司等6个具有创新技术能力和品牌知名度的企业参展。开发区参展围绕"两港八园"建设，重点展示介绍园区概况，通过重点高精尖企业在科技信息馆的集中展示，并结合自身经贸科技产业发展情况，集中展示开发区特色产业发展成果。在经贸科技合作洽谈会签约仪式上，开发区管委会与香港瑞丰国际兴业有限公司签署"国瑞融资租赁"项目。

【省、市发改委调研企业循环化改造】 9月29日，省、市发改委领导到开发区杭州杭联热电有限公司、浙江三花汽车零部件有限公司调研，听取企业在循环经济建设、资源综合利用、新能源开发等方面的情况，实地参观杭联热电脱硫脱硝减排项目、三花工业园厂房屋面太阳能光伏发电站项目。

"十二五"时期，开发区以建设"环境品质化"园区为目标，以提高资源利用效率、降低污染排放和生态损耗强度为核心，引进高端产业，克服要素制约，打造循环经济产业链，发展工业循环经济。有效实施企业内部循环化改造，实施省市循环经济项目83个，实施清洁生产审核中高费方案121个，累计投入资金10亿元，节约标煤38万吨。组织实施太阳能可再生能源应用于建筑的技术试点和示范，有12个企业建设及使用太阳能光伏发电，总装机容量14.79兆瓦，年发电量1500万千瓦时。开展重点工业企业废气废水专项整治，降低温室气体排放、减少废水排放、改善大气环境质量和提高水重复利用率，取得明显成效。

【注重节能降耗】 4月，开发区召开2013年节能降耗工作大会，管委会各部门、14所高校和区内重点用能单位300余人参加会议。会议下达68个企业清洁生产审核和47个企业电平衡测试计划。至年末，开发区万元工业增加值能耗比上年下降2.1%，35个企业通过清洁生产审核验收，20个企业通过电平衡测试验收。通过清洁生产审核，共实施无低费方案541个，中高费方案94个，实际投资额8860万元。全年节电1690.87万千瓦时，节汽1.34万吨，削减化学需氧量 53.47吨，氮氧化物0.81吨，二氧化硫3.14吨。

【高校节能工作会议】 6月7日，区经发局召开杭州下沙高教园区节能工作会议，市节能协会、区内14所高校代表和杭州杭联热电有限公司代表参加会议。区经发局介绍全年节能形势和任务，通报各高校节能目标完成情况；高校代表围绕节能工作存在的能源划分问题、节能技术难点开展专题交流；市节能协会宣传高校领域开展电平衡测试的技术要点和经验；杭州杭联热电有限公司代表介绍蒸汽供热进入高校的可行性，以及取代部分电力进行节能的适用方案。各高校表示将借助节能技术（产品），对高校产生能耗的主要设备及使用现状进行摸底排查，持续增进节能技改投入，为开发区“十二五”时期节能降耗工作做出应有贡献。

【全省高校绿色节能知识竞赛总决赛】 6月16日，杭州市2013年节能宣传周启动仪式暨全省高校“正奥杯”绿色节能知识竞赛总决赛在浙江理工大学举行。宣传周主题“践行节能低碳，建设美丽家园”，活动时间为6月15~21日。省教育厅、市经信委、开发区经发局、省高校后勤协会及浙江理工大学等部门和单位领导出席，部分高校学生和企业职工200余人参加启动仪式。启动大会上，举行全省高校“正奥杯”绿色节能知识竞赛总决赛，经过多轮比赛，丽水学院、宁波大学、杭州师范大学分别获得前3名，浙江工商大学和浙江科技学院分别获得最佳组织奖和优胜奖。会后，与会领导、嘉宾、企业职工和学生代表共同参与“践行节能低碳，建设美丽家园”千人签名活动，表达节能减排的决心。

【委领导联系重点企业服务机制】 2013年，开发区建立完善开发区管委会领导分工联系年产值5亿元以上企业的工作机制，确定对56个年产值5亿元以上企业加强日常联系。区经发局制订《2013年度经发局“五个一”活动实施方案》，细化局领导联系年产值5亿元以上工业企业机制，完善规模以上工业企业跟踪服务体系。通过各级领导干部走访服务企业，关注企业发展运营状况，运用开发区协调解决企业问题机制，组织召开月度工业经济例会，重点研究趋势性问题及措施，专题解决需要提交开发区管委会协调的企业问题，着力优化投资发展环境，增强企业做大做强的信心。至年末，各级领导干部走访企业990个次，召开工业相关会议80余场，收集企业反映的问题477个，解决问题311个。

·机械制造业·

【机械制造产业概况】 2013年，开发区机械制造业发展势头总体平稳，完成工业销售产值382.7亿元，比上年增长3.46%，占全区销售产值比重24.61%；完成出口交货值96.9亿元，下降5.58%；实现利润21.7亿元。至年末，全区机械制造业有规模以上企业96个，涉及通用设备、专用设备、电气机械、家用器材等领域。其中：通用设备代表企业有中高柴油机重工有限公司、博士包装技术（杭州）有限公司；专用设备代表企业有杭州神钢建设机械有限公司、三花丹佛斯（杭州）微通道换热器有限公司、泰瑞机器制造（中国）有限公司；电气机械和家用器材代表企业有杭州九阳欧南多小家电有限公司、杭州松下家用电器有限公司、杭州奥普卫厨科技有限公司等。

【市经信委调研开发区企业】 1月9日，杭州市经信委主任赵纪来带队到开发区调研重点产业和传统优势产业发展情况，开发区经发局领导陪同调研。调研组实地查看中高柴油机重工有限公司、杭州九阳小家电有限公司等企业的生产车间和装配生产线，并召开座谈会，详细询问企业发展问题和工作思路，了解企业在创新项目实施和重点产业发展专项资金的落实情况，听取促进产业转型升级加快发展的有关意见和建议，帮助企业分析研究当前国内外发展形势，对开发区先进装备制造业等重点产业发展的方向提出明确要求。

【西子航空飞机零部件项目厂房落成】 9月19日，西子航空飞机零部件项目厂房落成。该项目是开发区于2012年4月引进的高端装备制造业项目，一期总投资7亿元，由西子联合控股公司投资建设，集总部、研发、制造、销售为一体，主要为欧洲空中客车公司、美国波音航空航天公司、中国商用飞机有限责任公司等国内外航空制造商提供飞机零部件配套。项目自2012年8月20日开工建设，新厂房建筑面积8万平方米，采用低碳节能设计，由钢结构标准联合厂房、检测厂房、配电间、冷冻机房、办公楼等组成。根据计划，2014年该项目将形成年产300架飞机部件、200万件飞机零部件的数控机及部件装配生产能力，一期全部达产后年产值将达10亿元以上。江东新厂房的落成，为西子航空打造国际一流、国内领先的航空零部件制造基地，成为世界优秀的航空零部件供应商之一打下坚实的基础。

【莱默尔纠偏导正系统项目落户】 10月，德国莱默尔公司纠偏导正系统项目落户开发区，为开发区发展高端设备制造业增强力量。德国莱默尔公司是世界领先的纠偏导正系统厂家之一，对纺织、造纸、橡胶、轮胎、塑料膜、金属膜和无纺布等材料加工过程中所有发生的纠偏问题，都可提供全方位的产品和技术服务。德国莱默尔公司杭州分公司将在开发区建立生产基地和研发中心，投入产出比高，项目至2015年投产后预计产值达3亿元。

【博世公司扩建新厂房启用】 10月21日，博世包装技术（杭州）有限公司新厂房正式启用。该公司是全球知名包装及加工技术整线系统供应商，自2001年在开发区成立以来，秉承“根植本土、服务本土”理念，在持续投资扩建与拓展业务的同时，制订本地人才海外培养计划，强化本土研发能力，不断开发出服务于本土客户需求的创新技术和服务解决方案。博世包装技术（杭州）有限公司拥有员工400余人，年均生产机器400余台，已发展成为博世包装技术总部在亚洲最大的厂区。扩建的新厂房投资约900万元，新增办公面积1400平方米，新增员工120余人。

【东芝电子控制器项目落户】 6月25日，东芝ECU杭州项目签约仪式举行。开发区管委会领导与东芝SIS社副社长荣元安信代表政企双方签署合作协议书。ECU，即电动方向阻力系统中的电子控制器的缩写，该产品为东芝新开发的产品，是一款新型的汽车阻力系统产品。株式会社东芝社会基础设施系统社的ECU项目经过一年多的洽谈和策划，已完成公司的设立和前期运营。该项目是东芝集团继2012年东芝开利空调项目之后的又一个高品质项目，实际投资总额1100万美元，预计2014年1月量产，投产后3年内，预计产值达4.5亿元以上。

【各级专利试点企业培育】 1月，开发区对2012年区级专利试点申报企业进行审核，杭州电缆股份有限公司等7个企业被认定为2012年度区级专利试点企业。全年开发区新增省级专利示范企业6个、区级7个。至年末，全区有各级专利试点（示范）企业73个，其中省级12个、市级26个、区级34个。专利试点企业的新增有利于贯彻落实国家、省市知识产权战略，发挥专利制度在促进企业技术创新，增强企业核心竞争力中的作用，提高企业创造、管理、保护和运用知识产权的能力。

【北京航空航天大学考察开发区产业园】 11月5~6日，北京航空航天大学通用航空产业研究中心主任高远洋一行实地考察江东市本级区块（前进工业园区）航空零部件产业园。开发区管委会副主任、前进园区指挥部总指挥詹国平参加交流洽谈。在实地考察并听取园区开发建设情况及航空零部件产业园规划设想介绍后，高远洋对江东市本级区块的区位优势、开发理念、产业发展等给予高度肯定，详细介绍了通用航空在世界和中国的发展现状及前景，并就航空零部件产业园的定位、发展规划等进行深入探讨。双方围绕“引进企业，培育产业”的原则，就共建航空零部件产业园事宜达成合作意向，双方将建立定期交流机制，共同规划、招商、选商，共谋发展。

【义乌国际装备制造业博览会参展】 11月19~22日，2013年中国义乌国际装备制造业博览会在浙江义乌举行。展会共设国际标准展位3200余个，来自全国16个省（区、市）及美国、德国、日本、意大利等15个国家和地区的800多个企业参展，全面展示装备制造业的最新发展成果和未来发展趋势。开发区志诚动力科技（杭州）有限公司、杭州富尔顿热能设备有限公司、杭州高腾机电科技有限公司、浙江浪潮精密机械有限公司等7个企业组团参展。该展会有利于开发区装备制造企业加强与国内外装备制造企业交流合作，扩大装备产品交易，吸引高端装备企业落户，以打造先进装备销售和引进的大平台。

·电子通信业·

【电子通信产业概况】 2013年，开发区电子通信产业总体形势稳中有增，实现工业销售产值241亿元，比上年增长2.2%，占全区销售产值比重15.5%；出口交货值126.4亿元，与上年持平；实现利润8.7亿元。全区共有规模以上企业41个，集聚东芝信息（杭州）有限公司、宏讯电子工业（杭州）有限公司、杭州安费诺飞凤通信部品有限公司、杭州和利时自动化有限公司、乐金（杭州）记录媒体有限公司、田中电子（杭州）有限公司、史陶比尔（杭州）精密机械电子有限公司、杭州士兰集成电路有限公司、杭州立昂微电子股份有限公司等企业，形成笔记本电脑、移动通信、集成电路、记录媒体、控制系统等为主的产品结构。

【西博会杭州工业经贸洽谈会】 10月12日，以“创新发展、合作共赢”为主题的2013年西湖国际博览会杭州工业经贸洽谈会（简称工洽会）在浙江世贸君澜大饭店举行。该次工洽会由浙江省经信委、杭州市政府、中国南车集团主办，杭州市经信委承办。开发区组织史陶比尔（杭州）精密机械电子有限公司、杭州和利时自动化有限公司、东芝信息（杭州）有限公司等6个区内企业参展，其中史陶比尔（杭州）精密机械电子有限公司和杭州和利时自动化有限公司分别对高精密机械臂和自动化控制通信柜体进行集中展示。该工洽会有力推动开发区在信息产业应用工程等方面的合作交流，促进开发区工业和信息化产业转型升级、创新发展。

【中国杭州电子信息博览会参展】 4月18~21日，第七届中国杭州电子信息博览会在杭州和平国际会展中心举行。该届展会以“智慧、融合、创新”为主题，旨在做优、做强、做大杭州市软件和信息服务业，推进信息化和工业化的深度融合和服务业全面升级转型。展会分“智慧城市展区”“两化融合展区”“云计算展区”等5个区域。开发区杭州和利时自动化有限公司、史陶比尔（杭州）精密机械电子有限公司参展。企业对主要产品分布式控制系统、工业机器人等进行推广介绍，展示了开发区企业先进的自动化水平，为开发区“机器换人”改造、产业结构升级起到良好的助推作用。

【软件和信息技术服务业专题讲座】 9月6日，区经发局召开软件和信息技术服务业发展专题讲座，杭州和利时自动化有限公司、浙江正泰中自控制有限公司、杭州新世宝电动转向系统有限公司等100余个企业参加会议。区经发局介绍杭州市软件与信息服务业发展情况，以及产业现状与发展趋势，讲解开发区软件和信息服务业政策。该讲座有利于贯彻落实杭州市《关于进一步加快信息化建设推进信息产业发展的实施意见》精神，推进开发区内信息产业发展。

·食品饮料业·

【食品饮料产业概况】 2013年，开发区食品饮料产业完成销售产值222.4亿元，比上年下降3.89%，占全区销售产值14.3%；完成出口交货值4000万元，增长2.8倍；实现利润13.3亿元。至年末，全区有食品饮料规模以上企业26个，主要有康师傅（控股）有限公司、杭州娃哈哈集团有限公司、杭州中萃食品有限公司、杭州加多宝饮料有限公司、浙江五丰冷食有限公司等重点企业，形成以软饮料（碳酸饮料、饮用水和茶饮料）、方便食品、凉茶和速冻食品等为主的产品结构。

杭州和利时自动化有限公司检测车间　　（黄健员　供稿）

【黄坤明到开发区调研食品安全】 8月16日，省委常委、市委书记黄坤明到杭江牛奶公司和娃哈哈集团乐维基地，实地调研食品安全工作。杭江牛奶公司是光明乳业在浙江最大的生产基地，黄坤明指出奶源是牛奶品质的关键，希望企业继续把好源头关、生产关、销售关，保持好产品品质。在娃哈哈集团乐维基地，黄坤明一行参观企业生产线和检测中心，并与企业负责人座谈，了解企业生产经营和质量安全管理情况。他强调，开发区要以实施食品安全专项行动为抓手，进一步强化企业主体责任，强化政府监管，强化社会监督，扎实做好食品安全各项工作，让市民群众吃得更放心。

杭州加多宝饮料有限公司产品生产线 （郑体兵 摄）

【企业参展中国食品博览会】 11月15~18日，2013年中国食品博览会在宁波市国际会展中心举行。博览会主题为“绿色食品与可持续发展”，设展馆9个，展示面积7.6万平方米，标准展位3800个，有20多个国家或地区的2000余个企业参展。开发区康师傅集团、娃哈哈集团、杭州玫隆食品有公司、杭州丘比食品有限公司等食品制造企业组团参展，展销产品由开发区内企业生产。“康师傅集团”“娃哈哈集团”以特装形式展出，对新产品“本味茶庄”“经典奶茶”“格瓦斯”等食品饮料进行品尝推广。展览会扩大开发区产品知名度，展现了良好的开发区食品制造良好形象。

【杭江牛奶乳品厂获诚信管理体系证书】 2月，经过国家认证认可监督管理委员会认证认可技术研究所（CCAI）评审，杭州市有8个食品工业企业达到食品工业企业诚信管理体系（CMS）建立及实施通用要求，获得“诚信管理体系证书”。其中，开发区杭江牛奶乳品厂名列其中，这是区内第4个通过国家诚信管理体系评审并获得证书的食品工业企业。开发区根据国家工信部、省市经信委关于加强食品工业行业管理，保障食品质量安全的要求，把食品工业企业诚信体系建设作为建设食品安全长效机制的重要内容。开发区味全生技食品有限公司等10余个企业于2011年起开展国家诚信体系建设，努力增强企业诚信意识和诚信制度建设，落实食品安全主体责任，提高企业综合竞争实力。

·生物医药业·

【生物医药产业概况】 2013年，开发区生物医药产业发展势头迅猛，完成销售产值67.5亿元，比上年增长18.64%，占全区销售产值4.34%；完成出口交货值22.1亿元，下降2.56%；实现利润8.7亿元，是开发区四大支柱产业中同比增长最快的产业。至年末，已集聚各类生物医药企业78个，其中规模以上企业23个。销售产值超过1亿元企业16个，形成以泰尔茂医疗产品（杭州）有限公司、杭州九源基因工程有限公司、浙江康莱特药业有限公司、杭州下沙生物科技有限公司等为代表的医疗机械、生物医药、现代中药、新型化学药物等生物医药产业集群。

【华东医药生物医药科技园项目落户】 2月25日，华东医药生物医药科技园项目签约仪式在开发区前进工业园区举行。该项目投资20亿元，用地21.1公顷，全部达产后，年产值将超过50亿元。项目采用“整体规划，滚动开发，分期实施”形式，其中一期项目为建设年产1000吨冬虫夏草菌粉生产基地。华东医药集团计划在前进工业园区打造集研发、制造、销售为一体的企业最大规模的生产基地。华东医药集团作为中国500强、浙江省政府重点培育的26个重点大企业集团、杭州市政府重点培育的10个重点大企业集团

杭州默沙东制药有限公司厂房　　（郑体兵　摄）

之一，在国内外市场具有良好的声誉和品牌影响力，综合竞争力进入全国医药行业前十强，连续多年位居浙江医药行业第1位。

【默沙东新厂投入运营】 4月17日，杭州默沙东制药有限公司杭州新厂在开发区投入运营。新厂总投资1.2亿美元，占地7.5万平方米，拥有16条高速生产包装线，主要负责为固体药品制剂和无菌药品提供包装，预计年产量将超过3亿盒。杭州默沙东制药有限公司杭州新厂是中国及亚太地区技术先进、规模较大的制药生产包装工厂之一，其领先的技术、设备和管理经验将促进杭州医药产业的整体发展，提升行业水平。

▶▶资料：默沙东公司

默沙东公司总部在美国新泽西州白宫站，至2013年，全球共有员工约7.6万人，全球销售总额440亿美元，研发投入达75亿美元。在2013年《福布斯》排行榜上，默沙东公司居全球制药企业第4位。

中国是默沙东公司全球增长战略中重要一部分。默沙东（中国）有限公司于1992年成立，1994年与杭州华东制药集团合资成立杭州默沙东制药有限公司。默沙东公司在中国市场销售的产品涵盖心血管、抗感染、骨骼肌肉、男性健康、肿瘤、中枢神经系统等领域的46种人用药品、4种人用疫苗和46种动物保健产品。至年末，默沙东公司在中国内地共设有运营区域10个、工厂3个、研发中心1个，员工总数超过5000人。

【北美华人生物医药协会到开发区考察】 7月1日，北美华人生物医药协会企业家回国创业考察团一行8人到开发区考察，与开发区管委会进行交流座谈与项目对接。考察团参观了浙江省海创园（下沙）和国家级高科技孵化器。杭州市侨联副主席倪成良，开发区党工委副书记、管委会副主任邵立春等领导出席交流座谈会。邵立春介绍经济社会发展情况和海外高层次人才创新创业政策。北美华人生物医药协会拥有2000余名会员，是北美华人生物医药协会的国际交流平台，也是中美生物医药交流项目推介与人才合作的平台，在生物医药领域具有较强的国际影响力。考察团成员都带来项目，并对到开发区发展表示浓厚兴趣。

【第七届中国生物产业大会参展】 6月20~23日，第七届中国生物产业大会在云南昆明举行，主题为“生物资源、产业机遇”。开发区艾博生物医药（杭州）有限公司、浙江爱生药业有限公司、浙江诺倍威生物技术有限公司、浙江康莱特药业有限公司4个生物医药企业参加大会。大会设高层论坛、产业发展论坛、产业服务论坛和优质企业展示等相关活动20余项，有生物产业基地建设与生物产业发展工作会议、中国生物产业环保发展论坛、基因组学与创新型药物研制高峰论坛等9个子论坛。多家国内外科研机构、700余个企业、超过3300人次参展、参会。大会首次权威发布《中国生物产业发展年度报告》，揭示中国生物产业各行业投资指数，为战略性新兴产业投资者提供参考。开发区4个企业通过大会展示全区生物医药产业形象，利用大会平台拓展科研视野，与相关产业企业及专业服务机构进行有效对接，为推动开发区生物医药产业科研成果转化、基地企业集聚化、招商引资国际化发挥重要作用。

【开发区生物医药研讨会】 5月30日，开发区生物医药研讨会在高科技企业孵化器园区召开。研讨会主题“探讨医药企业质量管理”，研讨方向药品生产质量管理、注射剂质量风险与控制、孵化企业质量管理与控制等。研讨会上，杭州市稽查队工作人员就某地铬超标事件进行剖析，结合多个实际案例给生产企业敲响质量管理的警钟。杭州默沙东制药有限公司、浙江惠松制药有限公司、杭州和泽医药科技有限公司等企业质量负责人结合实际情况，就药品生产质量管理模式、产品工艺技术、企业管理体系等内容与参会的入孵企业进行探讨。研讨会促进开发区内生物医药生产企业和研发企业之间的交流与发展，有利于提高生物医药企业的科研与产业化水平，加快技术转移和成果转化。

·汽车工业·

【汽车工业概况】 2013年，开发区汽车工业完成销售产值414.6亿元，比上年增长3.24%，占全区销售产值比重26.67%；完成出口交货值 91亿元，增长0.06%；实现利润18.3亿元。至年末，开发区汽车工业有规模以上企业 36个，有以杭州益维汽车工业有限公司为代表的汽车整车生产企业，以神钢建机精密机械（杭州）有限公司、杭州爱知工程车辆有限公司等为代表的专用车辆生产企业，以杭州中策橡胶有限公司、杭州矢崎配件有限公司、杭州世宝方向机有限公司、浙江三花汽车零部件有限公司、杭州钱江弹簧有限公司、杭州杭城摩擦材料有限公司、杭州泰明顿摩擦材料有限公司等为代表的汽车零部件企业，形成汽车、液压高空作业车、改装车、挖掘机、汽车用电子连接器、仪表、方向器、汽车桥、摩擦片等为主的产业结构。

【蔡奇考察长安福特汽车和园区综合体项目】 12月4日，省委常委、常务副省长蔡奇赴杭州大江东产业集聚区，调研并实地考察前进工业园区长安福特汽车和综合体项目。省政府副秘书长夏海伟，市委常委佟桂莉，市委常委、萧山区委书记俞东来，省发改委副主任高乙梁，开发区管委会副主任郝大龙等陪同考察。在综合体项目现场，蔡奇指出，大江东产业集聚区是杭州今后发展的重要增长极、转型升级的重要平台，要抢抓机遇，抓住有利条件，扎实做好各项工作，着力推动产业集聚区加快发展、集聚发展、高效发展。在长安福特杭州分公司，蔡奇听取项目进展情况介绍，实地检查项目涂装、冲压、焊装、总装4个车间建设情况，参观长安福特新车型。蔡奇对长安福特规范的管理、高效的建设给予肯定。长安福特杭州分公司是长安福特在华东地区的新建企业，科技工艺全国领先。其中，冲压车间采用两条全封闭高速全自动冲压生产线，可实现1模4件生产；焊接车间采用全自动柔性化生产线，可实现6个车型混线生产；涂装车间拥有福特全球第1条水性涂料生产线和福特亚太第1条全自动喷涂线；总装车间采用高柔性生产线和同步化物流生产方式。

【长安福特项目基建快速推进】 开发区长安福特汽车项目是杭州市引进的最大单体工业项目和第一个世界级汽车项目，是浙江省的重点项目。项目2012年8月29日开工建设，2013年9月长安福特汽车办公楼及辅助用房建成启用，办公区域有工位270余个，配备会议室14间，新建食堂约3000平方米，同时可容纳1000余人就餐。至年末，长安福特汽车项目涂装车间、冲压车间已启动设备安装，焊装车间、总装车间主体钢构完成。

【5个大项目落户江东汽车产业园】 开发区长安福特汽车项目签约落户以来，前进工业园区规划建设3

长安福特汽车焊装车间施工现场　（杨甬杭 摄）

平方千米的汽车零部件产业园，目标是引进汽车零部件企业超过30个，吸引有效投资100亿元以上，完全达产后产值达1000亿元，与长安福特等整车共同形成“双千亿级”的汽车产业集群。至2013年末，园区引进长安民生供应链一体化项目、宝钢平伟汽车零部件生产基地项目、星乔汽车零部件生产基地项目、李尔长安座椅及配件项目、至信车身件项目5个汽车零部件项目，涉及汽车座椅、车身冲压件及钢材、车身系统生产、零部件加工供应链一体化服务等整车关键核心配套项目，总投资累计30.75亿元，总注册资本12.52亿元，达产后年产值可达126亿元，亩均产值可达2600万元，充分体现项目投资主体好、产出效益高、用地集约节约等特点。这些优质项目的落户，为打造汽车整车与零部件“双千亿级”的产业集群注入新的动力，给园区先进装备制造业快速发展奠定更加坚实的基础。8月，园区被市政府授予“杭州市汽车及零部件产业示范基地”，这是开发区八大功能区中首个市级产业示范基地，将进一步推进汽车零部件项目的招商引资、项目开竣投等工作，促进园区汽车及零部件产业的快速集聚发展。

【长安民生物流项目奠基】 8月23日，杭州长安民生物流有限公司项目在开发区前进工业园区正式奠基，江东汽车零部件产业园建设取得新的突破。该项目是江东汽车零部件产业园最早谈判、最早签约、最早挂牌、最早奠基的项目。投资方重庆长安民生物流股份有限公司为中国物流企业50强，是长安福特车公司指定的唯一物流服务战略供应商，位居国内汽车物流行业前3名。该项目总投资12.3亿元，注册资本6.1亿元，其中一期投资5.25亿元，注册资本2.5亿元。该公司主要从事汽车零部件仓储、配送、运输、国际货运、空运、循环取货、商品车运输、零部件分装、保税物流等零部件加工和供应链物流一体化服务。

【海德世集团与开发区达成投资意向】 10月28日，杭州市副市长谢双成会见到访的日本HI-LEX（海德世）集团总裁、重庆海德世集团董事长寺浦实一行，就海德世集团到杭州投资进行交流。寺浦实一行专程考察江东市本级区块的投资环境，并与开发区达成投资合作意向。日本HI-LEX（海德世）集团是全球最大的专业生产控制拉索系统的上市公司，是奔驰、宝马、丰田、福特、大众、通用等20余个世界著名汽车厂的独家供应商，控制拉索的市场占有率为全球第1位，玻璃升降器处于世界第2位。为满足长安福特整车项目实现就近配套，同时满足华东市场300万台整车对汽车拉索、玻璃升降器、仪表等产品的市场需求，海德世集团计划在江东市本级区块建立新工厂，项目主要为长安福特、上海大众、上海通用、长安马自达、吉利等汽车企业提供配套。

【汽车零部件企业技改力度加大】 开发区汽车及零部件产业企业全年实施技改项目14项，完成投资5.23亿元。其中：杭州世宝汽车方向机有限工作提升循环球转向器品质技术改造项目和提升齿轮齿条转向器品质技术改造项目总投资9500万元，2013年完成固定资产投资8952万元，项目建成后预计新增年销售收入2亿元；杭州矢崎配件新增年产63万台汽车用电器分配装置和年产1524吨汽车用电线技术改造项目总投资5249.59万元，项目投产后预计可新增年销售收入4.5亿元；杭州新世宝电动转向系统有限公司15万套汽车电动助力转向系统技术改造项目投资3963.77万元，项目建成后预计新增年销售收入8000万元。

·新能源工业·

【新能源工业概况】 2013年，开发区新能源产业主要有杭州立昂电子有限公司、史陶比尔（杭州）精密机械电子有限公司、杭州天裕光能科技有限公司、浙江正泰中自控制工程有限公司、龙焱能源科技（杭州）有限公司等企业，其中有规模以上企业4个。全年实现工业销售产值15.1亿元，比上年增长17.35%；实现增加值3.6亿元，增长8.7%。

【史陶比尔新工厂落成投用】 6月6日，史陶比尔（杭州）精密机械电子有限公司新工厂在开发区正式投用。新工厂位于开发区北部区块，占地总面积4.2万平方米，2011年6月开工建设，总投资3.28亿元，达产后产值15亿元。史陶比尔集团是一个有100余年发展历史的国际著名精密机械制造集团，于1997年在开发区建立亚洲地区首个制造工厂——史陶比尔（杭州）精密机械电子有限公司，并获得长足的发展。

【龙驰公司太阳能电站实现并网】 6月25日，开发区龙驰幕墙工程有限公司历时一年建设的1.5兆瓦光电建筑一体化太阳能电站顺利实现并网，并举行电力并网启动仪式。浙江省能源局、杭州市发改委、省市电力局和开发区经发局领导参加启动仪式。龙驰幕墙建设的太阳能光伏电站由22兆瓦厂房南立面BIPV光电幕墙和1482兆瓦厂房BAPV屋顶电站两种形式组成，为复合型光伏电站，总装机容量为1.5兆瓦，平均年发电能力可达到140万千瓦时，整个光伏电站采用先进智能监控系统进行电力管理。龙驰幕墙的太阳能光伏发电站是开发区第2个实现电力并网的发电站，在不占用土地资源的前提下，充分利用太阳能资源，起到节能降耗、保护生态环境的作用。

6月25日，龙驰幕墙工程有限公司1.5兆瓦光电建筑一体化太阳能电站实现并网 （张宇灿 供稿）

▶▶资料："BIPV"和"BAPV"

"BIPV"指与建筑物同时设计、同时施工和安装并与建筑物形成完美结合的太阳能光伏发电系统，也称为"构建型"和"建材型"太阳能光伏建筑。其作为建筑物外部结构的一部分，太阳能光伏建筑既具有发电功能，又具有建筑构件和建筑材料的功能，还可提升建筑物的美感，与建筑物形成完美的统一体。

"BAPV"指附着在建筑物上的太阳能光伏发电系统，也称为"安装型"太阳能光伏建筑。其主要功能是发电，与建筑物功能不发生冲突，不破坏或削弱原有建筑物的功能。

【电力保障暨太阳能光伏利用会议】 12月20日，开发区电力保障暨太阳能光伏利用会议召开，区内100余个重点用能企业及相关光伏企业参加会议。区经发局对重点用能企业每年度节能工作提出具体要求；杭州市电力局、市光伏行业协会分别对光伏并网程序及政策讲解；浙江正泰新能源开发有限公司、龙焱能源科技（杭州）有限公司、杭州天裕光能科技有限公司3个企业介绍合同能源管理模式和光伏产品应用。会议要求贯彻实施《开发区2013年节能工作要点》，加深企业对于合同能源管理及太阳光伏屋顶电站等节能模式的理解和认识，有助于推广屋顶太阳能光伏发电站的应用。

【"机器换人"助推企业转型升级】 "机器换人"是以现代化、自动化的装备来提高劳动生产率和提升传统产业，推动技术红利替代人口红利。开发区"机器换人"主要有两类，一类投资自动化生产线降低劳动力依存度，另一类为应用机器从事高精度作业。前者如杭州顶益食品有限公司投资10亿元建设新基地，新建高速方便面生产线，投产后生产速度要高于老厂区10%，且用工情况较老厂下降约20%；后者如杭州天裕光能科技有限公司在加工太阳能薄膜的生产工序中采用机械手抓取玻璃片送入生产线，确保送片安全稳定，且生产效率较人工翻番。

（傅广龙）

服务业

·服务业综述·

【服务业全面发展】 2013年，开发区加快现代服务业发展步伐，实施先进制造业与现代服务业“两业并举、协调发展”战略，鼓励和扶持发展生产性服务业，不断提升和完善生活性服务业。全年实现服务业增加值112.6亿元，占全区地区生产总值23.86%。全年累计完成服务业产业类投资额74.67亿元，比上年（下同，指2012年）增长58.61%。全年实现社会消费品零售总额53.2亿元，增长19.3%。全年累计新增服务业企业1418个，其中引进注册资金2000万元以上重点企业35个。全年完成服务业税收占财政总税收21.9%。（陈　伊）

【鼓励服务业发展政策】 1月，开发区修订出台《关于鼓励现代服务业发展的若干政策（2013年）》，从“招新引优、促进产业集聚”“招大引强、发展总部经济”“扶优扶强、提升产业质量”3个方面着手，鼓励引进和发展信息软件、现代物流、总部经济、文化创意、服务外包等生产性服务业项目及商贸（零售）、旅游、文化娱乐、社区服务等生活性服务业项目，鼓励发展总部经济和楼宇经济。政策重在鼓励和扶持发展生产性服务业，不断提升和完善生活性服务业。根据政策，电子商务企业当年主营业务收入首次达到1亿元、5000万元、2000万元，或独立第三方网络交易平台网上交易额首次达到20亿元（含）、10亿元（含）、5亿元（含）的，分别奖励30万元、20万元、10万元。当年被新评定为市级以上电子商务应用示范企业，奖励10万元。

【楼宇经济发展】 至2013年末，开发区累计投用楼宇38幢，其中税收1000万元以上楼宇4幢，分别为西子阳光星城、传媒创业产业园、四季风景苑、杭州市高科技企业孵化器。4幢楼宇上缴税收1.25亿元，其中地方财政收入贡献6250万元。开发区楼宇入住企业1631个，主要从事商贸批零、中介服务、信息服务、设计服务。杭州市高科技企业孵化器及大学科技创业园入住企业主要从事电子商务、创意创新产业及高新技术产业。2013年，开发区加大对楼宇经济财政扶持力度，对以服务外包、创意产业、现代物流、金融、风险投资企业、中介服务等为主的主题（特色）楼宇，给予管理团队（楼宇业主）奖励，其中杭州广传企业管理有限公司获奖励40万元，杭州市高科技企业孵化器有限公司获奖励10万元。3月，开发区召开楼宇总部经济座谈会，杭州市服务业局、市楼宇信息系统管理单位人员，下沙街道、白杨街道及区内各楼宇管理单位负责人参加会议。会议宣讲楼宇税收相关政策，介绍楼宇与总部经济信息管理平台，明确开发区楼宇发展现状及重点。与会人员探讨发展中存在的困难和问题，并提出相应建议。

【“味全”品牌体验馆开馆】 7月，杭州味全食品有限公司品牌体验馆正式开馆。场馆占地面积1413平方米，使用面积超过3000平方米，设简报厅和参观走廊两部分。“味全”品牌体验馆主要为6岁~9岁儿童设计，也对成人开放。体验馆作为企业对外公关窗口，配有中、英、日3种语言的导览员，对参访者实行团体预约、专车接送、免费参访。至年末，“味全”品牌体验馆接待参观人员3000余人。

表4　**2013年开发区社会消费品零售额贡献前7位的商贸企业情况**

企业名称	性质	经营范围
好易购家庭购物有限公司	批发零售	百货日用
杭州天天物美商业有限公司	批发零售	百货日用
杭州宝通汽车有限公司	批发零售	汽　车
杭州五丰冷食有限公司下沙经营部	批发零售	冷　食
杭州钱江燃气有限公司	批发零售	燃　气
杭州福恒汽车销售服务有限公司	批发零售	汽　车
杭州德克士食品有限公司	餐　饮	快　餐

【旅行社服务网点】 至2013年末，开发区注册成立旅行社9个，分别为杭州好易购旅行社有限公司、杭州欢程旅行社有限公司、杭州华宇旅行社有限公司、杭州达人旅行社有限公司、杭州鼎盛旅行社有限公司、浙江探索旅行社有限公司、杭州恒大旅行社有限公司、杭州万景旅游有限公司、杭州凯恩旅行社有限公司。在开发区内经营的旅行社分社2个，分别为杭州天缘国际旅行社有限公司下沙分公司和吉林省环球国际旅行社杭州分公司。开发区还设有浙江省中国旅行社、杭州市中国旅行社、杭州东方海外旅行社等旅行社的服务网点14个。旅游类型主要以国内旅游、入境旅游和出境旅游为主。

【《中华人民共和国旅游法》专题培训】 10月1日，《中华人民共和国旅游法》（简称《旅游法》）正式施行。9月，区经发局组织区内旅行社、酒店等旅游企业参加《旅游法》专题培训会。会议邀请专业律师到会培训指导，以条目与真实案例相结合的方式，对《旅游法》内容进行解说，对旅游企业如何规避风险、如何处理突发事件提出意见。旅游企业代表围绕《旅游法》条目，以及实际经营当中遇到的问题与困难，与律师进行讨论交流。培训对开发区旅游企业规范化经营起到积极作用。

【旅游业安全检查】 9月，区经发局、白杨街道联合开展区内旅游业安全生产检查。检查组对曙江大酒店、鑫瓯大酒店、沙园游乐场等旅游企业，以及物美超市、福雷德广场等大型商贸单位进行现场检查和指导。重点检查宾馆（饭店）、商场（市场）及旅游商贸企业安全制度和措施落实情况；旅游商贸经营单位安全工作责任落实情况及业务合同有无涉及安全责任的协议；游乐、水上旅游设施设备安全管理情况。经检查，区内旅游企业设有安全专管人员和应急预案，配备相应设施设备，安全情况良好。

（冯　青）

·商贸服务业·

【商贸服务业概况】 2013年，开发区商贸流通业发展较快，全年实现社会消费品零售总额53.2亿元，比上年增长19.3%。以4号大街、高沙商业街、学源服饰街及沿街商业点为轴链的商贸圈日益成熟，以福雷德广场、金沙数码港、华元十六街区为中心的综合商贸集聚区商业氛围更加浓厚，沿江便民商贸配套逐步完善，和达·东东城、智格新城大厦等商业综合体，时代山农贸市场、海天城农贸市场等便民设施相继投用。天城东路商业氛围渐显成熟。

福雷德广场外景　（黄健员　摄）

【社会消费品零售额超过50亿元】 2013年，开发区社会消费品零售市场保持平稳快速增长，全区社会消费品零售总额53.3亿元，首次超过50亿元，比上年增长19.3%，高出杭州市6.3个百分点。其中批发零售业实现零售额48.84亿元，占开发区社会消费品零售总额91.6%，增长3.74%。零售企业中，好易购家庭购物有限公司占全区社会消费品零售总额47.7%，增长1.43倍。

【再生资源回收监管】 2013年，开发区加强废旧物资回收处理监督检查，改造提升区内再生资源回收网点，区内4个公司通过验收，分别为杭州华松物资回收连锁有限公司下沙连锁店、杭州兴亚金属物资回收有限公司下沙收购站、杭州西溪再生物资回收连锁有限公司下沙店和开发区和达物业管理有限公司，获得财政补助资金合计16万元。

【中沙永泰商场项目开工】 6月，中沙永泰商场项目开工。该商场位于下沙路以南、海达南路以西，占地面积1.67公顷，建成后物业面积6.5万平方米，项目预计2015年末竣工。该商场为中沙社区10%留用地项目，由下沙街道中沙社区经济联合社开发，建成后整体租赁给中国银泰投资有限公司（简称银泰公司）经营管理。银泰公司是中国服务业企业500强之一，以零售业、房地产、资源开发为三大主业，其旗下的银泰百货自1998年开业以来，经过多年快速发展，是浙江省具有影响力的百货连锁集团。

【盈都商业广场项目开工】 12月，盈都商业广场项目开工。该项目位于金沙湖板块核心地段，金沙大道以北、1号大街以西、景苑北路以东、地铁1号线高沙路站1号出口旁。规划用地面积3.4万平方米，总建筑面积27万平方米，停车位1500个。项目包括五星级酒店4.5万平方米、主力店3万平方米、商业街1万平方米和6幢办公楼面积10万平方米，是集五星级酒店、大型购物街、主题娱乐休闲、特色地铁物业、中西餐饮美食、精英写字楼于一体的多元化商业综合体，预计2018年竣工投用。

【“七格·中豪广场”项目开工】 10月，“七格·中豪广场”项目开工。该项目由七格社区与浙江中豪控股集团有限公司合作开发，位于东海柠檬郡楼盘以东，下沙大道以南，下沙南路以西，东南中学以北，占地面积2.87公顷，拟建设集酒店、餐饮、办公、休闲、购物、商贸、娱乐为一体的综合商业项目，预计2017年9月竣工。

【和达·东东城项目开业】 5月25日，和达·东东城项目开业。该项目位于沿江大道和10号大街交界处，东临景观交通主干道沿江大道，是开发区12千米沿江商业带启动项目，总建筑面积4.58万平方米。四周围绕6个高端大型居住区项目，1.5千米辐射圈内居住人口超过15万人。该项目属于区域型商业购物中心模式，主要业态为特色卖场、影院、娱乐KTV、餐饮、休闲咖啡及品牌零售，能实现全阶层全时段的生活服务。进驻项目有“时代院线”“外婆家”“两岸咖啡”“粉壹仟”“顺旺基”“学大教育”“台海岸”等。

【智格新城大厦项目投用】 10月，智格新城大厦项目投用。该项目北临下沙路，西临智格社区，东侧为下沙石材市场，配套完善，占地面积9.03万平方米，总建筑面积5.91万平方米，由19层、28层两幢主楼和3层高的裙楼组成。1~2层为商业用房，第3层为餐饮，3层以上为管理用房。智格新城大厦适宜精品百货、超市、经济型酒店及企业总部入驻。

【头格临江商贸大厦项目竣工】 12月，头格临江商贸大厦项目竣工。该项目是下沙街道头格社区10%留用地项目，位于下沙路以南、运河二通道东侧、南临沿江大道，用地面积4.05公顷，总建筑面积16.2万平方米，其中地下室面积2.6万平方米，1~4层裙楼为商业用房，5~28层公寓式综合办公楼，总投资3.5亿元。该项目交通便捷，是集商贸、办公、居住、娱乐、休闲为一体的临江商贸大厦。

【希尔顿逸林酒店开业】 12月16日，杭州和达希尔顿逸林酒店开业。该项目位于开发区金沙大道600号，由杭州万国投资管理有限公司开发兴建，是开发区第1家国际品牌、高星级全方位服务酒店，也是希尔顿逸林品牌在中国的第16家酒店。该酒店楼高20层，拥有308间客房和套房、3间特色主题餐厅，灵活设置的会议及宴会空间，包括1050平方米的无柱式豪华宴会厅1个、多功能会议厅8个、贵宾接待室1个、董事会议室1个，适合举办多种类型的会议和活动。3月，杭州和达希尔顿逸林酒店获得2013年亚洲酒店论坛暨第八届中国酒店星光奖“中国最值得期待新开业酒店”奖项。

12月16日，杭州和达希尔顿逸林酒店开业　　（郑体兵　摄）

【商贸流通领域企业技改】 2013年，开发区加快构建现代商贸流通体系，促进开发区现代商贸服务业发展，杭州天天物美商业有限公司、杭州可莎蜜兒食品有限公司和杭州德克士食品有限公司3个企业进行连锁网点和信息化建设项目改造，共获得商贸服务业发展项目财政资助资金76.4万元，其中杭州天天物美商业有限公司获得资助资金30.6万元、杭州可莎蜜兒食品有限公司获得资助资金45.8万元。

【农产品“农超对接”试点】 2013年，开发区杭州天天物美商业有限公司推进“农超对接”试点工作，共配有生鲜配送中心1个、生鲜农产品对接基地10个。杭州天天物美商业有限公司2012年销售鲜活农产品133.4万吨，实现“农超对接”交易额1024万元，获得2012年“农超对接”试点中央补助资金99万元。

▶▶资料：“农超对接”

“农超对接”是国家商务部农产品流通体系建设的重要部分，杭州市是商务部农产品现代流通体系建设试点城市。政府主管部门推进农产品现代流通体系建设，一方面与农业部门联手，通过组织名特优新农产品推介会，为超市与农产品生产龙头企业和品牌农产品牵线搭桥；一方面鼓励超市扩大鲜活农产品的供应品种、直采比重，建立稳定的供应基地，加强仓储、运输、销售、冷链配送等基础建设，完善供销体系。通过“农超对接”模式，鲜活农产品可以腾出10%的价格空间，其中的4%～5%将返给农民，5%～6%则直接优惠消费者，实现消费者、农民和超市三方得利。

【“菜篮子”直通车】 2013年，开发区继续推进“菜篮子”直通车进社区试点工作。5月和7月，大北社区和高教社区分别开通“菜篮子”直通车，方便居民消费，解决部分社区居民买菜难问题，居民反响良好。至年末，开发区共有铭和社区、大北社区和高教社区3个社区开通“菜篮子”直通车。区内企业杭州宇航农业科技有限公司，作为杭州市区“菜篮子”商品的供应商之一，积极开拓货源渠道，增加市场供给，保障和丰富城市副食品供应，获得杭州市有关补助奖励2万元。

【食品安全和市场准入】 2013年，区经发局规范农贸市场行业管理，推行市场准入制度，督促企业做好索证索票管理与台账管理。全年8个农贸市场上缴肉禽类“一票证”2.5万张。5月和11月，区经发局联合杭州市商贸监察中心召开农贸市场商品准入和肉菜流通追溯体系培训会议，加强农贸市场管理人员在市场管理、二次改造提升、健康市场创建等方面的指导。区经发局联合区工商分局及下沙工商所开展农贸市场肉菜追溯联合检查4次，督促市场做好蔬菜农药残留检测及上报，规范流通领域消费秩序，提升农贸市场安全管理水平。

【东沙服装特卖会暨绿色食品博览会】 1月1日，东沙服装特卖会暨绿色食品博览会在东沙商业中心广场举办。展区面积1500余平方米，设有标准展位90个，其中特装展位10个。参展企业70余个，专业采购商20个，汇集嘉兴大老宋食品有限公司、鄂尔多斯蒙羊羊绒制品有限公司等知名品牌34个进行展销。

【禽流感防范】 10月17日，区经发局组织召开农贸市场禽流感防范专题布置会，下沙街道、白杨街道和区内9个农贸市场负责人参加会议。会议要求各农贸市场密切关注H7N9禽流感的新动向，按照“密切注意、预防为主”原则，落实农贸市场防范举措。监管部门加强食品安全管理，坚决查处不合格、不达标食品，杜绝农药残留蔬菜、未检猪肉等问题食品进入市场。开发区聘请8名社区工作人员和居民代表作为农贸市场义务监督员，监督市场经营管理行为，参与农贸市场管理。

【“文明餐桌大行动”活动】 2013年，区经发局、区文明办开展主题为“文明餐桌、品质下沙”的“文明餐桌大行动”活动，宣传和倡导区内消费者对文明生活行为的认识，养成文明良好的就餐习惯。8月20日，区经发局组织召开商贸窗口单位文明指数测评暨“文明餐桌大行动”工作细化布置会议。9月12日，召开“文明餐桌大行动”动员大会，杭州下沙鑫瓯大酒店、杭州歌江维嘉酒店等大型宾馆，杭州四季风情餐厅、杭州吴哥厨房等大中型餐饮企业，学校及商业重点区域的中小餐饮和特色餐饮企业共40余个单位参加大会。会议要求与会企业在显著位置设立“不剩菜、不剩饭”的温馨提示，利用张贴、电子屏等形式加大对开展“文明餐桌大行动”的宣传，要求服务人员引导消费者适量点菜、剩菜打包，增强消费者的日常参与性。

【早餐标准化和示范门店】 9月，开发区开展早餐标准化门店和早餐示范门店的申报创建，规范提升开发区早餐经营网点，推进便民早餐连锁经营。通过企业自愿申报、材料审核、实地考察、专家组评审、社会公示环节，全区有杭州可莎蜜兒食品有限公司下沙文泽店、杭州肯德基有限公司福雷德广场分店、浙江麦当劳餐厅食品有限公司杭州下沙商贸城餐厅、何氏豆浆店等7个门店被评为早餐标准化门店和早餐示范门店。早餐标准化门店和示范门店将成为早餐行业经营标杆，推进开发区便民早餐经营的规模化、规范化、连锁化发展，为居民提供“便捷、卫生、营养、健康”的大众化早餐，满足居民早餐消费需求。

【肉菜流通追溯体系培训】 11月8日，开发区组织召开农贸市场肉菜流通追溯体系项目培训会，杭州市商贸监察中心和开发区下沙街道、白杨街道相关负责人参加会议，全区9个农贸市场代表参加培训。会议目标是利用发挥肉菜追溯系统在肉菜流通中的作用，提高开发区农贸市场的管理水平，提升食品安全质量，让农贸市场真正成为老百姓放心满意的市场。培训以肉菜追溯系统的实际操作教学为主，重点解决系统在日常使用过程中遇到的信息查询难、刷卡信息输入难、维修难等方面的问题。会议要求各农贸市场加强沟通与信息交流，提升市场经营方和经营户的食品安全意识和肉菜追溯意识，打造开发区良好的肉菜追溯环境。

（刘文星）

·现代物流业·

【现代物流业概况】 2013年，开发区现代物流业平稳发展。全年实现增加值4.2亿元，比上年增长35.4%。全区有物流企业160余个（不含个体户），其中限额以上企业45个，总仓储面积180余万平方米，车辆2800余辆，运作类型主要以运输、仓储、货运代理及第三方物流为主。

开发区物流企业基本形成3个集聚区域，分别为德胜路沿线的省军区基地区域、出口加工区及周边区域和以普洛斯物流园为中心的北部区域。德胜路沿线的省军区基地区域，汇集杭州华商物流有限公司、杭州近江物流有限公司、上海佳吉快运有限公司杭州分公司等80余个物流公司，仓储面积超过120万平方米，占总仓储面积60%。出口加工区及周边区域的物流企业以国际物流业务为主，主要有浙江八方物流有限公司、杭州口岸国际物流有限公司、东芝货物管理（杭州）有限公司等。以普洛斯物流园为中心的北部区域，物流企业以城市配送业务为主，随着普洛斯物流园二期项目、杭州外海物流有限公司冷藏项目、浙江新华数码印务配送中心建成投用，初步形成物流仓储配送区域，其中30余万平方米的仓储面积，客户群主要为有高端物流需求的开发区企业。

【4个企业获“市级交通物流龙头企业”称号】 1月，杭州市交通运输局表彰获“杭州市交通物流龙头企业”称号的现代物流企业，共有30个企业获该称号，开发区内的浙江八方物流有限公司、杭州德邦货运代理有限公司、杭州华商物流有限公司、杭州近江物

流有限公司名列其中。“杭州市交通物流龙头企业”评审活动由市交通运输局组织，区物流部门推荐，市交通运输局、市发改委、市物流协会、市发展现代服务业领导小组办公室等部门联合审查。审查组充分肯定开发区物流企业取得的成绩，对开发区现代物流业发展提出更高要求，为开发区及杭州市经济建设做出更大贡献。

【五丰冷链项目建成】 3月，杭州五丰冷食有限公司的市级重点项目“浙江五丰农产品冷链物流项目”建设完成。该项目总投资2.86亿元，新建生产厂房、综合楼等设施，项目建成投用能保证冷冻类食品在生产、贮藏、运输、销售前的各个环节始终处于规定的低温环境，有效保证食品质量，达产后形成年产冷饮食品4万吨、速冻食品1万吨的生产规模。

【百世物流电子商务园项目引进】 4月，百世物流电子商务园项目落户开发区。该项目由百世物流科技有限公司投资，投资总额6000万美元，注册资本5000万美元，项目用地面积6.53公顷，建筑面积11.52万平方米。项目主要为国内外企业提供综合供应链设计与优化，电商物流与网络化仓储管理、干线运输、区域和同城配送等一站式物流管理外包服务。百世物流电子商务园正式运营后，预计3年内网上年销售额50亿元，第三方物流整体业务收入5亿元。

【华东医药链获“优秀案例”称号】 6月20~21日，中国物流与采购联合会在吉林长春召开2013年中国物流与采购信息化推进大会暨物流企业CIO峰会，来自物流企业CIO、物流信息化服务提供商、科研院校的专家学者及政府主管部门负责人共800余人参加会议。会议以“推动物流信息技术的有效应用，促进物流信息化的普及深化”为主题，为物流信息化各方搭建交流平台，广泛交流物流信息化政策、技术、典型案例和成功经验。华东医药供应链管理（杭州）有限公司以实施与国家交通运输物流公共信息共享平台对接数据工作，获得“2013年中国物流与采购信息化优秀案例”称号，成为浙江省唯一一个医药行业获该荣誉的企业，在医药行业起到示范带头作用。

【华东医药链通过AAA级考核验收】 8月，中国物流与采购联合会物流企业综合评估委员会组织专家，对华东医药供应链管理（杭州）有限公司进行AAA级综合服务性物流企业考核验收。经过材料核实、考察评估、抽样检测等程序，专家组对该公司先进的企业管理理念、专业化的物流管理、领先的仓储硬件设备表示肯定。该公司通过AAA级现场评估，成为开发区又一个获得AAA级的现代物流企业。华东医药供应链管理（杭州）有限公司的目标是打造“敏捷、精益、绿色、共赢”的“华东医药金名片”，即以现代物流、信息技术为依托，以定制服务、订单可视、无缝冷链为特色，打造对市场需求快速反应的敏捷供应链、管理和流程优化的精益供应链、节能环保的绿色供应链，以及具有特色服务的合作共赢链，提升开发区现代物流水平。

【3个企业获市级“现代物流示范企业”称号】 12月，杭州市现代物流业发展领导小组办公室授予开发区杭州德邦货运代理有限公司、浙江八方物流有限公司、杭州华商物流有限公司3个企业“杭州市成长发展型现代物流示范企业”称号。现代物流示范企业评选是根据《杭州市现代物流业专项资金资助管理办法》规定的政策条件和程序，由企业自愿申报，主管部门推荐初审，部门专家评审会评审，报牵头部门审定。评审内容包括企业物流信息化、标准化、品牌化、专业化等专业审核。该荣誉评比是对现代物流企业的检验，也是开发区提升全区现代物流业发展的重要途径。（冯　青）

·服务外包业·

【服务外包产业稳定发展】 2013年，开发区按照杭州市及开发区服务外包产业战略发展规划，加快推动服务外包产业发展，促进产业转型升级。至年末，进入商务部服务外包统计系统的开发区服务外包企业总数从2009年的33个增加到2013年的69个，开发区现有服务外包培训机构12个。开发区服务外包企业类型基本覆盖信息技术外包（ITO）、业务流程外包（BPO）、知识流程外包（KPO）3类。开发区拥有技术先进型服务外包企业4个，商务部重点联系服务外包企业1个，离岸执行额超过1000万美元外包企业13个，通过“CMMI三级”“ISO 27001”等各类国际认证服务外包企业10余个。

2013年，开发区服务外包企业完成合同执行额

7月4日，第五届中国国际服务外包博览会开发区服务外包投资峰会在开发区举办　　（黄健员　摄）

6.42亿美元，完成年计划103.4%，比上年增长14.3%；离岸合同执行额5.7亿美元，完成年计划104.5%，增长18.7%；培训各类服务外包人才5600余人，完成年计划101.8%。全区圆满完成服务外包各项指标，外包产业规模位居杭州市第2位。开发区先后出台《关于加快服务外包产业发展的若干意见》《鼓励服务外包产业发展的若干政策》等产业政策，具体内容包括设立专项资金5000万元、最高5年全额企业所得税返还、最高5%的注册资本金奖励、最高200万元购买办公用房补助、最高每年100万元租房补助等，以及积极解决服务外包企业高层管理人员的生活配套问题，鼓励服务外包培训业务，鼓励离岸外包业务等举措。

【服务外包大楼启用】 4月17日，开发区服务外包大楼建成启用，并引进国内高端IT培训第一品牌达内IT培训集团总部入驻。新启用的服务外包大楼由杭州和达文化创意产业园管理有限公司经营管理，位于开发区科技园路65号和85号，建筑面积5万平方米，由办公楼（B区）和配套宿舍楼（A区）两栋楼组成，设有商务中心、多功能厅、专用高速电梯、会议会展、餐饮、便利店、银行ATM、洗衣、1000兆网络宽带等，配备有楼宇自控系统、通讯及办公自动化系统等全方位智能体系，营造多元自动化办公场所，旨在引进IT领域、教育培训等领域的服务外包企业。至年末，该大楼已入驻达内IT培训集团、杭州博泰教育咨询有限公司等服务外包企业。

【服务外包投资峰会】 7月3日，第五届中国国际服务外包博览会在杭州举行。会议由国家商务部、教育部、科技部、工信部共同主办，中国国际投资促进会承办。该届博览会主题为“中国服务之创新、应用、融合”。作为分会场之一，7月4日，第五届中国国际服务外包博览会开发区服务外包投资峰会在开发区举办，杭州市外经贸局、开发区招商局、园区服务外包平台负责人及来自法国、德国、意大利、波兰等10个国家的30余名嘉宾参加投资峰会。与会人员参观区容区貌，考察开发区服务外包大楼、新加坡科技园和国家级高科技企业孵化器三大服务外包平台，与区内服务外包企业进行对接交流。

开发区国家级高科技企业孵化器总建筑面积15万平方米，是开发区提高自主创新能力、规划科技创新体系的主要载体，入驻该平台的企业为IT研发、生物医药类企业。新加坡杭州科技园占地面积48公顷，首期建设项目“软件工厂”，是杭州国家服务外包基地核心园区之一，建筑面积10万平方米，可入驻5000人，集软件设计、制作及配套服务功能于一体，主要承接服务外包业务。开发区服务外包大楼4月建成投用，以达内IT培训集团为首的服务外包培训机构，为开发区产业发展提供充足的人才保障。2013年起，达内IT培训集团每年计划在开发区培训各类IT人才6000人，在线培训2万人，将成为杭州市服务外包产业发展的新亮点。　　（陈　伊）

·文化创意业·

【文化创意产业概况】 开发区文化创意产业园区规划建筑面积103.6万平方米，建成面积26.42万平方米，其中已使用面积23.54万平方米。2013年，全区有文化创意类产业园区14个，分别为杭州和达文化创意产业园、下沙电子商务园、浙商创业园和11个大学科创园。全区累计拥有文化创意企业597个，新增文化创意类企业27个，从业人数1.05万人。全区限额以上文化创意企业主营业务收入24.5亿元。和达文化创意产业园作为杭州市第1批现代服务业培育类集聚区之一，2013年被市发改委评为优秀集聚区，同时被授予首批“浙江省省级工业设计中心”和“杭州市级工业设计中心”称号。

【路甬祥考察创意设计园】 11月29日，全国人大常务委员会原副委员长、“两院”（中国科学院和中国工程院）院士路甬祥带队考察和达创意设计园文化创意产业。考察团参观园区展示服务中心，了解和达创意设计园的历史、概况、定位以及未来发展规划，参观园区4号楼的工业设计公司杭州斯帕克造型艺术有限公司和杭州冠群科技开发有限公司，与公司负责人交流创业历程。路甬祥对园区建设和创意企业给予充分肯定和鼓励，肯定和达创意设计园是开发区文化创意产业的“领头羊”，鼓励该园要与时俱进，成为产业领跑者。

【“就业新干线”杭州站活动】 3月31日，2013年全国高等院校设计专业学生“就业新干线”杭州站活动在开发区和达创意设计园举办。该活动由市经信委指导，杭州工业设计协会与开发区经济发展局主办，杭州和达创意设计园、“Billwang工业设计网”承办。来自上海、深圳、杭州三地设计机构的设计师与杭州设计院校学生交流“设计专业就业与创业”话题。活动通过设计师经验分享，设计公司负责人与高校学生交流互动，帮助毕业生了解职业方向，为设计机构与人才搭建对接平台。参加活动的设计公司有深圳市嘉兰图设计有限公司、上海龙域工业设计有限公司、杭州飞鱼工业设计有限公司、杭州博乐工业产品设计有限公司、杭州西门工业设计公司、杭州瑞德设计有限公司、杭州热浪科技有限公司等。来自浙江大学、浙江工业大学、浙江理工大学、中国计量学院、杭州电子科技大学设计专业的学生参与观摩交流。

【省、市级工业设计中心认定】 8月，开发区和达创意设计园被杭州市工业设计产业发展领导小组、浙江省经济和信息化委员会分别认定为“杭州市工业设计中心”和“浙江省工业设计中心”。和达创意设计园位于开发区3号大街与8号大街交叉口，由6幢标准厂房分期改造提升而成，规划建筑面积5.6万平方米。园区以文化为内容、以工业设计为基础、以创意办公为核心，围绕工业设计和服装设计两大产业导向，集中展现“研发、培训、孵化、制作、展示、交易”的整合运营角色，满足入园创意企业提升实力、拓展业务、融资发展的功能需求，致力打造和谐、创意、优质的文化创意产业园，成为开发区具有吸引力的创意办公生活体验中心。

【企业服务咨询交流会】 4月16日，开发区在传媒文化创意产业园召开“创业沙龙——企业服务咨询交流会”。浙江亿联担保有限公司、浙江君安世纪律师事务所、逸讯企业管理有限公司和瑞科创小贷公司负责人作为特邀嘉宾参加会议。嘉宾向与会企业讲解金融、会计、法律、贷款等方面知识，与会企业针对自身需要，在注册资金、创业条件等方面与特邀嘉宾进行现场交流与沟通。

【首届“发现杯”软件设计大赛】 4月17日，首届“发现杯”全国大学生软件设计大奖赛总决赛暨第二届启动发布会在开发区服务外包大楼举行。当天也是开发区服务外包大楼正式落成启用之日，新引进的达内IT培训集团总部正式入驻。杭州市副市长佟桂莉观摩比赛并为获奖者颁奖。“发现杯”全国大学生软件设计大奖赛由杭州市外经贸局、开发区管委会、达内IT培训集团联合主办。以“发现人才、培

11月29日，全国人大常务委员会副委员长路甬祥（左二）带队考察和达创意设计园 （黄健员 摄）

育人才、推荐人才”为理念，与中国高校、企业共同探索IT人才培养与选拔、校企合作、产学结合的新途径，为有才华、有潜力的IT人才提供展示舞台，打响杭州服务外包品牌。首届“发现杯”中国大学生软件设计大奖赛自2012年9月8日开赛，1000所高校、2万个IT企业参加比赛，最终产生全国6强选手，并在开发区总决赛上产生全国一、二、三等奖得主，一等奖由宁波工程学院朱凯获得，获创业基金10万元。

【市旅游纪念品大赛参展】 5月8日，2013年旅游纪念品大赛在余杭良渚玉文化园举办。大赛由杭州市旅游委员会主办，88个单位参加，201件入围的旅游商品参加展出。参赛产品主要是以城市、景区（点）为元素而开发的，能够体现旅游景区（城市）文化特色、地域特色和人文特色的实物类旅游纪念品和工艺品，具有较高的观赏性、纪念性和实用性。开发区组织杭州华人普雷森文化创意有限公司、杭州问童子文化创意有限公司、杭州唯智广告策划有限公司、杭州麦扑文化创意有限公司4个单位参加，通过逐级推选，杭州麦扑文化创意有限公司的作品“最忆杭州·西湖丝巾”和“西湖地图伞”分别获得大赛的金奖和铜奖。

【国家数字娱乐产业示范基地调研】 6月4日，杭州市发改委调研国家数字娱乐产业示范基地拓展区建设情况。在开发区传媒文化创意产业园区，调研组一行参观好易购家庭购物有限公司、天格科技（杭州）有限公司、杭州星罗文化艺术策划有限公司、杭州绿浪网络科技有限公司、杭州冲浪文化创意有限公司、杭州帝翼动漫有限公司和浙江华友文化创意有限公司等企业，参观学校为园区企业搭建的实验平台，包括录音棚、演播厅、节目播出实验室、色彩校正实验室等，听取企业负责人对企业发展、业务拓展的介绍。调研组对产业园建设国家数字娱乐产业示范基地拓展区所取得的成效给予肯定，对依托浙江传媒学院的科研力量和实践平台，充分整合周边资源扶助大学生创业的规划给予赞扬。

【市文创产业博览会参展】 10月17~20日，第七届中国杭州文化创意产业博览会在杭州白马湖生态创意城国际会展中心、杭州和平国际会展中心、浙江世贸国际展览中心同步举行。3个场馆共有60余个国家及地区的文创机构、企业和人士参展。展会主题“融——文化传承、设计创新”。开发区以“创新驱动、集聚领先、产城融合”为理念，融合区内工业设计亮点，展示和达创意设计园、杭州冠群科技开发有限公司、杭州斯帕克造型艺术有限公司、杭州慧聚品牌管理有限公司、杭州宙捷科技有限公司等企业的创意展品，其中由和达创意设计园的创新设计平台项目在该文博会上得到宣传和推广。

【电子商务与设计企业对接会】 6月7日，区经发局在和达创意设计园展示服务中心组织召开“2013年电子商务企业与设计企业对接会”。和达创意设计园及园区杭州冠群科技开发有限公司、杭州斯帕克造型艺术有限公司、杭州慧聚品牌管理有限公司、杭州宙捷科技有限公司等5个设计型企业和杭州斗量网络技术有限公司、杭州纳兰容若家居用品有限公司、杭州速途电子商务有限公司等10个电子商务企业负责人参加交流会。政府、企业、园区代表交流发言，介绍发展情况和合作需求，达成发展共识。

【总裁财务培训沙龙】 5月21日，“和达人才加油站”之总裁财务培训沙龙在和达创意设计园展厅举行。北京冠全金信国际科技有限公司高级管理顾问讲述企业内控体系的重要组织架构，以及如何以财务为基础架构企业的内控体系，指导分析不同类型公司所面临的企业内控方面的问题。“和达人才加油站”是园区服务创意人才和创意企业发展的一个载体。杭州冠群科技开发有限公司、杭州斯帕克造型艺术有限公司、杭州慧聚品牌管理有限公司等26个企业的负责人参加培训。

【“向上一席”创业沙龙】 9月17日，浙商大学生创业园组织召开“向上一席”创业沙龙活动，传媒文化创意产业园、浙江财经学院创业园、浙江理工大学创业园、中国计量学院创业园和浙商大学生创业园等园区代表及园内文化创意类企业代表参加活动。与会人员就团队建设、创业理念、项目合作等方面进行交流，就小微企业在创业发展过程中的资金短缺、业务拓展等难题进行探讨。

【3D打印技术对接交流沙龙】 9月27日，和达创意设计园组织召开3D打印技术对接交流沙龙。会议邀

请专业从事3D打印技术的杭州先临三维科技股份有限公司作详细介绍，园内杭州斯帕克造型艺术有限公司、杭州问童子文化创意有限公司、杭州博志家居设计有限公司等10个创意设计类企业参加交流会。现场交流气氛热烈，有多个企业与杭州先临三维科技股份有限公司达成合作意向。

▶▶资料：3D打印

3D打印，即快速成型技术的一种，是一种以数字模型文件为基础，运用粉末状金属或塑料等可黏合材料，通过逐层打印的方式来构造物体的技术。

3D打印通常是采用数字技术材料打印机来实现的。常在模具制造、工业设计等领域被用于制造模型，后逐渐用于一些产品的直接制造，已经有使用这种技术打印而成的零部件。该技术在珠宝、鞋类、工业设计、建筑、工程和施工（AEC）、汽车、航空航天、牙科和医疗产业、教育、地理信息系统、土木工程及其他领域均有所应用。

（陈　伊）

·专业市场·

【专业市场概况】 2013年末，开发区累计有各类商品专业市场19个。其中，有证市场9个，分别为杭州下沙石材市场、浙江石材市场、杭州金沙数码港、杭州下沙商贸城、杭州恒大陶瓷建材交易市场、杭州瑞纺联合轻纺城、金茂红星美凯龙家居市场、杭州木材交易市场、颐高数码下沙店，总面积108万平方米，摊位1.3万个。8月末和11月末，海天农贸市场、时代山农贸市场2个新市场分别开业，至年末开发区登记在册的农贸市场10个，先后为杭州下沙农副产品综合市场（中心路老市场）、开发区农贸市场、高沙农贸市场、湾南农贸市场、智格农贸市场、七格农贸市场、星野农贸市场、云水苑农贸市场、海天农贸市场和时代山农贸市场，总面积3.8万平方米，摊位1829个。

【颐高数码下沙店开业】 7月8日，颐高数码下沙店开业。该店位于开发区学林街1269号新元金沙城2~3层商业裙房，总面积5700余平方米。主要经营业态有电子数码产品、电脑、通信、办公设备、办公耗材、网络监控、家具电器、及二手维修等。该数码店硬件按照浙江省四星级市场标准建设，卖场内设置空调、自动扶梯、网络通信、客户休息区等设施设备，满足经销商和消费者的需求。

【星级文明规范市场认定】 2013年，开发区有星级市场6个。其中，新创建星级市场2个，分别为杭州恒大陶瓷建材交易市场和七格农贸市场。经评审考核，杭州恒大陶瓷建材交易市场被认定为四星级文明规范市场，七格农贸市场被认定为二星级文明规范市场。延续确认的星级市场4个，其中杭州下沙商贸城被延续确认为四星级文明规范市场，高沙农贸市场和云水苑农贸市场被延续确认为三星级文明规范市场，金沙数码港被延续确认为二星级文明规范市场。

【农贸市场改造提升】 2013年，开发区海天农贸市场、时代山农贸市场、下沙农副产品综合市场和高沙农贸市场等新老市场被列入杭州市农贸市场二次改造提升工程，至年末均通过验收。该次改造提升工程保留传统农贸市场的人文商业特色和亲和力，又

表5

2013年开发区登记在册商品专业市场情况

序号	市场名称	开业时间	主要经营品种	营业面积（万平方米）
1	杭州下沙石材市场	2001年1月	石材	5.00
2	浙江石材市场	2010年2月	石材及加工品	20.00
3	杭州金沙数码港	2005年2月	电子数码产品	0.35
4	杭州下沙商贸城	2005年9月	服装百货	2.50
5	杭州恒大陶瓷建材交易市场	2007年6月	建材陶卫	18.00
6	杭州瑞纺联合轻纺城	2011年12月	纺织针织、辅料	25.00
7	金茂红星美凯龙家居市场	2011年11月	家居、装饰品	36.00
8	杭州木材交易市场	2011年9月	木材	6.70
9	颐高数码下沙店	2013年10月	数码产品	0.57

引入现代经营理念，更加规范和贴近百姓生活。农贸市场的二次改造提升，有助于满足经营户的经营要求，改善开发区百姓购物环境，规范农贸市场经营行为。

【海天农贸市场开业】 8月30日，海天农贸市场对外营业。海天农贸市场位于开发区听涛路203号，共2层，总面积2984平方米，设摊位102个，内设停车位57个、非机动车位107个。有"雨润生鲜肉""南极人海鲜""振宁土鸡""优仔牌土猪肉""青山湖豆芽""祖名豆制品""鸿光豆制品""三井子有机大米"等农产品品牌入驻。

【时代山农贸市场开业】 11月28日，时代山农贸市场对外营业。时代山农贸市场位于开发区4号大街191号，规划总面积3090平方米，共3层，第1层为农贸市场，第2~3层为花鸟市场。投入营业的为第1层农贸市场，有蔬菜、粮油、肉类、豆制品等23个摊位入驻，为月雅苑、盛泰时代山、香榭里花园等周边小区居民日常生活带来便利。

【云水苑市场获"最佳区农贸市场"称号】 2013年，开发区开展"最佳最差"农贸市场评比活动。活动由开发区市场改造与建设工作领导小组办公室牵头，区城管办、区城市管理行政执法大队、区工商分局、区质监分局、区卫生分局、下沙街道、白杨街道7个单位联合参与，评比内容为购物环境、经营秩序、日常管理等。"最佳最差"评比活动全年开展专项检查12次，其中联合检查6次，发布通报6次。云水苑农贸市场获2013年度"最佳农贸市场"称号。

（刘文星）

11月28日，开发区时代山农贸市场开业　　（张宇灿 供稿）

·电子商务·

【电子商务概况】 2013年，开发区电子商务健康快速发展，电子商务企业类型涵盖电子商务产业主要模式，拥有下沙电子商务园、浙商大学生创业园·电子商务园、浙江省海外留学人员创业园、和达文创园、高科技企业孵化器园区、新加坡杭州科技园等重点产业园区，电子商务产业发展较为集聚。至年末，区内有电子商务企业200余个，2013年实现网络交易额30余亿元。

开发区出台《关于鼓励现代服务业发展的若干政策（2013年度）》，通过租金补助、税收奖励等形式鼓励现代服务业企业做大做强做优，浙江速网电子商务有限公司、杭州三舍贸易有限公司等30余个电子商务企业获得开发区财政租金补贴和税收奖励200余万元。

【好易购销售额超过30亿元】 2013年，开发区好易购家庭购物有限公司提升改造网络营销的电子商务平台好易购网络商城，重新搭建官方商城系统，优化客户网站购买流程，实现网站数据与企业ERP系统无缝实时对接。全年实现主营业务销售额30.5亿元，上缴税金3600万元。

好易购家庭购物有限公司是浙江广播电视集团全资子公司，成立于2006年12月22日，为浙江省内具有合法资质的专业电视购物频道和国内获"消费者信得过单位"称号的电视购物频道，是浙江省重点电子商务企业和高端服务业企业。该公司有全省会员300万人，设有浙江好易购电子商务有限公司、浙江好易购商业管理有限公司、浙江好易购汽车销售有限公司、杭州好易购旅行社有限公司、浙江杰莱雅有限公司等多个子公司。开设有房易购、车易购、游易购、电视银行、黄金超市、电视家电城、电视轻纺城、电视浙江名品中心、电视欧洲名品街等项目，拥有“春天瑞朵”“好易洁”“夏日锋尚”等众多品牌。

【潘宏波获“2012年度新锐浙商”称号】 1月，由浙江省青年企业家协会、青年时报社、新华网浙江频道联合主办的“2012年度新锐浙商评选”揭晓，开发区聚宝盆电子商务有限公司董事长潘宏波获“2012年度新锐浙商”称号，成为2012年度13名“新锐浙商”之一。

浙江聚宝盆电子商务有限公司是电子商务产品内容服务企业，业务主要以电子商务产品供应链服务管理为基础，服务咨询、产品研发、品牌塑造为核心，为国内生产型企业和网商及电子商务零售平台提供电子商务系统服务。该公司成立于2010年，2011年入驻开发区，是开发区影响力较大的电子商务平台企业。至2013年末，旗下投资运营中国工业设计云服务平台、杭州和达创意设计产业园公共服务平台、江南大学创意设计产业园、江南文化创意研究院等工业设计产业，其中中国工业设计云服务平台为中国制造企业提供产品创新设计一站式系统服务，助力中国制造转型，实现“中国创造”。

【网仓科技公司获多项大奖】 12月19日，第三届中国电子商务与物流企业家年会在北京举行。开发区浙江网仓科技有限公司（简称网仓科技公司）作为电商精细化仓配行业创始者，获“2013年中国电子商务物流服务模式创新奖”，入选中国电子商务物流服务50强，并与“一号店”“珂兰钻石”共同获得“中国电子商务供应链优秀案例奖”。浙江网仓科技有限公司成立于2011年6月，主要为品牌、商家提供电子商务后端（仓储、物流和系统）服务的全数字化解决方案，协助电商解决电子商务供应链管理。该公司提供专业电子商务第三方精细化仓配一体化服务，拥有自主研发的网仓2号管理系统，配合PDA、全程数字化及自主研发配套硬件、流水线设施，确保货品进出的准确高效。独创的动态储位货架，使仓库的容积率达到最大化。网仓科技公司运用新型信息化管理模式，创造一流的电子商务精细化仓储服务体系，提供一站式电子商务仓储物流管理服务，为数十家品牌商、电商企业、淘宝卖家提供仓配、分拣、发货、配送管理、包装、管理咨询等多样化的电商物流服务。网仓科技公司分别入选“2013年中国电子商务仓储服务20强”“2013年中国电子商务物流服务模式创新奖”“2013年中国电子商务物流服务50强”等多项荣誉，首席运营官（COO）罗贵获“2013年中国电子商务物流年度人物”称号。

【杭州悠可公司获多项荣誉】 杭州悠可化妆品有限公司是国内专注于化妆品垂直领域的电子商务企业，长期专注于提供化妆品电子商务的营销解决方案，拥有成员超过300名，年销售额超过4亿元，成为电子商务化妆品知名公司之一，是开发区重点扶持的高新企业。至年末，该公司被评为“杭州市文化创意产业基地”，被中央电视台财经频道和《商界》杂志联合评为“全国十佳商业模式企业”，获国际商报社与“淘宝网”联合颁发的“最佳化妆品网络零售商和电子商务运营商奖”。

【省电子商务促进会】 5月15日，浙江省电子商务促进会第一次会员大会暨浙江省电子商务促进会成立大会在杭州之江饭店举行。促进会由阿里巴巴网络有限公司、浙江物产集团、嘉兴麦宝科技信息有限公司、浙江网盛生意宝有限公司、“浙江在线”5个单位举办，省市相关部门领导、高校专家、企业会员代表和各地市商务主管部门领导、行业协会代表350余人参加会议。大会现场，“天猫商城”“银泰网”“祐康96188”“博库网”“麦包包”“长生鸟”等首批入围浙江省商务厅“网络零售促进工程”的20个名牌的企业，向全省电子商务同行倡导以“抵制假冒伪劣、保护知识产权、落实7天无理由退货措施、切实维护消费者利益”等为主要内容的《网商诚信公约》。会议审议通过《浙江省电子商务促进会章程》《浙江省电子商务促进会领导机构选举办法》《浙江省电子商务促进会会费收取和财务管理制度》等制度，选举产生浙江省电子商务促进会第一届理事会及理事等，并向浙江省电子商务促进会会徽设计获奖单位颁发荣誉证书。开发区杭州酬诚信息技术有限公司当选为浙江省电子商务促进会理事单位。 （王佳杭）

农 业

·农业综述·

【农业概况】2013年，开发区农业经济稳中略降，全年实现第一产业增加值1.11亿元，比上年（指2012年，下同）下降18.8%。年内受台风暴雨等灾害性天气影响，农作物减产。渔业养殖结构发生变化，水产品价格降低，渔业产值略降。全年农林牧渔业总产值1.95亿元，减少26万元，下降0.13%。其中：农业产值6245万元，下降1.14%；畜牧业产值8392万元，增长1.09%；渔业产值4880万元，下降0.91%。全区农作物播种面积1209公顷，下降0.08%。主要农副产品及水产品中，肉类、牛奶、禽蛋等产量均有不同程度下降。

加快推进农业产业升级，发展总部农业，鼓励企业做优做强，提高产品质量档次，提升品牌价值。开发区成功申报外向型农业企业奖励项目、设施推广项目、“菜篮子”肉蛋奶应急生产基地建设项目、农产品准出管理示范基地、农发基金项目、市内农产品专卖店工程项目、奶业生产发展奖励项目等各类农业扶持项目18个，争取补助资金200余万元。加大农产品质量安全监管力度，全年累计完成蔬菜快速定性动态监测3100余批次，生产基地例行抽样检测258批次。其中，蔬菜188批次、草莓14批次、生鲜牛奶37批次、饲料兽药19批次，检测合格率99.6%。加强两个无公害蔬菜基地日常监管，新建农产品准出管理示范基地1个。

农民收入进一步多元化，收入逐年增加。全年全区农民人均纯收入25946元，增加3015元，增长13.15%。农村保障制度和服务网络更趋完善，开发区城乡居民基本医疗保险人均筹资水平800元，城乡居民医保政策范围内住院补偿率75%。下沙街道社区卫生服务中心新大楼正式启用，杭州下沙医院正式运营，省中医院下沙院区二期项目结顶，卫生服务网络不断完善。

2012~2013年开发区农林牧渔业总产值情况

表6　　单位：万元

指标名称	2012年	2013年	比上年增长（%）
农林牧渔业总产值	19 543	19 517	-0.13
农业产值	6 317	6 245	-1.14
牧业产值	8 301	8 392	1.09
渔业产值	4 925	4 880	-0.91

【农产品展销会参展】开发区参与省、市农业部门举办的各类农产品展销会。全年组织区内浙江宇航农业科技有限公司、杭州百穗农副产品销售有限公司、杭州下沙酒厂、杭州乡村百宝科技网络有限公司等企业参加杭州市优质农产品迎新春大联展、浙江省农业博览会和浙江（上海）名优特农产品展销会，重点展示开发区内农业企业的特色产品，帮助企业提高知名度，拓宽市场销路。

·种植业·

【种植业概况】开发区种植业主要集中在浙江省乔司农场、杭钢农场、省军区农副业基地、省武警副食品基地等。种植业以蔬菜为主，粮食、瓜果（草莓）、苗木为副。2013年，全区农作物播种总面积1209公顷，比上年下降0.08%，其中粮食作物267公顷、蔬菜瓜果827公顷、苗木36公顷。粮食作物以种植水稻和小麦为主，年产粮食1300余吨，蔬菜种植以叶菜、茄果、葱蒜、豆类为主，年产无公害蔬菜1.9万吨。

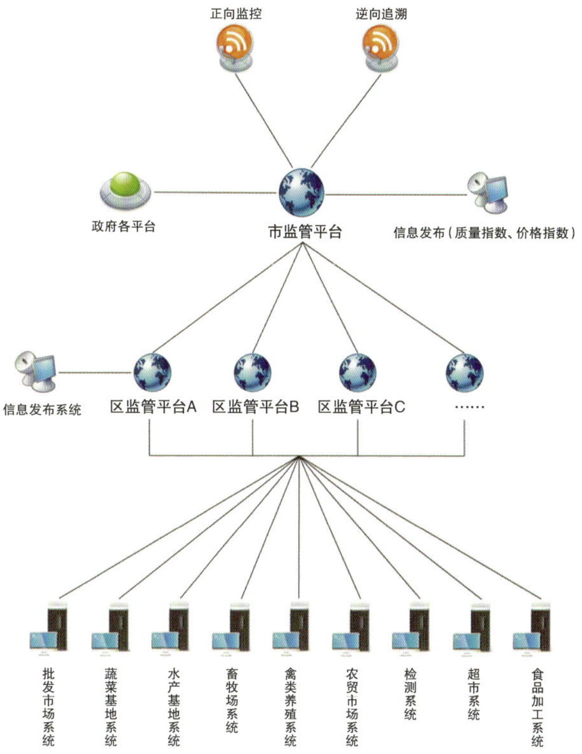

图 2 农产品质量安全追溯管理结构图

【农产品质量安全抽检】 2013年，开发区组织开展农产品质量安全监督抽检。抽检对象为农产品生产基地、专业合作社和投入品生产经营单位，抽检种类为草莓、生鲜乳、饲料、兽药及各类蔬菜。区经发局（农发局）配合省、市部门开展农产品抽检任务，规范程序，确保抽检质量，按要求处理不合格农产品，提高全区农产品质量安全水平。全年累计完成蔬菜快速定性动态监测3100余批次，生产基地例行抽样检测258批次，检测合格率99.6%。

【蔬菜基地监管网络完善】 2月28日，区经发局（农发局）委托杭州百代信息工程有限公司为浙江乔司农场安装蔬菜基地生产管理软件。蔬菜基地生产管理软件记载有生产者、种子备案、农药投入、肥料投入、农事操作、产品检测和采后销售等信息。蔬菜上市前，基地需自检农产品农药残留并打印检测记录，不合格产品禁止交易，合格产品需提供追溯码并将信息载入数据中心，信息进入数据中心后，与批发市场或农贸市场登记信息衔接。市、区两级农产品监管部门安装有农产品质量安全追溯管理平台。基地软件安装运行后，监管部门可实时监控蔬菜基地的生产和销售活动。

【农产品“强网清源”集中行动】 9月1日至10月8日，区经发局（农发局）组织开展农产品“强网清源”集中行动。行动目标为解决农产品生产领域存在的突出问题，杜绝区域性、系统性食品安全事故的发生。重点任务为排查整治在农产品种植、养殖过程中，违法添加非食用物质、滥用添加剂和农业投入品等行为。行动要求实施“八个一”，即走访排查一次、分析梳理一次、重点企业约谈一次、联合执法一次、集中移交打击一批、集中宣传一次、整顿治理一批突出问题、建立一批长效机制。行动期间，执法人员在全区范围内，对种子、农药、肥料、兽药、饲料及饲料添加剂等农业投入品市场，开展拉网式检查，保障开发区农产品质量安全。

【农产品质量安全培训】 3月和10月，区经发局（农发局）邀请杭州市农业局专家分别在浙江省乔司农场和下沙街道湾南社区召开全区农产品质量安全管理培训， 参加培训人员200余人。培训会上，专家以案为鉴，讲解农产品质量安全形势、农产品质量安全

农产品质量安全饲料抽样检查　　（杨敏杰 供稿）

的涵义、农产品生产者法定职责和农产品质量安全保障措施等内容，并从农药肥料的合理使用入手，讲解草莓、苦瓜等农作物安全生产技术，培训提高了基层生产者、管理者的农产品质量安全生产意识。

·养殖业·

【养殖业概况】 随着开发区城市化不断推进和截污减排工作的深入，区内养殖规模持续减少，主要反映在畜禽养殖上。畜禽养殖以奶牛、生猪、家禽为主。至年末，开发区奶牛养殖场（户）3家，比上年减少1家，存栏数3270头；生猪养殖场4家，存栏数5275头；家禽存栏1.28万羽；羊存栏320只。全年生产牛奶1.6万吨、肉类产量600吨，分别下降6.98%、9.77%，禽蛋产量48吨。实现畜牧业产值8392万元，增长1.09%。水产养殖以南美白对虾、湖蟹为主。全区投放鱼种46吨、虾2.1亿尾、蟹195万只。全年实现水产品总产量1922吨，减少1.73%。其中淡水养殖1896吨，淡水捕捞26吨。实现渔业产值4880万元。

2012~2013年开发区主要农副产品及水产品产量情况

表7　　单位：吨

指标名称	2012年	2013年	比上年增长（%）
肉类产量	665	600	-9.77
其中：猪牛羊肉	644	582	-9.63
禽蛋产量	36	48	33.33
牛奶产量	17 200	16 000	-6.98
水产品产量	1 956	1 922	-1.73
其中：淡水产量	1 956	1 922	-1.73

监测部门工作人员进行生鲜乳抽样监测　（杨敏杰　供稿）

【渔业油补惠民政策落实】 渔业油价补助是国家为维护弱势群体和公益性行业利益，有效缓解渔业生产资料价格大幅上涨与渔民生产生活困难这一矛盾而采取的政策措施。根据浙江省海洋与渔业局印发的《关于贯彻执行财政部农业部渔业成品油价格补助专项资金管理暂行办法的实施意见》和《关于做好2012年度渔业油价补助工作的通知》文件精神，区经发局（农发局）坚持“公正、公平、合理”原则，组织开展2012年度渔业油价补助工作，经自报、核实、公示、审核等环节，确定2012年末区内在册机动捕捞渔船7艘，功率总计89.25千瓦，补贴总额6.42万元，补贴资金按照规定及时足额发放到渔民手中。

【生鲜乳抽样监测】 3月7日，省、市生鲜乳质量安全监管部门和监测单位对开发区生鲜乳收购站的运输车进行生鲜乳质量安全异地抽检，区经发局（农发局）配合监测单位开展抽样工作。共抽查11辆生鲜乳运输车，每辆车抽取3份样品，其中1份留给受检单位并告知贮存条件，1份用于检测，1份用于留样异议复检。奶样由监测单位封存带回检测，检测内容包括三聚氰胺、革皮水解物、碱类物质、硫氰酸钠、β-内酰胺酶5种违禁添加物。在抽样的同时，按照生鲜乳收购站标准化管理检查内容和判定标准的要求，对所抽样品的收购站和运输车进行现场检查，确保生鲜乳质量安全。全年开发区共抽检牛奶37批次，检测合格率100%。

【H7N9禽流感防控】 4月，开发区管委会印发《关于切实加强H7N9亚型流感防控工作的通知》，区经发局（农发局）对区内家禽养殖场（户）全面落实排查、部署、免疫、消毒、监管、检疫等综合防控措施，所有农贸市场停止活禽交易并休市消毒。为保护家禽养殖者利益，稳定家禽生产，根据省市政策，对区内规模蛋禽养殖户的4000余羽蛋鸭给予每羽2元的补助，促进家禽养殖业持续健康发展。

【养殖场减排整治】 2013年，开发区推进辖区内养殖场减排整治。杭江奶牛场提升改造污水处理设施，杭州普福奶牛场搬迁关停，削减奶牛数300余头。养殖场内畜禽粪便全部加工成有机肥，向区内种植企业提供有机肥1000吨，就地消化生产出的有机肥，防止二次污染。

·农场·

【农场概况】 开发区农场、副食品基地主要有浙江省乔司农场、杭钢农场、武警浙江省总队农副业生产基地、省军区农副业基地等。主要产业有蔬菜、乳制品、黄酒、白酒、生猪养殖等。其中，浙江省乔司农场耕地面积1468公顷，主要产业有种植业、养殖业、直属工业和劳务加工业。武警浙江省总队农副业生产基地占地面积21.3公顷，杭钢农场占地面积20公顷。

【乔司农场列为市级农产品准出管理示范基地】 12月，浙江省乔司农场被列为杭州市农产品准出管理示范基地，并给予建设经费补助1万元。该农场占地面积22平方千米，其中耕地面积1468公顷，主要产业有种植业、养殖业、直属工业和劳务加工业，主要产品有蔬菜、乳制品、黄酒、白酒、箱包、服装、票夹等。自2002年起，该农场集团公司连续8年被评为杭州市纳税百强企业。拥有666.67公顷无公害蔬菜生产基地、2500余头奶牛，年生产各种乳制品和含乳饮料约3万吨，拥有传统酿造工艺与现代罐装技术相结合的1万吨级黄酒生产线和白酒生产线，生产要素资源较为丰富。

【杭钢农场散养猪养殖试验】 杭钢农场成立于1979年，位于开发区绕城高速下沙收费站以北，现有土地面积20公顷，农场年出栏猪3000头。2013年，杭钢农场利用部分场地开展散养猪养殖试验，计划依托2公顷生态梨园，为散养猪养殖提供良好的自然生态环境，打造绿色环保放牧型的生态养殖模式，探索品质效益型的生态养殖新路子。

【乔禾农业公司项目获市级补助】 10月20日，浙江乔禾农业开发有限公司的“七禾农业标准大棚及配套设施建设项目”通过市农业局专家验收，获取市级补助29万元。该公司是集规模种植、科研生产、网络销售、宅配服务于一体的数字化农业开发公司，基地面积33.3公顷。该项目实施地位于省乔司农场内，建设有钢架大棚、冷藏保鲜库，并配备防虫网、杀虫灯等现代农业设施，项目总投资170万元。

·水利　气象·

【水利整治工程推进】 2013年，开发区根据市林水局、市财政局印发的《关于完善农村河道综合整治和中小河流重要堤防加固工程扶持政策的通知》和《杭州市农村灌排河道综合整治管理办法》文件精神，全年整治省乔司农场内石塘河等4条河道，整治总长度7000余米，清淤疏浚7124立方米，浆砌石1.12万立方米，混凝土3894立方米，清除高秆作物20余棵，累计总投资700余万元。开发区按照市区河道整治标准，对与市区对接的周边居民较多的河道，通过清淤、截污纳管、护岸、绿化等整治，沟通水系，提高河道蓄水和防汛排涝能力，河道两岸成为周边居民闲暇散步的好去处。2013年，开发区启动2号渠东延伸段整治工程，项目总投资1720万元，累计完成挡墙900米，占总工程量88%；挖掘土方5万立方米，占总工程量59%。实施高教景观东渠清淤工程，并通过验收。河道整治完成后及时移交管理单位，全面开展河道保洁。全年开发区河道保洁投入经费400余万元，累计投入2.5万余工，打捞、清除河道内飘浮物、水草等各种垃圾1400余吨。

【“清水治污”专项行动】 2013年，开发区启动“美丽东部湾”建设三年行动，把“生态美”作为三年行动计划的目标之一。10月，开发区启动“清水治污”专项行动，印发《美丽东部湾·清水治污专项行动方案（2013~2015年）》，目标到2015年，开发区建成区污水管网实现全覆盖、全畅通，非建成区生活污水处理实现全覆盖；全区河道进出水断面水质考核达到良好以上；全区所有河道消除黑臭，建成区内50%的河道主要指标达到Ⅳ类水质；建设生态示范水域，重点完善金沙湖、沿江渠、高教景观东渠“一湖两渠”的城市水生态功能，着力打造集景观、休闲、健身为一体的亲水区。

开发区组织专门力量调查摸底，逐一排查全区各河道存在的问题，整理河道污染难点问题、水质改善重点问题、截污纳管节点问题以及群众关注度高的焦点问题，形成“一河一案”。开展市政雨污水管网及雨污水排水井普查，制定《开发区城市地下管线信息系统建设管理办法》，更新完善雨污水管网信息，建立全区地下管网数据库，形成“一口一档”。对现有河道节制闸和拦水坝状况进行梳理，按照建成区与非建成区河道适度隔离的原则，新建部分节制闸，修缮原有部分损毁的闸门及水坝，减少非建成区污染源对于区内河道的影响。投入资金300余万元，实施下沙二小、高沙农贸市场等多项截污纳管整治工程，提前完成新增截污量2500吨任务目标。

【基层气象信息员队伍调整】 7月，开发区根据街道、社区人员调整情况，要求下沙街道、白杨街道及时调整完善气象协理员（信息员）队伍。经调整，两个街道及所辖28个社区上报区经发局（农发局）气象协理员（信息员）30人，调整后的协理员（信息员）队伍学历较高，本科及以上学历占90%，其中硕士学历2人。

【防雷安全管理】 4月，根据杭州市气象灾害防御工作领导小组办公室印发的《关于开展2013年防雷安全专项检查的通知》精神，区经发局（农发局）要求辖区企业特别是防雷重点单位开展防雷安全自查，并联合区安监局、区社发局、下沙防雷所及省防雷中心专家，检查重点防雷单位，及时消除安全隐患。6月25日，市气象灾害防御工作领导小组办公室副主任、市气象局副局长刘迎带队专项督查开发区2013年防雷安全工作，抽查杭州钱江燃气有限公司、浙江康莱特新森药业原料有限公司和杭州市文海实验学校3个单位，检查情况良好。

11月5日，下沙街道犬防工作人员在铭和社区为居民犬只免费接种疫苗 （杨敏杰 供稿）

【气象防灾减灾标准示范创建】 2013年，下沙街道七格社区和白杨街道多蓝水岸社区两个社区申报创建城区气象防灾减灾标准示范社区。8月22日，市气象局召开城区气象防灾减灾标准示范创建工作推进会，区经发局（农发局）组织该两个社区作为创建单位参加会议，学习示范社区创建申报要求和申报程序。11月8日，市应急办工作人员考核验收开发区示范社区创建单位，检查创建单位台账，办公环境及防灾减灾物资储备等情况，经考核验收合格。开发区自2011年创建气象防灾减灾标准街道和示范社区，至2013年末，已有下沙街道、白杨街道、大北社区、闸潮社区、七格社区、多蓝社区6个单位成功创建，为有效防御气象灾害提供了样板。

·动植物防疫监管·

【动物防疫监管概况】 2013年，开发区加强组织领导，落实防控经费，组织开展各项动物疫病防控和畜产品质量安全管理，加大畜产品安全监管力度，全面完成重大动物疫病免疫工作。规范产地检疫，全年走访检查养殖场（户）和生鲜乳奶站120余家次，出动督查人员150余人次，抽取生鲜牛奶37批次、饲料样品16批次，检测合格率100%，未发现违法添加各类违禁药物行为。开展春、夏、秋、冬四季重大动物疫病防控和畜产品安全管理，各项免疫任务完成率100%。全年使用猪口蹄疫疫苗6.23万毫升，免疫生猪1.37万头次；使用猪瘟疫苗7.42万头份，免疫生猪1.33万头次；使用高致病性猪蓝耳病疫苗3.11万毫升，免疫生猪1.02万头次；使用牛羊口蹄疫疫苗4.33万毫升，免疫牛羊1.42万头次；使用禽流感疫苗2.85万毫升，免疫家禽2.38万羽次，免疫犬449只。

【基层服务月调研活动】 3月14日，区经发局（农发局）联合杭州市畜牧兽医局开展畜牧兽医基层服务月调研活动。服务小组走访杭钢农场猪场和杭州荐量兽用生物制品有限公司，实地查看养殖场动物尸体无害化处理设施和企业生产加工车间，检查企业台账记录，与企业进行交流座谈，了解基层生产主体的新要求，收集企业提出的政策实施意见。通过调研活动，掌握畜牧业生产和畜牧兽医基层情况，掌握生产和工作中的新情况、新问题，为做好服务指导工作奠定基础。

野生动物保护管理之“爱鸟周”活动 （杨敏杰 供稿）

【犬只防疫进社区】 11月5日，区经发局（农发局）联合下沙街道犬防工作人员，为铭和社区犬只免费进行疫苗接种，这是开发区连续第3年为社区居民的犬只义务注射狂犬疫苗。活动现场，居民咨询狂犬病防控知识，工作人员现场发放《狂犬病防控知识手册》500余册，并宣传犬只防疫知识。活动为犬主们提供方便，让周边居民生活更加安心。至年末，开发区免疫犬只400余只，有效防控狂犬病的发生。

【生猪耳标信息追溯管理】 9月9日，杭州市畜牧兽医局和新大陆公司专家为区内规模养殖场开展生猪耳标追溯识读设备使用培训，规范生猪耳标佩戴、信息上传以及检疫抽查等工作，真正实现源头可追溯。全面加强监管，全年开发区共上传生猪耳标佩戴和免疫信息1万余条，发放动物及动物产品分销信息凭证7000余份。

【野生动物保护管理】 2013年，开发区强化野生动物日常保护管理。4月，以“爱鸟周”宣传为契机，开展“科学爱鸟护鸟，保护生物多样性”主题宣传活动，组织100余人开展“爱鸟周”骑行活动及鸟类科普知识宣传和有奖竞猜活动，印发“爱鸟周”宣传册3000余份，分发至各社区、农贸市场和宾馆饭店，提高人们对野生动物保护意识。在钱塘江边野生动物重点活动区域，新增5块野生动物保护标牌，刷新江堤边野生动物保护警示标语20余条。对已发证的3家准许经营野生动物的饭店开展年审，年审合格2家，回收许可证1张。联合市林水局和区内相关部门在钱塘江沿线及农贸市场开展联合巡查，全年共出动巡查人员60余人次，未发现有违法经营野生动物行为。

【植物疫情防控】 2013年，开发区管委会与各责任主体单位签订重大农业植物疫情防控责任书，要求按照“因地制宜，分类指导，突出重点，化防为主”原则，采取“拔、耕、除”综合防治措施，确保“加拿大一枝黄花控制在零星轻发生状态”的目标，做好重大植物疫情防控，印发加拿大“一枝黄花”防控宣传页1000余份，分发至防控单位和区内各企事业单位。5月22日，在国际生物多样性日，区经发局（农发局）联合杭州优科豪马有限公司40余名公司管理人员，开展清除加拿大“一枝黄花”的公益活动，动员社会广泛参与防控。

开发区重视生态环境安全，将植物疫情防控作为生态环境保护的重要内容。各职能部门分工协作，通过加快土地出让、招商引资、项目开工建设、完善基础配套设施、临时耕种等方式，逐步减少闲置地面积，有效做好加拿大“一枝黄花”防控工作。全年利用闲置土地进行临时耕种40公顷，用药防除0.87公顷，人工清除0.67公顷，机械铲除2公顷，全区的加拿大“一枝黄花”得到有效控制。 （杨敏杰）

·招商引资综述·

【招商引资概况】 2013年，开发区“6+1”招商主体坚持主攻工业、做强实体，以提高经济增长质量和效益为中心，以大项目带动为抓手，强化科技创新、空间拓展、招大引强、招新引优和服务优化，推动各项指标全面增长和产业结构优化完善。

全年累计引进合同外资13.5亿美元，完成全年任务目标的129.8%，比上年（指2012年，下同）增长30.7%。其中新批项目45个，增资、减资及股权转让项目31个。全年实际利用外资7.45亿美元，完成全年任务目标的112.9%，增长14.4%。实际利用外资1000万美元以上项目23个，其中制造业项目9个，服务业项目14个；全年实到内资52.12亿元，完成任务目标的175%，增长24.1%。到位资金6000万元以上大项目12个，其中制造业项目8个、服务业项目4个。至年末，开发区累计引进外资企业753个，合同外资109.21亿美元。

【工业大项目招商】 2013年，开发区累计引进合同外资1000万美元（实到内资6000万元）以上工业大项目19个，其中世界500强项目3个，分别为东芝开利空调（中国）有限公司、东芝汽车电子（杭州）有限公司和杭州宝伟汽车零部件有限公司。引进行业领先项目13个。前进工业园区引进的14个汽车零部件项目，为形成集聚型产业，打造“双千亿”级汽车产业集群奠定扎实基础。

【服务业大项目招商】 开发区全年累计引进合同外资1000万美元（实到内资6000万元）以上服务业大项目24个。其中：外资项目21个，累计完成合同外资6.29亿美元；内资项目3个，累计完成实到内资3亿元。引进“菜鸟网络科技”“畅聊网络”“天虎科技”“顺网科技”等新一代信息技术核心新兴项目，促成“阿里巴巴”“新浪”“搜狐”等5个全国排名前7位的互联网企业在开发区投资项目。白杨街道的“融资租赁”、下沙街道的“现代物流”等生产性服务业的发展，推进了开发区第二产业与第三产业的有效融合。

1月31日，开发区招商系统工作会议召开　（黄健员　摄）

【招才引智成果】 开发区招商局（简称区招商局）配合区人才办全年对接各类人才项目信息505条，评

表8

2013年开发区新批投资1000万美元以上项目情况

单位：万美元

项目名称	投资区域	投资额
兆修软件设计（杭州）有限公司	中国香港独资	4 000
盈信融资租赁（杭州）有限公司	中国香港独资	1 000
娜拉信息科技（杭州）有限公司	中国香港独资	1 000
杭州杉驰科技有限公司	美国独资	3 000
埃进电机（杭州）有限公司	中国香港独资	8 600
科培电子技术（杭州）有限公司	英属维尔京群岛独资	4 990
杭州步技汽车零部件有限公司	中国香港独资	6 500
百世物流科技（杭州）有限公司	中国香港独资	1 500
杭州大业包装科技有限公司	中国香港独资	3 036
杭州黑安紧固件有限公司	中国香港独资	4 000
杭州赤亚库智能科技有限公司	中国香港独资	4 186
杭州消辛停车设备技术开发有限公司	中国香港独资	3 864
杭州洁特尔环保科技有限公司	中国香港独资	3 600
杭州格斯特机械科技有限公司	中国香港独资	4 200
方鼎融资租赁（杭州）有限公司	中国香港独资	1 000
浙江国瑞融资租赁有限公司	中国香港独资	2 000
东芝开利空调（中国）有限公司	日本、中国香港	2 430
极天融资租赁（杭州）有限公司	中国香港独资	4 980
杭州卡墨生物科技有限公司	美国独资	2 600
杭州墨拓科技有限公司	中国香港独资	2 700
杭州莫斯电力科技有限公司	中国香港独资	4 500
杭州昶洧汽车科技有限公司	中国香港独资	1 622
浙江海亮融资租赁有限公司	中国香港独资	4 990
喜帝（杭州）发电科技有限公司	中国香港独资	2 650
杭州索伦生物科技有限公司	中国香港独资	2 600
杭州瑞爵新材料科技有限公司	中国香港独资	2 300
杭州尚诣博科技有限公司	英属维尔京群岛独资	2 490

审项目69个，已落户项目19个。新引进硕士以上高层次人才102人，新增国家“千人计划”6人、省“千人计划”9人、市“521计划”6人，高层次人才创办企业78个。中科院埋化所杭州分所、杭州普望生物技术有限公司增资扩产等一批项目落地，助推开发区打造人才高地，促进产业转型升级。

【服务外包产业发展】 2013年，开发区通过搭建平台、走访企业、定期例会、强化统计人员业务培训等举措，理顺服务外包工作关系，推动业务快速增长。全年累计完成离岸外包合同金额6.21亿美元，离岸外包合同执行金额5.45亿美元，完成年度任务目标100%，比上年增长21%；完成服务外包人才培训5500人次，完成年度任务目标100%。4月，开发区服务外包大楼建成投用，国内高端IT培训机构达内IT培训集团顺利入驻，并成功举办首届“发现杯”全国大学生软件设计大奖赛。7月，第五届中国国际服务外包交易博览会开发区服务外包投资峰会成功举办，开发区与来自欧洲、南美洲、北美洲、大洋洲的30余名世界顶级行业专家建立初步合作。

【浙商回归创业引入】 2013年，开发区立足自身优势，支持浙商创业创新，全年完成浙商回归到位资金47.3亿元，完成全年指标的2.1倍。其中：省外项目17.7亿元，完成全年指标的2.2倍；境外项目29.6亿元，完成全年指标的2倍。 （陶婧琦 安瑞峰 鲁 佳）

·招商运作·

【完善招商运作机制】 2013年，开发区调整优化“1+6+1”招商体制，调动开发区街道办事处、区资产经营集团有限公司等主体招商资源和积极性，机制效应进一步显现。区招商中心有效克服资源瓶颈、狠抓内部挖潜，引进“菜鸟网络”“完美物联网”等新兴产业项目，促成开发区新一代信息技术产业的快速发展；前进工业园区指挥部招商投资处围绕长安福特项目狠抓产业链招商，全年引进配套零部件项目14个，汽车零部件产业园轮廓初步显现；下沙街道发挥军区农场及周边资源优势，发展现代物流产业，促进专业市场、物流产业的集聚；白杨街道创新招商举措，狠抓融资租赁、创投风投、文化创意等“零地招商”，探索出符合街道实际的招商好路子。

▶▶资料：“1+6+1”招商体制

“1+6+1”招商体制，“1”指开发区招商局；“6”指各招商主体，分别为开发区招商中心、前进工业园区指挥部招商投资处、下沙街道、白杨街道、驻外招商处、资产经营集团有限公司；“1”指招商平台——杭州生物医药国家高技术产业基地投资管理有限公司。

【招商新考核办法实施】 2013年，开发区修订《招商引资目标责任制考核办法》，强化项目质量考核比重，突出“科技招商”导向，实行与市级“争先进位”考核结果相挂钩的考核制度。新考核办法将全区招商任务分解到各个主体，首次对3个驻点招商处下达实到外资任务指标，充分调动驻点招商积极性。修订完善《支持浙商创业创新、促进开发区发展目标责任制实施意见》，强化浙商创业创新中“回归引进贡献度、项目质量优化度、外部空间拓展度、发展环境满意度”4个评价指标，突出考核机制的科学性和可操作性，营造合力招商氛围。

【驻点招商机制完善】 经过两年探索，开发区各驻点招商处结合各自优势，形成不同特色的招商网络，成功搭建以北京、上海、深圳3个重点城市为基地，覆盖华北、华东、华南区域的信息收集平台。按照“体制内与体制外相结合、有形与无形相结合”的原则，驻点招商处在巩固驻点城市基础上，调整优化原有招商顾问人员，拓展周边地区信息网络，全年新增顾问3人，续聘7人，取消调整3人，至年末聘用顾问总数10人，覆盖政府、中介、商会等部门和行业。北京、上海、深圳3个招商驻点处，6名驻点招商干部全年收集有效项目信息100条，其中世界500强项目信息12个，落地项目6个，内外资实际到位资金（折外资）2613万美元，完成年度目标任务的2.9倍。并与33个中央部委及科研机构，140余个商会、协会、中介机构、跨国公司建立紧密联系。

【重点功能区招商】 2月，开发区启动重点功能区开发建设三年行动计划。区招商局承担东部高新产业园和新加坡杭州科技园两个功能园区的项目开发建设。至年末引进“菜鸟网络”“莱默尔”“科力百能”“中粮包装增资”等项目13个，全年实际利用外资3.84亿美元，完成内资2亿元。跟踪推进“泰科电子”“利勃海尔”“嘉康利”“和而泰”“甲骨文”等15个重点项目，完成合同外资总额2.6亿美元，该批项目建成后预计年产值140亿元。（鲁　佳）

·招商成果·

【项目引进概况】 2013年，开发区创新招商举措，拓展招商发展空间，调整提升产业结构，推进“两港八园”平台建设，及时调整产业招引方向。围绕“东部科技港”和“东部人才港”建设目标，坚持增强科技含量、人才质量、资金投量，主攻科技招商和现代服务业招商，在招大引强、招新引优、产业链招商上均取得好成绩。全年累计引进合同外资1000万美元（实到内资6000万元）以上工业大项目19个，引进“菜鸟网络”“深国投商用置业集团公司项目”等合同外资1000万美元（实到内资6000万元）以上服务业大项目24个，项目质量进一步提升。

【百世物流项目】 3月，百世物流科技（杭州）有限公司在开发区注册成立。该公司业务覆盖运输、仓储、快递、快运、电子商务、网络物流技术研究开发等。其中设立的百世物流电子商务项目，总投资6000万美元，注册资本5000万美元。项目租用乔司农场土地6.53公顷，主要为国内外企业提供综合供应链设计与优化，电商物流与网络化仓储管理、干线运输、区域和同城配送等一站式物流管理外包服务，园区正式运营3年内预计网上年销售额50亿元，第三方物流整体业务收入5亿元。公司创始人周韶宁于2005年担任谷歌（Google）公司全球副总裁和大中国区总裁，获得国家“千人计划”特聘专家称号。

【盈信融资租赁项目】 2月，盈信融资租赁（杭州）有限公司在开发区注册成立。该项目注册资金1000万美元，主要从事投融资、股权并购、PE等业务。项目投资方为中国香港恒丰国际投资管理有限公司，是一个多元化发展的大型投资管理公司，涉足酒店、房地产开发、能源开发、信息产业、城市建设等投资领域。

【世纪互联数据中心项目】 3月，世纪互联数据中心有限公司华东区数据服务中心落户开发区，项目注册资本2000万美元，一期租用出口加工区内的钱塘房产标准厂房5000平方米，二期拟购地自建厂房。世纪互联数据中心有限公司（21Vianet）创立于1996年，是中国最早的ISP/IDC服务商之一，是国内规模最大的电信中立互联网基础设施服务提供商。公司总部设在北京，在上海、广州、成都、日本东京、美国硅谷等地设有分支机构，合作伙伴包括“腾讯”“优酷”“人人网”“UCWeb”等。公司于2011年4月在美国纳斯达克股市进行股票增发，融资1.5亿美元。

【畅聊网络科技项目】 3月，开发区引进畅聊网络科技项目。该项目是项目创立人与搜狐畅游有限公司达成合作协议后成立的互联网企业，主要为搜狐畅游有限公司提供代运营服务。项目注册资本1000万元，选址杭州东部国际商务中心办公楼，首期租用办公楼800平方米。该项目属于互联网企业，资源消耗少，盈利能力强，产业发展符合开发区转型升级的需要，入驻后将带动产业链内关联企业进入开发区，对开发区科技产业发展具有较强的品牌带动效益。搜狐畅游有限公司由国内互联网排名前5名搜狐集团公司组建，该公司于2009年在美国纳斯达克上市。

【菜鸟网络科技项目】 5月，菜鸟（杭州）项目投资落户开发区东部高新产业园区（南片区）。该项目是“阿里巴巴”“银泰”“复兴”等浙商集团转型物联网产业的全国性项目。菜鸟网络科技项目将在开发区内设立一个基于大数据、网络金融、信息服务、云计算等技术平台，并且集电子商务、创意设计及相关产业集群办公设施为一体的新型物联网基地。项目总投资15亿元，一期注册资本2亿元。该项目已被列入省市重点支持项目。该项目落地，对于开发区推进产业转型升级、招引发展新兴产业、全面推动东部高新产业园建设具有积极意义。

【中国电信创新园项目】 2013年，杭州市政府与中国电信集团公司达成协议，中国电信集团公司在浙江省杭州市建设中国电信集团创新园。其中，中国电信集团公司将在开发区出口加工区内投资设立中国电信集团创新园（东区）项目。该项目投资总额30亿元，规划用地约12.5公顷，计划入驻单位有天翼阅读文化传播有限公司、浙江翼信科技有限公司等，“创新园东区”项目计划于2016年末全面完成一期工程建设。该项目属于电信、互联网产业，符合开发区产业导向，有利于推动区域实现转型升级；创新园内项目包含有与网易等互联网知名企业合作的优质项目，对开发区招引新经济产业品牌具有带动效益。

【深国投商用置业项目】 12月，开发区成功引进深国投商用置业集团公司项目。该项目地块东至规划1号渠绿化，南至规划校苑路，西至规划景苑北路，北至金沙大道、地铁1号线高沙路站。总出让面积2.5万平方米，地上总建筑面积不大于10.6万平方米。深国投商用置业集团公司竞得该地后，计划在高沙地铁站地面建设品牌项目“印象城”，项目涵盖大型购物中心、超市、影城、休闲娱乐、餐饮等业态，是开发区引进“银泰商城”“龙湖天街”综合体项目后又一个品牌商业娱乐购物中心。深国投商用置业集团公司成立于2003年，专注于商业地产开发及运营，公司总部位于深圳，旗下品牌有“印象城”“新一城”和“深国投广场”。

【昶洧汽车科技项目】 11月，台湾昶洧股份有限公司在开发区投资成立杭州昶洧汽车科技有限公司。杭州昶洧汽车科技项目注册资本1622万美元，主要经营范围为汽车级新能源汽车发动机、电动机、零部件，以及电子装置的设计、研发、技术转让和成果转让。投资方（中国）台湾昶洧股份有限公司成立于1987年11月，是中国台湾最大的串激马达制造厂，产品畅销美国、日本及欧洲、东南亚等国家和地区，主要产品为串激马达、感应马达、切断机、雕刻机、研磨机。

【田中有色金属材料项目】 6月，日本田中贵金属株式会社在开发区设立其全资子公司——有色金属材料（杭州）有限公司，主要产品为纯铂金高端光学镜片加工设备及纯铂金玻璃纤维拉丝设备部件。项目总投资5亿日元（约515万美元），注册资本2.5亿日元

（约250万美元）。项目租用厂房2500平方米，选址为开发区19号大街98号东部厂房。投资方日本田中贵金属株式会社成立于1885年9月，注册资本5亿日元，其产品主要应用于汽车、电化产品、通信机器等，并在环境净化、清洁能源、再利用、纳米生物技术等方面应用广泛，其贵金属的回收、精制、分析技术，领跑世界水平。

【海亮融资租赁项目】 11月，浙江海亮融资租赁有限公司在开发区注册成立，地址为白杨街道452号2幢，注册资本4990万美元，主要从事融资租赁业务等，投资方为海亮集团有限公司香港全资子公司香港矿业集团有限公司。海亮集团有限公司创办于1989年，为中国500强企业。该集团形成以有色金属、地产建设、农业食品、环境保护、基础教育等为主体，涉足金融、物流等领域，多元并进、专业化发展的经营格局。旗下拥有浙江海亮股份有限公司、四川金顶股份有限公司两个上市公司，以及经中国人民银行批准的金融机构海亮集团财务有限责任公司。

【中粮包装工业项目增资】 12月，杭州中粮包装有限公司增加注册资本3950万美元，以扩大市场占有率，保持行业领先。杭州中粮包装有限公司于2005年11月在开发区设立，位于开发区围垦街160号，占地面积10.67公顷，总建筑面积7.64万平方米，注册资金3250万美元，总投资8650万美元。公司主要生产、销售包装用罐（盖）、印涂马口铁，是中国唯一的金属容器生产研发基地。其中，“三片气雾罐”产品销售规模处于国内首位。（陶婧琦　安瑞峰）

·投资服务·

【投资行政审批办理】 根据省、市深化行政审批制度改革、推进政府职能转变的有关部署，开发区着力精简事项、优化流程、创新机制，促进服务效能的提升。以转变政府职能为核心，清理规范外商投资项目行政审批事项。全年累计办结外商投资企业审批270件，完成各类加工贸易审批、企业生产能力核查等累计1166件；受理企业、个体投资咨询2000余次，各类书面投诉10件，处理满意率100%；推行加工贸易e账册报关，实现审核、验放全程无纸化的通关模式，切实减轻企业负担。

【服务外贸企业】 开发区加大企业服务力度，建立56个重点企业每月跟踪调查制度，推出服务企业措施，全年走访企业152个次，了解企业经营发展中的困难，多次协调区海关及省市职能部门，帮助解决东芝信息机器（杭州）有限公司、杭州松下家用电器有限公司等企业在税收政策和出口等级方面存在的问题。与区海关、区出入境检验检疫局开发区办事处等部门建立月度例会，通过帮助企业境外融资，以及搭建纺织品出口平台、生物医药出口平台等举措，推动杭州中策橡胶有限公司、顾家家居股份有限公司等企业发展壮大。

【促进企业开工】 2013年，区招商局在“促开工”推进中，积极做好企业与职能部门之间的衔接。主动与企业管理层之间达成定期对接、协同配合的良好工作机制，妥善处理浙江容贝电子科技有限公司、浙江科泰电气有限公司等项目延迟开工问题，以及贝莱胜电子杭州有限公司、杭州巨鹿机械有限公司、杭州铭众生物科技有限公司等项目的退地问题。

【外资企业网上联合年检培训】 3月，区招商局邀请杭州市网上联合年检办公室、省外汇管理局、区工商分局等部门，组织开展外商投资企业2013年度网上联合年检业务培训。培训讲解外商投资企业联合年检需注意的填报内容、办理程序等问题，年检系统维护网络公司工作人员演示系统网上填报过程。区招商局对开发区外商投资企业网上年检及合同章程变更行政审批方面的注意事项进行业务指导。通过培训，120余个参训企业熟悉了网上年检填报流程，增强年检业务的实际操作能力，加深年检相关部门与外商投资企业的沟通交流。

【强化对外宣传】 2013年，开发区针对国内外发达地区，开展投资环境对外宣传。先后在新加坡《联合早报》、香港《文汇报》等媒体进行软文和广告合作，在“中国投资指南”网站上刊登开发区招商引资专栏。在《浙江日报》《杭州日报》《每日商报》等影响力较大的省、市级媒体上进行专题报道。改版升级开发区投资网站内容，多角度对外展示开发区发展成果和崭新形象。

（鲁　佳）

·项目开工促进·

【项目开工促进概况】 2013年，开发区招商局通过加强对企业及相关审批部门沟通、协调、对接，全面了解实情，把握核心环节，确保项目顺利推进。全年促成杭州金松物产有限公司、浙江科泰电气有限公司、杭州百事物流科技有限公司等12个项目按期开工，项目总用地面积64.2公顷，投资总额28亿元。完成项目土地摘牌3个、扩初审查14个、项目土地证申领10个、工程规划许可证申13个，为项目按期开工建设奠定基础。

【杭州金松物产项目】 1月，杭州金松物产有限公司新建项目开工。杭州金松物产有限公司由杭州金鱼电器集团有限公司与杭州金鱼电器营销有限公司，以及其他投资者共同投资成立，是以原材料深加工为主业，集制造、加工、贸易于一体的企业。该公司成立于2010年1月28日，位于开发区22号大街26号，总投资1.15亿元，注册资金1.6亿元，占地面积3.13公顷。新建项目致力于发展家电用彩色涂层钢板制造、树脂类材料深加工等大型项目，并将以彩色涂层钢板生产为核心，开拓矿石、钢材、树脂等大宗原材料贸易。

【玫琳凯物流项目】 2月，杭州玫琳凯化妆品有限公司物流项目及厂房扩建项目开工建设，该公司物流项目位于开发区文海北路与凌云街西北面，占地面积4.2公顷，注册资金800万美元，项目总投资1.4亿元。厂房扩建项目位于开发区14号大街，扩建占地面积约0.6公顷，总投资1.7亿元。杭州玫琳凯化妆品有限公司是玫琳凯总部于1994年在美国本土以外成立的第一个海外公司，拥有九大系列、18条生产线、200多种产品，并通过ISO 9001质量管理体系和ISO 14001环境管理体系认证。杭州玫琳凯公司获得“全国化工行业经济效益十佳企业”“中国化工行业500大企业”“中国轻工业500强企业”等称号。

【康莱特扩建新森药业项目】 2月，浙江康莱特药业有限公司扩建项目开工建设。扩建项目占地面积约0.6公顷，注册资金5283万元，总投资4亿元。浙江康莱特药业有限公司成立于1995年，位于开发区11号大街，占地面积6.4公顷，公司由中国工程院院士、药学家李大鹏创办，是一个集生产、科研于一体的制药企业。公司建有完全符合GMP标准的厂房设施，全套引进国际一流的乳剂和软胶囊生产线，原料生产采用节能、环保的二氧化碳超临界萃取中药活性成分技术，是国内具有代表性的现代化制药企业之一，产品康莱特注射液是浙江省首个单品年销售10亿元的中药注射剂。

【杭康药业扩建项目】 2月，浙江杭康药业有限公司项目开工建设。项目位于开发区12号大街，总占地面积5.3公顷，该扩建项目面积约占1.5公顷。浙江杭康药业有限公司成立于1994年，注册资金8000万元，总投资1.4亿元，主要从事中西药品及海洋生物药品的研发、生产和销售。浙江杭康药业有限公司，拥有冻干粉剂、胶囊剂、片剂、液体剂、软膏剂、颗粒剂等多条生产线，并全部通过GMP认证。拥有神经系统用药、抗感染用药、降血脂用药、肝胆用药、止血用药等药品文号30余种，其中：喜恩开牌“复方海蛇胶囊”获得国家重点新产品，被列入国家高技术产业化示范工程项目；替诺康牌“浓替硝唑含漱液”系列产品系独家生产新药保护品种，被列入国家医保目录。

【新加坡科技园二期项目】 6月，新加坡科技园二期A项目开工建设。该项目位于6号大街以北、23号大

玫琳凯（中国）化妆品有限公司生产车间　　（黄健员　供稿）

街以西。项目占地面积5.6公顷，注册资本金1700万美元，项目总投资6.88亿元。新加坡科技园是集工作生活，娱乐学习为一体的功能园区，拥有一流的商务基础设施，是开发区着力打造的招商平台之一。

【松源包装二期项目】 6月，娃哈哈松源包装印刷包装公司二期项目开工建设。该项目位于开发区北部乔司区块，占地面积0.67公顷，注册资金2323.2万美元，总投资3980万美元。项目建成投产后，主要承担娃哈哈食品、饮料的产品包装，预计年产值2.8亿元。

【科泰电气项目】 8月，浙江科泰电气有限公司项目开工建设。该项目位于开发区乔司地块，占地面积3.04公顷，注册资本1.2亿元，总投资3亿元。预计项目建成完全达产后，年产值约4亿元。科泰项目投资方浙江科都电气有限公司成立于1988年，主要产品为家用电器开关、工业插头研发及生产，以及检测实验室设备。公司拥有多项国家专利，其中小型电磁开关、KOA异步电动机制动器产品居世界领先水平。

【东方百富袜业项目】 11月，浙江东方百富袜业项目开工建设。项目位于开发区10号大街以东，占地面积1.2公顷，注册资金8000万元，总投资1.7亿元。项目主要从事运动袜品研发、设计、制造、贸易及物流配送。浙江东方百富袜业有限公司拥有国际领先的研发优势，每年申请各类专利超过20项，已获得“杭州市高新技术企业”“杭州市企业研发中心”等称号。

【欣地机械项目】 12月，杭州欣地机械有限公司项目开工建设。该项目位于开发区16号大街和5号大街交叉口，占地面积约0.67公顷，注册资金240万美元，项目总投资约1200万元。项目建成投产后，预计年产值3000万元，主要生产汽车齿轮，汽车电子产品等。

【圆通线缆二期项目】 12月，杭州圆通线缆科技有限公司二期项目开工建设。该项目位于开发区3号大街与16号大街交叉口东南面，占地面积1.57公顷，总投资1.8亿元，项目完全达产后年产值约5亿元。项目建成投产后主要从事光缆、电缆、通信线缆、特种电缆的制造与销售。杭州圆通线缆科技有限公司成立于2000年，注册资金6000万元，2002年、2004年先后通过泰尔认证中心质量管理体系认证和光缆产品认证。

【硕维科技二期项目】 12月，硕维科技（杭州）有限公司生产调度楼工程二期建设项目开工。项目位于18号大街以南、20号大街以北区块。公司总投资3800万美元，注册资金2600万美元，总占地面积6.9公顷，其中二期项目占0.1公顷。该项目主要从事轨道交通设备、智能电力设备的研发制造。公司一期工程新建成8幢国际化标准厂房，建筑面积8万平方米，引进德国、日本价值1亿元的原装设备。二期建成后预计可新增销售收入6000万元，新增利润1200万元，实现税金350万元。（李立祥）

·招商活动·

【招商活动概况】 2013年，区招商局先后5次组团、6次参团赴国外上门招商，拜访世界500强企业高层，宣传开发区投资环境。参加省、市举办的各类招商活动，利用各种平台资源宣传开发区投资环境。赴北京、上海、深圳等地举办形式各异的招商推介，进行敲门招商，吸引境内外客商到开发区投资创业。在市领导带领下，先后12次组建小分队前往北京、上海、厦门、温州敲门招商，前往天津浙江商会、山西浙江商会、清华大学拜访对接。在第五届中国国际服务外包交易博览会、第十四届西部国际博览会、第十五届浙江投资贸易洽谈会等大型经贸会议上大力宣传开发区投资环境。“走出去”及“引进来”招商活动，增强了开发区与京津沪、环渤海湾、“珠三角”经济圈的交流与合作，加快开发区招商融入“长三角”、接轨世界的步伐。

【赴欧洲招商】 3月，开发区管委会副主任、前进工业园区开发建设指挥部总指挥詹国平带队，赴英国、西班牙、葡萄牙3国展开招商活动。其间，考察团拜访全球著名房地产领域服务提供商——英国伦敦仲量联行咨询公司，双方就未来合作机会进行深入探讨，增进双方在业务上的合作和交流；拜访福特汽车公司在英国最大的技术中心——福特丹顿技术中心，实地感受试车跑道，对研发中心的现场部分有了直观具体的认识，为开发区与福特汽车公司后续合作奠定基础；拜访葡萄牙卡斯卡伊斯市政府官员，双方就城市产业结构、城市基础设施建设模式，以及吸引外来投资的政策进行探讨，并就文化创意产业和现代服务业的发展作经验交流。

【参加宁波浙洽会】 6月7~9日，第十五届浙江投资贸易洽谈会在宁波举办。开发区管委会副主任王永芳带队，区招商局、区招商中心、区前进工业园区招商处、下沙街道和白杨街道招商人员参加浙洽会。会议期间，开发区代表团针对性展开招商活动。6月7日，开发区招商团队参加杭州市政府代表团筹备会议；6月8日，区各招商主体结合自身产业特点和招商要求，参加洽谈会开幕式、引进外资招商洽谈会、浙江—台湾企业对接会、浙江—韩国大邱汽配企业对接洽谈会、3D打印与未来制造业发展论坛对接会等专场活动。其中，代表团参加浙江海洋经济与跨国公司对接会暨全省重大外商投资项目签约仪式，并与客商代表签署电信IPTV机顶盒项目。该项目注册资本5000万美元，总投资7000万美元。6月9日，区各招商主体分别赴宁波保税区、江北区、鄞州工业园展开敲门招商，主动拜访宁波立立电子股份有限公司、奥克斯空调有限公司等7个知名企业。

6月，开发区代表团到中国台湾考察。图为与联发纺织纤维股份有限公司高层座谈（区招商局 供稿）

【组团赴台湾考察】 6月，开发区管委会副主任王永芳率开发区经贸考察团一行6人，对中国台湾进行商务考察和敲门招商。考察团先后参访台北、台中、高雄、花莲等县市，拜访台湾顶新国际集团、台湾新光集团、友嘉实业集团、台湾国阳集团、联发纺织纤维股份有限公司、台湾国维牙医等企业，分别就推进开发区康师傅饮品新项目事宜、友嘉实业集团总部建设及公司转型发展进行深入交流。参观台湾著名的内湖科技园区、松山文创园、升恒昌文创园等科技园区及文化创意园区，对文创产业园区建设和文创产业发展有了更深的认识。考察活动为开发区促进台湾高端产业转移步伐、推进开发区现代服务业招商引资、发展文化创意产业等积累了宝贵的经验。

【参展厦门国际投资贸易洽谈会】 9月8~11日，第十七届中国国际投资贸易洽谈会（简称厦洽会）在厦门国际会展中心举行，区招商局组成代表团参加厦洽会。其间，开发区代表团展示开发区新兴信息产业建设成果和发展规划，向参展客商发出投资邀请；参加“国际投资论坛”“世界500强中国合作论坛”“亚洲投资基金峰会”“海外华商投资中国峰会”等专业论坛活动；听取联合国贸发会等国际组织发布的《世界投资报告（中文版）》、国家商务部发布的《中国外商投资指数报告》《境外合作区国别产业指引》等权威政策，以及热点投资或贸易报告，了解国际资本流动新趋势和投资促进新形势。

【赴北京敲门招商】 9月12~14日，在杭州市副市长谢双成带领下，开发区管委会副主任王永芳率区经发局、区招商局赴北京开展敲门招商。开发区代表团走访驻京浙（杭）商会进行招商联络，拜访国家商务部、国家科技部，就开发区相关工作进行汇报对接。先后走访清华大学、金电联行（北京）信息技术有限公司，分别就清华大学汽车安全研究机构和金电联行（北京）信息技术有限公司客观信用（南方）研究中心项目展开交流。双方已在前期经过多轮洽谈对接，形成了较好的合作基础，副市长谢双成对在开发区设立清华大学汽车安全研究机构和金电联行客观信用（南方）研究中心项目给予充分的肯定和支持。活动期间，开发区代表团走访北京杭州企业商会，并与中企投资集团、北大青鸟集团、中国绿辰集团、北京安控科技股份有限公司等杭商企业负责人举行商务座谈。

【西博会招商】 9~11月，第十五届中国杭州西湖国际博览会在杭州举行。活动期间，开发区利用西博会

11月29日，外地企业驻杭州办事机构负责人考察开发区投资环境
（黄健员　摄）

招商引资平台，开展投资推介和项目对接洽谈，推进项目合作进度并达成一批签约项目。10月12日，在经贸科技合作洽谈会暨外商投资项目签约仪式上，开发区签下浙江国瑞融资租赁有限公司、杭州极天融资租赁两个融资租赁项目，以及百世物流科技（杭州）有限公司现代物流科技项目，合同外资2亿美元。10月12日，西博会核心项目之一的经贸科技合作洽谈会主题展在浙江世贸国际展览中心开馆，开发区携区内6个具备创新技术能力和品牌知名度的企业参展，围绕“产业转型、科技创新”主题，展示开发区特色产业发展成果。

【借助全球投资峰会促招商】 10月16日，由杭州市外经贸局和欧洲货币集团举办的“中国全球投资峰会：杭州”开幕。10月17日，开发区邀请参加峰会的世界500强及行业领先企业、跨国公司、知名中介机构等单位的130余名嘉宾赴开发区参观考察。嘉宾们考察了开发区食品工业龙头企业娃哈哈集团公司，了解其生产规模和生产工艺。开发区管委会在曙江大酒店举行投资推介会，管委会副主任王永芳致欢迎辞。投资推介会宣传开发区良好投资发展环境，重点介绍开发区打造服务外包、互联网、新能源等新兴产业的转型升级成果，增加与海外国际客商的沟通和交流，提升开发区的知名度和影响力。

【参加杭州国内经济合作洽谈会】 10月25日，作为杭州市重要的招商引资平台，第十六届杭州国内经济合作洽谈会在浙江国际大酒店举行，开发区作为全市唯一区县代表进行投资推介。开发区党工委书记、管委会主任陈晨向来自全国各地的企业家、投资者和嘉宾推介开发区投资发展环境，并在招商引资项目签约仪式上，与客商代表签约星乔瑞汽车零部件项目。该项目注册资本1.6亿元，总投资3.8亿元，成为开发区汽车零部件产业重要一员。开发区邀请100余名浙商到开发区参观，实地考察开发区东部湾总部基地、东部高新产业园、新加坡杭州科技园、浙江杭州出口加工区，了解开发区的产业优势和投资环境政策。通过推介和考察，凸显了开发区作为支持浙商创业创新主平台的重要作用。

【参加成都西部国际博览会】 10月23～27日，第十四届西部国际博览会在四川成都举行。开发区招商人员随杭州市政府代表团参加博览会，并组织杭州天裕光能科技有限公司和龙焱能源科技（杭州）有限公司两个太阳能光伏企业参展。该博览会立足泛亚、面向全球，是中国政府设在西部地区重要的投资促进平台、贸易合作平台和外交服务平台。参会期间，开发区代表团参加第六届中国西部国际合作论坛、西部投资说明会、中国—欧盟投资贸易科技合作洽谈会等活动，考察参观成都眉山工业园区。此次参会对开发区国内经济合作向西部地区拓展具有积极的促进作用。

【参加杭州国际人才交流与合作大会】 11月6日，浙江杭州国际人才交流与合作大会在杭州国际会议中心开幕，458个创业项目与合作者、投资者进行了对接交流。开发区党工委、管委会领导邵立春、王永芳率区招商局、各招商主体人员参加大会。大会现场，开发区签下隽康医疗器械项目、新型高效太阳能发电储电一体化分布式发电系统及关键应用太阳能增程电动车项目、乙型-丙型肝炎二联分子诊断试剂盒的开发3个项目。其中，隽康医疗器械项目计划投资1000万元，是杭州美科医疗器械有限公司利用其福州关联公司与香港投资方共同出资设立的生产型医疗器械公司，主要从事微创肿瘤机器和耗材的生产研发。会议期间，海外创业人才项目及技术合作洽谈会同步举行，通过主动洽谈、对接，推介开发区创业创新的环境，招商人员和海内外高端人才进行交流，签订项目落户意向书40份。

【外地企业驻杭办事机构考察开发区投资环境】 11月29日，开发区举行外地驻杭州办事机构考察开发区活动。该活动由杭州市政府国内经济合作办公室和开发区管委会联合主办。30余名外地企业驻杭州办事机构负责人参加活动，涉及药品、食品、医疗机械、保健品、物流、外贸进出口、网络、电子星系、科技等行业。考察团参观了开发区会展中心，沿江大道、出口加工区、新加坡科技园等地，实地考察开发区园区投资环境。开发区召开座谈会，管委会副主任王永芳致辞，介绍开发区的投资发展环境，重点推介开发区八大产业功能园区，欢迎外地企业到开发区投资设立公司，外地企业驻杭州办事机构在开发区升级落户。座谈会后，区招商中心、下沙街道、白杨街道、区资产经营集团公司招商人员与各办事机构负责人进行深入交流，达成初步合作意向。 （鲁　佳　安瑞锋）

·投资企业协会·

【投资企业协会概况】 2013年，开发区投资企业协会坚持立会宗旨，精心组织宣传、搭建沟通平台、传递有效信息、强化企业合作，通过提高服务、增强凝聚、扩大影响等举措，进一步发挥协会桥梁纽带、凝聚协调的作用。在杭州市民政局开展的社会组织等级评估中，被评为AAA级组织。

开发区投资企业协会成立于1998年，设立机械（装备）制造业分会、家电分会、电子信息分会、轻工食品分会、生物医药分会、现代服务业分会、服务外包及文化创意产业分会、新能源新材料产业分会、精细化工分会、房地产分会10个分会。作为区招商局的合署办公机构，协会主要任务是加强政企联系，推进“以民引外”及“以外引外”，推动建立友好融洽的政企合作关系。至年末，协会拥有东芝开利空调（中国）有限公司等会员单位154个。

【房地产行业分会成立】 3月，开发区投资企业协会成立房地产行业分会，区内浙江保利房地产开发有限公司、金隅（杭州）房地产有限公司等16个知名房地产企业入会。会上选举产生分会组织机构。5月和8月，房地产行业分会针对房地产发展趋势，分别组织两次座谈会，各房地产企业交流经验、做法，区建设局领导参加会议，现场解答企业关心的热点问题，分析房地产企业发展趋势，坚定企业发展信心。

【助推产学研交流合作】 5月9日，为响应开发区转型驱动、创新发展的战略思想，加快“下沙制造”向“下沙创造”转变的发展步伐，开发区投资企业协会组织家电分会与和达创意设计园、工业设计企业和相关高校，举办开发区工业设计企业与制造业企业对接交流会，区内以家电产业为主的10余个骨干企业参加会议。通过工业设计企业发言、高校设计学院老师课题演讲、和达创意设计园项目推介、工业企业与创意设计企业对接交流等活动，部分企业和高校、研究机构达成长期合作意向。

【协会服务功能强化】 2013年，开发区投资企业协会注重为企业提供经营管理、人才战略、政府政策等方面的信息服务。9月27日，开发区投资企业协会组织开展精细智能生产管理讲座，100余个会员单位、200名企业人员参加讲座，协会邀请台湾精细化智能管理领域专家江支柱讲授精细生产，帮助企业创新经营管理方式，加快转型升级步伐。11月7日，开发区投资企业组织部分企业参加2013年杭州国际人才交流与合作大会，以满足企业储备高层次人才、寻求高技术附加值合作项目的发展需要。协会根据企业需要，不定期举办政策宣讲、知识培训及专家讲座，结合企业具体生产经营情况提供政策咨询、答疑解惑等服务。

【开展协会互动交流】 2013年，开发区投资企业协会组织经贸交流活动，利用对外交流平台，为开发区企业扩大视野、加强联系、加快“走出去”创造条件。全年接待“海峡两岸”报道组及台湾顶新国际集团控股有限公司、台湾统一集团、台湾友嘉实业集团等考察团，宣传推介开发区投资发展环境，增强企业到开发区投资的信心。6月，开发区组团到台湾招商，开发区企业协会共同参观访问台湾顶新国际集团、台湾新光集团、友嘉实业集团、台湾国阳集团、联发纺织纤维股份有限公司、台湾国维牙医等企业，考察内湖科技园区、松山文创园等科创园区，增强开发区投资企业协会与台湾企业的交流合作。 （傅懿足）

经济贸易　口岸

·对外经济贸易综述·

【外经外贸平稳发展】 2013年，面对国际经济不振、人民币升值、生产成本上升的多重压力，开发区外贸工作坚持以“稳增长、调结构、促平衡”为重点，以经济结构调整为主线，以转型升级为方向，认真分析形势，深入企业服务，创新工作方法，努力扭转外贸被动局面。全年累计实现自营进出口总额87.2亿美元，比上年（指2012年，下同）增长4.2%。其中：出口

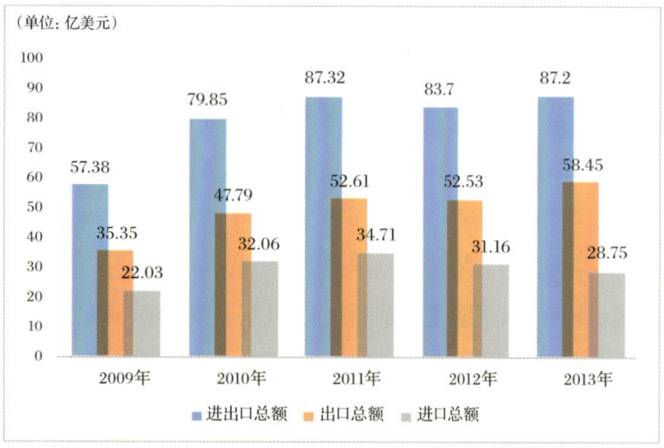

图 3　2013 年开发区进出口情况

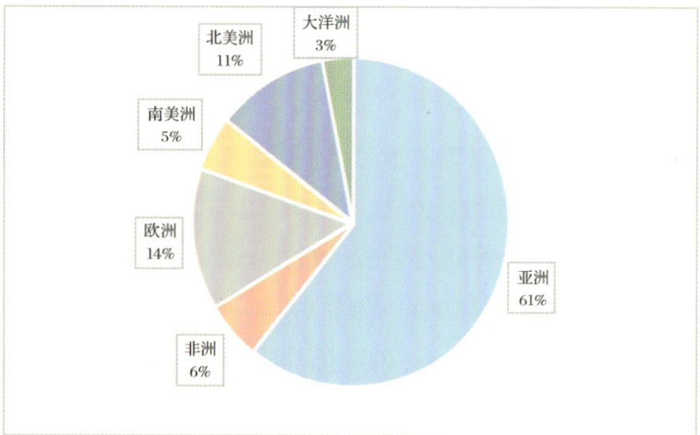

图 4　2013 年开发区出口分布情况

总额58.45亿美元，增长11.3%；进口总额28.75亿美元，下降7.7%。开发区被浙江省商务厅评定为“全省外贸十强区”。

【国家级跨境电子商务进口业务试点】 为加快经济结构调整、转变外贸发展方式和打造外向型经济发展的新增长点，开发区积极推进国家级跨境贸易电子商务进口业务试点的申报工作。5月，区招商局多次与出口加工区综合管理局、开发区海关、开发区出入境检验检疫办事处等部门探讨促进跨境贸易电子商务发展的举措，并就海关的通关便利化、商检的简化手续、降低费用等内容进行沟通。10月，开发区海关向海关总署加贸司及监管司汇报工作进展，听取指导意见。11月，随杭州海关和市委、市政府向海关总署科技司、监管司及加贸司汇报工作，并前往河南郑州学习综合保税区及跨境贸易电子商务的具体做法；12月，区招商局会同开发区海关、杭州出入境检验检疫开发区办事处、出口加工区综合管理局、资产经营集团有限公司、浙江电子口岸有限公司等部门，就具体跨境贸易电子商务的通关、商检、企业服务等工作进行研讨。积极研究跨境贸易电子商务产业链的搭建，“菜鸟（杭州）”项目、“中国电信创业园”项目等多个优质企业先后落户开发区。

【对外投资6个项目】 2013年，开发区招商局（简称区招商局）强化企业“走出去”工作，鼓励企业利用国内国际两个市场、两种资源做大做强，在省、市政府政策导向下，有计划地引导区内企业赴境外投资发

表9

2013年开发区出口企业20强及排序情况

序号	单位名称	出口额（万美元）	比上年增长（%）
1	东芝信息机器（杭州）有限公司	105 569.4	-4.28%
2	杭州中策橡胶有限公司	97 705.87	2.39%
3	杭州矢崎配件有限公司	25 371.39	-2.42%
4	松下电化住宅设备机器（杭州）有限公司	21 611.58	-17.76%
5	杭州松下家用电器有限公司	20 516.89	-17.53%
6	杭州佩臻进出口有限公司	19 419.2	—
7	杭州捷创进出口有限公司	18 368.56	—
8	泰尔茂医疗产品（杭州）有限公司	14 218.59	6.19%
9	杭州拓磊进出口有限公司	14 084.74	—
10	杭州松下马达有限公司	13 430.43	3.50%
11	顾家家居股份有限公司	12 850.89	12.94%
12	杭州松下住宅电器设备（出口加工区）有限公司	12 847.04	-0.54%
13	国际香料香精（浙江）有限公司	8 941.92	3.38%
14	艾博生物医药（杭州）有限公司	7 805.17	0.38%
15	拜耳作物科学（中国）有限公司	7 327.85	6.70%
16	杭州润沙进出口有限公司	6 096	—
17	浙江新迪国际食品集团有限公司	6 071.37	-10.18%
18	杭州三花微通道换热器有限公司	5 981.64	—
19	杭州汉沙进出口有限公司	5 925.38	—
20	伊莱克斯（杭州）家用电器有限公司	5 174.3	33.99%

展。通过不断探索对外经贸机制，完善扶持保障政策，全年共有顾家家居股份有限公司、泰瑞机器股份有限公司等6个企业投资境外，累计完成对外投资总额1768.3万美元。其中：并购及增资企业2个，投资额197.27万美元；企业境外主体再投资新增2个，投资额257.31万美元。

【“深挖广积”系列服务措施】 2013年，开发区为帮助企业提振信心、稳定生产、摆脱困境，防止经济出现大的起落，保持长远持续发展，研究推出“深挖广积”系列服务企业措施。全年区招商局累计走访企业118个，重点预警监控外贸企业102个。建立56个重点企业每月跟踪调查制度，按外贸出口增长幅度分类建档，实时监控数据波动，责任到人，力争稳定增长企业，缩小负数企业，实现出口指标由负转正的逆转。完成各类加工贸易审批、企业生产能力核查等共计1166件。

【外贸政策兑现】 年初，区招商局会同区经发局等相关部门修订并出台《关于加快工业经济发展的若干政策》，对参加出口信保企业给予保费补贴，对企业新增出口额分等次给予奖励。2013年，开发区享受各级财政政策补助资金的企业66个，总金额2389万元，比上年增加1625万元，增幅为2.12倍；全年新培育出口额1亿美元以上企业3个、5000万美元以上企业4个。

【出口信保发挥作用】 开发区鼓励企业积极参与出口信用保险，全年新投保企业14个，投保金额合计11.24亿美元，比上年增长2.37%。投保企业个数覆盖面为4.7%，投保金额渗透率21.2%。投保企业中有泰瑞机器股份有限公司等6个外资企业，外资企业投保额9.5亿美元，占投保总额84.52%。2013年，开发区投保的14个企业中有7个报损，报损案件20起，报损金额340万美元。经过信用保险公司的追偿和赔付，帮助企业挽回损失190万美元。

▶▶资料：出口信用保险

出口信用保险是世界各国利用经济手段来支持本国产品出口的一项政策性措施，与出口信贷、出口退税并列为中国支持外贸出口的三大政策，其目的在于通过国家承担收汇风险来鼓励企业扩大出口。保险责任范围包括商业风险（卖家风险）和政治风险（国家风险）两种。

【对外经贸交流加强】 开发区借助中国国际贸易促进委员会杭州分会、杭州米奥兰特有限公司等机构提供的平台，鼓励企业参加各类博览会、展销会，以扩大对外交流。利用中小企业国际市场开拓资金、杭州市重点展会补助及区内企业境外参展补助，鼓励有条件的企业在境外建立营销网络、生产基地，扩大国外市场占有率。全年组织企业参加第八届印度尼西亚中国机械与电子产品贸易展览会、上海国际尚品家居及室内装饰展览会、浙江出口商品（大阪）交易会、第十一届中国商品（印度孟买）展览会、户外家具及休闲用品展览会等12个境内外重点展会，杭州杰玛箱包有限公司、金鱼电器集团、杭州新世宝电动转向系统有限公司、田中电子（杭州）有限公司、杭州青年汽车公司等13个企业成功申请展位。

【进出口示范基地打造】 5月，在杭州出口加工区获批省级进口平台基础上，开发区及时启动出口加工区升级综合保税区申报手续，同时依托现有的国家级新能源汽车和省级生物医药科技兴贸创新两个基地，组织企业申报新培育的3个外贸出口公共服务平台。其中：功能生物医药公共试验检测平台被浙江省商务厅认定为重点外贸公共服务平台；钱盛国际进口平台被认定为省、市两级进口平台。至年末，2个平台共有8个企业争取到国家和省、市资金补助1247万元，其中钱盛国际进口平台获补贴240万元、达内公共培训基地获得资金扶持500万元。

【反走私综合治理】 2013年，开发区以加强培训、培育涉外企业中海关和国检A类企业为工作重点，坚持抓好反走私综合治理各项工作。区招商局发挥反走私联动机制平台的作用，加强与海关、国检、工商和外贸企业的互动，加大对企业的业务培训力度，提高经营者关务水平。全年组织培训11次，开展法制宣传15次；检验检疫出入境货物4.14万批次，货值18.9亿美元，出入境集装箱检验检疫2.3万标箱，疫情截获累计148批次；查处涉毒违法犯罪人员59人，查获毒品冰毒170余克、麻古30粒。

【对外贸易预警示范点建设】 开发区按照“防范在前，预警在先，服务并进”的原则，开展对外贸易预警示范点建设。至2013年末，共建立外贸预警示范点26个。组织在对外贸易中涉案的企业参与应诉，案件应诉率、胜诉率均为100%。全年编撰《预警简报》6期、《数据统计分析报告》4期，投资网上发布预警信息684条；联合专业中介机构组织培训专业预警及产业损害知识7次，参加培训企业187个，共计327人。年末，开发区外贸预警示范点通过年度考核并被评定为良好。

（鲁　佳）

·出口加工区·

【出口加工区概况】 2013年，浙江杭州出口加工区（简称出口加工区）全面推进区域产业发展，加快转型升级步伐，确保工业经济保持平稳健康发展的态势。全年实现工业总产值124.5亿元，实现税收总额8.6亿元，其中工商税收2.3亿元、海关代征税6.3亿元。实现工业增加值14.1亿元。进出口总额20.7亿美元，其中出口16.7亿美元。全年实现固定资产投资2.2亿元。通过优化生产工艺、提高自动化程度等技改项目的投入，区内大部分企业经营绩效平稳、整体利润同比增长，累计盈利企业11个，占区内工业企业的55%；全年累计利润总额3.36亿元，比上年增长17%。

【保税物流业务结构优化】 2013年，出口加工区通过重点发展仓储物流分拨配送业务，采取优化报关模式、便捷操作、提高效率等措施，保税物流业务结构更趋合理。保税物流业务主要为“即进即出”业务、“仓储企业物流配送”业务、“生产企业物流配送”业务”，其中“即进即出”业务2.1亿美元、“仓储企业物流配送”业务2.2亿美元、“生产企业物流配送业务”0.25亿美元。

【园区配套设施完善】 2013年，出口加工区管委会完成出口加工区广场环境提升及配套设施主体工程并通过验收；完成14号大街、16号大街雨水管道连通工程及巡逻雨水管道疏浚工程，出口加工区雨水外排问题得到解决；完成标准厂房路灯改造工程，解决园区夜间照明设施老化失修问题；完成园区交通标示设置，引导企业职工安全出行、文明出行。

【安全生产监管】 出口加工区管委会落实企业安全生产主体责任，组织企业开展安全标准化创建活动；

组织企业参加“安康杯”安全知识竞赛，开展消防疏散、灭火演习、危化品泄漏处置等应急演练活动；开展“安全生产隐患大扫除”及第2批重点监管危化品专项排查活动，监督企业落实整改；指导企业做好防台、防汛、抗旱等抢险救灾工作，建立抢险队伍，制定防汛工作流程图，确保汛期安全。

【危险废物“双达标”创建培训会】 1月9日，出口加工区管委会组织召开“开发区危险废物‘双达标’创建工作培训会议”。东芝信息机器（杭州）有限公司作为2012年通过省环保厅危险废物管理“双达标”验收的先进企业，向57个被列入省环保厅2013年“双达标”创建企业的部分参会代表交流经验。会议以省“双达标”创建工作方案为指导，以保障环境安全为目的，宣讲创建危险废物监管工作的新思路，提高各创建企业单位对危险废物管理等操作环节的认识水平。

【加工区内10个企业获年度奖励】 3月11日，开发区2013年度经济工作会议召开。出口加工区内的东芝信息机器（杭州）有限公司、杭州矢崎配件有限公司、杭州松下住宅设备（出口加工区）有限公司、矢野电子（杭州）有限公司、希赛瓶盖系统（杭州）有限公司等10个企业或企业负责人 被授予“2012年度开发区先进企业”或“2012年度开发区优秀企业家”称号，以表彰10个企业为开发区工业销售产值、纳税贡献、节能减排，以及出口加工区的经济发展做出的显著贡献。

表10

浙江杭州出口加工区主要经济指标情况

指标名称	计量单位	2012年	2013年	历年累计
一、招商引资				
外资项目批准数	个	0	0	28
外资项目投资总额	万美元	0	0	49 771
其中：增资额	万美元	0	0	21 492
合同利用外资	万美元	0	0	21 871
其中：增资额	万美元	0	0	7 505
实际到位外资	万美元	0	0	25 506
内资项目批准数	个	0	0	5
内资项目注册资本数	万元	0	0	70 200
二、工业经济				
工业总产值	万元	1 213 260	1 245 356	12 627 981
工业产品销售额	万元	1 211 908	1 246 753	12 552 600
工业企业利润总额	万元	28 761	40 258	254 645
税收总额	万元	88 498	86 662	387 404
进口值	万美元	58 037	40 255	8 82 315
出口值	万美元	169 240	166 803	1 566 771
三、物流仓储业				
物流仓储营业收入	万元	6 042	10 399	47 867
物流仓储税收收入	万元	325	365	2 348
四、基本建设				
固定资产投资	万元	19 427	22 117	386 881
厂房建设面积	平方米	0	0	—
厂房竣工面积	平方米	0	15 000	584 187
五、其他				
从业人员	人	8 984	9 223	—
工业产值前5位的企业	东芝信息机器（杭州）有限公司、杭州矢崎配件有限公司、杭州松下住宅电器设备（出口加工区）有限公司、希赛瓶盖系统（杭州）有限公司、中日龙电器制品（杭州）有限公司			
出口主要产品名称	笔记本电脑、汽车连接线和仪表配件、小家电、数码相机配件、饮料瓶盖			
入区企业主要产业类型	电子类、汽车配件类、轻工类、体育用品类			

12月25日，浙江省商务厅厅长周日星（中）考察东芝信息机器（杭州）有限公司 （周郑宇 供稿）

【生态出口加工区建设加强】 2013年，为打造独具特色的出口加工区友谊林，营造区内企业为绿色发展做贡献的浓厚氛围，出口加工区管委会组织3次由区内企业参与的义务植树活动。企业职工参与活动共1000余人次，种植大树约100棵、乔木2000多棵、灌木1万多株，新增绿化面积8000平方米，出口加工区"友谊林"初具规模。组织区内企业职工参与清除垃圾、杂草等清洁活动，参与员工300余人次。

【特殊监管区域转型升级调研】 4月9日，杭州海关、浙江省商务厅相关业务处室到出口加工区对特殊监管区域转型升级情况进行专题调研。调研组考察钱盛进口商品展示平台项目进展情况，了解出口加工区在区域转型升级中面临的实际问题，交流探讨出口加工区发展思路。

【出口加工区获"省级进口平台"称号】 2013年，经浙江省商务厅多次对出口加工区进口业务工作进行调研考察，于5月授予出口加工区浙江省第1批"省级进口平台"荣誉称号。2011年起，出口加工区管委会拓展发展思路，根据国家扩大进口的宏观政策导向，整合区域优势资源，搭建进口商品展示、交易平台，扩大进口消费品的保税暂存、分拨配送业务，取得一定规模和成效。

【废料出区实务操作培训会】 6月16日，出口加工区召开"边角料、废料、残次品出区实务操作培训会"，区内企业负责人和废料业务相关负责人参加会议。会议邀请开发区海关、杭州出入境检验检疫开发区办事处、开发区环保局的代表参加。会议宣讲出口加工区废料出区的相关政策，对废料出区报关单填写的注意事项、废旧机电设备报废出区的申报流程，以及危险废物收集处理的方法等进行培训。

【省商务厅领导调研东芝公司】 12月25日，省商务厅厅长周日星带领市外经贸局等单位一行，到开发区调研企业发展情况。调研组实地考察出口加工区东芝信息机器（杭州）有限公司，了解笔记本电脑的生产流程、制造工序和产品研发，对公司发展表示肯定。

【升级综合保税区申报】 2012年起，为优化区域投资环境、推动产业转型升级，出口加工区管委会正式将升级综合保税区的工作列入重点目标。2013年初，出口加工区管委会完成对其他综合保税区调研考察、协调对接各职能部门研究制订工作方案、梳理申报所需材料等前期准备工作，成立专项工作小组。7月15日，出口加工区管委会正式启动将出口加工区升级为综合保税区的申报工作，由杭州市政府转报省政府，并由省政府转报至国务院审批。 （周郑宇）

·海关·

【海关概况】 2013年，开发区海关共监管进出口货物总值29.3亿美元，比上年下降9.5%；依法征收关税和进口环节代征增值税16.8亿元，下降11.8%。其中，出口加工区进出口总额20.7亿美元，征税6.4亿元。全年海关受理、审结进出口报关单10.6万份，查验货物2402票，查验率2.4%，查获率13.8%。监管进出口货运量17.9万吨，监管运输工具3.4万辆，集装箱（标箱）2.9万只；监管加工贸易货物39.5亿美元，下降4.7%，备案电子手册127册，下降8.6 %，备案金额18.9亿美元，增长24.8%；开展企业稽查和专项稽查35起，结案29起；审批减免税项目13个，征免税证明437份，减免两税3023万元；移交违规案件5起。

开发区海关加强行风效能建设和党风廉政建设，先后开展"法制宣传月""廉政文化建设月"等专项活动。年末，开发区海关机关党委被评为杭州海关五星级服务型基层党组织。

【海关"两单一审"改革】 为落实国务院常务会议促进贸易便利化的精神，杭州海关决定在杭州出口加工区、嘉兴出口加工区和嘉兴出口加工（B）区开展"两单一审"通关改革试点业务。8月1日，开发区海关首票"两单一审"通关试点业务在杭州出口加工区业务现场顺利通关，至此实现海关特殊监管区域内企业申报货物"一次交单，一套单证，一次审单，一次理单"的通关流程。该项改革简化出口加工区内企业通关手续，为企业减少约50%的报关成本。

▶▶资料：原通关模式和"两单一审"模式的区别

在原通关模式下，一票货物进入出口加工区，区外企业和区内企业要分别向海关填报报关单和备案清单，海关对报关单和备案清单两份单证分别进行审单、布控、查验和放行等操作。"两单一审"改革将区内企业、区外企业分别申报的模式改为合并申报，备案清单由计算机自动处理，企业报关和海关单证处理的手续都减少一半。

【内销产品返区维修全国试点】 内销产品返区维修业务是拓展出口加工区业务类型、发展出口加工区服务业态的新尝试。杭州海关在支持企业积极参与试点的前提下，确立"管住重点环节，便利企业进出"的监管原则。3月，经海关总署批复同意，在杭州经济技术开发区海关辖区杭州出口加工区开展内销货物返区维修全国试点业务。开发区海关结合电子账册和一般出境修理物品的管理方法，制订《杭州出口加工区内企业内销产品返区维修试点监管方案（试行）》，并将该监管方案上报海关总署备案。出口加工区内东芝信息机器（杭州）有限公司被授予试点资格，全年开展内销产品返区维修业务4批次，返区维修产品304台。

【差别化稽查作业模式施行】 11月14日起，根据海关总署和杭州海关的统一部署，开发区海关对辖区企业实施差别化稽查作业模式。风险管理部门通过对不同企业在管理类别、通关监管、税收征管、保税监管和守法记录等方面状况进行参数化综合评价，开展以企业为单元的风险分类。稽查部门依据企业风险分类的最终结果，制订相应的年度或周期分类稽查计划。其中：对辖区风险程度相对较高的AA类企业开展专项稽查，体现重点管理；对风险未知的AA类企业体现常规管理，保证3年完成1次常规稽查的全覆盖；综合运用稽查、核查、巡查和贸易调查方式，加强对AA类企业的日常监管，确保每年对关区所有AA类企业覆盖至少1次；对A类及以下类别企业的后续监管，抽选适量企业开展专项稽查、常规稽查或核查，与现场监管实现联动互补。

【直通式验放新模式】 2013年，杭州海关开始推行跨关区直通式验放新模式。7月，开发区海关开通该模式。7月5日，辖区首票直通式验放货物经"宁波—乍浦—下沙"物流线路顺利进口。直通式验放模式是"属地申报、口岸验放"业务的延伸，可帮助企业加快通关效率，节省物流成本，实现口岸与内陆物流场站间直通式通关作业，整个通关过程"一次申报、一次查验、一次放行"即可。

开发区海关关员查验通关物资　　（王　臻　供稿）

【《海关专报》增设】2013年，为发挥海关在进出口外贸统计领域的职能作用，开发区海关在《海关统计月刊》和《海关统计分析》的基础上，增设《海关专报》统计载体，针对辖区发展动态进行预警分析，为地方政府提供具有开发区特色的个性化决策辅助，先后上报《开发区海关对辖区内光伏行业发展状况的分析及相关建议》《开发区海关对辖区加工贸易发展状况的分析及相关建议》等资料。全年开发区海关累计为地方政府报送统计分析材料26篇。

▶▶资料：AA类企业

《中华人民共和国海关企业分类管理办法》设置5个管理类别：AA类为经海关验证的信用突出企业；A类为信用良好企业；B类为信用一般企业；C类为信用较差企业；D类为信用很差企业。根据海关总署的规定，分类通关改革中只有被海关评定为AA类、A类的高资信企业可以享受便捷通关的待遇。

【法制宣传与关务培训】2013年，开发区海关将4月、8月分别定为"法制宣传月"和"在线宣传月"，加强对辖区企业、民众的海关法制宣传活动。4月，开发区海关在企业、高校开展减免税政策、知识产权保护等4个专题宣讲。8月，开通网上宣传、咨询平台，每周二上午举办"在线咨询会"，累计为70余个企业、130余人次提供网上咨询服务。

开发区海关联合杭州海关数据分中心、出口加工区综管局、区招商局等部门举办无纸化通关业务培训、加工贸易业务实务培训、"两单一审"业务培训等大型培训会3场，96个企业、272人次参加培训，对参训人员进行关务能力测验与等级评定。

【进出口企业诚信培育】2013年，开发区海关加大诚信企业培育力度，新增A类企业13个，辖区A类、AA类企业累计116个，占辖区企业总数的23%，优质企业占比排名居杭州海关前列。

【缉私和进出口秩序维护】贯彻海关总署"绿篱行动"部署要求，坚持打击走私不动摇、不松懈、不麻痹，保持高压打击走私态势，加强一线监管、后续管理和缉私办案3支力量的协调配合，维护辖区良好的进出口贸易秩序，促进辖区企业守法经营。对涉及政治、经济、文化、生态安全及影响宏观经济调控的资源类商品、固体废物等进行重点监控，配合地方政府做好"维稳"工作。全年移交违法违规案件5起，立案查处4起。

【前进工业园区工作对接】2013年，开发区海关推进"前进工业园区专项工作组"工作。走访前进工业园区指挥部及部分企业，编发《江东工作简报》；设立江东企业通关业务绿色通道，与长安福特公司等企业就签订《关企合作备忘录》达成共识，确保大企业、大项目推进过程中与海关事务的无缝衔接；审慎对待超过海关审批事权的疑难问题，及时与上级及其他部门沟通联系，确保在具体事项推进中实现海关服务"零障碍"。全年累计走访前进工业园区指挥部及企业9次，编发《江东工作简报》12期。

开发区海关"徐红"志愿服务队慰问杭州市聋哑儿童学校学生

（王　臻　供稿）

【海关共青团志愿服务队建设】5月，根据杭州海关机关团委批复，开发区海关团支部升格为机关团委。5月9日，开发区海关召开机关团委成立大会暨第一届团委委员选举会议，审议通过《共青团杭州经济技术开发区海关第五届支部委员会工作报告》，选举产生新一届机关团委委员。海关共青团是培养青年关员的主阵地。由青年关员为主体的“百灵志愿服务队”进一步发挥服务企业效能，举办“走区入企”系列活动，加强调研，为重点行业、企业量身打造个性化服务方案。酷暑季节坚持高温查验，保证企业货物通关速度。落实预约通关服务，全年为企业加班累计362人次、384小时。在东芝企业服务项目中，开发区海关获杭州市委常委佟桂莉批示肯定。2013年，开发区海关机关团支部被开发区团工委授予优秀团支部称号。 （王 臻）

·出入境检验检疫·

【出入境检验检疫概况】 2013年，杭州出入境检验检疫开发区办事处（简称检验检疫开发区办事处）检验检疫出入境货物3.81万批次，比上年下降20.29%；货值17.69亿美元，下降21.73%。其中，出境货物3.08万批次，下降12.75%；货值13.09亿美元，下降19.25%；入境货物7300批次，下降41.13%；货值4.6亿美元，下降28.46%。出入境集装箱检验检疫2.62万标箱，增长3.97%。

【有害生物检验】 2013年，检验检疫开发区办事处研究制定“集中主要力量、攻克主要目标”的检疫防控工作策略，通过搜集相关疫情信息和专业分析，拟定具体查验措施，将以往“广而浅”的查验模式转变为“精而深”的“预警机制+精准查验”的模式。全年共截获疫情物品148批，检验检疫开发区办事处获得“浙江检验检疫系统2012~2013年度卫生检疫疫情截获奖”。

【首次截获钻蛀性有害生物】 8月10日，检验检疫开发区办事处检疫人员在对一批来自德国的入境木质包装进行检疫查验时，截获大量有害生物。8月20日，浙江省检科院实验室鉴定结果显示，该批次有害生物中带有双齿谷盗、中穴星坑小蠹、边瘤小蠹等重要林木类有害生物，为林木类重要有害生物，主要以针叶类树木为寄主，钻蛀在树皮与边材之间，直接取食树株的组织。其中，中穴星坑小蠹属于国内截获次数极少的有害生物，也是浙江省首次截获的钻蛀性有害生物。

【依法行政风险排查】 2013年，检验检疫开发区办事处开展依法行政风险排查，重点排查有法不依、有法难依、无法可依3个方面问题。最终排查出9个小项存在问题，办事处针对问题分别提出意见建议和落实整改措施。

【“流动窗口”标准化建设】 2013年，检验检疫开发区办事处开展“流动窗口”标准化建设，对原有37个检验检疫岗位的标准、规范和规程进一步完善，从强化执法能力、规范执法依据和规范操作入手，完成《检验检疫开发区办事处“流动窗口”标准化手册》的制定、修订工作，提升工作的规范性、有效性和实用性。

【3C验证把关成效明显】 2013年，检验检疫开发区办事处负责的3C产品后续核查验证工作占杭州出入境检验检疫局强制性产品认证工作的70%以上。按照泛“长三角”地区检验检疫系统第8次认证监管工作联席会议精神，根据省检验检疫局部署，检验检疫开发区办事处于7~9月加强强制性产品认证监管工作，有针对性地做好现场查验，重点检查3C目录内进口产品信息的符合性和有效性、3C认证标志的真伪性，并确保查验比例在30%以上。利用出口商品退货系统、进口工业产品质量安全风险信息监测采集和评估系统，做好调查、分析和采集、反馈，提高监管的针对性和有效性。

检验检疫开发区办事处工作人员开展集装箱查验 （刘丽丽 供稿）

【招商引资项目检验检疫对接服务】 2013年，检验检疫开发区办事处做好史陶比尔（杭州）精密机械电子有限公司、东芝信息机器（杭州）有限公司、杭州默沙东制药有限公司等企业的新项目跟进服务，提前做好有关备案和报检相关事宜，开展检验检疫政策辅导，推动前进工业园区大项目建设。以开发区“四大工程”启动为契机，推进与福特汽车合作备忘录的签署，得到开发区管委会的支持，承办整个签署仪式，省市各级媒体给予了报道，获得良好的社会效应。

【目录表调整应对】 2013年，检验检疫开发区办事处应对出口商品目录表大幅度调整，积极做好8月1日起暂免出口货物检验检疫费政策和8月15日起法检目录调整的宣传、落实工作，关注企业误报批次，对误报批次予以退回、撤销。加强对进口产品检验监管，把业务工作重心由进出口并重转为进口为主，着重加强对进口产品检验监管，提高进口不合格检出率。

▶▶资料：出口商品目录表调整

2013年7月28日，国务院办公厅发布《国务院办公厅关于促进进出口稳增长、调结构的若干意见》公告。公告中明示：“免收2013年8月1日至2013年年底5个月的出口商品法检费用。减少出口商品法检种类，原则上一般工业制成品不再实行出口法检。”为贯彻落实这一意见精神，8月1日，质检总局和海关总署发出调整公告：“2013年8月15日开始，1507个海关商品编码项下的一般工业制成品不再实行出口商品检验。”

【企业报检资料电子化管理】 1月，检验检疫开发区办事处根据企业申请，对企业档案管理模式、细节及部分资料重复率高等情况进行调研。考虑企业在纸质档案管理中存在的困难，结合检验检疫档案管理相关要求和工作实际，经报上级同意，对企业自行保管的报检资料实行电子化管理。实行报检资料无纸化管理后，企业每年可节约3万多份A4纸张，大大节约成本，节省库存空间，避免重复劳动，起到绿色环保的作用。企业通过利用电子信息存储技术，提高工作效率。

【节约型办事流程制定】 2013年，检验检疫开发区办事处采取8项举措，着力打造节约型检验检疫办事流程。利用“检企通”开展无纸化检验监管，提升电子交费、电子监管、电子审单的运用成效；推行辖区企业（特别是大型企业）报检资料电子化管理，节约企业运行成本，提高工作效率、保护环境，积极推行通关单无纸化联网核查工作；利用“一站式”服务，减少企业往来频次，节约时间、路费、人力资源；加大直通放行、绿色通道和口岸换单推行力度；深化设计开发、采购、生产、检验、售后等与产品质量有关的全过程监管，结合风险和分类管理，合理设置成品出厂检验频次，节约物流时间；针对辖区产品种类多、涉及监管文件多的特点，实施模块化、差异化检验监管，将产品分成家电、制冷、通信、机械、危化品，以及包装、纺织、轻工、食品包装、食品、化妆品等大类，根据产品特点开展检验监管工作；针对辖区外企和大型企业比例较高的特点，启动“一企一策”的特色监管措施；实施24小时预约加班制度和节假日值班制度，满足开发区企业的“982”要求，即98%的货物物流周期不超过2天。

【国检新政策培训会】 2013年，为确保开发区外贸出口稳定增长，促进外贸结构调整优化，帮助企业应对外贸形势困难，检验检疫开发区办事处联合区招商局举办“稳增长，促转型，外贸服务月”国检新政策培训会。辖区89个进出口企业从事质检、报检、产地证的负责人及员工132人参加培训会。培训会分别就报检和原产地知识、进出口食品注意事项、入境货物检验检疫须知、集装箱及木质包装检疫四个方面进行政策宣讲，并结合工作中遇到的实例，对企业需重点关注的方面进行具体讲解。对目录调整及收费减免方面的新政策进行答疑。

【不合格蜂产品退运】 9月，开发区某企业进口一批来自澳大利亚的蜂蜜，共计17个品种，货值10万美元。这是开发区企业首次进口蜂产品，检验检疫开发区办事处查验人员经检验，发现有2个品种不合格，遂依法对不合格蜂蜜做出退运处理。

（刘丽丽）

科技创新

·科技创新综述·

【科技创新引领发展】 2013年，开发区加快推进“东部科技港”建设，坚持构建以企业为主体、市场为导向、产学研相结合的区域创新体系，创新能力进一步提升。全区实现规模以上工业企业高新技术产业销售产值481.7亿元，占全区工业总产值30.98%。实现新产品产值373.3亿元，新产品产值率24.3%。当年限额以上高技术服务业营业收入占限额以上服务业比重的8.15%。

开发区全年新增市级高新技术企业29个，累计325个；新增国家级高新技术企业14个，累计80个。全年新认定市级以上企业研发（技术）中心25个，其中省级研发（技术）中心5个、市级研发（技术）中心20个。至2013年末，开发区市级以上研发（技术）中心累计有146个。杭州三花研究院有限公司研发机构通过市级院士专家工作站认定。

2013年，全区公共财政预算总支出31.91亿元，其中科教支出6.28亿元，比上年（指2012年，下同）增长19.7%，有力支撑了全区科技创新工作的开展。全区企业的研究开发费用实现较快增长，占开发区地区生产总值比重的2.3%。

【“东部科技港”建设启动】 2月，开发区成立科技工作领导小组，制订《2013年科技工作要点》，出台《关于大力实施创新驱动战略，加快建设杭州“东部科技港”的实施意见》和《关于推进科技创新创业的若干政策》，推进“东部科技港”建设，增强开发区转型发展动力。开发区设立6亿元科技创新专项资金，主要用于加快平台建设，整合创新资源，提升创新能力，力争到“十二五”时期末，创新平台面积总量达到150万平方米以上，国家级高新技术企业达到150个，高新技术产业比重达到50%以上，争创国家级高新技术开发区。

【东部产学研创新示范园建设】 2月，开发区启动实施重点功能区开发建设三年行动计划，杭州东部产学研创新示范园是重点功能区之一，目标是打造杭州东部要素集聚和创新发展的先行区、资源整合和功能提升的示范区、创新服务和科学管理的样板区。该园区以“一园一品”为导向，重点发展软件和服务外包、生物医药、新能源、新材料、工业设计、电子商务、影视文化、文化创意等科研创新产业。开发区制订《杭州东部产学研创新示范园开发建设工作实施方案》，成立杭州东部产学研创新示范园开发建设工作组，全年推进“浙大数码港”“阳光华城二期”“浙大中自”“大安科技”“理想文创园”“伊比利亚海创园”“创智天地（大学科技园）”等平台载体建设。至年末，该园区已建和明确新建的平台面积共计76万平方米，其中政府平台面积22.6万平方米、企业平台面积47.2万平方米、高校平台面积6.2万平方米。至年末，该园区集聚各类企业517个，其中科技型企业266个。

【4个企业获得省、市科技进步奖】 2013年，开发区企业科技创新取得新成果，杭州朝阳橡胶有限公司等4个企业获得省、市科技进步奖。杭州朝阳橡胶有限公司的“轮胎破坏机理及耐磨特性研究应用”项目获得浙江省科技进步三等奖、杭州市科技进步

杭州中策橡胶有限公司生产车间 （郑体兵 摄）

【中策橡胶公司项目获国家级项目立项】 2013年，杭州中策橡胶有限公司的“绿色子午线轮胎的开发与生产”项目获得国家火炬计划项目立项，“高性能环保全钢胎12R22.5/12.00R20”项目获得国家重点新产品立项。国家重点新产品是提在国民经济发展中具有战略价值，在保障和改善民生中具有显著作用，对行业技术进步具有重大影响，取得重大技术突破，拥有自主知识产权，且具有较强市场竞争优势的重大创新产品。

二等奖；杭州纸友科技有限公司的“改性淀粉粉体连续流态管道化绿色工艺关键技术开发与产业化应用”项目获得杭州市科技进步一等奖；杭州天明环保工程有限公司的“转动极板电除尘器”项目获得杭州市科技进步二等奖；泰瑞机器股份有限公司的“TRX2800J塑料管件专用注塑机”项目获得杭州市科技进步三等奖。

【8个企业获得重大科技项目立项】 2013年，开发区有8个企业获得国家、省、市重大科技项目立项。杭州士兰集成电路有限公司的“惯性传感器、地磁传感器和压力传感器的工艺及封装技术的研发并导入量产”项目获得国家科技重大专项立项；德帕姆（杭州）泵业科技有限公司、杭州景杰生物科技有限公司、杭州坚迪金属表面技术有限公司3个企业获得国家创新基金立项；杭州协合医疗用品有限公司、中高柴油机重工有限公司两个企业获得浙江省重大科技专项计划项目立项；杭州华银教育多媒体科技股份有限公司、杭州中肽生化有限公司两个企业获得杭州市重大科技创新项目立项。

【两个企业认定为国家火炬计划高新企业】 2013年，浙江三花汽车零部件有限公司和杭州世宝汽车方向机有限公司被认定为国家火炬计划高新企业。该认定是国家科技部在全国国家重点支持的高新技术企业范围内，择优选择发展的特色高新技术产业化骨干企业，被誉为“高企中的高企”。至年末，开发区获得该项重点认定企业总数升至12个。

【新增省级高新技术企业研发中心4个】 2013年，浙江中财型材有限责任公司、杭州澳亚生物技术有限公司、杭州惠松制药有限公司、杭州钱江弹簧有限公司4个高新技术企业研究开发中心，被浙江省科技厅评为省级高新技术企业研究开发中心。至年末，开发区内企业省级研究开发中心总数升至32个。

【新认定创新型试点企业1个】 2013年，杭华油墨化学有限公司被认定为杭州市创新型试点企业。市级创新型试点企业，是指在符合杭州市产业重点方向前提下，具备持续创新能力强、创新成果产出明显、企业盈利能力强、创新文化浓厚、财务制度规范等条件的企业。至年末，开发区已有创新型试点企业12个。

·科技创新扶持·

【创新政策奖励兑现】 2013年，开发区出台《关于推进科技创新创业若干政策》，在加快集聚创新资源、提升自主创新能力、实施知识产权战略、推进创新园区建设、鼓励科技金融服务等方面大力实施政策扶持奖励。根据《关于鼓励经济发展的若干政策（2012年）》文件精神，对工业、科技、服务业三大类企业进行奖励，其中科技企业涉及奖励资金2868.57万元。为鼓励企业加大研发投入，开发区兑现2012年度研发开发费用加计抵扣政策，共有123个企业享受研发费用加计抵扣，共计金额5.17亿元。

【企业科技创新扶持】 6月5日，开发区制定《关于大力实施创新驱动战略，加快建设杭州东部科技港的实施意见》，设立科技创新专项资金6亿元，出台22条政策，鼓励企业科技创新，加快区域转型升级。其中：对注册资本在500万元以上的研发机构，在房租、研发设备投入等方面给予补助；现有企业新认定为国家级高新技术企业和技术先进型服务企业，分别给予企业经营团队奖励50万元、20万元；享受税务部门研发费用加计抵扣的科技型企业，高新技术企业按企业研究开发费用给予2%~5%的资助；对国家级、省级、市级创新型试点（示范）企业，分别给予20万元、10万元、5万元的奖励；新认定的国家自主知识产权优势企业以及国家级、省级、市级、区级专利试点（示范）企业，分别给予企业一次性奖励30万元、20万元、10万元、5万元、2万元。

【科技创新配套政策出台】 8月，开发区制定《科技型企业认定管理办法》《产学研合作项目管理办法》《专利试点企业认定管理办法》《企业研发机构认定管理办法》4个文件。其中：《科技型企业认定管理办法》重点鼓励在开发区登记注册、纳税，符合开发区产业导向，拥有较强的科技创新能力，知识产权明晰，开展具有一定技术含量和创新性产品的研究、开发、生产和经营业务的企业；《产学研合作项目管理办法》重点对区级产学研合作项目申报条件、申报程序、资助额度、财政资金拨付方式等进行新的说明；《专利试点企业认定管理办法》着重发挥专利制度在促进企业技术创新、增强企业核心竞争力中的支撑引领作用，提高企业知识产权创造、运用、管理和保护的能力；《企业研发机构认定管理办法》重点鼓励有独立法人的内外资研发企业，以及依托于区内企业从事技术研究、开发、设计和试验的专业机构，主要指企业研发中心、企业技术中心、院士工作站和博士后工作站等。

·创新平台建设·

【创新平台建设概况】 至2013年末，开发区累计建成创新园区19个，建成面积 54.7万平方米，入驻企业768个，从业人员1万余人。2013年，开发区围绕创新驱动，启动“东部人才港”和“东部科技港”建设，大力推进校、区合作。累计已创建安防科技产业园、传媒文化创意产业园、高职科技创业园、电子商务创业园、IT服务外包创业园、浙江理工大学创意产业园、中国计量学院科技创业园、现代物流科技创业园、杭州师范大学科创园、杭州电子科技大学科技创业园、浙江工商大学现代服务业大学科技园和江南大学创意产业园12个大学科创园。园区规划建设面积12万平方米，实际使用面积超过6万平方米，入驻企业291个，80%以上为大学师生创办企业，其中市级以上高新技术企业23个。园区培育了杭州言实科技有限公司、杭州浩基生物科技有限公司、杭州宙捷科技有限公司等一批由高校教师创办的科技型企业，以及杭州墨融文化创意有限公司、杭州良耳文化创意有限公司等大学生创业企业。

科技创新平台建设着重培育高新技术产业、文化创意产业和服务外包产业，吸纳大学老师创业、大学学生创业、海外留学人员创业、社会创业等类型的创新创业人才，承担科技企业孵化器、产学研合作、培养创新创业人才、大学生创业和实践支持、大学学科建设支持等多重功能。园区建设形成政府投资、社

表11

开发区创新园区基本情况

创新园区名称	建成面积（万平方米）	在建面积（万平方米）	入驻企业（个）
高科技企业孵化器园区	15.6	0	129
新加坡杭州科技园	13.5	0	55
大学科创园（12个）	6.2	0	291
和达创意设计园	2.0	0	83
下沙电子商务园	2.8	0	65
服务外包大楼	5.0	0	8
海外留学人员创业园	8.6	0	20
浙商大学生创业园	1.0	0	117
总 计	54.7	0	768

说明：和达创意设计园面积不含大学科创园共占用部分面积

表12

开发区创新园区功能定位情况

创新园区名称	功能定位	建园模式
高科技企业孵化器园区	孵化科技型中小企业	政府投资
新加坡杭州科技园	培育服务外包、信息软件、研发企业、总部经济	政府与企业共建
大学科创园（12个）	推进科技成果转化、鼓励和支持大学师生创业，支持大学学科建设	政府与大学共建
和达创意设计园	集聚以工业设计为主的文化创意企业	政府投资
下沙电子商务园	集聚电子商务企业	社会投资
服务外包大楼	软件与服务外包	政府投资
海外留学人员创业园	留学人员创业	社会投资

表13

开发区创新园区历年所获荣誉情况

创新园区名称	所获得的奖励、荣誉
高科技企业孵化器园区	2007年、2009年、2011年分别获得市、省、国家级科技企业孵化器，2012年获杭州市创新十佳科技企业孵化器
开发区高职科技创业园	2009年、2011年分别获得市、省级科技企业孵化器 2009年杭州市文化创意产业大学生创业孵化基地 2010年国家级大学生科技创业见习基地
中国计量学院大学科创园	2010年、2011年分别获得市、省级科技企业孵化器 2010年杭州市文化创意产业大学生创业孵化基地 2011年杭州市青蓝计划首批试点基地 2012年杭州市十佳大学生就业创业服务示范点 2012年省级孵化器公共技术服务平台项目资助 2013年国家级高校学生科技创业实习基地
传媒文化创意产业园	2011年杭州市科技企业孵化器
新加坡杭州科技园	2009年首批杭州市特色软件园 2010年中国服务外包基地示范城市拓展区 2012年浙江省开发区特色品牌园区
和达创意设计园	2010年杭州市特色工业设计园 2010杭州市文化创意产业特色楼宇 2011年获得国家发改委的生产性服务业试点项目资助 2012年杭州市现代服务业培育类集聚区 2013年杭州市市级工业设计中心、浙江省省级工业设计中心、杭州市科技企业孵化器、杭州市国家级文化和科技融合示范基地
下沙电子商务园	2010年杭州市文化创意产业特色楼宇 2010年杭州市文化创意产业大学生创业孵化基地 2011年杭州市科技企业孵化器
浙商大学生创业园	2011年杭州市科技企业孵化器

会力量投资、政府与社会力量共同投资、政府与大学共建等多种模式。开发区科技创新平台建设紧跟产业发展步伐，有各自的产业定位。至年末，开发区高科技企业孵化器园区、新加坡杭州科技园、和达创意设计园、浙商大学生创业园、下沙电子商务园和各高校大学科创园等19个创新园区累计获得20余个市级以上特色园区称号，园区已形成一定吸引力，社会影响力不断提升。

【计量科创园列入国家级高校科创基地】 3月，国家教育部、科技部联合发布《关于认定北京林业大学科技园等22个单位为高校学生科技创业实习基地的通知》，中国计量学院大学科创园名列其中，被认定为国家级高校学生科技创业实习基地。至年末，该科创园累计孵化来自中国计量学院、浙江理工大学、浙江工业大学、杭州电子科技大学、浙江财经学院、浙江警官学院等10余所大学的创业企业60余个，累计孵化企业100余个，直接提供就业岗位700余个，为大学生提供实习岗位300余个，每年为大学生提供创业实训300余人次。该园区从创业的政策信息、服务资源，到工商登记、贷款融资、市场营销、税收优惠等各个环节入手，落实创业优惠政策，提供大学生创业"一站式"服务，帮扶大学生创业，逐渐形成政府、高校、社会三位一体的创业教育支撑与服务体系，形成"政府推动、学校主动、社会互动"的创业教育新局面。

·产学研合作·

【产学研合作概况】 2013年，开发区依托产学研合作联盟和产学研合作中心，围绕区内重点发展产业，深入实施"科教强区"战略和"两园融合"战略，坚持企业、高校、科研机构、科技中介、金融机构和政府"六位一体"模式，成效显著。征集企业技术难题和需求300项，并汇编成册发放至区内企业和各高校、科研院所。促成产学研合作项目31个，其中获得杭州市产学研合作项目立项资助4个，获得开发区产学研合作项目立项资助8个。累计促成产学研合作项目210个。组织和举办各类产学研对接活动11场，产学研合作中心成员单位增加至240个。选派中国计量学院教师挂职担任"科技助理"，加强产学研工作的力量，修订出台《产学研合作项目管理办法》。

至2013年末，开发区有杭州钱塘江特种玻璃技术有限公司和中国计量学院共建的无机新材料研发及检测中心、浙江曙光科技有限公司与浙江大学共建的生物医学材料研发中心、浙江华人数码印刷有限公司和杭州电子科技大学共建的印刷技术研发中心等4个校企共建技术平台；有工程塑料国家工程研究中心南方中心、杭州中药现代化研究中心、杭州江南科学研究院3个创新载体；累计引进9名院士加入开发区区域院士专家工作站，聘请中国工程院院士郑树森，中国科学院理化所副所长刘新建，国家"千人计划"评委、三花中央研究院首席科学家黄宁杰等5人为专家顾问；与中国科学院理化所杭州分所、菜鸟网络科技（杭州）有限公司签订项目落户协议。

【校企产学研合作】 2013年，开发区充分利用高教园区的研发智慧优势，重点开展产学研合作项目申报管理和认定工作。至年末，利用网上技术市场，开发区与杭州电子科技大学、中国计量学院、浙江理工大学、浙江工商大学的18个二级学院建立了长效联系机制。根据企业需求，开展企业技术需求征集，主要分布在电子信息、机械制造、生物医药、新能源新材料、精细化工、橡胶塑料等领域。加强企业高校对接，促进技术合作，全年共征集和发布115个企业的有效科技需求300余项，组织开展对接会11场，促成产学研合作项目31个。

【开发区产学研发展学院成立】 12月30日，开发区与杭州职业技术学院合作共建的杭州经济技术开发区产学研发展学院揭牌。该学院以杭州职业技术学院继续教育学院作为办公场所，总目标是通过3~5年，建设开发区"高技能人才培养基地""终身职业教育基地""素质与创业教育基地"和"先进区域、企业文化传播中心"（三基地一中心），提供高技能人才培训、双元制学历教育、技术研发、创业实践、文化建设5类服务，满足开发区企业的教育、文化需求。揭牌仪式现场，中高控股集团公司、众泰控股集团公司、中国松下电化住宅设备机器社、白杨街道、区资产经营集团有限公司作为第一批战略合作单位与学院签约。

【企业高校对接活动】 2013年，开发区以在区企业和高校需求为导向，举办一系列交流对接活动。7月

12月30日，开发区产学研发展学院成立　　（黄健员　摄）

表14

2013年开发区产学研合作项目情况

企业	学校	合作项目	所属行业
浙江诺倍威生物技术有限公司	浙江理工大学	猪流感病毒亚单位基因工程疫苗的开发及产业化应用研究	生物医药
杭州语堂广告有限公司	浙江理工大学	L.MAIXIA品牌企业形象策划	其他行业
克雷登热能设备（浙江）有限公司	浙江理工大学	T91材料盘管式直流锅炉盘管结构研发	机械制造
杭州安费诺飞凤通信部品有限公司	浙江理工大学	手机铰链、镜片运输包装件防振性能评价	电子通信
杭州瀚孺教育科技有限公司	浙江理工大学	中小学教育管理信息平台技术开发	电子通信
杭州东博自动化科技有限公司	浙江理工大学	永磁湿压产品自动成型取坯成套设备开发	电子通信
泰瑞机器股份有限公司	杭州电子科技大学	注塑机ePLC软件生成平台开发	机械制造
杭州言实科技有限公司	杭州电子科技大学	面向广域水环境监测的大规模传感器网络系统	电子通信
杭州奥腾电子有限公司	杭州电子科技大学	刹车信号控制逻辑的预研	电子通信
杭州言实科技有限公司	杭州电子科技大学	60万吨新型煤气化制甲醇–二甲醚OTS仿真培训软件系统	电子通信
怡得乐电子（杭州）有限公司	杭州电子科技大学	一种新型镶嵌式注塑模具的研究开发与利用	电子通信
安瑞医疗器械（杭州）有限公司	杭州电子科技大学	新型医疗手术器械导丝的技术开发	生物医药
杭州金株机电有限公司	杭州电子科技大学	金株机电垃圾处理机设计	机械制造
品智网络科技（杭州）有限公司	杭州电子科技大学	动态网页评论内容智能分析系统开发	电子通信
杭州三花微通道换热器有限公司	杭州电子科技大学	电子膨胀阀驱动器的设计开发	机械制造
杭州东博自动化科技有限公司	中国计量学院	微释软胶管全自动注料机开发	电子通信
杭州热尔网络科技有限公司	中国计量学院	热尔数字标牌系统云平台设计与开发	电子通信
泰瑞机器股份有限公司	中国计量学院	螺杆式注塑机的注射装置	机械制造
泰瑞机器股份有限公司	中国计量学院	注塑机合模机构在线检测及智能化控制系统的研究与应用	机械制造
杭州天裕光能科技有限公司	中国计量学院	高耐候性非晶硅薄膜光伏组件的研发	电子通信
丹佛斯（杭州）板式换热器有限公司	中国计量学院	换热器零部件图纸转换	机械制造
杭州飞叉网络科技有限公司	中国计量学院	多功能视讯平台软件开发	电子通信
杭州百富电子技术有限公司	浙江大学	电能数据集中采集载波通信质量测评技术与现场参数优化	电子通信
杭州朝阳橡胶有限公司	清华大学	欧标低噪声载重子午线轮胎技术研究与开发	橡胶塑料
杭州中能汽轮动力有限公司	清华大学	有机朗肯循环低温工业余热发电技术的开发	机械制造
杭州华银教育多媒体科技股份有限公司	浙江工商大学	立体式全智能常态化教学录播平台	电子通信
浙江杭康药业有限公司	浙江工商大学	海蛇药效成分的研究与开发–1	生物医药
杭州天明电子有限公司	浙江工商大学	安全型PLC与智能优化控制系统软件开发	电子通信
杭州娃哈哈科技有限公司、杭州中科和达科技有限公司	中国科学院理化技术研究所	抗菌塑料在饮料瓶盖上的应用	食品饮料
杭州九源基因工程有限公司	中国药品生物制品标准化研究中心	新型抗糖尿病药物利拉鲁肽的产学研开发	生物医药
浙江商达水务有限公司	浙江大学	基于低耗型农村综合污水处理关键技术研发集成及应用	其他行业

12日，开发区组织中科院理化所与开发区企业产学研专场对接会，邀请杭州娃哈哈集团研究院、杭州九阳欧南多小家电有限公司、杭州杭联热电有限公司等9个企业参加会议。10月15日，召开开发区高校产学研对接座谈会，邀请各高校科技处处长、各二级学院（系）院长参加，探讨如何加强高校与企业交流合作，共同探索推进区校合作、校企合作新途径。12月19日，召开开发区生物医药企业与浙江理工大学的校企交流论坛，浙江理工大学生命科学院教授专家及开发区生物类企业代表40余人参加。开发区还组织重点企业杭州朝阳橡胶有限公司、杭州九阳欧南多小家电有限公司、浙江康莱特药业有限公司等举办与相关高校的专场对接会。

【新增“青蓝计划”企业14个】 2013年，根据杭州市科委《关于征集2013年青蓝企业及启动资金项目》的通知。全年开发区新申报“青蓝计划”企业44个，其中14个被认定为杭州市“青蓝计划”企业并获得资助，拨付配套资助金额111.1万元。至年末，开发区累计有杭州高科技企业孵化器园区和中国计量学院科技创业园两个“青蓝计划”实施试点基地，47个“青蓝计划”企业。

表15

2013年开发区新增"青蓝计划"企业名单情况

企业名称	教师姓名	所在高校	职称	教师情况	市级资助（万元）	区配套资助（万元）
杭州培瑞科技有限公司	王焕平	中国计量学院	副教授	系主任、浙江省"151人才"	60	30
杭州彩谱科技有限公司	袁　琨	中国计量学院	讲师	—	40	20
杭州宏量科技有限公司	李东升	中国计量学院	教授	院长、浙江省"151人才"	40	20
杭州长庚测量技术有限公司	赵　军	中国计量学院	教授级高工	—	20	10
杭州德简文化创意有限公司	张世月	浙江工商大学	副教授	—	20	10
杭州慧牧科技有限公司	秦　兴	杭州电子科技大学	副教授	—	20	10
杭州君桓信息技术有限公司	叶良朋	中国计量学院	讲师	—	20	10
杭州乐敦科技有限公司	周益峰	中国计量学院	副教授	—	20	10
杭州耐奇睿生物医药科技有限公司	戚建华	浙江大学	教授	副所长、浙江省"151人才"	20	10
杭州暖蘅科技有限公司	王　乐	中国计量学院	副教授	—	20	10
杭州日晷自动化科技有限公司	周永霞	中国计量学院	副教授	系主任、浙江省"151人才"	20	10
杭州万倍信息科技有限公司	张　廉	浙江水利水电学院	副教授	—	20	10
杭州亚雄科技有限公司	董前民	中国计量学院	副教授	浙江省"151人才"	20	10
杭州域竹科技有限公司	黄理灿	浙江理工大学	教授	—	20	10

【科普工作推进】 2013年，开发区先后在杭州电子科技大学、浙江水利水电学院、浙江警官职业学院3个高校挂牌成立开发区科普教育基地，并开展系列科普宣传活动。9月，开发区经发局组织和参与全国科普日暨科普宣传周活动，参与人数1万余人。其中：由浙江水利水电学院承办的"生态下沙，节水先行"活动，走进高校、中小学、企业、社区开展科普宣传，活动影响面大、覆盖范围广，受到开发区居民和中小学师生的欢迎；由杭州电子科技大学机械工程学院承办的"魔法学堂"创意科普展演，在下沙第二小学、文海小学举办了活动，得到了学生的积极响应与参与；由开发区安防技术学会承办的安防技术科普周系列活动，走进广场、学校、社区普及安防技术科普知识，并组织中小学师生和居民代表到浙江警官职业学院信息技术展示中心参观体验，邀请中科院老科学家科普演讲团为下沙中小学生做"科学技术能使人类的生活更美好""森林的秘密"等3场科普讲座。白杨街道闻潮社区和朗琴社区通过市科协考核组考察，被评为2013年杭州市科普文明示范社区。

·人才引进·

【实施"人才港""科技港"建设】 2013年开发区提出打造"东部人才港"和"东部科技港"，专门成立了"两港"建设领导小组，制定下发了加快"两港"建设的实施意见，设立3亿元人才专项资金、6亿元科技创新资金，制定出台人才创业、科技创新、工业发展等政策，形成人才与科技、引进与培育、创业成功与做强做大互相衔接、互相支撑的完整政策体系，扶持人才创业创新、推动转型发展。根据政策，高层次人才创业项目，最高可给予600万元的项目资助、3年1000平方米办公用房租金补贴、两年500万元的贷款贴息等政策扶持，特别突出的创业项目还可享受"一企一策"。至年末，开发区已评选产生A类项目3个、B类项目16个、C类项目22个，给予各类人才扶持资金1.2亿元、科技创新扶持资金2320万元、产业扶持资金5265万元。

【海外留学人员创业园揭牌】 6月15日，浙江省海外留学人员创业园在开发区伊比利亚园区揭牌。该园区是由省委统战部、省侨联、省海创会与开发区管委会共同打造，占地面积5万平方米，建筑面积8.6万平方米，至年末，园区已入驻杭州纽龙日尚生物制品有限公司、杭州纳璐新材料科技有限公司等人才项目14个，引进国家"千人计划"专家3人，浙江省"千人计划"专家3人。

【"相约东部人才港"创新创业推介会】 11月8日，开发区举行"相约东部人才港"创新创业推介会，来自世界各个国家或地区的海外留学人才携带项目参

6月15日，浙江省海外留学人员创业园揭牌　　（黄健员　摄）

加。作为该次推介会的重点内容，中国科学院理化技术研究所与开发区管委会启动“联合引才”工程，将围绕区域产业结构调整和战略新兴产业发展需求，整合“长三角”地区产业优势、企业需求、创新资源和环境配套保障，联合打造“杭州分所+育成中心+高新技术产业园”的产学研创新创业载体。推介会上，作为开发区与亚洲化学生物学学会的合作项目，中亚生物医药产业协会项目现场签约。

【北美华人生物医药考察团考察开发区】 7月1日，北美华人生物医药协会企业家回国创业考察团一行8人到开发区考察。考察团参观了浙江省海外留学人员创业园和国家级高科技企业孵化器园区，与开发区管委会部门人员进行交流座谈。在项目对接洽谈中，开发区人才办介绍开发区经济社会发展情况，以及支持海外高层次人才创业政策等，考察团成员表达到开发区发展创业的意向。北美华人生物医药协会拥有会员2000余人，是北美华人生物医药协会的国际交流平台，也是中美生物医药交流项目推介与人才合作的平台，在生物医药领域具有较强的国际影响力。

【海外高层次人才引进】 2013年开发区海外高层次人才引进实现新突破，自主培养国家“千人计划”专家2人，浙江省“千人计划”专家7人、杭州市“521”计划专家5人。至年末，开发区累计培养和引进国家“千人计划”、省“千人计划”等海外高层次人才38人，其中自主培养26人。

【“政产学研用”专场对接会】 7月12日，开发区在城建文化馆举行“政产学研用”专场对接会，加速推进“政产学研用”一体化进程。中国科学院理化技术研究所、工程塑料国家工程研究中心、开发区内杭州娃哈哈集团研究院、松下家电研究开发（杭州）有限公司、杭州九阳欧南多小家电有限公司等10个企业主要负责人参加对接会。经洽谈，安瑞医疗器械（杭州）有限公司、杭州朝阳橡胶有限公司和杭州中能汽轮动力有限公司与中国科学院理化技术研究所达成初步合作意向。

【人才工作专题培训】 3月6日，开发区党工委组织部邀请市委组织部人才办专家就人才工作做专题培训。培训解读国家、省、市2013年度人才工作要点，包括落实“党管人才”原则、实施人才培养重大工程、构筑人才创业创新平台、强化政策保障和服务载体等内容。围绕开发区打造“东部人才港”“东部科技港”目标，从如何更好实施引才工程、创新引才政策、优化创业创新环境，推动人才工作再上新台阶进行交流和探讨。开发区党工委组织部、人劳局全体干部和管委会各单位综合科科长参加培训。（陈　青）

·大学生创新创业·

【大学生创新创业概况】 2013年，开发区市级大学生创业园新增企业368个，至年末，累计有大学生创业企业1076个。其中：产值1亿元以上大学生创业企业1个，为杭州三舍贸易有限公司；产值1000万元以上大学生创业企业有杭州酬诚信息技术有限公司、杭州茂葳科技有限公司等4个企业。大学生创业企业存活率保持在85%以上，创业带动就业5820人。

【杭职院“大创园”获市级“大创园”称号】 6月5日，杭州职业技术学院大学生创业园升格为“杭州市大学生创业园”。该园区已建面积9000余平方米，累计孵化企业129个，园区创业企业年产值4000万元，利润600余万元，专利30余项。该园区培育出杭州卡咔文化艺术策划有限公司总经理苏仁峰和杭州摩斯凯文工业产品设计有限公司总经理顾昕等3名“杭州十佳大学生创业之星”。

【两人入选市杰出创业人才培育计划】 12月16日，中共杭州市委人才工作领导小组办公室、市人力资源和社会保障局、市财政局联合公布2013年杭州市杰出创业人才培育计划入选名单，区内企业杭州易沙网络科技有限公司谢茂胜、杭州合卓信息技术有限公司赵子龙2名大学生创业企业负责人入选该培育计划。根据政策，入选人员将给予50万元培育扶持资金，用于项目攻关、技术研发、经营管理、市场开发等，或者给予最高不超过50万元的银行贷款贴息。培育计划还依托浙江大学国家大学科技园建立杭州大学生创业学院，重点针对培育对象举办高层管理者高级研修班，对培育对象进行MBA、EMBA核心课程等为主要内容的精英式培训。

【大学生创业企业分会成立】 7月9日，杭州经济技术开发区私营企业协会大学生创业企业分会成立，会员企业有杭州圆梦教育咨询有限公司、杭州帮仔计算机技术有限公司、杭州博志家具设计有限公司、杭州希尔教育咨询有限公司等20个。该协会旨在广泛联系开发区大学生创业企业，建立支持与合作关系，增加互动，为大学生创业提供更高、更好的服务平台。7月16日，开发区组建第一个大学生创业行业协会——东部湾电子商务协会。该协会由杭州酬诚信息技术有限公司等4个产值1000万以上的优秀大学生创业电商企业牵头组建，旨在团结开发区内电子商务企业，互通信息，合法维权，为会员企业打造信息平台、维权机构、政企桥梁及发展枢纽。

（程　祯）

·知识产权保护·

【知识产权保护概况】 开发区积极推进知识产权工作，全年新增省专利示范企业1个，新增区级专利试点企业9个。专利申请量6382件，比上年增长19.6%；专利授权量3645件，其中企业专利授权量1087件，增长31.6%。发明专利申请量2015件，增长35.78%，发明专利授权量549件，增长2%。

2013年，开发区出台《关于推进科技创新创业的若干政策》，加大对专利申请、授权以及专利试点示范企业的奖励力度。全年奖励专利企业124个，兑现387.3万元，比上年增长20.8%。

【专利企业培育】 2013年，开发区加大专利企业培育力度，新增国家知识产权优势企业1个，为顾家家居股份有限公司；新增省专利示范企业1个，为杭州神林电子有限公司；新增区级专利试点企业9个，分别为杭州协合医疗用品有限公司、志诚动力科技（杭州）有限公司、杭州金指码实业有限公司、杭州下沙生物科技有限公司、杭州富尔顿热能设备有限公司、杭州九阳小家电有限公司、杭州铭众生物科技有限公司、浙江东方百富袜业制造有限公司、杭州中粮包装有限公司。至年末，开发区有区级以上专利试点（示范）企业93个。

【规模以上工业企业专利清零】 2013年，开发区通过完善知识产权政策体系，加强知识产权宣传培训，组织服务机构上门服务等形式，推动企业知识产权创造，逐步减少规模以上零专利企业数。全年实现专利清零的规模以上工业企业15个，授权专利58项。规模以上专利工业企业累计117个，占规模以上工业企业41.5%。

【知识产权周活动】 2013年，开发区以知识产权宣传日、“4·26”世界知识产权宣传周（4月26日至5月3日）、科技政策培训会等活动为载体，组织系列专利宣传活动。开发区经发局（科技局）利用区内高校资源，与中国计量学院、浙江理工大学、杭州电子科技大学等高校联合开展知识产权宣传活动，通过“走进校园”“走进社区”“走进企业”等活动，宣传知识产权法规政策及相关专利知识，形成知识产权保护、开发的良好氛围。深入顾家家居股份有限公司、杭州三花研究院等专利重点企业，开展专利工作专题调研，介绍开发区专利工作情况和各项专利政策，了解企业在专利工作中存在的问题和要求，帮助企业提高专利申请水平。

·企业技术创新·

【企业技术创新概况】 2013年，开发区坚持科技创新，加大研发投入，重点鼓励企业提高自主创新能力，加大技术改造有效投入，提升产品核心竞争力，加快产业转型升级。开发区修订出台《关于推进科技创新创业的若干政策》，支持企业投入改造，鼓励企业科技创新，促进经济持续快速健康发展。兑现2012年度企业研发投入奖励，在研发费用加计扣除的基础上，再按企业研发费用的2%对企业进行补助，补助总额1500余万元。

开发区全年规模以上工业企业高新技术产业销售产值481.7亿元，占全区工业总产值30.97%；新产品产值373.3亿元，新产品产值率24.3%。新增市级高新技术企业29个，累计325个；新增国家级高新技术企业14个，累计80个。新增市级以上研发（技术）中心25个，其中省级研发（技术）中心5个。至年末，开发区累计拥有市级以上企业研发（技术）中心146个，成为企业开展科技创新活动的重要载体。

【19个项目列入省、市重点技改项目】 2013年，开发区杭州士兰集成电路有限公司、顾家家居股份有限公司等4个浙江省技术改造重点项目完成投资额3.57亿元，杭州横滨轮胎有限公司、杭州立昂微电子股份有限公司等15个杭州市重点技术改造项目完成投资额2.98亿元。其中，杭州立昂微电子股份有限公司年产72万片6英寸功率肖特基芯片技术改造项目、杭州澳亚生物技术有限公司新增年产1.5亿瓶冻干粉针的生产线技术改造项目等3个项目竣工投产。全年获得各级技改资助资金9944.19万元。

【怡得乐公司技改项目启动】 2013年，怡得乐电子（杭州）有限公司启动年产200万件汽车防抱死系统控制装置技术改造项目。项目总投资3000万元，利用现有场地，通过购置注塑机、点焊机等设备，达到年产200万件汽车防抱死系统控制装置的生产能力。项目投产后预计可新增年销售收入3500万元，实现利润500万元，上缴税金300万元。

【世宝汽车方向机工艺模式自主创新】 2013年，杭州世宝汽车方向机有限公司启动循环球转向器品质技术改造项目。项目总投资5100万元，利用现有场地改造，拥有发明专利1项、实用新型专利13项，全部为企业自主研发。项目采用先进技术或工艺，引进具有国际先进水平的数控专用磨床、数控铣床、数控强力成形磨等进口设备，购置立式加工中心、数控外圆磨、数控插齿机等国产设备进行加工生产。该产品具有节能环保、为高端轿车配套、替代进口等特点，项目投产后预计实现年销售收入1.2亿元，实现利税2400万元，创汇537万美元。

【康莱特注射技改项目实施】 2013年，浙江康莱特药业有限公司年产500万瓶康莱特注射液技术改造项目实施。项目总投资6980万元，采用具有自主知识产权的专利技术，运用现代国际尖端乳剂工艺技术或工艺，引进具有国际水平的全自动洗瓶、真空充氮式灌装加塞设备，以及轧盖生产线、高压均质机设备进行生产，购置超声波洗瓶机、旋转灭菌柜、胶塞清洗机等国产设备。项目建成后可形成年产1000万瓶康莱特注射液的生产能力，产品具有增效解毒和可供静脉、动脉大剂量输注的双相广谱抗癌特点。

【味全食品饮料技改项目实施】 2013年，杭州味全食品有限公司年产11.6亿吨各类饮料技术改造项目实施。项目总投资1.99亿元，利用现有场地，通过引进茶饮料充填包装线、蛋白饮料充填包装线等设备，购置水处理系统、喷码机等国产设备，并对现有各类饮料和乳制品充填线进行改造，形成新增年产11.6亿吨各类饮料的生产能力。其中，旧设备改造新增年产3.5亿吨，新购置生产线年增产8.1亿吨。项目投产后预计可新增年销售收入11.5亿元，实现利润2508万元，上缴税金6913万元。

【杭州矢崎公司技改启动】 2013年，杭州矢崎配件有限公司汽车用电器分配装置和汽车用电线技术改造项目启动，总投资5249.58万元。项目利用现有场地，通过引进打弯液压机、主盖嵌合组装机等设备，购置本捻机、自动组装机等国产设备，形成新增年产63万台汽车用电器分配装置和新增年产1524吨汽车用电线的生产能力。项目投产后预计可新增年销售收入4.5亿元，实现利润1770万元，上缴税金440万元。

（董圆媛）

城市建设

·城市建设综述·

【城市基础建设】 2013年，杭州地铁1号线下沙延伸段各车站主体结构施工顺利，3台盾构机施工启动，掘进进度顺利；德胜东路提升改造工程完成年度目标任务，高架工程主体完工；停车位开工建设完成市治堵办考核目标；2号渠东延伸段（25号大街至学林支路）有序推进；绕城高速下沙出口气源站至第二热电厂管线工程建设完成。至年末，开发区累计已开发土地面积45.94平方千米；实有道路长度248.46千米，比上年（指2012年，下同）增长5.2%，道路总面积6.94平方千米，增长3.6%；实有下水道长度701.3千米，增长1.4%。（田　桦）

【城建投资完成30.1亿元】 开发区加快城市公建配套设施建设，全年开发区城市建设发展中心（简称区城建中心）安排建设项目143项，其中新开工项目58项、续建项目20项、竣工项目26项、预备项目39项。推进市政基础、配套服务、保障性住房及环境绿化整治等项目建设，全年开工道路21条、竣工道路18条；新开工学校5所，竣工学校、幼儿园3所。加快过渡房小区回迁安置，上沙社区、元成社区实现回迁。做好市政及环境绿化，全年新开工绿化项目14个，新建绿化面积33.1万平方米。根据开发区"两港八园"建设任务安排，区城建中心承担杭州东部湾总部基地开发建设，年内完成基地总部大楼地块土方清运及围墙砌筑，做地选址论证公示、前期策划咨询及设计方案报名相继完成。全年区城建中心完成投资30.1亿元。

【城市功能配套建设】 开发区围绕产城融合目标，完善城市整体功能，综合配套水平提升。完善交通体系，年内德胜东路高架建成通车，通往杭州萧山国际机场大巴营运，新开、优化公交线路9条，新增自行车服务点20处。健全公共服务，邵逸夫医院下沙院区正式运营、东方医院二期结顶，建成投用学校和幼儿园3所，加快推进8.4万平方米公共租赁房和41.5万平方米人才专用房建设，公共配套能力增强。推进产业协调发展，实施现代服务业发展三年行动计划，建成投用商业平台面积83.6万平方米，业态涵盖金融服务、高端商务、现代商贸等领域，服务业发展水平提升。

【保障性住房建设】 开发区加快拆迁安置房、人才专项用房、公共租赁房3类保障性住房建设，完善公共服务配套设施。推进过渡房小区回迁安置，全年区城建中心在建拆迁安置房项目6个，其中松合社区、中沙社区两个拆迁安置房项目年内竣工，另外下沙集镇供销社拆迁安置房、头格社区、东方社区和湾南社区拆迁安置房项目在建。推进紫元地块人才公寓、大学城北人才专项用房和大学城北公共租赁房项目建设，至年末，紫元地块人才专项用房（共10幢）粉刷施工完成95%，楼地面施工完成20%，阳台栏杆、铝合金门窗、石材幕墙、电梯安装同步施工，外架基本拆除。大学城北地块人才专项用房外墙保温、真石漆底漆、室内粉刷、门窗安装完成。12月，公共租赁房地下室施工完成，开始主体施工。

【回迁安置与拆迁交地】 开发区加快推进过渡房社区回迁安置，2月，完成上沙社区299户回迁安置；7

月，完成元成社区340户回迁安置；年末，筹备新元、松合社区回迁安置。推进征地拆迁，区城建中心与开发区统一征地拆迁办公室、下沙街道（社区）、省军区农场、武警农场对接工作，完成39个项目98.13公顷土地的交地任务，有效保障项目推进。调整供地及经营性用地，完成杭州东部湾总部基地3.46公顷土地的选址论证方案评审并上报杭州市政府；完成基地中心区2.52公顷的用地红线和规划条件调整，重新组件上报完成做地工作。（尹若章 金益萍）

·城市规划·

【城市规划概况】 2013年，杭州市规划局杭州经济技术开发区规划分局（简称区规划分局）以完善城市规划体系、调整升级产业功能区、增强城市综合功能、提升下沙新城品质为目标，结合开发区推进“八大功能区”建设、重点打造“两港八园”的要求，从优化城市空间布局、创新规划产业发展平台、提升城市形象、促进产城融合的角度加大规划编制力度，优化完善规划体系。全年完成《开发区大学城东、西单元控制性详细规划》（中间稿）、《开发区中心区单元控规修编》（中间稿）、《开发区七格单元控制性详细规划》（中间稿）。对《开发区元成东单元控规修编》《开发区松合单元控制性详细规划》完成市规划局报批稿审查并上报市政府待审查；对《开发区大学城北单元控规修编》完成市政府审查，编制完成教育设施专项规划、停车场库专项规划；完成《杭州东部湾总部基地概念规划》及城市设计方案征集，完成《湿地单元六桥西区块城市设计控规》局部调整，启动“美丽东部湾——开发区卫生设施布点规划”“下沙新城城市雕塑专项规划”“下沙新城水系规划”“美丽东部湾——滨水空间文化特色营造规划”“美丽东部湾——下沙新城沿江区块亮灯景观照明工程详细规划”的创新性规划编制。

区规划分局完善“一书两证”（建设项目选址意见书、建设用地规划许可证、建设工程规划许可证）规划审批制度，全年核发“一书两证”297件。其中：选址意见书133件，建设用地规划许可证80件，总用地面积504.7万平方米；建设工程规划许可证84件，建筑面积337.3万平方米；户外广告及门面装修审批20件。根据开发区大型房产项目进入竣工或投入使用等情况，加强建设项目批后跟踪管理，在建跟踪项目146件，核发竣工验收合格确认书79件，建筑面积416.2万平方米；灰线验收21件，违法建设认定163起。开展规划设计专项审查，对23个建设项目核发方案审查批复。

落实政府信息公开制度，建设信息公开平台，创新“阳光规划进社区”活动，妥善处理信访案件。2013年，针对房产调控政策下开发区内发生的多起“房闹”事件，加强城乡规划法律法规宣传，组织规划服务进社区活动，加大信息公开力度，做好档案管理基础工作的同时公开项目信息，实现批前、批后公示全覆盖。委派专职工作人员维护“阳光规划网”，建设完善实体平台、形式平台，利用平台做到规划调整前进行公示（网站、现场、媒体），工程证审批前进行公示，公众反响强烈的调整事项一律暂缓审批，对已批复的法定规划进行公告，重点规划成果进行集中展示，批后项目进行公告。加强信访调研处置，全年处理规划类信访案件226件。

开发区市民中心规划分局窗口工作人员为办事市民提供服务
（俞晓春 供稿）

推进“进社区入企业，服务基层”的双进活动。8月中旬至9月末，由区规划分局领导带头走企业、进社区，走访40余个相关单位，整理收集企业在转型升级、厂区改扩建方面存在的规划问题和社区群众反映的热点、难点问题38件，落实解决35件。区规划分局成立专项工作领导小组，派专人跟踪问题，加强服务，保障解决措施落到实处。建立重点工程追踪制，对区重点项目指定专人追踪，定期追访项目进度，帮助协调解决规划问题。

【大学城东、城西单元控制性详规】 7月，《开发区大学城东、西单元控制性详细规划》（中间稿）编制完成。大学城单元西接下沙新城公共中心，北靠北部工业综合区、江东大桥桥头堡的生活休闲集聚区，东与省级产业集聚区、杭州未来产业要地——大江东产业集聚区隔江相望，南与高新科技区和沿江居住区毗邻。该单元为下沙高教园区所在地，2000年启动园区建设，是浙江“科教兴省”战略中规划建设的5个高教园区之一，也是浙江省规模最大的高教园区。规划范围东至钱塘江，西至文渊路，南至2号大街、4号大街，北至德胜东路，总用地面积918.26万平方米。其中，西单元用地面积414.59万平方米，东单元用地面积503.67万平方米。包括浙江工商大学、浙江财经大学、杭州师范大学、杭州电子科技大学、浙江理工大学、中国计量学院、浙江传媒学院、浙江金融职业学院、浙江经贸职业技术学院、浙江经济职业技术学院、浙江水利水电学院、浙江警官职业学院、杭州职业技术学院等13所高等院校。

【中心区单元控制性详规修编】 7月，《开发区中心区单元控规修编》（中间稿）编制完成。中心区单元位于开发区西南部，北靠德胜东路，南临下沙路，东起文渊路，西至东湖路，规划总用地面积1003.99万平方米。该控规修编延续上轮控规的功能定位，依据规划实施情况、建设项目确定及规模需求变化，功能主要定位为杭州下沙新城的公共中心区，集行政、商贸办公、居住、文化会展、科技、信息、市场为一体的现代化、生态型中心区。规划稿从土地利用规划、综合交通规划、市政基础设施规划、综合防灾规划、地下空间利用规划、“六线”（红线、蓝线、绿线、澄线、黄线、紫线）控制规划、城市设计及景观利用规划等角度提出方案，从具体实施层面提出建议和措施。

【七格单元控制性详规】 12月，《开发区七格单元控制性详细规划》（中间稿）编制完成。七格单元位于开发区南部，东起1号大街，西至东湖路，南起钱塘江，北至下沙路，规划总用地面积458.82万平方米。涉及下沙街道的七格、头格、智格3个社区和九堡街道的杨公社区。七格单元主要定位为发展集居住生活、公共服务、工业产业及城市重要基础设施为一体的滨江特色单元。规划稿从土地利用规划、综合交通规划、市政基础设施规划、综合防灾规划、地下空间利用规划、“六线”控制规划、城市设计及景观利用规划等角度提出方案，从具体实施层面提出建议和措施。

【元成东单元控制性详规修编】 4月，《开发区元成东单元控规修编》（送审稿）编制完成。元成东单元东至沪杭高速公路二通道道路中心线，南至德胜东路（高教2号路）道路中心线，西至文泽北路（2号坝路）道路中心线，北至新建河河道中心线，规划总用地面积430.32万平方米。该控规单元功能定位为杭州下沙城北部以创新产业为核心，兼科技研发、现代服务业等功能于一体，配套完善的现代化产业园区。该单元提出发展目标为实现从“生产制造”向“创新主导的科技新区”转变，从“低效浪费”向“高效复合的效率新区”转变，从“冷漠工业园”向“品质工作新区”转变。通过产业升级与优化，将元成东单元建设成以创新为主导，高效复合的高品质工业园区。规划稿从土地利用规划、综合交通规划、市政基础设施规划、综合防灾规划、地下空间利用规划、“四线”（绿线、紫线、黄线、蓝线）控制规划、城市设计及景观利用规划等角度提出方案，从具体实施层面提出建议和措施。

【松合单元控制性详规】 10月，《开发区松合单元控制性详细规划》完成市规划局报批稿审查，并上报市政府待审查。该单元位于开发区西北部，北面为乔司东单元，西面为九堡北单元，东面为元成单元，南面为下沙中心区单元。单元北至新建河，南至德胜路，西至东湖路，东至海达北路，规划用地总面积600.65万平方米。该单元以下沙产业发展和提升为大前提，确定单元较佳的发展方向，功能定位为下沙新城北部以战略性新兴产业、现代物流业、综合市场等功能为主的综合性发展片区。依托现状基础，顺应产业发展趋势，以高效益、高品质为方向，将松合单元打造成高端化的新兴产业园区、集约化的市场物流园区、生态化的复合城区。在解读该区域自然条件、地理、功能及交通区位的基础上，专题研究分析深圳笋岗—清水河物流园区、上海张江高科技园区、苏州工业园区等规划案例，从土地利用规划、道路交通系统规划、市政基础设施规划、综合防灾规划、地下空间利用规划、“六线”控制规划、城市设计及景观利用规划等角度提出方案，从具体实施层面提出建议和措施。

【大学城北单元控制性详规修编】 11月，《开发区大学城北单元控规修编》完成市政府审查。该规划单元范围北至杭州市与海宁市边界、南至德胜东路、西至沪杭甬高速公路二通道，东至钱塘江。用地呈不规则三角形，南北长3.8千米，东西宽3.1千米，总用地面积446万平方米。该区功能定位为下沙新城东北部门户，衔接海宁的重要地域，以用地布局合理、配套设施完善、生态环境优美的沿江居住社区为主导的综合功能区。通过对单元的道路、配套、景观、市政等系统的完善，更好地协调城市发展与沿江景观的关系，单元将形成以居住为主功能，兼容公共配套服务、产业研发等功能为一体的综合功能区。

【教育设施专项规划】 8月，《开发区教育设施专项规划》（成果稿）编制完成。该专项规划范围为开发区行政管辖范围，西至东湖路、北至新建河、东南至钱塘江，总面积60平方千米。规划目标为健全和发展由学前教育、九年义务教育、高中教育、成人教育构成的纵向终身教育体系；促进和支持外来务工人员子女、特殊教育群体接受教育的横向教育公平系统。增加教育资源总量，优化教育资源空间分布，空间布局合理有序，建设标准逐步提升。以教育配套设施的完善，提升城市功能，协力打造“东部品质之城，幸福和谐下沙”。规划总体布局以开发区托幼园所用地合理布局，引导教育资源均衡发展。规划38所幼儿园，其中8所为现状保留提升，规划总班级数为546班，满足462班的配置要求。

【停车场库专项规划】 12月，《开发区停车场库专项规划》（报批稿）编制完成。该专项规划范围为开发区行政管辖区域，西至运河二通道，北至乔司农场南侧（新建河为界），东、南至钱塘江，用地面积约60平方千米。规划对象为下沙新城机动车停车设施，其中重点对下沙新城路外公共停车设施进行布点，配套停车设施、路内临时停车设施仅作容量预测，不作详细布点规划。从用地布局优化、建设项目用地条件制定等方面分析研究，预留未来停车场库空间，全盘统筹考虑开发区范围的停车设施布局。

【六桥（下沙大桥）西区块城市设计暨控规调整】
开发区湿地单元六桥西区块位于下沙副城南端滨江区域，湿地单元西片区，区块距杭州西湖18千米，距杭州钱江新城、钱江世纪城13千米，距大江东核心区20千米，距下沙金沙湖中心5千米。修编定位为以“江滨湿地”为特质，以“活力引擎”为内涵，以“绿色低碳”为目标，融商务办公、科研孵化、文化创意、商业购物、生态旅游、文化娱乐、体育健身等功能为一体的总部集聚区。形成“一带双轴、双核引领、组团网络”的布局结构，通过对湿地单元功能定位及用地结构调整、路网系统完善和整体环境状况整治，逐步使该区块建设成为具有现代化、国际性的高品位沿江特色生态景观居住区和科技创新基地。

（俞晓春）

·主干交通建设·

【主干交通建设概况】 2013年，结合杭州市“三纵五横”快速路网及配套主次干道工程建设，开发区加快推进涉及其中的“一纵一横三配套”建设。“一纵”指东湖快速路，位于京杭运河二通道西侧，南起德胜路、北至余杭界；“一横”指德胜快速路，西起沪杭高速公路出口，东至文汇路，总长12.27千米，开发区范围内长7.62千米。“三配套”指金沙大道、沿江大道、文汇立交3个配套工程。金沙大道位于1号大街以西至江干区界，总长3.95千米；沿江大道位于1号大街以西至江干区界，总长3.5千米；文汇立交工程即江东大桥西接线，工程范围为杭州绕城下沙互通至江东大桥东接线，全长6.43千米。杭州地铁1号线下沙延伸段工程建设加快，文海南路站 、云水站、下沙江滨站3个站点全年完成投资5.31亿元。 （俞芳芳）

【德胜东路下沙段完成投资5.37亿元】 2013年，杭州德胜东路下沙段完成投资5.37亿元，年末累计完成投资9.75亿元。杭州德胜东路下沙段长7.62千米，西起开发区界，东至文汇路，其中高架道路5.3千米、地面道路2.32千米。沿线在幸福北路、海达南路、文泽路布置3对高架平行匝道，在文溯路、文汇路布置2对地面匝道。下沙段工程分4个标段施工建设，工程总投资11亿元，其中土建中标价9.21亿元（含德胜路跨运河二通道桥梁），配套工程中标价8292万元。建设单位为杭州市市政公用建设开发公司，监理单位为杭州天恒投资建设管理有限公司。

【东湖快速路建设出资3亿元】 10月，开发区按照建设要求将东湖快速路建设2013年度资金筹措到位，共出资3亿元。根据杭州市政府相关会议精神，开发区负责东湖路部分建设、征迁费用的出资工作。东湖快速路工程南起德胜路立桥南（九堡大桥北接线高架终点），北到外翁线，全长4.39千米，是杭州市城市快速路网系统“三纵五横”中一纵的重要组成部分。该工程包括与德胜路相交的全互通立交、与农垦路相交的全互通立交及上下匝道、地面道路工程、桥梁工程、管线工程等。建设主体为杭州市城市基础设施建设发展中心。2012年12月，东湖—德胜立交工程开工建设。

【下沙“三配套”工程推进】 2013年，金沙大道、沿江大道、文汇立交3个配套工程建设加快推进。全年金沙大道累计完成投资5300万元，完成年度目标96.4%。工程一标段（月雅路至新华河）因涉及武警农场土地交付问题未开工，1300米长的计划便道于4月1日开工，年内完工；二标段（新华河至1号大街）工程完工并通车；三标段为跨运河二通道桥梁及接线工程，3月完成设计施工总承包招标，进入施工阶段，累计完成投资4918万元。全年沿江大道累计完成投资2.14亿元，一标段（1号大街至月雅河）已通车；二标段（月雅河至聚首路）为四格排灌站桥梁工程，已通车；三标段（聚首路至江干区界，即沿江大道跨运河二通道桥梁及东接线），主桥工程桩基完成，承台、立柱施工完成，钢梁支架地基处理完成，主跨吊装完成30%。5月，文汇立交工程进场施工，至年末累计完成桩基277根、承台54座、墩身51座，工程累计完成投资3.5亿元（含征地拆迁费用）。

【地铁下沙延伸段建设】 开发区加快推进杭州地铁1号线下沙延伸段建设，全年累计完成投资5.31亿元。各站点主体结构施工进展顺利，云水站主体结构完工，3台盾构机全部始发，累计完成掘进816米。下沙江滨站全年累计完成投资1.96亿元，完成年度计划115%，开工累计完成投资2.45亿元。云水站及区间全年累计完成投资1.51亿元，完成年度计划116%，开工累计完成投资2.02亿元。文海南路站及区间全年累计完成投资1.84亿元，完成年度计划122%，开工累计完成投资2.51亿元。（田　钰　俞芳芳）

【绕城高速下沙南互通工程获批】 6月3日，由区城建中心负责建设的杭州绕城高速公路东线新建下沙南互通工程获省发改委批复。该工程位于绕城高速东线两侧，北起20号大街，南至下沙大桥北侧钱塘江江堤处，用地面积11.2公顷。其中，进口匝道长876米，宽10.5米；出口匝道长915米，宽10.5米，设计速度40千米/小时，为单向双车道，项目总投资3.81亿元。全线设桥梁5座（含匝道桥和主线拼宽桥），收费站2处。该工程2013年3月开始项目报批，是杭州东部湾总部基地开发建设的重要项目。（尹若章　金益萍）

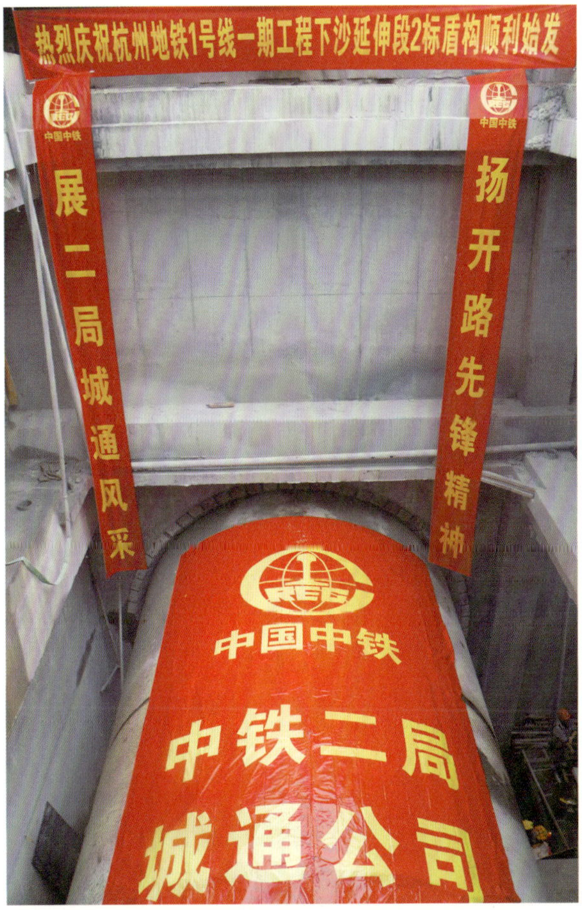

10月31日，杭州地铁1号线下沙延伸段2标盾构掘进工程始发　　（俞芳芳　供稿）

·保障房和公共配套建设·

【回迁安置配套齐全】 开发区按照“建成一个、成熟一个、回迁一个”的原则，推进社区回迁安置，配套设施同步跟进。年内，上沙社区、元成社区两个社区回迁安置完成。2月，上沙社区的锦湖家园299户回迁户按时抽签分房。7月，元成社区的东盛家园340户按时抽签分房，结算安置房款，交房、验房、办证等工作完成。12月，上沙社区居民搬进拆迁安置新居房，元成社区大部分房屋完成装修，部分已入住。安置后，居民人均住房面积55平方米，每户有车位1 个。安置回迁完成的社区，建有便民服务中心、社区办事大厅、会所、篮球场等活动场地及沿街商铺。外围有绿化景观、公共厕所、公交、公共自行车租赁点等配套设施。会所专门设计为居民办事所用的若干场地。社区配有篮球场和健身器材，为居民提供健身运动场所。沿街商铺为居民基本消费提供方便。

【下沙集镇供销社拆迁安置房开工】 12月18日，开发区下沙集镇供销社拆迁安置房工程开工。该项目地处开发区中心区单元，松合农居西侧支路以西，学林街以南，上沙河以北区块，规划用地基本为南北长、东西短的矩形。用地北侧和西侧为待建商业用地，东侧为待建居住用地，南侧是40米宽的上沙河及沿河绿化带。总建设用地2.93万平方米，总建筑面积13.08万平方米，总户数605户，可解决2000人的居住需求。工程由2幢25层住宅楼、1幢24层住宅楼、5幢18层住宅楼、2幢16层住宅楼、1幢2层会所及相应配套公建组成。项目所在地块控制性规划指标要求，容积率不大于2.95，建筑密度不大于28%，绿地率不小于30%，建筑高度不大于80米。该工程是开发区百姓安居工程之一，由杭州市勘测设计研究院勘察，汉嘉设计集团股份有限公司设计，杭州之江监理有限公司监理，浙江三丰建设有限公司施工。

【松合拆迁安置房竣工】 12月，下沙街道松合社区拆迁安置房竣工验收。该社区安置房工程位于开发区幸福路与德胜路交叉口，南侧为学林街，北侧为学源街，东侧为幸福路。工程2009年6月开工，为松合社区居民拆迁安置所用。总用地面积4.14万平方米，总建筑面积11.82万平方米。项目总套数974套，机动车位471个，工程总造价1.53亿元。工程分两个标段实施，A、B组团为一标段，C组团为二标段。工程共有3个地下室，A组团地下室7970平方米，B组团地下室3678平方米，C组团地下室8641平方米。A组团有4幢楼，B组团有2幢楼，C组团有5幢楼，建筑最高75.5米。

【中沙社区安置房竣工】 12月，下沙街道中沙社区安置房工程全面竣工。该社区拆迁安置房工程项目南临下沙路，北至北苑路，西接新业北路，东至规划星河北路。总建筑面积25万平方米，由34栋单体楼和3个地下室组成，建筑层高为15层~17层，框架结构，沿街住宅底层设置配套公建、商铺和1个独立会所（14号楼）。由地下空间建设发展中心代建管理。工程分3个标段实施，一期工程由1号至14号楼共14个单体和1个地下室组成，建筑面积10.2万平方米，2008年8月开工，2011年12月土建竣工；二期工程由15号至25号单体和2号地下室组成，建筑面积8.04万平方米，2008年11月开工，2011年6月土建竣工；三期工程由26号至34号单体和3号地下室组成，建筑面积6.59万平方米，2009年3月开工。

12月，下沙街道中沙社区安置房竣工　（尹若章　摄）

【学正中学项目开工】 4月28日，开发区学正中学项目开工。学正中学位于25号大街以东、10号大街以南、沿江大道以西、12号大街以北，规划36个班。由普通教学楼、公共教学楼、行政楼、体艺馆、食堂、看台及连廊组成，用地面积4万平方米，地上建筑面积2.85万平方米，地下室建筑面积1.53万平方米，总建筑面积4.38万平方米。施工单位浙江三丰建设有限公司，监理单位浙江耀华工程咨询代理有限公司，设计单位天津城建设计院。项目总投资1.5亿元，计划2014年8月投入使用。该项目的开工，有助缓解开发区沿江区块学生就学难的问题。

沿江大道跨运河二通道桥在建　　（杨甬杭 摄）

【小学校舍建设】 开发区加快小学校舍建设，全年小学开工1所、竣工1所。9月，开发区世茂小学开工。该小学位于23号大街以东、16号大街以南，用地面积3.11万平方米，建筑面积2.58万平方米，其中地下室面积3136平方米。分为综合楼、教学楼、食堂、风雨操场、门厅和看台6个单体。项目容积率0.73，绿地率35%，建筑密度23.3%，机动车停车位74个。工程造价5618万元，计划2014年7月竣工验收，9月投入使用。世茂小学整个建筑以风雨廊、半室外空间相连通。设计考虑建筑本身高低错落、曲折回转，建造时利用楼梯、空廊等部件加以组合。建筑外墙以浅黄暖色调为主，浅灰色穿插其中，使建筑形体更加丰富。竣工的江湾小学位于19号大街以东、23号大街延伸段以北，用地面积2.35万平方米，建筑面积1.7万平方米。总投资4000万元，2012年8月开工， 2013年9月投入使用。

【幼儿园校舍建设】 开发区加快学前教育校舍建设，全年幼儿园开工2所、竣工2所。10月，位于20号大街以南、21号大街延伸段以西的金保幼儿园开工，设计9个班，建筑面积3196平方米，占地面积4565平方米，总投资974万元，合同工期360天，计划2014年10月竣工。12月，位于紫元地块的国际幼儿园开工，设计9个班，建筑面积4718平方米，总投资1900万元，合同工期 300天，计划2014年11月竣工。竣工的2所幼儿园为星辰幼儿园和月雅河幼儿园。星辰幼儿园位于校苑路以南、景苑北路以东，用地面积4436平方米，建筑面积3141平方米，总投资965万元，2012年3月开工，2013年9月投入使用。月雅河幼儿园位于下沙路以北、聚首路以东，用地面积8063平方米，建筑面积5571平方米，总投资1800万元，2012年3月开工，2013年9月投入使用。

【城管中队业务用房开工】 6月20日，开发区城市管理行政执法大队工业园区中队业务用房开工。该业务用房位于开发区沿江区块，22号大街以南，24号大街以北，19号大街以东，建筑面积1000平方米，建筑占地面积393平方米，建筑层数3层，建筑高度11.95米。建设单位为区城建中心。

（尹若章　金益萍）

·道路建设·

【道路建设概况】 2013年，开发区加大道路建设力度，全年开工道路21条，总长1.55万米，竣工道路13条，总长8472米，其中5条道路当年开工、竣工，一批支小路工程得到疏通。推进道路重点工程，7月，金沙大道跨运河二通道桥梁及接线（江干区界至月雅路）工程开工。沿江大道跨运河二通道桥梁工程，桥梁下部结构年内完工，东引桥箱梁支架底模搭设完成三联，钢筋绑扎完成一联，主跨支架搭设完成50%，钢箱梁开始吊装。12月，金沙大道跨运河二通道工程0号至6号墩柱砼、9号至15号承台砼完成100%。

表16

2013年开发区城建中心道路开工情况

道路名称	起讫点	长度(米)	宽度(米)	总投资(万元)	开工时间	备注
金沙大道跨运河二通道桥梁工程	江干区界—月雅路	615	50	16 000	2013年7月	—
金沙大道便道工程	江干区界—中心路	1 000	18	346	2013年4月	年内竣工
学源街三期	松合西侧支路—幸福河	490	24	582	2013年10月	—
学源街三期	松合西侧支路—乔下线	345	24	407	2013年9月	—
天福广场桥梁工程	高沙渠	10	22	151	2013年7月	—
南苑路四期	月雅路—月雅河	532	24	314	2013年4月	年内竣工
景苑北路三期	金沙大道—景苑小学	523	24	340	2013年3月	年内竣工
农垦路临时便道工程	幸福北路—桥下线	800	27	631	2013年4月	—
头格便道工程	九堡—月雅河	700	12	194	2013年4月	年内竣工
学源街南侧支路一、二	学林街—学源街	225	13	98	2013年12月	—
校苑路	星河北路—1号港	361	24	397	2013年4月	年内竣工
学林街四期	月雅路—中心路段	410	40	621	2013年4月	—
湿地单元规划支路二	22号路—沿江大道	750	15	946	2013年3月	—
湿地单元规划支路三	22号路—沿江大道	750	15	946	2013年3月	—
元成南路三期	东方路—海达南路	982	32	1 200	2013年6月	—
新业北路四期	纬三路—新建河	800	50	1 600	2013年10月	—
春新路	汇安路—新农路	1 060	16	1 705	2013年3月	—
乔新路	纬一路—新建河	1 710	24	2 745	2013年9月	—
泽北路	农垦路—新建河	325	25	300	2013年1月	—
元北路	新业北路—东方路	1 400	24	2 155	2013年10月	—
元西路	纬一路—纬三路	1 720	16	2 120	2013年10月	—
合 计	—	15 508	519	17 798	—	—

表17

2013年开发区城建中心道路竣工情况

道路名称	起讫点	长度(米)	宽度(米)	总投资(万元)	2013年计划投资(万元)	开工时间	竣工时间
南苑路四期	月雅路—月雅河	474	24	314	314	2013年4月	2013年12月
景苑北路三期	金沙大道—景苑小学	523	24	340	340	2013年3月	2013年12月
松合农居支路	学林街支路—学源街南侧支路1	575	13	1 001	164	2012年8月	2013年12月
松合农居东侧支路	学源街以南—东折至幸福路	630	13	939	273	2012年8月	2013年12月
学林街支路	学源街—中心城区规划支路	610	13	205	150	2012年12月	2013年12月
月雅路二期	下沙路—月雅河边	840	40	1 500	349	2012年3月	2013年10月
月雅路三期	下沙路—沿江大道	440	12	800	40	2012年3月	2013年12月
临江大厦东侧支路三期	下沙路—月雅河边	500	24	760	242	2012年3月	2013年12月
校苑路	星河北路——号港	361	24	398	379	2013年4月	2013年12月
金沙大道便道工程	江干区界—中心路	1 000	18	346	346	2013年4月	2013年9月
头格便道工程	九堡—月雅河	700	12	194	195	2013年4月	2013年9月
农垦路(银海路)五期	海宁便道—沿江大道	1 300	40	1 800	370	2010年8月	2013年10月
纬一路(松乔街)四期	新业北路—幸福路	519	24	1 190	645	2012年5月	2013年12月
合 计	—	8 472	281	9 788	3 807	—	—

【运河二通道桥梁及接线工程开工】 7月23日，由区城建中心承建的金沙大道跨运河二通道桥梁及接线(江干区界至月雅路)工程开工。该工程位于开发区中心区块，建成后西端与东湖快速路相接，东至月雅路，全长615米，是开发区一条重要的东西向城市主干道。新建桥梁由西侧引桥、主桥及东侧引桥三部分组成，总长390米，桥梁工程总面积(包括桥端楼梯)为1.6万平方米。主桥采用全钢拱桥结构，跨径布

置为30米+95米+20米，长145米，宽42米~50米，主桥工程面积6754平方米。东西侧引桥上下行分幅设置，采用现浇普通钢筋混凝土箱梁结构，宽42米。主桥两侧行人通过人行楼梯下桥，全桥设置楼梯4座。工程总承包单位为天津城建设计研究院，施工单位为天津城建集团，监理单位为北京地铁监理有限公司。

【景苑北路、南苑路开竣工】 3月20日，开发区景苑北路三期开工，年末竣工。该道路南起景苑小学、北至金沙大道，设计道路长523米、宽24米，双向四车道，路面为沥青混凝土面层，设计道路等级为城市支路。该项目周边是居住区，有下沙社区安置房、景苑小学、上沙幼儿园等居住区和校园，项目建成后有效缓解车辆和行人拥堵状况。3月29日，由区城建中心承建的南苑路（月雅路至月雅河）工程开工，12月竣工。该道路东起规划聚首南路、西起规划月雅路，道路等级为城市支路。道路长474米、宽24米，路面为沥青混凝土面层。施工内容含道路、管道等工程。该道路开工建设有效缓解周边交通压力，为头格社区居民回迁安置后的出行带来方便。

【湿地单元两条规划支路开工】 3月28日，开发区湿地单元规划支路二和支路三工程开工建设。两条道路平行分布，南至沿江大道，北至22号大街，全长643米，红线宽为15米，系城市支路。两条道路的修建，有助改善保利东湾、金隅房产区域的居民生活及商业活动环境，管网可接通与24号大街之间的排水。

·城市景观建设·

【市政与环境绿化】 全年区城建中心新开工绿化项目14个，新建绿化面积33.1万平方米，栽植大树403株。续建项目7个，绿化养护面积44万平方米。竣工项目16个，移交项目24个。其中，上沙渠（幸福河至新华河）两侧绿化工程、海达南路（德胜路—下沙路）两侧景观、文泽广场整治工程、1号大街整治、沿江景观公园亮化工程等完成竣工。松乔街、纬一渠两侧绿化工程、文渊北路两侧绿化工程、星河北路两侧绿化一标段、下沙路北侧50米绿化带等工程开工。

【文泽广场景观整治竣工】 6月，由区城建中心承建的文泽广场整治工程通过竣工验收。该工程位于下沙高教园区2号大街与文泽路交叉口，为2号大街综合整治先行部分，项目内容为广场内硬质景观、绿化改造、人行道铺装、水电安装、业务用房等。总面积2.55万平方米，其中硬质铺装面积1.02万平方米，绿化面积1.52万平方米。该工程的竣工，有助改善学校和地铁文泽站周边环境，方便百姓出行，利于交通组织和疏散。

【上沙渠景观绿化工程竣工】 8月29日，开发区上沙渠景观绿化工程竣工验收。该工程东起幸福河、西至新华河，全长890米，两侧景观绿化用地各宽10米，绿地面积1.6万平方米。项目两侧绿树成荫，生态景观显现。土方呈堆坡造型，设置防栏、园林小品、喷灌、灯光照明系统，环境优美怡人。

【松乔街、纬一渠绿化工程竣工】 6月8日，开发区松乔街、纬一渠两侧绿化工程开工。该工程位于松乔街、纬一渠（海达北路至文津北路）两侧，工程造价502万元，项目内容主要为健身广场硬质景观、土方外运回填、土方平整造型、苗木种植、河道驳坎克顶、水电安装等。总面积8.4万平方米，其中硬质铺装面积2000平方米，绿化面积8.2万平方米。施工单位杭州三力绿化建设有限公司，监理单位为浙江耀华工程咨询代理有限公司，设计单位为杭州绿风园林景观设计研究院有限公司。该工程开工建设，有助于改善松乔街、纬一渠两侧周边环境，解决历史遗留问题，方便群众出行、游玩和健身。

【星河北路绿化工程一标段开工】 10月8日，开发区星河北路绿化工程（艮山东路至金沙大道）一标段开工。星河北路为开发区中心区一条城市次干道，绿化工程总面积7200平方米，其中绿化面积5200平方米、硬质铺装面积2000平方米。工程内容包括土方平整、苗木绿化、硬质铺装、景观小品、照明埋管等。工程完工后可提升东沙商业中心和下沙社区农居房等周边环境。（尹若章　金益萍）

·金沙湖项目建设·

【金沙湖项目建设概况】 金沙湖项目由开发区金沙湖项目开发建设指挥部负责开发建设，杭州金沙湖投资发展有限公司（简称金沙湖投资公司）具体承担

金沙湖一期公园内景　　（陆忠明　摄）

代建管理工作。围绕金沙湖，开发区在该区域内规划城市道路、河道、广场、绿地、地下管线、变电站、加油站、公交首末站等市政基础设施；规划市民中心、科技文化交流中心、三级甲等医院、体育中心及中小学、幼儿园等公共设施；规划住宅、商场、超市、金融业、酒店、写字楼、市场、邮电通信等生活配套设施。金沙湖位于开发区中心地块，项目南起北苑路，北至金沙大道，东临海达北路，西接规划聚首路。湖区面积0.86平方千米，其中湖面面积0.36平方千米。整个项目分金沙湖湖区、源水预处理厂、输水管线3个公建项目工程，以及相关附属配套项目工程。其中，湖区建设分3个区块，分别是游泳健身公园工程、临水公园工程、金沙湖公园工程。

【金沙湖建设完成投资1902.94万元】 2013年，金沙湖投资公司完成金沙湖一期公园工程，主要包括金沙湖地铁西站临水公园、游泳健身公园景观、乔下线整治及彩虹绿轴景观等工程的实施，源水预处理厂主体工程及室外景观工程完成，源水预处理厂实验室设备安装调试完成，全年完成建设投资1902.94万元。至年末，金沙湖沙滩区块成型，总面积6766平方米，周边公共设施部分已建成投用，另有部分在建或列入建设计划。

【金沙湖一期公园对外开放】 5月，金沙湖一期公园对外开放。该公园位于金沙湖湖西区域，占地23.33公顷，为金沙湖总规划面积1/4，成型湖面面积9.3万平方米（平均水深3.5米），绿化用地面积8.4万平方米，绿地率80.37%。工程内容主要为硬质景观铺装、苗木绿化、户外设施、市政道路、弱电工程、停车场以及配套附属设施等施工。其中硬质景观工程，主要是园区广场、园路等硬质铺装、给排水管道埋设、管理用房、湖岸驳坎压顶等施工。苗木绿化所用苗木有香樟、银杏、桂花、华棕、榔榆、无患子、垂丝海棠、樱花、红枫、骨里红梅、红叶石楠、杜鹃、南天竹、茶梅等。户外设施主要给园区配置不锈钢长凳、分类垃圾桶、移动厕所、岗亭、服务亭等。7月，金沙湖一期公园完成运营单位管理合同签订，由开发区和达物业管理有限公司负责公园后续运营管理。

【源水预处理厂运营调试完成】 1月，金沙湖源水预处理厂开始设备安装调试。4月，开始试运营。湖水自钱塘江引入后，经水厂除浊、降氮磷等水处理后输至湖区，试运营出水效果良好。7月，完成运营管理合同签订，由杭州和达市政园林建设有限公司负责后期运营管理，定期向湖区配水，做好配水、排水数据收集，记录观察等工作。　　（杨俊清）

·开发区“三改一拆”行动·

【开发区实施“三改一拆”】 4月，为贯彻落实省、市“三改一拆”行动部署，开发区管委会成立“三改一拆”领导小组及其办公室，制订工作实施方案，力求通过3年努力，加快开发区城市建设步伐，加快“低小散”企业提升改造，改善居住环境和城市面貌。

“三改一拆”方案对工作范围作出明确，即旧住宅区改造范围包括城市规划区内房屋年久失修、配套设施缺损、环境脏乱差的住宅区和零星住宅；旧厂区改造范围包括规划区内按照规划拟进行厂区改造的旧厂区，含异地搬迁、厂区整体改造和环境整治等；城中村改造范围包括全区纳入撤村建居改革试点村的城中村，未来3年开发区将完成多个社区拆迁安置房的安置工作及安置房相关配套建设。拆除违法建筑范围包括1999年以来违反土地管理等法律法规和城乡规划，未批先建、超标违建、乱搭乱建的违法建筑，以及立案查处的违法建筑。涉及旧住宅区、旧厂房和城中村改造的违法建筑进行重点清理整治。开发区重点摸排违法建筑存量情况，掌握区内违建信息，争取通过3年行动，使全区剩余违法建筑得到清理，新建违法建筑得到遏制。

7月，下沙街道上沙社区临时过渡房拆除　　（黄健员　摄）

▶▶资料："三改一拆"

"三改一拆"指在城区中开展的旧住宅区、旧厂、城中村改造和拆除违法建筑，简称"三改一拆"。2013年2月，浙江省人民政府印发通知，决定2013~2015年在全省深入开展"三改一拆"三年行动。通过三年努力，促进旧住宅区、旧厂区和城中村改造全面推进，违法建筑拆除大见成效，违法建筑行为得到全面遏制。

【"三改一拆"三年行动计划】 根据《开发区"三改一拆"三年行动计划（2013~2015年）》，2013年，开发区改造完成4个工业企业，累计建筑面积7.8万平方米；2014年，计划改造完成4个工业企业，累计建筑面积9.9万平方米；2015年，计划改造完成3个工业企业，累计建筑面积27万平方米。2013~2015年，全面完成上沙、元成、新元、松合、下沙、中沙、东方、头格、湾南共9个社区拆迁安置房的安置工作，安置总户数3311户，建筑面积132.2万平方米，完善安置房配套设施建设。2013年，全区确保完成拆除城市违法建筑3万平方米，力争拆除面积达5万平方米；拆除1999年以来建造、经立案查处的违法建筑。

【"三改一拆"提前完成全年任务】 6月19日，由开发区拆违办集中整治小组对位于德胜东路以北、紧邻江东大桥的相关违法建筑进行依法拆除。至此，开发区提前完成全年"三改一拆"考核任务。按照市政府要求，2013年开发区要拆除3万平方米城市违法建筑，拆除1999年以来建造、经立案查处的违法建筑，全面禁止新的违法用地和违法建筑；旧厂区改造要完成改造面积7.43万平方米。面对日益紧缺的土地资源，开发区调整产业规划用地，改造旧厂区，盘活存量土地，将"腾笼换鸟"工作与旧厂区改造相结合，通过旧厂区改造，腾出高污染、高能耗、低产出、低效益企业所占用的资源和空间，发展先进制造、科技创新、现代服务业，促进产业转型发展。将拆除违法建筑与提升城市环境相结合，对重点路段、区块的违法建筑进行拆除，并实施"环境立区"战略，推进沿江40米绿化带建设和金沙湖绿化等项目建设。截至6月19日，开发区完成旧厂区改造面积8.6万平方米，超额完成15.7%；拆除违法建筑76处，建筑面积3.08万平方米，超额完成2.6%，全年"三改一拆"目标任务提前完成。

【"三改一拆"超目标完成】 开发区持续推进"三改一拆"工作，全年组织集中拆除行动19次，出动人员1600余人次。至年末，全区完成旧厂房改造项目7个，在实施改造项目7个，完成旧厂房改造面积26.45万平方米，超额完成市政府下达目标的2.56倍；拆除违法建筑431处，建筑面积11.84万平方米，超额完成市政府下达目标的2.95倍。6号大街与沿江大道交汇处的临时工棚等影响城市环境的重点问题得到解决，海外留学人员创业园等7个项目完成改造，"浙大中"自等3个项目基本完成改造，另有4个项目正在实施改造。加大工作宣传，制作完成开发区"三改一拆"成果专题宣传片和"三改一拆"行动专题网站。

（田　钰）

城市综合管理

·国土资源管理·

【国土资源管理概况】 2013年，杭州市国土资源局经济技术开发区分局（简称区国土分局）新增建设用地项目“农转用”上报40.2公顷。挂牌出让工业用地16.67公顷，出让经营性用地5.99公顷。划拨项目供地37.33公顷。大宗土地登记发证135宗，个人商品房发证3118本。查处违法用地4宗，责令退还土地3.7公顷，没收建筑物2.77万平方米，收缴罚没款79.96万元。征收土地年收益112万元。办理临时用地审批10.67公顷，收取临时用地补偿费51.2万元。全年受理和办结涉国土管理类信访21件。

落实耕地保护责任，拟定《开发区基本农田保护目标管理责任书》，明确街道、社区、单位的耕地保护责任。开展基本农田数据库和信息系统建设，完善基本农田数据更新和实时查询，实现基本农田信息化管理。加强用地保障，开展有条件建设区块土地规划用途调整，将85.07公顷新增建设用地规模指标调整至前进工业园区。研究破解规划过渡期用地空间难题，启动土地利用总体规划中期评估，配合市国土资源局收集相关数据。协调项目交地，解决矛盾纠纷，完成交地71.33公顷，确保工业项目及基础设施项目开工建设。严格征地拆迁管理，加强征地拆迁领导力量，优化队伍配置，完成杭州市下沙医院（邵逸夫医院下沙院区）、下沙小学、上沙社区4户农居等拆迁补偿协议签订。推进华沙公寓无产权房和下沙供销社基本情况摸底及资料收集。编制2013年企业拆迁计划，推进纬一路渠、1号大街箱涵等工程涉及企业拆迁的签约、腾空和拆除。完成金沙湖中央商务区涉及的金沙湖、幸福路、金沙大道等基础设施项目和建成区“腾笼换鸟”及公共项目涉及的企业拆迁。全年拆除遗留农居（含下沙集镇）34户，拆除企业9个，拆除房屋9.5万平方米，收回国有土地4.33公顷。

加强土地信息化建设，完成2012年度土地变更调查。推进“一张图”工程，实现土地利用规划、建设用地审批、土地开发利用、土地执法监察、征地拆迁以及地籍管理等一体化信息运用。加强政府信息公开，累计公开行政审批和服务办理结果102条，加强门户网站建设，优化内容设置和更新。落实地籍管理，大宗用地土地登记252宗，单套房屋土地登记3118本，工业用地复核验收12宗，经营性用地复核验收初审15宗。优化窗口服务，推出证书年检温馨告知、用地复核验收资料审查前置、土地登记信息查询、开设“个转企”绿色通道等特色服务，区国土分局办事窗口获开发区管委会年度单位、柜组和个人优胜。

【节约集约用地】 区国土分局全面促进节约集约用地，推进“批而未供、供而未用”土地清理利用，全年完成消化利用“批而未供”土地161.67公顷。围绕下沙新城建设，编制年度供地计划，加快政府投资项目供地，办理划拨项目供地15宗，面积37.33公顷。完善供地现状图及“批而未供”空间结构图，摸清“批而未供”地块情况。推进低效利用建设用地二次开发调查摸底，清理符合二次开发利用条件的企业12个。通过召开座谈会和“一对一”约谈，鼓励工业企业主动退地，收回工业用地3宗，面积11.23公顷。加强土地批后监管，全面调查工业用地合同履约情况，完成工业用地清理排查，为后期深化开发利用提供决策依据。立足“存量挖潜”，召集18个企业进行座谈，推进企业加快剩余空地开发建设。建立用地项目“一宗一档”建档制度，落实交地、开工、建设和竣工等重点环节的监管，约谈20个用地单位，对60宗2013年应开工项目重点实时监管，开工面积176公顷，超额完成市国土资源局下达的138公顷的指标。

【土地执法监察】 区国土分局重点对行政边界、空地等区域进行巡查，全年发现并制止土地违法行为6起，涉案土地14.87公顷。排查违法用地占用耕地情况，开发区2012年度违法用地占用耕地的面积占新增建设用地占用耕地总面积的比例为0.93%，低于杭州市平均水平。落实“三改一拆”工作要求，对违法用地开展清查，确保已作出拆除处罚决定的案件执行到位。协助开发区拆违办开展联合执法行动，拆除违法建筑10.5万平方米。

【“一张图”工程开发完成】 11月，开发区“一张图”工程开发完成。通过点击“一张图”系统，可了解开发区地块审批、使用、规划、监管等“土地身份”信息，点开工业功能区，可看到相关地块权属人名字、建设时期、审批时间，通过不同时点对比，可以发现土地利用是否存在违法行为。2011年4月，开发区启动“一张图”工程，按照数据库建设标准要求，完成海量数据转换和整合，2013年11月完工，开发区国土管理正式实现从“以数管地”向“以图管地”的目标转变。全国“一张图”是国土资源部为加强国土资源动态监管推出的科技管理创新举措，其集合遥感、土地利用现状、基本农田、遥感监测以及基础地理等信息，与国土资源的计划、审批、供应、补充、开发、执法等行政监管系统叠加，构建统一的综合监管平台，实现资源开发利用的“天上看、网上管、地下查”，完成资源动态监管。

【集体土地确权登记发证验收通过】 1月16日，杭州市国土资源局地籍检查验收组到区国土分局，对开发区集体土地所有权确权登记发证成果进行检查验收。区国土分局负责人向验收组汇报开发区集体土地所有权确权工作自查情况，验收组对地籍调查资料、土地登记资料、信息化成果资料及其他文件资料进行检查，对内业和外业成果进行抽查。通过检查、抽查，验收组认为开发区完成辖区110宗、土地面积共计334.39公顷的地籍调查，地籍调查完成率100%（均为撤村建居村，只作调查不发证），集体土地所有权登记发证成果符合国土资源部、省国土资源厅检查验收的相关要求，同意通过验收。农村集体土地确权登记发证是对农村集体土地所有权和集体土地使用权等土地权利的确权登记发证。农村集体土地使用权包括宅基地使用权、集体建设用地使用权等。农村集体土地所有权确权登记发证覆盖全部农村范围内的集体土地，包括属于农民集体所有的建设用地、农用地和未利用地。

【工业用地考核细则操作办法】 4月17日，由区国土分局研究制定的《开发区工业用地评价考核实施细则操作办法》正式施行。为加强开发区工业用地集约利用，促进工业项目建设及达产管理，区国土分局经过1年多的摸索，全面细化工业用地项目评价考核工作流程，在出台《开发区工业用地评价考核实施细则》的基础上，讨论通过《工业用地评价考核实施细则操作办法》（简称《操作办法》）。《操作办法》主要对评价考核方式及内容、评价考核程序、评价考核审核处置、评价考核机构及职责4个方面内容进行细化，旨在通过细化内容、完善程序、明确职责，缩短评价考核联审时间，提高办事效率，确保评价考核工作顺利进行。

下沙街道智格安置房小区　　（郑体兵 摄）

3月14日，开发区2013年建设工程质量安全会议召开（夏贞勇　供稿）

【元西路建设涉地单位签约】 10月17日，开发区元西路建设涉及土地征用的3个单位就搬迁补偿、腾空移交等事宜达成一致意见，签订相关补偿协议。元西路（纬一路至纬三路）为开发区北部区块主骨架道路，是区城建中心2013年度开工建设项目。该道路建设涉及下沙街道湾南社区、新元社区土地2.06公顷，同时涉及3个单位需要搬迁。10月，开发区统一征地拆迁办公室会同下沙街道完成湾南社区、新元社区交地任务后，重点推进道路建设涉及的杭州宏南电器配件有限公司、下沙街道办事处、新元社区管理用房3个单位的协商签约进度。经多次沟通接触，最终就补偿协议达成共识。（邵志根）

·建设管理·

【建设管理概况】 开发区建设局（简称区建设局）履行协调指导职能，加强重点项目联系，制定《局领导联系重点项目分解表》，开展项目不定期走访，全年走访120余人次。协调对外交通建设，召开快速路网、涉地铁项目专题协调会20次，协调解决地铁1号线运行段及延伸段建设涉及沉降超限等问题，协调江东大桥西连接线、德胜路、沿江大道、金沙大道、绕城新增下沙南出入口等开发区对外交通及主次干道工程建设，提出建设性意见和建议。开展治拥治堵，牵头制订开发区治堵实施方案，明确部门职责，分解目标任务，全年累计开工建设停车位1237个，累计竣工停车位502个；竣工房产、商业地下面积累计52万平方米，新增停车位9800个。配合区城管办，开通开发区至萧山机场客运专线，完成20个共500辆公共自行车服务点的建设，启动相关区域停车收费工作；完成10个路口、40个方向的交通电子警察视频监控系统的建设；配合市人防办和区城管执法大队，完成地下车库（包括人防及地下空间）非法挪用状况相关检查和清理整顿。

协调做好重点功能园区的项目建设，召开协调会100余次，成功协调东部湾总部基地地块大树迁移、金沙湖中央商务区绿化建设、弱电线路迁移，以及和达城开关站建设、新加坡杭州科技园内项目水、电、气等基础设施配套建设、杭州东部新兴产业园道路建设、杭州东部产学研科创园内截污纳管和河道水生态建设等项目。落实省、市“三改一拆”行动部署，制订《开发区“三改一拆”工作实施方案》，加强内部落实，外部沟通，做好“三改一拆”督促、协调。至年末，开发区完成旧厂房改造项目7个，在实施改造项目7个，完成旧厂房改造面积26.45万平方米；拆除违法建筑431处、建筑面积11.84万平方米，超额完成市政府下达的目标任务。

完善质量安全监督。制定《开发区建筑起重机械安全管理实施细则》文件，建立和完善《监督交叉检查工作制度》等30项制度。针对项目管理人员素质不高、标准化推进不力情况，开展现场质量安全管理人员知识水平测试，督促相关责任主体加强现场管理人员知识培训，提高素质和能力。对发生安全事故和监督检查中发现存在安全隐患的项目，强化企业和项目负责人约谈制度，约谈企业和项目负责人23次。推进“智慧质安监”建设，完善开发区建设工程质量安全监督管理系统，使项目参建各方介入项目建设的质量、安全、文明施工管理，监管项目自开发区建区以来首次获得国家“鲁班奖”。

创新物业管理，针对物业管理水平参差不齐，物业管理监管力量弱，手段单一的现状，加快推进政府行政监管与行业自律监管互补型的物业管理日常监管体系的建立。加快开展物业管理协会开发区工作片会筹建工作，组织物业服务企业负责人专题讨论，到其他城区进行调研和交流，完成协会开发区工作片会章程编写。

【建设市场监管】 2013年，区建设局完善规章制度建设，加强建设市场监管。针对外地投标单位多、外地中标企业多的情况，通过提高投标单位资信条件，打击挂靠、集团化报价的违规行为。加强部门联合监管，完善建设、招投标、市场、监察“四位一体”的行业监督机制，通过行政、技术等手段防范和制裁违反市场经济秩序的行为。优化管理制度，制定《开发区国有小型建设工程管理暂行规定》，规范开发区小型建设工程管理；出台《开发区建设工程招标投标特殊情况操作意见》等文件，对建设市场进行制度约束和制度保护。

【建设领域“打非治违”】 区建设局开展建设领域“打非治违”行动，打击不办理施工许可和监督手续，擅自开工、违法分包和转包工程、安全管理人员和特种作业人员无证上岗、起重机械未经告知备案、安全隐患整改不落实等建筑施工违法违规行为，查处违章指挥、违规作业、违反劳动纪律的“三违”行为。全年立案一般行政处罚10起，累计罚款44.17万元。其中：对1处施工图纸重大结构变更未经图审擅自施工行为，罚款20万元；对2处临时设施未使用A级防火材料行为，分别罚款3300元和1.6万元；对2处高处作业吊篮乘3人行为，分别罚款7000元和1.04万元；对2个项目负责人未履行安全管理职责行为，各罚款2万元；对1处起重机械未按规定办理拆除告知手续擅自拆除行为，罚款5000元；对2处发生事故的项目负责人未履行安全管理职责行为，各罚款8万元。对企业主体信用扣分71个、164分，项目经理扣分163人、587分，总监信用扣分128人、466分，通报批评企业60个。

【起重机械监督管理】 区建设局针对起重机械开展专项整治，建立建筑起重机械告知备案数据库和检测到期提醒制度，开展塔式起重机、施工升降机、物料提升机和高处作业吊篮专项整治。召开建筑起重机械安全技术与备案管理培训会议，邀请专家授课，分析起重机械在安拆、使用、加节顶升、维护保养过程中存在的安全隐患，提出事故预防建议措施和安全管理要点。严格起重机械安装拆卸告知和使用登记备案，全区安装拆卸告知、使用登记备案塔式起重机227台、施工升降机215台、物料提升机160台，高处作业吊篮612台。开展起重机械使用安全专项检查，强化起重机械使用安全监督检测。对起重机械安全保护装置、结构件焊缝腐蚀程度等进行监督检测，对起重机械备案登记、维保检查、检测验收、特种作业持证上岗等进行检查。全年累计检查工地241个次，检查起重机械179台次，下发整改单166份，消除隐患381条；委托专业检测机构现场检测，累计检查工地68个，共检测塔吊59台、人货梯70台、物料提升机14台、高处作业吊篮2台、无损检测10台。

【现场质量管理测试】 2013年，为加强施工现场检测环节的质量控制，区建设局（质安站）组织开展现场质量安全管理人员知识水平测试。测试内容为房屋建筑工程施工质量和验收规范、《建筑施工安全检查标准》（JGJ59—2011）、《浙江省建筑施工安全标准化管理规定》等。参加测试人员为在建工程的质量安全保证管理人员，对首次测试不合格人员，允许补测1次，对补测仍不合格的人员责令相关单位更换，同时向开发区参建单位通报，对测试成绩优秀的人员进行通报表扬，在年度安全文明施工先进单位评选中计入加分项。

【安全监管平台建设】 区建设局（质安站）加强安全监管平台建设，配置数字监控设备并落实专人负责。开工前，对项目监控安装要求进行专项交底，明确设备参数、摄像头安装位置，一次安装到位，避免返工；安装完成后及时联系项目部与中国电子科技集团公司第五十二所，确保监控并网准确无误；正式上网运行后，定期或不定期对施工现场监控维护情况进行检查，确保物联网有效运行。要求造价2000万元以上的新开工和创建标准化样板工地项目的施工现场，必须安装在线监控可视化管理系统并与区质安站监控平台联网。至2013年末，全区安装监控的项目53个，其中10个完工项目的监控已拆，正常联网项目30个，项目现场安装完成正在联系联网调试中的项目7个，新开工或待安装项目6个。

【高科技孵化器项目二期工程获“鲁班奖”】 11月25日，杭州市高科技企业孵化器有限公司二期工程被国家住房城乡建设部评定为2012~2013年度中国建设工程“鲁班奖”（国家优质工程），这是开发区建区来首个获得国家建设工程质量最高奖的工程。杭州市高科技企业孵化器有限公司二期工程是一座集科研、生产、展览、综合服务为一体的综合性

表18

2013年开发区创优评杯工程情况

项目名称	施工单位	建设单位	监理单位	奖项名称
杭州市高科技企业孵化器有限公司二期工程	浙江省一建建设集团有限公司	杭州市高科技企业孵化器有限公司	浙江江南工程管理股份有限公司	中国建设工程鲁班奖（国家优质工程）
杭州基督教会下沙堂	杭州中庆建设有限公司	杭州市基督教三自爱国运动委员会	浙江工程建设监理公司	浙江省钱江杯奖（优质工程）
杭州市高科技企业孵化器有限公司二期工程	浙江省一建建设集团有限公司	杭州市高科技企业孵化器有限公司	浙江江南工程管理股份有限公司	
杭政储出〔2010〕5号地块	杭州通达集团有限公司	杭州财通房地产开发有限公司	北京地铁监理公司	杭州市建设工程“西湖杯”（结构优质奖）
开发区大学城北人才专项用房工程（B区块）	五洋建设集团股份有限公司	杭州中兴房地产开发有限公司/开发区城市建设发展中心	浙江泛华工程监理有限公司	
杭州电子科技大学研究生公寓33号、35号、39号楼工程	浙江恒誉建设有限公司	杭州电子科技大学	浙江中润工程管理有限公司	
杭政储出〔2010〕45号地块商品住宅工程	中天建设集团有限公司	杭州宝龙房地产开发有限公司	杭州市建筑工程监理有限公司	
杭政储出〔2009〕61号地块商品住宅二期工程	浙江中南建设集团有限公司	杭州万景房地产开发有限公司	杭州信安建设监理有限公司	
开发区大学城北人才专项用房工程（A区块）10号楼	杭州市中宙建工集团有限公司	开发区城市建设发展中心	北京地铁监理公司	
市公安局开发区分局业务用房	深川控股集团有限公司	开发区城市建设发展中心	浙江耀华工程咨询代理有限公司	
杭政储出〔2010〕50号地块商品住宅Ⅰ标18号楼	杭州中庆建设有限公司	杭州碧桂园房地产开发有限公司	杭州中研工程监理有限公司	
杭政储出〔2010〕50号地块商品住宅Ⅱ标-19号楼	杭州中庆建设有限公司	杭州碧桂园房地产开发有限公司	杭州中研工程监理有限公司	
杭政储出〔2010〕46号地块商业金融及文化娱乐用房工程（1号、2号楼及地下室）	中天建设集团有限公司	杭州宝龙房地产开发有限公司	浙江文华建设项目管理有限公司	

创业型创新企业服务平台，也是杭州东部产学研创新示范园的主要依托平台。整个建筑由一幢24层的高层和一幢9层楼的小高层组成，总建筑面积13.63万平方米。工程开工初，施工企业浙江省一建建设集团有限公司即以创“鲁班奖”为目标，制定完善一系列质量安全管理制度和措施，坚持目标抓考核、过程抓控制、措施抓落实的质量安全管理手段，促进施工安全质量管理水平的提高。同时，注重项目建设过程的创新工艺和规范管理，自开工起先后获得全国工程建设优秀质量管理小组、全国AAA级安全文明标准化工地、浙江省建设工程“钱江杯”优质工程奖、浙江省优秀安装质量奖、浙江省安全文明标准化工地、杭州市建筑工程“西湖杯”优质工程等10余项奖项。

【建筑市场诚信建设】 区建设局推进建筑市场诚信建设，运用杭州建设信用网管理平台，强化资质管理重点环节监管。加强资质动态监管，重点监管存在承接工程业务结算收入未达到相应资质等级标准、企业注册人员流动频繁等行为的企业；开展工程业绩核查，对资质申报过程中有弄虚作假行为的企业报上级管理部门处理；做好奖惩信息公布，加大信息公开，以罚立威、以罚促改、以点带面。全年对建筑市场存在违规行为的3个施工企业采取行政处罚，限制其对开发区政府投资项目的投标资格6个月；稳妥处理23个建设项目民工工资纠纷，追讨拖欠民工工资736万元。

【招标资格审查】 2013年，根据开发区财政投资项目招标要求，投标单位需提供检察机关出具的《行贿犯罪档案查询结果告知函》，证明投标单位及其拟派注册建造师在一定期限内无行贿犯罪记录。该条件作为资格审查条件，拒绝有行贿犯罪记录的投标单位参与投标，有助净化招投标市场，提倡市场主体遵纪守法、诚信竞争。开发区财政投资项目招标，在投标人资格条件中附加要求投标人具备类似工程经验，类似工程经验的指标设置与工程招标的内容相符，其量化指标不高于发包工程相应指标。资格审查和附加条件，要求投标单位提高整体实力，有助规范建筑市场秩序，促进招投标市场健康、有序发展。

【招投标管理规范】 2013年，为规范小型建设工程管理和造价控制，加快小型建设工程建设速度，提高投资效益，区建设局针对工程造价在30万元以下、中介服务费用5万元以下的工程，制定《开发区国有小型建设工程管理暂行规定》。针对工程造价在30万元以上50万元以下、中介服务费用5万元以上50万元以下的工程，制定《开发区国有投资小型建设工程比选暂行规定》，要求事先确定合理发包价格，符合规定要求的投标单位采用抽签方式确定中标单位，简化50万元以下政府投资项目发包流程，提高招标效益，降低市场成本。

【区属建筑企业座谈会】 开发区建筑业企业总体力量薄弱，至2013年注册的建筑施工企业32个，8个企业有总承包资质，其中一级房建企业2个、二级市政企业2个。区建设局重视区属建筑施工企业培育和发展，在企业升级、资质增项等方面给予建筑企业多方面指导。10月16日，区建设局召开区属建筑企业招投标工作座谈会，邀请区属建筑施工企业参与小型建设工程投标，听取各方对招投标工作的意见和建议，杭州下沙建筑工程有限公司、杭州市工程建设集团有限公司、杭州和达市政园林建设有限公司、浙江恒驰建设有限公司、杭州圆澳建设有限公司、开发区高教园林花卉工程有限公司、杭州中吴建筑工程有限公司、浙江诺尔园林工程有限公司、龙驰幕墙工程有限公司、浙江永安消防有限公司、杭州新城电力设备安装有限公司11个区属施工企业的负责人参加。会议围绕开发区招投标市场现状、建筑业发展趋势等进行探讨，对开发区区属建筑业企业力量薄弱、中标价格低、小型工程工期长、项目经理数量不足、对区属建筑施工企业扶持力度不大等问题，提出建设性意见和建议。 （田　钰）

·房产管理·

【房产管理概况】 全年开发区累计批准销售商品房7766套，比上年（指2012年，下同）下降2.7%，面积77.5万平方米，下降9.8%。其中：商品住宅5567套，下降14.5%，面积61.5万平方米，下降13.7%；商务办公用房1845套，增长57.6%，面积11.2万平方米，增长28.7%。审批预售许可38宗。批准商品房套数占杭州主城区（不含萧山、余杭，下同）13%，批准商品住房占主城区13.8%。商品房成交6990套，下降20.1%；成交面积67.46万平方米，下降21.4%；成交金额93.19亿元，下降10.9%；成交均价1.38万元/平方米，增长13.2%。其中：商品住房成交5349套，下降17.9%，面积53.42万平方米，下降23.9%，成交金额69.94亿元，下降17.6%，均价1.31万元/平方米，增长8.1%；商务办公用房成交1349套，下降29.2%，面积8.46万平方米，下降25.9%，成交金额10.77亿元，下降10.3%，均价1.27万元/平方米，增长21.1%。加强物业管理，评选优秀住宅小区（大厦），上海世茂南京物业服务有限公司负责管理的世茂江滨花园（瑞景湾、峻景湾）、重庆新龙湖物业服务有限公司负责管理的滟澜园丽轩、开发区和达物业管理有限公司负责管理的和达信息物流大厦4个项目获2013年度优秀住宅小区（大厦）。

【房产执法管理】 开发区房产监察大队加强房产行业管理和法律法规的宣传，追究处罚违法违规行为。对房产开发公司销售行为开展执法检查，全年核发整改单12件，对1件房产资料申报不实进行处理；检查房产中介服务公司37个，核发整改单26件，行政处罚房产中介违法行为2件；完成房屋装饰装修备案3274件，核发整改单10件，行政处罚违法装修1件；对辖区物业管理公司进行评优，对物业经理实施考核，根据物业公司日常管理和巡、抽查情况，结合小区业主投诉反映，综合评分、排名列榜，促进物业服务水平提高。

【物业管理三级联动监管实施】 3月8日，开发区物业管理三级联动日常监管机制正式实施。针对开发区物业存在服务不规范、管理矛盾纠纷多等情况，区建设局（房管局）自2012年7月起会同街道、社区协商讨论构建房管、街道、社区物业管理三级联动日常监管机制。召开街道、社区交流会，讨论物业管理难点问题、三级联动监管机制操作问题等，于3月确定具体操作程序。物业管理三级联动日常监管机构利用街道、社区属地管理的优势，强化日常监管与考核，发挥现场与市场联动的作用，督促物业服务企业规范服务、提升水平。属地街道、社区日常检查中发现或业主信访投诉物业服务企业管理不到位、不履约的行为，由社区向物业服务企业发放限时整改单，对不积极整改落实的物业服务企业由属地社区提出意见并经街道审核同意后，向区建设局（房管局）报送工作联系单和提出扣分建议；区建设局（房管局）审核后按照《杭州市物业管理项目主任（经理）考核记分内容与标准（试行）》，对物业管理项目主任予以扣分处理，并累计计入项目主任经理年度考核扣分总成绩，记入诚信档案。考核扣分情况将影响物业服务企业招投标，影响企业市场拓展。

【物业服务企业财政资助】2013年，区建设局（房管局）为鼓励和扶持物业服务企业对老旧小区、经济适用房和拆迁安置房小区进行专业化物业管理，促进物业服务行业健康发展，按照市住房保障和房产管理局制定的《对杭州市区部分物业服务企业进行财政扶持的相关办法》，对注册在开发区内的物业服务企业，符合条件的项目留存在开发区的综合服务费营业税予以返还。通过开发区财政拨付开发区和达物业管理有限公司、杭州绿洲物业有限公司、杭州瓯江物业管理有限公司3个企业物业服务财政资助资金9万余元。

【住房补贴工作启动】 9月22日，开发区管委会办公室印发《关于开展开发区行政事业单位职工住房补贴工作的通知》，就开发区行政、事业单位新职工（公务员、参公人员、事业编制人员）住房公积金补贴或一次性补贴、行政人员（公务员、参公人员）配偶方和职级差一次性住房补贴有关事项做出方案。根据职责分工，区建设局（房改办）和管委会办公室负责协调推进住房补贴实施，并做好初审和汇总上报市住房保障办公室审批。为推进住房补贴发放，区建设局（房改办）协调区纪工委（监察局）、区党工委组织部（人劳局）、区社发局等单位，按照收件、初审、复审、录入系统、公示的工作流程，做好住房补贴发放，保证住房补贴审核工作高效、阳光运行。

（田　钰）

·城市管理维护·

【城市“四化”管理提升】 2013年，开发区修订城管目标考核内容，实施条块分工的城管目标考核体系，对3个责任主体和12个协作主体实施当月考核、次月通报，促进“四化”（洁化、序化、绿化、亮化）长效管理标准，提高管理水平。实施城市基础设施养护市场化操作，出台操作细则，规范市政、环卫、绿化、亮灯、河道保洁、交通设施和数字城管信息采集，城市基础设施养护水平提升。提升洁化管理，加大环卫保洁投入，全年增加道路保洁经费286万元，提升道路保洁等级23条，新增道路6条、“门前三包”19处，新建公厕5座，发放环卫工人住房补贴30万元，新建环卫宿舍221间。引导序化管理，修订《开发区街面保序检查考核办法》，开展序化日常检查考核132次；划分8大区域16个片区，向属地街道派驻序化管理专职联络员，构筑“综合、动态、全方位监管”执法模式。加强亮化街景监管，全年召开亮灯领导小组会议3次，处置问题10个；区级检查60余次，发现问题500余个，抄告问题95个；实施亮灯设施养护政府采购；路灯线缆偷盗案件比上年下降20%；推进亮灯项目建设和管理，全年实施亮灯项目21个，投资4100余万元；组织亮灯方案专家评审5次，对九阳研发中心办公楼等10个项目进行评审；推进69条线路降压节能，全年节能316万千瓦时；开展6号大街（25号大街至27号大街）和海通街2处LED路灯节能试点，实施出口加工区、下沙路和银海街等路段单灯控制节能试点。加强绿化管理，全年新增绿化养护经费297万元，移交接管26处绿地，实施210余万平方米绿化的市场化养护公开招标。

▶▶资料：“门前三包”

“门前三包”是城市管理一项重要措施，指临路（街）的单位、门店、住户需担负一定范围的市容环境责任，承担一定的城市管理任务。“一包”门前市容整洁，无乱设摊点、乱搭建、乱张贴、乱涂写、乱刻画、乱吊挂、乱堆放等行为；“二包”门前环境卫生整洁，无裸露垃圾、粪便、污水，无污迹，无渣土，无蚊蝇孳生地；“三包”门前责任区内的设施、设备和绿地整洁等。

【数字城管推进】 2013年，区城管办对数字化城市管理实施扩面普查更新，完成1号大街、海达北路、金沙大道、秀水街和水云街等道路的扩面普查，开发区数字城管网格覆盖面积扩展至24.33平方千米，部件增至23.72万件。修定印发《2013年开发区数字城管问题及时解决率考核办法》，对反复发生件、延期率和缓办率进行调整，提出“未正常解决数”概念，落实长效管理。将下沙街道4个社区纳入数字城管系统，对新晋人员进行上岗培训。加强数字城管宣传交流，开展“城管开放日”活动，邀请高校、企业、社区等热心市民走进区城管办，体验数字城管。全年开发区数字城管上报案卷7.48万件，立案7.06万件（含市级部门案卷），其中区级问题处置单位应解决案卷6.9万件，已解决6.89万件，问题及时解决率98.7%。（俞京锋）

【城管实事工程】 2013年，开发区注重城市管理实事工程，投资120万元新建公厕5座，其中3座土建公厕分别位于七格社区内、沿江大道七格盘头、松乔街松下工业园区外，2座移动公厕分别位于沿江大道14号大街口、沿江大道2号景观桥。投资335万元新建公交候车亭20座，迁移公交候车亭30座。投资543万元新增公共自行车租赁服务点20处，完善自行车慢行系统，新增有人值守点4处、24小时服务点7处。投资70万元对高教景观东渠（学林支路至临江护塘河段）进行河道清淤、疏浚，完成清淤2万立方米；实施水生态修复工程，在4条河道种植净化浮岛3100平方米、漂浮湿地1750平方米。推进截污纳管工程，全年完成纳管企业进网水质检测1071个次，对水质不达标的174个次企业进行督促整改，完成截污纳管工程整治项目13个。（席俊杰）

【停车收费管理】 4月，开发区停车收费规范管理工作启动，管委会向市政府递交《关于实施停车收费规范管理工作的请示》。5月，市政府简复同意开发区停车收费工作方案。7月，制订印发《开发区实施道路停车收费规范管理工作实施方案》。8月，开发区和达道路停车收费服务中心有限公司成立。9月1日起，开发区和达道路停车收费服务中心有限公司经市政府批准和相关部门许可，开始实行道路收费管理，启动公共泊位停车收费。首批启动物美超市区块、福雷德广场区块停车泊位819个。对停车收费区域附近小区居民实施停车包月，首批办理包月证201件。全天24小时停车收费按照杭州市二级收费区域的标准执行，其中8时至20时按4元/辆·小时、20时至次日8时按4元/辆·次；车辆包月根据杭城管〔2009〕162号文件执行，即通过包月资格认定的车辆按80元/月·辆收费。加强停车收费管理，区城管办、白杨街道、区交警大队、区行政执法大队、和达道路停车收费服务中心等部门组成联合执法组，对全区违章停车加大查处。通过停车收费及违章处罚，提升开发区城市管理和道路有序管理水平。（罗福明）

【市级绿化评比获奖】 全年开发区绿化作品参与市级评比并多次获奖。5月，参评作品“幸福家园”在杭州市城区迎“五一”国际劳动节自然花境创作竞赛中获一等奖。10月，“魅力新城”作品参与杭州市“美丽杭州”立体花坛竞赛，获三等奖。11月，开发区“美化家园工程”项目参与市级评比，银沙渠、2号大街美化提升分别获得二等奖和三等奖。沿江大道被评为“2013年度杭州市区最佳道路绿地”，下沙路被评为“2013年度杭州市区优胜道路绿地”，高沙渠被评为“2013年度杭州市区优胜河道绿地”，6号大街被评为“杭州市区示范道路绿地”。

【全民义务植树】 2013年，区城管办响应“建设生态型城市、打造美丽杭州”的目标，发动全区机关、企事业单位、社团组织和居民群众参加全民义务植

开发区公共自行车租赁服务点　（毕默知 供稿）

树活动，开展“植树节”“青年林”“学子林”“教师林”“市民林”等义务植树活动50余次。2013年，全民义务植树累计参加人数5.4万人，种植苗木2.5万株，认建绿地8400平方米，认养大树400株，发放义务植树登记卡300余份，完成城区扩绿48万平方米。

（嵇宏伟）

【“城管开放日”活动】 全年区城管办组织开展“城管开放日”活动2次。6月21日，开展以“数字城管”为主题的首次“城管开放日”活动，区内人大代表、政协委员及高校、企业、社区等代表30余人受邀参观数字化城市管理的建设和运行，感受科技化城市管理，区城管办召开座谈会听取群众对开发区城市管理的意见建议，会后跟踪19个问题并落实到位。12月31日，开展以“冬季绿化养护”为主题的“城管开放日”活动，社区城管工作人员、绿色植物爱好者等30余人参加活动，实地参观高教西公园植物，了解开发区绿化情况、冬季植物的病虫害防治及绿化等相关知识。开展“城管开放日”活动，旨在让群众亲身体验，直观感受城市管理，从而增进了解、加强沟通，努力构建社会协同、公众参与的城市管理新格局。

【社区城管服务】 开发区推进社区城管服务室建设，完善基层城市管理。4月，管委会副主任何铨寿主持召开社区城管服务室专题会议，对社区城管服务室经费保障、人员力量配备作出规定。开展社区城管服务考核，印发《开发区社区城市管理服务室考核办法（试行）》，由街道组织月度检查、区城管办组织半年度检查，加强日常监督和长效管理。5月，印发《开发区精品社区城市管理服务室创建方案》，鼓励社区创先争优。7月，下沙街道东方社区城管服务室成立。至年末，全区组建社区城管服务室30个。通过区城管办、街道社区的配合协作，开发区社区城管服务室运行日趋规范，基层城市管理服务、协调等职能逐渐完善，“社区城管”概念逐渐形成。社区城管服务室是社区居民的服务机构，是开发区加强社区管理创新、推进和谐社区建设的一项重要举措。（张成祺）

【市政养护管理】 全年区城管办做好市政养护管理，移交接管市政项目6个。开展养护项目政府采购，完成沿江区块市政道路（含桥梁）养护政府市场化采购工作；实施学源街（海达南路至文渊路）大修工程，修复路面1.9万平方米；实施沿江大道蓝桥维修工程和沿江公路10号桥等6座公路桥栏杆的除锈油漆工程；实施泵站改造提升工程，对七格路污水泵站等18个污水泵站中老化和失去使用功能的电力设施和排水设备进行改造。（俞祖望）

【固体废弃物管理】 全年区城管办推进垃圾直运管理，协调杭州市固废直运有限公司下沙分公司与开发区183个企业、78个小区签订垃圾清运合同，实现开发区固废直运全覆盖，累计清运垃圾9.58万吨，财政补贴垃圾处置费636.6万元。开展垃圾分类，全年推进8个小区共6994户居民和77个机关事业单位垃圾分类，建成垃圾分类宣传教育基地2处，发放卡片1万张，制作展板48块，张贴海报600余份，开展垃圾分类专题教育活动160余场。（严建明）

【户外广告月度巡查】 6月，由区城管办、管委会办公室、区规划分局、区工商分局、区城管执法大队、区交警大队等单位组成的开发区户外广告管理工作领导小组办公室组建联合巡查队伍，实行户外广告月度巡查制度，每月一次对区内户外广告进行巡查。户外广告管理工作领导小组成员单位按照各自审批职能对高架广告、屋顶广告、工地围挡广告、立柱式指示牌、店招店牌、落地广告、抱杆式指示牌等已设户外广告的位置、内容、外观、尺寸、结构等要素进行检查。根据检查结果，对不符合设置规范的户外广告，由执法部门进行限期整改或立案查处，对检查中发现的共性问题，提交户外广告联席会议研究解决。至年末，通过户外广告月度巡查，抄告违规设置广告68处，立案查处大型户外广告、店招店牌22起，整改完成率100%。

【建筑垃圾偷倒专项整治】 5月29日，区城管办牵头从区公安分局、下沙街道、白杨街道、区城管行政执法大队、区交警大队等部门抽调人员，组建成立建筑垃圾偷倒抓捕小组，对区内建筑垃圾偷倒行为进行整治。至年末，抓捕小组累计出动人员226人次，查扣涉嫌偷倒、抛洒、无证行为的车辆86辆，查扣无准运证、涉嫌偷倒建筑（装修）垃圾车辆56辆，公安机关行政拘留2人。建筑垃圾偷倒是开发区城市管理一项重点工作，区城管办联合相关部门有效遏制偷倒

建筑（装修）垃圾的势头，使建筑垃圾管理更加规范化、长效化。（顾　登）

【城市亮灯建设】 2013年，开发区亮灯办（设在区城管办）以“打造靓丽夜景、提升城区品位”为目标，推进亮灯工程建设，努力打造“杭州领先、国内一流”的城市夜景。落实亮灯工程“三同时”建设，通过部门联动对部分新建的建设项目实施亮灯工程与建设项目同时设计、同时竣工验收、同时投入作用。研究协调城市亮灯事宜，全年牵头召开亮灯领导小组会议3次，解决亮灯工程问题10个，投资4100余万元完成保利东湾四期、宋都·晨光国际、金隅观澜时代等楼盘21个亮灯工程建设；组织亮灯方案专家评审5次，对九阳研发中心办公楼等10个项目进行评审。杭州金隅观澜时代2-A地块、杭州金隅观澜时代89号地块、杭政储出〔2007〕35号地块（保利东湾四期）、宋都·晨光国际纳入杭州市亮灯工程的统一考核。该4个亮灯项目位于开发区沿江商住区，灯光设置运用点、线、面相结合的灯光处理手法，将楼宇亮灯融入沿江夜间景观模式，为区内居民提供一个和谐温馨的居住环境。（陈飞达）

【城管目标考核获先进】 5月16日，杭州市召开城市管理工作会议，通报2012年度城市管理目标考核等级结果，开发区获杭州市城市管理目标考核一等奖。同时，开发区还获2012年度杭州市区道路保洁工作先进集体、杭州市区生活垃圾分类工作先进单位、杭州市数字城管工作考核优秀单位、杭州市城市河道长效管理考核先进单位、杭州市城区防汛防台、抗雪防冻工作考核先进单位等荣誉。开发区城市管理坚守“一座好的城市是靠管出来”的理念，落实“解放思想、创新思路、拉高标杆、精细管理、严格监管”工作举措，完善管理机制，创新管理手段，提升城市形象，打造国内最清洁开发区。经过全年努力，开发区完成年度工作目标，取得较好业绩，得到市政府肯定和辖区居民认可。（毕默知）

·城管综合执法·

【城管综合执法概况】 2013年，开发区城市管理行政执法大队（简称区城管执法大队）以打造“服务型、协作型、创新型、廉洁型”的城市管理为目标，实施阳光执法办案，推进街面保序，组织专项整治，落实执法保障，努力解决城市管理热点难点问题，城市环境面貌逐年改善。全年查处违法、违章案件1506起，比上年下降24.8%，其中市容环卫案件198起、市政公用案件31起、环保案件12起、规划案件97起、绿化案件59起、工商行政案件720起、公安交通案件376起、犬类案件13起；教育劝导3371起；处理数字城管案件4439起，下降37%；受理群众投诉3669件，增长45.8%。无行政复议和行政诉讼。开展夜间施工工地噪声、犬类管理、户外广告和店牌店招、饮食业排污等整治386次，配合相关部门实施道路停车收费、“两非”（非法营运、非法上路）车辆和拥堵治理等集中整治59次。开展执法队员进社区、进企业、进高校、进工地431次，完成元宵灯会、中考及高考禁噪、观潮节、国庆节等任务保障20次，签订文明施工责任书41份。

推进街面序化。全年组织和协助整治摊点乱摆、车辆乱停、出店经营等活动170余次，出动人员2250人次。组织保序检查144次，检查道路1860条次，发现并抄告“保序”问题839个。推出序化管理新举措，向两个街道派出9名序化专职联络员，负责协助、配合开展序化管理，联络城管执法与街道管理的相关事宜。加强序化属地管理和执法支撑之间的联系，提高序化管理效率，基本实现“主要道路严禁、次要道路严控、背街小巷有序”的序化管理目标。加强“两摊”（倚门设摊、占道设摊）整治。全年组织“两摊”专项整治47次，立案加简易程序处置802起。针对“两难”（行车难、停车难）问题，开展“两非”（非法营运、非法上路）和治堵整治，出动人员140余人次，劝离机动车乱停放420余起，违停贴单1427辆次，罚款5.91万元。联合开发区人防办完成对西子阳光星城违规挪用地下停车场的整治，恢复原貌后增加停车位100余个，缓解周边路段停车难题。

开展渣土运输整治。实行“3+1”监管模式（该模式指起点为工地源头、中点为运输途中、终点为消纳场所），与相关部门进行联动管理。对偏远区域、偷倒多发地段和施工乱象多发工地采取“任务分解、专项巡查、突击整治”，实施有效监管。全年检查工地382个次，渣土整治159次，查处案件81起，查扣涉嫌偷倒、抛洒、无证行为的车辆86辆，罚款56.91万元。实行渣土管理有奖举报，打击垃圾偷倒、工程渣土随意倾倒等违法行为，全年查实举报15起，奖励1.95万元。10～11月，开展“雷霆一号”渣土专项整治行动，出动人员226

人次，查扣渣土车30辆，公安机关行政拘留2人。

查处违法建设。全年组织违法建筑整治24次，出动人员300余人次，调查处理139起，查处违法建筑面积6865平方米；立案查处97起，面积5628平方米；结案33起，查处后自行拆除31起，拆除面积1444平方米，罚款2.22万元。联合开发区拆违办、白杨街道等部门，排查群众反映强烈的伊萨卡小区排屋占地新建等违法行为，对该小区5户未自拆的违法建筑进行强制拆除。

【执法片区网格化管理】 3月起，区城管执法大队启动实施“执法片区网格化”管理，将片区内各项城管执法业务落实到相关责任人，配套相应绩效考核办法，实行定人定岗制度，实现从被动执法向主动管理和服务转变。执法一线队员发挥主观能动性，执法中队自主采取“专案专办”“互补联办”等措施，对重点问题和重点区域的联合执法加强管控，实现有限人力资源最优配置和职能作用的充分发挥。至年末，大队片区责任执法累计开展执法队员“四进”活动380次，化解因城市管理引发的矛盾985起，办案量呈递减趋势，执法成效明显。

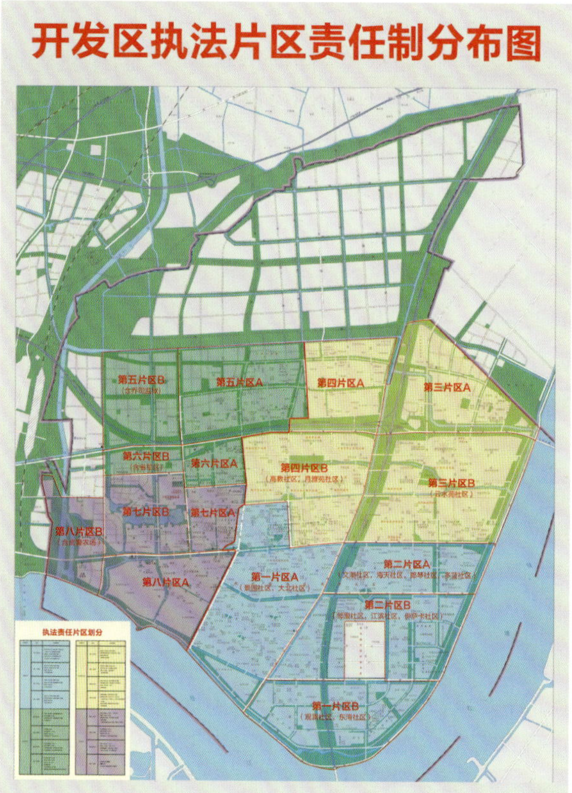

开发区城管执法片区责任制分布图（孙　波 摄）

【工业园区中队新办公用房启用】 3月，区城管执法大队工业园区中队新办公用房启用。这是继2012年成功创建杭州市执法系统首批“三星级中队”后，区城管执法大队工业园区中队又一件大事。大队工业园区中队办公用房于2011年开工，2012年末建成交付。新办公用房位于德胜东路开发区段421号（杭州绕城高速公路下沙出口东侧），建筑面积960平方米，是杭州市城管系统为数不多的拥有独立产权的中队用房之一。新办公用房设施齐全、功能完善、美观大气，使中队办公条件得到改善，同时为辖区居民群众办事提供方便。

【“城管执法开放日”活动】 6月20日，区城管执法大队举行以“创建美丽家园、城管与你同行”为主题的“城管执法开放日”活动，全区包括市民代表、高校教师和大学生志愿者代表、媒体记者代表等50余人参加。启动仪式上，开发区管委会副主任何铨寿宣布活动启幕。区行政执法大队负责人对近年来开发区城管执法工作作简要回顾，高沙社区和大学生志愿者发言。该次活动主要包括现场法律法规咨询、基层站所参观、序化管理体验、观摩投诉受理及座谈交流等。“城管执法开放日”活动旨在拉近城管执法与社会各界距离，加强和谐关系建设。通过让市民群众体验执法、走进执法队伍，亲眼目睹、切身感受行政执法工作，展示执法队伍形象，推动城管执法工作取得进步。

【城管微电影《温情夏日》获二等奖】 11月6日，在由杭州市城管委主办、杭州网承办的“美丽城管”微电影大赛中，区城管执法大队参赛作品《温情夏日》获二等奖。《温情夏日》为大队成员编剧，由在开发区发生的真实故事改编而成，片长13分钟，讲述两名执法队员在处理一起无证设摊的投诉后，偶然在路边发现一名走失的小女孩，在帮助寻找亲人的过程中，又意外发现小女孩得了严重疾病。通过大队上下努力，顺利把小女孩送至医院救治，她的亲人也被找到。该片除了小女孩，其他均为区城管执法大队的队员本色出演。从5月大赛启动开始，大队便积极准备，让队员参与剧本征集，并组织试镜，从中挑选合适的演员。这些业余演员利用空余时间，按时、高效地完成拍摄工作。通过微电影《温情夏日》，大队立足本职、开拓创新，提升了城管工作正能量。（王燕君）

·道路运输管理·

【道路运输管理概况】 2013年，杭州市道路运输管理局经济技术开发区管理处（简称开发区运管处）开展“出租汽车服务质量百日综合整治”“非法营运、非法上路车辆综合整治”等专项行动，实行每天15小时、全年无休的稽查方式，联合公安、交警等部门对无证营运、站外组客等违章行为进行打击，对“四小车”（营业人力三轮车、有动力装置的残疾人专用车、摩托车及电瓶三轮车、燃油助动车）无证营运进行重点整治，全年查获违法违章车辆683辆次，其中涉嫌无证营运机动车64辆次、“四小车”非法营运车辆441辆次、大客车违章50辆次、出租车违章123辆次、货运违章5辆次。

年末，开发区有从事道路运输经营单位126个，营运客货汽车2101辆。从事班线客运和包车（旅游）客运的运输单位2个，有班车43辆、包车70辆。临时客运站1个，开通客运线路30条。其中：省际线路15条，日发班次10个，主要发往重庆云阳、丰都、四川绵阳、达州等方向；市际线路15条，日发班次38个，主要发往省内绍兴、诸暨、慈溪、湖州等方向。全年完成道路旅客运输量20万人次，比上年增长10.3%；旅客周转量2787万人千米，下降15.7%。从事公路货物运输单位122个，拥有营运货车1638辆和运力1.02万吨位，全年完成货物运输量203万吨，比上年增长9.8%；完成货物周转量2.44亿吨千米，增长9.9%。从事客运出租汽车经营单位1个，经营车辆350辆。出租车服务区1个，建筑面积1690平方米，停车位100个。

【出租车服务质量考核】 1月1日起，开发区运管处实施出租汽车服务质量信誉考核，通过严格管理与考核，增强企业主体责任，规范出租汽车经营行为。针对地铁文泽路站周边出租车违章多发的实情，要求杭州公共交通下沙有限公司和杭州客旅出租汽车有限公司加强源头管理，严格准入和培训教育，强化自查自纠，降低违章和投诉发生率；加强市场监管和投诉处理，安排稽查力量对违章高发区域实行重点布控，对出租车投诉案件实行处罚，构建乘客敢于投诉、司机避免投诉的制约关系。全年对307辆出租车实行服务质量信誉考核刷分处理，共刷分1605分。其中：杭州公共交通下沙有限公司考核149辆、刷分852分；杭州客旅出租汽车有限公司考核158辆、刷分753分。

【道路运输行业安全管理】 2013年，开发区运管处先后开展“安全生产月”“百日安全生产大检查”“打非治违”“客运安全年”等多项整治，对班车客运、包车客运、临时客运站、危险化学品运输企业和工程运输车企业实行安全监管。对辖区工程车企业、危险化学品企业和客运企业开展现场大检查，联合交警、安监等部门开展安全教育整顿大会，对两个存在安全隐患的企业进行处罚并要求落实整改，对从业人员进行安全培训。实行客运车辆动态监管，规范旅游客运市场管理。对长途客运卧铺进行专项整治。通过开展道路客运行业专项检查，查找安全生产薄弱环节，发现问题及时整改，消除安全隐患。联合相关单位开展安全应急演练2次，检验道路运输企业和相关职能部门紧急状态下安全应急机制。全年开展道路客运企业专项检查23次，对辖区1个临时客运站、2个客运企业、1个危险化学品企业和47个货运企业进行检查，隐患排查整改率100%。

【文泽地铁站周边交通管理】 4月，开发区运管处在地铁文泽站开辟出租车专用候客区，成为杭州市地铁1号线31个站点中首个开辟出租车专用候客区的地铁站。12月，由开发区管委会牵头，公安、交警、城管、城建、公交等部门对加强文泽站周边交通综合管理进行探讨，确定在文泽站A出口设置多部门联合执法岗亭，加强该站周边交通和治安秩序的综合管控。杭州地铁1号线自2012年11月开通以来，作为下沙段首末站的文泽站客流大增，出租车拼载和由拼载引发的挑客、收费投诉增多。面对该情形，开发区运管处以多部门联合管控为手段，以出租车管理为重点，加强地铁文泽站周边营运秩序管理，出租车经营秩序逐步改善。

【地铁接驳运输试点】 根据国家交通运输部关于试行接驳运输的规定，为落实营运客车凌晨2时至5时停车休息或实行接驳运输的政策，开发区杭州金牛汽车运输有限公司通过主动对接和报批审核，成为杭州市唯一一个全国接驳运输试点企业。该公司有28辆班线车获得接驳资质，以四川、重庆方向班线为主。2013年1月起，该公司在沪陕高速河南丹水和沪渝高速宜昌设有接驳点，根据接驳要求和特点制定接驳方案和管理制度，并在接驳点为驾驶员提供良好休息环境。通过安装远程监控，公司能实时了解情况并与当地管理部门建立共管机制。通过接驳运输，强化GPS和3G视频监控系统监督，控制疲劳驾驶，遏制恶性交通事故发生。（顾建峰）

·交通管理·

【交通管理概况】 2013年，杭州市公安局交通警察支队下沙大队（简称下沙交警大队）以确保交通安全和缓解交通“两难”（行路难、停车难）为目标，开展交通秩序整治，管理交通违法行为，维护道路交通有序、畅通，保障开发区群众出行安全。开展“八类重点交通违法行为”整治，全年查处交通违法行为14.31万起，查处酒后驾驶792起、醉酒驾驶14起，电动自行车违法载人、走快车道等非机动车交通违法2.96万起。使用非现场执法查处违法停车4.39万起、超速行驶4497起。加强下沙高教园区交通管理，联合下沙高教园区管委会办公室，建立高教园区交通安全综合管理机制，高教园区交通安全更加有序。重视进校交通安全宣传，全年举办1000人以上参与的讲座24场、放置宣传展板208块，发放宣传资料5000余册，参与宣传的高校师生累计4.2万人。开展文明交通宣传“卡通交警”作品征集活动，设计制作“卡通交警”宣传警示板。面向大学生公开征集“卡通交警”作品，优选作品制作后放置各高校门口，强化宣传效果。

【高校“校园122”联动机制】 为加强下沙高教园区交通安全管理，下沙交警大队联合下沙高教园区办公室及相关部门，成立高教园区交通安全领导小组，整合相关部门、高校的管理力量和安保力量，组成专门的交通安全管理机构——“校园122”。4月26日，下沙高教园区“校园122”联动机制启动仪式在浙江理工大学举行。该联动机制通过高校各职能部门，以及校际之间、学校与公安交通管理部门之间、高教园区与政府职能部门之间的有效联动，整体提高园区及各高校的交通安全防范、交通秩序管理和处置交通安全突发性群体性事件的联动服务效能。为确保联动机制高效运作，“校园122”在杭州电子科技大学设立联动警务室，作为“校园122”联动指挥中心，并派驻专职民警和协勤员。同时，“校园122”从14所院校聘用70名兼职协勤员，配备对讲机、指挥棒等交通管理装备，建立警校联合巡逻、接处警机制。通过加强早晚高峰对学生上下课秩序的维护、日常巡逻对下沙高教园区学生交通违法和交通事故实施抄告通知、在校学生交通安全知识的联合宣传等，发挥联动管理功能，加强对下沙高教园区的交通安全监管。

【交通排查与科技应用】 年初，下沙交警大队开展道路交通排查，了解交通设施基础信息、信号灯设置使用情况，共排查98条道路交通设施的基础信息，发现问题后向主管部门提出整改意见80余条；排查285个路口交通信号灯，对74个路口信号灯进行调整。对排查中发现的主干道、次干道交叉路口通行信号存在矛盾、主干道空旷路口的信号灯配时等问题作记录，研究分析后进行整改。对外公布下沙交警大队监督电话，接受群众监督。在区内12个重点路口44个点位（方向）设置智能电子警察，通过视频跟踪拍摄来判断机动车闯红灯、违反交通标线等违法行为，具有清晰度高、功能多、灵敏准确等特点。智能电子警察等交通科技设备的应用，使开发区交通安全管理和交通事故处理水平不断提高。

【元宵灯展交通安保】 2月23～27日，开发区举办2013年元宵灯展。下沙交警大队出动警力300余人次，确保元宵灯展交通安全。灯展前，制订《开发区2013年元宵灯会交通保卫方案》，召开队务会议进行传达部署。成立灯展交通安保领导小组，配合区社发局、区总工会、白杨街道和下沙街道做好元宵灯会现场交通安全保卫。灯会期间，大队落实领导“双带班”制度，轮流坐镇指挥室，各中队数字勤务室落实干部带班，加强路面管理的督察，确保人员到位、责任到位、措施到位。根据方案，交通组织分交通控制区、交通管制区，大队对6号大街（1号大街至5号大街）、1号大街（4号大街至10号大街）及区口广场等区域采取交通管制措施，禁止机动车进入灯展区域，并对周边路口的车辆进行分流。为使灯展区域做到人车分离，在部分道路设置停车位，确保交通安全有序。灯会期间，各中队结合“平安”系列整治行动，组织未参加元宵灯会交通保卫的警力，查处重点交通违法行为，在区口广场查获4辆二轮摩托车和1起醉酒驾驶的违法行为，整治效果良好。

【杭师大交通专项整治】 9月25日至10月25日，杭州师范大学对摩托车、燃油助动车开展清理整治，学校保卫处联合下沙交警大队在下沙校区开展为期1个月的交通专项整治。活动分宣传发动、校内整治、交警整治、整改提高4个阶段，重点对校内违禁驾驶摩托车、燃油助动车及校内违章停车、骑车带人等现象进行查处整治。活动期间，查处校内机动车违章停车30车次、校内骑车带人等违章行为432人次，清理长期无人使用的自行车550辆。下沙交警大队派出交警12人次参与交通整治，直属中队到该校指导校园交通管理。学校保卫干部、校卫队员、学院辅导员、学生交通志愿者共570人次参与整治活动。

5月，下沙交警大队举行交通安全管理监督员聘任仪式（朱 隽 供稿）

【交通安全教育】 下沙交警大队结合全国文明城市复评迎检，加强交通安全、交通文明宣传和引导，提升辖区交通参与者的安全意识和守法习惯。3月20日，下沙交警大队与杭州公共交通下沙有限公司等单位举办“文明驾车，你我同行”的百日安全竞赛活动，要求出租车驾驶员规范驾驶、文明行车，杜绝发生交通违法行为，避免有责交通事故发生；发动大学生举报出租车交通违法行为，履行大学生社会责任，传播交通安全文化。完善工程车辆GPS管理机制，抓源头管理，落实企业单位主体责任。采取限速、限行区域管理、实时监控提醒管理、走访约谈管理、“星级驾驶员”评选奖励制度等措施，强化日常监管，减少涉及工程车辆重大交通事故发生。

【交警“三访三评”活动】 2013年，下沙交警大队开展“三访三评”（访问民情、访察民情、访排民忧，评议工作、评查问题、评选先进）和“大走访”开门评警活动，关注民生、关爱民生和解决群众关心的热点难点问题，改善交通环境，提高群众对交通安全管理的满意度。邀请关心交通管理工作的热心群众，组建“交通安全管理监督员”队伍，对外公布监督电话、微博账号等，听取群众意见和建议。通过“创满意”活动，全年收集群众意见建议136条，采纳意见建议96条，解决实际问题82个。重视群众来信来电受理，由大队主要领导负责，落实专人受理和回复，做到群众意见建议“事事有回音，件件有着落”。（朱 隽）

·消防·

【消防概况】 2013年，杭州市公安消防队支队经济技术开发区大队（简称区消防大队）围绕“队伍零违纪、安全零事故、工作零诉讼、执法零超限、社会零重大火灾”的目标，加强队伍和业务建设，推进消防安全巡查，确保辖区消防安全。全年辖区发生火灾报警200起，实际成灾立案调查13起，其中一般火灾10起、简易火灾3起，受伤2人，直接财产损失36.22万元，过火面积1776.2平方米，未发生重大以上火灾和亡人火灾事故。组织部队抢险救援，全年接警459起，出动车辆753辆次，出动警力4849人次，抢救被困人员35人，抢救财产价值98.1万元，其中“7·22”抢险救援成功救出5名被压民工事迹，被中央电视台制作专题播出。开展消防执法检查，检查单位2100个次，督促整改火灾隐患1400余处，印发改正通知书697份；受理消防设计审核7件、消防验收项目13个，消防设计备案抽查88件，竣工验收备案抽查56件；开业检查101个次，受理群众举报投诉78件；受理消防行政处罚案件128起，罚款104.15万元；临时查封17起，责令单位停止施工、停止使用、停产停业17个，移送拘留2人，警告2人。

加大消防后勤保障，开发区财政全额拨付到位消防业务经费540万元。根据“十二五”时期消防事业发展规划，投入40万元对个人防护装备进行更新，并新增特种器材装备和攻坚组装备，电缆更新投入6.47万元，营房改造投入13.53万元。年内，大队获多项荣誉，2名干部荣立个人三等功，大队军政主官被开发区管委会报记个人二等功，4名官兵获嘉奖，4名合同制队员获灭火救援一等奖。副大队长何树杰作为篮球队主力，代表市公安消防支队、省消防总队参加省公安厅和浙江省消防部门篮球赛，获团体第1名；下沙军地园区消防队在杭州市专职消防队比武中获团体第1名，3个单项获第1名。2013年末，区消防大队有官兵82人，辖下沙、白杨2个消防中队，列管消防安全重点单位175个，其中公众聚集场所经营单位57个。

【消防“五位一体”体系构建】 2013年，区消防大队推动构建开发区消防安全委员会统一领导下的“五位一体”组织体系，街道消防安全管理办公室、公安派出所消防工作办公室、专职消防队3支力量均已建立，部分社区已建消防工作站或明确消防安全管理。两个街道消防安全管理办公室建立起消防工作运行机制，落实隐患移交查处、工作例会、区域协作等制度，确保顺利运转。实行分片包干制度，每个片区明确1名消防监督人员和消防文员作为网格化管理工作联系人，定期开展业务培训，及时沟通信息。两个街道消防安全管理办公室每月开展消防检查，专职消防队不定期对小单位、小场所开展消防安全巡查，利用消防安全网格化管理平台，执行抄报、移送和反馈制度。

【消防安全专项行动】 1~3月，区消防大队开展“除火患、保平安”冬春专项行动，会同职能部门排查整治火灾隐患，检查单位300余个次，发现火灾隐患32处，督促整改火灾隐患26处，实施单位行政处罚7个次，罚款3.26万元。4月中旬至6月中旬，开展消防安全重点领域“五查两加强”专项行动。“五查”即检查社会单位消防行政许可和备案情况，检查社会监督检查已发现的火灾隐患和消防违法行为整改情况和社会单位日常消防监督情况，检查“三合一”场所消防监管情况，检查小区消防安全日常管理情况，检查部队灭火救援准备情况。“两加强”即加强社会火灾防控、灭火救援能力和基础工作。其间，检查单位428个次，发现隐患54处，整改46处，行政处罚11起，罚款7.39万元，实施临时查封单位4个。5月下旬至10月末，集中开展为期6个月的消防安全“排查整治、强基促稳”专项活动，检查单位901个次，发现火灾隐患1322处，督促整改火灾隐患1298处，印发《责令改正通知书》494份，实施行政处罚75起，责令“三停”（停产停业、停止使用、停止施工）单位13个，临时查封单位16个，移送拘留2人，罚款71.39万元。8月16日至9月16日，开展“战高温、除隐患、保平安”消防安全攻坚战行动，重点检查人员密集场所、商场、市场、老旧建筑、居住出租房、企业厂房仓库等，检查单位117个次，发现火灾隐患186处，督促整改181处，行政处罚10起，罚款9.91万元，查封单位3个，责令“三停”单位2个。

【逃生灭火障碍物整治】 5月22日至6月22日，区消防大队执行省消防总队“四必查”“五查封”“六必拆”措施，开展违章搭建彩钢板临时建筑及人员密集场所门窗设置影响逃生灭火障碍物专项整治行动。“四必查”指必查人员密集场所和建设工程施工工地是否违章搭建彩钢板临时建筑；必查人员密集场所在门窗上是否设置影响逃生和灭火救援的铁栅栏、广告牌等障碍物；必查公众聚集场所是否通过消防安全检查或经检查不符合消防安全要求仍擅自投入使用、营业；必查企业是否存在违规连接相邻厂房、建架空中连廊、搭建简易棚等占用消防车道、占用防火间距、扩大防火分区的消防违法行为。“五查封”指查封人员密集场所违章搭建的彩钢板建筑耐火等级不符合消防标准规范要求、不及时消除可能严重威胁公共安全的；建设工程施工工地搭建的彩钢板用房建筑材料和芯材达不到《建设工程施工现场消防安全技术规范》要求的；公众聚集场所疏散通道、安全出口数量不足或者严重堵塞不具备安全疏散条件的；建筑消防设施严重损坏不再具备防火灭火功能的；公众聚集场所违反消防技术标准采用易燃可燃材料装修的。“六必拆”指拆除企业违规连接相邻厂房、建架空中连廊扩大防火分区的；企业搭建简易棚占用消防车道或者防火间距的；建筑有外窗，在使用中被封堵，影响逃生和灭火救援的；建筑立面设置遮挡窗户的广告和商家牌匾、铁栅栏，影响逃生和灭火救援的；高层建筑消防扑救面范围内设置遮挡型或大型电子广告屏幕，影响逃生和灭火救援的；广告牌匾使用可燃材料、灯光采用热光源等发热元件，容易造成火灾蔓延扩大的。区消防大队分区域对辖区建筑工地违章搭建彩钢板临时建筑进行排查，发现彩钢板建筑总面积3.2万平方米，彩钢板违章搭建建筑9500平方米，拆除彩钢板临时建筑8000平方米。

【“7·22”抢险救援】 7月22日9时30分，位于开发区1号大街与下沙路口交叉口的杭州速8酒店（主体3层建筑，钢筋混水泥结构）在装修过程中发生坍塌，造成5名施工人员被废墟掩埋。9时34分，区消防大队接到报警后，出动下沙、白杨两个中队5辆消防车35名官兵赶往现场施救。同时，市消防支队指挥中心调派特勤一中队3辆消防车20名官兵携带生命探测仪赶赴增援。经快速救援，被埋压的5名施工人员于10时08分成功获救，其中1人轻伤、4人重伤，无生命危险。救援过程中，下沙消防中队第一时间带领中队消防队员到达救援现场，并深入内部侦察人员情况，面对坍塌房屋第3层和第2层随时发生再次塌陷的危险，组建成立救援攻坚组，克服救援装备薄弱、天气炎热等不利因素，救援官兵采用手刨、肩扛等方式，从废墟中成功救出被困人员。大队官兵英勇事迹在浙江卫视频道、浙江教育科技频道、浙江民生频道、浙江公共新农村频道、浙江钱江都市频道、浙江经视频道浙江影视频道和《浙江日报》《钱江晚报》《今日早报》《青年时报》《都市快报》，以及杭州“交通91·8”电台、“西湖之声”电台等10余家省、市媒体报道。

【消防宣传教育】 2013年，区消防大队多次开展消防宣传活动，发动消防志愿者进行“查改身边隐患”活动。组织公益活动，发动街道办事处、社区居委会、社区民警和保安开展消防业务咨询，向居民讲解家庭用电、用火注意事项及家庭初起火灾扑救和逃生自救方法。深入下沙高教园区进行“消防安全”授课，开展消防演练，提高师生消防安全意识。对企业单位新上岗员工进行消防培训，普及消防法律法规。对辖区公众聚集场所进行检查，指导开展消防安全隐患自查自改，普及消防法律法规。通过设立宣传板、张贴漫画、提示标语等形式，建立消防宣传阵地，扩大宣传范围。利用街道、社区及社会单位广播、报纸、网络和消防橱窗等，营造全社会关心消防、参与消防的氛围。

【群众消防演练】 区消防大队将“生命通道”体验活动纳入消防安全大排查大整治活动重要内容，配合市消防支队宣教中心和“浙江之声”广播电台，在浙江恒大建材市场完成“生命通道”体验活动的启动仪式，并在辖区公众聚集场所组织开展疏散逃生演习。11月6日，开发区管委会联合杭州电子科技大学举办开发区“119”消防宣传月暨杭州电子科技大学第四届消防文化节活动启动仪式。活动以“认识火灾、学

【传媒产业园消防演习】 12月10日，传媒文化创意产业园开展消防实战演习，杭州卓贝网络科技有限公司、杭州仙后文化创意有限公司、杭州天边外文化创意有限公司、浙江华友文化创意有限公司、杭州新帕恩文化创意有限公司、杭州思苒文化艺术策划有限公司、杭州纳翔教育咨询有限公司7个公司员工代表参加。活动现场讲解火灾初期现场的应急处置方案，手提式干粉灭火器、消防皮管的使用步骤及注意事项，演示灭火器使用方法。通过消防演习，使参训人员掌握手提式干粉灭火器、消防皮管等消防用具的正确使用方法，了解火灾现场正确的自救、求救措施，提高火灾初期应急扑救处置能力，为园区消防安全打下基础。

8月10日，杭州绕城高速公路往下沙方向距下沙服务区1000米处，一辆满载摩托车、电瓶车的大货车着火。图为消防灭火现场 （伍阳晓 摄）

会逃生”为主题，区消防大队设置器材装备展示区，讲解员演示器材使用方法，传授救援灭火技巧。举行以4×50米灭火器接力（团体赛）、50米“英雄救美”（团体赛）、两人接水带（团体赛）、男子（女子）50米油桶灭火（个人赛）为主要项目的消防运动会，丰富校园文化生活，提高师生消防安全意识。（詹丽琴）

·江堤河道管理·

【江堤河道管理概况】 2013年，开发区江堤河道监管中心（简称区江堤河道中心）加强堤塘运行监管，投入140余万元专项经费对辖区13.13千米钱塘江标准堤塘实施工程维护、安全观测、除险加固、防潮安全设施建设。做好泵站运行管理，全年泵站累计运行3183台时、闸门运行2970孔时、河道配水7200万立方米、排水1.8亿立方米，投入排灌资金164万元。加强排涝设施维护，下沙排涝闸、四格排灌站、850排涝闸经受住台风“菲特”等恶劣天气的考验，全年主汛期排涝畅通。开展河道长效管理，全年累计投入河道维护经费630万元，对区内34条河道保洁投工2.6万工，打捞清除漂浮物、水槽、垃圾1700余吨，修复河道驳坎200余米，完成河道清淤2万立方米。开展水政监察，全年组织水政巡查60余人次，办理涉河工程施工初审9件；推进河道管理与行政执法，向区城管行政执法大队移交涉河违法案件8起。（王世刚）

【堤塘观测维护】 2013年，区江堤河道中心委托中国水利水电第十二工程局有限公司，对开发区标准堤塘开展沉降观测、隐患探测、江道滩地探测和全线堤脚外滩地观测。经观测分析，堤身结构沉降趋于平稳，临江堤脚外滩地和镇压层局部区段存在下降趋势，全线镇压层均在允许刷深高程以上。开展堤塘维护保养，委托白杨街道对开发区标准堤塘进行日常维护、养护、保洁，全年总投工7800工，补种草坪690平方米，绿化养护面积17万平方米，堤塘保洁面积32万平方米，清理垃圾308吨，防病治虫面积12.84万平方米。委托开发区洁沙保洁服务有限公司进行工程维修，修复雨淋沟洞74处、路标81个、油漆堤顶路标1280只。修复路肩89米，外坡和挡浪墙伸缩缝1150米。堤顶路面裂缝沥青灌缝625米，修复破损路面162平方米、外坡面层破损650平方米。

加强堤塘维护管理。4月，委托白蚁防治机构对开发区标准堤塘全线进行白蚁普查，发现有22处存在白蚁活动情况。11月，投入资金47.37万元，对标准堤塘120丁坝、七格2号坝、七格3号坝区域及坝头坝根进行抛石，采用3毫米丝径2万立方米合金钢丝网兜装石，抛投500立方米块石。更新防潮设施安全，全年投入20万元对堤塘防潮安全设施进行更新，更新隔离网片131平方米，增设LED显示屏11块和沥青路面减速带24条，设置丁坝标识宣传牌11块。投入41.6万元，对1.45万平方米标准堤塘挡浪墙重新油漆。

（徐建华）

【河道长效管理】 区江堤河道中心委托杭州帮帮控虫服务有限公司对河道实施长效管理。6月，投入资金30余万元，对高教景观东渠开展清淤，清挖淤泥2万立方米。7月，实施临江护塘河、1号渠、七格渠等驳坎修复工程，修复面积200余平方米。9月，组织河道保洁员参加急救技能培训。加强河道管理，全年新增河道安全警示牌100块，新增河道水生态湿地1300平方米，新增生态浮岛4400平方米，增设增氧曝气机7台。实施水生态修复和引水配水工程，实现1号渠、5号渠、6号渠、20号渠、银沙渠、上沙渠6条河道“黑臭”消除治理目标。（梅仁爱）

【闸站运行管理】 2013年，区江堤河道中心安排专项资金164万元，对下沙排涝闸、四格排灌站、850排涝闸进行维修更新。四格排灌站完成机组检修维护、闸门液压系统保养维护、6千伏高压断路器整体更换、自动化监控系统上位机软硬件单元更新、1号水泵弯管漏水检修加固；下沙排涝闸完成机组检修和闸门维护、启闭系统检修维护、室外路灯杆更新、闸站管理房围墙整治；850排涝闸完成螺杆启闭设备检修维护、启闭室梁板底部砼浇筑保护、闸站水位尺和警示标牌更新安装，以及建筑物沉降观测等。

（何人凯）

·抢险救灾管理·

【防汛防台应急管理】 2013年，开发区防汛防台指挥部办公室（简称区防汛办，设在区城管办）修订防汛防台应急预案，将重点企业、建筑工地、小区物业、绿化养护单位、户外广告业主等纳入应急指挥体系，完善开发区、街道、社区三级防汛防台应急指挥体系。发挥应急预案作用，处置“6·24”“8·18”“9·13”等6次短时强降雨和强台风“菲特”等袭扰。调整人员转移安置点，增加区卫生分局为区防指办成员单位。加强防汛排涝物资储备，指导23个社区建立防汛体系，协助社区和物业疏通小区管网700余米，腾空地下空间，提升小区雨水排放能力，并为社区修复汽油泵50余台，增配沙包900余袋。投入57余万元，采购大树快速支撑300套、杉木8500根、钢管2000根等防台物资材料，对70余台水泵进行维修保养。加强汛前治理，4月开展汛前检查，印发防汛防台隐患排除责任分解表；6月，召开主汛期前专题会议，检查金沙渠贯通工程、创业2号闸、高教景观东渠、防汛仓库及下沙路1号箱涵出口，督查隐患整改落实。全年区防汛办投入100万元，对高教东渠等河道实施清淤，清除淤泥1.6万立方米，组织雨水设施养护单位对主次干道雨水管和雨水边井进行清淤，清理雨水管300余千米，清除淤泥1万立方米。

【强降雨防汛应急】 6月24~29日，杭州市遭受大暴雨袭击，全市平均降雨量197毫米，开发区降雨量122毫米。24~28日，面对持续强降雨，区防汛办根据杭州市防汛防台指挥部办公室统一安排，维持防汛应急响应四级状态；26日、27日两次将响应提升至2级，并通过视频会商系统加强部署全区防汛应急抢险处置，成员单位按照预案规定职责全力抓好防汛。市政巡查队及时巡查路面积水情况并上报，环卫工人转入防汛作业，清理窨井盖前杂物确保排水畅通，市政积水排涝队对积水点进行应急排涝处置。由于及时启动应急响应，采取有力措施排除路面积水，全区未出现因积水导致交通堵塞问题，居民家中未出现进水现象。

【防御台风“菲特”】 10月6~8日，第23号强台风“菲特”袭击杭州，开发区全力动员、周密部署，全面落实防灾、减灾措施，最大限度降低台风灾害造成的损失。其间，区防汛办组织成员单位排查建筑工地115个、沙河工程2个、危化品企业33个、户外广告2005处；拆除或加固广告牌31块，支撑行道树4500余株，支撑或加固大树2.1万株。派出抢险人员1850人次、抢险队伍210队次，动用抢险车辆170辆次、水泵30台、发电机2台，消耗编织袋、麻袋2100只，对天城东路、海达南路、金沙大道、银沙街、1号大街口、4号大街口、25号大街、文海北路、德胜路（开发区段）等重点积水部位进行处置，处置道路积水点19处。

【抗雪防冻应急演练】 11月29日，开发区抗雪防冻指挥部办公室（简称区防指办，设在区城管办）在19号大街（24号大街至沿江大道）组织开展抗雪防冻应急演练。实战演练内容包括机械清雪、人工扫雪、树木冲雪及设备安装4个大项7个科目，管委会领导及区城管办、管委会办公室（区应急办）、区建设局、区综管局、下沙街道、白杨街道等部门负责人对演练进行检查，开发区市政、环卫、绿化养护单位11支队伍约50余人进行“实战”，15个养护单位相关工作人员观摩演练。区防指办组织开展抗雪防冻应急演练，旨在加强开发区抗雪防冻应急处置能力，提高市政、环卫、绿化作业车辆的机械化和一线养护人员的作业水平。

【钱塘江防潮安全管理】 2013年，开发区防潮安全管理工作领导小组办公室（简称区防潮办，设在区城管办）与属地街道签订《防潮安全管理责任书》，对下沙街道、白杨街道巡防喊潮情况进行督查，要求落实潮前潮后1小时巡防。加强防潮安全管理，全年劝导下堤嬉水、游玩、捕鱼及损坏周边绿化的群众7300余人，暂扣钓鱼竿11支、捕鱼电瓶4只、渔网2张；制作防潮宣传手册3万册、宣传海报6000份、《潮如猛虎》光盘500张。召开防潮座谈会，发动企业组建10支防潮志愿者队伍。做好防潮安全警示，全年对16.9千米标准堤塘重刷警示标语500条，更新警示宣传牌73块，配发应急救援用伸缩梯5把，在七格3号坝位置试点设置200米防翻越刺网，在沿江大堤沿线视频监控杆设置喊潮喇叭41个，在14号大街上堤处增设15平方米彩色显示屏1块，每天播出防潮宣传片和潮汛信息。在江堤沿线增设小型LED显示屏10块，累计达30块，及时发布潮水信息或警示信息。（王　冰）

公用事业

·公用事业综述·

【公用事业健康发展】 2013年，开发区公用事业健康发展，全区公交营运线路28条，新增公交线路1条，延长调整公交线路12条，年客运量6904.87万人次；营运线路总长423千米，比上年（指2012年，下同）增长3.7%；年末，有营运出租车350辆，投入运行公共自行车租赁服务点171个。全年用电量37亿千瓦时，增长8.8%；用水总量8314万立方米，增长4.3%；用热量563.6万吉焦，下降2.7%；用汽总量3745.7万立方米，增长6.3%。至年末，开发区总供电能力163万千伏安，总供水能力61万立方米/日，总供热能力550吨/小时，总供气能力5万立方米/小时。

（田　桦）

【电力供应保障】 2013年，开发区新增10千伏配电线路9条，总长度92.93千米。其中：10千伏公用线路6条，长度84.32千米；用房专线3条，长度8.611千米。至年末，开发区有10千伏配电变压器580台，总容量424.88千伏安；公用变压器266台，容量189.34千伏安；专用变压器314台，容量235.54千伏安。10千伏开关站249座（其中自管站228座）。10千伏线路绝缘化率100%，电缆化率81.3%，年增长1.6%。公用线路环网率100%。

（卢　炜）

【东部应急气源站获施工许可】 4月9日，继2012年末杭州市建成西部应急气源站后，杭州市东部液化天然气应急气源站工程获开发区建设局核发的建设工程施工许可证，东部站工程施工前期手续办理完成。杭州市东部液化天然气应急气源站选址下沙立交桥东北角、高教园区2号大街（德胜路延伸段）北侧，设计可储气600万立方米，是杭州市投资最大、存储量最大、占地面积最大的一座储气罐，专门提供杭州燃气供气不足或中断时的应急气源。按杭州主城区用气冬季高峰每天约80万立方米、平峰每天50余万立方米的供气量需求计算，东部站天然气可满足主城区冬季用气高峰7天~8天、平峰时段11天~12天的应急用气量。

【下沙天然气热电厂竣工】 11月26日，下沙天然气热电厂竣工并实现倒送电。热电厂坐落于开发区北部区块的元成东单元，位于新建河以南、文泽北路以东、经四支路以西，占地7.2公顷，2012年7月开工，由杭州市燃气集团公司下属全资子公司杭州杭燃投资有限公司与华电国际电力股份有限公司合作共建。热电厂采用燃气—蒸汽联合循环机组，装机容量200万千瓦时。热电厂的竣工投用，能满足开发区日趋上升的供热需求，有效缓解电力紧张形势，促进节能减排和天然气工业发展。

（黎洪正）

·自来水·

【自来水概况】 2013年，保障开发区供水任务的杭州市水业集团有限公司下沙分公司（简称市水业集团下沙分公司）售水总量8314万立方米，比上年增长4.3%。市水业集团下沙分公司下设管网管理科、营业管理科、生产管理科和综合办公室，营业厅1个，辖泵站3座。供水区域西至沪杭高速公路，北沿沪杭高速公路至余杭、海宁供水区界，东北至海宁区域，东南至钱塘江，主要包括杭州经济技术开发区、江干科技园区、九堡、七堡、乔司、彭埠镇高速公路以东部分等。供水区域总面积178.08平方千米，实际供水服务面积83平方千米。承担直径100厘米以上535千米的管网、7320只供水阀门的抢修、维护、保养等工作；负责1.4万只水表的抄表、收费；管理3座区域性供水加压泵站，以及管网测绘、巡检、检漏、新用户发展和“一户一表”改造等工作。

【供水管网管理】 市水业集团下沙分公司加强供水管网管理，全年组织抢修158次，其中直径300厘米（含）以上管道抢修27次，无抢修停水超时情况发生。开展管网巡检，检漏，巡检管道长度累计2368.7千米，发现直径300厘米以上管道漏损6次；巡检直径100厘米以上阀门7235只，发现无井盖井圈72个，其中提升修理26个、被埋12个、清理17个。服务客户接水，完成接水受理流程并下达任务122件，完成施工受理单156件，新装直径100厘米以上供水管道8451米，安装水表324只。推进基建工程建设，配合市水业集团工程建设部的供水管道基建工程施工，21条新建管道单项验收完成。

【艮山东路管道抢修】 3月8日10时，杭州艮山东路与六号港路交叉口直径100厘米水泥管被挖破。市水业集团下沙分公司派出抢修人员，查出止水需要关闭的阀门，关闭阀门并安排水泵抽水。水泵运行两个小时后，挖破点水位仍处高位，判断杭海路上直径100厘米蝶阀难以关死，于是扩大关阀区域。当挖破处水位下降后，挖掘机进场工作。因挖破点位于六号港河道边，河道水位高，为避免抢修作业发生河岸坍塌、河水倒灌的现象，抢修时在施工作业区作加固，挖掘机在作业区靠近河道一侧打上钢板桩以防坍塌，请专业队伍在作业区周边采取井点降水，降低管道周围地下水水位，确保施工正常进行。抢修人员下坑探明管道挖破情况，直径100厘米水泥管被捅穿处位于管道腰部，为大小头相接部位，需特制大小头钢制套筒对该挖破点进行保护，确保修复后不漏水。抢修人员落实特配材料的调运，现场制作直径120厘米接直径140厘米钢制套筒配件，经过6个小时的电焊作业，完成配件制作。通过夜间通宵施工抢修，3月10日10时，艮山东路供水管恢复正常供水。

3月8日，艮山东路供水管道抢修施工现场 （翁焕钧 供稿）

【“阿力”服务队获省“青年文明号”】 1月29日，市水业集团下沙分公司“阿力”服务队举行省级“青年文明号”授牌仪式。“阿力”服务队是市水业集团下沙分公司集合多个部门青年组成的一支便民服务队，免费为辖区居民维修供水设备和小型家电，抢修辖区水管爆裂等突发情况。“阿力”服务队有队员30人，其中35岁以下青年26人，本科以上学历24人。2010年成立以来，服务队组织志愿服务活动80余次，服务用户1000余次，共建社区10个，共建企业及高校100余个。优质、无偿、特色的延伸服务，获得辖区社区、高校和企业用户的一致好评。

【高校用水走访调查】 8月下旬，开发区各高校开学日益临近，开发区用水迎来高峰。因暑假期间学校人员少，用水量下降，校内水循环变慢，可能导致校内部水箱、管道内沉淀较多杂质并滋生细菌，部分内部管网可能出现“死水”现象。为保障高校新学期旺季供水，维护供水区块企业的有序发展，市水业集团下沙分公司营业管理科、管网管理科及综合办公室分路走访辖区内大专院校，将温馨提示发至各高校负责人，提醒做好水质工作，受到高校师生欢迎。用水走访的同时，开展用户满意度调查，查

漏补缺，完善供水服务。经用户填写的供用水满意度调查表显示，各高校对市水业集团下沙分公司供水服务均表示满意。（翁焕钧）

·热力·

【热力概况】 2013年，杭州杭联热电有限公司（简称杭联热电公司）供热596.92万吉焦，比上年下降3.9%；发电2.77亿千瓦时，下降4.5%；新接杭州东方一脉新能源科技有限公司、杭州秉创纸业有限公司热用户2户，停用诺基亚西门子通信（杭州）有限公司、杭州东海物业有限公司、浙江巨邦高新技术有限公司、西门子（杭州）高压开关有限公司热用户4户，在用热用户115户。杭联热电公司是开发区内热电联产、集中供热的基础能源供应企业，主要生产销售电力、蒸汽兼营灰渣综合利用。生产规模6炉5机，总装机容量5.7万千瓦，供热能力550吨/时，向开发区企事业单位集中供热和对华东电网并网发电。公司建有较为完备的热力网，覆盖整个开发区，蒸汽热力在食品、印染、纺织、化工、采暖和制冷等行业得到应用。2013年，公司对生产中产生的炉渣、炉灰等固废进行综合再利用，生产混凝土砌块砖等建筑砖材，实现资源综合利用的良性循环模式。

【热网管道建设】 2013年，杭联热电公司新建至万事利支线热网管道，总长70米，为直径150厘米管道，主供杭州万事利丝绸数码印花有限公司用热。为配合杭州市德胜东路（东德胜立交至文汇路）改造提升工程，杭联热电公司迁移改造直径50厘米热网管道1.2千米，迁移后的管道位于杭州绕城公路北侧绿化带。

2月4日，杭联热电公司召开4号炉环保改造增效方案论证会
（裘明静 供稿）

【脱硝脱硫获上级环保部门认可】 1月6日，省环保厅厅长徐震率浙江省政府生态考核一组到开发区，对杭州市2012年度生态目标责任制完成情况进行考核检查，重点检查杭联热电公司烟气脱硝等环保工作情况。考核组实地查看公司烟气脱硝运行情况，听取节能减排工作汇报及设想，对公司环保工作表示肯定，对公司在脱硫、脱硝改造走在杭州市及浙江省热电企业前列表示赞赏。5月16日，国家环保部华东督查中心对浙江省2013年上半年减排情况进行督查，督查组通过抽查部分企业脱硫、脱硝设施实际运行情况来核实浙江省减排状况。督查组首站即对杭联热电公司脱硝设施建设运行情况进行现场核查，查看两套烟囱烟气在线监测系统运行情况，了解锅炉脱硝系统运行数据，对各参数曲线进行核对，结果显示良好，公司脱硝系统建设运行工作得到督查组肯定。

【安全生产标准化评审通过】 10月27日，杭联热电公司顺利通过杭州市安全生产监督管理局组织的安全生产标准化评审。为做好安全生产标准化评审，公司完成全厂区域楼梯平台栏杆整改、金属切削机床整改、皮带机整改、移动手提式电气设备整改、全厂低压用电安全整改、储气罐压力表整改、加装行车滑线指标灯等机械设备设施类整改340项、电气类整改363项，添置警示标志154块，新增、修订安全生产管理制度和应急预案20余个，生产现场安全文明现象有明显提升，公司安全生产管理水平不断提高。

【杭联热电化验班获省级“五一巾帼标兵岗”称号】 2013年，杭联热电公司化学实验班获省总工会颁发的“浙江省五一巾帼标兵岗”称号。该公司运行课化学实验班连续3年被评为开发区和杭州市的“巾帼文明示范岗”。化学实验班有女员工7人，负责公司煤炭化验工作。班组积极开展技术竞赛，建立灵活多样的岗位培训，提升岗位人员操作技能，日常管理坚持“操作细心、记录准确”，工作业绩显著。

（裘明静）

·燃气·

【燃气概况】 2013年，杭州钱江燃气有限公司（简称钱江燃气公司）新建中低压管道45.2千米，累计323.2千米；新增调压站8座，累计252座；发展工业和公建用户46户，累计175户；新开居民用户1.08万户，累计3.33万户；全年销售天然气量3745万立方米，其中居民用户售气量301万立方米、工业和公建用户售气量1827万立方米、锅炉和空调售气量854万立方米、向海宁农发区（连杭经济区）送气267万立方米。完成杭州市下沙医院（邵逸夫医院下沙院区）、东部国际商务中心二期、和达·希尔顿逸林酒店、杭州利群环保纸业有限公司、杭州电缆厂二期等大型项目的燃气投运，新增气量80万立方米。年内，公司档案工作市级标准化验收通过，被评为市爱国卫生先进单位、获开发区和谐人事劳动关系先进集体，通过开发区文明单位复评；钱江燃气营业厅获市总工会“五一巾帼标兵岗”称号，开发区行政中心燃气服务窗口获开发区管委会“优胜服务窗口”称号。钱江燃气公司是开发区内唯一从事终端用户管道天然气供应和服务的企业，由杭州市燃气集团有限公司（简称杭燃集团）与开发区资产经营集团有限公司共同组建成立。

【管道燃气独立经营获证】 9月30日，钱江燃气公司经杭州市城管委批准，取得开发区管道燃气经营许可证，开始拥有独立在开发区燃气经营的合法地位。此前，开发区的燃气经营许可证为钱江燃气公司与市燃气集团有限公司共享一证。杭燃集团完成二期合资后，不再具备共享一证的条件。受此影响，2013年12月1日起，钱江燃气公司无法延续原在开发区的燃气经营许可与杭燃集团公司共享一证的经营模式。根据该实际情况，钱江燃气公司提早向杭州市城管委提出开发区管道燃气经营许可的申请，9月末，开发区管道燃气经营许可发证争取到位。

【“无燃煤区”改造】 12月，开发区杭江牛奶乳品厂和下沙酒厂“煤改气”项目顺利点火通气，标志杭州“无燃煤区”首个项目建设完成。2013年，钱江燃气公司结合市“无燃煤区”改造政策，联合杭州燃气工程安装有限公司、杭州城市能源有限公司及杭州市城乡设计院有限公司成立改造项目小组，开展区域经营范围内“无燃煤区”改造，杭江牛奶乳品厂和下沙酒厂是钱江燃气公司首个推进的“煤改气”工程项目。实施“无燃煤区”项目改造，有助区域清洁能源利用，对城市大气环境改善具有积极意义。

【燃气供应安全保障】 全年钱江燃气公司完成开发区20千米的埋地钢管防腐层缺陷检测，修复开发区防腐层破损点91处，综合测试桩安装62个。对开发区86只阀门井进行防水处理。安装完成7个小区架空管防撞防盗设施，对5个小区架空管、6座燃气

燃气管道工程施工作业

燃气管网巡线维护

（金文昌 摄）

5月1日，下沙至萧山机场客运专线正式运营　　（毕默知 供稿）

桥管与12座燃气调压站进行防腐整治。检查开发区燃气阀门井防护网1276只，整改隐患36只。完成民用户入户安检9363户，安检率91%，非居民用户安检率100%。完善开发区用户管理系统，实现与杭州主城区系统同步更新。推进燃气管线综合管理系统创建，进入上线试运行阶段，巡检人员使用手机终端（PDA）进行道路巡检。完成工业公建用户流量计数据远传系统的功能改造，试点安装居民用户自动集抄系统。

【燃气使用服务宣传】 钱江燃气公司开展燃气服务，全年开展燃气便民服务18次，发放安全宣传资料520余份，印发用气温馨提醒1.74万张，张贴用气整改告知书105张。保障用气安全，编发《工业、公建燃气用户安全用气手册》150册，配合市燃气行业协会举办燃气工业、公建用户安全用气管理培训，召开20户非居民用户代表安全用气座谈会，制订《非居民用户管道天然气气价调整突发事件应急处置预案》。7月10日，在非居民天然气调价当日，组织员工对开发区非居民用户的流量计进行抄表核实，做好调价政策解释和宣传，确保开发区非居民用户气价调整的平稳过渡。（周奇雄）

·城市公共交通·

【城市公共交通概况】 2013年，杭州公共交通下沙有限公司（简称杭州公交下沙公司）新辟公交线路1条，对9条公交线路进行优化。为改善乘客出行条件，投资2600万元新购公交大客车45辆，更新出租车100辆。至年末，杭州公交下沙公司营运车辆增至620辆，其中出租车350辆。公交营运线路增至28条，公交站点增至348个，营运线路总长423千米，线网辐射开发区52条主次干道，公交覆盖率70%。公交客运量增至6904.87万人次，公交出行分担率提高至31%。

【公共交通接驳地铁】 杭州公交下沙公司对K384等8条线路调整走向，使其与开发区地铁站接驳。根据邵逸夫医院下沙院区启用对公交配套的需求，对K171线路调整走向，使其连接开发区地铁站、居民区、医院。9月1日，杭州公交下沙公司100辆“丰田花冠”出租车更新为“现代索纳塔”出租车。为改善地铁文泽路站周边出租车营运秩序，在该站建造第二个出租车泊客区，可容纳20辆出租车泊客。9月22日，根据地铁服务时间延长对公交配套的需求，延长K384夜间服务时间1.5小时，延长K369、K370夜间服务时间1小时。12月12日，开通K378路公交线，连接东沙商业中心、高教文津站，途经高教园区、地铁文泽路站、邵逸夫医院下沙院区、智格小区。

【下沙至萧山机场大巴专线开通】 5月1日，下沙至杭州萧山国际机场大巴专线正式开通。该大巴专线起点站在开发区市民中心（金沙大道地铁金沙湖站C出口西20米），中间依靠下沙新城客运站（学源街），终点站为杭州萧山国际机场。单程需45分钟～60分钟。大巴专线每天往返5班，机场发车时间为08∶50、11∶30、14∶00、17∶00、19∶30，下沙发车时间为07∶15、10∶00、12∶45、15∶30、18∶15，票价为每人20元。2013年1月起，开发区管委会与萧山机场客运公司多次协调对接工作，专题研究专线运行路线、依靠站设置、票务处理及其他相关事项，确定机场专线于4月25日起试运营，5月1日起正式运营。机场客运专线的开通，有助完善区内交通网络体系，实现航空、地铁、公交链接，方便市民出行。

（马春洪）

·邮政·

【邮政概况】 2013年，杭州市邮政局经济技术开发区局（简称市邮政局开发区局）完成业务收入3391万元，比上年增长61.3%；人均劳动生产率62.8万元/人，增长22.5%，全面完成省邮政公司、市邮政局制定的通信质量考核指标。邮政业务稳步发展，其中函件业务收入2379.86万元，增长128%；包件业务收入219.16万元，下降17.7%；汇兑业务收入64.36万元，下降41.4%；储蓄业务收入263.70万元，增长31%；报刊业务收入222万元，代理信息业务收入33.32万元，均与上年持平；保险理财业务收入40.67万元，增长26.6%；其他业务收入115.77万元，增长18.5%。全年业务收入增长率排杭州市邮政部门第1名。通信质量指标提高，总包规格合格率97.6%，收寄规格合格率98.4%，挂号信函、普通包裹、印刷品全程时限准时率97.7%，邮件作业计划执行率100%，用户满意率87.1%，大客户满意率96.3%。市邮政局开发区局辖下沙邮政支局、听涛路邮政支局、浙江工商大学邮政所、高教邮政所、九堡邮政所、上沙邮政所6个自办局所和浙江传媒学院邮政代办所、杭州电子科技大学邮政代办所、星野邮政代办所3个代办所，从业人员54人。开展“邮政文艺进社区，共享盛世好生活”活动，丰富辖区居民文艺生活，扩大邮政宣传和服务。全年市邮政局开发区局到社区放映电影6场，为8个社区送文艺演出和邮政服务22场，累计服务5200余人次。

【“一金两包”业务增长】 2013年，市邮政局开发区局将金融业务与国际小包、国内小包业务（合称“一金两包”）业务明确为重点发展业务。整合有效资源配置，调整业务发展结构，全年“一金两包”业务快速增长。至年末，全局储蓄余额3.06亿元，金融业务收入465万元，比上年增长36.5%；国际小包业务收入1103万元，增长2.64倍；国内小包业务收入770万元，增长5.75倍。

【听涛邮政支局开业】 8月8日，位于开发区听涛路146–148号的杭州市邮政局听涛路邮政支局开张营业。该支局是在开发区沿江地块开设的首个综合性邮政金融营业网点，可受理邮政储蓄、信件、印刷品、包裹、邮政汇兑、报刊订阅、特快专递、集邮、分销邮购、代收代缴水电费和话费等邮政业务，以及个人理财、保险等金融服务。听涛邮政支局的开业，填补开发区沿江区块没有邮政营业网点的空白，可为周边商户和社区居民提供安全、便捷、优质的邮政服务。开业当天，储蓄开户150户，增加储蓄余额1286万元。

【邮政经营扩权试点实施】 8月5日，作为杭州市邮政首个经营扩权试点单位，市邮政局开发区局进入扩权试点实施阶段。根据市邮政经营扩权要求，扩权主要内容为财务管理和会计核算方面，具有财务相对独立核算、超额利润自主支配权、财务资源支配权、投资计划倾斜；机构设置和人事管理方面，根据需要可增设、撤销内设机构，对内设机构人员有考察任免权和派遣制员工转正指标；薪酬和绩效管理方面，可制定员工薪酬激励办法，报市邮政局同意后执行；经营管理方面，分计划指标和经营机制下达；扩权经营要求，加强经营管理，强化督查考核，确保政策兑现。通过经营扩权试点，市邮政局开发区局经营绩效提升，2013年业务收入比上年增长61.3%，员工收入增长13.6%，居全市邮政网点员工收入第2位，5名派遣制员工转为正式合同工。

【邮政岗位培训服务】 市邮政局开发区局加强员工岗位培训、继续教育和职业技能鉴定，全年组织邮政

8月8日，开发区听涛邮政支局开业 （叶　辉　摄）

营业、邮政储蓄、邮政营销和保险理财等培训班8期，参加培训246人次，5人通过自学获大专以上文凭，28人通过职业技能鉴定考核，其中4人获高级工职业技能鉴定证书、9人获中级工职业技能鉴定证书。（叶　辉）

·通信·

【电信通信业务收入2.72亿元】 2013年，中国电信股份有限公司杭州市分公司下沙分局（简称电信下沙分局）完成业务收入2.72亿元，比上年增长17.3%。至年末，电信下沙分局有宽带端口总数16.13万个，实占9.17万个；FTTH覆盖规模12.5万线，实装4.3万线；宽带ADSL端口总数2.68万个，实占1.13万个，宽带LAN端口容量9200个，实占3900个；固话交换机总容量22.49万门，实装11.08万门；主干线对总数5.7万对，实用3.07万对；配线线对总数32.9万对，实用11.1万对；综合接入机房92处，电缆交接箱281个，光交接箱332个，累计建成光小区90个，新建C网宏基站12个（含RRU）；LTE基站1.35万个，室内分布系统12个；有WLAN系统点位296个，AP数6747个；净增固话用户1522户、宽带用户1.39万户、C网移动电话用户2.43万户、iTV（宽带电视） 6331户。电信下沙分局内设综合支撑办公室、销售部、网络运营部；外设开发区支局、九堡支局、下沙支局3个机构，校园营销中心1个；辖网格片区8个，属地电信营业厅1个。服务辖区面积125平方千米。

加快"光小区"改造，全年电信下沙分局完成60个区域"光小区"建设，完成FTTH建设3.6万线，FTTH属地小区覆盖12万线，用户光纤实占率33%。开通iTV便民服务系统平台，与开发区管委会签订协议，对下沙街道、白杨街道所辖的28个社区统一建设iTV便民服务系统平台。为推进系统应用，在28个社区居委会办公室安装iTV进行体验展示，至年末，28个社区开通iTV用户4022户。

【电信校园业务拓展与网络建设】 电信下沙分局积极拓展属地校园市场，开展2013年春、秋两季校园开学营销，新发展C网用户5000户，完成浙江工商大学、杭州师范大学和浙江水利水电学院的"闪讯"宽带改造，完成杭州南方职业技术学校、杭州东南理工专修学校、杭州前进专修学校、杭州电子科技大学继续教育学院4所成人教育学校的"翼机通"项目建设。7月，抓住微信公众平台网络趋势，启动校园市场O2O移动电商营销，成功开发针对校园市场的公众微信服务账号"飞Young校园"，满足学生对电信产品与服务的需求。至10月末，辖区电信在网用户6.3万户，比上年同期净增2.1万户，全年校园C网净增指标完成率107%，其中智能机业务占比75%，校园"闪讯"宽带用户5.1万户。推进校园网络建设，电信下沙分局网运部制订暑期校园网络改造计划表，与分局校园营销中心共推网络建设。至9月，先后完成9个学校网络新建和改造，分别是新建浙江工商大学，完成杭州师范大学和杭州电子科技大学研究生部的"闪讯"接入，完成杭州东南理工专修学校、杭州前进专修学校、杭州南方职业培训学校3个成人教育学院FTTX"闪讯"接入，完成杭州电子科技大学、浙江育英职业技术学院、浙江水利水电学院网络改造。

> **▶▶资料：O2O移动电商**
>
> O2O移动电商即Online线上网店Offline线下消费，商家通过开网店将商家信息、商品信息等展现给消费者，消费者在线上进行筛选服务并支付，线下进行消费验证和消费体验，满足消费者个性化需求，节省消费者因在线支付而没有去消费的费用。商家通过网店形式将信息传播得更快、更远、更广，可聚集强大消费能力。该模式主要特点是商家和消费者通过O2O电商满足双方需要。

【电信营业网点拓展】 电信下沙分局积极拓展营业网点，全年新开业营业网点7个，分别是天坤天城东路天翼卖场、俊杰三村天翼卖场、吾卯前领寓天翼卖场、中信颐高天翼卖场、天域永裕大厦天翼卖场、鑫茂九筑天翼卖场、天坤九堡新区天翼专营店。其中，1月8日开业的九堡新区天翼专营店规模较大，位于九堡镇九沙大道晨光绿苑3幢8号商铺，营业厅面积161平方米。厅内设终端配件和代理商自备的无线路由器、迷你充电宝柜台，服务项目除办理充值缴费、续包宽带、移动业务和宽带新装等常规业务，电信销售和装维人员还可为客户提供固话、宽带或手机一体化服务。

【电信"全球眼"项目建设】 全年电信下沙分局完成多个"全球眼"项目建设。5月，完成100个全球眼点位的夜间补光。6月，完成下沙公安部门7套车载监控、5套单兵移动监控系统和平台上线。7月，完成6所重点中（小）学约1000个监控点的视频联网和德胜路监控点位迁改赔补。11月，完成100个公话亭和一键报警设备的安装调试；同时完成开发区11个路口的交警全球眼电子卡口项目建设，完成与下沙交警大队的联网，以及下沙交警大队与杭州市交警支队的联网。12月，完成省军区农副业基地6平方千米的视频监控安防项目前期勘察等工作，并顺利开工建设。

12月23日，移动下沙公司营销团队对下沙地区网络覆盖方案进行研究探讨 （邵　烨　供稿）

【电信营销服务管理加强】 电信下沙分局加强营销服务管理。3月，完成15个网格区域经理公开竞聘，从客户经理、网格经理、社区经理中选拔优秀员工担任网格区域经理。调整网格区域，将原15个网格区域调整为8个区域，优化人员配置，完善营销服务体系。4月，举行客户经理、网格经理、支撑人员岗位等级认证考试，对参加岗位等级认证人员的工作能力和业务水平进行考核，对员工星级进行评定，将员工绩效工资与工作业绩、业务技能、工作态度等挂钩，调动员工工作积极性。5月，完成装机维护标准化班组创建，稳定分局装维队伍，装机维护水平提升。11月，调整内部网运部组织结构，撤销原有新兴业务室，成立资源室。调整后，网运部由政企支撑保障室、资源室、管线室、客户服务调度中心组成。制定2013年收服制绩效考核办法，分批进行新收服制体系培训，发挥收服制绩效考核导向作用，提升经营服务管理水平。

（斯瑜婷）

【移动通信运营收入5.02亿元】 2013年，中国移动通信集团浙江有限公司下沙分公司（简称移动下沙分公司）围绕上级公司总体战略，贯彻落实“品质移动”发展主线，较好地完成年度生产经营任务。年内，启动集中化运营管理，集中分公司前后台投诉处理人员并统一管理，开展投诉处理、业务稽查，规范执行考核；调整市区两级网络组织架构，完成集中监控、集中预处理、集中派单的集中运营监控要求。调整政企客户部组织构架，启动以“行业+网格”模式的政企转型；下沙地区14个移动营业厅划归销售部集中管理，部分集团客户业务划分至集团客户部。集中化管理使公司组织结构得到优化，业务流程更加简化，运营效益得到提升。全年公司实现运营收入5.02亿元，比上年增长6.8%。其中：有效数据业务收入5000万元，占比10%；集团整体收入1.1亿元，占比22%；日均通话用户数43.81万户，占市场份额81.35%，全年累计净增1.53万户。

【移动有线宽带业务发展】 移动下沙分公司拓展有线宽带业务，重点突破常住人口区域，至2013年末，累计完成小区信息点数20万个，累计发展小区宽带用户数1.4万户，渗透率20.1%；累计发展校园宽带用户数7.7万户，渗透率55.9%，使用用户4.8万户。创新运营维护模式，双头把控提升驻地网网络质量，新建小区制定预验收及考核标准，存量小区开展“扫雷行动”，释放到期用户端口资源，整改光交走线，并对资源已满小区进行“一改二”扩容，驻地网资源质量大为改善。推进接入网片区化维护管理，整合接入网运维支撑系统，开展接入网光路劣化监控及分析功能，实现接入网OLT到ONU的光路质量可视化。

【移动网络覆盖保持领先】 移动下沙分公司扩大网络覆盖面，全年建设基站115个、室分144个。其中2G基站50个、TD基站43个、LTE基站22个；TD 室分83个，2G室分61个。基本实现区域全部覆盖，道路信号覆盖率96%。网络性能整体平稳，开展TDS/TDL协同优化、2/3/4G互操作配置、932特殊时隙增强方案等专项优化，道路测试平均速率25兆以上，无线接通率、切换成功率稳定99.7%以上，无线掉线率从年初的2%降至0.35%。

【移动4G网络"and和"品牌推出】 2013年，中国移动推出第四代移动通信标准TD－LTE，发布新的商业主品牌"and和"。中国移动以第四代移动通信标准TD－LTE为引领，着力于GSM、TD－SCDMA、WLAN、LTE四网协同发展，实现移动互联的无缝衔接。3G基站平滑过渡为4G，并向下兼容，"全球通""动感地带""神州行"老用户，均可使用原来号码，享用新的4G网络。"and和"新品牌发布采用宣传统一发声，围绕4G全城体验、4G手机首发、4G正式商用3个主要活动阶段，开展线上与线下宣传，通过视频、音频、平面、网站、微博等途径统一发声，抢占优势传播资源，使移动4G始终领先印象深入人心。开展全员营销和定向人群精准营销，累计发展4G用户4000户，其中手机用户1700余户。

【移动创品质管理团队】 移动下沙分公司转变工作作风，在群众路线教育实践活动中，召开支部专题学习会8次和领导小组专题学习3次，梳理出6个大类15个问题并落实解决。开展效能监察，重点对会务费、招待费、终端促销资源等项目开展专项监察，加强风险预警和控制。抓安全管理，以"谁主管，谁负责"为原则签订安全责任书，全面落实职责。开展全量机房整治，将机房整治及检查结果与分公司负责人考核挂钩，全年公司无重大责任安全事故发生。2013年，移动下沙分公司获浙江省消费者信得过单位、杭州市文明单位、浙江省企业文化示范点、市移动公司先进集体等荣誉，1个班组获评"杭州市工人先锋号"荣誉，团支部被评为开发区先进团支部。

（邵　烨）

【联通通信业务发展】 中国联合网络通信有限公司杭州分公司下沙经营部（简称联通下沙经营部）是中国联通在开发区的分支机构，由公众、集团客户、固网3个营销中心组成，主要经营移动通信业务，国内、国际固定电话网络与设施，语音、数据、图像及多媒体通信与信息服务，电信增值、IP电话等国家批准的其他业务，以及与通信及信息业务相关的系统集成等业务。2013年，联通下沙经营部加大固网宽带建设力度，完善现有移动通信网络及未来4G网络建设，推进固定和移动网络宽带化，为用户提供全方位宽带通信服务。面对4G新一代网络，联通下沙经营部努力实现由"基础电信网络运营商"向"现代化的综合通信与信息服务提供商"转变，提供的业务由原来以通信为主、以信息为辅，逐步向通信与信息并举的方向转变。至年末，联通下沙经营部公众营销中心累计完成通信服务收入5000余万元，在网用户数10.5万户。集团客户营销中心企业用户收入2887万元，比上年增长18%；年末在网用户数6万户，净增1万户。固网营销中心收入累计完成806.35万元，增长28.5%；宽带新增用户788户，无线固话新增用户2328户；年末在网宽带用户1969户，在网固话用户3002户。联通下沙经营部拥有3G实体渠道20余个、2G签约渠道80余个。

【联通通信服务】 联通下沙经营部助力"校园生活"，为下沙高校提供多元化的通信产品。至2013年末，完成联通通信接入并使用的高校10所。开展为民服务，联合高校举办以"沃来袭"为主题的校园歌手大赛，每场次现场人数1000余人，参与踊跃，气氛热烈；开展住宅小区"为民服务"活动，为客户提供网络、资费、操作演示等服务体验，提升客户满意度；联合物美等连锁超市组织"送服务上门"活动，开展为老年人提供健康服务等主题活动，为周边用户带去高品质宽带及高清电视服务。联通下沙经营部开展多项服务活动，丰富校园师生及辖区居民生活，提倡正能量，受到众多好评。

（宗　丽）

经济管理与监督

·工商行政管理·

【工商行政管理概况】 2013年，杭州市工商行政管理局经济技术开发区分局（简称区工商分局）以“促发展、争一流、创满意”为目标，以“学习型工商、服务型工商、创新型工商、能效型工商、廉洁型工商”建设为抓手，全面履行服务发展、监管维序、维护民生职能，各项工作取得实效。区工商分局在市工商局工作目标责任制年度考核中被评为优秀单位，在开发区满意单位评选中被评为先进单位。白杨工商所被市纠风办授予2013年“人民满意基层站所（服务窗口）”称号。

服务创业创新环境。全年登记内资企业1562个、外资企业43个、个体工商户2099个、商品交易市场2个。年末，开发区登记内资企业累计6185个、外资企业496个、个体工商户9002户、商品交易市场24个。培育认定浙江省著名商标7件、杭州市著名商标5件。认定AAA级“守合同重信用”企业1个、AA级“守合同重信用”企业16个。认定四星级文明规范市场2个、三星级文明规范市场2个、二星级文明规范市场2个。通过动产抵押、股权出质出资等方式帮助企业融资17.5亿元。

监管市场经济秩序。全年查处经济违法案件141起，罚没款216.1万元。开展固定无证无照餐饮场所专项整治，规范、整治、查处无证无照餐饮场所529个。疏导无照经营转有照经营，经疏导发营业执照363个。保护知识产权，查处假冒“朝阳轮胎”等商标侵权案件17起。完善网络交易主体数据库建设，查处网络违法案件8起。开展食品经营者宣传教育，举办培训班19期；强化企业对食品安全电子监管平台运用，13个经营单位电子监管上传数据82万余条。开展问题乳粉等专项检查，查处食品案件19起。开展“霸王条款”整治，查处合同案件2起、备案格式合同24份。开展反不正当竞争整治，查处虚假广告等案件14起。

维护居民消费环境。全年受理消费申诉642件、举报118件、咨询13件，为消费者挽回经济损失37万余元。组织“3·15”现场消费维权投诉咨询、保健品消费知识、“一站式”建材家居、工商干部进社区、公

8月2日，开发区召开“个体工商户转型升级为企业”动员暨政策解读大会（叶丽君 摄）

民道德大讲堂等消费体验活动。开展市场信用分类评价，公示商品准入信息8.93万条，投诉举报咨询信息177条、经营户信用信息3659条。开展农贸市场"你点我检"和"市民评市场"活动，部署H7N9禽流感防控，协调落实40余万元为8个农贸市场更新检测设备。开展快速定性检测4.54万批次，不合格242批次，销毁不合格产品2744千克。开展"无传销校区"创建，梳理高校建议，联合公安打击传销，搭建宣传教育、短信预警、信息互动3个平台。

【完成"个转企"企业166个】 7月19日，开发区管委会出台《关于加快推进个体工商户转型升级为企业（简称"个转企"）工作的实施意见》（简称《实施意见》），明确重点支持引导对象与优惠政策，推动个体工商户转型升级为企业。根据《实施意见》，区工商分局联合相关部门召开政策解读会，编印发放《"个转企"指导手册》1500余册，并将"个转企"登记权限下放至辖区两个工商所，方便经营者就近办理；区国税局、区地税分局指派专人辅导"个转企"企业减免税申报；区卫生分局和区建设局（环保局）等前置审批部门对"个转企"企业提供优先服务和快捷服务；两个街道将"个转企"工作列入年度重点工作事项。通过努力，全年开发区完成"个转企"企业166个，完成率139.5%。

▶▶资料："个转企"

"个转企"指个体工商户由原来的个体工商户的组织形式转型升级为企业。转型升级后的企业类型一般应为有限责任公司，特殊情况下可转型升级为合伙企业、个人独资企业。"个转企"通过优化内部流程，解决企业发展的延续性。转为企业的个体户，需到工商部门办理手续，工商部门采用直接办理变更登记的方式，字号名称、商标及其他知识产权均可通过变更沿用，经营地址保留，经营范围可以扩大，且享受政府税费优惠。

【大学生创业企业分会成立】 7月9日，开发区首个私营企业协会——大学生创业企业分会成立。该分会是开发区管委会为大学生创业提供的服务平台，旨在促进大学生创业者与政府部门、高校、企业的交流与合作，构建开发区大学生创业工作沟通交流的桥梁。近年来，面对严峻的就业形势，自主创业越来越成为大学毕业生的选择之一。2013年，开发区新登记大学生创业企业203个，市级大学生创业园1个、区级大学生创业园14个，累计在册大学生创业企业1057个，注册资本2.98亿元。区工商分局扶持大学生创业，通过开展大学生创业需求知识讲座、发放《大学生创业指导手册》、开设大学生创业咨询电话等方式进行宣传指导，提升大学生创业能力，同时提供政策支持，落实"零首付""放宽准入条件及场所限制"等政策，为大学生创办企业提供绿色通道，并跟踪服务，促进大学生创业企业平稳发展。

参见"科技创新"类目"大学生创业企业分会成立"条目

【涉嫌商标侵权轮胎查获】 7月30日，区工商分局下沙工商所在开发区中心路一仓库查获一批贴有"乾阳"字样和"戟阳"字样的轮胎，涉嫌假冒中国驰名商标"朝阳"牌轮胎。根据举报线索，执法人员赶到现场，将刚运进仓库的涉嫌侵权轮胎查获。经清点，该批轮胎共有4374条，均为用于翻斗车的大轮胎。按销售价格，"乾阳"轮胎批发价每条14元，"戟阳"轮胎每条15元，合计总价6.26万元，而按朝阳轮胎的价格计算，案值17.5万元。根据调查，该批轮胎来源于山东，到杭州的推销者没有提供生产厂家营业执照、生产许可证、商标注册证等资料，轮胎未标注厂名、厂址及联系电话，涉嫌商标侵权。杭州橡胶总厂注册的"朝阳"图文商标，2004年被评为中国驰名商标，在车辆内胎、外胎等商品具有较高知名度和显著性，"朝阳"牌轮胎商标受到法律保护。

【网络经营行为整治】 8~12月，区工商分局在全区范围内开展网络经营行为专项整治执法行动，主要对网络交易平台、经营性网站及从事网络商品交易的经营者等经营主体开展执法行动，重点查处网络商品交易非法主体网站和网络经营违法行为。网络经营违法行为包括伪造或冒用企业名称、经营地址虚假、未按规定公示主体身份信息、销售违禁商品或劣质商品、"傍名牌"、侵犯注册商标专用权、虚假宣传、违法广告等行为。根据网络交易跨区域、虚拟化、不确定性等特点，区工商分局采取线上线下分工、网上巡查与实地巡查、日常巡查与专项检查相结合的方式，对网络经营主体、网络交易行为实施监管，收集违法行为网络证据。整治期间，立案查处网络虚假宣传等案件

8起，罚没款16.84万元。结合开发区大学生创业企业电子商务行业占比高的实情，走访杭州易沙网络科技有限公司、浙江网仓科技有限公司等企业，宣传网络监管法规，强化经营主体规范经营意识。

【“消费体验日”活动】 10月24日，区工商分局、区消费者协会联合杭州恒大陶瓷建材交易市场开展“消费体验日”活动，让消费者“零距离”体验该交易市场建材家居展示销售平台和消费维权服务等活动。参与活动的36名消费者代表参观体验恒大建材市场A、B、C场馆展示，市场工作人员介绍建材产品特性、购买须知、便民亲民的相关服务及产品功能体验，就消费者代表感兴趣的产品进行介绍和解答。随着建材家居市场环境的提升，逛市场逐渐成为消费者一种休闲放松方式。通过看体验区和样板间，帮助消费者增长装修见识，提升消费维权能力。 （史小雄）

·统计·

【统计概况】 2013年，区经发局（统计局）实施“企业一套表”统计调查制度，做好地区生产总值核算，加强工业、投资、服务业统计，强化部门联动，把好数据质量，全面完成年度常规统计任务，被市统计局评为杭州市统计调查优胜单位。开展统计调查，年内完成投入产出、5‰人口抽样、“平安浙江”群众安全感满意度、公交分担率（城市居民出行方式中选择公共交通的出行量占总出行量的比率）和交通满意度、个体户人才资源、收入倍增、外国专家、基本侨情等专项调查。完善统计名录库管理，加强与区建设局、区招商局、区工商分局、区国税局、区地税分局等部门联动，做好名录库更新维护，全年办理新登记单位345个、变更登记单位156个。加强统计业务培训，为重点企业统计人员开展培训班4期，培训人员400余人次；邀请市统计局专家对固定资产投资、房地产、工业增加值进行专场培训，提高统计人员业务水平。组织统计从业资格考试和专业技术资格考试报名，131人报名参加从业资格考试，8人报名参加专业技术资格考试。

▶▶资料：“企业一套表”

“企业一套表”是以统计调查对象为核心，通过整合现行统计报表制度，在同一软件系统下采集、审核、上报、汇总和处理统计数据的一种调查制度。该制度实施范围包括：年主营业务收入2000万元以上的工业法人单位；有总承包、专业承包和劳务承包资质的建筑业法人单位，非建筑业附营的有资质的建筑业产业活动单位；年主营业务收入2000万元及以上的批发业、年主营业务收入500万元以上的零售业法人单位，非批发和零售业法人单位附营的限额标准以上的零售业产业活动单位；年主营业务收入200万元及以上的住宿和餐饮业法人单位，在非住宿和餐饮业法人单位附营的全年主营业务收入200万元及以上的住宿和餐饮业产业活动单位；全部房地产开发经营业法人单位；除以上法人单位外，年综合能源消费量1万吨标准煤及以上的建筑业及第三产业法人单位。

【统计监测分析】 区经发局（统计局）加强统计监测分析，实行月前监测预警和月后数据分析，对区内重点企业、重点项目、主导产业及新兴产业实行跟踪监测。编印工业、固定资产投资、社会消费品零售总额、服务业等主要指标的快报资料，开展季度、年度主要指标预测和计划建议。改编《统计月报》，增加服务业经济指标版页，全年编印《统计月报》11期。健全分析调研，实行经济运行情况定期分析和课题调

9月2日，市统计局调研组调研开发区工业企业 （田 桦 供稿）

10月，开发区第三次全国经济普试点工作启动　　（辛 杰 供稿）

研。按月按季进行地区生产总值（GDP）、工业经济、固定资产投资、消费品市场运行、工业能源消费分析，撰写完成统计分析文章30篇。建立领导联系服务企业制度，局领导带头开展课题调研，全年走访调研企业100余个次。开展电子商务、信息软件产业调查，完成生物医药产业、汽车及零部件产业等主导产业发展计划、开发区经济增长质量和效益分析、经济普查基本单位情况简析等课题。

【开发区综合考评成绩良好】 围绕国家级经济技术开发区“争先进位”目标，区经发局（统计局）深入研究国家商务部考评指标体系，开展开发区综合投资环境课题研究，健全部门年报制度，强化综合统计，在国家商务部、省商务厅组织的开发区综合考评中取得新成绩。4月，开发区完成国家商务部、省商务厅2012年度考评资料上报。5月，省商务厅公布2012年度全省开发区综合考评结果，杭州经济技术开发区在经济规模、发展质量、综合效益、增量增速4个大类指标的综合评比中以748.6的分值名列榜首，连续4年排名全省开发区首位。年末，在国家商务部的综合发展水平评价中，开发区在经济发展、科技创新、生态环境、社会发展、体制创新5个指标评价中继续位居200个国家级开发区第一方阵。

【第三次全国经济普查】 9月，开发区第三次经济普查工作正式启动。管委会成立开发区第三次经济普查领导小组，在区经发局设立领导小组办公室，建立两员”（普查指导员和普查员）队伍，配备PDA（掌上电脑）数据采集设备120台。10月8日，召开普查试点动员暨规范单位基础信息业务培训会，对200余名普查指导员和普查员进行业务培训。开展普查综合试点，选择白杨街道大北社区和下沙街道高沙社区为试点，10月综合试点正式启动。至年末，开发区经济普查完成“两员”选拔培训、普查区划分、普查地图绘制、规范单位基础信息登记等前期工作，划分普查区35个，其中下沙街道20个、白杨街道15个，下沙社区、七格社区、大北社区和省军区农场4个普查区纳入杭州市个体经营户抽样调查样本普查区；核查单位1.26万个，其中法人单位3770个（含联网直报单位573个）、产业活动单位494个、个体经营户8289户。

▶▶资料：全国经济普查

全国经济普查是国家为掌握国民经济第二产业、第三产业的发展规模、结构、效益等信息，按照统一方法、统一标准、统一时间、统一组织对工业、建筑业、第三产业的所有单位和个体经营户进行的一次性全面调查。2003年，根据国务院规定，经济普查每10年进行两次，分别在逢3、逢8的年份实施，标准时点为普查年份的12月31日。因“非典”的原因，第一次经济普查于2004年开展。第三次全国经济普查标准时点是2013年12月31日，普查时期资料为2013年年度资料。经济普查对象是境内（不包括香港、澳门特别行政区和中国台湾）从事第二、三产业活动的法人单位、产业活动单位和个体户，普查在行业上涵盖除农业外的各行各业，普查内容包括基本属性、财务状况、生产经营情况、生产能力、原材料和能源消耗、科技活动、从业人员等方面。

【第六次全国投入产出调查】 3月，开发区投入产出调查工作启动。为做好投入产出调查，区经发局（统计局）组织辖区74个调查样本企业，召开投入产出调查培训会议，解读指标概念，落实上报任务。5月，对调查单位上报数据进行审核、查询，并将原始调查表数据上报市统计局，既定任务按时完成。投入产出调查是一项重要的国情国力调查，是编制投入产出表的重要基础。投入产出表侧重反映国民经济各部门之间的技术经济联系，揭示各部门之间相互制约、相互依存的数量关系，是对GDP核算的细化。2013年是第六次开展全国投入产出调查和编表工作，调查时期为2012年度。时点指标填报2012年12月31日的时点数据，时期指标填报2012年1月1日至12月31日累计数据。

【5‰人口变动抽样调查】 10月，区经发局（统计局）启动全区范围5‰人口变动情况抽样调查和群众安全感调查。做好抽样调查准备，开展业务培训，对白杨街道7个小区和下沙街道3个小区的47名社区调查员以及2名街道指导员进行业务培训；10月22～30日，组织人员开展清查摸底，汇总户主姓名底册，为上门登记提供第一手资料。11月1～10日，5‰人口变动情况抽样调查全面铺开，上门登记工作完成；11月15～22日，抽样调查的数据录入完毕，经审核汇总，报表统一规范整理回收归档。至年末，2013年开发区5‰人口变动情况抽样调查共上门登记调查户1192户、4265人，为市统计局测算年末常住人口数奠定基础。

【统计诚信单位创建】 9月，区经发局（统计局）印发《开发区统计诚信单位创建活动的实施办法》，面向全区企业开展统计诚信单位创建活动。通过企业申报，经区经发局（统计局）审核后评选出杭州杭联热电有限公司、杭州士兰集成电路有限公司、杭州奥普卫厨科技有限公司、杭州国光药业有限公司、杭州荐量兽用生物制品有限公司、杭州中能汽轮动力有限公司、日东电线工业（杭州）有限公司、杭州宝通汽车有限公司、好易购家庭购物有限公司、浙江恒纳时装有限公司、杭州华商物流有限公司、蓝创（杭州）广告有限公司12个企业为开发区统计诚信单位，其中杭州士兰集成电路有限公司、杭州杭联热电有限公司、杭州奥普卫厨科技有限公司、杭州国光药业有限公司、浙江恒纳时装有限公司、杭州华商物流有限公司、蓝创（杭州）广告有限公司、杭州宝通汽车有限公司、好易购家庭购物有限公司9个单位被评为杭州市统计诚信单位。

【统计宣传与检查】 2013年，开发区结合《中华人民共和国统计法》颁布30周年和全国第三次经济普查，积极开展统计普法宣传，组织基层单位参加全国统计法制知识竞赛和杭州市统计法制知识竞赛，区经发局（统计局）获市级竞赛组织奖。7月，区经发局（统计局）在全区开展“企业一套表”联网直报“三查”工作（查单位是否真实，查数据是否准确，查“四大工程”联网直报工作是否落实到位），对全区“四上”企业（规模以上工业企业、资质等级建筑业企业、限额以上批发零售和住宿餐饮企业、服务业4类规模以上企业的统称）开展统计“三查”，坚持上下联动、同步进行，即企业自查和市、区两级统计部门专业统计抽查反馈联动进行，走访检查企业20余个。 （田　桦）

·物价管理·

【物价管理概况】 区经发局（物价局）履行价格管理、价格监督和价格服务职能，创新工作思路，保障开发区经济平稳有序发展。2013年，开展餐饮企业“年夜饭”明码标价、涉农涉企收费、医药卫生服务等专项检查和节假日巡查10次，检查经营户（单位）60余个次，受理和查处明码标价、停车收费、物业服务等投诉举报案件94起，查办价格违法案件4起，查没违法金额7100元，罚款2.99万元。3月，召开餐饮企业明码标价培训会，全区50余个餐饮企业相关负责人参加培训。7月，召开全区物业收费管理培训会，80余名物业企业和社区负责人参加培训。

【行政事业性收费验审】 4～6月，区经发局（物价局）对区内37个行政事业单位和民办单位进行收费验审。经验审，2012年度收费总额7861.86万元，其中行政性收费1498.1万元、事业性收费1015.02万元，民办中小学校收费4145.15万元，民办幼儿园收费1203.59万元。收费单位对收费规定文件的执行情况良好。

【民生服务定价管理】 区经发局（物价局）做好民生服务定价管理，对非民用天然气调价实行跟踪服务，参与开发区北部热电厂供热价格调价协调。4月，会同区社发局做好幼儿园甲级评定会审。5月，星河幼儿园、听涛幼儿园、云水苑幼儿园、景苑幼儿园被评为甲级幼儿园。配合区城管办，做好启动道路停车收费工作。结合全国文明城市指数测评，强化对供水、邮政、地铁等单位执行明码标价情况的督促与检查。做好辖区范围内幼儿园和住宅小区物业服务收费备案，加强对执行政府定价及政府指导价的收费项目管理。

【价格法律政策宣传】 全年区经发局（物价局）多次开展价格法律政策宣传。3月，结合“3·15”消费者权益保护日活动，会同区工商分局向群众发放价格法律法规、政策资料，现场解答价费热点问题。5月，开展《中华人民共和国价格法》实施15周年纪念活动，选择与群众生活密切相关的价格法律法规、涉民价格与服务收费标准等内容制作成宣传板，在开发区市民中心展出，获群众好评。9月，结合商业零售企业促销行为专项整治，印制2000份专题宣传手册，发至区内各零售经营户，强化经营者对价格法律法规的认识。（沈　磊）

·质量技术监督·

【质量技术监督概况】 开发区实施质量强区战略，制定质量奖评审管理办法等制度体系。浙江八方物流有限公司、杭州九阳欧南多小家电有限公司和浙江中财型材有限责任公司3个企业获2013年度区政府质量奖。充实质监行政审批项目，压力管道使用单位和人员资格认定、特种设备作业人员考核前置受理、计量器具强制检定前置受理3项权限年内下放到位，至此，质量技术监督行政审批市级审批权限均下放至开发区。2013年，杭州市质量技术监督局经济技术开发区分局（简称区质监分局）设于行政服务中心的质量技术监督窗口，受理组织机构代码业务量比上年（指2012年，下同）增长20.7%，特种设备业务量增长104%，食品计量业务量增长145%。加强食品安全生产监管，区质监分局联合杭州市质检院、中国计量学院商讨食品安全风险防范，从产品指标检测扩展至原料基地控制、种子控制、原料异常分析、关键控制点调整、不合格品处置等环节，通过风险预警、风险评估、员工教育、应急响应等管理措施，成效显现。开展饮用水生产企业专项整治，检查辖区4个获证饮用水生产企业，未发现不符合质量安全的情况。

【特种设备监管】 区质监分局参加管委会组织的第12个国家“安生全产月”活动，就安全乘坐电梯与识别螺栓护罩、液化石油气钢瓶等特种设备知识进行宣讲；举办起重类和承压类特种设备安全培训，学习国务院《特种设备安全监察条例》、特种设备基础知识，提高安全操作技能和突发事件应急处置能力；召开特种设备安全检查动员会，40余个特种设备使用单位参加。根据吉林宝源丰禽业有限公司液氨制冷装置的特别重大事故，开展以液氨为“冷媒”的冷库和液氨储存容器安全检查，发现1个食品企业存在安全隐患并上报市政府。该企业投入整改资金400余万元，淘汰隐患设备，更换新设备，根除安全隐患。

【计量监管】 区质监分局十分重视农贸市场计量器具问题，报开发区管委会批准，经相关部门支持将计量器具纳入“最佳最差农贸市场”评价内容；成立计量服务站，与农贸市场、市质检院等单位协同开展工作，出动人员200余人次，对农贸市场进行计量监督检查；召开农贸市场电子秤专项会议，推动市场计量器具“统一配备、统一管理、统一维修、统一轮换”。通过努力，开发区农贸市场电子秤年检合格率100%，居杭州市各城区首位。开展“计量与生活”宣传活动，发放宣传资料和标准砝码各200余份，修检电子秤40台，提供眼镜验光、维修等50余人次。开展计量标准建标工作，对杭州佐帕斯工业有限公司计量建标进行指导，该企业通过努力建立起3个量具标准并通过考核；对区内66个重点用能单位加强计量管理，申报6个企业参加2012年度杭州市能源计量示范单位评选，均获市级能源示范单位称号。

【认证企业监督管理】 5月，区质监分局联合浙江公信认证有限公司专家组成检查组，对杭州九阳小家电有限公司、杭州金州高分子科技有限公司、旭化成医疗器械（杭州）有限公司3个环境管理体系认证获证企业进行检查，重点检查获证企业体系运行的有效性和认证证书、认证标志使用的合法性，以及认证机构认证行为的合法性、合规性和认证人员的合法性。经检查，3个企业均有需要完善之处，要求企业整改。6月，在区内农贸市场、商场超市、大型企业张贴宣传画报，开展强制性产品认证企业和有效性认证企业巡查，未发现不合要求的行为。7月，市质监局与区质监分局组成检查小组，对杭州警苑综合服务部第三车辆检测站进行资质认定和资格许可监督检查，经检查该车辆检测站存在不符合项，要求检测站按期完成整改。

【物流服务标准化试点验收通过】 1月9日，国家标准化委员会组织专家组对开发区管委会承担的国家级物流服务标准化试点项目进行验收，总体评价试点项目成效显著，给予优秀等级，试点验收通过。2010年9月，开发区管委会物流服务标准化被国家标准化委员会列入国家级试点。试点建立区内物流园区标准体系由物流服务通用基础标准体系、物流服务保障体系、物流服务提供标准体系3个子体系和对应的20个分支体系构成，涵盖101项国家标准、16项行业标准、3项地方标准、4项市级服务标准、72项园区标准和173项企业标准。试点启动三年来，开发区管委会通过物流园区标准体系建设，实施政府引导和政策引领，对企业主体加大技术科研支撑，园区23个规模物流企业标准化覆盖率100%，70%以上物流企业内部应用信息化手段，累计培训物流标准化人才300余人；参与制定《自动分拣过程包装条码规范》《托盘编码及条码表示规范》2项国家标准，5个企业制定2项省级地方标准《食品零担货运服务规范》《连锁超市物流配送规范》和3项市级地方标准，规范的物流标准化体系、覆盖全国的网络服务平台、无纸化办公、绿色物流走向等得到验收专家组肯定。

【朝阳橡胶公司能源标准试点验收】 12月24日，由省质监局、省经信委和浙江蓝箭万邦标准咨询有限公司等单位组成的专家组，对开发区杭州朝阳橡胶有限公司自2012年7月起实施的ISO 50001能源管理体系标准化试点进行考核验收。经评审，专家组认为杭州朝阳橡胶有限公司作为省内首个ISO 50001的试点单位，按照标准要求编制完成能源管理手册、能源管理程序文件及用于指导能源活动的作业指导书等工作，出台能源管理实施方案96个，其中重大节能降耗项目5个。项目实施完成能源、质量、计量、环境、安全5个体系的整合，编制形成《能源控制计划》，对61个子过程能源控制提出要求及方法。通过标准化试点，公司能耗比上年下降14.14%，工业增加值电耗下降15.17%，超额完成开发区下达的2013年“能耗下降3.8%以上、工业增加值电耗下降4.9%”的节能目标。根据杭州市能源“双控”（能源消费总量与社会用电总量控制）要求，2013年企业用电总量增幅0.7%，远低于能源“双控”用电总量增幅控制在5%以下的目标。经全面考核，专家组同意杭州朝阳橡胶有限公司能源标准化试点通过验收。

【物流论文获《中国标准化》刊载】 7月，由区质监分局工作人员曹冲锋等人撰写的论文《浅析我国物流标准化存在的问题及对策思考》获《中国标准化》刊物2013年第7期刊载。该论文在国家物流服务标准化试点的基础上，提炼中国物流标准化工作中存在的3个突出问题，对问题原因进行深入研究，并从宏观领导、立法保障、推进途径、企业主体4个方面提出对策建议，对于加快中国物流业和服务业现代化进程，促进服务业整体质量水平提升具有参考意义。《中国标准化》刊物于1958年创刊，由国家质检总局主管，中国标准化协会主办，主要刊载中国标准化领域的政策形势、时事政策、发展动态、研究成果、国标与行政权威发布、标准科技前沿和热点探讨等内容。

【保利东湾小区电梯问题处理】 6月4日，区质监分局牵头召开保利东湾小区电梯隐患治理协调会，保利东湾小区物业公司、杭州通达电梯工程有限公司、

6月28日，开发区举办特种设备安全培训　　（陈建山 供稿）

杭州众安电梯有限公司及电梯生产厂家等单位参与协调。该小区电梯自2010年投入使用起，用户投诉不断，随着用户入住率提高，电梯故障率攀升，表现在电梯困人溜梯、电梯门无法关闭或打开、电梯楼层显示错误、电梯外呼按钮失效等，给住户带来不便和恐慌。2012年，保利东湾小区电梯问题是开发区“96333”投诉最多的问题，电梯维保公司因电梯问题位居杭州市维保投诉首位。区质监分局经前期多次检查、协调后，召集相关方现场协调，对电梯问题进行讨论，分析问题成因。经相关方共同努力，形成最终解决方案，电梯安全隐患问题得到基本解决。

（陈建山）

·安全生产监督管理·

【安全生产监督管理概况】 开发区以加强企业安全生产基础建设为主线，围绕深化“打非治违”（打击非法、违法生产，治理违规、违章作业）、推进安全生产标准化和组织安全生产专项整治3项中心工作，推行工业企业“零事故”理念，规范企业生产安全秩序，防范生产安全事故，确保安全生产形势相对稳定。2013年，开发区发生各类事故80起，死亡15人，受伤29人，直接经济损失245.2万元。其中：工矿商贸类（含建筑工地）事故7起，死亡7人，直接经济损失210万元；道路交通事故36起，死亡8人，受伤29人，直接经济损失16.3万元；消防火灾事故37起，无人员伤亡，直接经济损失18.9万元。事故比上年增加16起，死亡人数增加3人，受伤人数减少17人，直接经济损失增加13.4万元。2013年，开发区管委会在全市安全生产目标责任制考核中获良好等次。

【安全监管责任落实】 2月，开发区安全生产监督管理局（简称区安监局，设在区经发局）对《开发区安委会各成员单位工作职责规定》《开发区安全生产目标责任书》作出修订，并新增前进工业园区为考核单位。开展重点领域排查整治，全年管委会领导带队对制冷行业、道路运输、消防、建筑施工、商贸、危险化学品、机械制造、特种设备8个重点领域排查整治开展情况进行督查，并对发生事故的企业和挂牌督办的企业进行检查。对2013年建筑工地事故连续发生的异常情况，管委会采取听取汇报、诫勉谈话、紧急会议等方式，对建设部门领导进行约谈。修订《建设项目安全设施监督管理规定》，明确企业建设项目在可行性研究、设计、施工各阶段应履行的法律责任。

【安全生产排查整治】 6月，根据市政府《关于认真吸取吉林“6·3”特别重大事故教训立即开展安全生产大排查大整治专项行动的紧急通知》精神，开发区印发行动方案，在全区范围内开展为期半年的安全生产排查整治活动。区安监局联合街道和职能部门对道路运输、消防、建筑施工、餐饮场所燃气使用、危险化学品、机械制造6个行业领域开展排查整治，并对全区各企业开展安全生产大排查大整治的情况进行督查，监督企业落实安全生产主体责任。至年末，全区工业领域284个规模以上企业上报隐患5019条，平均整改率94.7%。其中，开展“两非”（非法营运、非法上路）车辆综合整治，查获车辆1378辆；开展职业卫生专项监督检查和放射卫生专项检查，检查27个用人单位和辖区内10个放射诊疗单位；检查建筑工地730个次，下发停工或局部停工单21份、责令改正通知书504份，排除隐患2767条，实施行政处罚21起，累计处罚79.01万元；对981个餐饮场所进行燃气安全专项整治，发现隐患1492条。

3月29日，开发区2013年企业安全生产工作会议召开（黄健员 摄）

▶▶资料：吉林“6·3”特别重大事故

2013年6月3日6时10分许，位于吉林省长春市德惠市的吉林宝源丰禽业有限公司主厂房发生特别重大火灾爆炸事故，共造成121人死亡、76人受伤，1.72万平方米主厂房及主厂房内生产设备被损毁，直接经济损失1.82亿元。事故发生后，中共中央、国务院和省、市领导高度重视，分别作出重要指示、批示，要求进一步加强安全生产工作，立即部署开展安全生产大排查大整治。

【危化企业“安全体检”评估】 6月，区安监局开展涉氨制冷企业重点整治，尝试推行“安全体检”评估制度，即制定一个评估标准，对企业固有危险度、规划布局、安全设施、安全管理水平4个维度35个要素进行量化评估，由第三方中介机构量化打分，并对企业出具综合评估结论。通过推进“安全体检”评估制度，全年对区内30个危化品重点监管企业开展体检，发现隐患263条，提出改进建议264条。该制度出具体检报告，列出企业基本信息、体检内容、扣（加）分项目、体检结论，指出企业现场存在的安全隐患和管理过程中存在的问题，归纳整改意见与建议对策，要求企业负责人在体检报告上签字。体检突出从业人员“三知三会”（知道从业场所或单位的火灾危险性、知道如何预防火灾、知道消防设施使用的基本知识；会正确报火警、会扑救初期火灾、会自救互救）抽查，检查组对主要负责人、安全管理员、车间领导、员工4个方面人员情况进行抽查，了解企业员工岗位安全知识掌握情况。

【安全标准化创建】 开发区加强安全标准化管理，全面推进工贸行业安全生产标准化建设。3月和5月，区安监局公布两批共70个安全生产标准化创建企业名单，将标准化创建作为安全生产评先评优的必要条件，纳入企业年度考核必考项目。5月，区安监局举行标准化创建交流座谈会，将松下家用电器有限公司树为标杆，号召全区企业向其看齐；6月，开办标准化知识讲座，提高企业对标准化的认识。建立沟通渠道，每月定期与企业联系，掌握创建进度。全年末，全区累计有76个企业签订标准化创建咨询合同，其中73个企业上报评审。至年末，54个企业通过评审，其中达到一级标准化企业1个、二级标准化企业9个、三级标准化企业44个。杭州松下马达有限公司通过国家一级标准化评定，开发区国家一级标准化企业增至2个，通过标准化评审企业累计120个。开发区实施财政奖励政策，出台《关于加快工业经济发展的若干政策（2013）》，对通过安全生产标准化企业实行激励，全年对42个通过二级和三级标准化的企业累计奖励400.52万元。

【安全监管信息化建设】 开发区推行安全监管信息化建设，建设政府动态监管、综合信息管理平台。3月，开发区第二代安全生产信息管理系统经优化完善后正式投入运行。该系统在200余个企业广泛使用，区安监局、白杨街道、下沙街道、出口加工区和前进工业园区5个区域主体同时使用。利用该信息系统，可实现文件点对点传达，对企业有否点击浏览作实时统计；实现企业基本信息更新，企业长时间不登陆系统，区安监局能及时发现；系统对企业隐患排查治理每月上报情况进行统计，对隐患发现数量及整改率进行排序；企业有关人员安全持证培训，在系统内报名后人数到达开班条件，与系统联网的培训机构即可组织培训，并短信通知学员，经区安监局考核合格后，成绩自动登记入库并实行动态管理；执法监察计划执行情况以图表方式显示，直观明了，到期有复查提醒；危险化学品企业将有关信息输入后，系统将到期换证或备案提醒企业和安监人员，对企业定期履职报告上报情况自动统计，提醒安监人员审阅报告或催促企业上报。至年末，248个企业利用该系统上报安全隐患5233条，整改4776条。

【安全生产培训】 12月，区安监局加强安全培训，推行机考制度，在杭州职业技术学院首次实施“无纸化”考试试点，实现全程上机考试。全年累计培训安全管理员并发证298人，培训主要负责人36人。开展安全宣传，结合“安全生产月”活动，在全区开展“安全人人会”系列培训讲座、“安全生产隐患大扫除”等活动，累计接受安全咨询131次，85个企业1919名职工参加竞赛活动。创新宣传教育载体，资产经营集团公司举办“安全生产大家谈”征文比赛，收到征文60篇；区安监局举办4期“危险能量控制”企业现代安全管理讲座，610个企业的700余名安全管理员参加培训；区建设局开展建筑施工五大伤害事故预防和建筑施工人员入场安全教育，8个工地780余人参加；区交警大队建立高教园区交通安全管理新机制，讲授交通安全课24堂，发放宣传资料5000余册，受教育师生4.2万人。（陈肖玲）

·食品安全监督管理·

【食品安全监督管理概况】 2013年，开发区深化食品安全治理整顿，落实食品安全监管，开展食品安全专项整治，加强食品安全宣传教育，全区食品安全状况总体稳定，未发生重大食品安全事故。完善食品安全监管机制，开发区食品安全委员会办公室（简称区食安办）制订《开发区“诚信做食品、重拳治安全”行动方案（2013~2015年）》《开发区十万学生饮食放心工程2013~2015年行动方案》及专项整治方案11个。实施目标责任制，管委会与街道、监管部门签订目标责任书。开展专项行动，通过农产品、乳制品、肉制品、粮油问题等专项整治，打击食品领域违法犯罪行为。开展执法检查，全年食品安全监管部门出动执法人员1.27万人次，检查单位8958个次，查处违法行为95起，发出整改书95份，整改完成93个，取缔无证无照单位35个，立案查处食品案件25起，罚没款18.78万元。实施农业、生产、流通、消费全程监管，全年抽样检查1069批次，合格1053批次。其中：农业领域抽检258批次，合格258批次；生产领域抽检697批次，合格691批次；流通领域抽检30批次，合格28批次；消费领域抽检84批次，合格76批次。加强食品安全宣传，与1200余个企业签订诚信承诺书；组织食品安全培训，举办培训班28期，培训从业人员4000余人次；强化社会参与，通过食品安全宣传周、“3·15”消费者权益日、食品安全典型案件警示、高校食品安全辩论赛等活动，营造开发区食品安全良好氛围。

【“一工程三战役”食品安全行动】 8月，区食安办印发《开发区“诚信做食品、重拳治安全”行动方案（2013~2015年）》。根据三年行动方案要求，开发区启动“一工程三战役”，即开展“食品行业道德领域突出问题专项教育工程”和“校园攻坚战”“餐桌保卫战”“打非歼灭战”。至年末，区食安办在两个街道建立道德讲堂，在食品生产、食品流通、餐饮服务等企业开展食品安全和道德教育。增强公众食品安全意识，落实企业生产经营诚信意识和主体责任，举办培训班18期，培训食品生产经营户600余户，培训食品从业人员1400余人次。开展“校园攻坚战”，在全区14所大专院校、17所中小学、36所托幼机构开展行动，对50余个校内食杂店、91个学校食堂进行检查。推进学校食堂量化分级管理，A、B等级学校食堂占比70%，大宗食品统一配送或定点采购率65%，完成市食安委“百万学生饮食放心工程”年度目标任务。开展“餐桌保卫战”，排查固定无证无照餐饮单位528个，出动执法人员412人次，整治固定无证无照餐饮经营单位826个次。通过指导整改，发放餐饮服务许可证221个，查处取缔25个，印发《餐饮场所办证办照和规范经营手册》1500册。开展“打非歼灭战”，部署开展打击保健食品“四非”（非法生产、非法经营、非法添加和非法宣传）专项行动，出动执法人员200余人次，检查保健食品生产企业12个次、经营企业100余个次，联合公安开展突击行动5次，查获违法产品200余盒。

9月27日，开发区召开中小学及幼儿园食堂食品安全现场会
（王淑玲 摄）

【校园食品安全整治】 全年开发区食品安全监管部门多次开展食品安全整治行动，确保校园及校园周边食品安全。5月，开展民工子弟学校食用油整治，检查开发区阳光小学等3所学校，要求学校做好索证索票台账记录，建立并完善食品安

全管理制度。9月，开展秋季学校开学和“两节”（中秋节、国庆节）前校园食品安全整治，管委会副主任何铨寿带队检查杭州电子科技大学、杭州实验外国语学校、杭州下沙实验幼儿园等18所学校和幼儿园的食堂，要求注重细节，确保食品安全。10月，开展校园桶装水整治，检查14所高校桶装饮用水包装材料、标签标识、仓储卫生条件，抽检花家山泉、千岛蓝泉等8个品牌的饮用水，并送杭州市质检院检测。12月，开展校园周边“黑快餐”加工点整治，通过对街道社区的排查，发现下沙街道高沙社区、白杨街道云水社区存在“黑快餐”加工配送点，主要消费群体是高校学生，区食安办、区质监分局、区环保局、区食药分局、区工商分局、区城管行政执法大队、区公安分局等部门联合对该两个社区的10余个“黑快餐”加工点开展联合取缔行动，暂扣店内灶具、微波炉、煤气罐等经营工具，并对经营户进行教育，劝其关停或转变经营业态。

【市领导调研企业食品安全】 8月16日，省委常委、市委书记黄坤明到开发区杭江牛奶有限公司、高沙农贸市场和娃哈哈集团乐维基地，实地调研食品安全工作。杭江牛奶有限公司是光明乳业在浙江最大的生产基地，该公司通过自建牧场、采用全封闭无菌化生产，加强质量安全控制，保证奶源品质。高沙农贸市场实行肉菜追溯管理系统，市场卖的菜可通过系统查到产地和经销商。娃哈哈乐维基地拥有良好的质量管理体系和分析检测能力，企业加强自检，确保产品质量。黄坤明实地调研后召开会议听取市食品药品监管局、市质监局、市贸易局的工作汇报，指出食品安全工作要强化企业主体责任，在加强道德教育的同时强化制度约束，通过签订食品安全承诺书等形式，增强企业“诚信做食品”的主体责任意识；政府要加强监管，要围绕校园、农贸市场、城乡接合部、中心镇，以及地沟油、酱制品、快餐、豆制品等重点领域、敏感部位和薄弱环节，加强检验检测和专项整治；要强化社会监督，发挥媒体、食品安全志愿者和监督员的作用，依靠社会力量加强监管。

【食品安全“强网清源”集中行动】 9月1日至10月8日，浙江省部署开展食品安全“强网清源”集中行动。9月4日，开发区根据省、市行动部门，召开食品安全“强网清源”集中行动布置会，突出整治非法添加剂和滥用食品添加剂、将回收食品作为食品生产原料、生产经营有毒有害肉及肉制品、废弃油脂回流餐桌4类重点问题。区食安委各成员单位集中开展“八个一”工作，即走访排查一次、分析梳理一次、重点企业约谈一次、联合执法一次、集中移交打击一批、集中宣传一次、整顿治理一批突出问题、建立一批长效机制。其间，全区食品安全监管部门出动人员5976人次，排查经营户3286户，约谈重点企业48个，开展集中宣传行动12次，对132个食品生产经营单位开展行业自律提醒，查出隐患14个，开展联合执法检查9次，治理整顿突出问题3个（农药投入品违规使用、制冰机清洗消毒、熟食制品添加非食用物质），发放整改通知书10份。 （王淑玲）

【无证无照餐饮整治】 2013年，区工商分局针对固定无证无照餐饮业牵头展开集中整治，化解经营者和周边居民之间的矛盾。成立开发区整治无证无照餐饮办公室，每周召开工作例会，持续推进整治工作，全年5次组织街道、职能部门对群众投诉多的无证无照经营场所进行查处，发放“两书一合约”（经营户告知书、经营户承诺书、限期整改合约）；出动工商人员356人次，进行无照整治专项检查55次，查处无照经营案件43起，取缔无照经营户150余户。开展无证无照快餐配送整治，通过逐街、逐巷、逐铺排查，对31户经营户发放停业告知书，对10户继续违法经营户扣押经营工具。宣传餐饮业依法、规范、文明经营理念，编发《餐饮场所办证办照和规范经营手册》1500册，悬挂宣传横幅85条。 （史小雄）

财政　税务

·财政·

【财政概况】 2013年，开发区财政局（简称区财政局）主动适应宏观经济形势变化，贯彻落实积极财政政策各项措施，加强收支管理保平衡，全区财政运行和预算执行情况良好。全年开发区完成财政总收入114.23亿元，比上年（指2012年，下同）增长8.75%。其中：地方公共财政预算收入50.9亿元，占财政总收入44.56%，增长6.21%；公共财政预算支出31.91亿元，为上年的99.20%。

【财政支出保障】 开发区财政支出坚持“保发展、保重点、保必须”的原则，确保新增财力2/3以上用于民生，为开发区人才、科技、重点功能区建设等管委会重点项目提供资金保障。全年开发区财政公共预算用于教育、医疗卫生、社会保障与就业、住房保障、文化、节能环保、城乡社区事务等民生支出合计9.7亿元，比上年增长15.6%；用于科技、农林水事务、交通运输等方面的支出合计3.3亿元，增长32%。其中：教育支出3.08亿元，增长10.6%；医疗卫生事业支出2801万元，增长7.8%；社会保障与就业支出2606万元，下降49.2%；公共安全支出1.56亿元，增长9.6%；节能环保支出5531万元，增长234.6%。

【产业转型升级扶持】 区财政局扶持区内企业发展，推进产业转型升级，全年兑现工业、科技创新、服务业、文化创意产业等各类奖励资金9198万元。对企业开展走访调研，实地走访企业120余次，协助企业解决发展实际问题；鼓励企业承担符合产业发展的重点项目，推进重点科技项目的研发，协助审核企业向省市申报项目，拨付到位上级财政专项资金1.19亿元，落实开发区配套扶持资金2558万元；帮助企业做好转型升级，鼓励企业加快科技创新；配合招商引资大项目工作，进行前期项目分析，做好财政专业支持；配合开发区人劳局完善各类人才政策，加大人才引进培养力度，加快人才集聚，全年累计兑现各类人才奖励资金3497万元。

【民生财政支出加大】 开发区逐年加大民生投入，推进社会事业发展。完善道路基础设施配套，推进开发区重大交通项目建设，做好金沙大道、德胜东路高架、地铁延伸段、东湖路等重点项目建设资金保障，全年拨付资金12.5亿元。加快完善安居保障工程，推进安置房、人才房建设，全年拨付资金6亿元。推进基本公共服务均等化，支持教育、文化体育、医疗卫生等事业发展。2013年预算安排1.65亿元用于健全公共服务体系，安排学校建设资金1.4亿元，安排教育支出4.1亿元，支持区内学校改善办学条件，促进教育优质均衡发展；健全公共卫生服务体系，改善医疗基础设施，全年安排社区卫生服务中心建设1000万元，医疗卫生支出4684万元。加大公共交通投入，全年支出1900万元用于公交线路优化调整、新开辟线路补贴，投入680万元用于公共自行车站点建设。着力突破拆迁安置，全年拨付资金20亿元用于加快推进下沙集镇、小产权房等涉及重点区域、重点项目征地拆迁工作。推进城市生态文明建设，加强生态功能区保护，安排5000万元用于保障推进“三江两岸”保护工程、实施“四边三化”（公路边、铁路边、河边、山边等区域开展洁化、绿化、美化行动）整治工作及实施“清水治污”专项行动。提升城市管理水平，全年拨付2.4亿元用于城市维护管理，着力实施公交优化战略，确保数字城管、道路保洁、序化整治、亮灯工程等城市长效管理的资金安排。

【国库集中支付改革推进】 开发区深化国库集中支付改革，推进会计核算向国库集中支付转轨。根据国家财政部要求和全省国库集中支付与公务卡制度改革会议精神，区财政局与管委会机关22个集中核算的预算单位签署代理记账约定委托书，明确双方责任与义务，强化预算单位对经济活动交易真实性、合法性的责任意识；恢复中小学等24个预算单位会计核算和财务管理权，明确其会计档案自行保管；扩大纳入国库集中支付资金范围，将城市维护费纳入国库集中支付系统。启动乡镇国库集中支付改革，11月召集下沙街道、白杨街道及前进工业园区指挥部财务人员，进行乡镇财政国库集中支付改革业务培训，全面部署乡镇财政国库集中支付和公务卡改革工作，制订改革方案并启动实施改革。

【国有资产管理】 开发区做大做强国有资产经营集团，加快政府平台建设，新建杭州东部城市建设投资集团有限公司。做好国资统计报表，完成所属26个企业的国有资产统计报表编制与审核工作。开发区国资统计报表2013年末资产总额150.13亿元，负债总额91.66亿元，所有者权益58.47亿元，资产负债率61.05%；全年实现营业总收入17.11亿元，实现利润总额2.11亿元，净利润1.64亿元。加强行政事业单位固定资产监督管理，推进行政事业单位资产管理信息工作，规范流程，对资产实现动态监管。对合法转让的国有资产，坚持申请、评估、审批、拍卖的程序，保证国有资产变价收入足额及时上缴到财政专户；对申请报废的固定资产，坚持实地查看，核对实物与账面是否一致、是否达到报废标准。资产回收后进行统一处置，最大限度实现资产的剩余价值。

【财政资金安全管理】 根据省财政厅《关于切实加强财政资金安全管理的通知》及市财政局有关工作要求，区财政局年初制订工作方案，成立专项工作领导小组，对开发区财政资金安全工作开展全面自查，先后接受杭州市财政局与江干区财政局组成的联合检查小组的区县级互查、浙江省财政厅专项检查组的进场检查。对人员配备、印鉴票据管理、专户管理、制度建设等方面开展检查。对下沙、白杨两个街道及前进工业园区指挥部的财政资金安全作检查部署，通过听取汇报、查看资料、抽查会计凭证和账簿、实地检查等方式对资金安全管理工作进行检查和指导。完善支付管理操作流程，清理规范银行账户，实施银行支付环节分工，加强支票管理和使用公务卡结算等措施，规范强化内部制约机制，确保财政资金安全。

【经费支付管理】 区财政局从制定经费报销制度、严格执行开支标准、把好支付审核3个方面，加强经费支付管理。制定《开发区会计核算中心财务报销审核暂行规定》，明确报销业务流程及审批权限，促进财务管理规范化、制度化。贯彻中央6条禁令和杭州市委、市政府《关于贯彻落实习近平总书记重要批示精神厉行勤俭节约反对铺张浪费的意见》《关于严格控制会议及学习考察等活动的通知》《关于严格执行开支标准、严肃财经纪律的通知》等文件精神，规范会议费、差旅费、接待费等开支标准，实施会议、培训的安排及印刷、纸张的选择等定点采购，加强控制用财政资金开支的各类联谊会和节庆活动。2013年，管委会行政经费大幅下降，其中接待费、出国费、会议费分别比上年下降57.49%、36.68%、83.76%。加强与部门预算信息的对接，防止预算编制和实际执行“两条腿走路”，要求预算单位须有“用款计划批复”才可办理支付；向国资部门提供资产账面信息，要求预算单位提供“入账通知书”才可办理付款；加强原始凭证审核控制，凡涉及政府采购和基建审价的项目支付，须提供政府采购、基金审价等前置审批件；针对在审计过程中发现的新情况、新问题，采取相应措施，加强审核把关。

【基建项目监管】 区财政局加强财政监督，优化基建项目监督。完善资金预算支出责任机制，加强资金预算执行和分析，落实建设单位主体责任，对重点项目根据实际进度积极与项目建设单位沟通协调，确保预算执行的均衡性；强化政府投资项目资金拨付管理，全年基建送审申拨进度款约62.7亿元，因工程实际进度与申拨进度不一致等不符合条件被核减或暂缓拨付6.7亿元，实际支出56亿元，核减率

12%；出台《开发区政府性投资项目财政委托评审分配办法》《开发区政府性投资项目委托中介机构审核业务考核管理办法》，规范项目分配，强化中介机构执业质量；严格工程预算和结算审核，2013年调整招标控制价审查范围，预算价从1000万元下调至500万元，完成20个预算审核项目。全年送审竣工结算项目340个，送审金额18.71亿元；审结项目324个，审定金额9亿元，核增847万元，核减1.17亿元，净核减1.09亿元。

【会计管理和政府采购监管】 区财政局做好会计人员继续教育工作，全年组织2895人参加网络继续教育，完成1700人次面授培训；受理申请材料、办理新证2465人次，办理注册、变更、调转手续1279人次。加强政府采购监管，政府采购项目全面推行线上审批，对集中采购进行全程监督，对分散采购项目严格把关、及时审核，全年开发区政府采购规模为3995万元，节约资金790万元，资金节约率16.5%。

【审计监督】 2013年，开发区财政局（审计局）履行相关职责，主要完成白杨街道原办事处主任杨朝辉、江东开发建设投资公司原总经理柴明、浙江出口加工区综管局原局长汪新君、开发区建设局原局长马佳骏和开发区城建中心原主任郝大龙5人领导任期经济责任审计；对2011~2012年民办幼儿园学前教育专项补助资金开展绩效评价；联合区监察局（纠风办）、区经发局、区社发局对社会团体收费开展规范治理，主要对开发区投资企业协会、开发区石材业商会、开发区私营企业协会、开发区人力资源服务协会4个收费规模在1万元以上社会团体开展重点检查。开发区财政局（审计局）承担国家审计署上海特派办对杭州市政府负债审计的开发区延伸部分的联络协调工作，及时向业务部门传达审计组要求，收集审核业务资料，做好解释沟通；对审计、检查提出的问题和意见反馈业务部门，督促整改落实，促进开发区经济业务活动的规范化和制度化，保证审计监督效果。 （任益平）

表19

2013年开发区财政收入预算执行情况

单位：万元

收入项目	2013年	2012年	为上年%	支出项目	2013年	2012年	为上年%
地方公共财政预算收入合计	508 964	479 221	106.2	地方公共财政预算支出合计	319 143	321 808	99.2
一、税收收入	488 737	461 015	106.0	一、一般公共服务	31 107	29 803	104.4
国内增值税（25%）	127 731	117 100	109.1	二、国防	27	2	1 350.0
改征增值税	15 155	24	631 45.8	三、公共安全	15 544	14 187	109.6
营业税	75 390	89 526	84.2	四、教育	30 769	27 817	110.6
企业所得税（40%）	139 597	124 392	112.2	其中：教育费附加	15 831	15 001	105.5
个人所得税（40%）	18 905	16 528	114.4	五、科学技术	31 982	23 860	134.0
城市维护建设税	45 019	45 042	99.9	六、文化体育与传媒	2 488	2 533	98.2
房产税	16 239	14 474	112.2	七、社会保障和就业	2 606	5 133	50.8
其他税收	50 701	53 929	94.0	八、医疗卫生	2 801	2 599	107.8
二、非税收入	20 227	18 206	111.1	九、节能环保	5 531	1 653	334.6
教育费附加	16 401	16 419	99.9	十、城乡社区事务	52 782	44 238	119.3
行政事业性收费收入	1 611	260	619.6	十一、农林水事务	965	1 229	78.5
罚没收入	510	732	69.7	十二、交通运输	23	0	—
国有资源（资产）有偿使用收入	768	795	96.6	十三、资源勘探电力信息等事务	128 171	156 390	82.0
其他收入	937	0	—	十四、商业服务业等事务	5 862	3 627	161.6
上划中央二税小计	395 555	359 811	109.9	十五、金融监管支出	0	0	—
消费税	12 362	8 511	145.2	十六、援助其他地区支出	1 800	—	—
国内增值税（75%）	383 193	351 300	109.1	十七、国土资源气象等事务	1 114	1 554	71.7
中央所得税收入小计	237 754	211 380	112.5	十八、住房保障支出	103	293	35.2
企业所得税（60%）	209 396	186 588	112.2	十九、粮油物资储备事务	0	0	—
个人所得税（60%）	28 358	24 792	114.4	二十、国债还本付息支出	0	0	—
财政总收入	1 142 273	1 050 412	108.7	二十一、其他支出	5 468	6 890	79.4
附：政府性基金收入	34 753	38 565	90.1	附：政府性基金支出	38 068	43 683	87.1

·国家税务·

【国家税务概况】 开发区内中央税收和中央地方共享税的征收管理工作由杭州经济技术开发区国家税务局（简称区国税局）负责，税种包括增值税、消费税和企业所得税，同时区内工业企业进出口退税管理也由该局负责。2013年，开发区国税入库税收收入89.12亿元，比上年增加10.08亿元，增长12.75%；不含免抵调入库76.46亿元，增加6.45亿元，增长9.2%。下沙街道入库29.17亿元，增长49.28%；白杨街道入库23.17亿元，增长29.68%。增值税入库52.81亿元，占全区国税收入总量59.26%，增加5.33亿元，增长11.23%。剔除免抵调因素的影响，增值税入库40.15亿元，占全区国税收入（不含免抵调）总量52.52%，增加1.7亿元，增长4.33%。消费税入库1.24亿元，占全区国税收入总量1.39%，增加3851万元，增长45.25%。企业所得税入库35.07亿元，占全区国税收入总量39.35%，增加4.36亿元，增长14.19%。

【税收优惠政策执行】 2013年，国家税收政策变动较大，减免税、增值税、出口退税等优惠新政策相继出台。面对优惠政策，区国税局坚持做好政策执行的前期宣传与后续落实，为辖区经济社会和谐发展提供支持。全年办理税收减免共计18.07亿元，其中落实加计扣除优惠4.25亿元、高新技术企业和小型微利企业等减免税优惠3.34亿元、福利企业退税和软件产品退税8400万元、资源综合利用企业免税收入6.7亿元；部分小型、微型企业免征增值税和营业税，免税额95万元。推出的出口退税新政策对辖区加工贸易企业影响较大，全年进料加工业企业减少免抵退税总额2389万元，减少免抵退税办法不得抵扣的进项税额1747万元。召开专题政策通报会，开展现场辅导，确保新政实施后出口退税工作实现平稳过渡。全年审核出口退税企业2504个次，审核免抵退税总额22.48亿元，比上年增长2.86%；免抵额14.14亿元，增长3.77%。

【国税征收管理】 面对税制改革的大背景，区国税局优化税源管理模式，努力提升征管质量和效果，将认定管理类的增值税一般纳税人认定（含实地核查）等4个类别47个涉税文书事项审核审批职能从税源管理科职能中剥离出来，划入纳税服务科，实行前台集中专人专岗审核审批管理。同时，税源管理科依据审核审批信息，实时开展后续管理。通过文书事项审批职能剥离和税源后续管理，逐步形成涉税事项"窗口受理、内部流转、限时办结、窗口出件"的审核审批工作体系。全年区国税局所辖国地税联合办证大厅共办理杭州市区"个转企"国税新办变更税务登记4605户，完成辖区"个转企"纳税人233户。跟踪"个转企"企业后续涉税事项办理事宜，落实相关国税优惠政策。与工商、地税等部门合作，召开5期"个转企"政策业务培训班，开展国税办税业务辅导；对浙江石材市场、恒大国际建材家居博览中心已完成"个转企"的企业开展入户回访，就企业关心的税款征收、发票开具等问题进行解答；建立"个转企"企业成长档案，跟踪、掌握个体工商户转型升级企业后的经营、税收变化情况及需求，开展效应分析；做好引导帮扶，帮助企业建立健全会计制度，扶持其做大做强。

【国税纳税服务创新】 区国税局创新纳税服务新思路，对外主动出击，开展前置服务，方便企业办税。"营改增"试点工作运行后，办税服务厅窗口工作量增大，区国税局增加值班窗口，延长上班时间，设置

1月，开发区国税局设立"楼师傅专窗"，解决"营改增"企业涉税业务难题
（陈 方 供稿）

"楼师傅专窗"答疑解难，确保窗口工作有序开展；推进纳税服务绩效评价体系，客观评价纳税服务状况，制定改进举措。运用信息化技术，创新服务措施，推出红字发票监控系统，纳税人或窗口人员通过录入发票代码、号码，直接由系统导入发票信息，将手工录入时间消灭在计算机自动取数中，并向自助网上服务延伸。该系统运行以来成效显著，2013年杭州市区窗口办理率占80.22%，而区国税局纳税人在窗口办理率占6.39%，纳税人在办税服务厅滞留时间大为减少。经试行实践，该系统已在杭州地区推广使用。探索纳税服务工作新思路，开展外向型纳税服务，获得辖区纳税人欢迎；利用区位优势，与区招商局、下沙街道等部门合作，将服务提前至招商谈判阶段，告知企业落户后各项税务事宜。结合辖区特色园区数量多，涉税需求类型多样的特点，走进前进工业园区、出口加工区等园区开展专题税政辅导会，分类讲解政策，满足企业需求。与浙江经贸职业技术学院等院校达成合作意向，成立税法宣传团队，组建立体式协税护税网；与"下沙新城网""下沙微生活"等媒体互动，达成"下沙国税"微博推广方面的合作意向，提高国税微博辐射力和影响力。

【税务作风建设】 区国税局坚守"为民、务实、清廉"的工作要求，落实党风廉政建设责任制，坚持理论中心组学习和支部学习，"学党章、守纪律、转作风"，加强党员干部理想信念教育、宗旨教育和党性党风党纪教育。抓"正文风、改会风、转作风、树新风"廉政主题教育活动，开展"廉洁从税"文化宣传教育。学习先进，传递廉洁高效正能量，树立国税勤廉务实的良好形象。参加市国税局"我身边的勤廉故事"征集活动，以干部屠立群的事迹为蓝本的《照耀三十年的一米阳光》征文入选市国税局编印的《身边的勤廉故事》，并在市纪委征文比赛中获三等奖。官方微博"下沙国税"的开通，将税收知识、办税流程、所需资料和办结时间用简洁直观的方式发布，让纳税人明白该怎么做，更让纳税人明白税务手续该怎么办、多久能办好，促使税务机关加强自我约束，防止权力滥用。推出微博以来，区国税局把网络监察作为监察工作的重点，微博管理员实时关注，及时掌握负面评价及投诉信息，建立健全网络舆情快速响应机制，发现苗头问题及时处理、妥善解决，防止事态扩大。 （陈　方）

·地方税务·

【地方税务概况】 开发区纳税人地方各税（费、基金）征收管理由杭州市地方税务局开发区税务分局（简称区地税分局）负责。区地税分局在开发区3号大街银都商厦西北侧一楼设立延伸申报点，管理二科为具体负责征管的职能科室。2013年，开发区地方财政收入50.89亿元，比上年增长6.2%。开发区片区组织各项收入74.5亿元，增长36.3%。其中：税收收入25.39亿元，下降4.4%；其他收入入库49.11亿元，增长77%。工会经费收入3967.27万元。区地税分局通过"纳税服务网""地税社区""税企通""在线咨询"等平台，宣传税收政策，加强规费管理。开展报表统计、季度分析，落实催报催缴制度。跟踪管理社保费欠费名单，开展缴费非正常户清理认定。利用纳税评估优势，完成国税、地税信息比对工作。全年开发区片区规费收入45.12亿元，增长62.8%；社保费入库39.77亿元，增长76.7%；水利建设专项资金入库1.25亿元，增长3.3%；教育费附加和地方教育费附加入库3.2亿元，下降0.6%；残疾人就业保障金入库4933.7万元，增长10.5%。区地税分局落实税费优惠政策，支持企业转型升级，支持浙商创业创新。全年邀请省、市局领导50余人次，走访调研重点企业60余个，为企业争取政策扶持，增强发展后劲。全年批准减免房产税2549.82万元、城镇土地使用税2063.78万元。199个次企业享受各类所得税优惠，优惠总额1.65亿元；落实符合条件的小型微利企业优惠政策，减免企业所得税35.21万元；落实高新技术企业优惠政策，减免企业所得税5394.45万元；落实研究开发费加计扣除优惠政策，减免企业所得税1.1亿元。

【税源管理加强】 区地税分局加强税源管理，强化重点税源监控，将具有潜在税源增长趋势的企业纳入监控体系，180个重点税源企业入库40.01亿元，占税收总量78%。与区财政局建立定期协调制度，协同做好税源引进和培育。加强村级经济管理，规范下沙军地园区企业税收管理。推进行业税收管理制度化，根据行业纳税人特点，实施规范化、系统化、精细化管理。在餐饮、物流、房地产等行业制定较为完善的税收管理办法，征管效率提高，行业经济健康发展。加强税源预测，实施《三级税源预测分析管理办法》，走访重点税源企业，掌握税源变动情况。依托制造业、餐饮业、房地产业等行业协作组织，定期召开税源分析会，税源管理更趋制度化和可控化。

【地税纳税服务优化】 开发区地税分局优化纳税服务，组织干部学习《税友龙版》软件系统操作技能，应用龙版模块服务纳税人，提高信息化办税水平；采取个人自学、专家讲座、集中培训、模拟测试等形式，强化学习成效；把学习钻研业务技能与自身岗位工作相结合，在市地税局组织的各类岗位技能竞赛中表现优异，获杭州市财税系统《小企业会计准则》抽考团体第2名、“岗位练兵”技能比武（税务线）团体第3名。坚持午间服务、预约服务、领导值班制，简化涉税办事流程。为大企业提供“多对一”个性服务，“事前管理”预防税收风险，“快速响应”解决企业诉求，提升纳税服务层次。推行纳税服务回访制度，开展“三个到一线”（宣传政策到一线、征求意见到一线、解决问题到一线）活动，宣讲地税部门支持企业转型升级、支持浙商创业创新、发展生态经济理念，征求企业意见和建议。全年深入企业、社区开展纳税服务志愿者活动4场，税收政策宣讲会16场。通过开发区纳税服务网、税企QQ群发布地税政策及通知。4月，开展第22个全国税收宣传月活动，举办“纳税人体验周”主题活动，通过开门办税、角色互换、开放参观等形式，让纳税人切身感受涉税审批制度改革带来的好处。浙江电视台经济生活频道《经视新闻》栏目制作、播出有关报道，社会效果良好，被省地税局评为2013年度税收宣传创新项目。2013年，区地税分局管理二科（下沙延伸申报点）通过市级“巾帼文明岗”、市地税系统“青年文明号”评审，获得“杭州市工人先锋号”、开发区2013年度满意单位评选“先进单位”称号。

【“零申报”企业税收管理】 2013年，开发区地税分局重点加强“零申报”企业（纳税人在规定纳税期限内向税务机关申报销售收入及税款均为零的纳税单位）管理，堵塞税收漏洞，提高税收征管水平。成立“零申报”企业管理项目领导小组，落实组成人员并

4月，开发区地税分局举办以“深化行政审批制度改革”为主题的纳税人体验周系列活动。图为纳税人体验周活动组图 （杨睦翕 供稿）

明确相应职责，制订基本工作方案，分组织筹备、调查摸底、试运行、实际运行、总结提升5个阶段推进工作。通过全年努力，清查涉及企业3977个，对发现问题的企业进行原因分析和跟踪处理。归类分析"零申报"原因13种；更改税源登记信息894户，修改税种登记信息342户，非独立核算企业修改相应登记信息232户；补缴税款309万元。总结撰写调研论文《以风险管理为导向的"零申报"企业管理探索》，出台《"零申报"企业管理办法》，规范对"零申报"企业的管理流程，建立初步的长效管理机制，形成对"零申报"企业的常态管理。

【涉税审批制度改革试点】 2013年，根据全省深化行政审批制度改革工作电视电话会议的有关精神，省地税局部署研究深化涉税审批事项改革工作，确定杭州市、温州市、绍兴市3个地方税务局及其指定的分局作为联合研究单位，区地税分局为杭州2个研究基层分局之一。为做好涉税审批制度改革试点，区地税分局邀请纳税人开展座谈，听取纳税人意见和建议，围绕"减少、规范、创新、建制"4个方面深化改革，在涉税事项"免填单""即时办结"的基础上，对173项涉税事项进行逐项梳理。3月，省地税局、市地税局领导到开发区走访调研，考察开发区税务分局下沙延伸申报点，了解办税服务大厅建设及对外服务情况。在开发区管委会，省、市地税局领导与开发区党工委副书记邵立春及管委会财政、招商、经发等部门负责人展开座谈交流，征询对地税新一轮行政审批制度改革的意见、建议。会上，开发区地税分局向省地税局提出系列涉税审批事项的改革建议，其中"设立集中审批岗""推行部分涉税事项减免备案一备多年""对部分业务性质相同事项作合并"等建议被采纳。《中国税务报》《浙江日报》等媒体对开发区地税分局改革经验做了采访报道，社会效果良好。

【中小旅店业税收征管规范】 中小旅店业管理是日常税源管理难点。因不能准确获得旅店入住人数和入住率，旅店业营业收入以企业自行申报为主，有些旅店经营者会采取方式瞒报、少报应税收入，导致日常税收征管困难。2013年，区地税分局下沙申报点针对该情况从比对"入住登记"着手，加强中小旅店业征管，提升税收征管水平。与公安、工商、街道等部门加强联动，掌握旅店业分布、经营、入住等原始资料并建立数据库。掌握数据后，完善企业登记，加强实地监督，建立具有开发区特色的部门联合工作机制，加强税源管理和"无证户"管理。对已掌握和纳入税收征管的企业，进行发票比对和公安入住率比对，测算企业总体营业收入和税收总额，确定企业税负标准，评估旅店业纳税申报的准确性，确保公正、公平。对检查和比对过程中发现的少报、漏报应税收入的企业，按照《中华人民共和国税收征收管理法》要求进行税收查补处罚，加强后续管理，确保税款应收尽收。

【纳税人体验周活动】 4月，是第22个全国税收宣传月。作为全省地税系统深化行政审批制度改革试点单位，区地税分局举办以"深化行政审批制度改革"为主题的纳税人体验周系列活动。该局采用座谈会、问卷调查、深入企业调查、办税窗口征询等形式，收集纳税人意见和建议，累计召开座谈会3场，问卷调查200份，入户专题调研50余次，收集意见和建议100余条。该局认真研究意见建议，提出改革初步设想。梳理行政审批事项，取消归并，减少审批事项；梳理审批流程，降低部分事项审批层级，实现流程简化；探索网上备案、审批制度，公开网上审批进程，扩大免填单项目，优化纳税服务。与企业互换角色，体验涉税文书审批，邀请涉税审批事项较多的8个重点税源企业负责人充当税务工作人员，体验个人所得税自助打印系统、24小时自助办税服务的便捷，体验纳税人等候区、网上申报区、填单区的人性化设计。纳税人通过体验文书受理、审批，切身体会涉税文书审批的方便与高效，感受行政审批制度改革的成效。同时，组织纳税人观看主题为"昨天、今天"的征管档案展览，查看涉税档案，通过征管档案的对比，让纳税人体会行政审批制度改革的力度和广度，使纳税人切实感受地税为纳税人着想、努力减轻纳税人负担的服务理念，提高纳税遵从度。

（杨睦翕）

金 融

·银行·

【金融业平稳发展】 2013年，开发区金融业平稳健康发展，全年实现金融服务增加值28.93亿元，比上年（指2012年，下同）增长9.9%；存款余额323.22亿元，贷款余额274.49亿元。其中：企业人民币存款余额188.63亿元，居民人民币存款余额96.36亿元；企业人民币贷款余额134.12亿元，居民人民币贷款余额117.13亿元（含个人住房贷款）。至年末，开发区驻有工商银行、农业银行、建设银行、中国银行四大国有银行及民生银行、兴业银行、杭州银行等商业银行16个，辖分支机构25个，其中开发区分支机构18个。自助银行及ATM网点128个。进驻开发区的16个银行，分别是中国银行开发区支行、中国工商银行开发区支行、中国建设银行开发区支行、中国农业银行杭州下沙支行、交通银行杭州下沙支行、杭州银行开发区支行、兴业银行杭州下沙支行、中国民生银行杭州下沙支行、中信银行下沙支行、杭州联合银行下沙支行、北京银行钱江支行、中国邮政储蓄银行下沙支行、渤海银行开发区支行、上海银行杭州下沙支行、浙江泰隆商业银行杭州九堡支行、浙商银行九沙支行。进区非银行金融服务机构27个，其中保险公司7个、证券营业部3个、担保公司6个、典当行1个、融资租赁公司10个。

（王佳杭）

【工行经营效益增长】 中国工商银行杭州经济技术开发区支行（简称工行开发区支行）经营效益稳步增长，全年实现拨备前利润（含还原）1.73亿元，中间业务收入4600万元，完成率分别为90%和78%；本外币各项存款54.5亿元，其中对公存款时点余额30.9亿元，新增3.1亿元，日均余额25亿元，新增2.4亿元；本外币储蓄存款23.6亿元，新增2.3亿元；个人金融资产29.5亿元，比年初增加2.8亿元；各项贷款48.6亿元，其中公司贷款23亿元，比年初减少7.4亿元；国际贸易融资比年初新增1亿元，流动资金贷款和小企业贷款分别新增2000万元；公司类贷款表外余额新增6亿元，其中银信租项目余额5亿元。个人贷款25.4亿元，新增3.3亿元，累计发放超9亿元。贷款结构调整向好，个人类贷款在全部贷款中占比由上年末的42.07%

3月4日，开发区金融系统投资推介会召开　（黄健员 摄）

增至52.08%，超过公司类贷款占比；小企业贷款余额与表内各项贷款总额占比提升，由上年末的2.58%增至4.16%。国际贸易融资比年初新增9505万元，在表内各项贷款总额占比由上年末零占比升至4.13个百分点。拓展“保利”“龙湖”“碧桂园”“金隅”等大型房产开发商6个，全年储备按揭资源超过10亿元。加强银行自助服务区建设，全年新建自助服务点6处，其中离行、附行自行银行各1处，安装自助机具16台（ATM机10台、自助终端6台），ATM机累计投放70台。拓展营业网点，完成九堡支行改建，大学城支行扩建，新设网点金沙湖支行建设前期工作基本完成。防范金融风险，全行实现不良贷款“双降”（不良贷款总额、不良贷款比例下降），对公保持零不良率；个人不良贷款余额804万元，比年初减少204万元，不良率由年初0.46%降至0.32%。

【工行业务产品扩展】 全年工行开发区支行单位结算账户新开有效户440户。表内有贷户27户，较年初净增2户；表外有贷户25户，较年初净增2户；小企业有贷户为12户，较年初净增2户；个人经营性贷款新增扩户177户。国际业务大中型扩户5户，全球现金管理客户净增2户。企业网上银行证书版客户净增282户，个人网上银行证书版客户净增2.27万户，手机银行客户净增2.79万户，银企互联客户净增1户。落实平台化客户圈发展，成立下沙教师客户平台圈，圈内成员超过150户。全年国际结算量11.53亿美元，增加1.6亿美元；结售汇量2.56亿美元。国际业务产品运用11个，比上年新增5个，运用情况排名杭州营业部前4位。国际贸易融资45笔，增加35笔，总额3878.34万美元，增加2697.57万美元；法人理财产品时点余额3亿元，日均沉淀3.01亿元。贵金属中间业务收入190万元。牡丹卡发卡2.8万张，其中闪酷卡5700张。拓展下沙驾驶员考试中心相关业务，全年发放畅通卡1.5万张；做好借记卡业务，全年发放借记卡5.5万余张；开拓高校学生市场，发放学生借记卡超过8000张。销售工银安盛人寿保险业务900万余元，完成率和销售额均位于杭州工行营业部前列。（赵志斌）

【中行业务经营提升】 中国银行杭州经济技术开发区支行（简称中行开发区支行）加强产品和管理创新，经营收益持续提升。至2013年末，全行实现本外币存款余额45.52亿元，比年初新增3.91亿元，其中公司类存款新增2.63亿元、个人类存款新增1.18亿元；本外币贷款余额31.19亿元，新增3.77亿元，增幅14.2%。新投放政府融资3亿元（还款1亿元），中小企业融资投放6000余万元。加强贷款营销，完成开发区城建中心3亿元贷款投放，与浙江财经大学签订战略合作协议，成功营销中粮包装控股有限公司超过1.05亿美元在支行做理财业务。发展校园卡业务，年内支行首个校园卡工程项目投产，向新生发卡2800张。防范电信诈骗，全年堵截电信诈骗案件8起，涉及金额5.64万元，支行第4次被评为省级安全示范单位。（胥杨洋）

【建行业务发展良好】 中国建设银行杭州经济技术开发区支行业务发展良好，全年实现本外币存款余额31.01亿元，完成本外币各项贷款余额32.52亿元，实现营业收入1.2亿元，净利润6141.8万元。加快自助设施布点，至年末，支行在开发区辖区内有自助设备点25个、自助设备机具66台。提供优质服务，推出预约取号功能，通过提前取号，节约客户等候时间。加强金融安全防范，全年支行阻止诈骗案件8起，涉及金额17.79万元，协助逮捕网上通缉人员1人，辖内网点获中国建设银行浙江省分行“安全示范网点”称号。（张　怡）

建行开发区支行大堂经理为客户提供咨询服务　（张　怡　供稿）

交通银行杭州下沙支行为企业员工开展"防止银行诈骗"知识讲座
（孙同健 供稿）

【农行核心业务发展】 2013年，中国农业银行杭州下沙支行（简称农行下沙支行）应对经济、金融形势变化给业务经营带来的影响，创新经营管理，全行业务指标完成良好，核心业务保持上升。至年末，全行本外币各项存款余额45.4亿元，比年初增加4.8亿元，超额完成营业部下达的3亿元任务。实现中间业务收入4095万元，超额完成营业部下达的4078万元任务；中间业务对营业部贡献度上升，其中国际结算、贵金属、代理保险、商户收单、电子银行、自助银行等业务大幅增长。实现拨备前利润1.36亿元，比上年增加2334万元；实现拨备后利润1.28亿元，增加887万元。

【农行经营举措创新】 农行下沙支行采取有力举措，业务创新有成效。年内，完善营销体系建设，明确和细化营销重点，组建营销团队，对核心客户实施首席客户经理制，对客户建设的专项考核激励加大力度；与开发区管委会加强工作对接，获取入区招商客户源头信息；对区内大客户大项目重点营销，全年先后成功合作4个项目，发放贷款8亿元；通过资产业务合作，拉动负债业务发展，带动存款增量超4亿元。加强中间业务收入管理，对经营单位下达中间业务收入指标，对6月末到期的法人类贷款客户进行测算，落实责任；强化中间业务收入监督，全年先后对收费套餐执行和贷款利率定价情况进行检查。加快中间业务发展，实现中间业务收入超400万元；新产品成为新的增长极，全年黄金租赁业务实现340千克，占营业部新业务总量的25%。联动发展国际业务，营销成功率提高。发展借记卡业务，全年有效借记卡扩户新增5333户；开展网银综合服务，全年新增个人网银3.28万户、个人手机银行3.24万户；加强银证、银保合作，与优质证券公司加强合作，举办第三方存管业务推介会，拓展第三方存管等高端客户。通过保险推进会、与保险公司合作开展活动月等措施，支行保险业务稳步发展。（杨文杰）

【交行经营模式转变】 2013年，交通银行杭州下沙中心支行拆分为九堡支行和下沙支行两个支行。拆分后的九堡支行实行扁平化管理。经营模式实行拆分后，交行杭州下沙支行围绕"以客户为中心、以利润为核心、强化一体化经营管理"的理念，着力夯实发展基础，推动业务创新；坚持支行综合化国际化的发展方向，通过境内外联动、公私联动，积极转变发展模式。至年末，交行杭州下沙支行累计实现经营利润2949万元，完成人民币存款余额19.28亿元、外币存款6842万美元，贷款余额7.08亿元，国际结算4.42亿美元。（孙同健）

【兴业银行下沙支行易址】 6月，兴业银行下沙支行更名为兴业银行杭州经济技术开发区支行（简称兴业银行开发区支行），并迁至开发区天城东路230号中沙中央金座新址办公。迁址更名后的兴业银行开发区支行，拥有装修一新的营业大厅，面积1000平方米，有高柜区、低柜区、综合柜区、VIP客户服务区、中老年客户服务区（"安愉人生俱乐部"）、大中学生出国留学服务区（"环宇人生俱乐部"）6个功能区块，可满足客户不同的个性化服务需求，是兴业银行杭州主城区营业和办公面积最大的一个支行。

【兴业银行资本效益提升】 兴业银行开发区资本效益提升，支行全年实现存款余额13.88亿元，贷款余额5.6亿元，销售理财产品110亿元。发展理财业务，针对国有企事业单位、外资企业和上市公司、拟上市公司理财保本保收益的要求，推出定期限和不定期限企业结构性存款（产品名称为"宝石"），其中活期存款收益率是普通活期存款的8倍；针对居民推出的个人结构性存款（产品名称“智盈宝”）各期收益率比普通存款高1个百分点，受到中老年客户喜爱；针对工薪族和大学生，推出网银操作的1分钱起存的“掌柜钱包”，随用随取，理财门槛降低。注重资本收益考核，2013年，支行获评兴业银行浙江省系统内各分支银行经济资本收益率考核第1名。（宜兴业）

【民生银行业务稳定发展】 中国民生银行杭州下沙支行业务稳定发展，全年完成存款余额18.4亿元、储蓄存款余额2.54亿元、贷款余额11.62亿元。零售业务发展突出，全年支行新增手机银行2534户；有效客户数1131个，年净新增264户；小区金融点新增3个。调整业务结构，以小型微型客户为目标，发展小区金融，零售业务取得突破；创新贷款模式，以杭州东部商圈多数市场处于招商及开业前期为契机，经过前期积极营销，华贸鞋城项目授信8000万元，放款4600万元；杭州市总商会温州泰顺商会互助基金项目授信2亿元，放款9200万元；长城机电项目授信6000万元，放款3000万元；水产市场授信1亿元，放款1350万元。加强培训，防范风险，通过柜面收缴假人民币4620元；防范客户利用假证或冒充他人开户及办理网银特殊业务；堵截客户以换零钱名义诈骗、自助设备盗取人卡内资金等多起案件。（胡　静）

【中信银行经营指标提升】 2013年，中信银行开发区支行各项经营指标快速发展。至年末，全行完成存款余额30.8亿元，其中对公存款余额29.1亿元（含理财2亿元），比年初增加10.8亿元，增长59%；储蓄存款余额3.6亿元，比年初增加7000万元，增长22.5%。加强风险控制，全年无资产质量风险、无重点案件风险、无员工行为违规风险、无会计差错风险。4月，联合浙江传媒学院开展“异度支付”志愿服务公益推广计划活动，支行营业部员工和浙江传媒学院青年志愿者参与，成功推荐下载“异度支付”120余个。（胡丽娜）

【杭州联合银行业务稳步发展】 杭州联合银行下沙支行业务稳步发展，全年实现存款余额40.64亿元，比上年增加3.35亿元；贷款余额24.67亿元，增加7.06亿元；实现贷款利息收入1.57亿元；完成中间业务收入506万元；实现国际业务结算量1.13亿美元；新增丰收贷记卡2713张，完成各业保险1443万元。加强业务拓展，推进“走千家、访万户”工作，召开客户联谊会，普及金融理财知识，推介理财产品，通过银行产品争取客户及稳定客户。开展“客户经理进社区”活动，做好社区引资服务及营销，维护社区及社区居民在支行的存款，借助“走千家、访万户”活动，在节假日、客户生日等节点对客户进行短信、电话祝贺；上门拜访资金流量大的客户，征集客户意见和建议，做好服务，提高客户满意度，稳定社区居民在支行的存款。（陆丹凤）

【邮储银行业务快速增长】 中国邮政储蓄银行开发区支行业务快速增长，全年完成营业收入8648万元，人均创收190万元；营业收入比上年增加3915万元，增长1.3倍；人均创收增长37%。零售存款规模11.41亿元，增加1.69亿元，增长40.5%；公司信贷余额27.2亿元；两项贷款结余突破40亿元，增加13.44亿元，增长2.8倍。全行不良贷款率0.22%。作为邮储杭州市分行首批开展一手房按揭贷款业务及公司授信业务的城区支行，2013年邮储银行开发区支行签约合作楼盘22个，全年发放按揭贷款6.5亿元，公司贷款16.8亿元，保持全年1.6倍以上的增长。（陈　洪）

邮政储蓄银行下沙支行开展员工服务礼仪培训　（陈洪 供稿）

【杭州银行下沙支行业务发展】 2013年，杭州银行下沙支行业务完成存款余额13.61亿元，日均存款余额11.44亿元；贷款余额10.54亿元，承兑汇票余额4.1亿元，营业净收入3340万元，不良资产1460万元。贷款业务稳定，新增“长城伟世”“澳亚生物”等项目贷款2亿余元，成功营销“天天物美”“泰瑞机器”等客户授信，参与侨福置业房产项目的投行业务授信。拓展业务量，通过积极营销，新增下沙街道头格社区、湾南社区、高沙社区作为共建社区，支行获得杭州银行“十佳理财行”称号。

【杭州银行“心防工程”宣传】 针对电信诈骗和盗抢储户案件多发态势，杭州银行下沙支行积极开展“心防工程”宣传活动。4月，支行走进浙江金融职业学院，开展“心防工程”宣传活动，向在校师生宣传“平安金融”建设、防电信诈骗、防火、防抢、防盗、反洗钱、辨识真假人民币等方面的知识，讲解加强自我保护、安全隐患注意、防范和自救等。5月，在网点门口开展“心防工程”建设集中宣传，印制防范电信诈骗宣传单和案件实例150份，连同防范警示语向过往群众分发，提示案件作案手段和特点，意在让群众做到心中有“防”、应对有“方”；同月，走进浙江工商大学，对在校大学生进行现场宣传，发放宣传制品200余份，通过宣传活动提升学生案防意识和自我防范能力。（顾明霞）

【北京银行钱江支行稳步发展】 2013年，北京银行杭州钱江支行业务稳步发展。至年末，支行实现FTP（内部资金转移价格）考核利润3456.82万元，本外币公司存款时点10.73亿元，本外币公司存款日均8.39亿元，公司中间业务收入1648.37万元，公司贷款时点9.85亿元，本外币储蓄存款时点1.07亿元，本外币储蓄存款日均增量2317万元，个人贷款时点增量1534万元，短贷宝时点增量5914万元，零售中间收入114.13万元，新增信用卡客户930户，新增电子银行客户2785户，新增代发工资客户10户。（李 宁）

【上海银行下沙支行筹建】 2013年，上海银行杭州下沙支行获中国银监会浙江监管局批复，开始启动筹建。支行前期重点做好选址装修、员工招聘、上岗培训、业务准备4个方面工作。5月，确定选址开发区天城东路254-112、256-212号。6月，选址报总行审批。7月，支行获中国银监会浙江监管局筹建批复。8~10月，报装修方案、启动招标、进场装修。至年末，支行装修基本完工并通过安防与消防验收，验收材料报中国银监会。支行营业楼装修的同时，招聘员工14人，其中行长班子2人、综合部3人、市场部6人、营业部3人。开展上岗培训，2名营业部员工在上级分行学习，市场部完成公司业务部、小企业金融部、零售业务部培训，综合部综合员在上级分行学习。筹备支行业务，与所在地政府机关建立关系，熟悉经济环境气候，走市场、访业主、做调研，收集小微客户市场材料，储备存贷款信息资源，为开张营业打基础。（周银燕）

【泰隆银行九堡支行入驻】 8月，泰隆银行杭州九堡支行入驻开发区。该支行营业地选址开发区德胜东路2888号，属二级支行。该支行定位为服务中小企业，细分小微市场，培育小微客户群，将符合产业政策、有发展前景的中小企业作为重点扶持对象。拓展服务网络，加快业务发展，至年末全行完成存

2013年，上海银行杭州下沙支行筹建。图为该支行营业室现金区及贵宾理财室 （周银燕 供稿）

款余额2.3亿元，其中储蓄存款余额1.3亿元；贷款余额2.2亿元。控制风险资产，无不良贷款余额，不良贷款率为零。（夏将将）

【渤海银行开发区支行开业】 11月27日，位于开发区天城东路252号的渤海银行股份有限公司开发区小微企业专营支行开业。该支行经营业务范围为吸收公众存款，发放小微企业及个人短期、中期和长期贷款，办理国内外结算，受理小微企业票据承兑与贴现，经营总行在中国银监会批准的业务范围内授权的其他业务。2013年，支行开发针对小微企业的授信产品“小额快捷通”，推出“拟上市中小企业金融服务方案”“中小企业私募债金融服务方案”，降低中小微企业客户融资成本。推出社区银行、小微银行等机构，推动小微企业金融服务向纵向化、细致化发展。渤海银行是首个总部设在天津的全国性股份制商业银行，2005年12月成立，2006年2月对外营业，注册资本总额85亿元，在全国22个重点城市开设一级分行14个、二级分行6个和支行77个。（张　巍）

·保险·

【人保开发区支公司业务经营稳定】 2013，中国人民财产保险股份有限公司杭州市经济技术开发区支公司业务发展稳定，实现保费收入1.28亿元，比上年增长17.3%；支付各类赔款9000万元，承担未决赔款5522万元。加强业务考核，制定年度经营绩效考核办法，推出系列劳动竞赛；实行办公例会制度，组织管理人员对经营状况、工作重点难点进行分析研究，寻找经营对策。围绕车险和非车险业务，加强销售能力建设。车险业务把握渠道，市场竞争力提高，发展速度加快；非车险业务实施有效措施，争取核心客户，发展货运险、责任险等分散性业务，发展势头良好。做好基础管理，优化数据质量，推进承保精细化管理；实施承保风险评估，增强员工签单、承保等环节的风险意识和责任心。以人保杭州市分公司开展“服务365”为契机，开展服务示范窗口创建，组织出单员、财务人员和理算定损员技能比武，发送理赔服务，提高服务品质，打造金牌服务工程。（姚　哲）

【大地财险公司业务收入3255万元】 2013年，中国大地财产保险杭州经济技术开发区支公司完成业务收入3255万元，自留满期赔付率59.4%。其中：车险业务收入3074.2万元，满期赔付率64.3%；非车险业务收入95.8万元，满期赔付率17.8%；人身险业务收入85万元，满期赔付率54.9%。业务量比上年增长15.3%，其中车险业务增长15.1%、非车险业务增长12.7%、人身险业务增长25%。拓展车险业务，建设电销、网销渠道。强化电话销售渠道建设，充实作业团队，规范销售服务，明确政策界线，严格定价标准，打造“发展健康、服务规范、客户满意”的电销、网销品牌。（方　昆）

·证券·

【方正证券交易量128.86亿元】 2013年，方正证券杭州下沙营业部交易量合计128.86亿元（A股97.38亿元），基金1.33亿元，债券融券回购交易29.96亿元；客户托管资产5.11亿元；融资融券授信额度1.22亿元，融资融券余额2458万元。全年实现营业收入850万元，完成营业利润415万元。加强渠道合作，营业部在原有银行渠道合作基础上，新开拓海宁连杭经济区星星港湾工行和农行业务渠道网点。除银行网点渠道外，与下沙高教园区、白杨街道伊萨卡社区建立渠道关系。与农业银行、中国银行、交通银行合作入驻浙江顾家工艺沙发制造有限公司、杭州松下马达有限公司、杭州中策橡胶有限公司等厂区进行营销。通过新增海宁星星港湾、富阳、萧山义蓬3个非现场开户点，证券业务半径不断延伸。

【方正证券营业转型】 面对激烈的券商竞争，方正证券杭州下沙营业部积极转型，从融资融券、资管产品销售、过程管理3个方面做实业务。抓融资融券，上半年该项工作对券商重要性开始显现。服务开发区中型、小型、微型企业，与多个企业达成改制上市合作意向。参与开发区经发局、白杨街道开展的融资政策宣传贯彻会，为区内中小企业提供股权融资融券，帮助企业引进PE（私募股权投资）、VC（风险投资）等风投资金。重视资管产品销售，加大产品创新，调整业务方向，提升流动性，满足客户多元化需求。重视过程管理，严格结果考核。年初，制定2013年营业部考核细则，根据营业部任务对专项任务进行分解，并制定相关考核办法，通过考核办法激励员工完成任务，取得良好效果。（边　超）

环境保护

·环境保护综述·

【生态环保取得成效】 2013年，开发区全面推进生态文明建设，启动“美丽东部湾”建设和清水治污专项行动，优化生态环境，改善环境质量，生态建设和环境保护取得一定成效。加强重污染行业整治，年内7个化工企业和5个印染企业完成整治；推进大气环境治理，对20个企业下达整治任务，年内20个企业大气项目整治完成，共投入资金8000万元；启动新一轮VOC（挥发性有机化合物）整治，对化工、印刷、喷涂等行业推进VOC项目减排，完成减排的6个项目均采用国内先进技术开展治理，并在全省范围内得以推广；杭州朝阳橡胶有限公司实施轮胎硫化烟气治理，国际香料香精浙江有限公司实施纯氧曝气及蓄热式焚烧治理，使困扰开发区多年的废气扰民问题取得突破。推进工业企业中水回用项目，完成市政府2013年下达的杭州旭化成纺织有限公司投资1800万元的500吨/天中水回用项目；区内印染企业均实施中水回用项目，总投资4000余万元，总回用水量5000吨/天，回用率60%。推进热电企业脱硝减排，杭州杭联热电有限公司氮氧化物（NOX）、二氧化硫（SO_2）减排项目获华东环境保护督查中心认可。加快国家生态工业示范园建设，9月开发区通过国家生态工业示范园区省级验收，报国家环保部申请验收。开展“四边三化”（公路边、铁路边、河边、山边；洁化、绿化、美化）和“三改一拆”等整治活动，重点做好绕城高速公路边整治，全年整治点位13个，清理垃圾3000余吨。

【工业“三废”排放及处理】 2013年，开发区环境空气质量标准为Ⅱ级，空气质量Ⅱ级以上天数172天，至年末通过ISO 14001标准认证的企业169个。重点调查单位工业废水排放总量1060万吨、化学需氧量290.44吨、氨氮21.2吨；重点调查单位工业企业废水处理率100%，重点调查单位工业废水集中处理率100%。污水处理厂污水处理能力60万吨/日，年污水处理量4328.03万吨。重点调查单位工业废气排放总量146.91亿标立方米、二氧化硫1159.25吨、氮氧化物排放量476.54吨，烟尘36吨。重点调查单位工业固体

9月12～13日，杭州经济技术开发区创建国家生态工业示范园区预验收会议召开 （黄健员 摄）

废物产生总量14.42万吨、危险废物2755.96吨、其他废物14.15万吨。重点调查单位工业固体废物综合利用率92.03%。

【环保企业奖励1200余万元】 全年开发区加大对高能耗、高污染企业的管控力度，支持企业开展相关技术改造，实施一批节能减排项目，万元工业增加值综合能耗下降2.1%，超额完成市政府下达的减排任务。开发区管委会兑现奖励政策，拨款9000余万元奖励2013年度突出贡献企业，其中支持企业加大环保投入的奖励资金超过1200万元。2012年开发区用于支持企业加大环保投入的奖励资金为756.13万元，2013年该条款的奖励额度达1262.18万元，比上年（指2012年，下同）增长67%。鼓励企业节能减排，用于支持企业节能降耗的奖励为375.16万元。

【开发区生态办成立】 11月12日，经开发区机制编制委员会办公室批准，开发区生态文明办公室（简称区生态办）成立。区生态办设在区建设局（环保局），主要职责为组织编制全区生态文明建设规划和生态功能区规划，指导、协调、监督生态保护；指导督促全区生态环境保护和国家级生态工业示范区、国家、省、市级生态街道以及各类绿色生态环保基层单位的创建；负责开发区“清水治污”“三江两岸”“四边三化”“无燃煤区”“大气复合污染物整治”等生态环境整治专项工作的计划安排、任务部署以及工作推进；负责生态环保相关工作计划、总结及材料的起草，督查、督办任务落实和完成；负责全区环境保护宣传教育培训，组织协调社会各界开展环境保护宣教活动；建立并完善公众参与激励机制，提高环境保护社会化程度，推动公众和非政府组织参与环境保护；组织与环境保护有关的纪念日和各类主题环保宣教活动，编印环保宣教书刊及资料，发布环保公益广告；负责“美丽东部湾”建设引导资金的管理和使用；负责指导生态经济促进中心及下属绿色企业协会、环保志愿者协会及高教园区生态文明协会日常工作等。

【生态区建设资金管理】 1月10日，根据《浙江省排污费资金收缴使用管理办法》《关于加快推进杭州生态市建设的若干意见》《杭州生态市建设专项资金使用管理暂行办法》及《开发区生态区建设专项资金使用管理办法》等文件精神，开发区管委会制定印发《开发区生态区建设专项资金使用管理实施细则》（简称《实施细则》），对资金来源、资金用途、支持范围、补助标准、项目申报和资金拨付、监督与管理、相关责任等作出明确，指出生态区建设专项资金重点支持环境基础设施建设、生态示范工程、区域环境安全保障、环保监管能力建设、污染减排工程、污染防治新技术新工艺推广应用及其他污染防治项目，对项目承担单位给予补助或奖励，明确开发区生态办、区环保局、区财政局和项目申报单位在专项资金的管理使用过程中，要严格执行该管理办法和相关管理制度，对违反生态建设、环境保护专项资金管理使用实施细则的行为，实行责任追究制度。

·环境整治与减排·

【重污染行业整治】 开发区推进化工、印染等重污染行业整治，通过部门联动、法人约谈、信访回馈、公众督促等手段，倒逼企业实施重污染整治。9月，化工企业浙江蓝天环保高科技股份有限公司完成整治，成为杭州市首个通过验收的企业，其余6个化工企业年末完成整治，并通过专家组验收。同时，5个印染企业按验收标准年内完成整治，其中3个企业通过专家组验收、2个企业通过行业整治预验收。

【7个企业试点刷卡排污】 2013年，为加强水污染物和废气排放监管，开发区为杭州杭联热电有限公司、杭州得力纺织有限公司、杭州娃哈哈集团有限公司下沙基地等7个日排放污水量在500吨以上的企业安装水污染排放自动控制系统，试点实施刷卡排污，控制排污总量。刷卡排污类似手机充值消费，企业每月持卡申领污染物排放量，在需要排放生产污水时，企业必须先刷卡，生产污水才能往管网排外。一旦当月额度排量用完，排污阀门会自动关闭，迫使企业停产。为规范排污余量管理，废水排放结余量采用隔月留存、隔年作废的方法。安装刷卡排污自动控制系统后，区环保局对企业污水排放情况进行实时监控。企业污水排放瞬时流量、日流量、月流量、季度流量、污染物浓度等一目了然，环境执法效率大为提高。

【挥发性有机化合物治理】 在杭州市2013年重点挥发性有机化合物治理任务中，开发区承担杭州朝阳橡胶有限公司硫化烟气、杭州优科豪马轮胎有限公司炼胶废气等5个项目的治理。通过有效治理，至年末，5个项目均治理完成，第二批20个企业挥发性有机化合物减排项目也基本完工。开发区废气治理工作起步早、力度大，成效明显，杭州市挥发性有机化合物治理现场会在开发区召开，国家环保部、省环保厅等多次到开发区现场调研，对开发区大气污染物减排效果表示肯定。年末，杭州利群环保纸业有限公司、杭州神钢建设机械有限公司等20个企业废气治理项目均按质按量完成，全年削减挥发性有机化合物1198吨。

【污染整治新举措】 开发区创新污染整治执法手段，组织经发、卫生、安监、规划、消防等部门分工合作、联合执法，促进企业加快污染整治。对重污染行业企业实施重点整治，坚持每季督查、每月调度，对整治进度缓慢企业采取法人约谈制。为推进整治提升，督促化工印染企业开展整治提升，3月28日，区环保局联合相关部门召开化工印染行业整治提升工作季度督查会，区内化工印染企业环保负责人参加研讨行业整治。8月23日，区环保局成立重污染行业“整治之家”，成员由区环保局、省环科院印染、化工整治专家、企业环保负责人组成，每月召开“家庭会”，讨论解决整治中存在的困难疑问。“整治之家”的成立，有助污染行业整治推进，全区7个化工企业、5个印染企业按标准完成整治，其中浙江蓝天环保高科技股份有限公司、杭州旭化成纺织有限公司分别是杭州市化工行业和印染行业整治首个通过验收的企业。

【两个企业废气治理效果明显】 开发区加强企业废气治理，杭州利群环保纸业有限公司和杭州神钢建设机械有限公司2个企业投入改造资金，实施废气治理，效果明显。2013年，杭州利群环保纸业有限公司完成车间生产工艺废气和污水处理废气治理提升改造项目，项目总投资229万元，其中车间工艺废气经等离子、光化学处理，污水处理废气经碱塔喷淋中和、氧化、等离子等处理。废气治理系统运行稳定，效果理想，改造后经监测，废气排放达到相关排放标准。杭州神钢建设机械有限公司投入713万元，实施环境改善综合工程，其中投入293万元改善涂装废气，投入130万元改善焊接烟尘。焊接废气经集气除尘收集处理排放，按每套设备每周吸收烟尘5千克，每年可减少排放烟尘1.2吨。涂车间喷涂废气将原来活性炭吸附法提升改造为低温裂解氧化法进行处理。废气通过等离子室体、高压发生器后，可对苯、甲苯、二甲苯等污染物进行分解，有效减少污染物排放。

【废气整治企业评分】 3月8日，区环保局开展环保工作“企业做，百姓评”活动，邀请40余名居民代表，给2012年整治计划中的23个企业进行打分。居民代表根据“环保理念、治理技术、处理效果、居民感知”等10个方面进行综合测评，最后杭州优科豪马轮胎有限公司、杭州杭联热电有限公司、杭州下沙生物科技有限公司分别摘得2012年废气整治前3名。居民代表还对企业或政府部门提出规划整合、加强运营维护监督等方面意见和建议。通过评分，倡导全民参与环境保护，让企业和政府听到老百姓的心声，增加环保工作公开度和透明度。

【市有机废气治理现场会在开发区召开】 8月13日，杭州市环保局副局长劳新祥带领市环境监测站、环科院、各区、县（市）环保局相关负责人，在开发区召开全市有机废气污染治理工作现场会。劳新祥一行先后走访杭州顶正包材有限公司、宏讯电子工业（杭州）有限公司、杭州得力纺织有限公司等企业，学习企业先进的废气治理经验。为建设生态文明，创建国家级生态工业园区，开发区成立大气污染综合整治暨“无燃煤区”建设工作领导小组，加大资金投入，全力推进大气环境整治各项任务。区环保局坚持“主动出击、超前谋划、及早启动、率先实施”的理念，将大气复合污染综合防治作为环保工作重点。通过反复探索和不懈努力，开发区工业企业废气治理走在杭州市前列。

·环保科研监测·

【环保科研监测概况】 2013年，开发区环境监测站（简称区环监站）按照实验室体系运维要求完成实验室仪器维护、期间检查、质量控制、内审及管审等工作，按照质控计划开展的内外部比对、质控盲样考核、现场平行等实验结果均满足准确度和精密度要求。开展环保科研监测服务，全年完成152点·次地表水常规监测、153点·次区域噪声和交通噪声常规监测；开展监督监测，检测水样275批次，完成100余个企业的委托检测和13个企业的竣工验收监测，累计获得监测数据3000余个，出具监测报告294份。参与浙江省质量技术监督局组织的能力验证1次，结果为满意。10月，区环监站余晓燕通过省检验机构资质认定资格考核，获检验机构资质认定评审员（技术专家）资格，至此区环监站有评审员1人、内审员4人。12月，区环监站通过2013年实验室计量认证复评审现场审核。

【地表水监测点位新增8个】 1月10日，区环监站召开地表水常规监测工作研讨会，对2013年地表水监测工作的监测点位、监测频次、检测项目等进行研讨。会议邀请区城管办、区河道监管中心、区河道办等相关职能部门参加，杭州市环境监测中心站高级工程师叶旭红受邀作技术指导。根据开发区河道水文特点及流域内的环境状况，经过研究讨论，会议结论为在保留原有四格排灌站等9个点位的基础上，新调整、补充8个监测点位。

【计量认证复评审通过】 12月27~29日，市质监局组织专家评审组对区环监站进行现场复评审。评审组依据《实验室资质认定评审准则》等相关规定，分组对区环监站的规范性和监测能力进行检查。其中，资料组结合询问工作人员的形式，对实验室体系运行的内审、管审、期间核查、供应商评价等记录档案进行全面检查；实验组采取比对、盲样、加标回收、留样复测等形式，对实验人员硝酸盐氮、苯胺、化学需氧量（COD）等19个项目进行考核。区环监站人员均通过现场考核。复评审工作考验区环监站的监测能力，复评审提出的整改要求，有助规范和改进区环监站实验室运行维护工作。

【水环境监测】 2013年，开发区对地表水单月进行采样分析，共在12条河（渠）的17个断面采集102个水样。结合河道整治，双月对高教西渠等10个断面开展监测，监测项目为水温、溶解氧、pH（水体酸碱度）、高锰酸盐指数、氨氮、总磷、石油类、透明度。根据GB3838—2002《地面水环境质量标准》和17个测点的污染物平均浓度，各断面水质均劣于V类水质标准，主要超标指标为氨氮、总磷。全年内河（除四格排灌站外）水质按可比断面比较，平均综合指数增加2.8%，与上年比无明显变化。其中：总磷平均浓度下降13.3%；高锰酸盐指数平均浓度下降11.3%；氨氮平均浓度上升17.4%。

非建成区的聚首河、月雅河、幸福河、银沙渠、七格渠、3号大堤护塘河水质大幅提高，其中月雅河、幸福河水质比上年有明显提高。建成区的临江护塘河、11号渠、12号渠、6号渠、5号渠、2号渠水质有所下降。按四格排灌站全年配水量计算，2013年通过河道向钱塘江净排放氨氮418吨，比上年增长93.5%；高锰酸盐指数388吨，增长25.6%；总磷约18.5吨，增长234%。

12月，开发区环境监测站计量认证现场复评审通过 （黄健员 摄）

【环境空气质量监测】 根据杭州市环境监测中心站提供的数据，2013年开发区有效监测天数364天，环境空气质量指数平均值为114，首要污染物为颗粒物PM2.5（大气中直径小于或等于2.5微米的颗粒物，也称可入肺颗粒物），累计优良天数172天，优良率47.3%。其中：主要污染物日均浓度达标率相差较大，颗粒物PM2.5达标率最低，为62.9%；其次是二氧化氮，为76.9%；一氧化碳和二氧化硫达标率最高，均为100%。2013年，开发区颗粒物PM2.5、PM10浓度分别比上年增加

15.3%和26.4%；二氧化硫、二氧化氮分别减少2.4%和7.5%。与市区相似测点（滨江、城厢镇、临平、农大、朝晖、和睦）平均值相比，2013年开发区臭氧平均浓度高9.8%，一氧化碳低22.6%，颗粒物PM2.5高2.7%，颗粒物PM10高0.9%，二氧化硫高36.7%，二氧化氮高6.9%。2013年，开发区大气降尘平均浓度6.4吨/平方千米·月，比省环保厅的推荐标准（8吨/平方千米·月）低20%，比上年平均浓度（6.2吨/平方千米·月）高3.2%；建筑工地区域降尘平均浓度12吨/平方千米·月，比上年平均浓度（13.5吨/平方千米·月）低11.1%。

【噪声环境监测】 2013年，区环监站对区域噪声测点与上年一致，有效网格数为135个（单位网格大小为720米×720米）。根据区环监站11月对辖区70平方千米内的134个区域噪声监测点的监测数据，全年昼间区域噪声平均等效声级为53.4分贝，比上年增加1.6分贝；达标率93.3%，比上年减少0.7个百分点，昼间区域噪声平均等效声级符合达标要求。根据辖区17条主要道路的18个道路交通噪声测点的监测数据，全年道路交通噪声加权平均等效声级67.8分贝，比上年67.7分贝增加0.1分贝，达标率77.8%，与上年持平。监测时段大车平均150辆/小时，比上年减少51辆/小时；小车平均777辆/小时，比上年增加152辆/小时。根据辖区内29个（次）企事业单位昼间和10个（次）企事业单位夜间厂界118个噪声监测数据，全年工业企业昼间厂界噪声平均等效声级56.2分贝，比上年减少0.4分贝，达标率93.1%；夜间厂界噪声平均等效声级为52分贝，比上年减少1.2分贝，达标率50%。昼间、夜间噪声分贝值与上年相比，均有下降；夜间噪声达标率下降，主要源于一类区内测点增加。

【企业污水排放监测】 根据区环境监察大队、区环监站对辖区126个（次）工业企业进行的污水排放飞行监测（监督监测）数据统计，全年采集雨水井水样16个，其中超标水样14个，占87.5%，超标率比上年增加49个百分点；污水排放口水样126个，其中超标水样45个，占35.7%，超标率增加5.4个百分点，主要超标指标为化学需氧量、总磷和氨氮。污水排放超标率增加与2013年起执行的纺织印染行业污水排放标准的提高有关。

·环境管理执法·

【环评审批及“三同时”制度跟踪】 2013年，区环保局抓好环评审批，落实“三同时”（建设项目中防治污染的措施与主体工程同时设计、同时施工、同时投产使用）制度跟踪，从源头把好环境保护关口，同时对过程和结果进行全程监管。全年完成建设项目环评审批483个，环评项目备案10个，环评执行率100%；完成建设项目现场验收检查111个（工业企业项目74个），出具验收审批意见41条。区环保局推进行政审批改革事宜，推动小餐饮环保审批和环保承诺制审批权限下放，制定杭州东部高新产业园内项目简化环境影响评价试点工作初步方案，在试点区域内建设项目满足一定条件的，可简化环评文件内容和环保审批手续。

【环境执法监察】 全年开发区环境监察大队出动人员996人次，检查企业439个次，实施飞行监测5轮；开展化工行业、危险废物、废气整治等专项检查6轮次，两个企业受到市级环境监察部门查处；下达环保限期整改通知和现场监察意见书43份，下达处罚决定书4份，处罚金额18.3万元。完成2012年度排污许可申报企业347个，征收排污费405.47万元；完成建筑工地夜间施工作业审批294次，发放建筑工地临时排污证68个。邀请环境信访人、社区代表参与企业检查，通过市民参与协助执法，增强环境保护工作透明度。增强突发环境事故应对能力，完善开发区应急预案体系，区环保局以培训和现场指导的形式，推动区内30个涉危险化学品、危险废物重点企业开展环境应急演练，完备环境应急物资，消除潜在环境风险。

【环境信访件受理】 区环保局做好环境信访件受理，实行24小时投诉电话接访，开展环境信访夜间值班蹲守，妥善解决群众环境信访问题。全年受理环境信访、电话投诉1306件，其中省转投诉件12件、市转投诉件106件、区级投诉件490件、电话投诉受理698件。其中废气信访件1102件，占总信访量84.4%。面对环境信访多的形势，开发区各部门通力协作，妥善处置七格污水处理厂、国际香料香精等重大信访以及杭州茂宇电子化学有限公司氯气泄漏等环境突发事故，群众对信访处置满意率98%以上，未发生因处置不力引发群众不满的信访件。

【危险废物管理新举措】 面对开发区危险废物产生企业多、产生种类多、环保人手少的实情，区环保局创新工作思路，成立“企业危险废物管理服务团”，建立危险废物学习管理园地QQ群，由2012年的危险废物管理创建优秀单位服务指导2013年的创建企业，促进企业间相互学习相互提升。全年43个企业完成危险废物“双达标”创建任务，并通过区级验收。至年末，开发区危险废物转移量在1吨以上的企业109个，全年转移约1万吨。开展司法解释培训，7月26日，区环保局组织危险废物产生企业、机动车维修单位、危险废物经营单位、高校等150余名相关责任人参加培训，邀请律师莫显奇就最高人民法院和最高人民检察院《关于办理环境污染刑事案件适用法律若干问题的解释》作讲解。9月26日，省环保厅“固废”中心主任翁建庆和市“固废”中心主任陆树立等一行4人，到开发区调研危险废物全过程监控试点建设，走访浙江蓝天环保高科技股份有限公司和拜耳作物科学（中国）有限公司，调研企业危险废物全过程监控进展情况，肯定管理创新思路及做法，要求开发区实现危险废物管理可监控、可追溯的目标，为浙江省探索危险废物全过程管理树立标杆，以点带面，加以推广。

【饮用水源安全隐患排查】 3月，杭州多个小区自来水出现异味。市环保局会同市水务集团、水质问题专家联合取样调查分析，发现受影响区域水源来自钱塘江。5月，杭州局部区域自来水异味事件再起，市环境监测中心站加紧排查污染源，对钱塘江杭州段自建德到下沙的10个监测点，91个取水口实施监测。位于钱塘江下游的开发区，远离饮用水取水点，但不排除钱塘江特殊的潮汐情况，可能对上游饮用水水源造成影响。5月11日，区环保局参与杭州市饮用水调查统一行动，对区内10个企业生产、环保设施运行和危险废物、危化品处置等方面可能存在的环境风险隐患进行排查。经排查发现企业的不规范现象，当场予以指正，出具监察意见书责令限期整改，确保开发区企业不对钱塘江水质造成污染。

【环保网格化精细管理】 7月26日，区环保局召集152个重点工业企业，召开环境保护网格化、精细化服务管理办法实施动员会暨危险废物管理工作会议，开启网格化和精细化服务管理。环境网格精细管理力争通过“分块管理、网格划分、责任到人”的网格化执法模式和“职责明确、精抓细管、严格考核”的精细化管理机制，逐步构建一个覆盖开发区基层执法力量为主体的环境保护服务管理网络，实现监管到位、服务到位、互通到位。网格化和精细化服务管理启动前，区环保局已对重点工业企业进行调研，根据现场检查和统计分析，将全区进行网格化划分。建立环保服务管理办法实施方案，制定监管职责、工程程序、监督考核等制度，明确网格划分、责任人员、监管任务等，为全面实施网格化和精细化服务管理奠定基础。

【生产化学品企业环境调查】 2013年，根据国家环保部《关于开展全国生产化学品环境情况调查的通知》要求，开发区启动生产化学品企业环境调查，这是健全化学品环境风险防控体系的重要基础性工作。4月19日，区环保局举办生产化学品企业环境情况调查培训，区内化工类和医药类企业环保负责人和生产负责人参加会议。省环境科学研究院博士马立望受邀讲课指导，为企业辅导调查统计报表软件安装，软件中企业信息、原（辅）材料信息、产品信息等表格填写及注意事项，同时进行现场模拟填报演示，解答企业提出的疑问。区环保局指导企业完成数据录入，要求做好上报数据审核、技术报告编写等，5月末该项调查任务完成。调查结果可为确定化学品环境管理重点区域和行业、筛选需高度关注的化学品清单、排查新化学物质、完善《中国现有化学物质名录》、梳理评估化学品项目布局等工作提供数据支持，为判断生产化学品环境现状、提高化学品环境管理能力提供科学依据。

【“2·26”液氯泄漏事故处置】 2月26日11时50分，位于开发区5号大街的杭州茂宇电子化学有限公司危险化学品仓库发生氯气泄漏事故。接报后，区环保局启动突发环境事件应急预案，应急值班人员赶赴现场应急处置，并向管委会应急办公室和市环境监察支队汇报现场情况。区环保局会同相关部门，指导企业采用液碱对泄漏的液氯进行覆盖，封闭发生泄露的危化品仓库，库内采取负压，通过吸附系统，对仓库内未扩散到环境中的氯气经两套水喷淋处理装置吸附处理后高空排放。经碱液吸附的喷淋废水，通过管道进入污水处理设施处理，要求达标后排放。紧急疏散下风向的拜耳作物科学（中国）有限公司约200名员工，防止人员伤亡。做好事故发生点周边大气、水质的监测，委托杭州福尔萨检测研究院有限公司进行大气监测。21时22分，事故发生点现场环境处置完毕，突发环境事件应急处置完成。事故未对周边环境造成明显影响，未接到因事故引起的人畜伤亡的报告。

·生态示范区建设·

【“智慧环保”项目实施】 9月2日，开发区“智慧环保”项目开标。区环保局委托浙江华诚建设工程招标代理有限公司代为采购招标，4个企业参与投标，区财政局作为监督管理部门参与开评标会议。“智慧环保”项目包含“三系统一中心”，分别是环保信息化软件应用系统、重点污染源全过程监管系统、污染源视频监控系统和环境监控预警指挥中心，预计投资1400万元。经公开招投标，聚光科技（杭州）股份有限公司以1358万元中标“智慧环保”项目。为利用科技手段来提高环保管理效率，破解产城融合过程中的环境问题，同时为打造“美丽东部湾”和创建国家生态工业示范园区提供技术保障，开发区通过“智慧环保”工程建设来解决环保工作面临的人员不足、现场管理手段缺乏、公众参与不全面3个问题。“智慧环保”项目将在橡胶、化工、印刷等行业引入全过程监管，提高环保工作透明度，满足公众对于环境状况的知情权，提升公众环保参与度。

【“智慧环保”一期工程启动】 10月9日，开发区“智慧环保”项目一期工程启动。开发区工业企业众多，先期启动的“智慧环保”一期工程主要针对环保投诉热点集中的化工企业和橡胶企业，将在这些企业的污染治理设施上加装传感器等监测设施，对治理设施运行状态进行监管。同时，结合对污染源排口、企业生产过程参数的在线监测以及企业厂界的实时监测，实现对污染源的全过程监管。此前，区环保局积极推进企业污染源在线监控，有30个企业安装污染源在线监控设施。“智慧环保”一期工程将整合提升20个企业的污染源在线监控设施，实现智慧管理。一期工程建成后，开发区50个重点工业企业中的26个将纳入全过程监管。除重点污染源全过程监管，还在区域制高点安装两套高空瞭望视频监控系统，实时监控企业大型排气筒。环境监控预警指挥中心通过DLP显示大屏，实时查看全区环境监测点相关数据。“智慧环保”工程将实现开发区环保从“末端监测”向“全程监管”转变。

【“三江两岸”下沙段绿道贯通】 9月6日，杭州市“三江两岸”城区绿道建设现场推进会在开发区召开。会议通报“三江两岸”下沙段绿道全面实现贯通，下沙段绿道被作为标识系统建设示范段，走在杭州市“三江两岸”城区绿道建设前列。“三江两岸”是建设“美丽杭州”的亮点，内容相当丰富，涵盖水源水质保护、基础设施完善、人文旅游开发、两岸环境整治、岸线生态修复等多项工程。沿江的景观廊道慢行系统被称为“三江两岸”绿道，是2013年“三江两岸”建设的重点，要基本完成贯通，沿途的驿站、游船码头、廊亭廊桥、标志标牌等配套建设要同步跟进。2005年，开发区即开启沿江生态环境的保护与整治。2011年，“三江两岸”生态景观保护和建设工作正式启动，党工委、管委会将其作为开发区“十二五”期间推进生态文明建设的重要抓手，扎实开展各项工作。开发区以《杭州市“三江两岸”生态景观概念规划》为统领，编制完成《三江两岸下沙段生态景观概念规划》和《开发区绿道建设规划》，按照绿道建设

9月6日，杭州市旅委主任李虹（中）率队查看“三江两岸”下沙段绿道建设情况 （黄健员 摄）

的高标准，对沿江原有的慢行系统实施全面提升。在之江东路一侧与沿江大堤一线建成双线绿道，在区内实现回路，并通过沿江大堤与江干区实现连接。同时，开发区实施沿江40米绿化带提升工程，在沿江绿化带内新增网球场、健身房等娱乐休闲设施，完善绿道休闲功能，结合钱江潮文化，在绿道一线设置观潮点。开发区已累计建成沿江绿道32千米，沿江生态绿道网络初步形成。

【沿江绿道标识系统设置】 根据市委、市政府对钱塘江、富春江、新安江流域生态景观整治和建设的要求，“三江两岸”区域需建设沿江景观道慢行系统，也称“三江两岸”绿道。下沙段位于“三江两岸”下游钱塘江北岸的杭州经济技术开发区，下沙段绿道依托沿江大道（之江东路），东起江东大桥，西至九堡大桥沿线，道路总长17.1千米（不包含与之相交的市政道路，不包含钱塘江大堤）。作为杭州“三江两岸”绿道标识系统建设的示范段，下沙段绿道集合市民和游客休闲、游览、运动、通勤等作用，是开发区旅游资源亮点所在，也是体现城市低碳经济、绿色出行、可持续发展战略和社会文化、城市形象的窗口。根据设计方案和杭州市统一要求，开发区在下沙段绿道沿江大道（之江东路）和钱塘江大堤均设置绿道标识标牌，6月，签订绿道标识施工合同，9月通过综合验收，共设置250余块“三江两岸”绿道标识标牌。

【绿色社区和绿色学校创建】 开发区开展绿色社区、绿色学校等创建，全年区环保局完成1个省级绿色社区、1个市级绿色学校的创建验收；联合区社发局完成4所区级绿色学校和2个绿色社区的验收；指导区内有关单位创建环境教育基地，首次创建完成1个区级环境教育基地。至年末，全区累计成功创建区级绿色学校18所、区级绿色社区13个，创建市级绿色学校7所、绿色社区5个，省级绿色学校3所、绿色社区4个。

【环保义工活动启动】 6月5日，首届开发区环保义工活动在杭州优科豪马轮胎公司启动。杭州优科豪马轮胎有限公司是日本横滨橡胶株式会社在开发区设立的子公司，2001年注册成立。该公司积极响应《京都协议书》环保减排的号召，推广自主创新橘油配方环保轮胎，培养“本土森林”，推崇“阳光屋顶”，提倡环保与性能并存，践行绿色责任，成为资源循环型和环境友好型企业的建设典范。开发区为让民众参与环保行动，并与政府职能部门信息互通，及时监管，形成高效的监督监管机制，正式启动环保义工活动。启动仪式上，企业代表宣读环保倡议书，首批环保义工被区环保局授予聘书及证件。启动仪式后，首批环保义工参观杭州优科豪马轮胎公司，实地了解企业污水废气处理设施。

【环保主题文艺大赛】 5月9日至6月6日，由区环保局、区总工会、区社发局共同主办，区团工委、区青年联合会、浙江传媒学院团委、《今日下沙》编辑部、下沙新城网承办的“6·5”世界环境日系列活动暨“美丽下沙、幸福家园”环保主题文艺大赛在开发区举行。环保文艺大赛以“人人参与环保、共筑美丽下沙”为主题，号召全区群众从身边做起，从生活中的点滴小事做起，从我做起，主动参与节能减排、节约粮食、保护环境，为建设低碳经济和环境友好型社会做贡献。大赛历时29天，47个节目参与比赛，12个节目进入决赛，参赛单位涵盖机关、学校、企业和社区，参赛作品有唱歌、跳舞、器乐合作、小品、儿童剧、时装秀、魔术等。经激烈角逐，大赛决出一等奖1名、二等奖2名、三等奖3名及优秀节目奖6名。杭州杭联热电有限公司的音舞诗《深呼吸》被评为大赛一等奖作品。

【环境保护宣传】 开发区以创建生态工业示范园区、生态文明城市创建为主题，加强环境保护宣传。全年在《杭州日报》等市级以上报纸刊稿20篇；通过环保系统网及开发区网站加强宣传，刊登环保类稿件33篇，在浙江在线网、杭州网等刊稿8篇；在《今日下沙》报纸刊稿16篇；在《杭州日报》开设《美丽东部湾》专栏，对开发区“生产美、生态美、生活美”进行报道，为建设杭州“美丽东部湾”做宣传。通过《美丽东部湾》《下沙资讯》等电视视频栏目，播发新闻34条、专题12条。在杭州电视台《生态杭州》栏目制作播出节目2期，对开发区大气整治集中宣传报道。

（冯甜甜）

国有资产运营

·国有资产运营综述·

【集团公司主营收入13.49亿元】 2013年，开发区资产经营集团公司（简称区资产集团公司）以项目建设带动发展，以资产运营提升价值，以平台服务促进转型，优化体制机制、完善内部控制、提升经营能力，总体运行情况良好。全年实现净利润7420万元，完成年度利润预算指标105.7%，完成管委会考核指标134.9%；实现主营业务收入13.49亿元，完成年度预算收入100.7%；上缴税金1.25亿元。至年末，区资产集团公司合并总资产116.3亿元，合并总负债72.37亿元，合并净资产43.93亿元，合并资产负债率62.2%。全年在建项目建筑面积85万平方米，竣工面积54.63万平方米，完成投资额16亿元。全年完成合同外资9029.8万美元，实际利用外资4000万美元，实到内资3.1亿元。区资产集团公司隶属开发区管委会，经营业务涵盖房地产、物业租赁、市政园林、环卫清洁、物业管理、保税物流、生物医药、产业孵化、创业投资、文化创意、保安服务等领域。旗下有全资公司21个、控股公司1个，参股公司16个。公司注册资金22亿元，职工1485人。

【集团公司业务拓展】 区资产集团公司整合资源，拓展业务，全年实现租金收入1.29亿元；完成杭州朝阳橡胶有限公司18%国有股权的转让。开展房地产业务板块整合，实现人力、资金、项目、市场、客户等资源效益最大化。旗下公司积极拓展业务，开发区和达物业管理有限公司（简称和达物业公司）开拓江东道路保洁市场，争取新资源优化广告资源结构，广告业务发展潜力提升；杭州和达物流有限公司（简称和达物流公司）探索发展仓储业务，完善业务资源基础配置，规范仓储作业流程，培育物流板块新经济增长点；海宁江滨投资开发有限公司（简称海宁江滨公司）拓展大树业务，赢利点提高。创新渠道，调整结构，融资取得突破，全年集团公司获得中期票据的审批，并取得首期资金的发放。

【平台集聚产业优势】 区资产集团公司发挥产业平台特色，提升区域科技创新能力。2013年，杭州市高

6月15日，浙江省政协副主席、省委统战部部长汤黎路（左二）一行视察开发区高科技企业孵化器园区 （吴继平 摄）

科技企业孵化器园区（简称孵化园区）集聚以生物医药、电子信息及物联网、新能源新材料为主的科技型创业企业200余个，就业人数2000余人。搭建企业与高校的服务交流平台，孵化园区与浙江大学经济教育学院签署共建培训基地，发挥高校资源优势，形成中高级人才携大学生共同创业的模式，促进技术创新产学研合作。和达文化创意设计园（简称和达文创园）以创意科技成果转化、创意设计企业孵化、创新创业人才集聚与培养为方向，建设新经济产业平台。至年末，文创园聚集文创企业126个，提供就业岗位1200个。4月，位于开发区的杭州服务外包大楼建成启用，总建筑面积5万平方米。至年末，该服务外包大楼办公楼出租率42.9%，入驻企业7个，提供就业岗位200个。拓展房地产项目开发，旗下杭州万豪房地产开发有限公司竞得杭政储出〔2012〕74号地块（F2地块）土地使用权，受让面积1.24万平方米。

【服务城市发展】 2013年，区资产集团公司旗下城市服务类子公司应对不利因素，提升资质，优化服务，拓展业务，打造市场竞争力。和达物业公司晋升为“国家物业管理一级资质企业”，通过ISO 14001环境管理体系和OHSAS 18001职业健康与安全管理体系认证，质量管理、环境管理、职业健康与安全管理标准化水平提升。市容养护服务保持行业领先，杭州和达市政园林建设有限公司（简称和达市政公司）提升企业资质，改进项目管理办法，提高工程施工效益，做好泵站设施日常养护及维修，顺利完成开发区排水任务；开展停车收费业务，保障区内车辆有序停泊，提高开发区道路通行能力。和达物流公司通过ISO 9001:2008质量管理体系认证。9月，区资产集团公司完成开发区保安服务有限公司脱钩改制后的整体接收工作，增加保安服务和技防工程业务。

【运营风险防范】 6～8月，区资产集团公司聘请会计师事务所开展专项审计，梳理集团公司改制5年来内控机制建立和执行、年度财务决算编制、重大经营活动与决策、企业经营合法合规性、经营业绩考核指标完成等情况。审计结果显示，区资产集团公司改制后构建较为完善的内部控制体系，实施企业激励约束机制，经营发展规划明确，经营成果良好。防范运营风险，集团公司从8条管控条线出发，开展集团系统内控自查自纠、职能管控条线自我诊断、工程建设领域自查自纠和子公司内控风险防范专项检查等活动，提出整改意见和解决方案，规范经营管理体系，提升运营管理效率与效益。发挥内部审计功能，全年开展12项内审工作和季度审计巡查，将内审体系延伸至子公司层面。优化绩效考核办法，结合公司战略规划、年度经营计划、全面预算管理和绩效管理，形成管理闭环，提升集团管控能力。整合外部培训资源，成立“和达学院”，组建内部讲师队伍，引进人才测评软件，优化人才选拔环节，全年集团系统引进人才30余人。（赵　穗）

·项目建设推进·

【项目建设推进概况】 2013年，区资产集团公司以完善开发区功能配套、提升区域环境与品质为重点，积极推动开发区“产城融合”战略实施，强化责任保目标，拓展项目促发展，破解难题赶工期，加强对在建项目管控。加强项目安全管理，按照“加强领导、健全体系、明确责任、突出重点、强化监管”的年度总目标，推进安全管理规范化、安全生产月、安全生产标准化达标等活动，确保全年无安全责任事故。至年末，区资产集团公司计划实施的10个项目，除3个拟新开工项目未开工外，其他项目进展顺利。加强项目监管，执行项目绩效考核、项目月报和重大变更会议等制度，开展项目管理竞赛、工地巡查、计划执行监督等活动。加强在建项目管控，完善制度流程，全年召开项目投资重大变更、招投标会议7次，审核议题211个。

加快项目建设推进。年内，IBC（杭州东部国际商务中心）项目完成竣工验收及整体移交；和达城住宅部分交付，商务楼安装工程、幕墙工程及精装修施工；和茂大厦建安工程完成竣工验收；和达大厦完成主楼24层楼板砼浇筑，主楼砌体至19层；御观邸项目内外墙粉刷施工。所属项目获多项荣誉，其中孵化器二期获开发区范围内首个“鲁班奖”。多个商业及配套项目建成投用，和达·东东城试营业，金沙湖一期公园工程19.9万平方米对外开放，IBC国际公寓交付，希尔顿酒店正式营业，和达城住宅及底商的交付，时代山净菜市场开业，区资产集团公司旗下公司承建的商业配套项目的投入使用等，进一步推动开发区区域环境的优化和城市品质的提升。（赵　穗）

▶▶资料：底商

底商指在建筑物底层（包括地下室）设立的可以从事商业活动的场所，通常指写字楼或住宅的第一层、第二层网点。一般住宅，特别高层住宅的第一层、第二层销售较为困难，其价位较其他层位低。开发商通过转向做底商，价格卖得更好，同时小区的商业配套得以解决。住宅底商由开发商或业主自行经营，与住宅配套设施在功能上有互补的作用，多用于经营娱乐设施、中小型连锁超市、各种品牌的专营店、商务设施等。

【4个建设项目竣工】 2013年，区资产集团公司实施建设项目7个，其中4个项目竣工，分别是IBC二期、和茂大厦、保税物流二期工程、和达城住宅楼。3个续建项目，分别是和达城商务楼、和达·御观邸、和达大厦（开发区群众文化艺术中心）。全年区资产集团公司在建项目总建筑面积85万平方米，竣工项目面积54.63万平方米。

【商业配套项目交付】 1月，由集团公司旗下杭州万国投资管理有限公司承建的IBC（杭州东部国际商务中心）320余套精装修国际公寓交付。5月，和达·东东城试营业。6月，区资产集团公司签订时代山净菜超市租赁合同，11月时代山净菜超市正式营业。7月，IBC（杭州东部国际商务中心）甲级精装写字楼东峰交付，至此，IBC旗下销售型物业交付工作全部完成。8月，区资产集团公司旗下和达城项目住宅楼及“底商”正式交付，作为杭州地铁1号线起终点站上盖综合体，和达城房产得到业内外关注与认可。该项目从产品设计、部品及设备选购、小区环境营造、生活设施配套等方面，致力于为业主营建温情而有品质的住宅区。（楼志英）

【和达大厦项目推进】 2013年，由区资产集团公司旗下杭州万海投资管理有限公司（简称万海公司）代建的和达大厦（开发区群众文化艺术中心）项目施工进展良好，实现年度工作目标。和达大厦项目总建筑面积5.13万平方米（含地下室），地下3层、地上24层主楼及5层裙楼组成，建筑高度97.2米。9月，裙楼五层主体结构完成。11月，幕墙工程的招投标完成。12月，主楼24层楼板混凝土浇筑完成。该项目获2013年度开发区建设工程文明程度指数测评迎检先进单位奖、开发区建设工程优秀围挡奖、开发区建设工程安全生产文明施工先进单位一等奖等荣誉。

【和茂大厦工程竣工】 12月，由万海公司负责代建的开发区和茂大厦竣工。和茂大厦位于开发区新城中心，总建筑面积6.53万平方米（含地下室），建筑限高100米，为杭政储出〔2010〕37号地块商业金融用房工程。2012年3月开工建设，同年12月主体工程验收。建成后的和茂大厦为开发区进区机构行政办公、对外服务提供场所。项目获2013年度开发区建设工程安全生产、文明施工标准化达标工地、开发区“绿色工地”等荣誉。（谢　芳）

【保税物流二期项目投用】 1月，开发区保税物流二期项目完成主体竣工验收，建成投用。保税物流项目总占地面积15.34公顷，总建筑规划面积10万平方米，一期工程6.6万平方米，2007年竣工投用。二期项目新建中转库、加工中心、消防泵房等建筑物，投资1.8亿元，建筑面积3万平方米，2012年7月开工建设。

（杨永波）

12月，开发区和茂大厦工程竣工　（谢　芳　供稿）

·商业资产运营·

【商业资产运营概况】 区资产集团公司利用全国、省、市地区举办的招商活动，积极推介公司招商项目，全年累计洽谈内外资项目44个，其中重点跟踪项目信息20个。完善招商机制，制定招商引资目标责任考核办法，实施月度招商例会制度，加强区资产集团公司与招商主体之间、与开发区管委会相关部门之间的信息沟通，推进重点项目谈判和引进，全年区资产集团公司招商平台和达文创园、服务外包大楼引进企业30个，累计入驻企业126个；孵化园区引进企业128个，累计入驻企业223个。年内，和达·东东城商业项目投用，完成招商签约面积1.65万平方米，招商率92.3%。签约品牌有“时代院线”“联华超市”“豆啦啦KTV”“嘟捞咪坊”“两岸咖啡”“咬不得”“浮力森林”“卡卡与国王”“音之舞”“贝因美”等门店。和达物流园区与顶新国际集团旗下杭州秉创纸业有限公司、富士康集团旗下统合电子（杭州）有限公司、宏讯电子工业（杭州）有限公司及华润万家生活超市有限公司达成租赁合作关系，园区出租率90%（另10%留作公司自营仓库）。全年区资产集团公司实到内资3.1亿元，合同利用外资9029.8万美元，实际利用外资4000万美元。

【和达·东东城试营业】 5月25日，区资产集团公司旗下和达·东东城商业中心试营业。和达·东东城商业中心位于开发区沿江大道与10号大街交界口西南侧（多蓝水岸与梦琴湾小区之间），是开发区沿江商业带启动项目，开发商为杭州东源房地产有限公司。试营业期间，开业商家21个。至2013年末，和达·东东城商业中心已引进“时代院线”“章吴记喜瑞餐厅”“联华超市”“音之舞”等知名商业品牌，项目出租率92.3%。

参见“服务业”类目“和达·东东城项目开业”条目

（楼志英）

【东东城项目获地下空间利用土地使用证】 6月25日，和达·东东城项目取得开发区首张“地下空间利用土地使用证”。该证的获取，有利于公司实现土地资源整合，有效开发地下空间，推进开发区地下空间的开发、建设和利用。东东城是开发区沿江居住板块的重要商业项目，首创C-mall商业概念的地标性商业项目，2012年末交付使用，商业已投入使用。为节约利用土地资源，方案设计考虑地下部分设计，将1577平方米面积作为商业使用，同时按建设、人防、消防、交警等职能部门审批进行前期设计、定位，并有序施工。项目竣工验收后，公司跟进地下商业面积进行测绘和土地证的申领，根据《杭州市区地下空间建设用地管理和土地登记暂行规定》文件要求，经过努力，最后完成该土地使用证的申领。（郑 驹）

【和达物流公司参加全国跨境电商供应链峰会】 12月13~14日，2013年中国跨境电商供应链峰会在北京召开。区资产集团公司旗下和达物流公司作为杭州市物流与采购行业协会会员，参加会议。峰会主要为参会者了解行业动态、跨境电商政策解读、专业分析与形势评估等搭建平台。与会企业参观航港发展有限公司和北京远泰顺通国际物流有限公司。和达物流公司作为集团公司集聚物流板块核心资源的子公司，以开发区现有产业平台与资源优势为依托，跟进杭州海关探索制订跨境电子商务综合服务体系，以及跨境电商进出口所涉及的在线通关、检验检疫、退税、结汇等基础信息标准和接口规范等工作。

【和达物流园租赁任务完成】 2013年，和达物流园超额完成全年目标任务。年初，和达物流公司重点做好园区一、二期库房租赁招商工作，先后与顶新国际集团旗下杭州秉创纸业有限公司等厂家达成租赁合作关系。二期中转库（一）中公司自留3000平方米的自营仓库，园区一期、二期加工中心（一）、二期中转库（一）6万平方米的库房租赁完成。7月，和达物流公司完成园区一、二期库房租赁招商，出租率90%，10%留作公司自营仓库。（杨永波）

【和达文创园参加创意设计展览】 8月30日至9月1日，2013年杭州工业设计博览会在杭州和平会展中心举办。作为杭州市首批市级特色工业园，和达文创园组织8个设计创意类企业参加博览会，展示儿童汽车安全座椅、迷你洗衣机、汽车应急电源、LED灯具、创意玩偶等20余件设计作品。10月17~20日，第七届中国杭州文化创意产业博览会在杭州白马湖生态创意城国际会展中心（主会场）举行。杭州和达创意设计园参加博览会，以“创新驱动、集聚领先、产城融合”理念设计展区，融合和达文创园企业特色，将设计传承、创意力量融入到展区设计。“美容”冰箱设计、自来水管道接入机、婴儿服装洗衣机、历史人物炭包等设计作品在展览中展出。（韩　丽）

·园区平台建设·

【园区平台建设概况】 2013年，区资产集团公司各产业平台发挥自身特色，集聚和培育符合开发区产业发展导向的中小企业，在提升区域科技创新能力和产业转型升级等方面发挥积极作用。孵化园区集聚以生物医药、电子信息及物联网、新能源新材料为主的企业，至年末，入驻企业223个，就业人数2000余人，拥有国家“千人计划”专家1人、省“千人计划”专家3名、省“151”计划人才1人，杭州市全球引才“521”计划人才4人、“131”计划人才2人；累计培育国家重点扶持高新技术企业8个、市级高新技术企业39个、“雏鹰”企业25个、“青蓝”企业18个、科技型中小企业40个。和达文创园以创意科技成果转化、创意设计企业孵化、创新创业人才集聚与培养为方向，加强园区企业培育，实施“创意人才培育工程”“企业成长助推工程”“园区品质提升工程”，形成富有自身特色的新经济平台，至年末，园区集聚文化创意企业126个，提供就业岗位1200个，累计培育高新技术企业6个，实现专利授权总数78件。服务外包基地于2013年初启动，至年末，服务外包项目办公楼出租率42.9%，入驻企业7个，提供就业岗位200个；宿舍楼出租率89.6%，解决企业配套住宿1.23万平方米。（赵　穗）

【孵化器公司招商运营】 2013年，区资产集团公司旗下杭州市高科技企业孵化器有限公司完成营业收入2047万元，管理费用564万元。加强招商运营，招商指标完成良好，孵化园区一期可出租面积1.55万平方米，出租率91.6%；二期2号楼可出租面积8.19万平方米，出租率52.8%；3号楼可出租面积9723平方米，出租率92.1%。至年末，孵化园区完成合同外资1000万美元，实际利用外资250万美元；实到内资4575万元。全年孵化园区新引进企业128个，其中生物医药企业21个、电子信息企业74个、节能环保企业7个、服务外包企业1个、其他企业25个。引进注册资本1000万元以上企业4个，引进落地经营面积1000平方米以上企业4个。做好园区运营，科技创业创新服务中心年初投入运行，引进中介服务机构5个。开展科技服务，全年园区企业申报省“千人计划”7人、国家“千人计划”1人，申报“521”计划和“131”计划4人。新增国家重点扶持高新技术企业3个、市级高新技术企业8个，“雏鹰”企业25个（申报“雏鹰”计划11个），“青蓝”企业18个，新增科技型中小企业28个。园区形成以中高级人才携毕业大学生共同创业的新模式，主要以生物医药、电子信息及物联网、新能源新材料为特点的产业集聚，全年园区企业技工贸总收入约4亿元，税收超1000万元。

【文创园公司经营良好】 2013年，杭州和达文化创意产业园管理有限公司（简称文创园管理公司）实现营业收入644.14万元（含服务外包项目租金收入560.47万元，服务性创收12.64万元，补贴及创收71.03万元），实现净利润95.77万元。管理费用383.38万元，较预算节省75.14万元。文创园项目出租面积3.13万平方米，出租率93.2%，全年新增租赁面积6692平方米，新增出租率3.5个百分点，新增入驻企业24个。全年完成租金收入 772.31万元，比上年（指2012年，下同）增长16.7 %。服务外包项目（服务外包办公楼）出租面积1.37万平方米，出租率42.6%，新增办公合同企业7个；宿舍出租面积9411平方米，出租率89.6%，新增宿舍合同9个。

位于开发区6号大街452号的杭州市高科技企业孵化器园区
（杨甬杭　摄）

11月25～26日，杭州生物医药国家高技术产业基地投资管理有限公司参加全省首批重点外贸公共服务平台现场交流会并获得授牌

（虞雪婷 供稿）

【文创园公司引进企业30个】 2013年，杭州和达文化创意产业园管理有限公司以“招大换小、大项目带动大发展”为招引思路，着力引进大项目、知名设计机构和成长性好的设计企业。通过运营和达文创园、服务外包大楼两个项目，全年引进符合开发区新经济产业定位的企业30个。引进企业中，落地经营面积1000平方米以上企业4个，税收300万元以上企业1个，市级以上服务业特色品牌1个，知名及有影响力的设计机构10个。其中：服务外包项目重点引进的达内软件技术（杭州）有限公司，租赁面积5000平方米，隶属达内IT培训集团；引进与杭州汉唐影视动漫有限公司合作的龙津专修学校动漫培训项目，杭州汉唐影视动漫有限公司为国家级动漫企业、市级优秀动漫企业，团队作品多次获“牡丹奖”“金鹰奖”“星光奖”和精神文明建设“五个一工程”奖等国家级和省级重要奖项。

【文创园企业培育与服务】 2013年，杭州和达文创园管理公司累计培育高新技术企业6个，新增企业2个，年内被评为市“工业设计十佳”精英人物1人，经典案例1个，实现专利授权总数78件，新增专利数31项。开展企业政策兑现服务，帮助17个企业完成2012年度开发区租金补贴兑现申请，获得2012年度服务企业发展奖励资金56.12万元。开展企业项目申报服务，累计帮助6个企业申报市工业设计中心，2个企业申报2013年度市优秀旅游纪念品设计大赛，8个企业完成市文创产业专项资金申报，2个企业申报市级高新技术企业。开展政策宣传服务31次，组织企业参加政策培训会议7次。组织企业活动、企业对接、行业交流活动11次，涉及企业95个次。开展企业走访调研，累计走访企业12个，帮助解决问题困难8项。

（韩　丽）

【公共实验中心被授予省重点服务平台】 11月25～26日，浙江省商务厅在绍兴召开全省首批重点外贸公共服务平台现场交流会，对首批27个重点外贸公共服务平台进行授牌。区资产集团公司旗下杭州生物医药国家高技术产业基地投资管理有限公司作为4个平台主导单位之一，参加现场交流会获得授牌并作经验介绍。通过省重点外贸公共服务平台建设，杭州生物产业国家高技术产业基地生物医药公共服务平台为开发区外贸出口基地提供技术支持和服务实践，为杭州市相关生物医药企业提供新药研发硬件条件和软性服务，同时为医药企业科研技术人员搭建学术、技术交流平台，从而建立健全新药创新体系，推动开发区生物医药产业可持续发展。

（虞雪婷）

【和达文创园获批省工业设计中心】 杭州和达文创园优化管理体系，建立工业设计联盟，设立管理部，统一信息资源，吸引大客户资源，将项目分包给各工业设计企业。整合设计企业、制造企业、高校等资源，凝聚各方力量，发挥润滑、助推的作用，促进设计提升，推动工业设计产业发展、设计成果应用转化，实现并创造更多的产业价值。至年末，园区累计建立产学研项目4个，分别是浙江理工大学科技创业园、无锡江南大学创意园、杭州电子科技大学创意园、中国计量学院科技创业园；院企共建学生实践基地4个，培训设计学生人才800余人次；被评为市工业设计十佳精英人物2人，精典案例2个；被评为开发区“创业之星”2人。全年园区实现产值1.6亿元，专利授权总数50余个。2013年，园区被认定为省级工业设计中心。

表20

2010~2013年开发区和达文化创意设计园项目运营情况

年份	园区出租面积（万平方米）	出租率	入驻企业（个）	从业人数（人）	实现产值（亿元）	利　税（万元）
2010年	1.78	78.0%	46	277	0.17	61
2011年	3.24	90.1%	101	1 023	1.40	490
2012年	3.31	92.2%	120	1 300	1.50	570
2013年	3.12	93.2%	108	1 200	1.60	570

【服务外包大楼运营】 4月17日，开发区服务外包大楼建成启用。该大楼位于开发区科技园路65号和85号，北为2号大街，南为6号大街，整个建筑含办公楼和宿舍楼，由文创园管理公司经营管理。办公楼地上10层、地下1层，宿舍楼地上17层，共270个房间，主要配套给服务外包大楼里的企业，供员工居住。大楼设商务中心、多功能厅、便利店、休闲饮品、银行ATM、1000兆网络宽带，配备楼宇自控系统、通讯及办公自动化系统等智能体系，营造多元自动化办公场所。开发区坚持扶持IT产业和服务外包产业，把建设"创新驱动、集聚领先的示范园区"作为工作重点，加快产业转型升级。开发区服务外包大楼的搭建启用，有助于提高开发区服务外包产业的发展水平，吸引和留住高端IT人才，引进更多优秀IT企业。

参见"服务业"类目"服务外包大楼启用"条目

【达内软件公司落户服务外包大楼】 4月17日，达内软件技术（杭州）有限公司入驻开发区服务外包大楼，租赁面积5000平方米。达内软件培训是中国高端IT培训知名品牌，致力于培养中高端软件人才，先后获美国国际数据集团、集富亚洲、美国高盛银行的三轮投资，是国内首个获得国际风险投资的IT培训机构，累计为IBM（国际商业机器公司）、微软、摩托罗拉、华为、中软、用友、雅虎、阿里巴巴、TOM（移动互联网公司）、新浪、搜狐、百度、联想、神州数码、大唐电信、亚信等知名IT企业培养输送中高级软件人才17万人。

【"和达工业设计创新工场"项目启动】 2013年，杭州和达文创园启动"和达工业设计创新工场"项目。至年末，完成规划定位、设计装修及项目开场工作。创新工场通过整合杭州工业设计协会及和达创意设计园的现有资源，为优秀工业设计师及其团队提供办公场地、公共服务，统一品牌，统一管理，统一对外包装推广。对工场中产生的设计专利、设计方案进行成果转化，通过"设计廊"区域的展示、体验、交流，成为平台销售终端。该项目成功运营，将有助于改变文创园公司以租赁为主的单一业务结构模式，实现文创园发挥新经济产业平台功能特色的升级版赢利模式。（韩　丽）

【路甬祥考察文创园】 11月29日，全国人大常务委员会原副委员长、"两院"（中国科学院和中国工程院）院士路甬祥一行到开发区杭州和达文创园考察文化创意产业。路甬祥一行参观园区展示服务中心，与园区负责人探讨文化创意产业的成长情况，了解园区历史、概况、定位及未来发展规划，并参观园区工业设计代表公司——杭州斯帕克造型艺术有限公司和杭州冠群科技开发有限公司。在了解两个公司设计的产品及订单情况后，路甬祥向公司负责人建议做产品设计时要融入节能减排、网络智能等新理念。对和达

开发区服务外包大楼外景　　（韩　丽　供稿）

开发区和达创意设计园内景 （黄健员 摄）

文创园及园区企业，路甬祥给予肯定和鼓励，要求园区发展要与时俱进，争做产业领跑者。

参见“服务业”类目“路甬祥考察创意设计园”条目

（万瑶瑶）

【常州科教城考察团考察文创园】 9月12日，江苏省常州市科教城管理委员会党群工作处考察团考察开发区杭州和达文创园，学习非公企业党建工作经验方法。考察团一行参观文创园非公党建之家，了解文创园区和非公企业党建情况。和达文创园党总支于2010年成立，辖党支部6个，流动党员服务站1个。近年来，园区党总支以区域化党建为抓手，以打造平台、强化服务、推进工程为载体，打造小微企业党建平台，建设“党建强、发展强”的园区工作品牌。考察团参观设计企业斯帕克造型设计有限公司和冠群科技开发有限公司，听取企业及设计产品介绍。双方开展党建工作交流座谈，交流学习加强和改进党员教育管理的新途径，寻求关怀和服务党员的新方法。

（朱晓史）

·城市管理服务·

【城市管理服务概况】 2013年，因受开发区推动城市基础服务市场化进程影响，城市服务相关业务出现萎缩和滑坡，区资产集团公司下属城市服务类子公司提升服务、树立标杆、拓展业务，练好内功积极应对。和达物业公司晋升“国家物业管理一级资质企业”后，市容养护服务精益求精，保持行业领先；参与市场竞争，开拓江东前进工业园区道路保洁市场；优化广告资源结构，提升广告业务发展潜力。和达市政公司以做优做精市政园林养护服务为基础，优化项目管理办法，积极拓展区外市场，提高工程效益；做好泵站设施日常养护及维修工作，完成开发区排水任务；开展停车收费业务，保障车辆有序停泊，提高道路通行能力，方便城市居民出行和生活。和达物流公司探索发展仓储业务，培育物流板块新经济增长点，完善业务资源基础配置，规范仓储作业流程。海宁江滨公司拓展自主大树销售业务，挖掘赢利点。9月，区资产集团公司完成开发区保安公司整体接收，区资产集团旗下新增开发区保安服务有限公司，为需求单位提供保安服务和技防工程业务。

（赵 穗）

【灾害性气候防御保障】 年初，区资产集团公司调整防汛防台、抗雪防冻指挥部成员，做好灾害天气应急预案。和达市政公司在台风及雨汛期间，有序协调20个泵站间水位的调节；接管的11个永久性污水泵站全年排污水7809.8万立方米，5个终极泵站排污水4446.1万立方米，纳入七格污水处理厂；9个临时雨污水泵站运行正常，纳入市政管网。1月，出现连续强降雪，和达市政公司出动应急队伍15支、486人次、机动车35辆次、洒水车14辆次、抢险车12辆次，调用草包7500个、融雪剂22吨，清理树木（断杈）125棵。10月6～9日，第23号强台风“菲特”袭击杭州，和达市政公司启动抗台防汛预案，成立应急抢险队，备足抢险物资，停止室外作业，对工地、危旧房屋等重点危害部位开展安全检查并排除隐患，要求系统各单位主要负责人及相关人员24小时值班。其间，出动抗台抢险车辆20余辆、电动机9台、水泵18台，使用砂石料（块石、桩木等）45立方米、编织袋850余只、电缆50米、水管500米，对积水严重的金沙大道、海达南路、天城东路、1号大街、4号大街等路段进行排水处理。和达物业公司出动车辆30余次、保洁人员700余人次、应急队伍1支，检查公厕30余处，清理路面隐患垃圾100余处，清理窨井口、积水区域200余处，维修护栏、信号灯10余处，各物业小区启用抽水泵10台，沙包填堵503袋。台风过后，清扫路面垃圾1万余处，出动三轮车清运路面垃圾100余车，冲洗道路30余条，维修护栏、信号灯50余处。（楼志英）

【和达市政公司被评为市级先进】 2013年，和达市政公司完成区内93条市政道路675.7万平方米的养护任务，以及150余万平方米的道路及公园绿化养护服务。全年修复人行道2.04万平方米、沥青路面2.54万平方米、砼路面3518平方米，沥青勾缝12.9万米；疏浚雨水管道5.52万米、污水管道3.12万米；更换、修复雨污水井盖2779只；数字城管平台抄告整改率100%；新接收6条养护道路完成各项验收。3月，和达市政公司养护绿化的开发区沿江大道被评为2012年度杭州市区最佳道路绿地，6号大街被评为2012年度杭州市区优胜道路绿地、2012年度杭州市区示范道路绿地，高教西公园获得“2012年度杭州市区公园（景区）双最评比进步显著奖”。5月，和达市政公司养护部获“杭州市模范集体”称号。7月，和达市政公司被省总工会评为省级创建和谐劳动关系先进企业。10月，连续第3年被评为杭州市政行业先进单位。（冯金烁）

【和达物业公司获国家一级资质】 和达物业公司通过“优化服务、提升品质、强化内控”等措施，得到快速发展，全年主营业务收入超过8000万元。5月，该公司通过国家住房和城乡建设部审查，晋升物业管理国家一级资质。作为劳动密集型物业管理服务单位，公司按照国家二级安全标准化要求开展工作，通过ISO 14001环境管理体系和OHSAS 18001职业健康与安全管理体系认证。公司规范化管理和重点队伍建设取得成效，全年实现物业收入2697.39万元，比上年增长24.78%。至年末，公司有物管项目24个，物管面积109.3万平方米，增长40%，其中新拓项目管理面积43.7万平方米；新增外包服务大楼、金沙湖一期公园、和达城项目，承担杭州摩托罗拉移动通信设备有限公司、史陶比尔（杭州）精密机械电子有限公司空置厂区安保服务。和达·自由港、服务外包大楼被评为2013年度开发区优秀物业管理小区。和达物业公司主营物业管理、道路保洁、工程服务、广告经营等业务，是综合性的物业管理企业，有员工600余人。

【和达物业市容养护服务】 和达物业公司拓展市容养护业务，2013年公司道路、绿化保洁面积占开发区作业面积的50%，其中道路保洁面积350万平方米、绿化保洁面积269万平方米。公厕养护53座、道班房养护14座。中标开发区前进工业园区道路保洁项目面积22万平方米，两年保洁业务量收入291.7万元。（任　珏）

【和达物流公司通过ISO 9001认证】 12月9日，和达物流公司通过ISO 9001:2008质量管理体系认证，获得由北京埃尔维质量认证中心授予的认证证书。年初，和达物流公司经过质量管理咨询公司的指导，对业务流程和管理体系进行梳理，按照物流企业特点制定质量手册，将ISO 9001质量管理体系纳入绩效考核，保证质量管理体系推行。取得ISO 9001质量管理体系认证，是对和达物流综合服务能力的认可，可提升企业服务标准化、作业流程化及管理系统化程度，有助强化和达物流品质管理，提高企业形象。（杨永波）

【海宁江滨公司大树管理养护】 2013年，海宁江滨投资开发有限公司对开发区“大树三年行动计划”中引进的30个品种共计1.99万棵大树中的140棵大树进行最终验收。拓展业务渠道，根据苗木情况和市场需求，该公司自主采购大树578棵；编制《自营业性项目采购制度》《大树销售管理制度》等制度，规范大树采购与销售流程。全年向开发区文津北路、江东道路等26个项目提供大树1251棵。（姜　燕）

【保安服务公司效益提高】 2013年，开发区保安服务有限公司实现营业收入5844万元，其中人防业务收入5100余万元，为外来人员提供就业岗位800余个，客户和社会满意率90%以上。发展工程业务，至年末，公司110联网报警服务单位532个，新增128个。开发区保安服务有限公司原为杭州经济技术开发区保安服务公司，2013年9月按照“统一管理、单独核算、单独考核”的原则，该公司整体移交区资产集团公司管理，主要为区内政府机关、金融、学校、企事业单位、商业、住宅等提供人力防范、技术防范和联网报警业务。公司注册资本500万元，有职工850余人。（刘志妤）

前进工业园区

·前进工业园区综述·

【前进工业园区开发建设】 2013年，前进工业园区（简称前进园区）加大招商引资力度，破解要素制约，加快项目落地，加强综合配套保障，区块开发建设取得新突破。全年实现合同外资4.31亿美元，实际利用外资1.83亿美元，实到内资31.23亿元 。至年末，累计引进项目31个。其中：外资项目14个，总投资19.24亿美元；内资项目17个，总投资163.4亿元。完成“农转用”土地审批56公顷，争取土地占补平衡指标50公顷。完成205公顷用地规划调整，拆迁面积18万平方米。促成“冠亚饮料”“优科豪马橡胶制品”“顾家家居（二期）”“宏拓包材”“长安民生”“至信车身件”“星乔零部件”“宝钢平伟”“李尔长安”等项目开工，“西子航空飞机零部件”“统一食品”“顾家家居（一期）”等项目竣工。加大公共配套设施建设，城市综合体、前进小学、幼儿园、农居安置房、蓝领公寓等项目加快推进。全年完成固定资产投资65.58亿元，其中基础设施建设投资10.04亿元、工业项目投资55.54亿元。新开发土地面积194.67公顷，累计596公顷。至年末，前进园区累计调整基本农田1389.67公顷，争取土地“农转用”指标602.31公顷，完成供地596公顷，流转土地1995.61公顷；累计投入政府建设资金100亿元，建成主骨架道路11条，通车里程27千米。（丁晓波）

【省领导会见福特汽车公司总裁】 6月20日，省委常委、杭州市委书记黄坤明会见到访的美国福特汽车公司总裁兼首席执行官艾伦·穆拉利。黄坤明首先转达省委书记夏宝龙对艾伦·穆拉利的问候和欢迎，表示杭州会继续做好服务、协调和保障等各方面工作，为项目推进创造更好条件。同时，双方就加强智能交通系统研发应用合作等话题交换了意见。6月21日，省委副书记、省长李强在杭州会见美国福特汽车公司总裁兼首席执行官艾伦·穆拉利。李强表示，浙江全力支持长安福特杭州整车项目建设，推进项目早日竣工投产，期待福特汽车公司与浙江开展更多更深层次的合作。长安福特汽车项目2012年4月签约，落户开发区前进工业园区，一期产能为年产汽车25万台，年产值500亿元。

【蔡奇考察长安福特及综合体项目】 12月4日，省委常委、常务副省长蔡奇一行到杭州大江东产业集聚区调研并考察前进园区长安福特汽车项目和综合体项目。蔡奇听取了长安福特汽车项目进展情况介绍，实地检查项目涂装、冲压、涂装、总装4个车间建设情况，参观长安福特新车型，对长安福特规范的管理、高效的建设予以肯定。在综合体项目现场，蔡奇询问项目进展情况，强调大江东产业集聚区是杭州今后发展的重要增长极、转型升级的重要平台，要抓住机遇，做好各项工作，着力推动产业集聚区加快发展、集聚发展、高效发展。长安福特项目是长安福特汽车公司在华东地区的新建工厂，主要生产中高档汽车。该项目2012年8月开工，新厂房已雏形初现，其中办公及辅助用房已建成，涂装车间、冲压车间已启动设备安装，焊装车间、总装车间主体钢构完成。前进园区城市综合体项目是大江东新城核心区首座城市综合体，总占地面积22.87公顷，总投资30亿元，建筑面积80万平方米，是一座集商业、办公、居住、酒店、餐饮、会议、娱乐、金融、中介服务、人才交流等功能于一体的商务楼。

参见“工业”类目“蔡奇考察长安福特汽车和园区综合体项目”条目

【市领导调研前进园区】 全年市领导多次赴前进园区考察调研，关注园区重大项目开发建设。1月6日，副市长佟桂莉调研前进园区，察看钱江通道六工段互通立交、长安福特汽车、西子航空飞机零部件和华电热电项目建设现场，肯定园区在招大引强、项目落地等方面取得的成效。1月8日，市委常委、市纪委书记罗悦明调研长安福特汽车项目建设情况，察看项目建设现场，指出园区要为企业提供优质服务，共推项目早日建成、早日投产。6月7日，市委常委、萧山区委书记俞东来调研前进园区，察看统一食品、长安福特汽车、西子航空飞机零部件、城市综合体和钱江通道六工段互通立交项目建设现场，肯定园区开发建设“思路清、目标明、手笔大、招商优、速度快、队伍强、成效好”，产业新城已初具雏形。9月5日，副市长谢双成调研前进园区，察看统一食品、长安福特汽车、西子航空飞机零部件和城市综合体项目建设现场，指出前进园区是开发区新一轮工业经济发展的大平台和新的增长极，要求加快发展、率先发展，实施“创新驱动、集聚领先、产城融合”战略，增添发展后劲。10月17日，市委副书记、代市长张鸿铭调研开发区，考察前进园区西子航空飞机零部件项目和长安福特汽车项目建设情况，要求西子联合控股公司拓展产业领域，打造新的增长点，成为全市工业企业转型升级和创新发展的示范样本。（金如森）

【前进园区获市级“汽车及零部件产业示范基地”称号】 8月，前进园区被市政府授予“杭州市汽车及零部件产业示范基地”称号。前进园区自2012年签约长安福特汽车项目起，即筹划在梅林大道以西、江东三路以北、长安福特整车项目周边建设汽车零部件产业园，规划用地274.4公顷。为推动汽车零部件产业园建设，前进园区已编制完成产业园发展规划，做好基础配套，选择核心零部件和大、精、尖汽车零部件项目，计划引进汽车零部件企业30个以上，吸引有效投资100亿元以上，重点发展品牌价值高、科技含量高、附加值高的汽车核心零部件产业和汽车市场服务项目，培育一个产值超1000亿元的汽车零部件产业园，与长安福特等整车共同形成“双千亿级”的汽车产业集群。加快项目引进，有“长安民生”“宝钢平伟”“重庆星乔”“李尔长安”“至信”“海德世”等14个汽车零部件项目落户产业园，总投资达50亿元，达产后预计年产值150亿元。（王杭伟）

【3个项目列入省重点项目名单】 5月，浙江省政府办公厅印发文件，公布浙江省2013年重点建设项目名单。前进园区长安福特杭州汽车生产基地乘用车项目、华电杭州江东天然气热电联产工程两个项目被列为省重点续建项目，杭州统一企业有限公司食品饮料生产基地项目被列为新增省重点项目。杭州统一企业有限公司位于前进园区梅林大道以东、江东六路以北地块，占地21.2公顷，首期项目投资 2.1亿美元，计划建设10条快速方便面生产线和4条饮料生产线。该项目具有投资产出规模大、技术工艺领先、税收贡献突出等优势，在杭州乃至浙江的轻工食品饮料行业可起到示范作用。（罗红松）

【“难题破解、项目推进、环境优化”活动】 2月25日，前进园区开发建设指挥部召开“难题破解年、项目推进年、环境优化年”活动动员暨作风建设大会。“难题破解年”指前进园区指挥部层面着力解决5项

9月5日，杭州市副市长谢双成（中）在前进工业园区调研项目建设
（前进工业园区 供稿）

难题，分别是三丰村二期征地拆迁、建设区块规模、招大引强、落地项目投产见效和工作机制创新；部门层面着力解决13个难题，包括资金筹措、队伍建设、创新产业园建设、商贸服务业实施、汽车零部件产业园建设、招商引资，以及涉及的土地利用和项目审批等。“项目推进年”指在项目招引上要引进“三个500强”企业6个（其中世界500强2个），确保已落实产业项目和政府投资项目的用地，实现10个项目开工、8个项目竣工、12个项目投产。“环境优化年”指在“硬环境”建设方面开工政府性项目22个、续建政府性项目6个、竣工政府性项目6个，确保完成政府性项目投资20亿元；在“软环境”建设方面实行“超前性、全天候、一条龙”代办服务、承诺服务、全程服务，确保项目供地后3个月内（特殊情况6个月内）完成审批并开工建设，实现审批时间全市最短、全省领先。

（王杭伟）

·园区发展规划·

【园区发展规划概况】 2013年，前进园区根据项目落户和配套建设的需要，修订完善园区发展规划，形成以空间发展战略规划、概念规划、分区规划、详细规划、城市设计和专项规划为主的层级合理、基本完备的规划体系。全年园区规划部门牵头编制完成《前进园区绿地系统规划》《前进园区公共设施布点规划》《前进园区创新产业园城市设计》《前进园区商贸综合体策划方案》《前进园区产业发展规划》等规划稿。同时，编制《前进园区2013年度行动计划（送审稿）》，对年度内园区建设项目的空间布局和用地安排作科学规划，作为年度规划许可和用地审批的依据，与国民经济和社会发展年度计划、年度政府投资项目计划、年度政府财政预算相衔接，发挥政府公共投资对城市发展的引导调控作用。

【前进园区产业发展规划编制】 5月，《前进园区产业发展规划》编制完成。该规划提出，前进园区坚持高新化、高端化、特色化，重点发展以汽车、航空装备为核心的先进装备制造业；着力发展现代食品产业，积极发展新材料、生物医药等战略性新兴产业；配套发展金融服务、现代物流、研发检测、中介服务等生产性服务业，以及商贸、居住、休闲旅游、科教文卫等生活性服务业，打造以先进装备制造业为主导，以现代食品和战略性新兴产业为辅助，以现代服务业为配套的“1+2+1”的现代产业体系。（罗红松）

【前进园区绿地系统规划】 6月，《前进园区绿地系统规划（送审稿）》编制完成。该规划将城市园林绿地系统与区域生态系统相结合，重视绿地生态功能的恢复和建设，建立“一核一片两轴四带”城市绿地系统规划结构，提出发展目标及控制指标，力争至2020年总绿地面积达1160公顷，其中公园绿地不少于256公顷，人均拥有绿地面积72.5平方米；对各类城市绿地进行空间布局，明确近期建设规划和远期发展策略，指导前进园区城市绿化的实施和建设，实现人与自然的和谐相处，建设生态环境优美的绿色工业新城。

▶▶资料：“一核一片两轴四带”

“一核”指城市公园核心，位于前进园区内环路与梅林大道交叉口北侧，布局于梅林大道两侧，承担与园区生产、生活密切相关的城市公园与开放绿地。“一片”指沿江生态绿地片，位于前进园区最北侧，直面钱塘江，是大江东江海湿地的重要组成部分，是园区生态绿肺。“两轴”指两条生态为主题的绿色主轴，钱江大道生态绿轴：钱江大道两侧30米~50米宽，贯通南北，以林地季相景观为特色，生态防护为主要功能的绿色廊道；梅林大道生态绿轴：梅林大道与八工段直河之间，宽70米~150米，纵贯南北的景观绿带，以观花植物景观为特色，展示色彩亮丽的道路绿化景观。“四带”指4条沿主要道路的绿色廊道，分别为九工段河（世纪大道）、滨江二路、江东五路、江东大道，以防护绿带为主要表现形式的绿色廊道。

【创新产业园城市设计】 7月，《前进园区创新产业园城市设计（送审稿）》编制完成。该规划设计明确产城合一、功能复合“绿色微城市”的功能定位，倡导紧凑开发、经济上充分兑现土地价值、实现可持续发展原则；规划借鉴德国沃尔夫斯堡大众汽车城建设模式，通过多种手段塑造城市之芯，设置中央生态公园加绿色公共走廊，展现园区一流绿色环境的标志景观元素，平衡形象、空间效果和经济效益。

【公共设施布点规划】 12月，《前进园区公共设施布点规划（送审稿）》编制完成。该规划采用多种公共服务设施建设模式，通过健全和完善由城市（区）级（含片区级）、居住区级、居住小区级、基层社区级4个层次，以及教育设施、医疗设施、文化设施、体育设施、商业设施、社区服务（含社会福利）设施、行政管理设施7个门类构成的前进园区公共服务体系，建成一批公共设施，提高公共服务均等化水平，满足产业园区发展配套需求和群众日益增长的服务需求。

（李　林）

·土地征用拆迁·

【土地征用拆迁概况】 2013年，前进园区围绕项目落地建设，努力破解土地瓶颈制约，完成前进街道三丰村二期拆迁，促成"李尔长安""新一路"等项目用地规模调整，解决汽车零部件产业园以及基础配套等项目的"农转用"指标和耕地占补平衡指标。全年前进园区完成拆迁企业、集体经济组织、个体户和种植大户117个（户），拆迁面积17.98万平方米；与萧山10个乡镇、75个村签订征地协议145份、阳光监督卡135份；完成交地238.88公顷，落实"农转用"指标土地56公顷，调剂解决占补平衡指标土地50公顷。

【土地规模局部调整】 前进园区努力破解土地要素制约，全年完成土地规模局部调整205公顷。其中，涉及李尔长安、大业包装等圈内用地117公顷，涉及新一路、前进商贸等圈外用地88公顷。全年园区争取"农转用"指标土地56.15公顷，其中报国土资源部指标土地33.68公顷、报省国土资源厅指标土地22.47公顷。从市国土资源局调剂占补平衡指标土地50公顷。

【供地完成194.67公顷】 全年前进园区完成供地194.67公顷。其中，"长安福特汽车""华东医药""华电江东热电""长安民生""苏泊尔"等8个工业项目供地面积186.38公顷；农居高层安置一期基础设施项目供地面积8.29公顷。至年末，园区累计完成供地596公顷。

【拆迁与项目流转交地】 全年前进园区完成拆迁面积17.98万平方米。其中衙前镇1.94万平方米、义蓬街道3.11万平方米、新湾街道7400平方米、前进街道12.19万平方米。全年园区完成项目及流转交地238.88公顷，其中衙前镇123.01公顷、前进街道115.87公顷。至年末，园区累计完成项目及流转交地1995.61公顷。

表21

2013年前进工业园区"农转用"土地指标报批情况

项目名称	总面积（公顷）	批准文号	批准时间
江东二路（九工段直河至前进大道）	3.05	浙土字A〔2013〕453	2013年11月
东三路（江东三路至江东一路）	2.96		
前进大道污水泵站	0.36		
西一路污水泵站	0.19	浙土字A〔2013〕410	2013年11月
M2-09地块李尔	6.67		
M2-A20-02地块	9.09		
蓝领公寓工程（公租房）	6.00	浙土字A〔2013〕451	2013年12月
江东六路二期（梅林大道至东一路）	1.29		
前进小学西侧规划支路	0.03		
蓝领公寓东侧支路	1.22		
前进商贸	5.01		
新一路（梅林大道至东一路）	1.49		
长安福特地块跨八工段直河桥梁工程（圈内）	0.13		
长安福特地块跨八工段直河桥梁工程（圈外）	0.08	浙土字A〔2013〕452	2013年12月
220千伏山海输变电工程	0.74		
万轮工贸	0.96		
前进工业园区M2-10地块	9.87	浙土字A〔2013〕414	2013年11月
前进工业园区M2-15地块	6.01		
高层安置房一期北侧规划支路工程	1.00	浙土字A〔2013〕004	2014年1月
合计	56.15	—	—

表22

2013年前进工业园区项目供地情况

项目名称	项目面积（公顷）	批准时间
长安福特汽车有限公司（一期）	79.93	2013年7月
长安福特汽车有限公司（二期）	60.05	2013年7月
顾家家居股份有限公司	11.11	2013年3月
杭州长安民生物流有限公司	5.34	2013年9月
华东医药（杭州）生物科技有限公司	6.38	2013年10月
章华化妆品科技有限公司	5.00	2013年12月
杭州苏泊尔南洋药业有限公司	6.67	2013年12月
杭州华电江东热电有限公司	11.89	2013年12月
农居高层安置一期	8.29	2013年12月
合 计	194.66	—

【征地推进与集约用地】 前进园区坚持节约集约用地原则，推进征地拆迁与项目供地。因土地权属复杂，征地拆迁难度大，2013年园区对原有征迁力量进行整合，成立土地整理中心，配强人员力量。推进镇街征地，全年园区新增建设用地项目40个，总用地195.47公顷；基础设施项目21个，面积45.73公顷；工业及经营性用地项目19个，面积149.73公顷。严格供地政策，把好节约集约用地关，园区建立招商项目联席会议制度，审查项目质量效益，着力引进高技术含量、高附加值、高产业带动性、高成长性的优质项目；严格程序，签订投资落户协议，实行项目开竣投保证金制度，对项目投资强度、产出规模、效益、开竣投时间等方面进行约束；招商谈判对投资项目采取“一次规划、分期供地”，减少初次供地量，提高基准地价，把握供地主动权。与已引进的企业加强沟通协商，盘活项目存量用地，收回存量土地66.67公顷，用于二次招商，实现土地节约集约利用。

【三丰村征地难题破解】 3月，前进街道三丰村二期征地拆迁签约启动，成功签约农户134户。三丰村二期征地拆迁区块是“华东医药”“江东五路”等项目所需用地，为破解三丰村征地难题，前进街道制定三丰村二期征迁工作方案，召开动员部署大会。前进园区指挥部多次赴街道专题调研慰问，并召开征地拆迁工作领导小组会议，对相关工作进行研究和部署，要求做好资金保障服务。为加快推进征迁，指挥部和街道调整工作部署，由街道成立三丰村二期征迁指挥部，设立办公室、征迁组（4个）、政策组、宣传组、维稳组5个工作组，街道相关领导担任组长，确保工作落实到组、包干到人。征迁工作组实行集中办公，细化工作节点，放弃双休日时间，为征迁农户提供“全天候”服务。征迁干部坚持拆迁政策一致性，力求公平、公正、公开，对征迁区块进行24小时监控，对违章建筑加大查处；掌握各征迁农户所思所需，解决征迁农户切身利益，得到征迁户的理解和支持，整个签约工作整体平稳有序，拆迁难题得到破解。

（翟俊生）

·基础配套建设·

【基础配套建设概况】 2013年，前进园区坚持“适度超前、综合配套”的开发原则，加快主骨架路网建设，完善居住、教育、商业、医疗等配套。年内，临鸿东路二期梅林大道至东二路段竣工通车，东一路工程、西一路工程、江东六路二期工程3条道路开工建设，临鸿东路一期河道整治工程竣工。至年末，园区“四纵七横”11条主骨架路网建设完成，并建成自来水管网、中心污水泵站、110千伏丰乐变电所；重大能源配套华电热电项目加快建设，首期计划2014年建成供热；燃气、电信等市政配套设施同步建设。推进城市综合体、标准厂房、前进小学和幼儿园等重要配套项目，8万平方米标准厂房（研发、孵化中心）建设完成，大江东核心区首个建设的25万平方米城市综合体一期（含人才公寓、商务酒店及产业、金融、商务办公楼），以及按省级标准建设的前进小学和前进幼儿园主体结顶。为完善城市功能配套，园区指挥部提出启动实施蓝领公寓、高层安置房、商贸综合体、技工学校、科技创新园、总部基地、卫生服务中心、地产开发等新一轮配套工程建设，8个项目总投资超60亿元，总建筑面积100万平方米。年内，18万平方米蓝领公寓一期已开工建设；29万平方米高层安置房前期工作基本完成，计划2014年初开工；15万平方米商贸综合体项目前期调研论证完成，在加快推进土地前期和技术前期工作；其他相关项目按计划有序推进。（陈唐华）

【道路及配套泵站开竣工】 7月，前进园区东一路一期（滨江二路至江东五路）开工。该路段南起江东五路，北至滨江二路，全长2200米，宽32米，双向4车道，设计时速40千米/小时，投资金额1.3亿元。8月，西一路一期（滨江二路至江东五路）开工建设。该路段长2400米，宽30米，双向5车道，设计时速50千米/小时，投资金额1亿元。11月，江东六路二期（梅林大道至东一路）一标段开工建设。该路段长470米，宽30米，双向4车道，设计时速50千米/小时，投资金额1800万元。9月，临鸿东路污水泵站开工。该泵站位于临鸿东路与东二路交叉口，用地面积1.05万平方米，总投资2250万元，泵站设计规模为排污水2万立方米/日。10月，于2012年11月开工的临鸿东路二期一标段道路竣工通车。该路段西起梅林大道，东至东二路，全长930米，宽42米，双向6车道，设计时速50千米/小时。（娄寅生）

【道路配套管线铺设】 全年前进园区铺设完成多条道路配套管线。10月，总长1100米的西一路（滨江二路至临鸿东路）配套管线启动铺设。11月，总长2200米的东一路（滨江二路至四工段横湾）配套管线启动铺设。12月，总长570米的城市综合体规划支路一、规划支路二配套管线启动铺设。12月，滨江二路延伸段、东二路一期（临鸿东路至江东五路）、临鸿东路二期（梅林大道至九工段直河）、江东六路（梅林大道至统一南门）、江东五路（梅林大道至东二路）、江东三路（梅林大道至东二路河西侧）6条道路配套管线铺设完成，铺设线路总长8000米。

【两座电力开关站开工】 2013年，前进园区两座电力开关站开工建设。5月，投资220万元的20千伏开关站开工。该开关站位于前进园区江东二路与西二路交叉口，建筑面积60平方米，7月土建及工程验收完成。7月，投资270万元的10千伏开关站开工。该开关站位于滨江二路与西一路交叉口，建筑面积60平方米，9月土建完成。两座电力开关站项目建成投用后，有助于解决周边项目及企业的用电需求。（施华栋）

【前进幼儿园和小学建设】 12月，前进幼儿园项目主体验收通过。该幼儿园位于前进园区东三路以西、高层农居安置房一期东北角，用地面积0.8公顷，建筑面积6700平方米，总投资2500万元，办学规模为18个班，可接收幼儿540人。12月，前进小学主体工程结顶。该小学位于前进园区江东二路以南、东三路以东，东临九工段直河，南侧为前进初级中学，用地面积3.18公顷，建筑面积2.37万平方米，总投资7000万元，办学规模为36个班，可接收学生1200人。

【城市综合体项目主体验收】 12月，前进园区城市综合体项目商务、金融及产业办公楼工程主体结构验收通过。该城市综合体项目总建筑面积12.9万平方米，由3幢高层建筑组成，1号楼为地上28层商务办公楼，2号楼为产业办公楼，3号楼为金融办公楼，2号、3号楼均为地上22层。3幢楼均为框筒结构，地下设2层地下室，局部3层地下室。2010年10月开工，投资总额4.5亿元。该工程建成后，计划引进金融服务、研发培训、创意设计、IT电子、服务外包、商务餐饮等业态。

【园区环境优化提升】 2013年，前进园区积极实施景观工程，园区环境不断优化。6月，临鸿东路一期河道整治工程完工。该工程位于临鸿东路南侧，总长

前进园区城市综合体一期项目在建　（郑体兵 摄）

2500米，规划河底标高1米，河宽25米，河道北侧绿化带范围至临鸿东路人行道边线，南侧规划绿化带控制宽度15米。11月，梅林大道景观提升工程启动实施，总投资1200万元，路段全长6000米，中分带宽度5米，新增种植银杏、早樱、金桂、沙朴、紫薇等乔木8000余棵，绿化面积3.1万平方米，同步铺设灌溉及夜间照明系统。提升园区绿化，全年前进园区在建绿化项目20个，绿地面积为32.55万平方米，种植大树6000棵；完成8条道路标段的路灯杆件安装，安装路灯661套；完成10个标段合计总长1.3万米的道路亮灯工程。

（娄寅生　金海钢）

·园区招商引资·

【园区招商引资概况】 前进园区坚持“主攻大项目、拉长产业链、发展高科技”的招商策略，全面启动3平方千米的汽车零部件产业园和1平方千米的创新产业园建设，全年引进华东医药生物医药科技园、杭州市轻工技工学校、大业包装科技型项目3个；引进日本“海德世”“长安民生”等汽车零部件项目14个，总投资50亿元；签订汽车技术研究院、创新产业园平台运营等合作意向。完成合同外资4.31亿美元，实际利用外资1.83亿美元，实到内资31.23亿元。引进的“长安民生”“李尔长安”“宝钢平伟”等汽车零部件项目，涉及汽车座椅、车身冲压件及钢材、车身系统生产、零部件加工供应链一体化服务等整车关键配套，项目总投资35亿元，达产后年产值超130亿元。至年末，前进园区累计引进世界500强投资项目8个、中国500强投资项目2个、中国民营500强投资项目2个、行业领军企业投资项目10个；累计引进项目31个，其中外资项目14个、内资项目17个。

【汽车零部件产业园招商】 前进园区发挥长安福特汽车项目带动效应，按照“产业集聚、企业集群、用地集约、配套集中”发展思路，着力汽车零部件优质项目招商，同步规划、同步启动3平方千米的汽车零部件产业园建设。至年末，产业园完成首批14个汽车零部件项目谈判工作。14个项目总投资50亿元，预计年产值150亿元。其中：供地项目6个，总投资35亿元，预计年产值130亿元，固定资产投资强度均在450万元/亩以上，亩均产值1500万元以上；租用厂房项目8个，总投资15亿元，预计年产值20亿元。投资方有6个世界500强企业和7个全球零部件100强企业，该批项目具有投资主体优、地价高、投入强、产出好、见效快的特点，属汽车零部件优质项目。

【科技创新园项目招引】 前进园区注重发展高科技，全面启动1平方千米的科技创新园建设，积极建设孵化和加速相结合、产学研一体的创新平台，为主导产业和落户企业提供技术研发、工业设计、金融办公等综合服务支撑。2013年，园区已与杭州市轻工技工学校签订建设国家级技师学院的合作意向协议，与轻合金精密成型国家工程研究中心签订设立杭州汽车技术研究院的意向协议，与北京航空航天大学通用航空产业研究中心达成共建航空零部件产业园的合作意向，并与浙大网新集团有限公司达成创新园平台运营的战略合作意向。（潘海波）

【华东医药科技园项目落户】 2月25日，华东医药生物医药科技园项目签约落户前进园区。该项目由华东医药股份有限公司投资建设，总投资30亿元，计划用地21.06公顷，主要生产冬虫夏草菌粉（百灵胶囊）、超级抗生素等发酵类药、多肽类糖尿病药物和其他制剂产品。项目按照整体规划、滚动开发、分期实施的方式推进，其中一期项目为建设年产1000吨冬虫夏草菌粉生产基地。项目全部建成后，将成为华东医药集研发、制造、销售于一体的生物医药科技园，预计年产值超50亿元。华东医药股份有限公司是中国500强企业、浙江省重点培育的26个重点大企业集团、杭州市重点培育的10个重点大企业集团之一，在国内外市场具有良好声誉和品牌影响力，综合竞争力进入全国医药行业前10强，连续多年位居浙江医药行业第1位。

参见“工业”类目“华东医药生物医药科技园项目落户”条目

【轻工技校签订入园意向】 5月7日，杭州市轻工技工学校与前进园区签订合作意向，拟在园区新建校区，并通过与园区企业在专业设置、人才培养培训、实习（训）就业等方面的合作，推进人力资源与就业市场的整合，推进园区产学研一体发展。开发区管委会副主任、前进园区指挥部总指挥詹国平代表开发区与杭州市轻工技工学校党委书记、校长杨国强签订意向合作协议。根据意向协议，该学校按照园区企业需求制定并实施人才培养方案，并在校内设立园区企业培训基地，利用学校的教学培训资源及企业相关资源，开展员工安全、技能培训和鉴定；聘请企业专家、工程技术人员到校任兼职教师，邀请企业技术管理人员到校开设课程和讲座，选派学校教师到企业生产车间轮训与实践，开设专业课程等。学校选址在前进园区创新产业园内，计划用地20公顷，实行“一次性规划、分步实施、分期供地”，办学规模5000人，年培训鉴定高技能人才5000人以上。杭州市轻工技工学校隶属杭州市人力资源和社会保障局，集学历教育与技能培训鉴定于一体， 2011年晋升为国家重点技工学校，2013年4月通过省高级技工学校专家组评估，是一所以培养应用型、复合型、创新型中高级技能人才为目标的综合性技工学校。

5月7日，前进工业园区与杭州市轻工技工学校签署项目合作意向书
（前进工业园区 供稿）

【3个汽车零部件项目通过联席审查】 5月31日，前进园区开发建设指挥部召开招商项目联席会议，审查拟入驻江东汽车零部件产业园的长安民生供应链一体化、宝伟汽车零部件基地、星乔汽车零部件3个项目，听取项目背景、投资、效益、进度等情况，对项目入园进行审查，经讨论研究后审查通过。会议认为，3个项目投资主体好，投资方均为长安福特整车项目关键零部件的配套供应厂商，其中长安民生项目投资方长安集团隶属于世界500强中国兵装集团，宝伟汽车零部件项目的投资方宝钢公司为世界500强，星乔汽车零部件项目投资方连续5年获长安福特年度“优秀供应商”称号。会议决定采取“降低供地量、达标分期供地”的方式，项目节约集约用地。3个项目投入产出强度高，注册资本强度均在315万元/亩以上，固定资产投资强度均在450万元/亩以上，年产值均在1500万元/亩。会议认为项目见效快，均要求2014年试生产，2015年投产，其中长安民生项目已于5月完成公司设立，一期2.5亿元注册资本已到位。项目地价在引进时均严格把握政策，挂牌地价均在35万元/亩以上。

【6个供地汽车配套项目签约】 前进园区加快汽车零部件产业园建设，全年有6个汽车配套生产项目签约落户。6月，“宝钢平伟”“长安民生物”“星乔零部件”3个项目签约落户。“宝钢平伟”项目投资方为世界500强宝钢集团和重庆平伟科技公司，主要生产大型车身冲压件及钢结构材料，总投资10亿元，计划用地9.13公顷；“长安民生物流”项目投资方为重庆长安民生物流股份有限公司，系中国物流50强企业，是长安福特指定的唯一物流服务战略供应商，居国内汽车物流行业前3位，主要从事汽车零部件加工及供应链物流一体化服务，项目总投资13亿元，计划用地13公顷；“星乔零部件”项目投资方为中国台湾乔丰实业公司和重庆星乔实业公司，主要生产大型车身冲压件，总投资5亿元，计划用地4公顷。8月，“李尔长安”项目签约落户，投资方美国李尔公司为世界500强、全球汽车零部件100强企业，是全球三大座椅生产商之一，总投资2.4亿元，计划用地3.33公顷；同月，“至信车身件”项目签约落户，投资方重庆至信实业公司为高新技术企业，主要为整车提供大中型车身冲压零件，总投资3.45亿元，计划用地2.66公顷。11月，“海德世拉锁”项目签约落户，投资方日本HI-LEX（海德世）集团是全球最大的专业生产车用控制拉索系统的上市公司，控制拉索的市场占有率为全球第1位，玻璃升降器处丁世界第2位，在全球11个国家设立21个企业和7个研发中心。项目总投资4亿元，计划用地4.33公顷。

【8个租房汽车零部件项目签约】 12月，前进园区“延锋江森”“麦格纳”等8个租房汽车零部件项目签约，总投资15亿元，预计产能超20亿元。“延锋江森”项目投资方美国江森自控公司，排名世界500强

第251位，全球汽车零部件100强第6位，为全球最大汽车座椅供应商。麦格纳项目投资方加拿大麦格纳公司，排名世界500强第370位、全球零部件100强第4位，主要为整车提供前保险杠和前端模块装配。“安通林拓普”项目投资方西班牙安通林公司，排名全球零部件100强第56位，是全球最大汽车顶篷供应商。“南方佛吉亚”项目，由中国长安汽车集团股份有限公司与法国佛吉亚集团合资，为整车提供仪表板。2013年佛吉亚排名全球零部件100强第7位。“延锋彼欧”项目投资方法国彼欧公司，排名全球汽车零部件100强第40位，主要为整车提供后保险杠。“埃驰”项目投资方美国埃驰（IAC）公司，是全球领先的汽车零部件及系统的供应商，排名全球汽车零部件100强第45位，主要为整车提供门板。“佩尔哲”项目投资方重庆佩尔哲汽车内饰系统公司，为高新技术企业，主要生产车用地毯、发动机消音元件。项目投资方重庆天人汽车车身制造公司，为中国机械工业500强企业，主要为整车提供车身结构件。（郑　炜）

【前进园区与轻合金研究中心合作签约】 10月，前进园区江东创新产业园推进办公室与轻合金精密成型国家工程研究中心签订战略合作意向协议。根据意向协议，轻合金精密成型国家工程研究中心决定在前进园区成立上海交通大学杭州汽车技术研究院，设立先进制造中心、汽车电子中心、科技合作中心、成果转化中心等7个中心及院士工作站，满足前进园区汽车轻量化材料、先进制造技术与装备、汽车电子、新能源汽车等行业技术需求，推进园区汽车行业科技发展水平。轻合金精密成型国家工程研究中心是上海交通大学于2000年3月成立的轻合金领域唯一国家级工程研究中心，主要研究领域包括先进轻金属材料及其加工技术。

【前进园区与浙大网新合作签约】 11月，前进园区与浙大网新集团有限公司签订战略合作协议。根据合作协议，前进园区创新产业园部分平台运营工作由浙大网新集团负责承担。浙大网新集团是以浙江大学优势学科为技术和人才依托的高科技服务企业，旗下拥有上市公司3个，业务涉及IT服务、软件外包、轨道交通、节能环保、城市科技综合体建设、城市基础设施建设等多领域的技术研究、产品开发、系统设计、项目投资和运营服务。（康　侃）

·项目开工推进·

【项目开工推进概况】 2013年，前进园区按照“招大商、能落地、早见效”工作部署，全力推进项目开工建设，促成“优科豪马橡胶制品”“冠亚饮料”“宏拓包材”“长安民生”“李尔长安”“宝钢平伟”“至信车身件”“星乔零部件”8个项目开工，促成“长安福特”“统一食品”“西子航空”“顾家家居（一期）”等10个项目新厂房竣工。扩大投资规模，优化投资结构，全年完成全社会固定资产投资75亿元，其中工业性投资64亿元，比上年（指2012年，下同）增长5.46倍。

【4个工业大项目开工】 全年前进园区有4个工业大项目开工。4月，优科豪马橡胶制品项目开工。该项目由日本横滨橡胶株式会社独资建设，总投资4247万美元，建筑面积6万平方米，主要生产汽车、建筑机械用胶管及其零部件、密封材料、电子封装材料和黏合剂产品。6月，加多宝集团旗下的杭州冠亚饮料项目开工，该项目总投资12亿元，集研发、生产、加工及销售于一体，主要生产果蔬饮料、茶饮料、凉茶、植物饮料等非酒精饮料。同月，顾家家居（二期）项目开工，该项目由顾家集团有限公司投资建设，总投资12亿元，计划用地21.8公顷，主要生产软体家具及汽车座椅，开工建设的项目二期，占地11.13公顷，建筑面积16万平方米，计划2014年建成。11月，宏拓医药包材项目开工。该项目总投资6000万元，建筑面积2.51万平方米，主要生产医药软包装、条形包装印刷膜等。（郑　炜）

【5个汽车零部件项目开工】 前进园区加快推进汽车零部件产业园建设，全年有5个落户产业园的汽车零部件项目开工。8月，长安民生物流项目开工。该项目涉及汽车零部件仓储、配送、运输、国际货运、空运、循环取货、商品车运输、零部件分装、保税物流等零部件加工及供应链物流一体化服务，总投资13亿元，开工的是项目一期，占地5.33公顷。11月，李尔长安项目开工。该项目总投资2.4亿元，计划用地3.33公顷，将建成汽车座椅及相关零部件的生产基地，同步设立技术研发中心。12月，宝钢平伟项目开工。该项目主要生产大型车身冲压件及钢结构材料，总投资10亿元，计划用地9.13公顷。12月，星乔零部件项目开工。该项目主要生产大型车身冲压件，总投资5亿元，

计划用地4公顷。12月，至信车身件项目开工。该项目主要为整车提供大中型车身冲压零件，总投资3.45亿元，计划用地2.66公顷。（王杭伟）

参见“工业”类目“5个大项目落户江东汽车产业园”条目

【西子航空零部件项目一期厂房落成】 9月，位于前进园区的西子航空飞机零部件项目新厂房落成。西子航空飞机零部件项目是前进园区2012年4月引进的一个高端制造业项目，投资金额7亿元。项目分两期实施，总投资30亿元，计划用地13.33公顷，全部达产后预计产能超50亿元。项目新厂房2012年8月奠基，建成的一期厂房由1幢标准联合厂房、1幢检测厂房和2个仓库、配电机房等组成，占地面积6.67公顷，建筑面积4.8万平方米。新厂房建成后，项目进入设备安装阶段，计划2014年形成年产300架份飞机部件、200万件飞机零部件的数控机加工及部件装配生产能力。

参见“工业”类目“西子航空飞机零部件项目厂房落成”条目

【长安福特汽车项目主体厂房竣工】 12月，前进园区长安福特汽车项目主体厂房竣工。该项目总投资11.75亿美元，规划用地186.67公顷，主要生产全福特品牌C、D级中高级轿车，采用福特全球最先进的工艺设备。项目2012年8月奠基，竣工建成的是一期厂房，包括试制车间办公区、食堂以及冲压车间、焊装车间、涂装车间、总装车间新厂房，占地面积60公顷，建筑面积37万平方米。全部达产后，一期年产汽车25万台，预计年产值超500亿元。

【统一食品项目进入试生产】 12月，统一企业项目新建厂房在前进园区建成，3条方便面生产线和2条饮料生产线完成设备安装调试。该项目是统一企业集团在浙江省设立的首个综合食品饮料生产基地，主要从事方便面、饮料等生产销售，总投资2.1亿美元，占地面积21.2公顷，2012年11月奠基。统一食品加快项目建设，至2013年末，3条方便面生产线完成设备安装和产品QS认证，并进行试生产；2条饮料生产线完成设备安装调试，开始QS认证。全部达产后，项目预计年产能超50亿元。

位于前进工业园区的杭州顾家家居股份有限公司新建厂房

（前进园区 供稿）

【7个工业项目投入生产】 前进园区围绕落地项目早投产、早见效的工作目标，加快推进在建项目投入生产，全年有7个工业项目建成投产。2月，“易东机电”项目建成投产。该项目总投资1200万美元，占地1.67公顷，从事加工、制造LED节能照明设备、电子导轨及配套电子产品。3月，“光昱汽车零部件”“福腾玻璃科技”“万轮工贸”“中特幕墙”4个项目建成投产。“光昱汽车零部件”项目总投资1500万美元，占地1.6公顷，从事开发制造汽车排气系统零部件。“福腾玻璃科技”项目总投资1.5亿元，占地3.33公顷，从事玻璃制品的技术开发、生产和销售。“万轮工贸”项目总投资3000万美元，占地3.28公顷，主要生产销售越野、城市、儿童系列自行车及配套零部件。中特幕墙总投资2.5亿元，占地5.74公顷，主要从事幕墙及光电幕墙的研发、设计及生产。12月，“赛莱斯项目”“顾家家居（一期）”两个项目的新建厂房通过竣工验收，部分设备进入调试并开始试生产。“赛莱斯”项目总投资4000万美元，占地4.42公顷，主要从事医用药膏、医用弹性敷料及服装面料生产。“顾家家居（一期）”项目总投资12亿元，计划用地21.8公顷，主要生产软体家具及汽车座椅，全部达产后预计年产能超32亿元，其中一期占地10.68公顷，建筑面积27万平方米。

（罗红松）

党务政务

·党工委重大决策·

【重点功能区开发建设计划实施】 2月27日，开发区启动实施重点功能区开发建设三年行动计划，通过内部挖潜，提升可持续发展水平。八大重点功能区分别为杭州东部高新产业园、江东汽车零部件产业园、杭州东部湾总部基地、金沙湖中央商务区、现代物流专业市场集聚区、新加坡杭州科技园、杭州东部产学研创新示范园、江东创新产业园，整合用地空间14.3平方千米，其中近期可开发建设10平方千米，重点发展支柱产业、高新技术、总部经济、新兴产业及现代服务业。重点功能区围绕目标任务，完善组织机构，创新开发模式，完善运作机制，形成工作合力，推进规划布局、产业定位、基础建设、招商引资等工作，完成预期目标。八大园区拓展产业发展空间14.3平方千米，其中先进制造业空间7.7平方千米、现代服务业空间5.4平方千米、科技创新产业空间1.2平方千米。规划创新平台总量150万平方米。吸引有效投资，全年完成固定资产投资44.46亿元，占全区固定资产投资总额15.3%；积极开展招商引资，完成实到外资3.63亿美元，占全区比重54%；完成实到内资13.8亿元，占全区比重25.3%。鼓励创新发展，引进国家级高新技术企业4个，引进市级以上高新技术企业15个，引进市“521”人才计划以上高层次人才9人，人才项目完成注册落户11个。

【“两港”打造】 2013年，开发区启动“两港”（东部人才港、东部科技港）建设，大力实施人才战略和创新驱动战略。管委会设立3亿元人才专项资金，打造“东部人才港”，重点加强高端领军型人才创新创业，力争5年内引进和培育国家“千人计划”、省“千人计划”、市“521”人才计划等领军型人才100名以上，销售收入超过1000万元的高层次人才创办的企业100个以上。管委会设立6亿元科技创新专项资金，打造“东部科技港”，加快平台建设，整合创新资源，提升创新能力，力争到“十二五”时期末，创新平台面积达到150万平方米以上，国家级高新技术企业达到150个，高新技术产业比重达到50%以上，争创国家级高新技术产业区。

【“四大工程”建设启动】 7月12日，开发区“大引擎驱动、大平台构筑、大产业培育、大项目推进”四大工程建设启动。市委常委佟桂莉出席启动仪式。开发区立足发展，推出四大工程。驱动大引擎，开发区合计投入9亿元专项资金，分别打造“东部人才港”和“东部科技港”。构筑大平台，坚持以集聚领先为重点，开发建设八大重点功能区，力争通过3~5年的时间，努力把重点功能区建设成为“科技创新的先导区、转型升级的引领区、产业集聚的核心区、功能提升的示范区”，全面提升可持续发展水平。培育大产业，坚持扶优扶强、招大引强，实施“572”大企业培育计划，力争到2015年，培育年产值5亿元以上的工业企业70个以上，销售产值2000亿元以上。推进大项目，坚持以产城融合为目标，推进168个基础设施和公共服务项目建设，完成投资200亿元以上。提升副城建设水平，加快发展总部经济、现代商贸、高端商务等现代服务业。

【“美丽东部湾”建设计划实施】 8月，开发区推出“美丽东部湾”建设三年行动计划（2013~2015年）。行动计划总目标实现“生产美、生态美、生活美”，分产业转型升级行动、城市品质提升行动、社会和谐构建行动3个方面内容。产业转型升级行动，以“两港八园”建设为主轴，努力形成以高新技术、高附加值、低碳节能为特征的现代产业体系；以加快转变发展方式为主线，加快转移淘汰落后产能；以集聚领先为重点，加快实施“筑巢育凤”。以八大功能区建设为重点，推进功能区和城市综合服务空间一体化；加快现有大企业培育发展，实施“572”培育计划，探索以低能耗、低污染、低排放为基础的低碳经济发展模式，努力建设示范全国的低碳发展开发区。城市品质提升行动，建设“智慧环保”“智慧医疗”“数字下沙教育”等系列智能化专项综合信息平台，通过智慧城市建设，呈现“美丽东部湾”6项“智慧”特质。优化区域空间布局，提升“一江一湖二廊三园”七大生态功能区的品质；实施清水治污、大气复合污染综合整治等行动，推进生态景观有机更新。社会和谐构建行动，实施人文“最美”行动，推进“文化下沙”建设，深入推进“最美下沙人”宣传实践活动；培育生态文明建设全民行动体系。创建国家级、省级生态文化教育展示基地，打造多样化生态文明教育载体，构筑全民参与的生态文明教育实践网络。

7月12日，开发区启动“大引擎驱动、大平台构筑、大产业培育、大项目推进”四大工程建设 （黄健员 摄）

【“572”培育计划推出】 6月4日，开发区推出新一轮大企业三年培育计划——“572”工程，即从2013年至2015年，年销售产值5亿元以上的工业企业计划达到70个，工业销售产值突破2000亿元，力争比2012年增长100%。培育期内，工业销售产值在2012年基础上首次突破“5亿元、10亿元、20亿元、30亿元、50亿元、100亿元、300亿元”7个档次的企业，分别获得5万元~300万元不等的奖励。开发区新修订出台工业经济、现代服务业、科技创新创业等扶持政策，相关企业还将享受安居工程租房补助、优先列入供电保障第一梯队、优先满足对空间拓展的需求，优先解决骨干人员子女就学问题等政策。

·重要会议·

【党工委扩大会议】 2月1日，开发区党工委召开扩大会议。会议传达贯彻中共十八大、中央经济工作会议及市委十一届三次、四次全会精神，回顾总结2012年主要工作，研究部署2013年工作任务，动员各级各部门理清思路、明确目标、凝聚力量、攻坚克难，努力开创开发区转型发展新局面。党工委书记、管委会主任陈晨做题为“创新驱动、集聚领先、产城融合，努力开创开发区转型发展新局面”的报告。

8月16日，开发区党工委召开扩大会议。会议贯彻落实中共十八大、省委十三届三次全会、市委十一届五次全会精神，回顾总结上半年工作，研究部署下半年任务，动员各级各部门以党的群众路线教育实践活动为动力，确保完成年度目标任务，全面加快开发区转型发展步伐。党工委书记、管委会主任陈晨作重要讲话，党工委副书记邵立春主持会议。党工委委员、纪工委书记俞斌传达省、市作风建设相关会议精神，并就开发区作风建设提出要求。党工委、管委会领导，区法院院长、区检察院检察长等出席会议。

【经济工作会议】 3月11日，开发区召开2013年度经济工作会议，学习贯彻中共十八大、中央经济工作会议、市委十一届四次全会精神，回顾总结2012年经济工作，全面部署2013年经济工作。开发区党工委书记、管委会主任陈晨做题为"创新驱动、集聚领先，努力推进开发区经济加快转型发展"的重要讲话，并代表党工委、管委会与有关单位签订目标责任书。会议对获得2012年度开发区工业、科技、现代服务业等各种奖项的292个单位，以及获得国家和省"千人计划"的代表16人进行表彰奖励，兑现经济政策奖励7583万元、人才政策奖励1220万元。

【召开19次党工委办公会议】 2013年，开发区党工委召开19次党工委会议，讨论和决定事项36项。重点研究改进工作作风密切联系群众相关规定的实施办法，以及"美丽东部湾"建设三年行动计划，推进"大引擎驱动、大平台开发、大企业培育、大项目推进"四大工程建设等议题；学习贯彻落实市纪委十一届二次全会精神及2013年开发区反腐倡廉工作意见；研究出台开发区十大民生工程等事关开发区经济社会发展与平安稳定的重大举措。

【召开19次管委会主任会议】 2013年，开发区管委会召开主任办公会议19次，讨论决定事项64项。涉及研究部署教育相关政策、招商引资项目、杭州出口加工区升级为杭州综合保税区、东部科技港建设实施意见、社会保险、医疗保险、用工补助三项政策延续事项、生物医药公共平台运营方案等开发区重大问题。

3月11日，开发区召开2013年度经济工作会议。图为获奖企业接受表彰
（黄健员 摄）

【管委会专题及联席会议】 2013年，开发区管委会召开专题及联席会议40余次，主要有建设联席会议、城管联席会议、工业经济例会、服务业工作例会等，讨论研究项目引进、项目建设、城市管理、征地拆迁、教育、医疗卫生等开发区招商引资、城市建设、社会发展等相关议题。 （杜伊玲）

·党的群众路线教育·

【党的群众路线教育概况】 2013年，开发区党工委根据中央和省、市委的统一部署，全面开展党的群众路线教育实践活动。7月19日，开发区党工委召开党的群众路线教育实践活动动员大会，对389个基层党组织、8000余名党员干部开展教育实践活动动员部署。制定全区教育实践活动的意见，专门成立4个督导组，全面推进开发区教育实践活动。8月，开发区党工委通过理论中心组、报告会等形式，组织党工委班子成员集中学习8次，各级党组织通过采取"五个学"（带头学、集中学、讨论学、体验学、上门学）方式，强化理想信念、党风党纪和道德品行教育。各单位开展"双进"（进企业、进社区）工程，党员干部走进企业、走进社区，累计走访社区、企业3600余次，解决问题1088个。9~11月，开发区党工委坚持以整风的精神，牢牢把握查摆问题、谈心交心、批评与自我批评3个关键节点，高质量地组织好全区领导班子专题民主生活会（组织生活会），严肃党内组织生活。12月，针对专题民主生活会上查出的问题，开发区党工委制定整改方案，明确整改项目，列出时间表、任务书，以板上钉钉的精神抓落实。通过扎实开展教育实践活动，全区党员干部思想认识进一步提高，工作作风进一步转变，为民务实清廉的形象进一步树立，为推动开发区经济社会各项事业又好又快发展奠定了坚实基础。

【"两进五联"破难题】 8月，开发区党工委领导带头开展"两进五联"活动， 即走进企业、走进社区，联系服务园区、企业、项目、部门和社区，活动共建立基层联系点55个，累计走访基层单位300余次，征集基层群众对开发区党工委意见建议116条次，由10名党工委班子成员牵头办理。整改过程按照“加大力度解决常规性问题、集中攻坚解决遗留问题、及时跟进解决新发现问题”思路，以更严的标准、更高的要求抓好落实。至年末，112个常规性问题得到有效解决，4个难点问题和遗留问题已制订方案、排定完成时间。

【聚焦“四风”查摆问题】 10月，开发区各级领导班子通过“上级点、自己找、互相帮、群众提”等方式，聚焦“四风”（形式主义、官僚主义、享乐主义和奢靡之风）问题，围绕“五个对照”（对照《党章》要求、对照《廉政准则》、对照“四风”问题、对照群众期盼、对照先进典型），深刻查摆问题，认真起草对照检查材料。领导班子和领导干部的对照检查材料，按照“衡量尺子严、查摆问题准、原因分析深、整改措施实”的要求，普遍经过4轮以上审阅，数易其稿，不断完善。11月，开发区各级领导班子召开专题民主生活会（组织生活会）和专题民主生活通报会，以对自己、对同志、对班子、对事业高度负责的精神，开展批评和自我批评。自我批评做到“深、准、实、诚、真”，相互批评做到“不回避、不护短、不掩饰”，达到触动思想、触及灵魂、解决问题、改进提高的目的。

【“九大专项行动”惠民众】 7月，为真正把党的群众路线教育实践活动落脚点体现在为民办实事、解难题上，针对群众普遍关心的热点难点问题，开发区开展“九大专项行动”，即百姓安居、公共配套、教育强基、医卫利民、公交便民、就业促进、提效惠民、平安和谐、环境优化专项行动。活动由开发区党工委班子成员牵头负责，一批教育强基、医卫利民、公交便民、百姓安居项目顺利推进。其中：头格社区、湾南社区农居项目装饰工程顺利完工；下沙街道供销社集镇安置房项目开工建设；地铁1号线开发区延伸段加快建设；德胜快速路顺利开通；新增公交线路1条，优化公交线路5条；完成企业整治提升项目20个，实施截污纳管项目13个，新增截污量3000吨/日；杭州市下沙医院、下沙街道社区卫生服务中心正式营运。

【“六项集中行动”见成效】 10月，开发区党工委坚持把开展“六项集中行动”作为党的群众路线教育实践活动的重要内容，即文风会风治理集中行动、“严纪律、正作风、做表率”集中行动、提能增效集中行动、领导干部落实工作和生活待遇规定专项检查集中行动、“三公”经费使用检查集中行动、提振领导干部精气神集中行动。12月，开发区制定《关于严格控制会议及学习考察等活动的通知》《关于进一步提升投资项目审批效能的工作意见》《公车使用管理规范》《关于规范“三公”经费管理若干规定（试行）的通知》《关于进一步加强因公出国（境）的管理规定》等18项制度，对改进调查研究、精简会议活动、厉行勤俭简约等做出明确规定。通过开展“六项集中行动”，全年开发区会议、活动数量比上年下降26%；以开发区党工委、管委会和管委会办公室印发的文件精简84个、1391份，下降16.3%，各类纸质简报减少26种、2.6万份，下降96.3%；行政审批时限压缩69天，清理非行政许可审批项目190项；“三公”经费下降37.53%，其中公务接待费用下降43%，因公出国（境）费用下降36.9%，公务用车费用下降7.8%。

【“最美基层干部”评选】 8月，为总结基层党员干部服务群众的先进经验和典型事迹，发挥先进典型务实清廉的示范带动作用，开发区按照杭州市学习宣传“最美基层干部”活动要求，开展“最美基层干部”风采展示活动，在开发区基层干部中评选政治过硬、业务出色、群众公认、廉洁自律的最美基层干部。9月，经过全区各部门选送、区教育实践活动办公室审核，党工委分管领导审定，评选出区行政服务中心建设局窗口陈小丰、区行政执法大队新城中队副中队长葛斌健等最美基层干部42人。区教育实践活动办公室将42名最美基层干部先进典型事迹和群众工作案例汇编成册，在《今日下沙》报纸、《下沙新城》杂志、开发区网站进行报道宣传。 （魏代龙）

·组织工作·

【组织工作概况】 2013年，开发区党工委以开展党的群众路线教育实践活动为动力，以加强党的执政能力建设、先进性和纯洁性建设为主线，创新基层党建工作，努力建设服务型基层党组织。至年末，全区有基层党组织427个，比上年（指2012年，下同）增加34个；党员8134人，增加734人。举办入党积极分子培训班1期，培训220人次，发展党员170人。

开发区党工委以党的群众路线教育实践活动为契机，突出思想政治建设核心，推动各级领导班子理论学习。通过集中组织中国特色社会主义理论体系、中共十八大报告、党章、总书记习近平一系列重要讲话精神的专题学习，组织委管以上干部观看《四风之害》《苏共亡党二十年祭》专题纪录片，切实增强领导班子和领导干部的党性观念和宗旨意识。抓好“一把手”工程，汇编《“一把手”从严抓班子系列讨论》册子，分发至各部门主要负责人，落实各部门“一把手”切实履行从严抓班子、带队伍的责任。

【社区班子换届选举】 4月，根据杭州市统一部署，开发区启动社区“两委”班子换届选举工作。开发区成立社区换届选举工作领导小组，下设4个工作组。制定出台《开发区社区组织换届选举工作手册》《社区党组织候选人初步人选24小时联审工作制度》，明确工作计划、换届纪律规定及信息报送。5~6月，街道、社区严把资格条件、换届纪律、选举程序“三大关口”，严守“10条禁令”，32个社区完成换届选举。新成立的社区“两委”班子，平均年龄从上届的44.2周岁下降为40.5周岁，大专以上学历占比从上届的80%提高到85%。社区“两委”委员队伍呈现年轻化、学历高、专业化特点，平均年龄35.5岁，大专以上学历占比94%。

【中共建党92周年活动】 2013年，开发区以多种形式纪念中国共产党建党92周年。5月，开发区党工委组织部组织下沙街道七格社区参加省微博创意大赛。6月，组织全区26个机关事业单位1013名在职党员开展以“点亮微心愿·共筑中国梦”为主题的进社区志愿服务活动，认领微心愿，争当“圆梦使者”。7月，各党组织开展走访慰问老党员、困难党员活动，慰问老党员老干部20人，发放慰问金4万元。开展“两优一先”评选活动，评选先进基层党组织20个、优秀共产党员100人、优秀党务工作者20人，在《今日下沙》报、“东部人才港”网站、“创先争优”网站、“下沙先锋”党建微博、“党建手机报”等平台进行宣传。

【基层党建队伍建设】 2013年，为深入推进社区“领头雁”工程，开发区加强基层干部队伍建设，增强基层党组织领导核心作用。1月，党工委组织部组织全区52名社区书记、主任参加杭州市学习贯彻中共十八大精神培训班。组织党员干部参加学习中共十八大报告和党章知识竞赛活动。2月，组织全区10名“两新”（新经济组织、新社会组织）组织党组织负责人参加杭州市“十八大精神培训示范班”。8月，组织全区党员干部参与全国“朵日杯”两新征文比赛。9月，组织全区公务员参加法律知识测试。10月，组织全区192名新一届社区“两委”班子成员进行为期3天的集中培训。12月，组织全区200名“两新”党组织书记培训学习。

【服务型基层党组织建设】 2013年，开发区党工委组织部落实“片组户”民情联系制度，推进“网格化”管理，形成党组织和党员服务基层群众的整体合力。推进在职党员社区报到领办服务工作，全区机关事业单位在职党员报到率100%，认领服务项目2077个，开展服务活动完成率100%。实施“双进工程”（走进社区、走进企业），各级党员干部累计走访基层社区、企业3600余次，走访居民家庭2260余次，帮助企业、社区及居民群众解决问题1088个。开展基层党组织“五星级”管理，对全区349个基层党组织开展星级评定，其中定级为“三星”以上的党组织占比85.4%。

【“两新”党组织建设】 2013年，开发区党工委组织部抓好“两新”（新经济和新社会组织）党组织的组织覆盖和工作覆盖，新增党组织覆盖的企业61个，新增单独组建党组织的企业20余个。1月，杭州市新经济和新社会组织党务工作者协会成立，开发区9名非公企业党组织书记成为协会首批成员。3月，开发区调整充实开发区“两新”工委成员单位，理顺“两新”组织基层党组织隶属关系，建立“两新”工作成员单位工作例会和联络员制度。11月，开发区推荐的4个党建案例入围杭州市“两新”组织党建工作创优创新大赛，其中中粮包装投资有限公司党委“抓好四个结合，发挥四大优势”党建案例获二等奖，松下电化住宅设备机器（杭州）有限公司党委“推行绩效化管理，提升企业党建工作水平”党建案例获三等奖，杭州市高科技企业孵化器园区党总支“强化科技创新，构筑人才高地，推动科学发展”党建案例获优胜奖。12月，落实“两新”组织党建工作补助经费72.9万元。

【党员队伍建设增强】 2013年，开发区按照“坚持标准、保证质量、改善结构、慎重发展”的方针，从非公企业员工、社区工作者、优秀团员青年等群体培养和发展党员，全年发展党员170人，新发展的非公企业党员占总数的68%，35周岁以下党员占总数73%。强化“党建微博”“党建手机报”“远教广场”等信息平台建设，加大基层党建工作的宣传力度。“党建微博”信息发布量比上年增长106%，收听人数增长1.1倍，“党建手机报”覆盖党员和群众超过1万人。

（魏代龙）

【干部人事制度改革】 2013年，开发区深入推进干部人事制度改革，坚持把“政治上靠得住、工作上有本事、作风上过得硬、人民群众信得过”作为选拔好干部的标准，切实选优配强班子。完善选拔方式，通过“一轮推荐、三轮考试（察）”、竞争上岗、民主推荐等多种方式选拔委管领导干部，扩大初始提名范围，完善“好中选优”的机制，提高干部选拔的科学化水平。创新评价方法，探索采用“三类五档”考察评价新方法，按照“统揽全局、创新思路、管理协调、决策决断”4个方面将考察对象分为3类，每档按“德、能、勤、绩、廉”5个方面的情况分为5档，赋予不同分值，使考察组评价更加科学合理，确保考准、评实干部。全年选拔委管领导干部26人，轮岗交流委管干部14人。“三类五档”考评做法在杭州市干部人事制度改革推进会上进行交流。

【年轻干部培养】 2013年，开发区加强年轻干部一线实践锻炼，实行多岗位培养，优化干部队伍结构。围绕开发区“两港八园”建设，全年选派36名干部到招商引资、江东开发、项目建设、征地拆迁、信访维稳、街道社区等基层一线实践锻炼，选派3名干部分别赴杭州市重点工程、建德市城乡统筹办公室、萧山区瓜沥镇挂职锻炼。对14名35周岁以下科级干部进行跨部门竞岗交流，对32名干部进行轮岗交流，确定42名正处后备干部和67名副处后备干部，建立规模适度、结构合理、梯次配备的后备干部队伍。接收新疆阿克苏地区、诸暨市、建德市、浙江大学等地区、单位的挂职干部共16人。

【干部教育培训】 开发区把干部学习培训列入年度目标考核，以委管干部、科级干部和业务骨干为主体，围绕推进“三大战略”“四大工程”建设的新要求，依托市委党校资源，开办中青年干部培训班2期，培训干部120人。开展“组工课堂”“江东课堂”“和达讲堂”等学习培训活动200余次，累计培训1万余人次。开展“月读一本书”活动，分发《十八大报告解读》《科学人才观》《第三次工业革命》《中国史十五讲》《不变的是原则，万变的是方法》等书籍，累计发放3000册，努力提高党员干部的综合素质。

【干部监督管理】 2013年，开发区按照干部分析研判要求，对干部实施政治品德、职业道德、社会公德、家庭美德“四德”的考察，根据研判结果建立干部监督管理档案。按照访谈、任前谈话、诫勉谈话，分类对处级领导干部进行谈心谈话，了解委管领导班子建设及委管干部个人思想、工作、学习、生活等情况。听取干部对组织工作和组织部门的意见和建议，对有问题的干部实行“一帮一”教育，对作用发挥不好、不适宜现职岗位的3名干部进行岗位调整。对部门、街道选拔干部加强监督管理，规范选拔程序，从严控制干部职数。

【老干部工作管理】 8月，开发区党工委、管委会研究制定《关于进一步加强离退休干部工作的意见》，成立开发区老干部工作领导小组，完善老干部政治理论学习、参加重要会议、参观考察、走访慰问、医疗保健等制度。按照干部管理权限，分层管理服务老干部。

（方　力）

·人事工作·

【机构编制项目化管理】 2013年，开发区机构编制委员会办公室累计受理13个单位上报27个机构编制事项，为开发区高效有序开展工作提供机构编制保障。其中：新增区人事劳动社会保障局人才科、区建设局生态文明办、区城管办设施运行科3个内设机构；区信访局信访科分设为接访科和办信科；区经发局投资与工业经济科分设为投资管理科和工业经济科；批准设立开发区效能投诉受理中心、江湾小学、星辰幼儿园和月雅河幼儿园4个财政补助事业单位。

【事业单位登记管理】 2013年，区人事劳动社会保障局按照省、市有关规定，完成全区事业单位2013年度年检工作。至年末，完成58个事业单位年检，完成率100%。其中区行政服务中心、学正小学两个事业单位开展事业单位法人年度报告试点公开工作。

【人事服务保障】 开发区管委会坚持“阳光考录”，按照公开、平等、竞争、择优原则，规范招聘程序，加强招聘笔试、面试、体检、考察等监督指导，做好招录工作。全年组织、指导、监督各类公开招聘12次，招录机关公务员、教师、医生、委直属事业单位等各类工作人员226人。（郑淑珍）

·纪检监察·

【纪检监察概况】 2013年，开发区纪工委（监察局）围绕“打造廉洁开发区”目标，狠抓“八项规定”落实，加强党员干部作风建设，加大对违法违纪案件的查处力度，强化监督检查，为开发区转型发展提供了有力保障。

落实党风廉政建设责任制，协助开发区党工委与24个部门（单位）签订《党风廉政建设责任书》，通过完善制度、强化监督检查等措施，促进各级领导干部切实履行“一岗双责”。深化作风建设，贯彻落实中央“八项规定”精神及省市委相关规定，开展“作风建设年”“效能亮剑”“满意单位评选”“公述民评”等活动，抓好“96666”投诉和“民情热线”的办理和反馈。加强监督检查，围绕工程建设领域、拆迁安置、社区换届选举、八大功能区建设等进行监督检查。做好廉政教育，举办“学党章、守纪律、转作风”主题教育活动，通过开发区廉政网、腾讯微博、手机报等形式宣传廉政文化，筑牢思想防线。推进纠风工作，实施基层站所（服务窗口）标准化建设，完成“阳光工程网”建设，开展社会团体收费治理和窗口行业道德领域突出问题专项治理。夯实基层基础，推进社区居务监督工作，实现28个社区便民服务和“三务”公开信息平台全覆盖，新增62个事项进入社区便民服务中心。规范撤村建居社区党风廉政建设，探索非公企业纪检监察工作。加强自身建设，以开展党的群众路线教育实践活动为契机，以建设“忠诚为民秉公律已”的纪检监察干部队伍为目标，强化学习，充实力量，提高队伍整体素质。全年查办违纪违法案件4起，接收信访件70余件，办结率100%。

【党风廉政建设责任制落实】 3月1日，开发区召开全区廉政作风建设大会，开发区党工委书记、管委会主任陈晨做工作报告，并代表开发区党工委、管委会与开发区部门代表区建设局、下沙街道签署《2013年党风廉政建设责任书》。4月7日，开发区党工委印发《2013年党风廉政建设和反腐败工作要点》。5月7日，开发区党工委印发《2013年推进“廉洁开发区”建设完善惩治和预防腐败体系工作组织领导和责任分工》，细化党工委班子成员责任分工。12月，区纪工委（监察局）逐一检查区属各部门、街道、各直属单位贯彻落实党风廉政建设责任制情况，及时监督整改存在的问题，确保监管全面覆盖。

【中央“八项规定”落实】 开发区纪工委（监察局）通过组织专题学习、加大监督检查等措施，狠抓中央“八项规定”落实。1月，开发区印发《关于在元旦、春节期间改进作风、加强党风廉政建设的通知》，要求各部门（单位）严格控制外出学习考察、开会，取消家属团拜会等活动。2月，根据市作风办要求，对“八项规定”及省市委有关规定的贯彻落实情况开展明察暗访6次。8月，开发区印发《“厉行勤俭节约、反对铺张浪费”专项治理工作实施方案的通知》，要求各部门认真落实文件精神。9月，传达《中共浙江省纪委、浙江省监察厅关于切实加强中秋国庆期间党风廉政建设的通知》精神，对区管委会办公室、区公安分局、区行政执法大队公车管理进行专项检查。对前进工业园区指挥部、下沙街道、白杨街道、城建中心“三公”经费使用情况进行检查。10月，召开全区正风肃纪工作会议，传达杭州市落实“八项规定”精神正风肃纪工作推进会精神，部署推进全区正风肃纪工作。11月，组织开展中央“八项规定”贯彻落实情况监督检查，重点针对开发区管委会各直属单位“三公”经费开支情况进行检查。

【“学党章、守纪律、转作风”活动】 4月10日，开发区纪工委（监察局）、区管委会办公室、区党工委组织部联合印发《关于开展“学党章、守纪律、转作风”主题教育活动的通知》。区纪工委（监察局）组织全区党员干部参加“学党章、守纪律”知识测试和“我身边的勤廉故事”征集活动；组织开展以“学党章、守纪律、转作风”为主题的廉政专题讲座，开发区党工委委员、纪工委书记俞斌为全区科以上干部授课；组织观看《没有共产党就没有新中国》《领导干部从政道德警示录》《四风之害》3部教育电影；利用查处的身边人违纪违法案例，组织开展为期1个月的警示教育活动，强化党员干部党性党风党纪教育。

【领导干部廉政谈话】 2013年，开发区纪工委书记俞斌与全体党工委、管委会班子成员进行年度廉政谈话。纪工委副书记王勇与15名部门负责人进行年度廉政谈话。全年对新提拔（转任）的25名副处级领导干部进行任前廉政谈话。

【“阳光工程网”启用】 4月，开发区“阳光工程网”建成启用。“阳光工程网”以开发区门户网站为依托，以各部门网页为基础，公开内容涵盖保障性住房、征地拆迁补偿、城市建设、减轻企业负担、医疗服务、教育招生等11项群众特别关心、社会特别关注、政府监督特别重要的事项。公开事项的信息由各责任部门发布与更新，公众登陆“阳光工程网”查询内容，并对责任部门进行监督。为加强对政府采购和工程建设领域招投标的监督，开发区在上级规定公开内容的基础上，新增“小型建设工程阳光招投标”和“政府阳光采购”两项公开事项，确保招标、采购阳光运作。

【重点项目专项监督】 5月，为加强对政府投资重点工程建设项目的监管，开发区纪工委（监察局）派驻4个专项监督组，对政府投资2亿元以上的沿江大道跨运河二通道桥梁及连接段、金沙湖等25个重点工程项目进行监督。监督组职责为监督检查项目建设单位执行建设项目管理相关法律法规、贯彻执行内控管理10项制度、执行廉政监督各项制度的情况，以及工作人员廉洁自律和正确履职等情况。监督采取现场检查、查阅资料、听取汇报、参加或列席会议等方式进行。为严肃纪律，开发区纪工委（监察局）实行工作日志制度，要求监督组成员及时记录工作开展情况，自觉遵规守纪，确保监督实效。

【会员卡专项清退活动】 6月，开发区召开纪检监察系统会员卡清退活动工作布置会，传达中央、省、市纪委纪检监察系统会员卡专项清退工作部署会议精神，部署开发区纪检监察系统会员卡专项清退工作。会后，83名纪检监察干部上报了会员卡专项清退情况报告。7月，根据杭州市纪委要求，协助开展市管领导干部会员卡专项清退工作和全市党政机关会员卡清退工作，开发区19名市管领导干部报告会员卡专项清退情况，全区25个部门（单位）1830名党政干部填写了“零持有”报告。

【社区“三务”公开平台上线】 6月，开发区社区便民服务和“三务”（党务、居务、财务）公开信息平台在28个社区实现全覆盖。该平台以华数、电信等信息系统为依托，全面整合各类服务事项，规范“三务”公开信息，内容涵盖政务、民生、“三务”、“三资”（资金、资产、资源）及便民服务等信息。居民通过电视遥控器便可获取相关信息，并可对所在社区财务收支等情况进行监督。

【“公述民评”活动】 8月14日，为扩大公众对政府工作的知情权、参与权，开发区召开2013年“公述民评”大会，区人劳局和区规划分局负责人分别述职述廉述德，接受社会评议。在听取述职述廉述德后，开发区政风行风监督员和来自区内企业、学校、医院、社区的民评代表49人，围绕就业和配套设施规划等问题，提出建议32条，并填写测评表，进行一场面对面的问政互动。

4月，开发区“阳光工程网”建成启用 （余爽芳 供稿）

【区效能投诉受理中心设立】 11月12日，经开发区机构编制委员会批准，设立开发区效能投诉受理中心。该中心为从事公益服务的事业单位（公益一类），隶属于开发区管委会，归口区纪工委（监察局）管理。中心规格为相当正科级，编制4名，其中领导职数1名，经费形式实行财政补助。该中心主要工作职责为受理自然人、法人和其他组织对开发区机关事业单位及其工作人员在依法行使职权，履行法定职责中政务不公开、不规范、不作为，滥用权力或处置不当，侵犯或损害企业和个人合法权益，违反工作纪律，行政效率不高以及其他违反政令或影响政府形象等情况的投诉。

【满意单位评选结果揭晓】 12月，开发区2013年满意单位评选活动启动，活动向管委会机关、进区直属管理服务机构、工业企业、三产服务业、学校、街道、社区、建设施工和监理单位、驻军（警）及人大代表、政协委员、政风行风监督员、居民和外来务工者等层面发放评选票695张，收回693张，回收率99.71%。通过综合评选，区公安分局、区总工会、区质量技术监督分局、区国税局4个单位被评为满意单位，区党工委管委会办公室、区人事劳动社会保障局、区政法委、区机关党委、区海关、区工商分局、区消防大队、区地税分局8个单位被评为先进单位，其余16个参评单位被评为达标单位。评选活动征集到意见建议139条，通过开发区政务网向社会公布整改措施和结果，接受公众监督。

4月17日，开发区召开社区党组织和居民委员会换届选举动员部署会议　（黄健员　摄）

【纪检监察队伍建设】 2013年，开发区纪工委（监察局）加强全区纪检监察队伍建设。通过全区范围的科级干部竞岗交流，开发区纪工委（监察局）选调1名科级干部任信访检查科科长，增配1名执法监察科干部。增设开发区招商局纪检组，配备纪检组组长；增配下沙街道、白杨街道监察室主任；调整开发区社发局纪检组组长、白杨街道纪工委专职副书记、纪工委委员和前进工业园区指挥部纪检组干事。12月，开展街道纪工委书记述职述德述廉工作，继续落实考核分数占年度考核分数50%的要求。

（黄治飞　李英芬）

·机关党建·

【机关党建概况】 2013年，开发区机关党委按照党章有关规定。12月，以“公推直选”方式，完成开发区机关党委换届选举；新成立区法院党支部、区检察院党支部、区城市建设发展中心第四党支部和区卫生分局（食药分局）党支部。开展机关党员政治理论学习，组织万名党员干部结对帮扶万户城乡困难家庭、机关党组织与社区、企业党组织“结对共建”等活动。组织机关事业单位在职党员到社区报到，领办服务项目。全年新发展预备党员13人，预备党员转正21人。至年末，区机关党委所属基层党组织39个，党员704人。

【机关党员政治理论学习】 2013年，区机关党委组织所属党组织，开展形式多样的机关党员政治理论学习。邀请知名专家、教授和学者，举办以“学习贯彻中共十八大和十八届三中全会精神”“科学发展和经济转型”“国际国内形势分析”“杭州市公民道德纲要”等为主题的专题讲座，机关党员干部群众1500余人参加。区机关党委向机关党员干部发放《党员干部的十三项修炼》《创新驱动战略与经济转型》《中共中央关于全面深化改革若干重大问题的决定》及党的群众路线教育实践活动学习用书、辅导读本等书籍，共计2377册。4月，区机关党委组织发动机关各党组织参加杭州市“中共十八大精神和杭州党史知识竞赛”活动，13名机关党员干部获得杭州市竞赛活动优秀个人，区机关党委获得杭州市党史知识竞赛活动优秀组织奖。

12月27日，开发区管委会机关委员会党员代表大会召开

（黄健员 摄）

【结对帮扶活动】 2013年，区机关党委在元旦、春节及“七一”期间，开展“万名党员干部结对帮扶万户城乡困难家庭”活动和“1+X”社会结对帮扶活动，结对慰问困难家庭153户，送去慰问金30.6万元，实物价值4.03万元。6~7月，开发区各党组织开展高温送清凉慰问活动，走访江干区笕桥镇白石社区、闸弄口街道机神社区、丁桥镇美辰社区等46个社区，慰问困难家庭248户，送去高温慰问金17.36万元。

【党员社区服务活动】 1月14日，开发区召开机关事业单位在职党员到社区报到联系群众工作动员会。区机关党委组织机关事业单位在职党员到社区报到，领办服务项目，开发区机关党委所属37个党组织，588名在职党员赴社区报到，报到服务率100%，认领服务项目1232个。开发区实行公示、反馈机制，建立健全考核机制，推动在职党员联系服务群众制度化、常态化、长效化，促进在职党员保持先进性和纯洁性。

【党组织“结对共建”】 区机关党委把“服务”作为机关直接联系服务群众的主题，推动机关党组织与社区、企业党组织“结对共建”。全年组织党员干部走访社区、企业184次，征求意见建议77条，上党课政策宣讲14次。机关党员干部与社区、企业党组织共过组织生活14次，协助解决困难问题33个，机关党员干部走访慰问困难党员、群众20人。

【机关创先争优活动】 “七一”期间，区机关党委根据基层党组织推荐，评选表彰区纪工委（监察局）党支部、区管委会办公室党支部等机关层面先进基层党组织5个、李央芬等优秀党员41人、蔡敏等优秀党务工作者6人。评选表彰区经济发展局党支部、区城市建设发展中心党总支为区级先进基层党组织，以及郑洲峰等优秀党员20人，胡一彬、孙小平优秀党务工作者2人。向市直机关推荐区财政局党支部为市级先进党组织，推荐王怡嘉等3人为市级优秀党员、袁月为市级优秀党务工作者。

【机关党委换届选举】 12月27日，开发区召开机关党员代表大会，进行机关党委换届选举。大会应到会党代表人数135人，实到会党代表人数124人。大会选举邵立春、刘晓平、黄功胜、王勇、虞付月、史建峰、李路宁7人为中共杭州经济技术开发区管理委员会机关委员会委员，邵立春任书记，刘晓平任专职副书记，黄功胜任副书记。大会选举黄功胜、李宗凯、潘敏琴、徐伟英4人为机关纪律检查委员会委员，黄功胜任书记。 （周少铭）

·企业党建·

【企业党组织建设】 2013年，中共杭州经济技术开发区企业工作委员会（简称区企业党工委）以“推动发展、凝聚人心、服务群众、促进和谐”为理念，推动企业党建工作稳步发展。强化“双覆盖”（党的组织覆盖和工作覆盖），以有党员但党组织关系在开发区外和无党员的企业为重点，对开发区内400余个企业进行梳理，对非隶属的企业党组织、流动党员实行双重管理。全年新建企业党组织16个，有党员的企业和规模以上企业组织覆盖率明显提升。

全年培养入党积极分子180人，发展新党员97人，转正党员124人。获得企业党工委表彰的创先争优先进基层党组织10个、优秀共产党员110人、优秀党务工作者10人。获得开发区表彰的先进基层党组织7个、优秀共产党员45人、优秀党务者7人。开展服务型基层党组织创建星级评定，评选出五星级党组织12个、四星级党组织102个、三星级党组织20个。2013年，提升非公企业党建示范园区1个、示范点1个，打造示范点2个。至年末，开发区非公企业党建示范园区、示范点共10个。

【党员教育培训】 区企业党工委采取“以会代训”、讲座、专项学习等形式加强党员教育培训，组织开展中共十八大精神知识培训、党的群众路线教育实践活动培训、非公企业党组织书记集中学习等培训8次，累计参加人员500余人次。为170余个企业党组织订阅《党建研究》《党建文汇》《共产党员》等党刊。发放学习中共十八大和十八届三中全会精神学习辅导用书，组织全体党员开展学习，提升党员队伍的思想政治水平。组织90个单位600余名党员职工参加各类素质教育培训。建立企业党组书记初任培训、集中轮训和专题培训制度，全年累计培训300人次。

【企业党建规范化】 2013年，区企业党工委坚持“边组建、边规范”原则，确保企业党组织建设规范开展、作用明显。修订《企业党工委组织建设实施方案》，在“双强六好”（发展强、党建强；生产经营好、企业文化好、劳动关系好、党组织班子好、党员队伍好、社会反映好）考核标准的基础上，将基层党组织、党员承诺践诺综合评议、党员“每月一星”评比活动、领导点评和民主评议党员纳入年末综合考评，推进企业各项指标上新台阶。完善纪检组织机构，印发《关于在非公有制企业党组织中建立健全纪检组织的通知》，要求各企业基层党组织完善企业纪检组织建设，至年末，全区企业纪检组织设置率90%。推进党务公开规范化建设，以党务公开推进党内民主，规范企业党务公开内容、时限和程序，推行“阳光党务”建设。全程监督党员发展，不定期抽查基层党组织党内民主生活会召开情况。

【企业党组织群众路线教育实践活动】 2013年，开发区企业党工委组织企业党组织开展党的群众路线教育实践活动。7月，企业党工委制订《关于在企业党组织深入开展党的群众路线教育实践活动实施方案》，召开动员大会，明确要求、布置任务。7~8月，企业党组织通过调查问卷、集中座谈、个别交流等形式，广泛听取职工群众意见。9~10月，企业党组织在征求意见的基础上，查摆问题，剖析原因，开展批评和自我批评。11~12月，企业党组织帮助企业和职工解决实际问题，努力构建和谐企业，健全长效服务机制，使贯彻党的群众路线成为党员长期自觉的行动。通过活动，区企业党工委收集群众意见建议24条，办结21条，因政策原因不能办理3条。

【企业党建品牌】 区企业党工委坚持“品牌引领、示范带动、以点带面”方针，以发展强、党建强“双品牌”示范点建设为载体，结合服务型基层党组织建设工程，将中自科技园确立为非公企业党建示范园区，将杭州士兰集成电路有限公司党委确立为非公企业党建示范点。中自科技园党总支创建党员“温馨之家”，建起集党员服务、管理、活动、教育为一体的党员服务中心，成为为党员、入党积极分子和广大职工群众提供指导协调、咨询帮助等党内服务的载体。杭州士兰集成电路有限公司党委践行“业务引领者、经营合作者、员工服务者、文化传承者、创新推动者”5种角色，改造提升党员活动室，营造浓厚的红色文化氛围。新增非公企业党建示范点2个，分别为杭州百富电子技术有限公司党支部和杭州立昂微电子股份有限公司党支部。杭州百富电子技术有限公司党支部抓好党建促发展，做好支部自身建设、人才培养、文化建设以及和谐劳动关系创建。杭州立昂微电子股份有限公司党支部有党员24人，分布于公司管理、设备、工艺和产品研发等技术岗位。公司党支部围绕企业生产经营目标，引导党员在产品研发、技术攻关方面发挥主力军作用，为促进企业的快速发展提供坚强的组织保障。 （吴本炎）

·综合政务·

【办文办会】 2013年，开发区管委会办公室围绕全委的中心任务，完成重要综合文稿10余篇、分线材料80余篇。全年收文1777件，发文745件，处理并汇总反馈市级部门文件200余件。优化会务管理，提高办会质量，组织筹备党工委扩大会议、年度表彰大会、半年度工作会议、经济工作会议等各类重大会议。

【政务督办督查】 全年开发区管委会办公室（督查办）完成省市领导批示交办件10件，督办催办开发区委机关各部门、辖区企业各类请示件275件。做好项目督查和协调，编印督查简报40期。协调落实1000余棵大树迁移至江东种植事项；参与协调钱江通道开通事宜；参与协调推动金沙湖中央商务区建设发展；参与江东创新产业园与国内顶级院校、研究单位项目引进商谈；协调解决浙大数码港烂尾工程问题；协调推进金隅小学、上沙幼儿园、头格幼儿园的建成使用和上沙社区、元成社区拆迁安置；制止江丰燃气供应站的违规经营等。 （杜伊玲）

【保密工作特色化】 2013年，开发区保密工作落实“四个一”特色举措。“四个一”即撰写一封致各部门“一把手”的信，全年向27个部门“一把手”寄送保密宣传信件，提高部门主要领导的保密意识；制作一批保密工作宣传展板，6月，以展板形式进行流动展览，宣传新保密法、保密知识；汇编一本保密制度白皮书，梳理《涉密计算机保密管理制度》《网络安全管理制度》《政府信息公开保密审查制度》等16项制度，汇编成册印发至各部门；发放一批保密学习书籍，选购《近年窃密泄密案例纪实》《保密工作学思路》等优秀保密专业性书籍，发至各部门主要领导、保密分管领导及保密联络员。 （胡雪锋）

【宣传工作开展】 2013年，开发区宣传工作全面开展。推进宣传平台建设，报纸抓专题、杂志抓深度、电视抓定位、网站抓整合，全年完成《今日下沙》报257期、《下沙新城》杂志12期、《下沙资讯》电视栏目150期、《美丽东部湾》电视栏目52期，凝聚宣传合力，构筑区内“大宣传”格局。提升对外宣传，全方位挖掘经济发展、城市建设、社会稳定的亮点和特色，加强与媒体的沟通联系与合作，在《浙江日报》《杭州日报》《钱江晚报》《都市快报》《每日商报》等省市报纸发布新闻稿件140余篇，其中专版31篇、头版14篇，经济类稿件发稿量比上年增长30%，超额完成信息考核，强化部门（单位）信息考核，编印《开发区简报》40期，完成市委市政府信息考核312分，其中3篇信息得到市委、市政府领导批示。做好宣传保障，保障项目签约和开工竣工投产、产品下线、招商推介、人才引进、深化合作、文化活动等重要活动的媒体接待、新闻发布和整体宣传共50余次，摄影、摄像各180余次。编制开发区宣传册、形象宣传片、“四大工程”读览手册等各类宣传品，按期完成开发区展示中心建设改造，成为宣传展示开发区的重要窗口。 （赵军宝）

开发区电视栏目《下沙资讯》 （糜利萍 供稿）

【依法行政加强】 2013年，开发区加强开发区依法行政制度建设，制定《行政机关合同管理办法》《行政调解暂行办法》《规范性文件评估办法》《行政指导工作暂行办法》《法律顾问工作规则》《复议应诉工作制度》6项法规、制度。加强行政执法证件管理，全年办理行政执法证年审249件，注销7件，核发35件。组织参加杭州市综合法律知识培训考试2期，参加人数 12人，通过率100%。组织开展行政执法案卷专项评查活动，抽查行政处罚案卷27份、行政许可案卷78份。对问题案卷进行二次复查，将评审结果纳入年度依法行政考核内容，促进执法案卷的规范提升。9月11日，邀请省法制办专家进行行政规范性文件业务培训，内容为行政规范性文件认定、行政规范性文件审查备案、行政规范性文件管理与依法行政关系3个方面，参加人数80余人。

【行政专用章启用】 5月，启用开发区管委会工伤认定专用章，严格规范工伤认定行为，确保工伤认定效力。6月1日，开发区管委会启用行政许可专用章9枚，47项行政许可项目纳入行政许可专用章使用管理范围，规范各职能部门行政许可行为。印发《开发区关于启用行政许可专用章》通知，明确行政许可专用章适用事项及保管适用部门，制定印章保管使用规定，加强用印管理。

【质量和环境管理体系深化融合】 2013年，开发区深入推进质量和环境管理体系融合，修订完善质量和环境手册，精简程序文件，修改程序文件10个。修改完善支持性文件13个，其中删除文件3个、修改或替换文件3个、新增文件7个。通过整合管理内容、优化管理程序，全面推进双体系的融合改进。5月，管委会双体系的适宜性、融合性与有效性得到评审专家肯定，顺利通过换证审核。

（王建枝）

【调查研究工作加强】 2013年，开发区管委会开展产业结构调整、城市发展、社区建设等方面的20余项重点课题调研，完成《关于开发区转变经济发展方式进程中产业结构调整问题的探讨》等23篇调研报告。启动“优化开发区投资环境，提升综合竞争力”等22项重点调研课题。全新改版《领导专递》刊物，内容涵盖近期要闻、专家观点、各地动态3个版块，全年编辑出版20期。（黄文贵）

【开发区年鉴获全国编校质量一等奖】 8月26日，第七届全国年鉴编校质量检查评比揭晓，开发区参评的《杭州经济技术开发区年鉴（2012）》获全国评比一等奖。该年鉴总篇幅量73万字，有类目31个，分目163个，收入条目1343条，随文图照177幅、表格51张、附属资料53篇。该次参评的全国年鉴编纂质量评比活动，由中国出版者协会年鉴工作委员会主办，是中国年鉴界参与性最广、公信度最高、影响力最大的评比活动。

【《杭州经济技术开发区年鉴（2013）》出版发行】 12月，由开发区地方志编纂委员会办公室承编的《杭州经济技术开发区年鉴（2013）》由方志出版社出版发行，这是开发区出版的第3部年鉴。该年鉴72万字，包含类目34个，分目174个，收入条目1225条，随文图照161幅、表格42张、附属资料33篇，记载了2012年度开发区自然、政治、经济、文化和社会发展的地情资料。该年鉴按照党工委、管委会出“精品年鉴”的要求，对框架结构、文字内容、版式设计、封面设计、印刷装帧等环节进行精细化完善和提升，为各界人士了解和研究开发区提供了丰富、翔实的地情资料。（黎洪正）

【档案馆获市级奖励】 8月，开发区档案整理按照规范化要求，完成档案的整理、扫描、录入、上架等程序，整理文档45盒、基建档案85盒、会计档案82盒、照片档案3盒、备查21卷。11月，启动2001~2009年的档案数字化加工，完善数字档案馆系统。12月，开发区档案馆被市档案局评为2013年度档案创新工作先进单位。（章维倩）

【社区网络升级和信息化】 10月，开发区为社区实施网络升级，由原采用的4兆宽带专线升级为10兆光纤宽带，提高网络速度，改善社区应用系统增多，线路带宽紧张现象。开发区和杭州华数传媒电视网络有限公司合作，利用华数的“96345”资源和开发区电子政务网，为社区提供公交、天气预报、服务点查询等便民信息查询服务，为社区数字化管理奠定基础。（郑　敏）

【接待和会议服务】 2013年，开发区管委会接待外国政要、国家部委领导、省市领导、兄弟开发区领导以及随行人员等175批次、9589人次。协助市内、区内各部门大型会务安排35次，全面完成管委会领导学习交流、招商引资、招才引智等各项活动的联络、协调和服务工作。

（鲍妮佳）

【后勤规范化管理】 开发区管委会机关办公场地主要有市民中心、城建文化馆、银都商厦等6处，物业服务面积12.7万平方米。2013年，开发区管委会加强后勤规范化管理，落实节能减排措施，整体能耗比上年下降6%。按照公车采购规范化要求，完成公务、接待用车的购买及报废。年度固定资产新增入库、报废、调拨209项，按照区采购办规定，实行公开招投标方式，完成易耗品采购、花卉租赁、空调维保、物业服务等6项后勤招投标任务。

（蔡　敏）

·精神文明建设·

【精神文明建设概况】 2013年，开发区精神文明建设委员会办公室（简称区文明办）围绕《杭州市精神文明建设2013年工作意见》明确的目标任务和开发区经济社会发展大局，以巩固社会主义核心价值体系和文明城市创造成果为抓手，以提升市民文明素质和社会文明程度为主线，组织形式多样的全区精神文明教育和群众性精神文明创建活动。开展“文明微博·快播文明”主题活动，传播“真、善、美”社会正能量。面向工作、生活、学习在开发区的市民、创业者，开展“最美下沙人”评选活动。举办全区“精神文明十佳摄影作品”“十佳宣传标语”征集活动，征集摄影作品200余组、宣传标语500余条。以“学习雷锋好榜样，争做美丽下沙人”为主题，组织开发区各单位（部门）开展学雷锋志愿活动。推进道德讲堂建设，在全区20个市级文明单位和4个省级文明社区实现道德讲堂建设全覆盖。制订开发区“打造国内最清洁开发区工作”第2个五年规划。

【文明城市创建成果巩固】 7月，开发区管委会印发《2013年度开发区全国城市文明程度指数测评体系目标任务分解表和全国未成年人思想道德建设工作测评体系目标任务分解表》，巩固文化城市创建成果。迎检阶段成立了以委分管领导为总指挥的迎检工作指挥部，区文明办组织协调，全区各部门各负其责，共同参与。区城管执法大队、区社发局、区卫生分局、下沙街道、白杨街道等执法部门全年累计开展专项整治活动1130余次，出动执法人员1250人次，出动车辆65次。发放宣传品7万余件，悬挂宣传横幅500余条，宣传海报、传单5000余份；在主要道路公交站制作“中国梦”公益广告牌46块，“讲文明树新风”公益灯箱广告20个，其中墙体公益广告《做一个文明有礼的下沙人》获得浙江省墙体公益广告大赛“十佳优秀作品奖”；制作建筑工地主要商业人街“讲文明、树新风”公益围挡共计5650平方米；更新主要立式宽厅“文明创建”相关标语37块；安排志愿者200余人次，服务时间600余小时。

【文明正能量传播】 2013年，开发区积极传播社会正能量，更新、维护下沙新城文明网，累计发布“文明动态”“公民道德”“创建之窗”“文明网校”等模块信息2000余条。继续开展“文明微博、快播文明”主题活动，利用“下沙新城文明天地”微博平台，发布文明资讯1500余条。编发《下沙新城文明天地简报》24期，发送至“浙江文明网”“杭州文明网”等媒体文章800余篇，宣传推广精神文明建设先进经验。结合文明礼仪、传统节日及禁烟日、环保日等内容，每周定期向委机关干部发送1~2条文明短信，增强广大干部文明意识。

【道德讲堂建设】 2013年，开发区印发《深入推进开发区“道德讲堂”建设工作的通知》，通过现场会议、实地学习和资金补助等形式推进市级及以上文明单位、省级文明社区道德讲堂的建设，杭州市文海实验学校、浙江省电力设备总厂、杭州士兰集成电路有限公司、杭州八方物流有限公司、区国税局、区海关等20个市级及以上文明单位实现道德讲堂建设全覆盖，下沙街道七格社区、高沙社区，白杨街道邻里社区、月雅苑社区4个省级文明社区实现道德讲堂建设全覆盖。结合开发区党的群众路线教育实践活动和“诚信做食品，重拳治安全”活动，在社区和单位营造浓厚的道德氛围。

开发区精神文明十佳摄影作品《幸福像花儿一样》（杨　雯　供稿）

【未成年人思想道德教育】 2013年，开发区围绕“我的中国梦”主题，开展“做一个有道德的人”主题教育实践活动。活动面向全区各中小学校，组织开展“学雷锋，做美德少年”“向国旗敬礼，做有道德的人”等网上签名寄语活动，开发区13所中小学、2.5万余学生参加互动，共征集签名3万余人次。5月，开展杭州市第八届“公民爱心日”活动，在开发区设立市民中心、下沙街道办事处、白杨街道办事处、城建文化馆、下沙街道高沙社区、白杨街道邻里社区等15个捐赠点，倡导社会各界开展关爱帮扶活动，帮助全市特殊群体儿童改善学习生活环境，在全区营造关爱特殊群体儿童的良好氛围。

【精神文明“双十佳”征集】 7~10月，开发区为提升全区群众性精神文明创建水平，提高公民文明素质，营造全民参与文明指数测评的氛围，面向全区开展“精神文明十佳摄影作品”和“精神文明十佳宣传标语”（双十佳）征集活动。活动征集到精神文明摄影作品200余组、宣传标语500余条。经大众推选、专家评审，《汗滴“河”下土》《“走进阳光”真情相拥》《幸福像花儿一样》等10幅作品获开发区精神文明十佳摄影作品奖，《书飘香，礼承让，下沙文化有希望》《文明用语常伴口，春风迎面路好走》等10条标语获开发区精神文明十佳宣传标语。

【“最美下沙人”评选启动】 5月，为期一年的开发区“最美下沙人”评选活动启动。管委会发文成立“最美下沙人”评选活动领导小组，在区文明办设活动办公室，负责候选人事迹宣传、初评事宜和推荐评选表彰等事宜。活动分“最美下沙人”寻找发现、评选表彰、学习宣传3个阶段，时间截至2014年4月。活动主要寻找在市民群众中不同职业、不同领域、不同特点的最美人物典型，在发现的好人好事、先进典型中评选“最美下沙人”，分“助人为乐模范”“见义勇为模范”“诚实守信模范”“敬业奉献模范”“孝老爱亲模范”5个类别的模范人物，最后通过媒体报道、组织座谈会、“最美下沙人”巡讲、“道德讲堂”讲故事等形式进行宣传，彰显感人事迹，弘扬崇高精神，树立践行社会主义核心价值观的先进典型，凝聚开发区建设正能量，丰富开发区人文精神，为建设创新驱动、集聚领先的示范园区，功能完善、产城融合的下沙副城，富裕富有、魅力彰显的和谐社会提供精神动力和智力支持。

【“我们的节日”主题活动】 2013年，开发区开展“我们的节日”主题活动，开发区各社区在元旦、春节、清明、端午、中秋等传统节日期间，开展群众性中华经典诵读、传统节日民俗活动和文体活动145次。9~11月，组织开展“邻居节”活动，收到“邻居节”作品20个，其中11个社区的作品入选开发区“最佳邻居节”和“最有创意邻居节”活动。白杨街道多蓝水岸社区和邻里社区“邻居节”活动分别被评为杭州市“最佳邻居节”和“最有创意邻居节”。（杨　雯）

·信访和应急管理·

【开发区信访基本概况】 2013年，开发区信访局（简称区信访局）累计受理信访和“12345”公开电话各类诉求7990件次，比上年增长9.4%。其中：受理区本级群众来信来访560件次，增长18.2 %；受理区“12345”公开电话来电 4059件次，增长14.2%；受理区网上信访1437件次，下降5.6%。受理市级交办来信来访件50件次，增长12%；受理市交办“12345”公开电话投诉1887件，增长22.3%。全年开发区群众到市上访29批次、1200余人次，分别增长6.4%和43.6%，其中集体上访22批次、1100人次，分别增长81.3%和87.5%。开发区群众到省集体上访16批次、500余人次，分别增长2.2倍和3倍。开发区群众进北京上访34批次、45人次，分别增长39.2%和120%。来信来访涉及市场纠纷、回迁安置、劳动保障等问题；来电及网上信访主要涉及环境保护、违章搭建、物业管理、公共交通及市政配套等问题。

【信访积案化解】 6月，开发区按照市信访联席办处置进京非正常上访“两穷尽，两到位”（办理程序“穷尽”、社会宣传“穷尽”，帮扶救助到位、教育处理到位）要求，推进开发区进京非正常上访处置工作。开发区管委会领导亲自包案，研究处置方案，接待调解。开发区党工委副书记邵立春多次约谈3名上访人员，明确态度和解决思路；开发区管委会副主任姚利民多次约谈其中1名上访者及其家属，并到其家中走访，推进问题有效解决。通过领导干部定期接访、重要信访事项领导批阅、重大疑难信访问题以及主要领导包案等举措，集中化解一批信访突出问题，妥善解决有关群众“双低社保”纠纷、劳资纠纷、医疗纠纷等10件疑难信访积案。

【群体性问题处置】 2013年，区信访局围绕开发区群体性信访问题，掌握信息动态，积极协调，有效处置多起群体性信访问题。7月，区信访局牵头组成专项工作班子，进驻东沙商业中心市场现场办公，督促市场方制定切实可行的解决方案，至8月中旬，市场方通过退铺、续租、返租3种方式解决了787个商铺的纠纷问题。红星美凯龙市场因投资方资金链断裂等原因引发市场纠纷，区信访局会同有关部门，搭建协商平台，督促市场方制订化解处置方案，引导商户业主与市场方谈判来自主解决问题，并建议商户通过法律途径进行维权。1月和7月，下沙街道上沙社区和元成社区因回迁安置出现集体上访，区信访局协调开发区各相关部门通力合作解决问题，两个社区已顺利完成回迁安置。全年区信访局协调处理大学城北110千伏变电站规划选址问题，以及东海柠檬郡房产、盛泰时代山房产以及精欧荣寓房产引发的“房闹”问题和经济适用房新政引发的上访问题。

【重点时段社会稳定维护】 2013年，列入维稳重点时段较多。为确保重点时段的信访维稳工作实效，开发区管委会成立信访维稳专项领导小组，选派区信访局、区维稳办、区公安分局、两个街道等部门工作人员集中办公，提高工作效率。围绕重要时段的信访维稳工作，制订应急处置预案和劝返工作方案，实行重点时段的信息“零报告”制度，加强对重点人的有效稳控，切实维护了开发区重点时段的社会稳定。

【信访体制机制建设】 4月，管委会主任公开电话受理中心（简称开发区“12345”受理中心）挂牌成立。作为区信访局内设科室，配备科级职数1人，工作人员2人，负责全区“12345”公开电话的受理、交办及反馈工作。8月，区信访局信访科分设为接访科和办信科，健全信访体制。区组织部选派4名科级干部到信访局挂职锻炼，增强信访工作力量。全年开发区健全领导干部定期接待群众来访长效机制，完善和修订《开发区处理信访突出问题及群体性事件联席会议制度》，增强信访体制机制建设。

【拓宽信访诉求渠道】 6月，区信访局牵头协调区人劳局、区工商分局、区建设局（房管局）、区行政服务中心等部门，深入街道、社区宣传法律法规，受理投诉咨询，提供便民服务。为方便群众反映问题，将社区“12345”电话汇编成册，印制3000余份向社区居民发放，提高社区“12345”的知晓率，受到居民群众好评。全年社区“12345”公开电话受理总量2122件次，比上年上升43.8%，有效分流了区信访局的电话受理量。（徐春阳）

【公共事件应急体系建设】 4月，开发区印发《关于人感染H7N9禽流感防控工作方案》。6月，开发区调整突发公共事件领导小组成员单位，新增区法院、区检察院、区卫生分局、区残疾人联合会、区工商分局等10个成员，印发开发区《突发公共事件总体应急预案》。管委会总值班室和应急管理科合署办公，加强开发区24小时应急值守力量。完善突发公共事件信息收集、研判、报送及综合协调功能。

【“110”社会应急联动平台运行】 9月，开发区“110”社会应急联动平台投入运行。该平台依托区公安分局指挥中心设立，由区应急办和区公安分局联合推动，有分级联动单位25个，其中一级联动单位有区公安分局、区交警大队、区消防大队等11个单位。一级联动单位职责为落实24小时值班力量，接到指令后立即赶赴现场处置；二级联动单位有区党工委政法委、区管委会办公室、区社发局、区人劳局、区建设局、区经发局等9个单位，工作职责为保持24小时通讯畅通，随时接收指令，及时到场处置；三级联动单位区纪工委（效能办）、区财政局等5个单位，工作职责为明确联络员，及时接收联动指令，回复处置情况。开发区110社会应急联动中心有权临时调整3个层次联动单位的联动级别。开发区制订《“110”社会应急联动工作实施方案》，出台《“110”社会应急联动工作制度》，明确例会、通报、考核等制度。

【校园应急演练】 12月5日，“开发区校园应急避险救援演练暨2013年中小学消防安全宣传月”活动在杭州市下沙第二小学举行。活动由开发区应急办牵头，区社会发展局、区安监局、区公安分局、区消防大队等部门参加。演练模拟杭州市下沙第二小学北

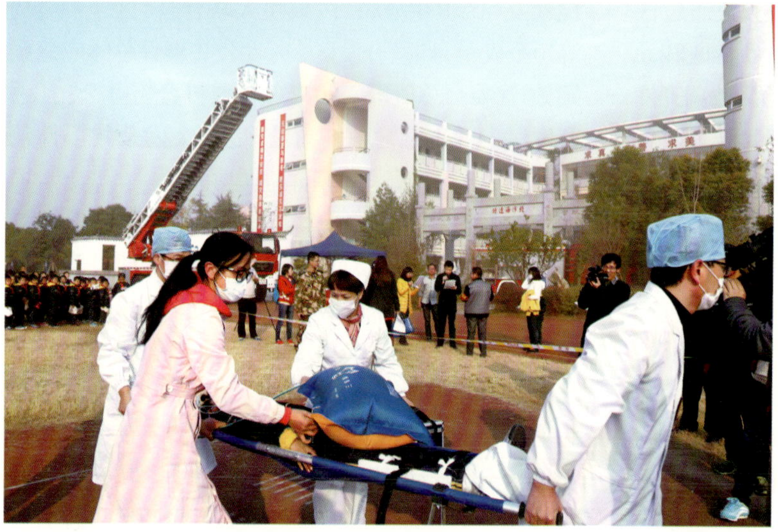

12月5日，开发区在下沙第二小学举行校园应急避险救援演练
（黄健员 摄）

教学楼因电线老化突发火灾并蔓延，学校紧急启动火灾逃生应急预案，组织1000余名师生有序撤离，以及逃生中学生受伤被困火场的险情。演练参演人数1100余人，投入救援力量40余人，专业救援车辆6台。演练后，消防战士对师生开展灭火器使用练习进行指导。全区中小学幼儿园负责人和下沙第二小学家长代表80余人参加观摩。（汪文传）

·政务服务平台·

【政务服务平台概况】 2013年，开发区行政服务中心（简称区行政服务中心）提出"优质服务，高效便民"工作准则和"真诚服务是操守，群众满意是标准"的岗位标准。全年将方便市民办事、简化办事程序、提高办事效率作为工作重点，推出一系列改进措施，营造高效便捷的服务环境。

加强规范建设，完善规章制度，强化考核管理和内外部监督。2013年，制定出台开发区《行政服务中心内部管理制度》《行政服务中心会议制度》，完善《行政服务中心窗口柜长制度》。改造出入境窗口评价系统，完善区行政服务中心评价系统。推进"一事一评"使用和满意率考核，加大对不满意事项的管理力度，全年服务评价满意率99.8%。

2013年，区行政服务中心招募大学生志愿者20人，为群众做好引导服务，维持秩序。新设等候区2处，增加70个座位。全年窗口办理业务量43.7万件，比上年增长60.4%。

【新增审批与服务事项】 区行政服务中心全年新增审批与服务事项86项，可办理事项总量523项，窗口功能不断拓展。其中：公积金服务窗口具备了缴存、提取公积金等完整的服务功能；市民卡服务窗口增加电子钱包、公交卡、地铁支付功能激活等业务；拓展医疗审核、报销业务，设立开发区医保点，窗口由原来的1个增加至4个，实现开发区居民办理医保不出区的目标；增加土地信息自助查询、房产证明、经济适用房变更登记、食品流通许可、户外广告登记等业务。

【审批服务事项清理】 区行政服务中心建立审批事项定期清理制度。按照省、市公布的事项目录，推行"事项名称标准化"。审批事项的新增、变更、调整和取消，实行审查备案制度，清理部门违法增设审批条件。全年梳理并公布开发区非行政许可事项216项，审批条件和程序接受社会监督。

【办理时限压缩】 区行政服务中心着力精简审批流程，创新服务机制，压缩办理时限。其中，投资

项目审批实行“一家受理、联合审查、同步审批、限时办结”的原则，完善项目立项同步审批、方案设计和初步设计合并审查等审批机制。通过实行建设项目不再单独编制“交通影响评价分析”，有关项目不再进行“建设规划条件核发”，压缩重点项目消防设计备案时间等措施，使投资项目审批时间压缩20余个工作日。挖掘道路、绿地指标核验、开设道口的审批时限，由14个工作日压缩为7个工作日。会计证制证时间由10个工作日压缩为5个工作日。

9月，区行政服务中心公积金窗口开展“送政策进社区”活动（朱　芸 供稿）

【投资项目窗口运行】 2013年，开发区正式运行投资项目综合管理窗口，投资项目审批办事流程涉及的9个审批部门、32项事项均纳入系统管理，实施取号登记、统一编码、权利告知、受理反馈的运行模式。各审批部门对收件材料进行审核，在区行政服务中心审批系统上对一次性告知和预审情况进行留痕操作。全年通过系统运行项目23个，其中完成开工前全部手续的项目有4个。

【开展延伸服务】 区行政服务中心强化“时间有限，服务无限”理念，依托办事大厅平台，打破固定的服务场所和领域，全年组织窗口单位开展延伸服务活动60余次。其中：区行政服务中心开展“送服务活动”3次；区公安分局出入境窗口每周六开放，为群众提供休息日服务44次；区建设局房产窗口为减少群众办理房产证等候天数，加班做证5次；区国土分局窗口、区建设局房产窗口开展现场办证、上门服务12次；区人劳局社保窗口为中小学生报名提供社保证明，开展预约服务2次。

【加强社会行风监督】 2013年，为加大社会各界监督力度，区行政服务中心聘请新一届社会行风监督员10人，社会行风监督员来自开发区企业、高校、社区及媒体等各层面，由企业管理层人员、留学归国创业代表、大学教授、社区居民群众、个体工商户、报纸及网络媒体记者等。社会行风监督员不定期对窗口的服务进行明察暗访，将结果反馈至中心，中心将反馈结果纳入窗口人员季度考核成绩，有利于提升窗口服务质量。

【服务平台功能拓展】 为方便群众办事，拓展服务平台、完善服务功能，开发区加快推进新的政务服务大厅建设。新服务大厅按照“集中、完善、便捷、统一”的功能定位进行布局，并按照科学管理、适度超前的原则，设计办事大厅网络布线与信息化设备配置，合理设置办事窗口和办公场地。至年末，新办事大厅完成整体装修，完成办事大厅叫号系统、满意评价系统、信息发布系统等项目的招标，初步确定各进驻中心部门（单位）位置和窗口设置。（朱　芸）

人民团体

·总工会·

【总工会概况】 2013年，开发区总工会（简称区总工会）有工会会员11.49万人，比上年（指2012年，下同）增加6300余人；基层工会405个，涵盖单位816个，分别增加30个和85个。举办学习型组织创建、知识型干部培养、新任工会主席岗位资格等培训8期，36人参加培训。10月，召开开发区工会第四次代表大会，选举产生新一届开发区工会委员会、工会经费审查委员会。“双亮”（工会组织亮牌子、工会主席亮身份）工作扩面，推动基层工会规范化建设，提升工会组织形象，“双亮”单位实施率95%。召开全区工会民主管理现场会，邀请松下电化住宅设备机器（杭州）有限公司工会等3个单位做经验介绍，推进以职工代表大会为基本形式的企事业单位民主管理制度。

全年处理群体性事件调解、劳资纠纷等矛盾纠纷90起，其中重大不稳定案件1起；接待信访7件、电话咨询55件；参与企业职工怠工（停工）事件调解工作，涉及员工1200余名。重新起草《职工维权手册》，强化源头参与职工维权。开展“法律知识进工地”活动和广场大型法律咨询活动，发放《中华人民共和国劳动合同法》《职工维权手册》等宣传资料1.75万份，开展专题法律讲座3场。建立动态化企业工会劳动保护分级考评体系和管理制度。开展“安康杯”竞赛活动，64个企业的2.7万名职工参加“安康杯”活动。

10月28日，开发区工会第四次代表大会召开　　（黄健员　摄）

【和谐劳动关系建设】 2013年，开发区78个企业参与创建“小三级”和谐劳动关系创建目标，符合“小三级”参与条件的企业参与率100%，其中80%以上达到创建标准。表彰杭州博群科技有限公司、杭州三井润滑油有限公司、杭州再浩实业有限公司、杭州益佰药店、杭州福雷德企业有限公司、杭州德创机械有限公司6个先进典型企业，在创建市级以上和谐劳动关系达标企业中全面开展“双爱”共同约定活动，65个企业签订《共同约定书》。对照市级和谐劳动关系达标企业评分标准，开展区级先进评选。完成“第三轮企业社会责任建设”申报，48个企业参与社会责任建设，20个企业被评为杭州企业社会责任建设C级以上单位，其中A级1个、B级5个。

【工资集体协商】 2013年，区总工会开展“双爱”（企业爱职工、职工爱企业）宣传周活动，65个企业签订共同约定书，开展百日要约行动，确定60个重点跟进企业，实现企业工资集体协商工作整体推进。加强工资集体协议专项排查，加强政策宣传、业务指导和督促落实，全年新签工资集体协议133个，新增区域性工资集体协议6份，覆盖企业120个。累计签订区域性工资集体协议16份，237个企业签订工资集体协议，覆盖企业486个。

【开发区第五届职工运动会】 2013年是开发区“职工体育年”。4~10月，区总工会举办第五届职工运动会，面向全区职工展开羽毛球、足球、棋牌、乒乓球、广播操、趣味运动会六大项共26个小项的比赛，近4000名职工参与赛事。运动会为体育爱好者搭建体育技能切磋与展示的平台，营造强身健体、快乐健身的职工文体氛围，带动基层体育活动的开展，涌现出一批基层职工文体活动先进单位。其中，职工足球联赛发挥区内高校足球教练众多的优势，邀请足球教练为参赛球队进行一对一培训，35个单位参与，切实提高职工足球水平。

【职工文化建设】 区总工会促进区域文化建设，打造丰富的职工文化和企业文化。年内制定出台《“新下沙人文化家园”系列管理办法》，在全区各级工会建设“新杭州人文化家园”和“新下沙人书屋”，满足广大职工需求，同时在工会经费中安排“家园建设专项基金”，用于扶植、补助、奖励基层工会推进文化家园建设，全年有14个单位通过“新下沙人文化家园”验收，8个单位通过“新下沙人书屋”验收。有2个单位通过市级“新杭州人文化家园”验收，开发区“新杭州人文化家园”总数累计达10个。12月，开发区职工业余足球队参加2013年杭州市业余足球联赛，参加杭州市西湖杯县（市）组比赛，获得冠军。在杭州市总工会于3月举办的“学习践行‘五爱’（爱杭州、爱学习、爱岗位、爱创新、爱生活），杭州职工价值观征文大赛”中，开发区选送的3篇征文分获一、二、三等奖。其中，伊莱克斯（杭州）家用电器有限公司职工唐飞龙撰写的《民工老王》获得一等奖。

▶▶资料：新下沙人文化家园

9月，开发区总工会启动“新下沙人文化家园”项目，“新下沙人文化家园”必须做到开发区“职工书屋”“职工学校”“职工俱乐部”三位一体，即三者均符合的条件。按规定，职工尤其是外来务工人员较多、居住相对集中的单位、社区，在符合相关条件后，可申报“新下沙人文化家园”，也可单独申报“职工书屋”。开发区总工会审核后，进行授牌并发放“家园建立基金”，用作家园建设。同时，成功申请“新下沙人文化家园”“职工书屋”的单位在次年及以后的年份，可以根据单位实际需要，撰写《升级报告》上报区总工会，申请适当的升级经费。

【关爱职工活动】 2013年，区总工会多次开展关爱职工活动。1月，举办外来务工人员年夜饭活动，邀请126个企业的450名留杭过年职工同吃年夜饭，并

11月16日，开发区第五届职工运动会之广播操比赛决赛在杭州电子科技大学举行　（区总工会 供稿）

分发压岁包和新春大礼包；安排全区先进职工免费疗休养活动，出资组织来自300余个基层单位的712名优秀一线员工赴雁荡山疗休养；推广在职职工医疗互助保险，参加医疗互助的职工1.27万余人，拨26.14万元专款对参与单位进行补助，减轻职工医疗费用负担；开展困难职工帮扶救助工作，救助82个单位的340名困难职工，发放救助金84.4万元；组织开展"外来务工人员平安返乡"活动，各级工会共为1000余名外来务工人员解决返乡问题；走访慰问78个企事业单位，慰问人数比上年增加10%，加大高温慰问经费投入，全年发放高温慰问金36.2万元；编印《夏季劳动保护和防暑降温工作常见问题解答》，为职工答疑解惑，对开发区5个环卫企业的815名职工进行全员慰问。

【职工技术创新】 2013年，区总工会联合区人劳局、区质监局、区城建中心、区资产经营集团公司等部门，举行叉车、维修电工、建筑安全、项目管理等16项区级技术比武，将技能竞赛与生产经营相结合，提高劳动竞赛和技术大比武的影响力。带领职工以提高岗位技能、参与技术革新、推进节能减排和提高创新能力为重点，积极参与经济建设，开展"工人先锋号"和"创新工作室"创建活动，全区有杭州和利时自动化有限公司王玉辉生产控制系统自动点检设备及方法、杭州神林电子有限公司刘有建小型水位传感器新生产线被评为市级先进操作法，东芝信息机器（杭州）有限公司电脑制造课甲班获省级"工人先锋号"称号，杭州三花研究院有限公司技师陈楚在省机械设备安装工比赛中获得第1名，被省总工会授予"浙江省五一劳动奖章"。

【市级劳模评选】 4月28日，2013年杭州市劳动模范和模范集体表彰大会在之江饭店举行，开发区杭州安费诺飞凤通信部品有限公司的程冠伦荣获"全国五一劳动奖章"称号，杭州利群环保纸业有限公司、杭州和达市政园林建设有限公司养护班组被评为"杭州市模范集体"，杭州士兰集成电路有限公司总经理范伟宏、杭州九源基因工程有限公司研发中心主任孙汉栋、杭州百富电子技术有限公司工程部经理胡兆庭、杭州纸友科技有限公司部长助理应晓荣、杭州味全食品有限公司工程师俞有富被评为"杭州市劳动模范"。区总工会关心关爱劳模工作生活情况，召开全区劳动模范座谈会，率劳模赴遂昌劳模疗养基地休养；通过《下沙新城》《今日下沙》等媒体对劳动模范进行专题宣传，传递"劳动伟大、劳模光荣"的正能量。

（吴　孟）

·团工委·

【团工委概况】 2013年，开发区拥有14～35周岁青年2.84万人，其中团员1.08万人；直属团组织202个，其中新建团组织30个。开发区团工委（简称区团工委）围绕团市委和开发区的工作重点，以"美丽青春、美丽下沙"青年建功成才工程（简称"双美"工程）为载体，创新思路，稳中求进，活跃基层，为开发区转型发展和杭州市"伙伴"共青团事业做出积极贡献。

12月22日，开发区举办职工街舞比赛　（总工会 供稿）

2013年，区团工委被评为"2013年度浙江省优秀团委"。"美丽青春、美丽下沙"青年建功成才工程，被评为杭州市共青团系统"十佳创优创新项目"。开发区公安分局民警张思洋被评为"杭州市十大杰出青年"。开发区青联常委、杭州德帕母泵业有限公司董事长周良被评为杭州市"十佳创业务工青年"。中日龙电器（杭州）有限公司团委、白杨街道闻潮社区团支部、下沙街道团工委、下沙街道下沙社区团支部4个单位被评为“杭州市基层活力团组织”。白杨街道团工委被评为“杭州市五四红旗团委”，前进工业园区江东投资建设有限公司团支部被评为“杭州市五四红旗团支部”。

1月31日，开发区举办外来务工人员新春团拜会　（黄健员　摄）

【青年思想教育】 2013年，区团工委以“中国梦”为主题，结合“青春与梦想同行”主题教育实践活动，开展“学习十八大精神，激发青春正能量”“美丽中国梦”宣讲会等系列活动，营造“传递正能量，共筑中国梦”的浓厚氛围。拓展“我们的价值观”主题实践活动，推进“青春寻访行动”，通过走访、座谈、体验等形式，寻找各领域青年中的最美人物，感受最美现象，弘扬最美精神。开展“美丽青春、美丽下沙”主题征文活动，历时4个月，来自全区机关、学校、企业、街道、社区的700多名青年参与，形成《美丽青春、美丽下沙》征文集，并印发2000余册。

【青年创业创新】 区团工委开展“青春促转型”系列活动，努力推进“东部湾青年创业成才港”建设，累计为用人单位提供520余名实习人员；举办“青年创业创新大讲堂”“导师坐诊”等活动，为大学生创业创新提供知识和平台；深化“青年文明号”创建活动，加强“青年安全示范岗”创建，开展“青工技能比武大赛”“青工五小大赛”“青年岗位能手”“青工科技创新评选”等活动，提升青年的创新能力；召开开发区志愿服务工作暨“志愿服务示范街区”建设推进大会，高沙商业街暨“志愿服务示范街区”坚持每月为百姓提供志愿服务，累计开展服务80余场；与巩固全国文明城市成果相结合，组织开展文明交通劝导、沿江占绿劝导、地铁环境维护等志愿活动，共计4500余名志愿者参与志愿服务活动，服务市民1.37万人次。

【青年成长环境优化】 2013年，区团工委开展“缘聚下沙幸福工程”大型婚恋交友系列活动，推出29期系列主题活动，80余个单位成为会员单位。活动覆盖单身青年总数1.5万人，100余对单身青年进入婚恋交往，其中20余对青年领证结婚。联合浙江卫视《相亲才会赢》栏目举行下沙专场活动——“相亲才会赢走进下沙，幸福工程再续佳话”。开展高校、社区“阳光成长活动”“爱满天下帮教活动”“社区DO都城职业体验活动”“科技夏令营”等活动19场，参与志愿者人数3500余人次。成立“12355社区青少年服务平台”“哥哥姐姐志愿者服务队”“社区少先队大队部”，与浙江省乔司监狱签订《区域共建项目书》。成立开发区青少年警示教育基地，引导全区各级团组织开展青少年维权工作；推进艺术社团进社区，在邻里社区组建团员青年文艺队，闻潮社区建立青年文学社，锦阳公寓设立篮球社等青年兴趣小组。组织区内团组织间开展足球、篮球、羽毛球对抗赛，素质拓展训练，沿江湿地健康跑和集体观影等富有活力的专项青年文化活动。（吴　孟）

【青联委员赴建德爱心助学】 2013年，开发区青年联合会委员和各界爱心人士在与建德贫困学子结对帮扶的基础上，进一步动员爱心企业贡献爱心力量。12月6日，开发区参加爱心结对的15名青联委员和区内企业富士康集团，带着价值4万元的20台平板电脑学习机和各种学习用品，赴建德市航头镇开展“‘爱心助学1+1’暨‘爱心电子图书馆’”捐建活动。据统计，2008-2013年，“爱心助学1+1”活动有近1000名建德小朋友受到开发区爱心人士的帮助，结对学子收到爱心人士资助款、物资30余万元。

【市青联委员考察开发区】 11月27日，在杭州市青年联合会的组织下，来自杭州市各界近100名青联委

12月22日，开发区总工会举办企业职工食品检验工技能大赛
（吴　孟　供稿）

员参观考察开发区经济社会建设发展情况，并寻求投资兴业的合作机会。考察团参观和达城房产、沿江大道、杭州服务外包大楼、金沙湖中央商务区、杭州东部高新产业园等地，在杭州曙江大酒店举办座谈会，开发区管委会向考察团介绍区内招商引资、招才引智相关环境及政策，重点推介“两港八园”产业平台建设，欢迎优秀青年来开发区投资创业。会上，共青团杭州市委书记、市青联主席周扬，共青团杭州市委副书记赖明诚和开发区管委会副主任王永芳为俞列、周颖、缪亮、王大祝、梅素枫、沈国锋、周林霞7名青联委员颁奖，表彰他们在由团市委、市青联、市青年企业家协会主办的“我想参加超百跑，谁能助我一双鞋”公益活动中做出的积极贡献。（黎似玖）

·妇工委·

【妇工委概况】 开发区有街道、社区妇联组织28个，机关、企事业单位妇女组织1个。7月，区妇工委对原有妇工委（总工会女职委）委员进行充实调整，增加联合工会理事会企业工会主席（女职委主任）4人和管委会机关工会女职委主任5人为开发区妇工委（总工会女职委）委员。根据开发区《关于认真做好社区工会、共青团、妇联换届选举工作的通知》精神，指导社区妇联换届选举。9月，成立管委会机关妇委会，为推进机关妇女工作提供必要的组织保证。加强对全区84个区级“巾帼文明岗”的指导、管理和监督，10月，重新制定《开发区“巾帼文明岗”实施细则》。联合区城管办对各小区垃圾分类情况进行月度督查，对10户区级垃圾分类示范家庭进行表彰。

【关爱妇女儿童】 2013年，区妇工委开展“女职工安康团体重大疾病互助保险”活动，为31个单位的1865名职工办理“女职工安康团体重大疾病互助保险”，同时为困难妇女免费发放安康保险。开展“经济发展与流动留守妇女发展关爱行动”活动，组织8个大企业推出适合女性从事的工作岗位进行现场招聘。加大法制宣传教育力度，组织《中华人民共和国妇女权益保障法》《中华人民共和国婚姻法》《中华人民共和国女职工劳动保护特别规定》等法律、法规现场咨询活动。配合市委书记黄坤明六一儿童节到开发区慰问活动，向区内中小学校赠送《少年儿童百科全书》和世界名著等书籍4000余册。

【妇女节表彰】 3月4日，开发区庆祝三八国际劳动妇女节暨表彰大会在开发区城建文化馆举行，来自辖区街道社区的妇联主席、企业工会女职工委员会主任及先进代表250余人参加会议。会议表彰2012年度为开发区经济、社会事业做出突出贡献的妇女工作先进集体、巾帼文明标兵岗、优秀妇女学习型组织、先进妇女工作者、先进女职工、优秀巾帼文明岗岗长、妇女工作热心人、妇女之友、五好文明家庭标兵户、平安家庭、家庭生活垃圾分类示范户等，并为先进集体及先进个人代表颁奖。表彰会上，先进集体代表、先进妇女工作者代表和优秀巾帼文明岗岗长代表分别做经验介绍。

（吴　孟）

政 法

·政法综述·

【政法工作稳步推进】 中共杭州市委杭州经济技术开发区工作委员会政法委员会（简称区党工委政法委）为开发区党工委领导管理政法工作的工作机构，与开发区社会管理综合治理委员会办公室（简称区综治办）合署办公，增挂杭州经济技术开发区（杭州出口加工区）管委会维护社会稳定办公室（简称区维稳办）牌子。2013年，区党工委政法委（综治办、维稳办）稳妥应对涉稳事件，深化平安创建，规范执法监督，夯实基层根基，扎实推进“平安下沙、法治下沙”建设，为开发区营造和谐稳定的社会环境。全年排查较大矛盾纠纷238件，调解成功201件，成功率84%。协调处置辖区市场群体性经济纠纷、七格污水处理厂环境污染、经济适用房新政引发的“房闹”等涉稳问题，化解大都文苑风情小区信号基站辐射、元成社区回迁安置矛盾、杭州钱塘江特种玻璃技术有限公司拖欠工资等多起纠纷，确保开发区平安稳定。

【“平安下沙”创建】 2013年，开发区加强“平安下沙”创建。完善平安创建工作自评数据月报和专题例会制度，定期通报模拟扣分结果，及时掌握平安创建动态。6月，启动开发区“110”社会应急联动指挥系统，建立劳动关系、安全生产等10个专项组，健全联动机制。开展道路交通、安全生产、夏季平安大巡防等7个专项整治活动，确保社会管理联动机制反应灵敏、处置有效、运作长效。加大平安载体创建，拓展“平安公交”“平安企业”“平安校园”等平安载体19个，推进“各行各业创平安”活动。6~7月，开展“平安综治”双月宣传活动，制作宣传展板120块、横幅260条，向社区、企业、学校发放《致广大居民的一封信》2000余份，在《平安杭州》《杭州周刊》等市级媒体刊登文章2篇，在《钱江晚报》《杭州日报》《下沙资讯》等媒体发布“平安下沙”宣传资讯45篇。

【“排查整治、强基促稳”专项活动】 6~12月，为有效解决平安创建中各类突出问题，区党工委政法委组织开展“排查整治、强基促稳”专项活动。活动

7月，开发区启动夏季平安大巡防活动 （王 梅 供稿）

综合运用排查、整治、预防、化解等方法，加大各类矛盾纠纷排查化解力度，对突出问题进行挂牌督办、专项整治，至年末，成功化解各类矛盾纠纷448件。以该项活动为契机，修订完善综治维稳目标责任内容、考核细则及开发区维稳工作情报信息报送、不稳定问题排查分析研判、重大不稳定问题三色预警和项目化监管等机制，印发《开发区社会稳定“三色预警”实施办法》《关于进一步完善和规范维稳信息报送工作的通知》等文件，健全综治维稳机制。按照“专群结合”的原则，加强培训辅导，落实配套保障，提高群防群治队伍专业化、正规化水平。至年末，全区专职群防群治力量1762人，义务巡防队400余人。打造“天网工程”，提升技防水平，至年末，累计建立“全球眼”视频监控点位1511个，其中高清视频监控点位占总数的27.3%，完好率94.8%。

【维稳项目化监管】 6月，区维稳办启动实施重大涉稳问题项目化监管制度，提升区内重大涉稳问题化解处置实效。纳入项目化监管范围的主要为依靠单个部门化解处置较为困难，但有可能引起集体性去市、到省、进京上访的重大群体性事件。区维稳办负责制定责任分解表，明确责任单位和配合单位，牵头召开月度维稳例会，督促责任单位建立工作专班，落实包案领导，定期跟踪化解处置情况。全年纳入项目化监管范围的重大不稳定因素16个，其中市级3个、区级13个。经化解稳控，至年末，累计化解重大不稳定因素6个，其中市级1个、区级5个。处于基本可控状态的6个，仍处于不稳定状态的涉稳问题4个。

【源头管控加强】 2013年，区维稳办从源头上预防和减少矛盾纠纷，制订《开发区重大不稳定因素责任分解表》《开发区涉稳重点人与重点事排查、化解、处置工作实施方案》《开发区重点信访事项包案责任表》，在重要时间节点，实施信息定人定时报送制度和重点时期信息“零报告”制度，收集辖区各类矛盾纠纷、不稳定因素情况。健全重大决策社会稳定风险评估机制，将风险评估纳入维稳目标管理责任范围，按照“扩面、提质、强效”和“应评尽评”的要求，制订评估方案，全年完成“大学城北人才专用房”“下沙街道中沙永泰商城”“大都文苑风情信号基站拆除”等重大风险评估项目9件，其中同意实施7件、暂缓实施1件、不予实施1件。

【重点地区整治】 2013年，区综治办联合区公安分局、下沙街道、白杨街道，对下沙街道中沙金座、白杨街道天天物美超市周边两个市级重点整治地区，下沙街道东沙铭城、白杨街道清雅苑小区两个区级重点整治小区进行专项整治。通过整治，治安状况明显好转，并通过市综治办年终复检。4~12月，区综治办开展“零发案”小区和“控案先进小区”创建评比活动，加强区综治办、街道、社区三级常态化检查指导，实施治安状况每月排名，发案集中部位和发案类型定期通报的举措。至年末，全区“零发案”小区25个，发案率比上年下降的小区35个。区综治办牵头组织开展夏季、冬季平安大巡防，整合辖区专职巡防队员和执法协辅力量、物业保安等群防群治队伍，加强对重点区域和部位的巡逻防控，有效预防和减少刑事、治安案件发生，以及火灾、安全事故的防控，维护社会平稳有序。

【社会管理创新】 8月，区综治办推进“网格化管理、组团式服务”工作，以服务便民为目标，重新调整网格体系。至年末，配备专业服务团队242个，平安网格拓展至155个。9月，开发区启用区级“110”社会应急联动指挥中心，完善浙江省基层社会管理综合信息平台基础信息数据，加快重大应急事件及矛盾纠纷的网上流转处置效率，进一步发挥“一网三中心”枢纽作用。深化街道、社区两级社会服务管理中心规范化建设，明确职责任务，健全运行机制，推动公共服务职能向基层延伸，加强社会服务管理平台建设。在邻里社区进行试点，平安网格细化到宿舍，建立以社区为核心、产权和承租企业为支撑，千名楼道长和网格长为触角的“1+2+X”的社区网格化管理共同体模式。创新流动人口管理方式，在白杨街道朗琴社区召开出租房管理现场会，推广以疏代堵、疏堵结合的“群租样板房”工程，从单纯阻止群租房向规范出租房秩序转变，有效遏制群租乱象。

【执法规范化建设】 6月，为进一步规范政法各部门执法行为，区党工委政法委牵头组织区法院、区检察院、区公安分局成立案件评查领导小组，开展行政执法案件评查，对于评查发现的法律文书表述不规范等问题，进行通报并督促整改落实。建立开发区政法系统执法监督联席会议制度，定期召开疑难案件专题协调会，加强部门协作配合衔接，形成监督合力。9月，组织开展预防冤假错案及司法救助工作专项检查，促进政法各部门查找问题隐患，落实整改。12月，开展联合执法检查，重点检查侦查讯问、审查起诉、审理判决等程序规范性情况。根据涉法涉诉信访“两穷尽，两到位”要求，做好涉法涉诉信访程序终结工作。

【违法建筑拆除】 2013年，区拆违办按照“三改一拆”三年行动计划，遏制阳光房及其他小区违建，抓实空地违建界定和过渡房拆违。围绕《中华人民共和国土地法》、《中华人民共和国城乡规划法》、国务院《物业管理条例》等法律、法规，加强宣传力度，悬挂宣传横幅300余条、发放告知书6000余份，在重点小区发放“防违控违”宣传手册5000余份，利用电子显示屏40余块，滚动播放拆违标语及违法建筑知识，营造依法和谐拆违氛围。全年组织违建挂牌督办集中整治行动2次，集中拆除各类违法建筑518处，累计拆除面积13.7万平方米，完成全年目标任务的4.6倍。全年累计受理各类拆违信访举报96件，其中市“12345”公开电话举报单70件、市信访局网上信访举报单17件、市督违办群众来电举报单2件、群众来电举报单7件，按时反馈率100%、办结率96%、满意率98%。

【见义勇为奖励】 11~12月，开发区白杨街道辖区部分高校、医院发生多起刑事案件，各单位保安（校卫）坚守岗位，协助公安机关破获多起抢劫、盗窃案件。为表扬先进，开发区根据杭州市《关于进一步加强见义勇为人员奖励和保障工作的若干意见》精神，对刘磊、来炳福、张勤山、杨方、孙建岑5名学校保安（校卫）的见义勇为行为，给予每人500元慰问奖励，对医院保安刘党森的见义勇为行为，给予1000元慰问奖励。

（王 梅）

·公安·

【公安概况】 2013年，杭州市公安局经济技术开发区分局（简称区公安分局）下设派出所3个（其中白杨派出所和高教园区派出所合署办公），机关科室、直属大队12个。全局有民警208人、协警314人、文职30人、户口协管员148人。

区公安分局围绕“维稳、控案、素质、安全”方针，提升维护稳定能力，妥善处置回迁安置、环境污染、市场维权等不稳定因素引发的各类社会矛盾。完成元旦、春节、元宵节等重要节日，全国“两会”、中共十八届三中全会召开等重要节点，钱江观潮、杭州市第十八届运动会射箭和自行车比赛等20余场大型活动期间的安保工作，出动安保力量5000余人次，确保社会稳定。增强治安掌控力度，开展社会治安状况常态评估，加强对警情案件控制能力，保持有效警情和常发案件下降趋势，恶性案件破案率100%。集中力量扫毒肃毒，破获涉毒案件60起，摧毁贩毒团伙1个，抓获违法犯罪嫌疑人80人，重点部位、重点区域的涉黄、涉赌违法犯罪形势明显好转。严厉打击经济领域犯罪活动，受理经济犯罪案件38起，挽回经济损失3700余万元。加强公共安全和流动人口管理，开展涉及枪支和爆炸物品、危险化学物品、公共复杂场所的专项整治，创新流动人口服务管理和群租房管理机制，提升“创安”工作水平。

区公安分局开展党的群众路线教育实践活动，强化日常纪律作风教育，征集社会各界意见建议82条，落实解决率100%。推出窗口便民利民10项服务举措，开展窗口服务和“110”接处警“理念换位、服务到位”的“双位”活动。开展治庸治懒治散治奢“效能亮剑”专项行动、窗口行业道德领域突出问题专项教育和治理活动、纪律作风警示教育活动等。制定《全警绩效考核办法》，从队伍建设、业务工作、执法质量等量化指标考核各部门单位及中层干部，细化民警排名考核，激发全警活力。推行民警代表议事制度，研究解决民警反映的突出问题，形成长效机制。

区公安分局在2013年度开发区满意不满意单位评选中，位列全区行政（执法）管理职能序列单位第1名，连续4年被评为开发区“人民满意单位”。选送的《社区入户访查警务机制创新》案例获浙江省公安厅2012年度基层技术革新三等奖。

【恶性案件和侵财犯罪打击】 2013年，区公安分局深化合成作战，夯实刑侦基础，加大对恶性案件和盗窃、抢劫、抢夺、诈骗、敲诈勒索等侵财犯罪案件的打击力度。全年命案发案3起、破案3起；移送起诉犯罪嫌疑人354人，比上年（指2012年，下同）上升5%，其中侵财案件移送起诉170人，占总量48%，移送起诉判刑3年以上犯罪嫌疑人28人。区公安分局刑事前科打击处理率和侵财犯罪打击处理率列杭州市第1位。

【经济犯罪打击】 2013年，区公安分局开展“打击侵犯知识产权和打击假冒伪劣犯罪”专项行动。5~10月，开展“打击整治发票犯罪”专项行动，提高大案要案攻坚力度，形成对经济犯罪的快速打击、快速破案、快速追赃的严打高压态势。全年受理经济犯罪案件38起，立案37起，涉案总价值6900余万元；破案31起，挽回经济损失3700余万元；抓获犯罪嫌疑人46人，其中侦破涉案金额4000余万元的合同诈骗案和杭州本地知名品牌制假售假案。

【涉黄、涉赌、涉毒犯罪打击】 区公安分局开展打击“涉黄、涉赌违法犯罪”“夏秋社会治安百日专项整治”“扫毒害保平安”“肃毒害创平安”“打四黑除四害”等系列专项行动。发挥治安特侦组作用，集中警力打掉涉黄涉赌团伙7个，移送起诉52人。集中力量扫毒肃毒，破获涉毒案件60起，摧毁贩毒团伙1个，抓获违法犯罪嫌疑人80人，抓获贩毒嫌疑人13人，查获吸毒人员67人。全年查获并移送起诉“四黑四害”（“四黑”指黑作坊、黑工厂、黑市场、黑窝点；“四害”指严重危害人民群众生命健康、严重危害青少年身心健康、严重危害百姓财产安全、严重危害公共安全和社会诚信）犯罪分子8人。

【群体性事件化解】 2013年，区公安分局坚持“源头化解在当地、握手言和在当天”原则，通过学习“枫桥经验”，借助街道、社区力量，引入警民联调方式，将小矛盾、小纠纷解决在萌芽状态。对群体性事件和突发事件的组织者、煽动者、参与者，采取事发前民警上门劝解、发动亲属劝导、法制教育引导等方式，取得良好效果。全年劝解易引发群体性事件的重点人员10余人，调解处理红星美凯龙市场、房产楼盘业主群体维权、社区回迁矛盾等各类矛盾纠纷100余起。

【“110”社会联动机制建立】 9月，区公安分局为推进全区“110”社会应急联动机制建设，组建成立“110”社会应急联动指挥中心，形成由开发区应急办统一指挥协调、全区25个应急联动单位24小时联网联动的整体构架。各联动单位明确分管领导、值守联络员和工作职责，每月召开应急联动工作例会，通报运行总体情况、指令签收情况和工作反馈情况，梳理典型案例，提出工作建议，完善工作制度。该机制运行以来，“110”社会应急联动平台下派警情196条、签收182条、签收率92.9%；反馈174条、反馈率88.8%；办结118条、办结率60.2%。

【专业队伍建设】 10月28日，区公安分局组建成立开发区治安防控机动队（PTU）。治安防控机动队是一支快速机动、处突防暴的专业队伍，主要承担开发区内的机动巡逻、维稳处突、信息收集、打击犯罪、服务群众5项主要职责，实行24小时巡逻防控。队伍有民警5人、协警8人，并配备PTU专用改装车辆、专业设备和装备。全年快速出动162次，主动化解警情34起，现行抓获嫌疑人8人。区公安分局专业处突防暴队于2009年4月建立，由3支小分队、27名队员组成。处突防暴队以“平战结合”为原则，加强对群体性事件的综合处置演练，强化突发事件指挥调度、攻防配合的战术训练，全年参与处置开发区各类突发事件33起。

10月28日，区公安分局组建成立开发区治安防控机动队（PTU）
（郑体兵 摄）

【公安行政审批制度改革】 区公安分局按照“全面、准确、无遗漏、无差错”原则，清理行政审批项目，取消和下放公安行政许可事项3项，保留出入境证照办理、户口审批、剧毒化学品购买凭证行政审批、易制毒化学品备案审批、旅馆业审批、刻章审批等8项行政审批项目。梳理细化行政审批窗口制度，简化审批环节，规范审批流程，推进网上办事大厅建设，开展“假如我是申请人”换位思考教育，制定便民措施11条。全年区公安分局行政服务窗口累计受理中国公民出国境1.67万人次，中国台湾居民办理台胞证256人次，办理户口迁移证913份、临时身份证2757张，办理边境证97张，刻章备案2016份，未收到群众投诉事项。

【社会治安防控体系建设】 6月1日，区公安分局出台《2013年开发区推进社会治安防控体系建设的意见》，制定项目化推进表，推动派出所勤务机制改革，划分防范区域11个，制定巡逻段23个，增配警用电瓶车48辆，整合防区民警8人；落实“一图三表”（网格防控示意图，派出所昨日警情通报表、派出所每日防控勤务安排表、派出所绩效考核表）使用，确保点评例会制度、勤务报备制度等11项制度顺利运转；依托防控体系建设防区巡段设置、警情案件分析研判、机关民警夜间巡防和“110”联动机制，形成常规路线常规巡、重点部位重点巡、重要区域亮灯巡、视频区域空中巡、单位内部自主巡的立体化巡控模式。

【流动人口和群租房管理】 区公安分局加强流动人口和群租房管理，防止和减少治安案件发生。流动人口管理以《杭州市流动人口服务管理条例》实施为契机，通过日常入户访查、定期集中清查、群租房管理整治、智能门禁系统推广等措施，采集更新流动人口信息，全年新增登记流动人口23.3万人，更正错误信息3.9万条，注销1759人，有效提高流动人口信息登记率、及时率、准确率、办证率。开发区群租房管理突出管理与服务并重，开发“入户查访”系统，摸清全区群租户总数和租住外来人口底数。在封闭式居民小区推广建设智能门禁系统，在部分小区设置群租规范管理“样板房”，实现群租房管理集中化、有序化和规范化。全年新登记出租私房4099间，群租房入室盗窃案比上年下降28%，其中多蓝水岸小区入室盗窃案下降50%。

【校园安全防范】 区公安分局加强校园安全防范，提升校园内部安防。开展法制副校长上法制教育课，对学校重点区域和部位进行针对性检查，消除安全隐患，对校园物防、技防设施进行测试。建立下沙高教园区侵财案件发案和稳定状况评估机制，强化分析预警、督促控案防范。开展校园周边治安整治，排查出租房屋1000余家，检查旅馆、网吧场所及沿街店面250余家。

【执法质量监管机制】 2013年，区公安分局开展取保候审专项督察行动，制定《取保候审案件办理规定》，实现取保候审案件全流程法律指引“一本通”，搭建取保候审管理平台并开通短信提醒功能，实现案件底数清、流程明。加强执法规范化建设，实施《开发区公安分局执法规范化建设测评体系》，规范执法流程环节，强化对执法过程监督管理，建立执法办案初审责任制和“日日评、周周清、月月查”的案卷审查制度，定期开展执法检查，监管案件质量源头，明确案件整改流程，实现层层要负责、层层有期限、层层抓落实的逐级责任制。区公安分局被省公安厅评为2013年度全省优秀执法单位。

【社区警务效能提升】 2013年，区公安分局制定社区民警日常工作规范，按照“做什么、怎么做、做得如何”要求，量化社区民警工作内容。做好社区基础台账，整合社区基础台账为“一本通”，建立社区工作质量控制平台。加强示范警务室建设，将20个社区警务室接入公安网，以白杨街道多蓝水岸社区亲民警务室为标准，推进警务室硬件建设，全年新增市级示范警务室2个。推进社区民警入户查访机制，实现信息采集多元化、管控工作可视化、民警入户查访有效化和社区发案预警实战化，提高社区民警工作效率和群众见警率，全年累计入户访查6195 户，采集标准地址3万余条。

【电信诈骗防范】 3～5月，区公安分局指导银行等金融单位开展防控电信诈骗专项行动，要求金融机构凡对转账可疑账户的客户，落实“为什么要转账，是否认识对方，对方是否是电信、邮局、财政、公安、检察、法院的工作人员，是否知道有转账诈骗”的“四必问”制度。区公安分局加强对使用ATM自助机的防控电信诈骗宣传，提升所属人员发现可疑转账现象的能力，制定阻止银行转账诈骗案件的奖励制度，最大限度避免群众造成损失。

【赴交警大队跟班学习】 11月25日至12月6日，区公安分局分批组织区公安系统勤务指挥人员到下沙交警大队、白杨中队跟班学习，参加的人员有区公安分局指挥中心、治安大队、PTU机动防控队及各派出所承担勤务指挥的领导、民警、辅警共计40人。学员分别到下沙交警大队指挥室集中学习，到白杨中队数字勤务室各岗位轮班学习，以集中学习、座谈交流、跟班观摩等形式，学习可视化与扁平化勤务指挥调度，早晚高峰路面应急突发情况快速反应处置，对讲机无线通讯分级分频管理和使用，视频监控操作流程及监控巡查抓拍、人机互动技巧等，学员均顺利完成学习任务。

【民警能力素质建设】 区公安分局坚持“实战、实用、实效”的原则，抓好晋升培训、实战训练和能手培育。建立常态学习机制，开展青年民警“一案一事一议一训”学习讨论活动，利用具体事例进行交流讨论；开展小班化集中封闭培训，分3个批次对133名民警进行分岗位集训练兵，将达标结果和考评情况与个人奖惩、单位绩效、领导责任进行挂钩；开展微课程教学，制作选送的3个微课程被杭州市公安局评为精品课程、优秀课程；进行岗位能手培育，建立民警交流培训制度，解决实际执法难点，降低执法风险；延续优师带徒，突出骨干民警的传、帮、带、育作用，强化新警历练，促进军转干部转型，提高全警能力素质。

【公安考察与交流互动】 3月6日，宁波市公安局高新区分局考察团一行7人到区公安分局考察交流流动人口管理工作。双方就流动人口公寓化管理方法、制度和工作中多发的矛盾纠纷及防范措施等问题进行座谈交流。4月15日，云南省曲靖市公安局开发区分局筹备组考察团一行4人到区公安分局考察交流管理体制、运行机制情况。4月26日，河北省怀来县公安局考察团一行12人到区公安分局考察交流警务信息化工作。8月2日，贵州省贵安新区公安局考察团一行4人到区公安分局考察交流。双方就加强和创新高教园区高校安全管理工作进行座谈。11月7日，宁夏回族自治区银川市公安局宁东分局考察团一行4人到区公安分局考察交流，双方就社会治安防控、警企联勤联动、群防群治工作进行座谈。

【出入境管理法及新签证政策宣讲会】 7月18日，杭州市重点涉外单位新出入境管理法及新签证政策宣讲会在开发区举行。会议介绍《中华人民共和国出境入境管理法》实施的背景、立法目的、新旧法的重大变化，并就各涉外单位、外籍人员如何适应新政策变化做好签证和居留证件签发、延期、换发、补发等工作进行解读。韩国驻上海领事馆领事金永基携韩国在杭州企业代表20余人，松下电器（中国）有限公司、东芝信息机械杭州有限公司、泰尔茂医疗产品（杭州）有限公司、杭州矢崎配件有限公司、博世包装技术（杭州）有限公司等在杭州大型企业的外籍人员及重点外企的外管联络员参加会议。

【吴某、陈某品牌服装售假案】 2012年12月，开发区工商部门向区公安分局移送一起价值100余万元的假冒杭州某知名服装品牌案。区公安分局专案组经调查后采取行动，在位于下沙街道东海柠檬郡和智格新怡家园两个涉嫌销售假冒该品牌女装的非法窝点，现场查获70种款式3100余件假货，货值超过300万元，抓获该案犯罪嫌疑人吴某、陈某。通过破获该起案件，发起杭州市第1个本土品牌服装全国集群战役，打掉涉及重庆、广东、江苏、湖北等地的售假团伙，各涉案地公安机关抓获犯罪嫌疑人10余人，查获假冒该品牌服装价值1000余万元。

【朱某、刘某合同诈骗案】 2012年12月24日，区公安分局接事主董某报警，称2004年9月至2007年5月期间，朱某虚构事实与其签订转让济南之江商城商铺和转让杭州经济技术开发区、山东济南土地的合同，共被骗1050万元。经区公安分局立案侦查，查明朱某，男，50岁，浙江省桐乡市人。2003年以来，朱某伙同刘某伪造部队文件、虚构事实，以转让商铺、土地为名与多名受害人签订合同，骗取2802.5万元，所得款项用于其个人经营活动及挥霍。2014年1月22日，犯罪嫌疑人朱某、刘某被依法移送起诉。（宋一鸣）

·检察·

【检察概况】 2013年，杭州经济技术开发区人民检察院（简称区检察院）内设机构6个，全院政法编制23人、事业编制1人，本科以上学历22人，其中研究生学历及硕士学位6人。具备检察官资格18人，占总人数的75%。区检察院围绕开发区加快打造“国际先进制造业基地、新世纪大学科技城、花园式生态型杭州副城”的战略目标，区检察院践行“强化法律监督、维护公平正义”主题，发挥检察职能，为开发区经济社会健康发展提供有力司法保障。

区检察院坚持培养竞赛技能与实务能力并重的检察业务人才，着力提升检察队伍的履职能力和社会管理创新能力。全年区检察院获得市级以上荣誉2人，其中俞瑾获得“全国侦查监督业务标兵”和“杭州市第一届优秀女检察官”称号，沈爱国获得杭州市首届“检察机关优秀接访员”称号。缪慧琴参与撰写的《虚假诉讼刑法规制的现实困境与立法构想》在《人民检察》杂志上发表，并获得2013年度浙江省检察机关知名期刊优秀成果奖。宗昊渊的摄影作品《工地奏鸣曲》在浙江省检察摄影协会举办的“聚焦真善美、展示检察风采”主题摄影比赛中获得优秀奖。区检察院被评为开发区2013年度文明单位。

【刑事检察】 2013年，区检察院受理提请审查逮捕案件215起、294人，批准逮捕230人；受理移送审查起诉案件266起、388人，提起公诉204起、275人；受理各类控告、申诉、举报线索8件，调解处理轻伤害引起的信访事件1件。

依法打击侵犯知识产权、危害企业生产经营、侵害企业利益的犯罪行为，维护公平有序的市场经济秩序。坚持涉企案件谨慎办理原则，建立绿色办案通道，慎用强制措施，在法律范围内最大限度地保护企业生存和生产经营。全年受理审查起诉涉企犯罪案件14起、24人，其中职务侵占案7起、11人，盗窃案6起、9人，非国家工作人员受贿案1起、1人，虚开增值税专用发票、用于骗取出口退税、抵扣税款发票案1起、3人，侵犯知识产权犯罪案件2起、4人。

【职务犯罪预防】 区检察院坚持“标本兼治、综合治理、惩防并举、注重预防”方针，以开发区工程建设、涉农惠民等重点领域为点，以“五进活动”（进机关、进企业、进乡村、进学校、进社区）为面，构建职务犯罪预防网络。全年累计受理行贿犯罪档案查询71批次，走访辖区内高校14所、重点企业20个、机关单位10个。区检察院与下沙街道建立职务犯罪预防共建机制，深化基层组织职务犯罪预防。围绕开发区两起行政执法人员受贿案件，与案发单位联合召开预防职务犯罪案例剖析座谈会。围绕重点工程项目，与区城市建设发展中心开展重大项目建设关键部位和环节的预防性监督，推动重大项目建设健康规范进行。拓展预防宣传舆论阵地，在街道、社区开辟警示教育宣传栏，结合热点案例，制作预防职务犯罪宣传展板巡回展览，定期展播全国检察机关优秀廉政短片，与开发区纪工委联合制作以预防职务犯罪为主题的廉政漫画电脑屏保，引导党员干部树立廉洁自律意识，筑牢拒腐防变思想防线。

【诉讼监督】 2013年，区检察院依法监督公安机关应当立案而未立案1起、1人，决定追加逮捕2起、3人，监督撤案2起、2人。因证据不足不批准逮捕47人，不起诉4人。不应当追究刑事责任不批准逮捕2人，不起诉2人。依法发出纠正违法通知书1份。建立对不捕案件的后续跟踪监督制度，累计收到侦查机关不捕案件处理情况反馈27件、35人，督促侦查机关移送审查起诉3人。履行刑事审判监督职责，对1起法律适用错误的受贿案件，提起抗诉并获二审改判，有效维护法律权威。开展刑罚执行监督，检查辖区32名社区矫正人员的执行情况，依法提出纠正意见，防止脱管、漏管等问题发生。

【特殊群体保护】 区检察院通过确定专人办案、强化社会调查和羁押必要性审查、选任合适成年人参与诉讼、案后长效帮教等手段，建立未成年人犯罪

6月24~28日，区检察院开展“举报宣传周”活动（王 晟 供稿）

全国侦查监督业务标兵俞瑾　　　　（王　晟　供稿）

案件专项办理机制，为涉罪未成年人提供全方位的法律保障和人文关怀。对在校大学生坚持“教育、帮扶、挽救”原则，整合区公安机关、高教办、高校力量，探索建立在校大学生犯罪帮教工作机制和犯罪预防机制，全年累计受理移送审查起诉在校大学生犯罪案件11起、30人，审结 9起、23人，其中相对不起诉20人，占审结人数的87%。

【外来人员平等保护】 针对外来人员犯罪高发势头，区检察院拓宽涉嫌轻罪外来人员平等适用取保候审等非羁押性强制措施的渠道。区检察院在办案过程中，认真审查证实犯罪嫌疑人犯罪事实的证据，注重收集和审查犯罪嫌疑人逮捕必要性的材料，包括家庭情况、居住状况、务工情况等，对于在开发区有相对固定职业的亲友、同事、雇主，以及所在企业、社区负责人愿意为犯罪嫌疑人承担保证责任的，尽量考虑采取取保候审强制措施。至年末，区检察院做出无社会危险性或符合监视居住条件不予批准逮捕决定20人，其中外来人员17人。

【监督意识强化】 2013年，区检察院联系辖区内省、市、区人大代表和政协委员72人，赠阅《检察日报》报纸、书面报告检察工作，征集意见建议12条。推行阳光检务，发挥检察官网、微博、移动e管家等新媒体优势，通报检察工作动态，发表宣传稿件24篇，官网发布各类检察信息和院情动态42条。落实举报宣传周、检察长接待日制度，受理举报线索8件，移送区检察院反贪局7件，移送公安机关1件。开展党的群众路线教育实践活动，“让检察走进群众、让群众了解检察”主题实践活动，“贯彻总书记习近平批示精神、坚守防止冤假错案底线”学习讨论活动等，强化内部执法监督，引导干警牢固树立司法为民的执法理念，增强干警廉洁意识、公仆意识和党性观念。

【全国侦查监督业务标兵俞瑾】 11月24日，区检察院侦查监督科干警俞瑾在第三届全国检察机关侦查监督业务竞赛中获“全国侦查监督业务标兵”称号，成为杭州市首位获得该荣誉的检察官，也是竞赛中浙江省唯一一名获得该荣誉的检察官。俞瑾在办理未成年人、大学生等特殊群体犯罪案件过程中，注重执法办案的法律效果、政治效果和社会效果的有机统一，以教育、帮扶、挽救为原则，悉心开展案后帮教工作，通过量身定做特色帮教方案、实时沟通进行心理疏导、定期回访了解思想动态等方式，引导涉案学生树立正确的人生观和价值观。经俞瑾帮教的失足学生均顺利完成学业，无一人再涉足犯罪。2013年，俞瑾被评为杭州市优秀女检察官，并被杭州市人民检察院记三等功一次、浙江省人民检察院记二等功一次。

（王　晟）

·法院·

【法院概况】 2013年，杭州经济技术开发区人民法院（简称区法院）认真履行宪法和法律赋予的职责，切实加强法院自身建设，全面推进审判执行工作，为打造富裕富有、魅力彰显的和谐开发区提供坚强有力的司法保障。至年末，区法院受理各类案件2364起，办结2129起。上诉案件平均移送天数14.65天，民事调解案件自动履行率86.23%，二审改判发回瑕疵率5.1% ，一线法官人均结案355起，排名均居全市前列。

【区法院人事任免】 2月1日，经杭州市第十二届人大常委会第七次会议审议通过，任命刘波为杭州经济技术开发区人民法院院长、审判委员会委员、审判员。5月14日，经院党组会议决定，任命杨介现为杭州经济技术开发区人民法院办公室副主任，杨森豪为杭州经济技术开发区人民法院司法警察大队副大队长。6月26日，经杭州市第十二届人大常委会第十次会议审议通过，任命李亚军为杭州经济技术开发区人民法院立案庭副庭长，邱洁健为杭州经济技术开发区人民法院民商事审判庭副庭长，李启明为杭州经济技术开发区人民法院行政审判庭副庭长，张清华为杭州经济技术开发区人民法院执行庭副庭长。

【刑事审判】 区法院坚持打击与预防犯罪并重，全年受理刑事案件228起、314人，审结216起、284人，其中被判处5年以上有期徒刑16人，缓刑、管制等监外刑33人。依法严惩杀人、绑架、抢劫、拐卖妇女等严重危害公民生命财产安全案件14起、21人。严厉打击敲诈勒索、聚众斗殴、寻衅滋事等涉恶案件10起、18人，加大对“黄、赌、毒”案件的打击力度，共审结贩卖毒品、组织卖淫等案件13起、38人。

【民商事审判】 2013年，区法院受理民商事案件1742起，审结案件1611起，调解撤诉905起，调撤率56.18 %，成功调解商品房销售合同纠纷196起，西门子（杭州）高压开关有限公司劳动争议系列案件等。区法院加强与区综治办、区人劳局、上级法院的沟通协作，完善办案衔接机制，妥善处理敏感案件，裁判涉省军区市场系列案件116起，全年无涉法涉诉上访现象发生，保障了开发区和谐稳定。

【审判执行】 区法院执行局坚持“民生优先”和“强制在先”的理念，抓好执行工作。全年新收执行案件380起，执结288起，执行到位标的金额9746万余元。其中，受杭州市中级人民法院指定执行的浙江华虹光电集团有限公司案件，涉案标的2.8亿元，主要涉及金融机构的金融债权，以及企业留守员工工资，覆盖范围广、社会影响大。通过司法拍卖网络平台，区法院执行局对浙江华虹光电集团有限公司土地使用权、房屋、机器进行整体拍卖，以6700万元网拍成功，溢价率15.52%，为当事人节省费用100万元。全年申请保全案件149起，已保全案件141起，保全标的金额1.3亿元。

10月22日，浙江省高级人民法院院长齐奇（中）一行调研区法院
（陈 晔 供稿）

【审判管理】 3月，区法院开展第一次全院案件质量评查，对428起归档报结案件的程序、实体、法律文书进行交叉评查，针对发现的问题整理评查报告，组织全体法官和书记员讲评和整改。12月，对区法院建院开始至2013年9月22日归档报结案件中，材料不齐全的337件案卷逐一翻阅核查，制定《开发区人民法院归档报结流程规定》，对归档报结进行全程监控，完善案件归档报结程序。区法院完善案件流程管理规定，完善案件评查通报机制。

【人民陪审员选任】 5月31日，杭州市江干区第十四届人民代表大会常务委员会第九次会议审议通过，任命朱志俊等17人为杭州经济技术开发区人民法院人民陪审员。区法院拟订《人民陪审员管理细则》，组织岗前培训，为各陪审员征订《人民法院报》《陪审员工作手册》专业书籍。8月，区法院召开人民陪审员座谈会，讨论和交流如何改进和提升人民陪审员工作。全年陪审员参与陪审案件360起、665人次，普通程序案件参审率93.19%。

【法院干警队伍建设】 区法院坚持从严治院，始终把廉政建设作为队伍建设的重要内容。全年建立和完善《院长接待制度》《工作人员考勤及请销假管理规定》《探视慰问工作规定》《加班管理制度（暂

开发区法院执行局为农民工发放拖欠工资　（陈　晖　供稿）

行）》《工作人员着装管理规定（暂行）》《集体宿舍管理办法（试行）》《车辆管理规定》等11项党风廉政建设管理制度，为反腐倡廉提供制度保障。组织院领导班子及干警50余人次参加廉政教育讲座活动，开展廉政征文和“廉政手机报”活动，收集廉政征文5篇，发布廉政手机报文章3篇。7月，开展党的群众路线教育实践活动，组织开展党组理论学习、党团活动等学习会23次。开展“贯彻群众路线、坚持司法为民”专题讨论，组织党员干警对院领导班子、领导干部的作风建设情况进行民主评议，收集意见和建议8条；召开人民陪审员座谈会，征求陪审员工作意见建议4条；召开主题民主生活会，在“四风”方面查摆4个方面的13个突出问题，班子成员间提出相互批评意见25条。

【法律监督】 2013年，区法院邀请市、区两级人大代表视察法院工作22人次，主动将工作置于人大常委会的法律监督之下，增加工作透明度。区法院贯彻浙江省人大常委会《关于加强检察机关法律监督工作的决定》，邀请检察长列席审判委员会讨论案件2次。拓展司法公开广度和深度，通过法院网站，以网上公告、网上诉讼服务、网上公开裁判文书和公开执行程序等形式，将审执活动和司法政务信息最大限度地置于社会各界的监督之下，做到以公开促公正、以公正求公信，提升司法公信力。

【公检法联席会议】 5月6日，区法院牵头组织召开开发区刑事工作第一次公检法联席会议。区公安分局、区检察院、区法院主要领导，以及公、检、法各分管领导及相关科室负责人20余人参加会议。会议主要就自开发区法院、检察院成立以来的刑事工作，以及新《中华人民共和国刑事诉讼法》实施过程中的实务问题进行交流和探讨，重点从节省诉讼资源、提高诉讼效率角度探讨如何集中移送和审理，就侦查、审查起诉和审判3个环节如何加强协作衔接等问题进行沟通和协商。该会议的召开为建立互相制约、协作配合的“三长”联席会议长效机制，确保公、检、法办案质量和效率奠定基础。

（陈　晖）

·司法·

【司法概况】 杭州经济技术开发区（杭州出口加工区）管委会司法局（简称区司法局）为开发区管委会主管司法行政工作的工作机构。区司法局与开发区党工委政法委、区综治办（挂开发区维稳办牌子）合署办公。2013年，区司法局围绕中心，推进普法教育、社区矫正、人民调解等司法行政工作，取得良好成效。全年开展“三改一拆”、未成年人权益保护等专项普法宣传6次，发放挂图、手册、光盘等宣传品2万份，在《浙江法制报》《钱江晚报》《今日下沙》等媒体刊登宣传报道文章5篇，为居民提供常态化法律咨询服务641次。区司法局组织开展人民调解员、社区“和事佬”队伍专项培训，详细解读《中华人民共和国人民调解法》，协同开发区人民法院做好“诉前调解对接中心”建设以及专职调解员招录工作。

【普法教育开展】 2013年，区司法局制定《开发区2013年普法教育依法治区工作要点》，明确节假日、纪念日、主题日法制宣传教育活动内容。区司法局拓展普法宣传载体，推进“法律六进”活动，全年开展送法进社区6次，送法进企业3次。全年开展专项法律咨询活动4次，其中联合中国计量学院法律诊所在下沙街道智格社区开展“社区弱势群体法律困惑专场答疑”；联合浙江财经大学法学院在下沙街道新沙社区开展《中华人民共和国老年人权益保护法》《中华人民共和国未成年人保护法》专项法律咨询；联合浙江工商大学开展“法律进校园”游园会、“法律进未成年人管教所”、“模拟法庭进中学”等特色法律宣传活动；配合下沙、白杨司法所在下沙街道智格社区、白杨街道大北社区开展“三改一拆”专项普法宣传活动。协调、指导、壮大普法讲师团、法制副校长、法律志愿者等队伍，开展社区矫正专项业务培训。加强机关工作人员法律学习，开展“公务员学法日”活动，组织网上学法考试和机关干部法律素养测评活动，开展中共十八大法律知识竞赛。开展“六五”普法检查督导，通报检查督导情况，敦促整改落实。

5月，区司法局开展社区选举法律宣传活动　　（王　梅　供稿）

【“律师进社区”推进】 2013年，区司法局结合“平安网格”创建活动，开展“律师行动在网格”专项行动。结合社区特点，开展婚姻家庭、劳资纠纷、合同纠纷等问题的法律援助咨询服务。召开专门法律讲座，现场解答居民咨询，出具社区安全隐患报告。充实人民调解力量，将社区律师充实到街道、社区人民调解委员会、“和事佬”协会、“下沙老大哥”等人民调解队伍中，帮助解决小区业委会选举、物业交接等问题。全年29名社区律师值班1010人次，提供法律咨询641次，集中开展法律宣传活动12次，召开各种座谈会9次，参与调处矛盾纠纷180余起，调处成功率98.9%，起草各类法律文书35件。

【高教园区法律宣传服务中心建设】 3月，区司法局制订《下沙高教园区法律宣传服务中心运行实施方案》，突出下沙高教园区亮点，努力打造品牌化服务。全年下沙高教园区法律宣传服务中心为小区居民、外来务工人员提供常态化法律咨询和服务37次，受理和处理各类矛盾纠纷案件32起，发放普法宣传读本500余册。组织开展“社区选举正当时、法律宣传优先行”、“12·4”漫画大赛、“老年人和未成年人权益保护”等6场普法宣传活动，实现法律专业人员值班常态化和法律宣传活动特色化有机结合。

【社区司法矫正加强】 2013年，区司法局运用杭州市社区矫正信息系统，规范登记矫正对象信息，全面掌握矫正对象基本情况，制定“一人一案”（矫正方案），建立社区矫正人员或归正人员的帮教工作站29个，实施精细化管理。6月，为社区矫正人员每人配备一部手机，开通手机定位系统，启用指纹和IC卡管理系统，加强社区矫正人员的实时监控和日常管理。督促社区矫正专管员做到“六个必须”，即矫正工作初期必须与矫正对象见一次面，必须进行一次谈话，必须建立一份档案，必须接受手机定位、矫正对象思想波动时必须过问，矫正对象本人及家庭出现困难时必须在政策范围内帮困解难。建立社区矫正工作例会、请示报告、教育培训和责任追究等制度，开展自查、互查、巡查等执法检查活动。全区累计接收社区矫正审前社会调查函42份，其中不符合条件予以退回7份。接受社区矫正人员66人，其中新接收35人、往年结转31人。解除矫正人员32人，其中到期解除26人、变更居住地6人。至年末，全区共有在册社区矫正人员34人，其中缓刑28人、假释6人。全年社区矫正人员重新犯罪“零发生”，无脱漏管现象。

（王　梅）

教育

·教育综述·

【教育事业全面发展】 2013年，开发区推进教育优先发展，加快教育资源保障，研究制定教育现代化系列文件，推动出台开发区教育设施布局规划，改革教师招聘方式，首次开展中级职称评定，提升学前教育品质及构建终身教育体系，教育事业取得全面均衡发展。组织开展“义务教育均衡区”创建，完成材料申报、省市预查与满意度调查。启动教育现代化创建，开展教育品质化提升调研，完成“教育现代化区”创建、民办学校管理扶持、教育人才引进、教育人才培养等课题研究和政策制定等工作。加强公办幼儿园等级创建，开展民办幼儿园评级活动，4所公办幼儿园通过市甲级园评定，6所公办幼儿园通过省二级幼儿园评定；4所民办幼儿园为准办幼儿园，2所民办幼儿园升为省三级幼儿园；10所幼儿园通过市标准化建设达标评定。加强义务教育创强，文海教育集团成为杭州市名校集团先进单位，学正小学被评为市级绿色学校，下沙第二小学通过省标准化学校验收。加强干部培训，根据《开发区中小学校长管理办法》，开发区社会发展局（简称区社发局）选拔任用1名正校级领导和6名副校级领导，通过公开选拔和选调引进优秀校长3人。调任2名学前教育骨干教师为新开办幼儿园筹建人。加强文化扫盲工作，3月成立开发区社区学院。与杭州师范大学合作举办学校后备干部培训班，全区35名校级后备干部参加培训，通过集中培训、网络学习、挂职实训等方式，进行培养提高。

【教育统筹加强】 2013年，区社发局出台《开发区中小学工作年度考核方案》，实施学校年度工作考核制度，提升开发区学校办学水平。制定《开发区教育系统绩效性奖励工资实施办法》，激发教师队伍活力。推进岗位设置，深化聘用制度，推进教育事业单位岗位设置。完善开发区教师职称评定工作组织与机制，组建成立开发区首届教育系列中级专业技术职务评审委员会，首次开展中级职称评定。实施公办幼儿园绩效工资改革，完成在编教师绩效工作清算，增加中小学教师考核奖金额，提高非编教师工资待遇。

【教研水平提高】 开发区设立教育培训平台，实现教师培训工作行政管理功能，全年自主研发培训项目19个，开设班级24个。组织教师完成浙江省培训平台

表23

2013年开发区中小学、幼儿园基本情况

项目	幼儿园	小学	初中	一贯制学校
中小学、幼儿园数（所）	30	7	2	4
教学班数（个）	289	300	103	—
在校生数（人）	8 110	12 737	3 925	—
教职工数（人）	1 033	687	340	—
其中专任教师（园长）	563	665	312	—

说明：开发区一贯制学校为贯穿小学与中学教育的一体化学校（九年制），其教学班、在校生、教职工数据已列入表格，未作单列

表24 杭州市第十届国家基础教育课程改革课题（教师小课题）开发区研究成果获奖情况

课题名称	所在学校	作 者	奖 项
小学低段概念教学中相异构想解决策略的课例研究	杭州市下沙第一小学	钱 怡	一等奖
小学数学模块式学案的设计与实施研究	开发区学正小学	陈利安	二等奖
小学低段学生计算品质培养策略的实践研究	杭州市文海实验学校	周 虹	三等奖
低段童话特殊性的语言解读与教学策略研究	开发区景苑小学	张育花 汪世英	三等奖
运用图形谱培养低段学生音准能力的策略研究	开发区景苑小学	何雅菲	三等奖

选课，参加培训率100%。建设教研共同体，聘任15名学科兼职教研员，开展日常研究培训及学科建设。与杭州师范大学合作，建立导师学员机制，该校4名导师招收开发区中小学30名优秀教师，推进教师成长。班主任技能水平提高，1名教师获浙江省班主任基本功大赛一等奖，3名教师获杭州市优质课评比一等奖，4名教师获杭州市班主任基本功、德育导师大赛一等奖，11名教师获“杭州市教坛新秀”称号。加强教育科研，以课题研究和学科课题教学为基础，拓展教研空间，提高课堂教学质量，教研成果喜人。2项省规划课题立项，20项课题在市各类课题中立项；杭州市第十届国家基础教育课程改革研究成果评比中，5项成果获奖；第七届杭州市教师教育科研优秀成果评比中，3项成果获奖；杭州市第二十五届中小学、幼儿园教学专题研究论文评选中，16篇论文获奖。

【教育资源保障】 2013年，开发区建成投用小学1所、幼儿园2所，新增教育用地面积3.6万平方米，增加中小学、幼儿园班级95个。新开工大学城北幼儿园、学正中学等校舍项目9个。启动学校整修，投入110万元用于保障校舍安全。加强教育教学保障，投资367.2万元完成540台笔记本电脑配置和更换。加强师资队伍保障，完成139名在编教师、65名非编教师招聘。创新教师招聘模式，通过直考方式招聘优秀毕业生。成立开发区教师进修学校（增挂在开发区社发局教研室），为提升教师教学、研究水平创造必要条件。

【“阳光招生”推进】 2013年，开发区依托市教育局进城务工人员随迁子女网络预登记系统，首次开展进城务工人员子女网络预登记工作，通过报纸、网络、学校、社区等宣传招生政策。开通学校机房，学校派专人指导网络报名流程，为进城务工人员提供贴心服务。针对进城务工人员大量涌入开发区的实情，通过扩大民工子弟学校办学规模、增加公办学校班额和新建学校3种途径，解决1800余名进城务工人员子女入学问题。通过“阳光招生”政策，全年开发区小学一年级招收学生2736人。

【教育设施布局规划】 8月，修编完善后的《开发区教育设施布局专项规划》经开发区规划领导小组会议讨论通过。该规划对开发区学校建设进行布点，明确2013～2020年，开发区要建成投入中小学18所、幼儿园23所，全区公办中小学将增至25所，公办幼儿园增至31所。规划突破原开发区单元控制性详细规划盲点，明确文海教育服务区内新增小学2所。规划对教师进修学校、社区学院、青少年活动中心、教育装备中心等按照功能和性质进行选址，构建开发区从“学前教育”到“社会教育”的终身教育体系。

【教育“1+3”政策研究】 10月，开发区教育现代化“1+3”政策经开发区管委会主任办公会议讨论通过。教育现代化“1+3”政策即“1个总领文件+3个子

9月，开发区江湾小学建成投用 （尹若亭 供稿）

表25　**杭州市第二十五届中小学、幼儿园教学专题研究论文评选结果开发区获奖情况**

课题名称	所在学校	作者	项目	奖项
让学生的思维在"问题"中旅行——基于学生思维培养的初中科学"问题设计"的优化策略	杭州市文海实验学校	程建平	中学科学	一等奖
专题式习作评改课的实践研究	杭州市下沙第一小学	汪　海 金茶娟	小学语文	一等奖
材料支架：让幼儿拿起书自己阅读	开发区清雅苑幼儿园	陈　燕	幼儿教育	一等奖
一图在手，写作无忧——谈思维导图在初中英语话题写作教学中的应用	杭州市文海实验学校	方睿华	中学英语	二等奖
初中科学教学长时程实验的改进策略研究	杭州市文海实验学校	乔明礼	中学科学	二等奖
精彩从写好一句开始——基于教材和图画，指导低段学困生写话的策略研究	杭州市下沙第一小学	沈芬娟	小学语文	二等奖
轻步缓行 深思细品——基于"慢教学"理论的小学品德课堂教学实践研究	杭州市下沙第一小学	魏青芳	小学品德	二等奖
化独立为整体化静态为动态——关于"全园联动式"角色游戏环境创设的探索	开发区星河幼儿园	王超逸	幼儿教育	二等奖
弦弦掩抑声声思——初三力学专题复习优化课例教学设计的实践研究	杭州市文海实验学校	朱宗秋	中学科学	三等奖
求人不如求"机"——让初中生学会应用"帮助"之初探	杭州市文海实验学校	李玉兰	中学信息技术	三等奖
史海无涯"图"作舟——时空思维导图在社会课堂教学中的实践探究	杭州市文海实验学校	肖　琴	中学社会	三等奖
破译表达密码 相约习作"精彩"——指导中段学生把重点内容写生动的策略	杭州市文海实验学校	陈　旭	小学语文	三等奖
科学课，你简约了吗——构建简约有效的小学科学课堂策略研究	杭州市文海实验学校	周世化	小学科学	三等奖
适合的才是最好的——新课程标准下创编体育游戏新思路	开发区学正小学	车敏达	小学体育	三等奖
体育与健康课程必学内容实施的思考和建议	杭州市下沙第二小学	陈通海	小学体育	三等奖
家园共育中与不同类型家长的互动策略	开发区星河幼儿园	徐　瑾	幼儿教育	三等奖

文件"，1个总领文件指《关于深入推进教育现代化区创建工作的实施意见》，该文件提出实现教育现代化总目标的5项工程；3个子文件指围绕实现教育现代化目标的5项工程，推动工作发展的具体文件，分别是《关于加强民办学校管理与扶持的若干意见》《关于实施教育人才领先工程的若干意见》《开发区教育系统人才引进办法》。教育现代化"1+3"政策明确开发区未来5年基础教育发展的目标和任务，旨在推进开发区教育跨越发展，实现开发区教育现代化。

【开发区第二届"课堂节"】 11月4~29日，区社发局与杭州师范大学教师教育处合作举办开发区第二届中小学、幼儿园"课堂节"活动。该届"课堂节"活动主题为"教、学、评一致性"，历时1个月，开展21场各学段、各学科教育教学活动、名师送教活动和教研员大讲坛等教研活动。浙江省语文特级教师吴丹青，杭州师范大学教师教育管理处处长项红专，杭州市教育局普通教育研究室主任曹宝龙，杭州市普通教育研究室副主任、特级教师朱可等专家受邀参与"课堂节"活动。

【北爱尔兰教育考察团访问开发区】 3月18日，在英国奥斯特大学孔子学院中方院长邵红松陪同下，由北爱尔兰教育培训部巡视官保罗和穆拉格拉斯小学、赫伯顿小学等7所中小学校长组成的英国北爱尔兰教育考察团到开发区考察教育工作。考察团一行参观下沙中学音乐厅、舞蹈教室、学生宿舍、田径场、射箭训练场等，对下沙中学美丽的校园环境和良好的硬件设施表示赞赏。考察团随堂观摩教师陈燕飞的京剧艺术课，对中华民族的国粹产生兴趣，并对学校重视传统文化艺术的教育予以肯定。考察团进入课堂，与学生们一起参与教师左白艳关于声音传播的实验课，观摩下沙中学英语教研组长胡瑛上的阅读课。座谈会上，区社发局领导介绍开发区教育基本状况，北爱尔兰教育培训部官员保罗介绍北爱尔兰教育基本情况。交流结束后，下沙中学邵煜菲等8名同学向客人赠送书法作品，表达欢迎和祝福。

【交通安全与"爱心家长护学岗"】 9月25日，开发区学生交通安全宣传月活动启动仪式暨"爱心家长志愿者护学岗"现场会在下沙第一小学举行。区社发局、下沙交警大队、区公安分局等负责人和全区中小学校长、幼儿园园长参加会议。区社发局、下沙交警大队为新任开发区交通安全校外辅导员举行聘任仪式，发放聘书。2011年8月，区社发局、交警大队创新工作思路，建立交通安全校外辅导员制度，为每所中小学选配民警担任交通安全校外辅导员，两年多时间里，校外辅导的民警们发挥自身工作优势开展学生交通安全教育，指导学校完善学生交通安全管理制度，维护校园周边交通秩序，取得较好成效。在开发区“爱心家长志愿者护学岗”工作现场会上，作为试点学校的下沙第一小学、文博学校和星河幼儿园分别作经验交流发言，与会人员对试点单位工作开展情况进行观摩学习。现场会后，2013年交通安全宣传月系列活动和“爱心家长志愿者护学岗”工作在全区各学校、幼儿园全面推广启动。

·学前教育·

【学前教育概况】 2013年，开发区有幼儿园30所，其中公办幼儿园10所、民办幼儿园20所。在园幼儿8110人，其中公办幼儿园在园幼儿3560人，占在园幼儿总数44%；民办幼儿园在园幼儿4550人，占在园幼儿总数56%。学前3年幼儿入园率99.5%，0~5岁儿童家长和看护人受训率97%。幼儿园专任教师563人，其中公办幼儿园专任教师252人，民办幼儿园专任教师311人。幼儿教师大专及以上学历占84%，比上年（指2012年，下同）增长17%；教师资格证持有率87%，增长17%。市等级幼儿园24所，其中甲级园8所、乙级园11所、丙级园4所、丁级园1所；省等级幼儿园19所，其中省二级园10所、省三级园9所。市等级幼儿园在园幼儿人数覆盖率86%，市优质学前教育覆盖率89%，省等级幼儿园在园幼儿人数覆盖率76%。

加强学前教育管理，区社发局出台《关于规范民办幼儿园管理的若干规定》，对民办幼儿园园务、财务及教学等作出管理规定。开展专项审计，协助市教育局审计开发区学前教育专项资金来源、到位、使用和管理等情况；配合区财政局专项审计民办幼儿园专项补助资金使用和管理。推进标准化幼儿园建设，整改下沙街道辖区不符合标准的民办幼儿园，改造完成幼儿园3所，改造筹设幼儿园6所，原有家庭作坊、农居房开办幼儿园的情况基本消除。核定办园规模和班额，测量幼儿园开办场地的实际面积，重新核定办园规模和班额。引导普惠服务，申报市级学前教育专项扶持资金，申领省级奖补资金，做好分配方案，尝试在现行备案的保育费收费标准下调30%的基础上，给予省级奖补资金，扶持普惠性民办幼儿园发展。

【幼儿园等级评估】 2013年上半年，开发区星河、听涛、云水苑、景苑4所公办幼儿园申报市甲级园评定通过认定，东杭艺术、童升2所民办幼儿园申报市乙级园评定通过认定，艺馨幼儿园通过市丙级园认定。全年新增市等级幼儿园7所，等级幼儿园在园幼儿人数覆盖率86%，比上年提高15%；新增乙级及以上幼儿园6所，优质学前教育覆盖率89%，提高7.5%。下半年，星河、听涛、云水苑、景苑、月雅河、星辰幼儿园6所公办园申报省二级幼儿园评定，并通过认定。全年省等级幼儿园在园幼儿人数覆盖率76%，提高40%。

【首届公办幼儿园园长论坛】 3月22日，开发区首届公办幼儿园园长论坛在云水幼儿园举行。开发区8所公办幼儿园园长和骨干教师共28人参加活动。论坛以“提升教科研水平、促进教师专业成长”为

11月21日，下沙实验幼儿园开展角色体验活动 （郑体兵 摄）

主题，清雅苑幼儿园园长陈燕做“聚焦园本培训、促进教师专业化发展”主题发言，各幼儿园围绕论坛主题畅谈本园发展。景苑小学教科室主任汪世英做“教师课题方案设计的建议”专题讲座。通过园长论坛活动，旨在提高开发区幼儿园园长专业素养和管理水平，推进开发区学前教育均衡、优质发展。

【市教育局调研开发区民办幼儿园】 3月28日，市教育局初教处调研开发区民办幼儿园开办情况，先后实地调研酷宝、天天两所民办幼儿园。区社发局就开发区民办幼儿园发展现状和发展思路作了汇报。市教育局初教处肯定开发区学前教育的民办幼儿园取得的显著进步，提出要不断提高幼儿园整体办园水平，确保园舍安全、食品安全、卫生安全、交通安全，同时对办园条件、保教质量、队伍建设和规范管理4个方面提出要求。

【杭州市阳光宝贝才艺大赛（开发区复赛）】 5月15日，杭州市“我行·我棒”阳光宝贝才艺大赛（开发区复赛）活动在景苑幼儿园举行。杭州市教育局初教处参加并组成大赛组委会评委。活动以“倡导爱的教育，培养儿童积极向上、活泼进取、富有爱心的情感和性格特征”为主题，表演形式丰富多彩。复赛有4支代表队参加，经评委组讨论评审，江湾幼儿园节目《让爱驻我心》获比赛一等奖，并代表开发区参加杭州市里决赛。

·义务教育·

【义务教育概况】 2013年，开发区有中小学13所，其中公办中小学8所，民办中小学5所。义务教育阶段在校学生1.67万人，其中外来务工人员随迁子女1.2万人。初中103个教学班，学生3925人，平均班额38人；小学300个教学班，学生1.27万人，平均班额42人。义务教育阶段在册教职工1027人，其中专任教师977人（小学教师665人，初中教师312人）。公办学校中，小学高一级学历教师占比98.9%，初中高一级学历教师占比97.6%。

开展杭州市初中“后三分之一”素质测试、中小学教育质量综合评价监测、中小学艺术素养监测等考试工作。加强德育指导小组和德育队伍建设，开展教师德育培训，建立“德育导师制”“首遇负责制”“课堂责任制”等全员德育有效机制。开展“我的中国梦”“文明公共空间行为，争做最美小公民”“学雷锋”等主题教育活动；落实体质健康检测，全区13所中小学均完成网上申报；开展中小学生科技节、天堂儿歌、“三棋”比赛、“三跳”比赛、乒乓球、羽毛球等活动，参与学生5000余人；开展开发区青春期心理健康教育活动，发放青春期健康读本；开展校医和卫生工作人员培训，联合相关部门对学校卫生工作人员进行预防接种、除“四害”（苍蝇、蚊子、老鼠、蟑螂）、预防禽流感、心理健康等主题培训9次。

5月17日，开发区学正小学举行“媒介素养教学基地”授牌仪式

（郭莹莹　供稿）

【开发区中小学生科技节】 4月27日，由区社发局、区经发局（科技局）、区团工委和区科技协会主办，区青少年宫承办的“2013年开发区中小学生科技节开幕式暨科技大玩场活动”在下沙文化中心广场开幕。科技节以“科技大玩场”活动启幕，开发区流动少年宫、高校社团及区内各中小学带来“电子百拼”“玩转机器人”“声音的把戏”等33项科技大玩场体验活动，以及橡筋动力负重车、风力小车直线竞速和车辆模型竞速赛等活动。1800余名中小学生参与体验玩场活动，5~6月，科技

节活动走进各中小学校园，开展学校特色的科技节系列活动，挖掘科技竞赛优秀选手，参与市级比赛。

【开发区教师获省、市教育基本功大赛奖项】 10月，开发区选拔7名优秀教师参加杭州市首届班主任和德育导师基本功大赛，下沙中学姚慧芬、学正小学吴美霖、文海实验学校汪力宏和宋多4人分别获得初中班主任、小学班主任、初中德育导师、小学德育导师各组别的一等奖，占杭州市一等奖名额半数。他们代表杭州市参加全省班主任基本功大赛，并参加江苏省教育厅、上海市教育委员会、浙江省教育厅、安徽省教育厅联合举办的第二届“长三角”地区中小学班主任基本功大赛。学正小学教师吴美霖在浙江省班主任基本功大赛中获一等奖。

【省教育厅调研开发区教育工作】 4月，省教育厅督导处到开发区，就义务教育均衡区创建工作进行调研。调研组先后走访下沙第二小学、文海实验学校、学正小学，查看学校教室、图书馆、体育馆等基本办学条件，对开发区在学校建设、师资配备、办学投入等方面的优质均衡表示肯定，对开发区学校特色发展、九年一贯制学校优势发挥、新建学校资源优化等方面提出建议。区社发局就义务教育均衡区创建做汇报，省教育厅督导处对义务教育均衡区申报材料及创建台账提出指导意见。

【开发区第九届中小学生运动会】 10月18~19日，开发区第九届中小学生运动会在文海实验学校中学部举行。开发区党工委副书记邵立春，区管委会办公室、区机关党委、区财政局、区建设局、区社发局、区卫生分局、区总工会、白杨街道、下沙街道等部门领导和开发区13所中小学校长参加开幕式。邵立春宣布运动会开幕。开幕式上，各校开展体育特色体验区活动、创意方队表演、大课间活动展示和广播操表演等活动，展现开发区各校“一校一品”的体育特色和“阳光体育，健康成长”的运动主题，有13所学校、15支代表队、398名运动员参赛。运动会产生金、银、铜牌获得者222人，其中有10项、11人次打破开发区运动会记录。决出小学甲、乙组团体总分前4名和初中组团体总分前3名。

【嘉兴开发区教育考察团到区交流】 11月13日，嘉兴经济技术开发区管委会副主任沈卫东一行5人到开发区考察学习。考察团一行参观开发区文海实验学校，听取区社发局对开发区教育基本情况、教育发展特点和发展趋势的介绍。同为国家级经济技术开发区，双方在各阶段教育发展上有相似性。近年来，杭州经济技术开发区教育管理渐趋成熟、教育规模逐步壮大、教育特色初步凸显，教育发展在“合作+委托”、公办与民办“两条腿”走路等方面做了有益尝试，取得较好成效。嘉兴经济技术开发区教育发展在起步，合作办学刚开启。双方就机构设置、人才引进、国际办学等方面的内容进行探讨。杭州师范大学嘉兴开发区附属小学校长、杭州开发区文海实验学校校长、副校长参与交流活动。

杭州实验外国语学校（小学部）的少先队员们
（郑体兵 摄）

【初中科学优质课展示活动】 10月11日， 区社发局（教研室）组织全区中学科学教师在下沙中学举行优质课展示活动。杭州师范大学研究生处副处长蒋永贵、省市优质课一等奖获得者胡晴霞和开发区教研员姚雪飞等协作指导。省自然科学学会，省教育学会科学教育分会理事长、浙江教育出版社《科学》教材修订顾问、杭州师范大学教授陈志伟到现场作观摩和点评。活动中，杭州市文海实验学校乔明礼和郑增延、下沙中学庆小安和江艳春、文博学校李红燕，金沙学校王卫兵6名教师进行科学课堂展示。课堂教学注重过程与方法的引领，注重对学生情感态度价值观的指导。省市优质课一等奖获得者胡晴霞对6名老师课堂教学进行点评并指导。杭州师范大学教授陈志伟对科学教师的自我提升和发展提出建议。

【文海学生获全国艺术展二等奖】 2月20~26日，由教育部主办的全国第四届中小学生艺术展演在福建厦门举行，开发区文海实验学校学生谢秋伊的绘画作品《阳光下成长》在美术作品类展演中获中学甲组二等奖，美术组老师郑晓敏获指导老师中学甲组二等奖。绘画作品《阳光下成长》曾在2012年浙江省中小学生艺术节绘画类比赛中获中学组一等奖，展现了开发区美术特色教育的成果和开发区学子多才多艺、和谐发展的精神风采。全国中小学生艺术展演是中国最高规格和最大规模的中小学生艺术比赛，每3年一届。前三届分别在北京、深圳、上海举行。该届展演活动自2011年10月启动，通过各基层学校开展艺术活动、各省集中展演和全国集中展演3个阶段，谢秋伊的作品《阳光下成长》通过层层比赛选拔而出。

【文海实验学校获DI亚太赛一等奖】 12月6~9日，亚太区2013~2014 DI创新思维大赛在北京举行，由文海实验学校中学部童星海、陈嘉禾、王毅、胡行健、郭妍冰、李子涵、钱嘉棋7名学生组成的文海鼹鼠队在与中国人民大学附属中学、北京大学附属中学、北京中关村中学、清华大学附属中学、东北师范大学附属中学、广州第六中学等30余支省市冠军队的同台竞技中，夺得比赛技术含量最高的一道挑战题“深物洞掘”的一等奖，并获总分第二，同时获得2014年DI全球赛参赛资格。该次大赛有来自美国、加拿大、波兰、英国、韩国等国际参赛队和国内26个省市自治区的600余支参赛队、5000余名全球青少年参加，是2013年度国内最具规模和影响力的青少年创意盛会，文海中学是在获得浙江省第1名后拿到参赛资格。由胡宇飞、赖舒恬、傅齐萱、吴夕恒、徐添一、马成、刘安7人组成的文海小学蒲公英DI队在省赛中获省二等奖。

▶▶资料：DI大赛

DI是Destination imagination的英文缩写，原意是“目的地想象”，旨在以快乐和有意义的方式培养青少年的创造力、问题解决能力和团队合作精神，是全球历史悠久、规模盛大、培养青少年创新思维、创造力和动手实践能力的国际性赛事。比赛经地方赛选拔进入国家赛，最后晋级到全球总决赛。DI总部设在美国新泽西州，全世界有75个国家和地区的青少年参与DI 赛事活动。

·高中教育·

【杭州实验外国语学校（中学部）】 杭州实验外国语学校（中学部）落实新课程标准，提高教育教学质量，实施科学管理，举行系列教研活动，取得明显成效。成立学校教学指导委员会，开展系列教学活动；举办教研组长说评课、青年教师公开课、优秀教学论文评比等活动。数学教研组开展“美丽数学为伴，聪明智慧同行”数学周活动；英语教研组开展“博翼杯”英语美文朗诵比赛活动。组织学生参加第十届“星星火炬”全国青少年英语风采展示大赛杭州赛区比赛。注重学生德育教育，多渠道、多形式对学生进行思想道德教育，提高学生综合素质；举办励志讲座10场；组织高一年级学生军训活动；举办科技节、第十五届校田径运动会；举行高三年级“成人礼”教育活动；举办“青春扬帆、温暖前行”元旦晚会，设计制作学校教师风采墙，展示师生风采。学校实行全寄宿制、小班化教学，设有美术特长班。2013年，高中部有11个教学班，学生370人，教职工129人。

【浙江育英教育集团检查中学部工作】 11月20日，浙江育英教育集团董事长黄纪云、集团副总裁田中夫一行5人到杭州实验外国语学校（中学部）进行为期两天半的“中小学教育教学工作专项检查”。集团领导听取校长贺存乡题为“群策群力共谋发展，振兴杭高人人有责”的学校工作汇报。黄纪云指出教育集团处于第二次发展期，集团下属各学校有各自目标和进展，杭州实验外国语学校（中学部）发展方向是在保证质量的前提下扩大规模，健全教育教学管理制度，培养发展师资队伍，丰富办学特色，提升教育教学质量。提出“争取进行一个中外合作办学项目”，补充办学多样性和特色丰富性。集团专家走进课堂听课，课后与老师交流并作指导。集团领导对学校教师进行访谈，从教育、教学一线倾听教职员工心声，肯定学校新的精神风貌、工作作风和教育氛围。

【杭州第四中学下沙校区】 2013年，杭州第四中学下沙校区按照《浙江省深化普通高中课程改革方案》的要求，以创建浙江省一级特色示范学校为着力点，在学校校本课程的多样化开发和走班制上进行重点研讨和部署。学校从课程筛选、网上选课，到组织走班、教学评价，整个教学管理过程有条不紊。落实省、市、校三级精品选修课程建设，高一、高二年级每周均开设9节走班选修课，学校课程开发的进一步深化和完善对学生个性发展、综合素质提升起到积极作用。课堂教学改革中，加强现代教育技术的运用，探索与新一轮基础教育课程改革相匹配的的现代教育技术革新，推进教学方式和学习方式的变革。完善和推进在线学习平台，拓展其功能，搭建符合学校校情的网上授课和在线答疑平台，推动“MOOC”（又称慕课，新近涌现出来的一种在线课程开发模式）的校本化和本土化。信息技术在教学改革中充分运用，提高学生学习兴趣和学习效益。

作为杭州市语文名师基地，学校2013年开展杭州市语文名师基地展示活动，加强学校语文名师基地的学习辐射活动，为杭州市区语文名师队伍培养起到积极的推动作用。按照省、市学科基地的要求，学校做好浙江省音乐学科基地培育和杭州市物理学科基地建设等工作，为新课程改革搭建新平台。建立学校学术委员会，完善教师培养体制和机制，打造骨干教师队伍。文体成绩突出，2013年学年杭州第四中学男女篮球队在杭州全市比赛中成功获七连冠；浙江省第7届中学生篮球联赛中女子篮球队获第2名。学校合唱团在2013年浙江省中小学生艺术节合唱（室内组）大赛获一等奖，管弦乐团在浙江省非职业管乐团（队）展评和浙江省中小学生艺术节中均获一等奖，赴上海参加中国第八届非职业优秀（交响）管乐团队展演并获银奖。（曹彦文）

·校外教育·

【开发区青少年宫】 3月，开发区青少年宫投入使用，是开发区唯一一所公办校外教育机构。2013年发展成效明显，开设兴趣班340个次，培训5000余人次；开展社团培训活动，服务600人次；开展“暑期快乐总动员”“关爱外来务工人员子女夏令营”“流动少年宫”“成长大讲堂”等公益活动，服务1万余人次；承办开发区“天堂儿歌”、“三棋”比赛、科技节、运动会、“三跳”比赛、乒乓球、羽毛球、艺术教师培训等活动10次，服务师生5000余人次。2013年，青少年宫被授予开发区第二课堂活动基地，教师於萍被评为市“天堂儿歌”比赛先进个人，教师王梅被评为市暑期“快乐总动员”活动先进个人。12月，杭州市校外教育协会说课比赛中，青少年宫刘璐和李阳洁两名教师分获器乐项目、美术项目二、三等奖。至年末，青少年宫有在编教师5人，其中研究生学历1人、本科学历4人。

青少年宫延伸校外教育，优化服务功能；加强制度建设，制定实施外聘教师管理考评、学员评优、社团考评等制度；坚持公益原则，培训项目坚持成本收费、社团培训免费；完善培训项目，开设科技、文艺、文学、数学、美术、体育6个类别25个专业的培训项目，其中奥尔夫音乐、儿童舞、电子琴、儿童画、书法等培训成为青少年宫品牌项目；设立省舞蹈家协会舞蹈项目考级点，学员们舞蹈考级通过率100%。社区教育学院开展扫盲工作，联合两个街道开展扫盲普查，开设首个社区文化学习班，100余名60岁以上文盲参加开学典礼，开发区扫盲教育集中培训启动。

【省校外教育教师技能大赛获奖】 8月，由浙江省青少年工作领导小组办公室、共青团浙江省委、浙江省青少年宫协会主办，浙江省青少年校外教育中心承办的第三届浙江省青少年校外教育教师技能大赛启动。开发区青少年宫参与该次比赛，选送两篇论文参赛。12月，技能大赛成绩揭晓，开发区青少年宫教师李阳洁的《边玩边画学问大——以杭州经济开发区青少年宫为例》获一等奖，教师刘璐的《浅谈二胡揉弦中滚揉的技巧——以杭州经济技术开发区青少年宫为例》获三等奖。（郭莹莹）

·成人职业教育·

【成人职业教育概况】 “蓝领成才”职工素质教育是开发区成人职业教育的主平台。2013年，开发区“蓝领成才”职工素质教育工程继续开设成人高职

职工素质教育之汽车维修实训 （吴　孟　供稿）

大专、专升本、专业培训、技能等级评定4个类别120余个科目，全区企业、工会、职工积极参与，累计385个企业3.74万名职工参加学习培训。其中，参加成人高职大专、专升本等学历教育1.04万人次，参加技能类培训2.7万人次。全年杭州职业技术学院、浙江经济职业技术学院等7所院校（机构）开设各类培训班131期，新增受教育人数4130人，其中成人学历教育新增1450人、技能类培训新增2680人。

8月，出台《开发区"蓝领成才"职工素质教育工程学历教育推进办法（暂行）》。该办法从优惠与奖励两个方面推进学历教育，实行学费入学优惠与毕业后分时段报销结合，减轻职工经济负担。学费报销与开发区工作年限成正比，历年累计报销最多达总学费30%，约计2100元；专设"单位奖励"，对录取人数和取得毕业证书人数达一定规模的基层工会，发放入学人数规模奖和毕业人数规模奖，各级工会合力推进在职职工学历教育。据开展学历教育的浙江理工大学统计，2013年区内企业成人高考报名该校的职工人数高于往年，根据考生上线情况，成人大专与专升本的上线率分别比上年增长22.7%和22.9%。

【职工免费技能培训】 2013年，区总工会设立81万元职工技能培训专项资金，对企业职工开展免费技能培训。培训项目开设食品检验工、化学分析工、日语、数控与机电等8个实用技能项目，共有258个企业的908人参加培训。培训突出理论与实践结合，侧重实践操作能力培养，在传统教学方法的基础上添加实战能力培养的内容。英语和日语等培训，注意培养职工口语能力，帮助蓝领职工做到既懂技术，又初步具备与外籍管理人员直接沟通的能力。"蓝领成才"职工免费技能培训由开发区总工会统筹7所"蓝领成才"培训院校，经调研企业职工需求后确定培训科目，9月起相继开课，每门科目为期2个多月，实行"一科一证一赛"模式，即每门科目培训结束后，考一本实用技能证书，开展一场技术比武，检验培训成果，调动职工学习热情。

【特色课程与丰富办学】 开发区职工素质教育办学特色突出，课程丰富多样。2013年，东芝信息机器（杭州）有限公司全额出资举办"东芝学堂"，分别与育樱日语专修学校和浙江理工大学继续教育学院合作，推出汽车维护与保养、机修钳工、职业形象与素养，以及服装设计、制版与工艺5个实用技能培训。浙江育英职业技术学院根据杭州顶益食品有限公司工会要求，为该公司67名班组长开展工作能力与个人素养培训，利用公司生产线停线机会授课；培训期间，组织班组长参观浙江省重点实训室和空乘模拟机舱等相关实训室，通过培训学习知识，增进职工归属感，稳定职工队伍。

【食品检验工技能比赛】 12月22日，开发区首届企业职工食品检验工技能大赛在浙江育英职业技术学院举行。杭州顶园食品有限公司、杭州丘比食品有限公司等15个企业的43名选手参加比赛，覆盖开发区食品、生物、制药、检测等企业。竞赛活动分理论知识考试和现场操作考核，其中理论知识考试占30%，现场操作考核占70%，现场操作主要考察食品检验工基本操作技能，包括硫酸铵中含氮量的测定（甲醛法）和紫外定量测定苯甲酸含量等环节。经评比，比赛选出一等奖3名，获高级食品检验工证书；二等奖5名、三等奖15名，获中级食品检验工证书；其他参赛职工根据理论成绩和现场操作，由裁判现场评判，通过者给予中级食品检验工证书。 （吴　孟）

卫 生

·卫生综述·

【卫生概况】 2013年，开发区有医疗机构70个，其中综合性医院6个、社区卫生服务中心（站）18个、门诊部9个、诊所（医务室、卫生所）37个。另有疾病预防控制机构1个、卫生监督机构1个。医疗床位231张，卫生技术人员788人，其中执业（助理）医师458人、注册护士330人。平均每千人拥有医疗床位2.46张、卫生技术人员8.38人、执业（助理）医师4.87人、注册护士3.51人。全年医疗机构诊疗总数82万余人次。（何易雯）

【卫生基础设施建设加快】 开发区优化医疗资源，制定卫生服务机构设置规划，加快卫生基础设施建设，加快两个社区卫生服务中心迁建。7月，下沙街道社区卫生服务中心新大楼工程完工，正式投入使用；白杨街道社区卫生服务中心项目土建基本完工，计划2014年末投入使用；沿江区块社区卫生服务中心项目开工建设，计划2016年末投入使用。浙江省中医院下沙院区二期项目（浙江省中医院国家中医临床研究基地科研综合楼）主体工程建设继续推进。由浙江大学附属邵逸夫医院参与合作建设的杭州市下沙医院（邵逸夫医院下沙院区）工程完工，8月投入试运行。社区卫生服务站增至16个，社区卫生服务功能逐步完善，开发区社区卫生服务网络初步建成。

【医疗服务水平提升】 2013年，开发区卫生分局（简称区卫生分局）推进“强院名医”工程，开展“大手拉小手”活动，与浙江省中医院、杭州市下沙医院签订培训合作协议，借助名院、名校资源开展医务人员素质培训，与省中医院合作推广中医适宜技术。推进“三好一满意”（服务好、质量好、医德好、群众满意）活动，开展大处方开具、抗生素使用、病历规范书写等专项检查。规范基本药物集中采购和配送工作，加强医疗机构准入、卫生技术人员准入管理。推行使用医疗质量安全事件信息报告系统，加强医疗质量控制和医疗服务监管，打击非法行医，提升医疗服务质量。

8月28日，杭州市下沙医院（邵逸夫医院下沙院区）投入试运行
（区卫生分局 供稿）

·卫生管理·

【社区卫生服务完善】 2013年，区卫生分局加快推进社区卫生服务中心项目建设，完善社区卫生服务网络建设。以“合理布局、便民利民”为原则，科学制定社区卫生服务机构设置规划。至年末，开发区两个街道社区卫生服务网络初步形成，社区卫生服务功能逐步完善。针对沿江居住带人口集聚增长的实际，启动沿江区块社区卫生服务中心项目建设，新建朗琴社区卫生服务站。在企业职工集聚的闻潮社区，完成闻潮社区卫生服务站迁建工作；在下沙街道回迁居民集聚的区域，新建中沙社区卫生服务站，覆盖上沙、中沙、下沙社区，为下沙街道现有社区卫生服务站中功能最全、规模最大的站点。全区有社区卫生服务站16个，其中2008~2013年新建社区卫生服务站6个，新建社区卫生服务机构业务用房面积均达到标准。

【医疗执业管理】 区卫生分局严格执行医师执业注册制度，按时完成医师护士执业注册、颁证工作。全年完成执业医师注册及变更注册256人次，完成护士执业注册及变更注册575人次；完成29个医疗机构变更，4个医疗机构设置审批；做好年度医师资格考试报名、资料审核、现场确认，全年受理考生报名48人，审核合格47人。

【医务人才队伍建设】 全年开发区组织300余人次医务人员外出考察学习、进修；鼓励医务人员参加职称资格考试，2人被评为副高级职称；加强业务骨干培养，培养业务骨干50人。拓宽培养渠道，投入30万元，分别与浙江省中医院、杭州市下沙医院签订合作协议，邀请专家举办讲座30余场，培训医务人员600余人次，医务人员能力素质有效提升；组织医务人员招聘1次，招聘医务人员20余人，充实基层力量。

【基层中医服务能力提升工程】 2013年，区卫生分局根据《杭州市人民政府关于扶持和促进中医药事业发展的若干意见》，落实杭州市基层中医服务能力提升工程目标责任书，制订中医药进社区工作方案，加强中医适宜技术培训，全面推广中医药适宜技术。在社区卫生服务机构建立中医药适宜技术推广与应用基地，推广中医药适宜技术在高血压、糖尿病、哮喘等常见病多发病的治疗应用。至年末，全区社区卫生服务中心开展10项以上中医药适宜技术，每个社区卫生服务站至少开展4项中医适宜技术，中医药适宜技术推广率100%，中医诊疗设备配置率60%以上，慢性病中医管理率提升10%以上，基层中医类别全科医师占基层全科医师比例20%以上。邀请名中医到社区卫生服务机构建立工作室，引进胡庆余堂、张同泰等百年老字号到开发区开设中医门诊部。加强中医药行业监管，控制中药饮片大处方，保持中医药“简、便、验、廉”的特色。强化中医宣传，以社区卫生服务机构为载体，设立中医药宣传基地、中医药文化长廊，开展中医文化进学校、进社区等活动，让更多群众了解、认同中医适宜技术，提高中医适宜技术推广效果。

8月30日，方回春堂下沙馆开业　（郑体兵　摄）

【民营医疗机构管理】 2013年，区卫生分局规范民营医疗机构管理，启动区内民营医疗机构规划编制工作，引进民营医疗机构6个。鼓励引导民营医疗机构向规范化、特色化、高端化发展，与各民营医疗机构签订规范执业承诺书。实施基层医疗卫生机构集中整顿行动，召开工作部署会，组织医疗机构校验工作，加强督导。对全区民营医疗机构加大日常检查力度，严格执法。全

年共开展专项检查80余次，业务培训40次，组织诫勉谈话8个次。（殷俊杰）

·基层卫生·

【基本药物制度实施】 2013年，开发区全面实施国家基本药物制度，执行国家基本药物307种、浙江省增补基本药物150种、江干区增补基本药物100种，共计557种基本药物目录，全部基本药品实行“零利率”销售。全年开发区社区卫生服务机构基本药物让利300余万元。

【社区卫生服务工作重点】 区卫生分局加快构建基层医疗卫生信息平台，全年建立规范化电子健康档案13万份，户籍居民建档率95%；加强老年人健康管理，为6175名60岁以上老年人建立健康档案；开展慢性病管理服务，区内3112名高血压患者和947名糖尿病患者接受社区责任医师的健康管理服务，搭建“社区卫生服务中心团队全科医师—慢性病防治首席管理医生—上级医院专家”三级医疗平台。

【社区卫生服务机制建设】 区卫生分局下发《关于建立开发区社区卫生服务工作推动机制的通知》，对社区卫生服务工作进行目标管理，重点通过建立半月一例会机制，加强社区卫生服务工作的组织领导，及时解决存在的问题。10月开展该项工作，至年末共召开5次工作例会。拟定《开发区2013年社区卫生服务机构考核评估办法》，对社区卫生服务机构的年度重点工作进行考核评估。

【卫生信息化建设】 2013年，开发区投入113万元改造社区卫生服务中心机房，添置服务器等硬件设备；升级门诊HIS系统，实现该系统与检验、影像系统等数据互通，提升社区卫生服务中心信息化服务能力。按市卫生局统一部署，完成预约诊疗进社区工作，培训医务人员82余人次，为200余名患者成功预约上级医院。10月，区内两个社区卫生服务中心和14个社区卫生服务站点均开通市民卡“智慧医疗”结算功能，实现患者诊间结算，缩短就诊排队时间，提高患者就医服务体验，完成心电、影像远程会诊系统安装，并与市红会医院完成对接，成功上传影像资料开展会诊工作，逐步实现心电、影像一体化服务。

【妇幼保健服务】 开发区落实杭州市优生优育“六免”服务，推行重大公共卫生项目妇幼项目（农村妇女住院分娩补助项目和农村妇女增补叶酸项目）服务政策。全年农村妇女住院分娩补助81人，预防神经管缺陷增补叶酸127人。加强婚前医学检查，全年婚检率87.82%。开发区常住人口孕产妇总数1124人，活产数1138人。提供孕检服务5500余人次，早孕建册率98%；孕产妇系统管理率本地94.2%，流动31.3%，高危孕产妇管理100%，户籍产妇产后访视率96%；产后检查率95%；宣传儿童保健手册1000余册。

【精神卫生防治】 区卫生分局结合重大公共卫生项目，对社区精神卫生工作加强考核、督察。2013年，开发区在册监护的精神障碍患者130人，其中六大类精神病人88人，监护率100%，社区参与率87.7%；下沙街道工疗站管理37人，无关锁病人现象，全年无肇事、肇祸情况发生。区卫生分局加强学习交流，多次组织工作人员到市第七人民医院和其他城区学习交流，提高开发区精神卫生工作管理水平。制定《2013年开发区精神卫生工作考核指标（试用版）》，加强《中华人民共和国精神卫生法》的宣传，规范医疗机构和医务人员的诊疗行为，维护精神障碍患者的合法权益。组织社区、社区卫生服务机构、工疗站工作人员及专（兼）职精神卫生人员学习培训，培训人员300余人次。印发《开发区精神障碍患者免费服药有关问题的补充通知》，方便精神障碍患者配药，全年为精神障碍患者报销医药费用2.8万元。（朱 静）

【下沙街道社区卫生服务】 7月，下沙街道社区卫生服务中心（简称中心）从文教南路130号搬迁至松乔街768号，新服务大楼启用。全年中心收入4570余万元，其中财政补助收入1416万元、上级补助收入12.2万元、药品收入1807万元、医疗收入839万元、体检收入204万元、其他收入291万元（含房屋拆迁款270万元）。中心严格执行基本药物制度，药品“零差率”销售，开展“规范药房”“合格药房”自查与检查，通过“规范药房”验收；11月，中心妇保、儿保创五星门诊工作于通过市卫生局验收；开展免费骨密度筛查，免费检测人数1000余人。

健全社区卫生服务管理网络，完善社区责任医师岗位设置和组织网络的建设，成立3个片区、9个责任医师团队。调整社区责任医师管理人员与团队成员，加强社区卫生服务站的服务功能，组织全体社区责任医师学习健康档案管理、慢性病管理及重性精神疾病管理等相关知识5次，组织相关团队负责人到全国示范社区卫生服务中心参观学习3次。社区责任医师深入社区、街道等地开展卫生和健康知识宣传、健康知识讲座、义诊、发放宣传资料等活动，全年开展健康教育70余次、义诊5次。 （沈文良）

【白杨街道社区卫生服务】 2013年，白杨街道社区卫生服务中心（简称中心）搬迁闻潮社区卫生服务站、新建朗琴社区卫生服务站，建成心电会诊平台、PACS会诊系统、“智慧医疗”系统。全年服务居民13.5万人次，比上年（指2012年，下同）增长17%，业务总收入1118.3万元，增长11%。居民健康档案建档累计人数3.6万人，其中规范化电子建档2.86万份，建档规范率80.38%。接受健康教育1.1万人次，0～6岁儿童国家免疫规划接种4.7万人次，0～6岁儿童健康管理3855人，孕产妇健康管理1395人，65岁以上老人健康管理740人，高血压患者规范管理520人，糖尿病患者规范管理165人。

开展60岁以上老年人和慢性病病人免费健康检查，服务群众1700余人。为更好服务居民，中心效仿“公益律师进社区”活动模式，在不设站的社区定点定时开展健康义诊活动。活动选择在月雅苑社区、东湾社区试点。 （王群燕）

7月1日，下沙街道社区卫生服务中心新大楼启用
（区卫生分局 供稿）

·爱国卫生·

【爱国卫生概况】 2013年，开发区巩固并发展国家卫生城市成果，推进病媒生物防治工作，顺利通过“全国灭鼠灭蟑先进城区”复验，深化健康开发区工作，开展健康教育进企业、进社区、进工地、进学校、进机关的“健康教育五进”活动，提升居民卫生健康水平，促进开发区爱国卫生工作统筹协调发展。

【爱国卫生先进单位创建】 开发区管委会被评为2013年度杭州市爱国卫生和建设健康城市工作优秀单位和2013年度国家卫生城市先进城区。全区完成创建各类卫生先进单位17个，开发区管委会机关、学正幼儿园等6个单位被评为市级卫生先进单位，下沙街道早城社区、柠檬社区等12个单位被评为区级卫生先进单位。下沙街道办事处蔡婷婷、白杨街道办事处李刚被评为杭州市爱国卫生先进工作者。

【城市环境综合整治】 区卫生分局贯彻落实市爱国卫生工作电视电话会议精神，围绕城郊接合部、河道、高速公路周边开展环境卫生专项整治。结合第25个爱国卫生月主题活动， 4月，联合各职能部门开展城乡环境综合大整治活动，开展初夏爱国卫生运动，巩固爱国卫生月活动成果。

【爱国卫生月活动】 2013年，区卫生分局围绕第25个爱国卫生月和第26个世界无烟日，开展大型宣教义诊活动两次，接受市民咨询服务700余人次，免费检测血糖、血压600余人次，发放强力粘鼠板、蟑螂药等496份、宣传购物袋4500余只，设计制作8个系列共56块爱国卫生宣传展板，开展社区巡展34场。

【除“四害”工作】 2013年，区卫生分局开展除“四害”（苍蝇、蚊子、老鼠、蟑螂）工作，全年投放鼠药2800余千克，悬挂蜡块300余千克，投放缓释剂1600余千克，投放蟑螂药30余千克，发放粘鼠板4000余份；新增高沙、海天、邻里等社区“技防”设施毒鼠屋600个、防蚊闸116个。安装防蚊闸867只、灭鼠屋837个；结合“四害”消长情况，及时组织检查和培训，除“四害”技能培训200余人次，组织区级检查8次，参加市级检查4次，监督检查单位（社区）200余个次，要求整改的单位30余个，返查后整改率97.5%；联合区建设局开展建筑工地专项整治，在对60余个建筑工地进行除“四害”技能培训的基础上，抽查整改建筑工地20余个，并对2013年度开发区建筑工地除“四害”市场化运作情况进行考核通报，对考核合格单位进行一定的经费补助；联合区经发局开展农贸市场专项整治，对全区8个重点农贸市场进行除“四害”专项检查。

【“灭鼠、灭蟑先进城区”复验通过】 11月，开发区顺利通过全国“灭鼠灭蟑先进城区”复验。备检期间，排查各类单位200余个，开展区级检查10余次，参加市级检查3次，确定备检单位20余个。组织除“四害”培训1期，共100余人参加，配备除“四害”督查装备35套。复验期间，发放宣传海报500余份，宣传手册1000余份，发放蟑螂药1000余包，粘鼠板500余份，惠及500余个单位和家庭。

【健康教育宣传】 区卫生分局配合市建康办完成居民健康“三率”（健康基本知识知晓率、健康技能掌握率、健康行为形成率）和重点疾病防病知识知晓率调查工作，开展健康教育进机关、进社区、进企业、进学校、进工地的“健康教育五进”活动。4～5月，开展骨密度免费检测月活动，举办“健康生活、幸福你我”大型宣教义诊活动。全年举办健康讲座和宣教义诊118场次，发放宣传资料5万余册。8月，开展针对建设工地的“盛夏送清凉活动”，对浙江省中医院国家中医临床研究基地科研综合楼、浙江工商大学文体中心等10余个建设工地进行走访慰问。8月28日，组织街道、社区举办家庭健康管理员师资培训，增强基层工作人员健康教育工作能力。9月17日，组织健康创建单位负责人及相关工作人员赴余杭区法院参观学习健康建设成果和经验；邀请市卫生监督所学校卫生监督专家授课。10月16日，对开发区各中小学健康建设工作人员进行卫生管理知识专业培训。举办“健康大讲堂”和发送“健康短信”，惠及居民3万余人次。

【健康单位示范创建】 区卫生分局开展健康单位示范创建，全年成功培育市级健康单位5个。白杨街道办事处创建为“市级健康机关”，东芝信息机器（杭州）有限公司创建为“市级健康企业”，湾南农贸市场创建为“市级健康市场”，杭州市下沙第二小学和学林街小学创建为“市级健康促进银牌学校”。创建杭州市无烟单位4个，分别下沙街道社区卫生服务中心、白杨街道办事处、开发区学林街小学、杭州市下沙第二小学。白杨街道办事处王振宇、文海实验学校金加获评“杭州市建设健康城市先进工作者”称号。（徐艺珍）

·卫生监督·

【卫生监督概况】 3月，杭州市卫生局卫生监督所经济技术开发区分所（简称卫监开发区分所）成立。卫监开发区分所以“公共场所‘333’专项行动”“校园卫生安全健康系列行动”“打击非法行医”为重点，开展公共场所的卫生监督量化分级管理，增加对旅店、浴室、美容美发场所、生活饮用水卫生、医疗机构、工业企业职业卫生、放射卫生等项目的监督检查力度及频率，依法规范管理经营行为，制定印发《开发区医疗机构依法执业卫生监督工作指引》。卫监开发区分所获“市级青年文明号”称号，行政许可案卷被评为市优秀案卷，卫监开发区分所所长倪大忠被评为杭州市“百佳健康卫士”。

▶▶资料：“333”治理专项行动

“333”治理专项行动的主要内容是指通过对公共场所经营者的培训、指导、督查、评估，落实公共场所经营者的主体责任，促使各经营单位做到“三落实、三合格、三公示”。“三落实”即配备一名专职或兼职卫生管理员、设置一批醒目警示标识、建立一套公共场所卫生管理档案；“三合格”即消毒设施设备配置合格、从业人员健康体检与培训合格、公共场所卫生检测合格；“三公示”即卫生许可证公示、卫生信誉度公示、卫生检测结果公示。

【卫生行政许可审核受理】 全年区卫生分局受理（含注销）卫生行政许可申请231个，发放卫生许可证件186件、公共场所卫生许可证102件、放射诊疗许可证4件。完成工业建设项目职业预评价审查25项、施工图审查18件、竣工验收23项。通过邮寄方式，向需申请卫生许可延续的单位发放卫生许可延续温馨提醒信件，全年向107个公共场所单位邮发相关信件。

【经济型酒店卫生专项治理】 1~9月，为强化公共场所经营单位的主体责任，改善和提高辖区经济型快捷酒店的卫生状况，卫监开发区分所结合日常监督检查，对辖区15个经济型快捷酒店进行复查与指导，并开展抽检工作。其中：空气抽检5家、监测样品10件（监测二氧化碳5件、一氧化碳5件），合格率100%；公共用品用具抽检5家，采集样品20件（包括床上卧具10件、毛巾10件），合格率100%。

【足浴场所卫生治理专项行动】 1~6月，卫监开发区分所结合行政许可与日常监督，对足浴场所负责人和卫生管理员进行现场指导与宣传培训，举办足浴场所卫生管理培训班，对辖区19个足浴场所进行监督与抽检，其中：空气抽检3个次，合格率100%；公共用品用具抽检8个次，合格率87.7%。对于专项治理期间发现的不规范行为，督促其落实整改，并做到“三落实、三合格、三公示”要求。

【游泳场所卫生专项整治】 6~9月，卫监开发区分所开展游泳场所“333”专项治理行动。开展现场指导，组织6个单位游泳场所负责人参加杭州市游泳场所卫生管理培训会。开展游泳场所卫生监督检查，重点检查从业人员的健康状况、卫生许可情况、信息公示等基本情况，检查池水消毒设施设备、喷淋、浸脚池等设施是否正常运转，督促游泳场所做到“三落实、三合格、三公示”。对泳池水质、浸脚池水质开展监督抽检，主要检测泳池水中细菌总数、大肠菌群、尿素、浑浊度、余氯、pH值和浸脚池水余氯。两次抽检共抽检场所6个，检测泳池水样13件、浸脚池水样6件，监测结果均为合格。

【打击非法行医和非法采供血】 3月13~14日，卫生部食品安全与卫生监督局在天津召开2013年打击无证行医形势调查启动会，18个省、市卫生监督机构代表参加大会。卫监开发区分所应邀参会，就开展打击无证行医有关调查工作做交流发言。7月，召开打击非法行医和非法采供血工作联席会议，开发区打击非法行医和非法采供血工作领导小组成立，区公安分局驻区卫生分局打击非法行医和非法采供血工作联络室成立。8月，白杨街道打击非法行医和非法采供血工作领导小组成立。区卫生分局会同区公安分局、综治巡防大队及街道社区、军地园区等部门单位，组织打击非法行医“夏季风暴”专项行动，累计联合执法行动21次，出动人员156人次，查获药品器械87箱，查处取缔非法行医点22个，行政处罚2个，处罚金额1万元。在日常执法过程中，出动工作人员60人次，对七格、智格、景园、新元、松合、中沙社区及铭和苑小区等区域曾查处过的19处非法行医窝点进行巡查，未发现非法行医行为及相关人员。

7月28日，开发区举行“护卫生命、天使血缘”医护人员献血活动
（何关坤 供稿）

【校园卫生安全健康】 2013年，卫监开发区分所联合区社发局，开展校园卫生安全健康“1号行动”“2号行动”“3号行动”，对14所高校、16所中小学及22所幼托机构进行卫生专项检查。督促学校每学期开学初开展卫生自查工作，指导学校做好传染病报告、日常防控、入学预防接种证查验、教室环境卫生和生活饮用水卫生管理等方面工作，强化卫生管理意识，使各学校严格执行学生定期体检制度，把卫生工作纳入学校工作计划，并将其作为考评学校工作的一项重要内容。

【职业卫生专项检查】 4~11月，卫监开发区分所开展职业卫生检查，累计出动监督员61人次，现场检查职业病危害重点行业及专项用人单位27个次，专项对象覆盖率100%，发现问题、隐患17项，并出具《卫生监督意见书》，责令企业当场改正或限期整改。在专项检查的27个用人单位中，开展职业健康检查用人单位25个，体检6477人次，查出禁忌174人、疑似职业病1人、确诊职业病1人；组织职业病危害因素检测的用人单位24个，检测结果合格10个；开展培训（含涉及职业卫生的岗前培训）的用人单位24个，培训4583人次；初步建立职业卫生管理台账的单位25个；完成网络申报单位26个；通过各种形式对员工进行职业病危害因素告知的单位21个；进行警示标识设置（含不完全设置）的单位25个；为接害员工配发耳塞、防毒口罩等个人防护用品的单位26个。

【放射卫生重点监督检查】 5月，卫监开发区分所开展放射卫生重点监督检查。据统计，得悉辖区从事X射线影像诊断的医疗机构10个，均取得放射诊疗许可证，并制订放射事故应急救援预案，落实放射防护责任制。区内有正常运行的放射诊疗设备18台，按要求开展放射防护性能检测。16个放射工作场所设置辐射警示标志及工作指示灯。区内有放射工作人员14名，均取得放射工作人员证。按要求在岗期间职业性健康体检，完成率100%；建立职业健康监护档案，进行放射防护与法律知识培训，并佩戴个人剂量计。

【卫生行政指导】 2013年，卫监开发区分所运用以行政指导为核心的柔性执法举措，作为行政许可、行政处罚等传统执法模式的重要补充，以有效实现行政目的。做好卫生行政指导，完成卫生行政指导流程图、建议书及审批表的制定工作，全年开展“公民建”项目的卫生行政指导工作11次。 （潘 菁）

·疾病预防控制·

【疾病预防控制概况】 2013年，开发区疾病预防控制中心（简称区疾控中心）开展疾病预防与控制、健康教育与促进、疫情及健康相关因素信息管理、突发公共卫生事件应急处置等工作。组织开展业务知识培训，全年培训业务人员300余人次。检查指导基层单位100余个次，编发检查简报6期。开展健康教育，向开发区企事业单位发放健康教育资料，举办“3·24”结核病日、“4·25”预防接种日、“5·31”世界无烟日、“10·8”全国高血压日和“12·1”世界艾滋病日等宣传活动，发放宣传资料2万余份。全年无甲类传染病报告。乙类传染病报告13种、735例，比上年下降1.34%，增加病种为甲型H1N1流感、麻疹、疟疾、登革热，无减少病种。乙类传染病发病数前3位的病种为肺结核、梅毒、淋病，占发病总量77.55%。报告HIV（人类免疫缺陷病毒）感染者5例，减少1例。丙类传染病报告5种、1006例。

【传染病防治】 开发区有传染病网络直报医疗单位14个、本级直报单位1个。全年报送传染病报告卡2149张，其中通过审核的传染病报告卡2024张，删除无效卡125张。报卡及时率、审核及时率100%。全区预警疫情78起，经调查，核实手足口病疑似暴发疫情1起，此外均为散发病例集中报告，排除聚集性发病。全年接到麻疹疑似病例15例，排除8例、实验室确诊7例，按要求及时调查和处理，开展密切接触者应急接种128人次。开展传染病监测，全年登记报告手足口病临床观察病例463例、临床诊断病例78例。检测手足口病临床诊断病例生物学样本60例，检测出阳性19例，阳性率31.67%，其中EV71（肠道病毒71型）阳性5例、CoxA16（柯萨奇A16病毒）阳性2例、其他肠道病毒12例。全年监测流感门诊病例34.2万例，其中流感样病例1698例，流感样病例就诊百分比0.5%。5月1日至10月31日，全区5个医疗机构开设肠道门诊，诊治腹泻病人3229例，其中初诊人数2939例，采便培养2927例，检出阳性结果62例。5~10月，开展外环境霍乱弧菌监测，共采外环境水样5批次、120件，市售水产品5批次、50件，经杭州市疾控中心实验室检测均为阴性。对食品、公共场所从业人员等重点人群开展霍乱检索，共检测各类从业人员1.18万人次，均未检出霍乱弧菌。开发区疾控中心开展人感染H7N9禽流感防控工作，对1例人感染H7N9禽流感监测病例进行流行病学调查和处理；开展禽流感防控知识培训，举办业务培训5次，培训业务工作人员150余人次；开展病死禽的现场处置、农贸市场活禽交易点消毒，以及散养家禽扑杀处理等禽流感防控业务指导工作。

【免疫预防】 全年开发区接种常规疫苗9.66万针次，其中一类疫苗7.16万针次、二类疫苗2.5万针次，未有安全接种事故报告。开展消除麻疹工作，组织实施适龄儿童麻苗集中式查漏补种工作和大一新生、初三学生麻疹类疫苗强化免疫活动，接种麻疹类疫苗2.36万人次。组织开展儿童接种率调查，流动儿童建证率100%，建卡率97.81%，“五苗”（卡介苗、脊灰疫苗、百白破三联疫苗、麻疹疫苗和乙肝疫苗）全程合格接种率98.36%；常住儿童建证率、建卡率均为100%，“九苗”（乙肝疫苗、卡介苗、脊髓灰质炎疫苗、百白破疫苗、麻疹疫苗、流脑疫苗、乙脑疫苗、麻腮风疫苗和甲肝疫苗）接种率100%，“五苗”全程合格接种率96.61%。全年网络报告疑似预防接种异常反应（AEFI）病例5例，均为一般反应，AEFI个案及时报告率100%。

【结核病防治】 全年开发区报告登记结核病例335例，其中涂阳肺结核33例、涂阴肺结核243例、结核性胸膜炎35例、肺外结核24例。非定点医院网络直报现住地址为开发区的疑似肺结核病例364例，其中转诊358例，转诊率98.35%。转诊后主动到定点医院就诊330例、追踪到位32例，总到位362例，无到位未收治病例。对2012年同期登记肺结核患者治疗进行队列分析，涂阳病例登记55例，治愈51例，治愈率92.73%。涂阴病例311例，完成疗程306例，完成治疗率98.39%。筛查涂阳病人密切接触者629例，经筛查未发现肺结核患者。组织各级医疗机构结核病督导员对涂阳、涂阴及未痰检的肺结核病人进行督导，全年督导276例，其中接受强化期督导243例，全程督导33例，总督导管理率100%。

【性病及艾滋病防治】 全年开发区新增报告艾滋病（HIV/AIDS）16例，累计报告49例，对每例新报告进行流行病学调查和阳性告知，阳性告知率100%，随访管理率92.65%，结核病筛查率82.53%，录入各类抗病毒治疗随访信息171人次。开展高校大学生HIV抗体监测，监测样品450人份，检测结果均为阴性，开展艾滋病健康问卷调查520人次。开展性病疫情监测，报告性传播疾病4种、422例，其中淋病140例、梅毒159例、尖锐湿疣32例、生殖道沙眼衣原体感染91例。

【慢性病防治】 全年开发区报告新发糖尿病111例、恶性肿瘤163例、心脑血管病90例。建立居民健康档案，档案规范建档率82.86%。开展慢性病随访和网络管理，高血压、糖尿病、肿瘤规范管理率分别为86.43%、72.86%、86.99%。督导医疗机构35岁以上内科首诊测压1.63万人，测压率100%，发现疑似高血压患者1734人，高血压检出率10.67%。开展居民死亡和慢性病漏报调查与成人行为危险因素监测，调查户籍人口5503人，发现漏报糖尿病6例、恶性肿瘤1例，未发现冠心病、脑卒中及死亡漏报病例；成人行为危险因素监测调查15～69岁户籍人口103人。

【生活饮用水监测】 开发区开展生活饮用水水质监测，全年监测生活饮用水样品145件，合格137件，合格率94.48%。其中：管网末梢水105件，合格率94.29%；二次供水40件，合格率95%。 （游　骋）

·食品药品监督管理·

【食品药品监督管理概况】 杭州市食品药品稽查支队经济技术开发区大队（简称市食品药品稽查支队开发区大队）按照食药部门职责和要求，开展药品、医疗器械、保健食品和化妆品的日常监管和执法检查。全年出动检查人员712人次，检查单位351个次，整改171个次，抽检产品102批次，抽检合格率90.2%；ADR（药品不良反应）监测317例，监测率126.8%；MDR（医疗器械不良事件）监测30例，监测率120%。其中：药品抽检62批次，合格率83.87%；医疗器械14批次，合格率100%；保健食品21个批次，合格率100%；化妆品5个批次，合格率100%。约谈药品生产经营企业11个，不合格产品核查15起，投诉处理7件，立案调查2件，联合公安部门捣毁非法经营窝点7个，破获网络销售假药案2起，查获违法违规药品20个品种、300余盒，向公安部门移交办案线索4条。

【食药监管机制建设】 杭州市食品药品监督管理局经济技术开发区分局（简称区食药分局）建立约谈制度，对存在问题较多、问题性质较严重的企业进行约谈，全年约谈药品生产企业11个。建立工作例会制度，定期召开季度药品生产（研发）企业工作会议，全年共举办4期。建立药品应急预案体系，建立健全对药品安全事故的救助体系和运行机制，制订《开发区药品应急预案》，落实“地方政府负总责、监管部门各负其责”的药品安全责任体系。建立药品不良反应监测体系，将不良反应监测工作情况纳入企业诚信考核体系。为及时解决食品药品安全违法案件查处中遇到的重大问题，区食药分局加强与公安、工商、质监等部门的合作联动，建立食品药品领域打击违法犯罪工作协作机制。结合现有药品信息监管网，组织相关企业征求意见，考察学习其他单位成熟的监管经验，整合原有系统功能、纳入医疗机构的药品管理，增加功能模块，建设药品从生产到流通、使用等环节的信息化监管平台。

【药企GMP认证】 开发区对区内的杭州默沙东制药有限公司、杭州澳亚生物技术有限公司、浙江康莱特药业有限公司等药品生产企业的重点项目、技改项目，上门提供“嵌入式”服务，帮助企业推进新扩项目投产，推动企业顺利完成药品生产质量管理规范（GMP）的认证。全年完成GMP认证的药品生产企业3个、高风险制剂生产企业3个，助推申报GMP认证企业5个。医疗器械生产企业通过质量管理规范检查和质量体系考核8个。

【首届“诚信药店”评选】 10月，区食药分局启动开发区首届“诚信药店”评选活动。结合市食品药品监督管理局“诚信药店”评选活动和新版GSP的试点实施工作，摸清开发区102个药品零售企业经营的基本情况和实施新版GSP过程中存在的问题，逐步推进量化分级管理和信用体系建设。评选过程由社会招募的10名义务食药监督员参与，经《今日下沙》报等媒体公示，评定 诚信药店21个。

【药械保化产品专项整治】 全年区食药分局开展节日期间药械安全、中药饮片、原料药、中药药渣、软性角膜接触镜、清网行动、保健食品打“四非”、药品“两打两建”、保健食品化妆品“两打三推”、无菌类和体外诊断试剂医疗器械生产等15类专项整治，出动300余人次，检查单位260余个次。通过专项整治，提高企业负责人产品质量安全第一责任人意识，规范企业经营管理，提高辖区药械保化产品安全性。

▶▶资料：保健食品打击“四非”、药品“两打两建”、保健食品化妆品“两打三推”

保健食品打击“四非”，一是打击保健食品非法生产行为；二是打击保健食品非法经营行为；三是打击保健食品非法添加行为；四是打击保健食品非法宣传行为。

药品“两打两建”，“两打”指通过对药品生产经营企业、中药材专业市场、诊所和互联网的排查检查和监测，深挖带有区域性、系统性苗头和“潜规则”性质的药品安全隐患，严厉打击中药和化学药品违法生产行为，联合有关部门严厉整治中药材专业市场和打击网上非法售药行为，打击出租出借药品经营资质性质的违法经营活动，严厉整治诊所非法药品购销行为。“两建”指建规范和建机制。

保健食品化妆品“两打三推”，“两打”指打击假冒伪劣保健食品化妆品，打击保健食品违法添加化学药物和化妆品违法使用禁限用物质；“三推”指推动保健食品化妆品质量提升，推动保健食品化妆品示范创建，推动保健食品化妆品科学消费。

5月22日，开发区举办食物中毒防制知识培训班

（区卫生分局 供稿）

12月23日"守护生命 天使血缘"医护人员无偿献血活动
（区卫生分局 供稿）

【药品安全联合打假】 2013年，为解决食品药品安全违法案件查处中遇到的重大问题，落实《关于办理危害食品安全刑事案件适用法律若干问题的解释》，区食药分局加强与公安、工商、质监等部门的合作联动，建立食品药品领域打击违法犯罪工作协作机制。全年召开联席会议4次，开展联合整治活动7次，捣毁非法经营窝点7个，移交公安办案线索4条，破获网络销售假药案2起，查获假药20个品种300余盒，抽检送样10个批次，均检出"西地那非"或"他达那非"成分。

【保健食品化妆品监管】 7月，区食药分局举办保健食品、化妆品生产企业培训会，讲解相关法律法规和卫生规范，部署"两打三推"和保健食品打击"四非"专项整治等工作，与13个保健食品、化妆品生产企业和62个经营企业签订责任书。6月25日，召开5个部门打击保健食品"四非"联席会议。至年末，组织检查生产经营企业99个次，整改59个次，完成保健食品生产企业清理换证检查4个。制订探索化妆品生产企业监管模式工作方案，完成"开发区'1+3'化妆品生产企业监管模式"调研文章，并向杭州市食品药品监督管理局报送"开发区'1+3'化妆品生产企业监管模式"情况专报。

【药品不良反应监测】 区食药分局落实专人负责药品不良反应监测，制定工作制度和考核奖励机制，将药品不良反应监测情况纳入企业诚信考核体系；结合国家药品不良反应监测系统启动，召开工作交流会进行培训，邀请专家开展专题讲座和实务操作。6月，区食药分局完成ADR（药品不良反应）、MDR（医疗器械不良事件）开户和用户转移工作，开户140个，下达监测单位年度监测指标。7月，启动ADR、MDR监测。至年末，实施ADR监测317例，完成监测率120%，MDR监测30例，完成监测率120%，并对每例药品严重不良反应和医疗器械不良事件开展跟踪调查和信息反馈。

【食品药品安全基层服务】 10月，区食药分局邀请杭州市下沙医院35名党员干部，共同开展"食药安全、健康五进"为主题的基层服务活动。服务团队深入社区、企业、学校普及食药安全法律法规和科普知识，提高辖区群众的食药安全意识。至年末，开展宣传活动10场次，召开座谈会5次，梳理社会各界的意见和建议21条。11月，举办"食品药品安全宣传月"暨"健康用眼，安全选镜"进高校活动。联合市食药局及开发区15个部门，邀请医疗机构16名专家坐诊，讲解药物、隐形眼镜和护理液的正确使用及不良反应等知识，开展名贵中药材鉴别等服务，提供防癌、养生保健、法律法规等咨询，宣传"四品一械"（食品、药品、化妆品、保健食品、医疗器械）安全知识。活动发放宣传资料20余种、5000余份，提供咨询服务1000余人，免费检测血压、血型300余人次。

（王青青）

【餐饮监督管理】 12月11日，开发区餐饮服务、保健食品、化妆品的监管职能由卫生监督所经济技术开发区分所划转至杭州市食品药品监督管理局经济技术开发区分局。2013年，开发区以食品安全"321示范工程"创建、"十万学生饮食放心工程"建设等项目为重点，开展餐饮服务食品安全监督量化分级管理，加强对学校、建筑工地、企业食堂、快餐配送单位、学校周边餐饮服务单位等监督检查力度，依法规范管理餐饮生产经营行为，保障辖区人民群众身体健康和饮食安全。

> **▶▶资料：食品安全“321示范工程”**
>
> 食品安全“321示范工程”指从2011年到“十二五”规划期末，浙江省将创建国家级和省级餐饮服务食品安全示范县（市、区）30个、餐饮服务食品安全示范街200条、餐饮服务食品安全示范单位1000个，形成点、线、面相结合，多层次、全方位、全业态餐饮服务食品安全示范群体。

【餐饮服务行政许可】 2013年，区卫生分局（食药分局）发放餐饮服务许可证653件，其中新发573件、延续61件、变更19件，因停业注销86件。以邮寄方式，向需申请餐饮服务许可延续的481个单位发放信件，提醒各经营单位在许可证有效期届满前及时办理延续。

【固定无证无照餐饮场所专项整治】 全年开发区出动餐饮整治执法车辆193车次，出动执法人员526人次，整治固定无证无照餐饮场所1163个次，监督频次为2.21次，其中已发放餐饮服务许可证场所336个、整改合格通过现场审查但暂未提交餐饮服务许可材料的场所75个、劝退或查处取缔25个。整治中发放宣传资料3500余份，并协调解决整治中发现的问题。

【餐饮食品安全“321示范工程”】 2013年，区卫生分局（食药分局）大服务、培训和监督检查力度，按照《浙江省餐饮服务食品安全“321示范工程”建设实施方案》的基本标准要求，推进“321示范工程”创建。通过努力，浙江中纺教育发展有限公司（浙江理工大学）、杭州文一教育发展有限公司（杭州电子科技大学）、浙江省杭州第四中学、杭州市文海实验学校、杭州市实验外国语学校5个学校食堂被评为2013年度市级餐饮服务食品安全示范学校食堂；开发区白洋桥美食休闲园被评为2013年度市级餐饮服务食品安全示范街；开发区锦鸿大酒店和杭州杭越海鲜有限公司被评为2013年度市级餐饮服务食品安全示范单位。

【面食制品专项整治】 1~3月，区卫生分局（食药分局）开展“餐剑一号”（即餐饮服务环节自制面制食品）专项行动，对辖区经营自制油条、馒头、煎饼、糕点等面制食品餐饮服务单位进行检查。重点检查含铝膨松剂采购、使用、保管是否规范，督促餐饮服务单位落实食品添加剂“一备案一公示”和“三台账五专管”制度。对有外购油条、馒头、煎饼、糕点等面制食品的餐饮服务单位督促建立完善索证索票和进货查验制度，杜绝不合格面制食品流向餐饮服务环节。行动出动检查人员102人次，检查餐饮服务单位51个次，对3个餐饮服务单位的5件面粉及面制食品开展抽检，抽检样品经检测合格产品。

【肉类及肉制品专项治理】 6月，区卫生分局（食药分局）对辖区餐饮服务单位开展肉类和肉制品专项治理。治理期间出动检查人员208人次，检查餐饮服务单位104个次，其中餐馆26个次、小吃店22个次、学校（幼儿园）食堂37个次、工地食堂10个次、集体用餐配送单位8个次、中央厨房1个次。各餐饮单位基本能提供齐全的采购肉品索证资料，未发现使用来源不明、无检疫合格证或检疫不合格的猪牛羊肉、病死猪牛羊肉等情况。

【食用冰块专项检查】 9月，区卫生分局（食药分局）开展餐饮消费环节食用冰块专项检查行动，对使用食用冰块数量较大的大中型饭店、西式快餐店、饮品店等餐饮服务单位进行检查。检查期间出动检查人员76人次，检查餐饮单位38个次，其中西式快餐店和部分大型餐饮单位、饮品店的情况较好，表现在制定有制冰机的操作规程，制冰机、滤芯按规定均进行定期清洗、更换并有记录，员工操作规范。对10个餐饮单位进行食用冰块抽检，抽检样品10件，4件样品菌落总数及大肠菌群数不合格。根据检测结果，对不合格的单位负责人进行约谈，要求限期整改，并签订《餐饮单位食品安全承诺书》。

【食品添加剂专项整治】 6月起，区卫生分局（食药分局）开展打击违法添加非食用物质和滥用食品添加剂的专项整治行动，督促所有餐饮单位（包括学校食堂、企业食堂、集体用餐配送单位、大中小型餐饮业等）开展自查自纠，并通过调查掌握所有餐饮单位可能使用的非法添加非食用物质、滥用食品添加剂的品种及易被添加的食品类别。8月末，对开发区大中型以上餐饮单位、含凉菜与生食海产品及现场制售卤味的单位开展专项检查，抽检10个餐饮服务单位的熟食卤味样品15件，样品送农业部农产品及转基因产品质量安全监督检验测试中心（杭州）进行检测，合格14件，合格率93.3%。整治行动有助推进餐饮业食品添加剂备案制度的实施，消除违法添加非食用物质和滥用食品添加剂的安全隐患，提高食品安全管理水平。

【餐饮具消毒企业专项整治】 2013年，开发区对餐饮具消毒企业开展专项整治行动，全年区卫生分局（食药分局）抽检集中消毒餐饮具44件，合格43件，合格率为97.7%。整治期间，检查人员进行突击检查，着重对餐饮具集中消毒单位的环境、生产设备及运输工具、相关制度、人员管理、卫生管理、实验室检验等进行检查。约谈负责人，组织负责人参加开发区2013年度食品安全知识培训班，并签订《安全承诺书》，要求企业树立食品安全第一责任人意识，建立健全质量管理体系，严抓餐饮具消毒质量，确保食品安全。开发区有餐饮具集中消毒单位2个，均取得工商营业执照及“浙江省餐饮具集中消毒单位卫生监督合格证”。

【“十万学生饮食放心工程”建设】 2013年，开发区启动“十万学生饮食放心工程”，全面消除无餐饮服务许可证的学校食堂，基本消除学校周边无餐饮服务许可证的餐饮店。提升学校食堂食品加工流程符合率，其中公办校园目标85%以上，民办幼托机构目标65%以上。全面实施新版餐饮服务食品安全监督量化分级管理制度，学校食堂量化分级A、B等级目标75%。落实食堂食品采购流程中索证、进货验收和建立台账等制度，发放《食品原料采购索证登记台账》700余册。学校大宗食品统一配送或者定点采购率目标70%以上，食品可追溯率目标85%以上。学校饮用水城镇管网接入率目标100%。8月，开展秋季学校开学和中秋节、国庆节前校园食品安全专项检查，组织学校开展食堂开放日和学校食堂现场会，推进学校食品安全宣传教育活动，中小学生饮食安全知识知晓率100%。建立和完善学校食品安全事故应急预案和事故报告制度，保障学生吃得安全。

▶▶资料：十万学生饮食放心工程

2013～2015年，区卫生分局（食药分局）以学校食堂、学校周边餐饮店食品安全和学校饮用水安全等为重点，推行校园食品可追溯制度，食堂食品安全监督量化分级管理和“五常法”管理模式（即常组织、常整顿、常清洁、常规范、常自律），整顿校园周边食品安全环境，开展饮食安全教育，普及食品安全基本知识，建立和完善校园食品安全监管长效机制，实现学校食品源头可溯、全程可控、风险可防、责任可究。

【餐饮服务食品安全监督量化分级管理】 2013年开发区有持证餐饮服务单位1372个，应量化单位1127个、已量化单位1127个。其中集体食堂292个、餐饮业835个，量化分级率100%。核定A级单位13个，其中集体食堂11个、餐饮业2个；核定B级单位673个，其中集体食堂226个、餐饮业447个；核定C级单位441个，其中集体食堂55个、餐饮业386个。通过量化分级管理，提高餐饮服务单位自身卫生管理能力，完善卫生设施，降低食品安全危害风险。

资料：餐饮服务量化分级管理

指对持“餐饮服务许可证”的餐饮服务单位，包括餐馆、快餐店、小吃店、饮品店、食堂、集体用餐配送单位和中央厨房等，进行餐饮服务食品安全等级评定。分为动态等级和年度等级，动态等级分为优秀、良好、一般三个等级，分别用大笑、微笑和平脸三种卡通形象表示；年度等级分为优秀、良好、一般三个等级，分别用A、B、C三个字母表示。

【厨房远程监控系统建设】 2013年，开发区鼓励餐饮服务单位安装电子监控系统，组织杭州电子科技大学、浙江理工大学、中国计量学院、浙江工商大学4所高校的食品安全负责人到西湖风景名胜区观摩学习食品安全远程监控系统。至年末，4所高校的食堂完成监控摄像头的现场安装。开发区对高校食堂的厨房、操作间等重要场所进行实时监控和记录，为建设食品安全可追溯体系提供技术支撑，提高对食品加工过程的管控能力。（钱　江）

文化 体育

·文化体育综述·

【文体事业健康发展】 2013年，开发区文体事业围绕《开发区文化和体育事业发展规划（2011~2015年）》的总体要求，以打造“文化下沙”金名片和打造“健康开发区”为主要目标，以贴近实际、贴近群众为主线，抓好开发区文体设施建设、文体活动繁荣、文体队伍培养、文化资源保护、文化市场管理等工作，提升体育公共服务的水平，提升公共文化服务能力。创建区域性活动品牌，形成“政府主导、市场运作、赛事引领、群众参与”的良好格局。竞技体育坚持“体教结合、市队区办、区校联办”的方针，以“一校一品、一校一特”为抓手，做好体育传统学校项目布点工作，促进开发区文化体育事业的健康发展。

【基层文化设施提升】 2013年，开发区社会发展局（简称区社发局）以文化示范社区创建、公共电子阅览室服务体系建设为重点，成功创建白杨街道多蓝水岸社区为浙江省文化示范社区，创建白杨街道文化站为杭州市示范综合文化站，下沙街道铭和社区、白杨街道多蓝水岸社区和朗琴社区为杭州市文化示范社区。在下沙街道综合文化站、白杨街道综合文化站（邻里社区）和人北社区设有公共电子阅览室，新增下沙街道综合文化站为“一证通”工程基层服务点，并组织2012年新设“一证通”服务点的社区工作人员参加杭州图书馆业务培训，提升基层服务队伍素质。至年末，全区有“一证通”工程基层服务点11个。

【体育服务体系完善】 2013年，区社发局深入开展杭州市“星级”体育社区创建工作，下沙街道七格社区，白杨街道云水社区、朗琴社区、海天社区、江滨花园社区5个社区被评为杭州市“星级”体育社区。辖区有“星级”体育社区8个，其中云水、湾南两个社区为五星级体育社区，其余6个为四星级体育社区。开发区加大街道、社区体育设施建设，投入体彩公益金18万元，建成全民健身苑9处，丰富基层体育设施网络，逐步形成安全、便捷、多样的基层体育公共服务体系。

【基层文体队伍培养】 11月1日，由区社发局举办的开发区群众文体骨干培训班在下沙街道、白杨街道综合文体站开班。培训共分4期，两个街道各2期，有160余名文体骨干参加培训。杭州市武术协会和杭州市文化馆的太极拳、排舞专家受邀现场授课，通过培训，学员在个人业务能力和教学能力上得到提高。全年区社发局培训三级社会体育指导员71人，至年末，开发区有三级社会体育指导员数量284人。

·群众文体·

【“文化、电影进社区”文化惠民工程】 2013年，开发区深入开展“文化、电影进社区”文化惠民工程。8~9月，在各社区、文化广场、外来人口公寓等区域，举办文艺演出20场和电影活动100场。7~10月，响应杭州市“城市电影惠民工程”，落实“送电影进社区、进广场”活动放映点，在新雁公寓、锦阳人力生活区、杭州中策橡胶有限公司外来人口公寓、邻里小区等外来人员相对集中区域放映电影36场。7月25

日，启动“留守儿童公益放映专场”活动，活动持续5周，放映电影9场，丰富了假期到杭州的外地留守儿童的文化生活。全年文化、电影惠民活动覆盖整个开发区，融合家庭文化、社区文化、广场文化、邻里文化与企业文化，活跃辖区居民业余文化生活。

【全省开发区排舞大赛】 8月24日，“温州开发杯”浙江省开发区排舞大赛在温州举行，共有14支代表队240余名选手参加比赛。开发区经过筛选，组织白杨街道的一支16人组成的排舞队参加比赛。经过1个多月的排练，白杨街道排舞队在赛场上以整齐的舞步、奋发向上的精神面貌展示开发区人充满活力与激情的风采。参赛舞蹈《加勒比明珠》获得大赛银奖，并获“最佳活力奖”称号。

【“美丽下沙”全省摄影大展】 6月，开发区联合省、市摄影家协会，由开发区管委会办公室和区社发局共同承办的“美丽下沙”全省摄影大展正式启动。6~8月，面向社会征集到省内外参赛者选送的摄影作品约2000幅。9月24日，由省、市摄影专家对作品进行评审，评出一等奖1名、二等奖3名、三等奖6名、优秀奖200名。12月，在下沙街道文化中心举行“美丽下沙”全省摄影大展颁奖仪式，选取最能表现开发区建设发展成就、城市风貌、人文和自然景观的获奖作品进行展示。

【第二届开发区书画大赛】 9月，由开发区管委会主办、区社发局承办、开发区书画协会协办的“扬下沙情·筑中国梦”第二届书画大赛启动。大赛经过1个多月的作品征集，收到书画作品120余幅。11月初，区社发局聘请省、市书法家协会的专家和大学教授，组成专业评审组对投稿的作品进行评选，评出书法、绘画优秀奖各5幅，入展奖各13幅，获奖作品共计36幅。12月初，获奖作品在开发区市民中心4楼进行为期1周的展览。

【群众文化活动】 2月23~27日（农历正月十四至正月十八），以“开发建设二十载，和谐新城民生祥”为主题的开发区2013年元宵灯会在区口广场举办。灯会分白杨街道、下沙街道2个展区，设有2个门楼、35个灯组，亮灯时间为18时至20时30分，吸引13万名观众参与赏灯。5月，区社发局组织杭铣社区“舞动奇迹”舞蹈队参加由省文化馆与浙江电视台影视频道联合举办的“我爱跳排舞”节目录制，并推荐元成社区“星之火舞团”作为开发区代表队伍参赛，获得“优秀奖”。6月15日，开发区与杭州市文广新局共同举办“杭州传统戏剧曲艺进邻里社区”活动，用文化演出的形式向居民传递保护非物质文化遗产理念，扩大杭州传统戏剧曲艺的社会影响力。10月30日，区社发局首次联合杭州市文化馆和绍兴市文化馆共同承办“文化走亲”活动，给白杨街道邻里社区的200余名新杭州人带去别样的视听享受，实现异地文化资源共享。

【环保主题文艺大赛】 区总工会、区建设局、区社发局联合主办的“美丽下沙、幸福家园”环保主题文艺大赛，5月9日起征集报名，参赛单位涵盖机关、学校、企业和社区。活动受到开发区居民踊跃参与。全区47个节目进入初赛，作品形式包括唱歌、跳舞、器乐、小品、儿童剧、时装秀、魔术等。6月6日，决赛在浙江传媒学院小剧场进行，12个节目进入决赛，通过激烈角逐，现场决出一等奖1名、二等奖2名、三等奖3名及优秀节目奖6名，其中杭联热电公司的音舞诗《深呼吸》节目获得一等奖。

参见“环境保护”类目“环保主题文艺大赛”条目

（房露婷）

【全民健身日活动】 8月8日，以“我运动、我健康、我快乐”为主题的环金沙湖徒步走活动在开发区金沙湖公园举行。活动由开发区管委会主办、区社发局承办。开发区党工委、管委会，区社发局、区团工委、下沙街道、白杨街道等单位领导出席活动。500余名健身爱好者参加徒步走活动。活动路线从金沙湖公园观景平台出发，绕金沙湖1周，全程约2.5千米。

【广场舞健身活动】 居民广场舞已经成为开发区一种草根文体活动，流行于区内各小区、广场、公园等场所。至年末，全区有广场舞活动地点37个，参与人数2000余人，参与者多为中老年人，其中以女性居多。广场舞活动由居民自发组织或社区团体组织，定期定点开展群众喜闻乐见的活动，一般采取居民自费形式或各类基层服务组织资助购买设备，各广场舞队伍基本具备音响设备、统一服装等。

【开发区第二届羽毛球联赛】 10月13日，由区社发局主办、区羽毛球协会承办的第二届羽毛球联赛在浙江金融学院体育馆开幕。联赛分团体赛、个人赛两个阶段，28支队伍、300余名运动员参赛。最终，开发区管委会代表队夺得团体比赛冠军、青年男子双打第1名、青年混合双打第1名、中年男子双打第2名、中年男子单打第3名等成绩，杭州第四中学、浙江财经大学、杭州安费诺飞凤通信部品公司、区工商分局代表队各获取1项单项冠军。

【开发区第四届篮球联赛】 11月1日，由区社发局主办、区篮球协会承办、浙江理工大学体育教研部和中国计量学院体育军事部协办的开发区第四届篮球联赛在浙江理工大学体育馆开幕。来自开发区各行各业的16支队伍在浙江理工大学和中国计量学院的篮球馆参加比赛。经过7天、40场比赛，杭州轩宇人力资源有限公司篮球队获得第1名，浙江计量研究院篮球队和中国计量学院篮球队分获2、3名。

【开发区在省武术集体项目锦标赛获奖】 7月13日，2013年浙江省武术集体项目锦标赛暨“武术下基层活动”在建德市召开。比赛由浙江省体育总会、建德市政府主办，浙江省武术协会、浙江省对外体育交流中心、建德市体育局承办，全省11个地市的64支代表队，约1200名运动员报名参加。开发区代表队派出31名武术爱好者参赛，获得“抒怀剑”团体第1名、24式简化太极拳团体第2名、32式太极剑第2名，并被浙江省体育总会授予“发展武术运动三等贡献奖”和“优秀运动队”称号。

（沈利军）

表26

2013年开发区居民广场舞开展情况

序号	社区	广场舞地点	组织形式	人数（人）
1	头格	临江大厦南侧、社区临时办公大楼前	居民自发组织	60、40
2	七格	七格文化广场	居民自发组织	80
3	智格	智格小区公园内、新怡家园	居民自发组织	80
4	中沙	下沙街道文化广场、金沙湖畔	居民自发组织	100
5	上沙	海达路与天城东路口（永裕大厦8号楼门口）、海达路东侧（阿伟饭店门口）	居民自发组织	60、80
6	下沙	老年活动中心广场	居民自发组织	50
7	高沙	高沙农贸市场南侧活动广场	居民自发组织	50
8	东方	下沙街道卫生服务中心广场	居民自发组织	70
9	湾南	社区过渡房文体广场	居民自发组织	80
10	元成	东盛家园小区南门、松乔街南侧	居民自发组织	100
11	新元	新溢苑小区内	居民自发组织	20
12	松和	社区边新建公安大楼广场、过渡房广场	居民自发组织	80、20
13	铭和	学林街吴云刚诊所门口、桂雨坊对面小公园	居民自发组织	50、60
14	杭饶	社区公园内	居民自发组织	30
15	滟澜	室内舞蹈室、龙湖三期西侧（海达南路东侧）	居民自发组织	10
16	柠檬	柠檬郡会所前	社会团体组织	20
17	早城	中外公寓售楼处前	居民自发组织	20
18	高教	清雅苑小区北广场	居民自发组织	100
19	闻潮	天元公寓小广场	居民自发组织	25
20	海天	地球广场、二期中心广场	居民自发组织	20、30
21	观澜	19号大街与之江东路交叉口、朗轩小区门口	居民自发组织	40、50
22	邻里	和达自由港小广场	居民自发组织	10
23	云水	金沙学府中心广场、围垦广场、金沙居活动室	居民自发组织	40、130、50
24	伊萨卡	伊萨卡小区会所附近及伊萨卡小区东门露天广场	居民自发组织	50
25	月雅苑	锦鳞公园或东海木名园小区17幢大厅	社会团体组织	25
26	东湾	保利东湾北区南亭外	居民自发组织	30
27	邻里	和达自由港小广场	居民自发组织	10
28	大北	怡乐园广场	居民自发组织	100
29	多蓝水岸	东东城外广场	居民自发组织	80

·竞技体育·

【开发区参加市第十八届运动会】 3~7月，杭州市举办“杭州新天地杯”第十八届运动会。开发区组团参加运动会青少年部的乒乓球、击剑、羽毛球、跆拳道、射箭、田径6个项目的比赛，共有运动员、教练员、领队及工作人员在内的97人参与。开发区代表团获得36.69枚金牌和276.5分积分，位列金牌榜第10名，并获杭州市政府颁发的“体育道德风尚奖”和青少年部射箭比赛“最佳赛区”奖，开发区3所中小学和6名体育工作者分别被评为2009~2012年周期竞技体育工作先进单位和2009~2012年周期竞技体育工作先进个人。

【市十八届运动会青少年自行车比赛】 5月9~10日，杭州市第十八届运动会青少年自行车比赛在开发区金沙湖区域举行。比赛设有200米、1500米、3000米、6000米个人计时4个项目，分男女甲、乙、丙3组，共产生22个单项、4个团体的26枚金牌，杭州市6个区、县（市）的84名运动员参赛。开发区文海自行车队获得22个单项比赛的全部金牌。5月12~14日，文海自行车队还派出20名运动员，代表杭州市参加在湖州市举办的“2013年浙江省青少年公路自行车锦标赛”和“浙江省青少年场地自行车锦标赛”，获得金牌18枚。

【市十八届运动会青少年射箭比赛】 6月1~2日，第十八届运动会青少年射箭比赛在下沙中学举行。比赛分男女甲、乙、丙3组，共产生12个单项、6个团体的18枚金牌，来自全市9个区、县（市）的150名运动员参与争夺。最终，来自下沙中学、下沙第二小学的开发区射箭队以9金5银4铜的成绩，获得比赛奖牌榜第1名和团体总分第1名，并获得大会组委会颁发的“体育道德风尚奖”。

5月23~26日，在宁波举行的一年一度的全国重点城市射箭比赛中，开发区射箭队代表杭州市参赛，获得男子甲组团体第1名、男子乙组团体第2名的成绩。下沙中学学生顾建毅在男子乙组比赛中获得30米赛、40米赛、个人单轮全能3枚金牌。开发区射箭队再次蝉联金牌总数第1各和团体总分第1名，并获“精神文明奖”。

【市十八届运动会青少年羽毛球比赛】 5月14~19日，杭州市第十八届运动会青少年部羽毛球比赛在城北体育公园羽毛球馆举行。比赛按年龄共设男女5个组别、20个项目，来自杭州市各区、县（市）的12支队伍参与该项赛事。经过6天赛程，开发区羽毛球代表队取得2002年组男子单打第5名、双打第5名、团体第3名，2003年组女子单打第6名、团体第4名的成绩，为开发区羽毛球项目参加历届市运会以来的最佳战绩。

【市十八届运动会青少年击剑比赛】 4月25~28日，杭州市第十八届运动会击剑比赛在萧山少年儿童体育运动学校举行。开发区代表队获得女子乙组花剑团体第2名、男子乙组花剑团体第5名，并被评为“精神文明代表队”。学正小学学生李可昕，作为优秀运动员，代表浙江省参加2013年全国儿童击剑锦标赛。

【全国青少年无线电测向和电子制作锦标赛】 7月20日，2013年全国青少年无线电测向锦标赛（1.8兆赫）、青少年电子制作锦标赛在文海中学举行。比赛由教育部、国家体育总局、中国科协、共青团中

骑行

冲刺

颁奖

5月10日，杭州市第十八届运动会青少年自行车比赛在开发区金沙湖公园举行　（黄健员　摄）

央、全国妇联主办，中国无线电运动协会、杭州市体育总会、杭州市无线电定向运动协会、开发区管委会、开发区文海集团承办。比赛分为青少年无线电测向和青少年电子制作2个大项、15个小项。7月20～29日，来自全国27个省市的150余支代表队共1200余名运动员参与角逐。

开发区文海中学在个人赛、接力赛、团体赛、测向机、信号源外观创意评比等项目中获得奖项30个，其中一等奖6项、二等奖9项。其中：在无线电测向个人赛专场比赛中，陈嘉禾获得少年男子组一等奖，孟鑫恬、杨锦煦获得少年女子组一等奖；在无线电测向机、信号源外观创意评比中，陈嘉禾获得初中组一等奖；在无线电测向团体赛专场中，文海小学徐冰怡、沈榆、林晨、张灏东、张靖杰5位同学组成的团队获得小学组团体赛一等奖；在无线电测向接力赛专场赛事中，王健、张妙林、韩宇轩获得少年男子组一等奖。文海实验学校获2013年全国青少年无线电测向锦标赛（1.8兆赫）“优秀组织奖”和“优秀基层单位奖”，展现了开发区中小学科技教育的成果。

（沈利军）

7月20日，全国青少年无线电测向锦标赛、青少年电子制作锦标赛在开发区文海中学举行　　（区社发局　供稿）

▶▶资料：“3号大堤”“创业1号闸”

3号大堤是1962年浙江省公安厅江涂围垦总队在2号大堤外滩，修筑南自下沙胜利闸门外1450米处、北至海宁杨家村，南北走向一条大堤。现为贯穿开发区中部的南北向绿化大堤。围堤长19.65千米，围涂2213.13公顷，当时作为第2道防线，保护下沙江边的土地。为解决排涝问题，1977年5月，在3号大堤上建成创业1号闸。该闸位于三号大堤围垦指挥部（现江堤河道监管中心）白洋桥旁，是一座沉井基础的节制闸，投资10.3万元，投工3.35万工。水闸净孔径3米，反拱式钢筋砼底板，底板标高3.8米，可通50吨位以下的船只，是当时围垦区水上运石的重要通道。涝水经创业1号闸排入3号大堤护塘河内，通过四格排灌站排入钱塘江。

·文物保护·

【围垦历史遗迹列为市级文保单位】 开发区所在地原为钱塘江的江滩，系潮水顶托钱塘江口泥沙淤积形成。近年来，随着开发区城市化进程不断推进，区内的地形地貌发生很大变化，三号大堤、创业一号闸的防洪排涝功能逐渐消退，但作为开发区的围垦历史遗迹。在后期的维护中，3号大堤得到市政府重新加固的支持，并且在开发区的绕城线和11号大街的修建过程中，都采取避开3号大堤的方案进行建设，使得此堤保留至今。为见证开发区围垦史，让历史遗迹继续完好无损地保留下去，区社发局邀请杭州市园文局专家实地勘察，征求杭州市文化广电新闻出版局相关业务部门意见，完成史料收集与整理并报送杭州市文物保护局。经过专家论证，12月，杭州市政府决定将开发区围垦历史遗迹正式确定为杭州市第5批市级文物保护单位。

【第一次全国可移动文物普查】 9月，第一次全国可移动文物普查工作启动。区社发局按照杭州市印发的被列为普查对象的国有单位名单，对区内177个国有单位进行全面的信息整理、核对。由于存在单位注销、合并、搬离的情况，最终普查151个在开发区的国有单位，并及时收回国有单位文物收藏情况调查登记表，完成所有普查信息的汇总、录入及上报工作。11月初，通过摸底阶段的工作统计到浙江金融职业学院钱币约4400余枚、货币3300枚及历史票据约1100份。

【参与《“三江两岸”系列丛书》撰稿】 2月，按照杭州市政府对“三江两岸”沿线历史文化、历史文物特别是农村历史文化建筑挖掘、保护与利用的要求，开发区配合杭州市政协文史委对“三江两岸”沿线的文化进行挖掘和整理。根据《“三江两岸”系列丛书》（10本）的征编内容，结合开发区实际情况，区社发局通过资料收集与整理，于4月完成对开发区内整体情况及“沙地文化”“潮文化”“民间习俗”等相关材料的汇编工作，整理成稿上报杭州市政协文史委，用于该系列丛书的编撰。

▶▶资料：“三江两岸”

“三江”包括主流新安江、富春江、钱塘江，以及浦阳江、兰江、大源溪、分水江等主要支流。“两岸”即是三江沿线可视范围，上游起于建德市新安江大坝，下游止于杭州经济技术开发区和大江东新城。

（房露婷）

·文化市场管理·

【文化市场管理概况】 2013年，开发区文化市场平稳有序发展，文化经营单位增至273个。杭州市文化市场行政执法总队经济开发区大队（简称区文化执法大队）通过调入和公开招考，新增执法人员3名。全年区文化执法大队开展知识产权专项检查、网吧专项整治、“剑网”行动、“净网”行动、“清源”行动、“秋风”行动以及规范少儿出版物市场专项治理等10余项专项整治行动，出动检查754人次，检查场所587个次，共查办案件13起，其中简易程序案件4起、一般行政案件9起。处罚金额7.5万元，罚处停业整顿电子游艺场所3个。组织召开“扫黄打非”领导小组工作会议，传达全国、省、市“扫黄打非”工作有关精神，开展“扫黄打非”专项行动。重视文化场所安全生产，与各经营单位签署《2013年度开发区文化市场消防安全目标管理责任书》，开展文化场所安全隐患排查，组织文化市场年度消防安全逃生自救演练活动。2013年，区文化执法大队被国家版权局评为2012年度查处侵权盗版案件有功单位三等奖。

【文化机构行政审批】 2013年，区社发局受理行政许可审批事项50件，办理非行政许可备案事项13件，办结率100%；对开发区77个打字复印经营单位、81个出版物经营单位和8个音像制品零售经营单位进行年检；开展全区网吧、娱乐场所和文艺表演团体的两年一次的统一换证工作；完成2012年度电影院年度核验及公共视听载体备案工作。5月，开发区书画协会成立。7月，开发区文化娱乐行业协会成立，为开发区群众文化和文化市场的管理建立组织阵地。

【网吧市场监管】 8~10月，区文化执法大队开展网吧市场专项整治行动，严厉查处网吧接纳未成年人行为，坚决取缔无证经营的“黑网吧”，加强网吧技术监管措施，抵制低俗暴力内容传播。9月7日，区文化执法大队联合区文明办、区公安分局、区工商分局等10余个职能部门，召开专项整治行动动员会议，明确部门职责、部署工作任务。10月25日，区文化执法大队举办“2013年度开发区文化市场义务监督员培训会”，辖区9所高校的20名义务监督员参加培训。在网吧市场监管中，全年出动检查363人次，检查场所365个次，查处违规经营行为4起，涉罚金额8000元。网吧场所接纳未成年人的经营行为明显减少，但未按规定核对、登记上网消费者有效身份证件现象偶有发生。

12月，开发区围垦历史遗迹被确定为杭州市第5批市级文物保护单位。图为3号大堤创业1号闸遗址 （房露婷 供稿）

【电子游艺市场监管】 8月，区文化执法大队联合区公安分局开展电子游艺场所专项治理行动，重点检查电子游艺场所在国家法定节假日以外接纳未成年人和利用游戏机进行赌博等违法违规经营行为。全年出动检查159人次，检查电子游艺场所85个次，立案查处违规行为9起，涉罚金额7000元，罚处停业整顿场所3个。违规行为主要表现为擅自变更机型机种违规经营。11月8日，区文化执法大队、区公安分局、区工商分局、区社发局4个部门联合行动，成功取缔位于学林街1261号新元金沙城1幢4楼的无证照电子游艺场所。

12月21日，区文化执法大队联合开发区公安分局对电子游艺场所进行执法检查　（周春玲　供稿）

【歌舞娱乐场所专项治理】 2013年，开发区娱乐场所数量有所增加，违规行为主要为无证照经营。区文化执法大队出动检查122人次，检查歌舞娱乐场所72个次，查处无证违规行为2起，涉罚金额6万元。3月25日，区文化执法大队取缔位于开发区东沙商业中心4楼无证照经营的KTV。

【出版物市场专项整治】 4~6月，区文化执法大队开展网络淫秽色情信息专项治理“净网”行动，严厉打击网上传播制售淫秽色情信息和出版物的违法犯罪活动。6~9月，开展深化查堵反制香港反动出版物活动专项治理“清源”行动，净化辖区出版物经营环境。7~9月，对辖区数码港、书报刊亭等场所加强指导，引导商户文明经营。7~10月，开展打击网络侵权盗版专项治理“剑网”行动，全面加强对网络文学、音乐、影视、游戏、动漫、软件等重点领域以及突出音像制品、电子出版物、网络销售平台的监管力度。10~11月，开展非法报刊专项治理“秋风”行动及少儿出版物市场专项治理行动，严厉打击假报刊、假记者及少儿出版物市场中存在的内容低俗、质量恶劣、价格虚高等现象。12月，区文化执法大队联合公安部门，查处1处擅自从事出版物发行业务的非法出版物窝点，现场查获非法出版物5000余册。全年整治中，区文化执法大队联合工商、城管等部门对2个数码港、21个书报刊亭、1个高速公路服务区、76个校园周边图书销售单位进行排查，对IP地址在开发区的100余个网站进行监控，查处利用互联网等媒体传播非法出版物及其他相关信息的非法行为，对刊载、连接有害信息的网站责令删除、屏蔽或予以关闭。

【“扫黄打非”专项工作】 4月25日，区文化执法大队组织召开全区文化市场管理暨“扫黄打非”工作会议，部署年度“扫黄打非”工作任务，与26个成员单位签订年度工作目标责任书。加强“扫黄打非”专项工作，全年开发区召开“扫黄打非”专项工作会议3次，组织“扫黄打非”信息员培训1次，报送文化执法工作信息31条。联合公安、工商、城管等职能部门开展专项整治行动10余次，严肃处理涉黄、涉赌违法犯罪行为，清除涉黄及侵权盗版的非法出版物，有效规范开发区歌舞娱乐、电子游艺、演出、印刷、出版物、音像、互联网等市场经营秩序，净化开发区社会文化环境，促进开发区文化市场的繁荣与稳定。

【文化市场消防演练】 区文化执法大队联合相关职能部门做好文化市场消防安全管理，全年组织经营单位召开安全工作会议4次，并与各经营场所签订《2013年度开发区文化市场消防安全目标管理责任书》。9月18日，联合区消防大队，在开发区盛世豪门娱乐会所开展文化市场消防安全逃生自救演练活动。组织辖区网吧、电子游艺、歌舞娱乐等70余个场所的法定代表人或负责人现场观摩学习，普及各场所如何建立应急预案，组织紧急疏散，火场逃生等知识。演练结束后，区文化执法大队、各场所与会人员现场观摩场所义务消防队演练小组如何正确使用灭火器和消防栓。　（周春玲）

民生民政

·劳动就业和保障·

【劳动就业与保障概况】 2013年，开发区新增就业岗位13.7万个，完成全年指标任务的195.8%；新增城镇就业人数8030人，完成119.9%；失业人员实现再就业2366人，完成157.7%；就业困难人员再就业1742人，完成3.2倍；高技能培训1538人，完成170.9%。城镇登记失业率始终低于2%。受理小额担保贷款28笔，完成发放15笔。

【就业援助活动】 2013年，开发区出台《开发区就业失业动态监测预警工作方案》《开发区充分就业社区考核办法》《开发区公益性岗位管理办法》等政策，对社区公益性服务岗位人员医疗和生育期间有关问题予以明确。春节期间，在杭州火车南站（萧山）设立"外来务工人员就业服务站"，组织浙江顾家工艺沙发制造有限公司、杭州玫隆食品有限公司、杭州松下马达有限公司、杭州友邦精密工业有限公司等8个区内企业现场招聘，为到杭务工人员提供一线操作和技术类岗位300余个。全年开发区组织陕西省宝鸡市专场招聘会、城乡统筹人力资源交流大会和"岗位进社区、服务到家门"春季、秋季大型招聘会等系列专场招聘活动，累计有700余个企业参与各类招聘。

【与建德城乡统筹就业】 3月，围绕建德市、江干区和杭州经济技术开发区三方人力资源就业协作、培训协作、服务协作和交流协作，开发区人事劳动社会保障局（简称区人劳局）组织杭州中策橡胶有限公司、浙江三花汽车零部件股份有限公司等10余个区内企业赴建德市开展招聘会，并在建德市寿昌镇等地新建5个村级职介所，培训第3期网上创业致富带头人28人，促进三方人力资源有序交流。

【新增小贷经办银行】 4月18日，开发区召开小额担保贷款联席会议，区人劳局、区财政局、杭州银行下沙支行、泰隆商业银行、下沙街道、白杨街道、高教办等成员单位参加。泰隆商业银行是开发区引入的第2个小额担保贷款经办银行，对有效破解开发区小贷工作实践中的担保难、额度低、周期长问题具有积极的推动作用。

【创业氛围营造】 2013年，开发区举办"大学生创业大讲堂""导师对接""创业沙龙""头脑风暴"等活动，邀请成功创业者为大学生做创业辅导，组织优秀大学生创业企业参加杭州市大学生创业"雏鹰班""强鹰班"，进行系统性创业培训。开展杭州市网尚创业园入驻申请，符合条件的3个网创企业成功入驻。6月14日，在杭州职业技术学院体育馆开展创业项目展示活动，帮助区内大学生、失业人员和失地农民创业，312人通过项目洽谈寻找符合自身条件的创业项目，101人达成初步意向，营造开发区浓厚的创业氛围。

【岗位练兵技能比武】 5月23日，杭州市职工岗位大练兵技术大比武暨技能竞赛年活动在开发区启动，该活动组织全市150个规模以上重点企业，开展班组之间的技术比武活动，全面推行师傅带徒弟等帮带工作。7~11月，杭州神钢建设机械有限公司、友高精密机械有限公司等100个企业，现场开展多项技术比武和技能竞赛活动，有叉车工、维修电工、电子仪器仪表等4场专项技能竞赛。全区开展班组比武和师傅带徒企业有98个，组织赛前技能培训7800余人，带动参加岗位练兵7万余人。

5月23日，杭州市职工岗位大练兵技术大比武暨技能竞赛年活动在开发区启动 （黄健员 摄）

【技能大师工作室申报成功】 8月，“雷建土交联工技能大师工作室”通过杭州市专家组考评，被评选为杭州市第2批技能大师工作室。该工作室由区人劳局推荐，所依托的单位为杭州电缆股份有限公司。领衔人雷建土从事交联工方面工作，是高级技师、职业技能带头人、国家职业技能鉴定考评员，曾被评为杭州市工业资产经营投资集团有限公司劳动模范。工作室由4名技师组成，其中职业技能带头人2人。工作室通过加强技术交流，进行技术攻关和技术创新，以点带面，普及技能工作，确保“绝技绝活”得到有效传承。

【职业院校校企对接洽谈会】 10月18日，开发区召开2013年人力资源形势分析暨校企对接洽谈会，省内10所重点职业院校示范单位和区内13个企业的相关人员参加校企对接洽谈活动。活动通过深化校企合作，不断创新和完善人才输送途径，共同打造“政府搭台、校企唱戏、联姻结果”的好局面。

【高技能人才直接认定】 11月21日，开发区召开高技能人才直接认定和人才自主评价工作的现场观摩会。杭州世宝汽车方向机有限公司、浙江三花汽车零部件有限公司、怡得乐电子（杭州）有限公司3个企业率先启动高技能人才直接认定，为在企业一线工作、身怀绝技、业绩突出的员工开通高技能人才认定的“直通车”。 （周　磊）

【劳资联络员新增33人】 2月，区人劳局聘请新一批企业劳资联络员，并颁发聘书。该批劳资联络员有33人，均来自开发区不同企业的一线操作工。劳资联络员作为所在企业与劳动部门间的联系纽带，其设立有利于强化劳动保障监察网格化管理，切实维护劳动者的合法权益，促进开发区劳动关系和谐稳定。

【防欠薪“一办五组”工作机制建立】 3月，开发区防欠薪工作协调小组成立。协调小组下设办公室和5个专项工作组，5个专项组分别由不同部门的负责人组成，负责不同行业、领域的防欠薪工作；5个专项工作组根据部门职能，有明确的职责分工和工作重点，工作内容被纳入考核；确立联席会议制度、信息预警机制和重大事件报告制度，建立日常工作联动、处置、协调机制，提升工作合力。

【非法职介整治】 4月，开发区劳动监察大队根据市劳动保障监察支队部署，联合区城管执法大队、区公安分局、区工商分局、街道巡防等部门力量，对辖区无证无照的职介机构进行为期1个月的突击查处和专项整顿行动。专项行动共检查未经许可登记而擅自从事职业中介活动的组织和个人95户次、职业中介机构32户次，对13个非法职介做出行政处罚。

【劳动用工专项检查】 7月，开发区启动为期1个月的用人单位遵守劳动用工和社会保险法律法规情况专项检查。检查范围重点是劳务派遣单位和使用劳务派遣用工的单位，招用农民工较多的建筑、制造、餐饮企业，其他中小型劳动密集型企业及个体经济组织。检查内容包括用人单位与劳动者签订劳动合同情况、工资支付情况、社保缴纳情况及劳务派遣单位遵守劳务派遣法律规定情况。2013年检查内容增加建筑行业技术工种就业准入情况，10月始，区人劳局联合区公安分局、区建设局组织开展建筑工地劳动用工专项检查活动，主要检查项目部制度上墙、职工花名册、考勤记录、工资发放、“维权告示栏”张贴、工资支付保证金等情况，其中重点检查建筑企业工资支付方面存在的问题，规范建筑企业用工管理和工资支付行为。

【劳务派遣情况专项检查】 5~7月，根据市劳动保障监察支队的统一部署，开发区劳动监察大队开展为期3个月的劳务派遣情况专项检查。专项检查共调查47个劳务派遣单位和113个使用劳务派遣职工的用工单位。通过检查，力求准确、全面、真实地掌握基本情况，发现突出问题，确保劳务派遣单位依法规范经营，用工单位依法合理使用被派遣劳动者，维护被派遣劳动者合法权益。

【劳动关系和谐指数排名上升】 5月，杭州市2012年度劳动关系和谐指数测评结果发布，开发区在杭州市各区、县（市）排名升至第2名，取得历史最好成绩。劳动关系和谐指数主要按照《浙江省劳动关系和谐指数评价体系（试行）》各项指标，对政府部门工作情况、企业劳动关系情况、劳动者满意程度进行测评。通过评价体系的研究建立，在国内首次将抽象的劳动关系和谐概念量化，有利于推动政府、企业、劳动者三方共同构建和谐劳动关系。

【军地园区劳动监察难题探索】 12月，区人劳局联合下沙街道，就军地园区劳动监察组织保障、人员配备、办公场地等问题，多次赴下沙军地园区管理服务中心进行沟通协调，探索构建军地园区劳动监察长效机制。开发区下沙军地园区管辖区域为原省军区农副业基地，由于园区军用土地性质的特殊性，园区企业、在建工地及个体工商户无法办理营业执照。随着园区内8个专业市场相继开张以及企业数量逐步增多，劳动监察投诉形势日益严峻，军地园区劳动纠纷案件越来越成为开发区劳动保障工作的难题。

（杨　军）

·民政事务·

【养老服务工程启动】 2013年，开发区成立养老服务指导中心，新增养老机构床位180张，其中护理型床位41张。累计养老床位263张，每100位老人5.1张床位；新建居家养老服务工作站8个、社区居家养老服务照料中心1个；220名老年人享受居家养老政府购买服务，970名老年人享受“智慧养老”服务，受益面为开发区户籍老年人口的19.8%。经综合测评，居家养老政府购买服务对象满意率90%以上；22名养老护理员100%通过市民政局组织的技能培训，上岗持证率98%。

【社区建设】 2013年，开发区完成27个社区的居委会换届选举，其中24个社区采取直接选举，3个社区采取居民代表选举，直选率88.9%。新规划筹建江潮、美达社区，新招录社区工作者20人。区社发局会同党工委组织部，举办社区“两委”班子培训班，开发区各社区80余人参加培训。完成高沙、杭铣、邻里、大北、闻潮5个“满意社区”创建活动。开展“社工节”系列活动，评选出开发区“最美社工”10人。

【区划地名管理】 开发区开展“平安边界”创建活动，提升边界地区经济和社会发展水平，维护边界地区和谐稳定，建立“平安边界”建设工作机制和信息交流平台。开发区下沙街道与萧山区河庄街道、新街镇、南阳街道、宁围镇，签订《“平安边界”共建协议书》。申报标准地名1个（下沙农居多层公寓建设管理中心的东岸嘉园），发放门牌证988本。

【《杭州经济技术开发区地名志》】 10月，由区社发局主持编纂的《杭州经济技术开发区地名志》完成印制。该地名志是开发区第1本地名志，为开发区地名的管理、研究奠定一定的基础，也为各行各业提供有价值的参考资料。开发区地名志编纂工作于2012年启动，在开发区第2次地名普查（2010~2012年）的基础上，参阅余杭县地名委员会编《余杭县地名志（1987年）》《杭州经济技术开发区志（1990~2007）》编纂而成。该志采用记叙文体，横排竖写，按事分类，编目设全区综述、行政区划、街路与住宅、自然实体等10章，全面记载开发区各类标准地名710余个，上限上溯至地名的发端，下限至2010年，个别下延。

【双拥优抚安置】 开发区开展双拥系列活动，春节、“八一”建军节慰问现役军人家属、重点优抚对象和共建单位。落实优抚政策，为优抚对象发放抚恤补助经费37.01万元，重点优抚对象医疗报销费2.21万元。落实安置政策，安置2013年度退役士兵7人，签订自谋职业协议，签订率100%，发放自谋职业补助费32.70万元、立功奖励金2925元。

【社会组织建设】 7月，区社发局组织完成区内社会组织年检年审工作。根据年检年审情况，应参加年检的民办非企业单位29个、社会团体19个，其中46个单位年检合格、2个单位不合格。2013年，新增民办非企业单位7个、社会团体2个。至年末，开发区有社会组织64个，民办非企业单位43个、社会团体21个。其中：民办非企业单位中，教育类38个、体育类2个、医疗类1个、养老类1个、社会组织服务中心1个；社会团体中，联合类社团7个、行业协会类社团4个、学术类社团2个、专业类社团8个。全年社区社会组织备案163个，其中服务类备案81个、文体类备案57个、事务类备案25个。

【社会组织评估】 3月，区社发局召开开发区社会组织评估培训会，布置2013年度信用评估工作。12月，完成28个社会组织及163个备案类社会组织的评估。民办非企业单位中，获AAA等级的单位3个、AA等级的单位5个。社会团体中，获AAA等级的单位1个、AA等级的单位1个、A等级的单位2个。备案类社会组织中，获准A等级的单位有10个。

【老龄工作】 10月，区社发局开展以“品质新城，幸福养老”为主题的敬老月系列活动。10月29日，开发区老龄工作委员会办公室主办，举办“金色夕阳，幸福养老”全区老年人文艺汇演，20个社区的老年朋友登台展现才艺，老年人的精神文化生活不断丰富。增设5个老年电大开发区分校教学点，拓展第二课堂，开设健身球操、音乐课和养生保健等40课次。开展创先争优活动，中沙社区老年电大教学点被评为市级示范教学点，下沙街道文化活动中心成功创建“浙江省四星老年活动中心”和“杭州市敬老文明号”，白杨街道多蓝水岸社区被评为老年宜居社区。

【防灾减灾】 11月，开发区减灾委员会（简称区减灾委）成立，办公室下设在区社发局。减灾委为区自然灾害救助应急综合协调机构，负责组织、领导和协调全区自然灾害的应急救助，采购救灾物资，对救灾物资储备库进行充实。完成省民政厅“数字民政”地图相关数据采集及报送。机构成立后编写并印发《开发区自然灾害救助应急预案》。白杨街道多蓝水岸社区被评为省级综合减灾示范社区。

【帮扶救助】 全区共建社区帮扶救助服务站28个，全年为9户低保家庭发低保金7.11万元，为57名残疾人发放生活保障金等44.17万元，物价补助7.36万元。组织向困难群众“冬季送温暖”“夏季送清凉”衣物募集活动，开展第13次“春风行动”、第8次“助学助困”慈善救助和“甘霖教育基金”募捐活动，发放救助金217.91万元。开展向四川雅安地震灾区捐赠和“六一”爱心捐书活动，建立“金沙学校爱心图书室”。

【婚姻登记】 2013年，开发区婚姻登记服务中心办理结婚登记1203对、离婚登记223对，办理（无）婚姻登记记录证明2500件，补发婚姻证件242本，登记合格率100%。免费为当事人开展颁证仪式和婚姻家庭辅导服务，宣传婚事新办简办、化解情感矛盾。完成婚姻登记机关外观形象标识建设和国家AAA级婚姻登记机关等级申报工作。

·人口和计划生育·

【人口和计划生育概况】 2013年，开发区管委会与下沙、白杨两个街道及相关部门签订《计划生育目标管理责任书》。开发区计划生育协会办公室（简称区计生办）完成市政府下达的年度人口计生工作目标任务，全区出生人口1183人，计划生育率98.06%，统计误差率控制在1.5%以内。全年开展计划生育咨询、随访、“查孕、查环、查病”、生殖健康检查服务，“查孕、查环、查病”服务1.94万人次；开展优生“两免”工作，孕前优生检测率90.27%，婚前医学检查率87.8%；流入已婚育龄妇女登记管理率、外出已婚育龄妇女信息掌握率93%，全区已婚育龄妇女的生殖健康和优生知识普及率90%以上。全年发放各类奖扶保障金11.99万元，其中特扶金（计划生育特殊家庭扶助金）6.96万元、公益金1万元、待业无业人员独生子女父母奖励费4.03万元。

【计生优待政策】 2013年，区计生办按照计生家庭特扶制度，发放各类奖扶保障金11.99万元。为困难计生家庭送上慰问金2.3万元，提供24.9万元为3003名育龄妇女进行生殖健康检查。提供23万元继续实行独生子女家庭购买平安保险制度，实现全区独生子女家庭平安保险全覆盖。推进落实独生子女在宅基地审批、房屋拆迁安置、集体经济分红等利益分配时享受“双份”待遇。

【计生宣传】 区计生办开展生育宣传活动，结合“5·29”会员活动日举办“生育关怀，幸福万家”宣传服务月活动。利用下沙街道房屋回迁及节假日的机会，开展宣传教育活动，组织艺术团巡回演出8场。开展青春健康教育进学校、进工地、进社区、进企业、进流动人口聚集地“五进活动”，通过举办讲座等形式讲授青春健康知识。

【计生依法行政】 2013年，区计生办落实依法行政执法责任制，合理运用社会抚养费征收自由裁量权规定，推行说理性征收。全年征收社会抚养费6例，金额79万元。受理再生育审批171件，特批12件，办结率100%。做好信访维稳，坚持重要信访领导阅办制，全年接访107件，信访结案率100%，满意率100%。实行计划生育“一票否决”制度，全年审核16批次、5个单位、525人，给予1个单位（白杨街道大北社区）和1人一票否决。

【流动人口计生服务管理】 全年共开展流动人口检查20余次，免费为流动已婚育龄妇女提供结扎、放取环等基本项目的计生服务；为流动人口开展孕环情监测1.76万人次，免费发放避孕药具3.58万人次；发放优生优育、生殖保健、计生政策宣传手册2万余份，为流动人口提供计生咨询、办证等服务；对符合条件的外来人口孕产妇实行定点平价住院分娩，提供700元分娩救助金。 （陈 茗）

·社会保障·

【社会保障概况】 2013年，开发区养老保险参保人数12.2万人，比上年（指2012年，下同）增加参保人数7455人；工伤保险参保人数16.78万人，净增参保人数9304人；生育保险参保人数11.77万人，净增参保人数7472人。城乡居民养老保险参保率96.63%。

【社保档案通过市级认定】 开发区推进社保档案管理“制度化、规范化、标准化”，对2009~2013年的社保业务档案进行规范化整理，累计整理档案1354盒、5.98万件，并以145.5分的成绩通过2013年度社保档案目标管理工作杭州市市级认定。

【征地“农转非”人员利益保障】 开发区落实社保补助惠民政策，确保补助资金审核准确，发放及时，实现失土农民“双低”养老保险的即征即保，保证征地“农转非”人员老有所养。全年社保机构累计审核1252人，补贴3608万元；审核医保补助2039人，补贴603万元。

【医保经办能力提升】 7月1日，开发区人劳局将市民服务中心医保窗口由1个增至4个，业务由9项增至44项，并顺利通过杭州市人力资源和社会保障局验收。全年城乡医保参保率稳定在95%以上，窗口完成报销审核477人次，一次性提现人数1130人次，证历本发放量、医保关系转移、城乡（少儿）医保参保、续保大幅上升，比上年分别提升105.8%、105.5%和2.1倍。

【和谐劳动关系创建】 2013年，开发区开展“双爱”（企业关爱职工，职工热爱企业）活动，加强培训指导和联合督查等，有效规范劳动关系，提高企业劳动合同签订率，集体合同签订率95%。全区累计有237个企业签订工资集体协议，签订区域性工资集体协议10份，覆盖企业486个，工资集体协商率95%以上。

【劳动保障政策业务培训】 5月14~16日和10月29~31日，开发区举办两期企事业单位人力资源管理人员劳动保障政策业务知识培训班，共有160余个企业和两个街道的人事劳资工作人员共252人参加业务培训。培训内容为劳动工资、养老保险、医疗保险、工伤保险、失业保险、就业再就业新政、网上办事和职业技能培训8个方面的专业知识。

【丰富企退人员生活】 开发区提升企业退休人员管理服务水平，丰富企退人员文化生活，努力实现“文化养老”。在2013年市企业退休人员比赛活动中，开发区代表队获太极拳二等奖、广场舞三等奖。社区社会化管理服务工作取得成效，下沙街道头格、

智格社区和白杨街道多蓝水岸社区3个社区被评为杭州市退管示范社区。 （杨　军）

·慈善救助·

【慈善救助概况】 2013年，开发区慈善总会（简称区慈善总会）实际收入善款518.49万元。其中：日常捐款收入510.55万元（单位和个人非定向捐款155.25万元、定向捐款收入355.30万元）；利息收入7.94万元。收到甘霖教育基金捐款收入53.76万元、春风行动捐款收入41.14万元、雅安地震捐款收入16.46万元。全年善款实际总支出409万元。其中：助学助困支出70万元；单位、个人捐款定向支出262.62万元；日常救助支出36.5万元；甘霖教育基金救助支出39.23万元；雅安地震捐款解缴市慈善总会16.46万元；慈善总会行政支出6500元。

【为四川雅安地震捐款】 4月20日8时02分，四川省雅安市芦山县发生7.0级强烈地震，震源深度13千米，造成重大人员伤亡和财产损失。得知四川雅安发生地震，开发区慈善总会迅速在《今日下沙》报及开发区管委会官方网站上发出呼吁，希望社会各界伸出援助之手，帮助灾区人民重建家园。开发区石材业商会、白杨街道闻潮社区、下沙中学、下沙恒升化工有限公司等企事业单位、社会团体、爱心人士积极响应，募集到善款16.46元，全部上缴市慈善总会。

【慈善“六一”爱心捐书】 5月29日，开发区慈善总会甘霖教育基金在开发区金沙学校开展“六一”爱心捐书活动。区社发局、甘霖教育基金和金沙学校相关人员出席仪式，金沙学校部分师生代表参加爱心捐书活动，共计捐书5350本。活动当天，区社发局领导为“金沙学校爱心图书室”揭牌。

【重症病患关爱基金】 2013年，开发区出台《慈善总会重症病患关爱基金管理使用办法（试行）》。区慈善总会在重症病患关爱基金中给予30万元作为基础基金，以重症病患关爱基金每年募集所得善款作逐年补充，确保基金不少于50万元。救助对象为拥有开发区户籍且居住1年以上居民（低保家庭除外）。救助标准：为经区级以上（含区级）医院诊断并确认为重症的患者需要长期化疗等治疗的，且个人支付费用低于4万元的：家庭年收入扣减年合计医疗费支出后，家庭人均月收入在市级低保标准的1.1~1.5倍之间的，按个人支付费用25%给予救助；1.6~1.9倍之间的，按个人支付费用20%给予救助；2.0~2.2倍之间的，按个人支付费用15%给予救助；2.3~2.5倍之间的，按个人支付费用10%给予救助。 （严　萍）

·残疾人联合会·

【残疾人联合会概况】 2013年，开发区残疾人联合会（简称区残联）围绕“夯实基础、规范管理、开拓创新”目标，各项工作取得明显成效，残疾人就业、生活水平及文化生活得到显著改善，实现残疾人事业与全区经济社会协调发展。区残联在2013年杭州市残联工作目标考核中被评为优秀等级。全年新增持证残疾人45人。至年末，开发区有持证残疾人734人，其中听力言语残疾81人、视力残疾61人、肢体残疾425人、智力残疾58人、精神残疾92人、多重残疾17人，分别占残疾人总数的11%、8%、58%、8%、13%、2%。

【残疾人基本生活保障工程】 2013年，全区列入残疾人基本生活保障工程进行单独施保的残疾人共58人，全额享受每月588元的最低生活保障金，发放残疾人基本生活保障金40余万元。对40名二级以上重度低保、单独施保残疾人每人每月发放400元生活补贴，共计发放补助金18.2万元。

【残疾人康复】 区残联以“复明”“助听”“助行”等残疾人康复重点工程为抓手，全年免费为12名白内障患者做复明手术，免费为2名低视力残疾人验配助视器，免费为7名听力残疾人验配助听器，免费为1名肢体残疾人验配假肢。通过残疾儿童信息监测工作，监测并筛查出听残儿童1人、智力残疾儿童2人、孤独症儿童1人。根据筛查结果，指导家长，协助他们转介到专业康复机构进行训练，同时纳入贫困残疾儿童抢救性康复工程，给予每人每年最高1.2万元的康复经费补助。全年有16名儿童纳入抢救性康复项目，发放补助金11.98万元。为1名困难聋人儿童适配人工耳蜗，发放补助金16万元。全年在原有15个社区残疾人康复服务站的基础上，新建社区残疾人康复服务站2个。白杨街道多蓝水岸社区康复服务站被评为省级残疾人社区康复示范站。

【残疾人护养工程】 区残联实施重度残疾人托（安）养工程，对60名失去生活自理能力的重度残疾人纳入集中托养、日间照料或居家安养，其中集中托养4人、居家安养56人。托（安）养工程共发放救助资金17.92万元。区残联实施残疾人"安居宜居"工程，根据条件成熟一户改造一户的原则，对31户残疾人家庭进行无障碍改造，花费9万余元。

【残疾人扶贫帮困】 2013年，为更好地改善残疾人生活，开发区每月按时给残疾人拨发50元/人津贴，全年发放残疾人津贴42.53万元，惠及全区730名残疾人；采用普惠和特惠相结合的方式对残疾人进行节日慰问。按照一般残疾人（640名）慰问300元/人、低保困难残疾人（51名）1500元/人的标准，对开发区的691名残疾人进行慰问，发放慰问金26.07万元。在"六一"儿童节之际，对杭州聋人学校儿童进行慰问，发放慰问金5000元；7月，对残疾人发放每人200元的高温送清凉慰问金，发放补助金14.8万元；9月，按300元现金和200元月饼券的标准，对56户低保困难家庭（含单独施保）进行中秋慰问，共计发放慰问金2.8万元。在生活救助方面，对7名卧床不起重度困难残疾人每年发放生活补助2400元，对36名卧床不起且家境一般的重度残疾人每年发放生活补助1200元，共计发放补助金6万元；对20名重度困难精神、智力残疾人每年发放生活补助2400元，对22名一般家庭重度精神、智力残疾人每年发放1200元生活补助，共计发放护理补助金13.44万元；对32户一户多残的困难残疾人家庭给予特殊困难残疾人家庭生活救助，发放救助金12.2万元；在医疗救助方面，对5名重度精神病人给予住院治疗及自费医疗费补贴，共计发放医疗补贴2万元；在就业补助方面，为7个残疾人种养殖户补助，发放补助金3.02万元；对2名残疾人个体户每人发放8000元的一次性开办补助，对1名残疾人个体户发放3000元的第二年开办补助，共计发放补助金1.9万元。

【残疾人劳动就业和教育培训】 区残联组织开发区就业年龄段残疾人参加省、市残疾人就业招聘会，残疾人就业形式多方位展开。全年为11名残疾人与用人企业进行牵线搭桥，其中有8名残疾人实现按比例就业、个体就业2人、农村种养殖就业1人。对2名残疾人个体就业者每人发放一次性开办补助8000元。为增强残疾人的就业技能，推荐12名残疾人报名参加市残联举办的盲人按摩、残疾人电动车维修、残疾人美发等实用性较强的培训。6月，组织开展会计、淘宝创业、网络办公等贴近残疾人日常生活的培训项目，17名残疾人参加培训。全年为31名困难残疾人家庭子女或残疾学生开展助学帮扶行动，发放补助金5.94万元。

【残疾人文体活动与交流】 5月10日，为庆祝第23次全国助残日，激发残疾人、残疾人工作者和助残志愿者的奋斗热情与拼搏向上的精神，区残联组织残疾人集中观看影片《致我们终将逝去的青春》，90余人参加观影活动。6月7日，在下沙中学举办以"快乐运动，健康生活"为主题的残疾人趣味运动会。来自开发区20余个社区的80余名残疾人运动员参加轮椅投篮、中国象棋等7个大项共12个小项的比赛。10月24日，举办残疾人普法维权知识讲座，邀请浙江天册律师事务所律师丁兴授课，辖区残疾人代表及家属200余人参加讲座。12月，组织开发区第三届残疾人卡拉OK比赛。

5月，在杭州市第七届残疾人文艺汇演中，区残联选送的节目《梦之翼》和《生命之河》分别获得第2名和第3名，《生命之河》节目获得最佳创作奖，区残联获得汇演的团体总分第3名。《生命之河》被推选参加浙江省第七届残疾人文艺汇演，获得第2名；在杭州市"折翼天使的精彩"残疾人书画展中，许多姿创作的油画《童趣》获得三等奖，姚阿明创作的油画《午后》和汪泽桂创作的油画《水乡》获得优秀奖。

（沈燕羽）

·城乡统筹发展·

【城乡统筹发展概况】 2013年，开发区推进与建德市的区市协作工作，安排5000万元协作资金支持建德市协作项目建设，其中2500万元专项用于支持建德经济开发区的基础设施建设。全年确定协作项目22个，其中建德市市级重点协作项目6个、镇街结对项目4个。开发区管委会牵头抓好与建德市航头镇的"联乡结村"工作，全年筹措帮扶资金245万元，实施帮扶项目11个，镇农民饮用水、镇省级农业现代园区建设、镇农业公共服务中心、东东村小学设施改造提升等项目相继完工并投入使用。

【“联乡结村”共建活动】 1月25日，杭州市“联乡结村”开发区帮扶集团2012年度工作总结会议。帮扶集团联系领导杭州市副市长俞东来出席会议并讲话，市文广新局、开发区资产经营集团公司、浙江保利房地产开发有限公司、杭州世贸置业有限公司、金隅（杭州）房地产开发有限公司、邮政储蓄银行杭州分行、长江实验小学、开发区白杨街道等帮扶集团成员单位和建德市航头镇负责人参加会议。2013年，实施帮扶项目11个，筹措帮扶资金245万元。

5月13日，杭州市城乡区域统筹发展第三区市协作组重点协作项目推进会在建德召开　　（黄健员　摄）

【区市协作联席会议】 5月13日，杭州市城乡区域统筹发展第三区市协作组2013年第一次联席会议暨重点协作项目推进会在建德市召开。会议总结前两年工作，落实重点协作项目，着重对推动2013年协作项目和产业项目建设进行部署。市委常委、宣传部部长翁卫军出席会议并讲话，开发区管委会副主任何铨寿带队参加会议。会上，建德经济开发区（寿昌镇）负责人介绍卜家蓬区块工业产业集聚平台项目进展情况。开发区向建德市交付该项目2013年度支持资金2500万元。

【城乡人力资源交流】 3月26日，开发区与江干区、建德市三地劳动部门联合在建德市举办第三届城乡统筹人力资源交流大会。三地共组织45个企业推出就业岗位1300余个，吸引800余人进场求职，初步达成就业意向160余人。6月14日，建德市6名干部到开发区管委会挂职锻炼，6名干部分别来自建德经济开发区、马南高新技术产业园和乡镇（部门），其中1名为副处级干部。挂职干部分别选派到区经发局、区招商局、下沙街道、白杨街道、开发区资产经营集团公司，任职时间半年、一年不等。

【义务植树共建“协作林”】 2013年，开发区与江干区、建德市三地统筹办、林业部门联合制订《第三区市协作组义务植树共建“协作林”三年行动计划》。根据计划，由开发区和江干区各捐赠植树资金15万元，在建德市种植树木6000棵。

【“我为区市协作献一策”活动】 6月21日，由江干区、杭州经济技术开发区、建德市三地共同举办的“我为区市协作献一策”活动在建德启动，活动旨在宣传三地城乡区域统筹发展和区市协作基本情况及取得成效，发动群众集思广益，为推进市协作、实现三地共赢发展出谋划策。活动为期两周，从6月24日至7月5日，三地干部群众可通过所在地新闻网、政府局域网进入活动平台，参与城乡统筹发展知识答题和“我为区市协作发展献一策”网上献策活动。活动征集建议160条，评选出有价值意见建议16条。

【城乡统筹工作荣誉】 3月1日，杭州市城乡区域统筹发展暨农村工作会议召开。会上，市委、市政府通报2012年度杭州市城乡区域统筹发展（新农村建设）考核结果，开发区管委会被评为2012年度城乡区域统筹发展（新农村建设）工作优胜单位，获2012年度城乡区域统筹发展区县（市）协作贡献奖，这是开发区管委会自2011年市委、市政府将城乡区域统筹发展与新农村建设考核合并以来连续2年获该荣誉。

（杨毅杰）

辖区街道

·下沙街道·

【下沙街道概况】 下沙街道辖18个社区，户籍人口2.6万人。全年工业销售产值21.6亿元。财政总收入2.93亿元，比上年（指2012年，下同）增长26%；地方财政收入1.45亿元，增长10%，个体税收3290万元，增长20%；固定资产投资28亿元，增长68%；社会零售品消费总额24.62亿元，增长17.2%；实际利用内资7.51亿元，协议合同外资1.87亿美元，实际利用外资8110万美元。实现社区经济总收入12.94亿元，社区年收益6.08亿元，居民人均收入2.59万元。

实施“一园三区十组团”发展规划，推进现代物流专业市场集聚区整合提升，配合推进学林街西、学源街西、金沙大道、农垦路便道等路网建设，完成长城机电市场、浙江万品汽配城等专业市场建设。开展标准化试点，全年完成杭州华商物流有限公司等10个物流企业的标准化建设。协调银沙义乌小商品市场、闽发石材市场办证前期工作。发展楼宇经济，鼓励社区发展楼宇经济，打造重点产业楼宇集聚区1处，培育税收1000万元以上楼宇1幢，引

表27

2013年下沙街道各社区基本情况

社区名称	成立时间	面积（平方千米）	户数（户）	户籍人口（人）	经济总收入（万元）	本年收益（万元）	居民人均收入（万元）
智格	2002年5月	0.90	815	2 721	19 377	8 716	2.68
高沙	2002年5月	0.90	390	1 628	13 686	6 890	2.87
七格	2005年6月	2.50	657	2 390	12 026	4 633	2.68
下沙	2005年12月	0.53	384	1 310	9 818	5 728	2.64
头格	2005年12月	2.10	872	2 852	12 706	4 987	2.51
中沙	2005年12月	2.46	736	2 644	10 195	4 916	2.65
上沙	2005年12月	1.15	398	1 443	7 015	3 965	2.52
元成	2005年12月	1.47	502	1 683	10 304	4 801	2.54
东方	2005年12月	1.47	373	1 346	10 425	3 718	2.51
新元	2005年12月	1.47	446	1 538	6 065	3 000	2.49
松合	2005年12月	0.70	379	1 561	5 985	3 657	2.53
湾南	2005年10月	1.55	595	2 219	11 880	5 831	2.47
新沙	2005年12月	0.80	86	560	—	—	—
铭和	2008年9月	0.60	4 025	1 081	—	—	—
杭铁	2010年12月	0.55	569	1 319	—	—	—
柠檬	2012年7月	0.48	3 100	—	—	—	—
滟澜	2012年7月	0.36	3 207	—	—	—	—
早城	2012年7月	0.12	2 309	—	—	—	—

进落地经营面积1000平方米以上企业15个，引进市级以上服务业特色品牌15个，完成20个品牌商店进社区。建立健全项目推进机制，开工建设“银泰”“中豪”“谛都”“盈都”“高沙民族名品城”等重点项目，中沙商业综合楼、元成江城大厦等项目有序推进，下沙创意大厦、高沙商业综合楼等项目竣工，头格临江商贸大厦、东方社区外来人员公寓等项目交付使用。

7月12日，下沙街道元成社区（东盛家园）回迁安置工作现场

（尹若章 供稿）

强化招商理念，发挥楼宇、现代物流专业市场集聚区的载体作用，引进“百世物流”“恒仁建材”“白鹿鞋城”等项目，提升产业发展层次和水平。健全完善协税护税工作机制，重视引进和培育新税源，加强税源监测与管理，提高企业属地率和税收贡献率。推进征地拆迁，全年妥善处置拆迁历史遗留问题77个，完成交地4.44公顷，为“中粮包装”“莱默尔”等重点产业项目和一批基础设施配套项目用地提供保障。全年拆迁房屋20栋，拆除社区过渡房4个，拟订华沙公寓、供销社拆迁标准方案。

加快回迁安置，全年完成上沙、元成社区642户回迁安置抽签分房。配合完成新元社区农居安置房修复，组织居民看房，召开社区各层面会议，有序推进回迁安置。做好下沙、松合社区回迁安置前期准备工作。加强城市管理，完善社区城管服务室建设，提升“四化”管理水平，扩大数字城管覆盖面。加强空地管理，打击渣土乱倒。做好“三改一拆”，坚持“即查即拆”，全年拆除违法建筑9万余平方米。加强沿街店招店牌的管理，改善城市面貌。实施生活小区垃圾分类8个，加快推进3个新社区垃圾直运。抗雪防冻、防汛防台等应急保障和处置能力提高。健全维稳机制，完成全国两会、十八届三中全会等重点时段、重大节日及回迁安置安保维稳工作。全年调处各类矛盾纠纷131件，调解成功率100%。健全保障体系，全年新增城镇就业2655人，帮助失业人员再就业2175人，提供公益性服务岗位415个。城镇登记失业率控制在0.95%。依法妥善处置劳动纠纷135起，涉及金额2068万元。征地农转非居民养老保险参保率98.71%，医疗保险参保率99.66%。

加快推进下沙社区居家养老服务中心示范点建设，为150名老年人提供居家养老社会化服务，成功创建“浙江省四星级老年中心”、市级首批“敬老文明号”。社会救助和帮扶体系不断健全，发放慰问金、救助资金80余万元。深化残疾人康复工程，累计发放残疾人补贴130余万元。推进社会事业发展，完成幼儿园学区调整及中小学、幼儿园招生工作。落实“4+1”扶持政策，推进民办幼儿园发展。街道新社区卫生服务中心搬迁启用，上沙、中沙、下沙3个社区卫生服务中心站投入使用。开放街道文化体育站，举办沙民艺术展、浙江省排舞比赛海选赛等大型活动，承办开发区婚博会、书画协会展、“美丽下沙”摄影作品展等活动。基层文化成果丰硕，街道机关和杭铣社区排舞队在浙江省第二届健身排舞大赛中获3个单项一等奖和团队长青奖；太极拳代表队在市第九届传统武术邀请赛中取得单项第1名、第2名的成绩各1人。

完成13个社区党组织和12个社区居委会换届选举，实现选优配强。完成工会、共青团、妇联、残联组织换届。推进新社区筹建，11月28日，柠檬、滟澜、早城3个社区挂牌成立。健全城市型社区社工管理制度，规范人员考核、培训、奖惩工作。加强社工队伍建设，充实大学生村官（社区书记主任助理）进入社区“两委”班子。启动七格社区燃气改造工程。完成5个社区物业招投标、更换、续签等工作。推进社区便民服务中心的整合提升，建成并投入使用智格、柠檬、早城社区便民服务中心，提升改造头格、七格、东方、松合和湾南社区便民服务中心。

▶▶资料："一园三区十组团""4+1"扶持政策

"一园三区十组团"是下沙街道坚持产业集聚和产城融合发展的平台，其中，"一园"指七格都市工业园；"三区"指现代物流、专业市场两大集聚区和生态农业集聚区；"十组团"是指文化创意组团、北部商贸科技组团、高教休闲生活组团、创业创新生活组团、地铁上盖商业组团、新城核心商业组团、金沙湖商贸生活组团、汽车生活体验组团、银泰综合商贸组团、南部商贸科技组团。

"4+1" 扶持政策指促进开发区加快推进学前教育发展的相关政策文件，即4个"办法"、1个"意见"。4个"办法"分别为《杭州经济技术开发区幼儿园非事业编制教师管理办法》《杭州经济技术开发区进城务工人员子女入园管理暂行办法》《杭州经济技术开发区幼儿园园舍建设实施办法》《杭州经济技术开发区学前教育专项资金管理办法》。1个"意见"指《关于加快推进开发区学前教育优质均衡发展的若干意见》。

【下沙银泰城项目开工】 8月28日，开发区现代服务业重点项目下沙银泰城举行签约开工仪式，标志着银泰百货集团项目正式进驻开发区。下沙银泰城规划占地面积1.67公顷，总建筑面积9.8万平方米，建筑设计地上8层、地下2层，设停车位1000余个，是集商业、餐饮和娱乐为一体的大型商业综合体。下沙银泰城项目（中沙永泰商城项目）是下沙街道中沙社区10%留用地项目，位于下沙路以南、海达南路以西，处于下沙新城中心区块。2012年5月，中沙社区与银泰百货集团公司签订《投资意向书》及《租赁合作意向书》。

【百世物流项目落户】 4月，百世物流电子商务园项目落户下沙街道。项目位于开发区经四支路以西、围垦街以北、2号坝路以东，占地面积6.53公顷。投资方为百世物流科技有限公司（香港），项目计划总投资6000万美元。项目主要为国内外企业提供综合供应链设计与优化，电商物流与网络化仓储管理、干线运输、区域和同城配送等一站式物流管理外包服务，园区计划3年内正式运营，实现网上年销售额50亿元，第三方物流整体业务收入5亿元。

【服务业项目质量提升】 2013年，下沙街道共引进落地经营面积1000平方米以上企业13个、引进或培育市级以上服务业特色品牌13个。推进"品牌百店"进社区，完成18个品牌商店进社区。打造重点产业楼宇集聚区1处，培育税收1000万元以上楼宇1幢（1~10月，华商物流标准厂房税收1240万元）。联合上沙社区，谋划上沙锦湖家园周边（海达南路—天城东路—上沙北路）"U字形"特色夜间商业街，形成商业氛围规模效应。

【高沙社区获杭州"最美社区"称号】 5月，在杭州市文明办、市外宣办主办的杭州首届"最美社区"网络评选活动中，下沙街道高沙社区进入候选名单。经综合评选，下沙街道高沙社区获"最美社区"称号。高沙社区有"环境卫生""平安建设""便民服务中心""志愿服务示范街区"4张金名片。社区环境卫生好，拥有专业保洁队伍，配备保洁专用设备，24小时轮班作业。社区治安好，拥有20余人的治安巡防队伍，配备监控设施，保证社区治安稳定。社区服务完善，便民服务中心有11个窗口代办员，分别涉及劳动保障、帮扶救助、居住证办理等10余个服务项目，针对社区服务业发达、外

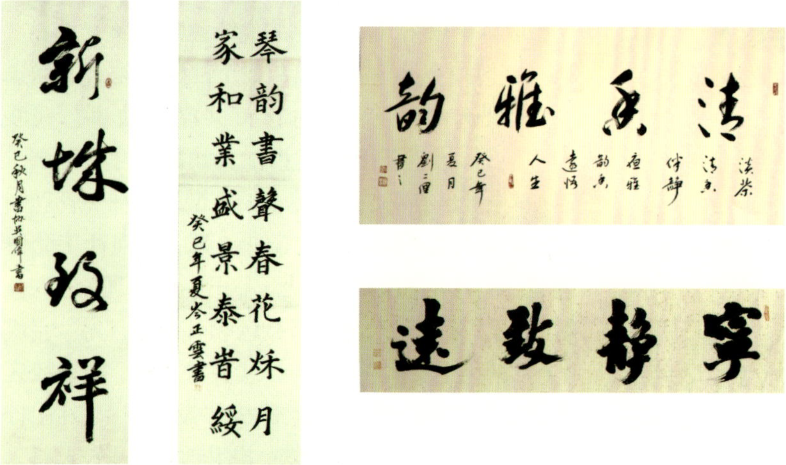

"沙民艺术节"参展作品　　（下沙街道　供稿）

来人口较多，在中心设立物业服务、营业执照办理指南、流动党员登记等特色窗口。社区有丰乐夜市、高沙商业街、学源街商业3个商业区块，夜市主营大排档。商业街有特色美食，学源街以快捷酒店为中心带动周边商业，社区人流量每日约4万人次。社区加强精神文明建设，2012年开发区首条志愿者服务示范街区在高沙成立，成立以来组织活动20余次。社区组织成立党员志愿服务队、居民代表志愿服务队、青年团员志愿服务队、社区工作者志愿服务队等队伍，为社区居民、流动人口、大小商户提供义务服务。

11月28日，下沙街道柠檬社区党支部、居委会正式挂牌成立
（黄健员 摄）

【养老服务中心示范建设】 开发区老年人口相对较少，大型养老机构建设处在规划论证阶段。6月，下沙街道下沙社区养老服务中心更名为杭州盈康养老服务中心，并成功创建“浙江省四星级老年中心”、市级首批“敬老文明号”。10月，由下沙社区经济联合社建设的杭州盈康养老服务中心在杭州市交易中心进行公开招投标，装修工程投资1556.34万元，总装修面积8963平方米。养老服务中心规划设置床位364张，配置食堂、书画室、阅览室、棋牌室、健身房、医疗室、陪护室等配套设施，配备卫生间、电视机、床、被褥等生活必需品，社区老年人可拎包入住。

【“沙民艺术展”举办】 10月16~27日，下沙街道在街道文化体育站一楼展厅举办“沙民艺术展”。艺术展分为“快乐下沙”“时尚下沙”“品质下沙”“艺术下沙”4个展区，“快乐下沙”展览以儿童画面为背景的手工制品，主题表达下沙儿童健康成长，无忧无虑；“时尚下沙”展览以时尚女性为背景的手工制品，表达下沙年轻人活力、时尚、朝气的主题；“品质下沙”在各厅背景展示手工陶制品等，象征下沙人民幸福的生活，“艺术下沙”展出书画，摄影等作品，通过展板、画架及墙面张挂等形式，陈列相关艺术作品展示下沙人民艺术风采。“沙民艺术展”活动7月初开始宣传征集作品，10月15日截止，有16个社区104名居民群众参加，收到投稿作品200余件，入选作品175件，涵盖摄影、绘画（国画、油画、素描、水彩、儿童蜡笔画）、书法（软笔、硬笔）、装饰画（砖石画、十字绣、沙画）、陶瓷画艺、手工制品（绸布花、布艺女式包包、布娃娃、钩花床罩）等。

【下沙街道3个社区挂牌成立】 11月28日，街道首批商品房楼盘社区——柠檬、早城、滟澜社区党支部、居委会正式挂牌。3个社区分别是东海柠檬郡、龙湖滟澜山、德信早城等楼盘，面积98.51万平方米，总户数8717户。由于街道辖区内楼盘与日俱增，为创新社会管理，服务广大居民群众，街道于2012年开始推动3个社区的筹建工作，并于2012年7月10日，经江干区政府批准，成立柠檬、艳澜、早城3个社区。

【基层文化建设成果】 下沙街道以加强基层文化建设，打造特色文化为目标，全年文化建设成效显著。1月，下沙街道文化体育站正式启用，免费向居民开放，并定期举办太极拳、越剧等各项文化交流活动，填补辖区居民非露天活动场地的空白。4月，举办“金沙杯”羽毛球比赛和第二届职工趣味运动会；5月，开展太极文化下基层活动，在杭州市第九届传统武术邀请赛中，获一等奖2个、二等奖1个；7月，举办“高沙盛夏夜”纳凉晚会及首届“夕阳红”广场舞、太极拳比赛；10月，与浙江电视台影视频道合作举办2013年浙江省第二届排舞大赛杭州赛区海选比赛，获3个单项一等奖和团队长青奖。

表28

2013年白杨街道所辖社区基本情况

社区名称	成立时间	面积（平方千米）	住宅小区/商住两用小区（个）	户数	户籍人口（人）	辖区企事业单位（个）
景园社区	2003年9月	2.30	2	1 208	1 650	300
大北社区	2003年12月	2.09	8	4 321	1 778	61
月雅苑社区	2003年12月	1.57	5	1 080	1 069	27
高教社区	2004年12月	3.91	2	2 006	2 728	367
邻里社区	2006年3月	3.30	3	2 611	—	112
闻潮社区	2007年6月	2.41	2	3 461	626	195
云水社区	2007年6月	2.19	5	3 977	3 288	484
多蓝水岸社区	2009年10月	0.30	1	2 885	1 773	2
朗琴社区	2009年10月	0.14	2	3 497	1 450	2
海天社区	2009年10月	0.48	1	3 051	2 311	7
伊萨卡社区	2011年6月	0.20	1	3 148	1 573	4
东湾社区	2011年6月	0.29	2	4 074	1 398	12
观澜社区	2011年6月	0.23	4	4 074	831	16
江滨花园社区	2011年6月	0.27	3	4 538	914	80
江潮社区	2013年12月	0.37	3	5 003	—	2
美达社区	2013年12月	0.22	3	2 349	—	132

【下沙街道两个社区回迁安置完成】 2月1日，上沙社区回迁安置分房抽签工作顺利进行，299户回迁安置户全部完成分房抽签；7月12日，元成社区340户迁拆户分房抽签工作完成，抽签率100%。至此，上沙、元成社区拆迁户分别入住锦湖家园和东盛家园，告别过渡房时代。

【集体经济股份制改革】 4月10日，下沙街道召开股份制改革工作会议，研究部署股份制改革工作。以七格、智格、高沙社区为试点，启动社区集体资产股份制改革。经调研、测算，通过征求意见、讨论修改，出台《下沙街道社区集体经济股份合作制改革实施意见》，为推进清产核资等后续工作打好基础。

（邵　岳）

·白杨街道·

【白杨街道概况】 白杨街道辖16个社区，有47个住宅小区（含商住两用小区），户籍人口2.14万人（不包括大学生和企业集体户）。街道全年完成财政总收入1.87亿元，比上年增长83.3%，其中地方财政收入1.29亿元、个体户税收1009.3万元、出租房屋税收377.54万元。完成固定资产投资4.37亿元，实现社会消费品零售总额33.34亿元。招商引资引进303个内外资企业；完成合同外资1.62亿美元，实际利用外资2499.3万美元；引进市外内资（杭州市八城区、五县市以外的自然人或法人实际到位的注册资金）7.51亿元。全年落实奖励资金500余万元。年内出台《白杨街道关于鼓励扶持现代服务业发展的若干意见》《白杨街道电子商务及相关产业培育与发展三年行动计划》《白杨街道固定资产管理办法》《社区配套用房装修工作实施办法》等文件。

3月，开展中层干部“双向选择”竞争上岗活动和一般工作人员定岗定职工作，增强干部责任意识。4月，街道召开街道总工会第一次会员代表大会暨街道总工会成立大会。7月，完成14个社区党组织和居委会换届选举，选举产生社区党总支1个、社区党支部13个、居民委员会14个；拓展社区居务监督，将居务监督内容拓展到小区业委会财务和公共服务，推动小区业委会和物业公司多为居民办实事办好事。筹建“白杨青春党建联盟”，增强党建工作对青年的吸引力和影响力，巩固党在“两新组织”中的组织基础和群众基础。筹备完成该联盟的章程、组织机构、网站等，组织开展与开发区阳光小学学生结对支教、高教园区“寒门学子”结对帮扶等活动。

完成大北社区、月雅苑社区、朗琴社区办事大厅搬迁。搬迁后的大北社区办事大厅位于四季风景苑10幢7、8号商铺，搬迁后的月雅苑社区办事大厅位于锦鳞公园6号，搬迁后的朗琴社区位于27号路56号商铺。建立社区建设例会制度，全年召开8次社区建设例会。投入150万元在大北、月雅苑、景园、东湾、伊萨卡5个社区推广“一门式”“十条线”“十个一”规范化社区建设工作。举办白杨街道第二届社区文化节，全年组织开展文化活动200余场。至年末，累计组建文体队伍72支，成员1500余人。抓好社区活动场所建设，更新和改造社区健身设施64件，实现辖区399件健身设施的规范管理，街道文化站被评为杭州市示范综合文化站。

落实保洁、市政、绿化、亮灯、交通设施等7条养护线的长效管理，全年保洁总面积514万平方米，抄告基础设施养护问题3314个，数字城管平台处理案卷3.9万件，案卷月平均及时解决率98.6%。加强食品安全规范化建设，规范10号大街小餐饮整改提升。协调新雁公寓底层商铺产权单位以及经营承包商，统一设计改造排烟、隔油设施。配合完成云水社区金沙居小区污水管网改造工程。实行云水、高教、海天、东湾、观澜、江滨花园等社区小餐饮规划会签制度，开展食品安全“三心工程”（用料诚心、管理用心、服务贴心）创建活动。白洋桥美食休闲园被评为杭州市餐饮服务食品安全示范街。

妥善处理一批综治疑难问题，“田绍兵非工伤事件”于5月达成化解协议。按照“三改一拆”工作要求，全年拆除违建5.1万平方米。对伊萨卡小区112户违建排屋进行专项整治，遏制伊萨卡违建势头。6月，在大北社区召开现场会，推广大北社区借势、借力、借人“三借”为主题的“三借三联”消防群防联治新策略。9月，组织召开消防安全管理现场会，推广下沙商贸城消防安全标准化建设的成功经验和安全管理模式。

街道全年免费婚前检查率和免费孕前检查率分别为85%和90%。建立开发区首个新市民之家，为流动人口提供计生服务。推进就业再就业，全年开发就业岗位8716个，新增就业3837人，发放就业补助314.26万元，发放小额担保贷款205万元。发放企业退休人员节日慰问费139.4万元；对街道辖区企业开展劳动监察，完成书面审查1546个，调解处理投诉举报案件108起，帮助企业员工追回拖欠工资442.8万元；做好征兵工作，街道被评为2013年杭州市征兵工作先进单位。

1月，中共浙江省纪律检查委员会、浙江省监察厅、浙江省民政厅等9个部门联合发文命名“百乡千村”省级示范服务中心，白杨街道社会服务中心入选全省100个示范乡镇服务中心，邻里社区便民服务中心入选1000个省级示范村级（社区）便民服务中心。（叶慧丽）

【白杨街道经济基础信息统计】 2013年，白杨街道对辖区经济发展信息进行统计，对闲置楼宇、企业保留用地、闲置厂房等资源进行排摸。梳理闲置面积11.72万平方米，完成“关于白杨街道楼宇经济发展情况的调研报告”等8项专题调研，完成5‰人口抽样调查、公共交通分担率调查、侨情调查和第5次全国经济普查筹备。筹建信息化平台，建立税收“预测、预警”系统，实现企业税收有效管理。

【白杨街道招商引资成果】 2013年，白杨街道招商工作取得历史性突破，合同协议外资1.62亿美元，实际利用外资2499.3万美元，引进市外内资7.51亿元。全年重点发展总部经济、税源经济和融资租赁、电子商务、文化创意等新型智慧产业为主的楼宇经济，其中刚起步的楼宇招商6250万元。8月，启动“百日招商”活动。全年引进303个内外资企业，超过街道历年累计引进企业数，其中科技型企业40个。完成管委会A类大项目外资8个、内资4个，引进海亮集团投资5000万美元设立总部项目，以及凯枫融资租赁、承宇商务服务公司、盈信融资租赁（杭州）有限公司、泛亚信息技术有限公司等企业。2013年，街道首次实现世界500强企业、中国500强企业及中国民营500强企业的引进。

【海亮集团落户】 10月，由海亮集团全资子公司香港矿业集团出资设立的浙江海亮融资租赁有限公司落户白杨街道，这是街道引进的首个中国500强企业。公司注册资金4990万美元，刷新街道引进最大单体外资项目的纪录。海亮集团作为中国最大的铜管、铜棒研发、生产和出口的行业龙头企业，年营业额超800亿元。综合实力位居中国企业500强第151位、中国民营企业500强第15位。浙江海亮融资租赁有限公司的设立，目标为拓展类金融领域打开门户。

参见“招商引资”类目“海亮融资租赁项目”条目

【绿色数据中心落户】 4月，浙江省首个可模块化、为客户按需定制的新一代绿色数据中心MDC下沙数据中心（简称数据中心）落户白杨街道。数据中心由浙江网础科技有限公司经过一年多筹备建成。数据中心位于开发区4号大街28-2号，其中5层楼的数据中心楼建筑面积1.18万平方米，配置公司展示区、敞开办公区、大小会议室、咖啡吧、智能监控管理中

白杨街道第二届社区文化节之“激扬青春 全民健身”趣味运动会活动组图 （郑体兵 摄）

心、客户密集办公中心、VIP工作间等，为更多需要自带工作人员的用户提供人性化的办公环境。数据中心采用全新模块化数据中心技术，成为国内机房的典范。数据中心着眼于简单的托管和主机租用，同时也向安全管理、应用交付、内容分发、网络运维、信息化应用等新的应用服务模式方向发展，可为金融类客户提供密集专线接入。至年末，多个运营商光缆已经接入数据中心，丰富的光纤资源实现即租即用。 （黎似玖）

【白杨街道两个社区获批成立】 12月23日，经江干区政府第15次常务会议研究，同意建立白杨街道江潮社区和美达社区。江潮社区区域原为云水社区东部区域，东至之江东路，南至6号大街，西至27号大街，北至学正街，规划居住户数5003户，由江语海阁、景冉佳园、沁香公寓等小区组成，辖区面积0.37平方千米。调整后的云水社区东至23号大街、27号大街，南至6号大街，西至11号大街，北至2号大街、学正街。美达社区地域原为景园社区东部及大北社区北部地域组成，东至5号大街，南至4号大街，西至3号大街、小区支路（北银公寓、和达城小区之间支路），北至2号大街，规划居住户数2349户，由和达城小区、北银公寓、西子阳光星城组成，辖区面积0.22平方千米。调整后的景园社区东至小区支路（大都文苑风情小区、北银公寓、和达城小区之间支路）、3号大街，南至12号大街，西至1号渠、6号大街、1号大街，北至2号大街。

【“满意社区”和“满意社工”测评】 11月，白杨街道在景园社区等11个社区推行“满意社区”和“满意社工”测评工作，以群众“满意度”考量社区（社工）联系居民的“密切度”。街道民政科带领28名社工和42名大学生志愿者开展入户调查，完成满意测评问卷3828份。区社发局委托杭州师范大学第三方测评研究中心，于11月29日至12月1日对白杨街道申报杭州市“满意社区”创建的大北、邻里、闻潮社区组织测评工作，3个社区测评得分均达到“满意社区”标准。组织“满意社工”的测评，3个社区社工均获90分以上。

【“白杨讲堂”开讲】 7月3日，“白杨讲堂”第一讲在白杨街道5楼会议室开讲，浙江工商大学教授徐斌为200余名的街道、社区的工作人员们做了主题为“民间社会的百年变迁”的讲座。该讲堂是白杨街道建设学习型机关的创新品牌，通过“请身边的人、用百姓的话、讲身边的事”的方式，传递正能量，增强亲和力、说服力，吸引社区居民参与。讲堂每季度至少举办1次，主讲者有专家教授、机关干部和社工，也有热心居民。讲堂着力弘扬先进文化、关注大众话题、陶冶人文精神、提升干部和群众综合素质，全年街道举办白杨讲堂4期。

【白杨街道第二届社区文化节】 2月24日，白杨街道第二届社区文化节开幕。社区文化节历时10个月，以“美丽白杨、文化惠民”为主题，社区文化、校园文化和企业文化等多元文化相互交融，先后举办元宵灯会、“舞动魅影、活力白杨”舞蹈大赛、“激扬青春、全民健身”趣味运动会、“展四海美味、品美食白杨”厨神赛、儿童故事大王比赛等群众文化活动10余场，参与群众5万余人次。文化节发挥社区、高校、企事业单位的主体作用，体现“贴近实际、贴近生活、贴近群众”三原则和“月月有主题、周周有活动”的工作要求，受到居民群众欢迎。

【海天农贸市场建成投用】 8月30日，白杨街道海天农贸市场投入使用。该市场是开发区2013年重点民生项目，位于白杨街道外来人员服务中心1层~2层，面积2984平方米。市场1楼设水产品、家禽、鲜肉、冷冻食品经营区，2楼中心区域为蔬菜、水果、豆制品经营区，周边区域设干货、自产自销、蛋糕、面食及品牌店铺，共设摊位102个。内设停车位57个、非机动车位107个。市场引进“雨润生”鲜肉、“南极人”海鲜、“振宁”土鸡、“优仔牌”土猪肉、“青山湖”豆芽、“祖名”豆制品、“鸿光”豆制品、“三井子”有机大米等知名品牌入驻。市场实行卤味食品工厂直接配送，减少生产加工环节，确保食品新鲜、安全。市场硬件设施完备，安装有市场监控器、大屏幕显示屏、水电智能系统、肉菜进货追溯系统、多媒体信息查询及后台支持系统。

▶▶资料：白杨街道外来人员服务中心

白杨街道外来人员服务中心位于开发区25号大街以东、海天城小区西侧，总用地面积3000平方米，建筑面积7391平方米，包括农贸市场、外来人员服务中心、社区用房及地下车库等。2012年1月开工建设，总投资2800万元，2013年竣工后投入使用。

【“网上便民服务中心”开通】 11月12日，白杨街道“网上便民服务中心”开通。该中心提供党员服务、信访接待、司法调解、税收服务、民政助残、城市管理、计划生育、社会保险、失业登记、就业援助10类便民服务。通过电脑上网登陆中心服务窗口界面，可了解办事指南，各事项均以“一事一表”形式，公开办事须知相关信息，并提供网上业务咨询、表格下载、投诉建议。办事群众通过网上查询，结合工作人员电话指导便能理清办事程序，为办事群众提供了便捷的服务。

【出租房服务管理】 2013年，白杨街道针对出租房管理推出多部门联合管理举措，派出所、综治、安监、民政、经发、计生等职能部门和社区联手规范出租房管理。4月，市委副书记、政法委书记王金财，市政府副秘书长兼市流动人口服务管理办公室主任童继伟到白杨街道调研流动人口服务管理工作。据统计，街道辖区共有出租房屋1.64万套，其中群租房2918套。5月，街道召开流动人口出租房管理工作会议，并组织公安分局、派出所、社区和小区物业等单位的工作人员到梦琴湾小区参观学习出租房管理试点经验，全面启动出租房服务管理工作，通过“以疏为主、堵疏结合”的方式保障流动人口和辖区居民的权益。（何爱民）

【闻潮社区职工书屋建设】 在开发区总工会的支持下，闻潮社区完成职工书屋的建设。按照读者需求，职工书屋分期分批购置书籍，更新书目资讯，并启用图书馆信息管理系统，对图书资料进行集中统一的管理。在借鉴杭州市图书馆集群管理系统的基础上，闻潮社区以瑞天图书管理软件为模板，制作出符合社区特色的图书馆通用信息管理系统。该系统软件针对社区图书馆的工作范围及特点，设立编目、检索流通、期刊编目管理、流通信息等子系统及设置子系统，各子系统涵盖图书馆的主要业务工作，可实现对图书的采购、规范编目、快速检索浏览、及时统计处理等计算机管理。系统采用人机对话方式，菜单提示，界面友好、操作简单，实现开架借书，加强图书流通管理，方便读者查询和借阅图书。

【“爱在下沙”工作室成立】 3月，云水社区成立“爱在下沙”工作室，该工作室致力于解决下沙地

4月21日，“爱在下沙”工作室举办八分钟相亲会　　（黎似玟 供稿）

11月30日，白杨街道云水足球协会举办首次村级足球联赛
（任祖民 摄）

区单身青年相亲婚恋问题，定期举办公益相亲活动，有“八分钟相亲会”“节日相亲会”“户外旅游交友活动”等形式。工作室通过整合街道辖区共建单位资源，做到资源互补，建立固定的相亲基地，不断吸收各生活小区热心居民组建起一支“红娘”队伍。至年末，已有近400名单身男女与参与相亲活动并在工作室登记资料存档。全年工作室共推出大型相亲会5次，组织户外相亲联谊活动18次，得到杭州电视台、《钱江晚报》报社、“下沙网”等新闻媒体报道。

【社区“菜篮子”工程】 2012年，社区“菜篮子”直通车首次以门店形式进驻辖区生活小区。2013年4月20日，百乡缘“菜篮子”直通车走进高教社区的清雅苑小区，为街道辖区社区首次试点。5月10日，“菜篮子”百乡缘大北店开业。百乡缘大北店是大北社区与百乡缘开发有限公司共同合作成立的“菜篮子”进社区工程，店里的蔬菜为蔬菜生产基地自产自销，省去中间过多的流通环节，价格一般要比菜场至少优惠15%，真正为社区居民带来了便捷与实惠。

【村级足球联赛开踢】 11月30日，云水社区第一届足球联赛在浙江工商大学足球场举行。联赛采用单循环积分制，共有6支球队参赛，按照赛制要求，所有参赛队伍及成员必须是小区内常住居民、暂住居民或辖区单位工作人员。其中金沙学府队、阳光桑达队、高科技企业孵化器队由各小区常住居民组成；吉利汽车队、东风裕隆队由暂住居民组成；文海教育队由辖区单位工作人员组成。参与联赛的6支足球队均来自云水社区，各队伍中大部分球员是云水足协成员。云水足协于2013年在民政部门登记备案，成为浙江省第1个正式备案的村级足协组织，足协现有成员60人，其中有国家级裁判和教练11人。经过1个月的对抗淘汰赛，最终文海教育队夺得冠军，高科技企业孵化器队获得亚军。

【沿江滥捕现象巡防整治】 4月9日，街道巡防大队江堤防潮队员对浙江顾家工艺沙发制造有限公司周边江堤芦苇丛中违规搭建的简易棚进行彻底清除，及时制止不法分子偷猎钱塘江野鸭，并确保防潮安全。被清除的简易棚每个棚约3平方米，用竹片支撑1块防雨油布，能容1个人睡下，里面还放有数条收网绳，捕野鸭的网均匀分布简易棚附近，只要外面有野鸭经过盗猎者布下的网，在简易棚里就可以收网。巡防大队对简易棚进行拆除，对捕猎工具进行暂扣处理。10月28日，街道巡防大队江堤中队再次对下堤对复搭的简易棚进行拆除，并将此江堤地段列为巡防大队监控室密切关注地段。

【垃圾分类宣教基地建成】 8月，由开发区城管办和白杨街道共同出资建设的开发区首个垃圾分类宣教基地落户闻潮社区天元公寓。该基地建筑面积约70平方米，集知识性与趣味性于一体的，分为科普教育区、互动游戏区、影音会议区、巧手制作区。科普教育区的折页式立体展板以简洁易懂的形式向居民宣传垃圾危害、生活垃圾分类收集情况、垃圾问题的解决途径，以及垃圾分类的意义、分类方式、处理体系等。互动游戏区让居民在参与“投篮”游戏的同时，记住各种垃圾分类的知识；影音会议区通过播放垃圾分类宣传片等音像资料向居民宣传垃圾分类的重要性；巧手制作区展示居民变废为宝，利用各种废弃垃圾制作的手工作品。宣教基地建成后，各个社区定期组织辖区居民、学生、企业员工等到宣教基地进行学习、参观。

（黎似玖）

下沙高教园区

·下沙高教园区综述·

【高教园区稳步协调发展】 下沙高教园区是浙江省内规模最大的高教园区，共有14所高校入驻，其中本科高校8所、高职院校6所。浙江理工大学、杭州电子科技大学、浙江工商大学、中国计量学院、浙江财经大学、浙江传媒学院、浙江水利水电学院、浙江金融职业学院、浙江经贸职业技术学院、浙江警官职业学院、浙江经济职业技术学院11所高校为省属高校；杭州师范大学、杭州职业技术学院为杭州市属高校；浙江育英职业技术学院为民办高校，其党组织由开发区党工委管理。为加强对高教园区的管理，2003年3月省委、省政府批准成立下沙高教园区管委会，下设办公室，具体负责高教园区日常协调及管理等工作。

4月，经教育部批准，浙江水利水电高等专科学校升格为普通本科高校，更名为浙江水利水电学院；浙江财经学院更名为浙江财经大学。9月，杭州师范大学办学主体迁址余杭仓前校区，同时其独立学院——钱江学院入驻下沙校区。下沙高教园区14所高校入学新生5.14万人，全日制普通高校在校生18.17万人，其中研究生1.17万人、本科生11.63万人、专科生5.37万人。

2013年，下沙高教园区管委会办公室发挥综合协调作用，联系园区各高校和开发区管委会及各有关部门，及时处置高校各类突发事件和敏感问题，妥善化解园区内各类矛盾纠纷和遗留问题，指导高校做好毕业生离校和新生报到工作，研究解决高校成人教育办学过程中的安全稳定隐患。配合开发区做好高校教师专用房小区金沙学府地下车库维稳和清雅苑经济适用房上市政策宣传、维稳工作；与开发区联合开展高校桶装饮用水质量安全检查，推进高校饮食放心工程实施；协助开发区召开省内部分中职学校和开发区部分重点企业参加的校企合作对接洽谈会；配合开发区做好首次夏季征兵、第3次全国经济普查、“无传销校园”创建活动和第8次“助学助困”慈善救助活动。

【治安稳定状况评估分析制度建立】 4月，下沙高教园区管委会办公室联合区公安分局和园区14所高校，建立高校“侵财性案件发案及稳定状况评估”制度。坚持每月召开一次评估分析会，对区内高校侵财性案件发案情况和稳定状况进行分析，并采取针对性措施，解决苗头性、倾向性问题和防控薄弱环节，提升园区治安水平，确保园区安全稳定。评估分析会由公安部门以月度评估报告的形式，通报分析上一个月高校侵财性案件发案情况及安全稳定状况，对发案数量较多的高校和区内存在的不稳定因素，提出防控要求和指导性意见建议。2013年，下沙高教园区侵财性案件发案率较上年有明显下降。

【高校交通安全机制】 为应对高教园区日益严峻的交通安全形势，3月，下沙高教园区启动实施“校园122”交通安全联动工作机制，通过成立交通安全工作领导小组，成立“校园122”交通警务室、组建高校兼职交通协勤队伍、建立交通安全定期会商机制、开展交通安全主题宣传教育、深化学生交通志愿者服务6项措施，不断改善校园周边交通秩序，营造文明交通良好氛围。联合下沙交警大队等部门开展以“文明驾车、你我同行”为主题的百日交通安全竞赛活动，以及高校无牌车、外地摩托车和燃油助动车集中清理整治，对2012年度高校“优秀交通安全志愿者”进行表彰奖励。

【高校心理健康教育】 2013年，下沙高教园区充分发挥大学生心理健康教育协作中心专家委员会的作用，成功举办第六届“‘5·25’我心飞扬”大学生心理健康教育系列活动，通过18个项目的主题宣传教育，帮助大学生掌握必要的心理调适方法，培养大学生良好的心理品质和社会适应能力。组织召开高校心理健康教育课程教学研讨会，围绕高校心理健康教育课程教学实际，展示各高校课程开设的特色和亮点，分享教学成功经验，分析课程教学存在的问题，探讨进一步改进教学的可行性措施。举办辅导员心理健康教育专题培训班，分两期对高校专职辅导员进行心理健康教育知识轮训，培训700余人，有效提高辅导员的心理辅导和学生工作能力。

【第十届大学生文化艺术节】 5~11月，下沙高教园区与杭州经济技术开发区联合举办第十届大学生文化艺术节。5月19日，文化艺术节开幕式暨“舞动青春·梦想节拍”大学生街舞摇滚音乐盛典在中国计量学院举行。11月7日，“歌唱青春”校园歌手大赛暨文化艺术节闭幕式在浙江财经大学举行。该届大学生文化艺术节以“梦想下沙·青春出发”为主题，包括“文化传承·人文大讲堂”“青春影像·学子中国梦”“文化艺术·美丽校园行”“职业素质·青年风貌展”4个板块，先后举办主题活动29项，充分展现当代大学生的蓬勃朝气和青春风采，丰富大学生校园文化生活。文化艺术节期间，下沙高教园区组织开展“我最喜爱的宿管阿姨”评选表彰活动。（沈建锋）

·浙江理工大学·

【浙江理工大学概况】 2013年，浙江理工大学有学院（教研部）16个，独立学院1所，普通全日制在校学生2.6万人，其中硕士研究生2700余人。有本科专业59个，其中国家（教育部）特色专业8个、教育部综合改革项目专业1个、教育部第二批“卓越工程师教育培养计划”试点专业3个、省优势专业9个，并拥有硕士研究生推免权。拥有博士学位授权一级学科2个、博士学位授权二级学科12个及17个硕士学位授权一级学科、13个工程硕士领域，拥有艺术硕士、工商管理硕士专业学位授权。拥有省高校重中之重一级学科1个、省高校重中之重（一级）学科3个、省高校人文社会科学重点研究基地1个、省高校重点学科11个，国际科技合作基地1个。拥有国家地方联合工程实验室1个、教育部重点实验室1个、教育部工程研究中心2个、省级重点实验室（工程技术研究中心）8个、省级工程实验室1个、省级（技术）研究中心2个、浙江省文化厅重点研究基地1个。有国家级实验教学示范中心2个、国家工程实践教育中心3个。有国家精品课程5门、国家双语教学示范课程2门、国家精品开放课程5门、“十二五”国家级规划教材4本。学校有教职工1880人，其中具有副高级以上职称840余人，正高级职称210余人。拥有教育部创新团队1个，博士后科研流动站2个；教育部长江学者特聘教授1人，“新世纪百千万人才工程”国家级人选5人，教育部“新世纪优秀人才支持计划”6人；国家“千人计划”1人，国家“外专千人计划”1人，省“千人计划”3人；省特级专家2人，省级特聘教授7人，省突出贡献中青年专家8人，省高校中青年学科带头人65人，博士生导师53人；省“新世纪151人才工程”重点资助8人，第一、二层次入选者55人，享受国务院政府特殊津贴教师29人。

【教育教学与人才培养质量提升】 全年浙江理工大学入选教育部“本科教学工程”地方高校第一批本科专业综合改革试点专业1个，教育部“卓越工程师教育培养计划”试点专业3个；入选国家级精品资源共享课3门、教育部视频公开课程1门，并有3门国家精品开放课程在爱课程网上线；获批国家级校外实践教育基地1个，成为国家级大学生创新创业训练计划实施高校；3个省级实验教学示范中心顺利通过验收并获准正式成为省级实验教学示范中心。学生在各类学科竞赛中获国家二等奖5项、省一等奖27项、省二等奖40项、省三等奖62项，在“挑战杯”全国大学生课外学术科技作品竞赛中获全国一等奖1项、二等奖2项、交叉创新奖一等奖1项、累进创新奖金奖1项。研究生教育快速发展，招生规模首次突破1000人，教育质量稳中有升。2项教育成果获中国纺织工业联合会纺织教育教学成果奖；1篇论文获第二届“王善元全国纺织科学与工程一级学科优秀博士学位论文创新教育奖励基金”奖励，并评为省优秀博士学位论文，7篇论文评为省优秀硕士学位论文，硕士学位论文抽检平均成绩列全省高校前5名，其中生物学获全省同类一级学科第1名，数学和应用经济学获全省同类一级学科第2名。2013届毕业生就业率96.52%，其中本科毕业生就业率96.34%。

【学科和科研水平提高】 2013年，浙江理工大学获省高校重中之重学科滚动建设学科2个。新增教育部创新团队1个，入选浙江省重点科技创新团队1个，浙江省重点实验室、浙江省“2011协同创新中心”、浙江省工业设计技术创新服务平台、浙江省流程泵产业技术创新战略联盟各1个。获国家基金项目52项、国家重大科技专项1项、国家“863”计划3项、国家科技支撑计划6项、国际科技合作专项1项，并首获国家社科基金中华学术外译项目1项。5月，教育部全国高校教师网络培训中心印发《关于公布2013年上半年高校教师网络培训课程中标选题的通知》，浙江理工大学博士潘月明负责的《“全英文授课”直通车》视频课程中标。6月，教育部印发《关于公布“本科教学工程”地方高校第一批本科专业综合改革试点的通知》，公布“本科教学工程”地方高校第一批本科专业综合改革试点名单，浙江理工大学纺织工程专业名列其中。学校科技成果丰硕，获浙江省哲学社会科学优秀成果一等奖1项，作为参与单位获国家科学技术奖2项，15人获聘浙江省重点企业研究院青年科学家，1人获浙江省优秀科技工作者称号，1人被评为国家创新人才推进计划领军人才。

【推进国际化办学】 10月9日，德国新乌尔姆应用科技大学校长乌塔·费塞尔、德国驻沪总领馆文化教育领事古德伦·林格纳一行20人访问浙江理工大学，与学校签署校际合作协议，建立交流合作关系。该校成为新乌尔姆应用科技大学在中国的第一所合作院校。全年浙江理工大学与国（境）外15所大学新（续）签交流合作协议或备忘录，录取留学生人数448人次。聘请外国文教专家55人次，其中长期外国文教专家33人次、国家“外专千人计划”专家1人，外国文教专家整体结构得到优化。留学生教育教学水平和人才培养质量稳步提升，入选教育部来华留学英语授课品牌课程1门，“‘全英语授课’直通车”课程中标教育部高校教师网络培训课程，42名留学生获中国政府奖学金，25名留学生获浙江省政府来华留学生奖学金，33名留学生获学校外国留学生奖学金。新增学生交流项目11个，经校际交流与合作关系出国（境）交流学习的学生382人次。成功举办第三届法律、翻译与文化国际研讨会和第三届先进纺织科学与技术国际学术会议。

【服务地方经济社会发展】 浙江理工大学先后在椒江、桐乡、绍兴等地新建技术转移分支机构5个，组织、策划和参加省内外各类科技成果展览洽谈会40余次，与40余个省内外地市科技局等部门进行科技合作交流，与义乌市签订科技合作协议。与纳爱斯集团等校外单位联合建立研究机构11个，横向项目立项数和到账科研经费均创历史新高。发挥学科人才科技优势，制定实施“一人服务一企业”制度，选派30余名教师深入企业担任科技特派员。获中国纺织工业联合会“纺织产业集群地区发展服务荣誉奖”。推进科技成果转化与应用，该校科技服务中心获得“国家技术转移示范优秀机构”称号。作为牵头高校，学校积极推动浙江高校产学研联盟袍江中心和新昌中心建设。学校《贡献科技人才，扮靓“杭派女装”——浙江理工大学服务行业区域采访纪行》一文先后被《中国教育报》、教育部官方网站、新华网等媒体报道。

【特色文化传承与创新】 浙江理工大学积极开展“中国梦”主题教育活动，推进浙江省红色文化研究与开发，成立浙江现代革命历史文化研究基地。完善文化素质教育课程体系建设，举办首届国学经典诵读会和孔子诞辰纪念活动，成立学校大学生中华文化研习中心。深入推进校园文化品牌建设，《传承红色文脉，创新红色文化——浙江理工大学红色文化育人》获全国高校校园文化建设优秀成果二等奖，“丝绸织锦文化创意与工艺创新及示范推广”项目成功入选2013年度国家文化创新工程项目，成为浙江省高校首例。组织“金沙大讲坛”11讲。承办中国纺织职工思想政治工作研究会（院校学组）2013年年会和浙江省高校思想政治教育研究会2012年专题研讨会。开展暑期“三下乡”社会实践活动，建立和完善学雷锋常态化工作机制，深度推进“两项”计划招募组织工作，获“西部计划全国优秀项目办”称号和省“两项计划”优秀组织工作奖。

浙江理工大学2013届服装艺术设计专业毕业作品汇演

（郑体兵 摄）

【获国家文化创新工程项目立项】 5月，文化部印发《2013年度国家文化创新工程项目立项名单的通知》，浙江理工大学"丝绸织锦文化创意与工艺创新及示范推广"项目名列其中。该项目是浙江省唯一入选项目，也是浙江省高校首次获得该项目立项。

【承办两场纺织类大型会议】 11月7~9日，第三届先进纺织科学与技术国际学术会议在浙江理工大学召开。来自中国、日本、德国、英国、澳大利亚、加拿大、韩国等国家纺织科学领域的专家和学者60余人与会。大会期间，专家学者以大会主题报告、展板和讨论交流等多种形式，就先进纺织材料与制备技术的研究和应用展开广泛交流。11月14日，中国纺织职工思想政治工作研究会（院校学组）2013年年会在浙江理工大学召开。来自东华大学、北京服装学院、天津工业大学、武汉纺织大学等14所高校分管思想政治工作的校领导及宣传部、学工部、团委负责人和政治理论课骨干教师参加会议。会议就高校思想政治教育与纺织创新人才培养工作的新情况、新思路、新经验进行深入研讨和交流，并评选和表彰该届年会优秀论文。

【举办第九届全国实验流体力学学术会议】 7月6~8日，中国力学学会第九届全国实验流体力学学术会议在浙江理工大学成功举行。来自中国科学院力学研究所、中国空气动力研究与发展中心、天津大学、中国科学技术大学、国防科学技术大学、北京大学、清华大学、北京航空航天大学、同济大学等28所高校和科研单位的130余名代表参加会议。会议交流国内实验流体力学及相关领域的最新发展动态及最新研究成果，研讨新的学科发展方向，推动实验流体力学的学科发展及其与其他学科的交叉融合，促进实验流体力学相关研究成果的应用。

【研究生代表大会】 5月22日，浙江理工大学第一次研究生代表大会召开。来自该校各学院的112名正式代表和18名列席代表参加会议，共同商讨研究生会工作大计，选举产生第一届研究生会常委会及研究生会秘书长。东华大学、浙江大学、浙江工业大学、浙江师范大学等10余所省内外高校研究生会代表到会祝贺。

【河道生态文明教育示范基地成立】 3月22日，大学生"一滴水行动"暨杭城河道生态文明教育示范基地揭牌成立仪式在浙江理工大学举行。杭州市河道建设中心党委书记、主任董天乐，杭州市建委机关党委副书记胡少祥等出席活动。活动由杭州市市区河道整治建设中心、学校党委学工部和学生社区联合会联合主办。活动倡导学生参与杭城河道生态文明教育示范基地建设，通过日常理论学习、志愿服务、社会实践等形式，促进河道生态文明建设，形成生态文明意识，自觉主动践行生态文明行为。该基地是浙江省首个河道生态文明教育示范基地。

（伍小龙）

·杭州电子科技大学·

【杭州电子科技大学概况】 2013年，杭州电子科技大学下设学院（教学部）22个、独立设置的信息工程学院1个，有普通全日制在校生2.8万人，专任教师1500余人，其中正高级职称211人、博士生导师52人。设有本科专业57个，其中国家级综合改革试点专业2个、教育部"卓越工程师教育培养计划"试点专业6个、国家级特色专业建设点7个、国防特色重点专业2个。学校拥有博士学位授权一级学科3个、博士后科研工作站1个、一级学科硕士授权点13个、二级学科硕士授权点53个，以及9个领域的工程硕士专业学位授予权。拥有会计硕士专业学位（MPAcc）、资产评估硕士专业学位（MV）和工商管理硕士专业学位（MBA）授予权。拥有国防特色主干学科1个、浙江省重中之重一级学科2个、浙江省重中之重学科2个、浙江省人文社会科学重点研究基地1个、浙江省重点学科19个。有浙江省智慧城市研究中心、浙江高等教育研究中心和工程研究院等一批科技教育研究平台。拥有省部级重点实验室12个、教育部工程研究中心1个、省部共建教育部重点实验室1个、国防重点学科实验室1个、国家级实验教学示范中心2个。学校拥有共享院士5人、国家有突出贡献中青年专家2人、中组部国家“千人计划”特聘专家5人、国家新世纪百千万工程人才3人、国家杰出青年基金获得者3人、拥有浙江省特级专家3人、浙江省有突出贡献中青年专家7人、浙江省“千人计划”特聘专家14人、浙江省特聘教授9人、浙江省高校教学名师5人、浙江省“151”人才160人次。

1月18日，中国电子科技集团公司科技委副主任、浙江电子科技大学共享院士、学校通信信息传输与融合技术国防重点学科实验室学术委员会主任王小谟获2012年度国家最高科学技术奖。

【学科建设取得重大进展】 1月30日，杭州电子科技大学顺利通过浙江省学位委员会专家组对学校博士学位授予单位立项建设工作进行的整体验收。经国务院学位委员会第三十次会议审议批准，国务院学位委员会印发《关于下达2008~2015年立项建设博士、硕士学位授予单位及其授权学科名单的通知》，学校被正式确定为博士学位授予单位，电子科学与技术、控制科学与工程、计算机科学与技术3个学科为博士学位授权一级学科。学校办学层次跃上新台阶，学科实力大幅增强。新增省重中之重一级学科1个。在《中国大学及学科专业评价报告（2013~2014）》中，学校有7个学科进入全国排名前30%。在美国基本科学指标数据库ESI公布的数据中，学校工程学学科排名进入全球大学和科研机构前1%。

【科研新进展】 2013年，学校科研经费总额1.22亿元，获得各类国家级项目87项及省部级成果奖17项。发表论文1160篇。新增省部级科研平台4 项、省部级创新团队3个。“浙江智慧城市区域协同创新中心”被认定为第二批省“2011协同创新中心”。经浙江省科技测评，近三年学校创新绩效在全省省属高校、科研院所中列第2位。

【人才队伍与教学建设】 2013年，杭州电子科技大学引进各类人才132人，其中国家杰出青年科学基金资助人员1人、省“千人计划”3人、省宣传文化系统“五个一批”计划1人、省特聘教授4人。成功引进浙江省固态存储和数据安全关键技术创新团队。新增省“151”计划第三层次7人，省中青年学科带头人25人。新增教育部卓越工程师计划项目4个、国家级精品资源共享课建设项目1门、国家级精品视频公开课入选上网1门。学生学科性竞赛成绩优异，全年获全国及国际学科竞赛奖项49个、省级奖项184个。毕业生总就业率97%，生源质量、毕业生就业率和就业质量居省属高校前列。

【中国固态硬盘控制芯片技术取得突破】 1月23日，由杭州电子科技大学和华澜微科技有限公司联合自主研发的固态硬盘控制器芯片，正式通过11名国内权威专家的技术成果鉴定。鉴定意见表明，该成果实现中国在固态硬盘控制芯片技术上的重大突破，标志中国首次掌握产业化制造计算机硬盘的核心技术，打破多年的国际垄断。固态硬盘技术关系到国家信息安全和保障，是近年来半导体技术的发展热点，将成为信息产业的核心支柱之一。在杭州电子科技大学教授邓先灿指导下，该校教授、华澜微科技有限公司总裁骆建军作为技术带头人，成立专项课题组，历时近10年，攻克固态硬盘的核心技术难题。该芯片是中国在固态硬盘控制芯片技术上取得的重大突破，实现多个中央处理器高速并行控制的协同技术，拥有高可靠性、高性价比等特点。教育部科技查新工作站的查新表明，该成果是中国第一颗自主设计的多中央控制器构架的固态硬盘控制芯片系统。

【3D生物打印机】 8月6日，杭州电子科技大学生命信息与仪器工程学院教授徐铭恩课题组承担的“生物3D打印机”项目鉴定会举行。徐铭恩课题组研制的Regenovo 3D Bio-Printor，是国内首款可打印生物材料和活细胞的生物3D打印机。该打印机在用户自由设计或由医学影像数据重建的计算机三维模型指导下，将包括生物医用高分子材料、无机材料、水凝

杭州电子科技大学在省内率先开设新生学科导论课

（熊小庆　供稿）

胶材料和活细胞在内的多种材料3D打印成形。和国际同类打印机相比，这台名为“Regenovo”的3D打印机不仅实现无菌条件下的生物材料和细胞3D打印，而且新型的温控单元和打印喷头设计，能够支持从-5℃~260℃熔融的多种生物材料打印，打印出的细胞存活率在90%以上。Regenovo广泛应用于生命科学和材料科学等领域的研究、患者病损组织和器官的替换或修复、药物研发、医疗辅具等。2012年9月，国际期刊《Biomaterials》将徐铭恩团队在细胞3D打印方向的研究评价为该领域最高水平。

【武器装备质量体系认证通过审核】 9月25~27日及11月25~28日，中国新时代认证中心审核组分别对杭州电子科技大学武器装备质量体系进行初次认证的第一阶段和第二阶段的审核。审核组专家依据GJB9001B—2009标准，通过谈话、查阅文件、现场勘验等方式，对国防科技学院、通信工程学院、电子信息学院和包括领导层在内的6个职能部门的质量管理体系运行状况进行审核。审核组针对学校的质量管理体系运行状况，认为基本符合GJB9001B—2009的要求，同意待学校按期完成不符合项的整改并经审核组书面验证纠正措施有效后，向武器装备质量体系认证委员会推荐认证注册，并颁发GJB9001B—2009标准认证证书。

【开放智慧教育产业园】 5月23日，杭州电子科技大学与浙江开放教育集团签订战略合作协议，在智慧城市建设、保密培训基地建设、国际教育等方面开展深入合作，在学校文一校区打造集教育与文化创业孵化等功能于一体的高端综合性教育产业基地——开放智慧教育产业园。浙江日报报业集团社长高海浩、副社长俞文明，浙江开放教育有限公司总经理刘金岱，杭州电子科技大学党委书记费君清，校长薛安克，副校长胡华、郑宁以及各相关部门、学院负责人参加签约仪式。开放教育集团与该校将通过“轻资产，连锁化”的商业模式，统筹规划园区资源，将园区打造成高质量、高科技、高成长的“三高”教育产业园区。

【浙江省杭电智慧城市研究中心成立】 4月16日，浙江省杭电智慧城市研究中心成立仪式在杭州电子科技大学文一校区举行，浙江省副省长毛光烈、省政府相关部门和企事业单位负责人及学校领导出席。成立仪式上，副省长毛光烈、校党委书记费君清为浙江省杭电智慧城市研究中心揭牌。费君清宣读浙江省杭电智慧城市研究中心主任、副主任任命文件。聘请毛光烈为中心名誉主任，浙江联通公司资深经理孙谦为副主任，28名实务方面的专家为中心特聘研究员。

【特色新生课程】 暑期，杭州电子科技大学组织由校领导、各学院教授、优秀学生代表等组成的多支队伍，奔赴浙江省内部分地区召开20余场2013级新生座谈会。“新生第一课”座谈吸引全省1000余名新生及新生家长参加，为新生更好地融入和规划大学生活奠定坚实的基础，受到新生和家长、生源基地（高中）以及当地媒体的一致好评。9月28日，学校为全校17个学院的4000余名新生分别安排信息类、工程类、商科类、人文社科艺术类、理学类学科导论课5类课程。让学生更好地了解本学科、专业知识体系及发展趋势，掌握本学科、专业的研究方法和思维方式。学科导论课能有效避免学生盲目转专业，学生对学科有明确认识后，能更加理智、慎重地考虑转专业，对专业的稳定性、人才培养的质量起到良好的作用，使专业“引导”更加符合认知规律、学习规律。该种打通学院界限推出的新生学科导论课也是浙江省高校教学改革的“涉水之举”。

【信息工程学院迁建工程开工】 4月18日，学校信息工程学院迁建工程开工仪式在临安青山湖科技城举行，标志着信息工程学院新校区建设正式动工。省委教育工委委员、省教育厅副厅长褚子育，省财政厅教科文处、省发改委社会发展处、临安市相关领导和部门负责人，以及学校全体领导和相关部门负责人出席开工仪式。

【综合保障能力增强】 2013年，学校财政资金收入比上年（指2012年，下同）增长17.26%；获得中央财政专项1200万元，增长33.3%；获得提升地方高校办学水平专项1100万元，高于省属高校平均水平20%，全年获财政专项总金额居省属高校前列。各学院创收收入总额实现翻番。资源配置得到优化，完成764间公用房调整工作，实施公用房有偿使用，文一校区资源得到综合利用。（熊小庆）

·浙江工商大学·

【浙江工商大学概况】 2013年，浙江工商大学下设学院23个，覆盖九大学科门类，拥有博士后流动站3个、一级学科博士点3个、二级学科博士点18个、一级学科硕士点13个、二级学科硕士点65个、硕士专业学位门类11个。有国家级人才培养模式创新实验区2个、国家级卓越法律人才教育培养基地1个、国家级特色专业5个、省级重点专业15个、本科专业61个。拥有教育部省部共建人文社会科学重点研究基地1个、国家农产品加工技术研发专业分中心1个；浙江省哲学社会科学重点研究基地1个、浙江省重中之重学科1个、浙江省重点学科10个、浙江省一级重点学科3个、浙江省二级重点学科5个，浙江省人文社会科学重点研究基地4个；浙江省重点实验室6个、省级行业创新平台1个、浙江省重点创新团队5个、浙江省高等学校创新团队6个。拥有1个国家级教学团队、8门国家级精品课程、1门国家级双语教学示范课程、1个国家级实验教学示范中心。学校拥有外国留学生招生权，招收境外博士、硕士研究生和本科生。与加拿大魁北克大学合作培养项目管理硕士（MPM），设有浙江工商大学法语联盟，与比利时西弗兰德大学合作共建孔子学院。学校出版社出版的《狄更斯全集》入选中国出版政府奖提名奖。学校出版社策划的《中国卫生法学系列丛书》（共18册）、《中国海洋开发史系列丛书》（共8卷）先后入选“十二五”时期国家重点出版物规划项目和“十二五”时期国家重点出版物规划增补项目。毕业生就业形势良好，研究生初次就业率98.42%，本科生初次就业率为6.54%。

学校有教职工2110余人，其中专任教师1630余人。教师中有博士生导师55人，正高级职称258人，副高级职称607人，博士638人。在校学生3.46万人，其中全日制普通在校生2.67万人。全日制普通在校生中，有博士研究生160人、硕士研究生2970余人、本科生2.3万人、留学生490余人。在职研究生400余人，成人教育学生8080人。

【科研项目协同创新】 全年浙江工商大学科研经费和高层次科研项目数量持续增长。科研项目经费1.26亿元。获准国家级科研项目94项、省部级项目158项。其中，国家社会科学基金16项、国家自然科学基金38项、国家社科基金和国家自然基金管理学部项目总计31项；教育部人文社科项目37项；省哲学社会科学规划课题51项、省自然科学基金项目37项、省科技计划项目43项。获教育部高等学校科学研究优秀成果奖（人文社会科学）5项、浙江省十七届哲学社会科学优秀成果奖18项、省科学技术奖5项。获商务部全国商务发展研究成果奖（2013年）二等奖1项。学校现代商贸流通体系建设协同创新中心被认定为第二批浙江省“2011协同创新中心”。与北京外国语大学、浙江大学等合作，共同成立“中国文化走出去协同创新中心”。加强与地方政府、企业和兄弟院校合作，新上横向项目373项，实到经费9008.2万元，比上年增长777万元。牵头成立浙江高校产学研联盟金华中心。《浙江工商大学学报》首次入选CSSCI（2014~2015年）来源期刊扩展版，《商业经济与管理》连续入选CSSCI（2014~2015年）来源期刊。

【学科建设和平台建设新突破】 根据教育部公布的第3轮学科评估结果，浙江工商大学统计学一级学科进入全国高校前10%（全国并列第5名）；工商管理学进入前30%。应用经济学、食品科学与工程一级学科进入前40%，法学一级学科进入前50%。学校新增浙江省重点实验室2个、浙江省工程实验室1个、浙江省重点创新团队1个。获批省重中之重一级学科1个，4个二级学科省人文社会科学重点研究基地晋升为一级学科重点研究基地。

【教育教学改革深入】 2013年，浙江工商大学新增本科专业2个、浙江省第一批招生专业6个。按大类（平台）招生学院扩大至11个。2个专业获批国家“本科教学工程”地方高校第一批本科专业综合改革试点。2门课程获第二批国家级精品资源共享课立项。学校文科教学试验示范中心正式被批准为“国家级实验教学示范中心”。3个新申请省级实验教学示范中心建设点通过专家组验收。获得教育部“大学生校外实践教育基地建设项目”1个。申请加入上海课程资源共享中心。获评省优秀博士论文、硕士论文各3篇；研究生公开发表的高水平论文数量增加，发表一级论文100篇，其中国际TOP期刊论文3篇。

在第十三届“挑战杯”全国大学生课外学术科技作品竞赛中，学校选送的6件作品全部获奖。其中一等奖1项、二等奖3项、三等奖2项。学校获大赛“优秀组织奖”，连续五届蝉联全国“挑战杯”发起高校资格。学校游泳队2名学生在第十三届全国大学生游泳锦标赛上分别获得冠军和亚军，学校选派裁判员徐峰被大赛组委会评为“优秀裁判员”。在浙江省大学生艺术节上，学校获组织贡献奖、优秀组织奖，参赛舞蹈类、戏剧类作品全部获奖，并包揽舞蹈类甲组第1名、戏剧类甲组第1名，共获得一等奖4项、二等奖1项。

11月10日，2013年浙江省大学生艺术节在浙江工商大学落幕
（陈永春 供稿）

【高层次人才引进和培养】 浙江工商大学全年引进人才155人（包括协助杭州商学院引进师资67人），其中教授6人、海外博士10人、国内高校博士后4人。柔性引进海外特聘教授4人。实施“蓝天计划”，派遣人员出国访学。推进人才项目工作，1人入选教育部新世纪优秀人才，2人入选省高等学校“钱江学者”特聘教授。招收博士后研究人员4人，5名博士后研究人员顺利出站。

【国际化办学及与中国台湾高校合作】 浙江工商大学与欧美等国家及中国台湾地区11所知名高校签署交流合作协议。实施“蓝天计划”，全年派送教师135批、160人次及学生400余人出国境交流学习。成功获批国家留学基金项目。在全国高校首批开设“国际教育与跨文化交际”课程。外国留学生数量与增长率均创历史新高，全年有来自78个国家的长、短期留学生919人。新增全外语授课留学生专业5个。经教育部批准，学校成为中国政府奖学金生委托培养院校。孔子学院办学成效显著，有200多名学员在不同层次、不同科目的班级学习。法语联盟继续保持省内最大法语培训机构的地位。

【浙商博物馆开馆】 10月15日，浙商博物馆开馆暨浙商文化软实力促进项目启动仪式在浙江工商大学教工路校区举行。省委副书记王辉忠，全国政协文史和学习委员会副主任、浙商博物馆首届理事长周国富出席开馆仪式并讲话，省人大常委会副主任程渭山、副省长熊建平等出席。开馆仪式前，省领导参观浙商博物馆（一期）展厅。博物馆以“天下浙商的精神家园”为总体定位，全面展示数千年来浙江经济的“人、物、事”，特别是改革开放以来浙江民营经济的成长壮大历程和1000余万名天下浙商的创业创新史，将成为记录浙商历史、弘扬浙商精神、展示浙商成就、服务浙商发展的重要窗口和平台。浙商博物馆（一期）建成开馆，填补浙商文化和品牌建设的一项空白，为浙商打造一个共有的精神家园，对于增强天下浙商对家乡的认同感、归属感，推进浙商创业创新具有十分重要的意义。10月26~27日，浙商博物馆承办“第二届世界浙商大会专题活动——世界浙商文化论坛”。浙商博物馆开馆后在传播浙商文化方面取得巨大影响力，获“2013年浙江经济年度盛典”特别奖。

【依法治校持续推进】 浙江工商大学修订完成《浙江工商大学听证实施办法》，扩大校内听证工作受理范围。实施“阳光工程”，被授予“全国校务公开民主管理先进单位”称号。加强数字化校园建设，学校成为首批浙江省数字校园示范建设学校。出台《进一步完善后勤保障体系方案》并正式实施，后勤服务中心完成标准化建设，获得ISO 9001:2008质量管理体系认证证书。加强平安校园建设，被杭州市公安局评为杭州市经济文化单位安全保卫工作先进集体。

（陈永春）

·中国计量学院·

【中国计量学院概况】 2013年，中国计量学院有教职工1770人，其中专任教师1230余人，具有副高级以上职称教师632人，具有博士、硕士学位的教师占91.5%。在校全日制普通本科生以上2.22万人，其中硕士研究生1162人、本科生1.42万人、独立学院本科生6821人，另有留学生33人。学校下设二级学院（部）19个、本科专业49个，涵盖工学、理学、管理学、文学、法学、经济法、农学、医药学、哲学、艺术学十大学科门类。有浙江省“2011协同创新中心”1个、浙江省重中之重学科1个、浙江省高校人文社科重点研究基地1个、省重点学科9个、一级学科硕士点7个、二级学科硕士点25个及工程硕士授权领域4个。有国家特色专业4个、国家级专业综合改革试点项目2个、“卓越工程师教育培养计划”本科专业5个、省优势专业5个、省重点建设专业12个；国家级精品课程3门、国家精品资源共享课2门、国家级双语示范课程1门、来华留学英语品牌课程1门，省精品课程23门；有国家级实验教学示范中心1个、省级实验教学示范中心10个、国家级人才培养模式创新实验区1个、国家级大学生校外实践教育基地1个，是国家大学生创新创业训练计划项目高校。有教育部工程研究中心1个、教育部教育装备检测检验研究中心1个、国家质检中心1个、国家地方联合工程实验室2个、浙江省重点实验室5个和浙江省工程实验室3个，共建浙江省公共科技创新服务平台2个。

【学科建设推进】 2013年，中国计量学院召开学科建设工作会议，调整学科布局结构，强化特色学科建设，优化学科管理体制机制，出台《关于进一步推进学科建设的若干意见》等5项制度。在教育部第三轮学科评估中有9个学科进入全省参评学科前3位。“质量检测技术及仪器”协同创新中心被认定为第二批浙江省“2011协同创新中心”。新增安全工程领域专业学位授权点。重视研究生教育质量保障体系建设，严把学位论文质量关，获得浙江省优秀硕士论文2篇，在2011年度全省硕士学位论文抽检中平均分和优秀率均排名第1位。牵头组织下沙高教园区7所研究生培养院校实现研究生课程互选与学分互认。

【重视提高科研质量】 中国计量学院全年科研经费总量1.87亿元，获得国家级项目49项、省部级项目86项，超1000万元国家级重大项目取得突破，作为第一支撑单位承担科技部重大科学仪器专项项目。获国家质检总局“科技兴检”奖一等奖、浙江省科学技术奖二等奖、浙江省哲学社会科学优秀成果奖三等奖等省部级成果奖5项。新增流量计量技术研究省重点实验室、海洋食品加工质量控制技术与仪器国家地方联合工程实验室、化工产品安全测试技术与仪器浙江省工程实验室。发表SCI论文358篇、EI论文503篇；获得授权发明专利135项，参与制定国家标准和行业标准12项，出版学术著作16部。学校在2013年中国大学科技创新竞争力排名中列全国高校83位。修订和完善科研工作业绩点核算办法，积极推进科研经费使用信息公开。

【教学改革推进】 中国计量学院教学质量稳步提升，在2012~2013学年省属高校本科教学业绩考核中排名第5位，1个专业通过教育部工程教育专业认证实地考察，2门课程入选国家级精品资源共享课，1门课程入选教育部来华留学英语品牌课程，6名教授入选教育部新一届高等学校教学指导委员会，获第七届浙江省教学成果奖一等奖3项、二等奖1项，编写并发布2012年本科教学质量报告。

【实践教学水平提高】 2013年，中国计量学院海克斯康实践教育基地获批国家级大学生校外实践教育基地，3个省级实验教学示范中心通过验收。确立国家级大学生创新创业计划训练项目20个、省大学生科技创新活动计划（新苗人才计划）项目58个、校级项目323个，学生获得A类学科竞赛奖326项，其中国家一等奖7项、二等奖11项、三等奖8项。在2013年全国大学生数学建模竞赛中，排名所有参赛高校的第5位。授权发明专利、实用新型专利、外观设计专利等825项，发表论文184篇。承办浙江省大学生工业设计竞赛、生命科学竞赛、力学竞赛3项省级A类学科竞赛。

【招生、就业质量提升】 2013年，中国计量学院生源质量稳中有升，面向30个省市招收硕士研究生430人、普通本科生3757人、独立学院本科生1560人；浙江省第二批文、理科投档线分别排名省属高校第5位、第6位；省外理科19个省、文科14个省的录取平均成绩超过当地重点线，继续实施“三位一体”综合评价招生工作。毕业硕士研究生294人，就业率99.3%；本科毕业生3301人，就业率97.33%；独立学院毕业生1834人，就业率95.08%。

【产学研合作成效】 中国计量学院深化与地方政府和骨干企业的全面合作，与金华市、金华浦江县、台州椒江区、杭州江干区、台州路桥区，以及台州高新区、金华高新区、钱江经济开发区、良渚高新区签订全面科技合作协议，建立技术转移中心5个，牵头推进浙江高校产学研联盟台州中心建设；与33个企业共建产学研合作机构，新签科技合作项目453项，到校经费5600万元，技术开发和技术转让项目185项。学校科技园企业全年总收入7100万元，获得“国家级高校学生科技创业实习基地”“浙江省优秀科技企业孵化器”等称号。

【院校特色优势发挥】 中国计量学院发挥行业院校特色优势，与舟山市质监局、常州市质监局、余杭区质监局签订全面科技合作协议，与江苏省计量院、安徽省计量院开展科研、计量文化建设等实质性合作，举办部队、中石油西北销售公司、广东省、青海省、济宁市、咸阳市等11个质监系统培训班，与国家标准委共同举办国际标准化组织“ISO秘书周培训班”，提升学校社会影响力。

【师资队伍建设加强】 中国计量学院全年引进专任教师50人，其中博士（后）35人，1人入选国家“千人计划”，1人入选省“千人计划”，1人入选省“钱江学者”特聘教授，1人获省“功勋教师”称号，1人被评为省“杰出青年”，4人被评为省专业技术二级岗教师。加强青年教师队伍建设，10人入选省新世纪“151人才工程”第三层次培养人员，67名教师赴国外访学进修。至年末，学校拥有省重点创新团队4个、省高校创新团队3个、国家级教学团队1个、省级教学团队5个，有省级教学名师和教坛新秀12人。

【国际合作及与中国香港高校协作】 2013年，中国计量学院与新西兰奥克兰理工大学合作的计算机科学与技术本科教育项目通过教育部评估。新增合作交流学校7所，与5所友好学校签署项目合作协议。教师出国进修访学、参加国际会议、合作研究104人次，聘请外国文教专家讲学、合作研究60人次；学生参加出国交流学习80人次，学校申报的香港理工大学校企协作教育项目入选教育部内地与中国香港高校师生交流计划项目，美国戴顿大学交流学习项目入选国家留学基金委优秀本科生国际交流项目。全年招收学历留学生22人、语言进修生26人。

【质检技术及仪器认定为省协同创新中心】 11月13日，浙江省教育厅、省财政厅公布第二批浙江省“2011协同创新中心”认定结果，中国计量学院牵头组建的“质量检测技术及仪器”入选。“质量检测技术及仪器”由中国计量学院、中国计量科学研究院、浙江省质量技术监督局、横店集团东磁股份有限公司、海克斯康测量技术（青岛）有限公司等14个主要参加单位组成，目标是以浙江省重中之重学科“仪器科学与技术”为依托，推动高等学校与政府部门、科研院所、行业企业的深度融合，集聚国内外优秀创新团队和优质资源，持续产出重大的原始创新成果，为国家及区域创新体系建设提供支撑。

【获批教育装备协同创新研究机构】 12月12日，教育部教育装备工作领导小组决定在清华大学等14所高校设立第一批教育装备协同创新研究机构，旨在推进教育装备现代化，在教育装备基础研究和前沿技术领域取得实质性突破。中国计量学院获批设立教育装备检测检验研究中心，配合教育部从事教育装备类产品质量评价、标准制定、检测技术与仪器开发等研究工作。

【校科技园认定为学生科创实习基地】 3月4日，教育部、科技部发文认定北京林业大学科技园等22个单位为高校学生科技创业实习基地，中国计量学院科技园入选。中国计量学院科技园成立于2009年7月，累计孵化企业100余个，其中大学生创业企业60余个，直接提供就业岗位700余个，大学生实习岗位300余个，每年提供大学生创业实训300余人次，为大学生提供从政策信息、工商登记到贷款融资、税收优惠等环节的创业“一站式”服务。

【中国知识产权远程教育浙江平台成立】 8月18日，中国知识产权远程教育浙江平台签约揭牌仪式在中国计量学院举行。学校副校长俞晓平和中国知识产权培训中心副主任孙玮分别致辞。中国知识产权培训中心教务处、省知识产权服务中心领导，以及来自杭州高校、律所、企业的代表40余人参加揭牌仪式和研讨会。中国知识产权远程教育平台是国家知识产权局开设的公益性知识产权教学分布式平台，由中国知识产权培训中心进行开发和维护，浙江平台设在中国计量学院国家知识产权培训（浙江）基地，浙江平台首个分站——中国计量学院分站同时揭牌成立。

【学校被授予“全国模范职工之家”】 11月18日，中国计量学院被中华全国总工会授予“全国模范职工之家”称号，全国总工会第十六届执委、浙江省教育工会主席李逸凡到学校授牌和颁发荣誉证书。“全国模范职工之家”是中华全国总工会为落实党中央提出的“工会要成为职工之家”而开展的品牌活动，是对基层工会组织的最高表彰。

【获浙江省大学生足球联赛冠军】 11月，由省教育厅、省体育局主办的2013年浙江省大学生足球甲级联赛结束，中国计量学院男子足球队经过7轮主客场单循环赛，以五胜二平的战绩获得联赛冠军，成为浙江省大学生足球联赛历史上第3支冠军球队。杭州电子科技大学和浙江大学分别获第2名和第3名。中国计量学院男子足球队将代表浙江省高校，参加2013～2014年全国大学生足球联赛南区决赛。

（张徐兴）

·浙江财经大学·

【浙江财经大学概况】 2013年，浙江财经大学下设学院14个、教学部2个、独立学院1个、研究机构51个，具有博士、硕士、学士学位授予权和外国留学生、中国台港澳学生招生权。普通全日制在校研究生和本科生2.4万人，其中独立学院9600余人。有本科专业43个，其中国家特色专业4个、国家专业综合改革试点项目2个、省重点专业11个、省优势专业6个。拥有国家教学团队1个、国家精品资源共享课4门、国家精品课程4门、国家级教材10部。有服务国家特殊需求博士人才培养项目1个、一级学科硕士点6个、二级学科硕士点42个、专业硕士学位点6个。拥有省哲学社会科学重点研究基地1个、省高校人文社会科学重点研究基地3个、省重点学科8个、省重点实验室2个、省重点创新团队1个、省高校创新团队1个。学校在校教职工1326人。其中：专任教师910人，具有正高级职称教师155人，副高级职称教师324人；高级职称教师占师资总量53%；具有博士、硕士学位占师资总量的85%。有国家“百千万人才工程”人选、教育部“新世纪优秀人才支持计划”人选、享受国务院特殊津贴人员、省部级有突出贡献中青年专家等高层次人才10余人。有省“新世纪151人才工程”人选91人、省高校中青年学科带头人30人、省宣传文化系统“五个一批”人才2人。有全国模范教师1人，省教学名师、教坛新秀、省优秀教师和师德先进个人等22人。

【升格更名浙江财经大学】 4月18日和5月24日，教育部和浙江省人民政府先后印发批文，同意浙江财经学院更名为浙江财经大学，同时，撤销浙江财经学院的建制。6月18日，浙江财经大学成功举行包括更名揭牌仪式、发展战略论坛、“风华”主雕塑落成仪式、校银战略合作签约仪式及文艺演出在内的更名揭牌系列活动。省委教育工委副书记、省教育厅副厅长蒋胜祥，浙江财经大学校长王俊豪等领导及各界代表共同为“浙江财经大学”新校名揭牌。学校更名后管理体制不变。学校将以更名为契机，加强学科、专业和师资队伍建设，深化教育教学改革，努力提高教育质量、科研能力和办学水平，为经济社会发展做出贡献。

6月18日，浙江财经大学揭牌仪式举行　（曹　超　摄影）

【教育教学改革推进】 1月，国务院学位委员会印发《关于批准服务国家特殊需求博士人才培养项目的通知》，浙江财经大学“城市公用事业政府监管人才培养项目”获得批准。新增商务英语专业，并获批与美国托莱多大学合作的市场营销学专业本科项目，产业经济学、财政学、基础会计、中国税制4门课程获国家级精品资源共享课立项，其中基础会计为首批入选课程，这是全国除“985”“211”高校之外仅有的9门地方高校课程之一，会计学原理入选教育部百门“来华留学英语授课品牌课程”，浙江财经大学经济学实践教育基地获批为学校首个国家级大学生校外实践教育基地，成功入选国家级大学生创新创业训练计划高校并有20个项目获得立项，首次组织研究生赴境外访学，学生累计在各类学科竞赛中获国家级以上奖项31项、省级奖项235项。

【科研水平和社会服务能力增强】 全年浙江财经大学获准立项国家自然基金项目18项，全年科研总经费5286万元，横向合作项目经费1522万元，获得省部级以上领导干部批示的研究成果7项。立项建设校级协同创新中心5个，其中“城市公用事业政府监管协同创新中心”被确立为省级协同创新中心（培育）项目。先后承办“第二届政府管制论坛”“中国工业经济学会学术年会”“中国经济发展研究会第十五届年会”“民间资本信用管制国际研讨会”“全国税务专业学位研究生教育指导委员会工作会议”等一批高层次学术会议，与国土资源部土地整治中心、浙江省土地整理中心签订“土地整治与用地保障创新中心”协议；与义乌市合作成立“浙江财经大学电子商务义乌培训中心”，承担该市两年30万人次的电子商务培训工作。学校分别与中国城市燃气协会、中国建设银行浙江省分行、嘉兴市人民检察院等单位签订战略合作协议。

【招生、就业形势良好】 2013年，浙江财经大学招生批次结构实现重大突破，省内第一批招生专业增加至11个，省外第一批招生省份增加至6个。全年招收入学本科生6097人、硕士研究生524人，其中MBA（工商管理硕士）学员130人、首届博士研究生3人。校本部一、二批文、理科投档线再次列居省属高校榜首；研究生生源质量有较大幅度的提高，来自“985”或“211”高校的毕业生人数创历年新高。校本部本科毕业生初次就业率97.3%，东方学院毕业生初次就业率95.02%，研究生毕业生初次就业率98.2%，据《2013中国高校通用就业力白皮书》公布的数据，浙江财经大学本科毕业生基本工作能力列全国高校第3名。

【国际交流合作新局面】 3月，浙江财经大学与美国托莱多大学合作举办的市场营销学项目获教育部批准，并于7月首次招生80人。至年末，学校有中外合作办学项目2个，在校学生278人。接待来自美国、英国等国（境）外学者教授共60余人次，选派70余名专任教师和管理人员赴海外高校访学进修。成立国际学院，招收来自日本、新加坡等国家的55名外国留学生到校学习，全年有299名学生赴国（境）外大学学习。引进国外优质智力资源，聘请11名外籍教师到校长期任教。10月，加拿大劳伦森大学到学校访问交流，并共同举办“中加合作友谊杯”篮球比赛。

【校园文化建设推进】 2013年，浙江财经大学深化学习型公寓建设，完善生活园区学生服务体系，“学习型公寓”建设获全国首届平安校园建设优秀成果三等奖。加强心理健康教育工作，做好宣传教育、咨询辅导和危机干预等工作，全年培训学生2.27万人次。开展校园文化品牌建设，“感恩文化”项目获教育部高校校园文化优秀成果三等奖，教师施翔原创声乐作品获中国艺术节“群星奖”。开展“我的中国梦”主题教育活动，组织评选“寻找身边的感动”典型事例，宣传弘扬正能量。组织开展师生文体活动，成功举办下沙高教园区大学生文化艺术节闭幕式、省“钟声杯”羽毛球赛等活动。校友工作机制不断完善，成立北京、上海校友会，启动40周年校庆筹备工作，设立教育基金会，接受捐赠330万元。

【文体活动成绩优异】 2013年，浙江财经大学先后承办省大学生武术套路锦标赛、省大学生游泳锦标赛、省钟声体协羽毛球赛等赛事。学校在各项体育赛事中成绩突出，获得第十三届全国大学生游泳锦标赛团体第3名，第四届全国大学生阳光体育乒乓球赛一等奖，省大学生游泳锦标赛金牌总数和团体总分两项第1名，省大学生武术套路锦标赛团体总分、男子团体总分、女子团体总分三项第1名，省大学生篮球联赛女篮冠军等，其中学生阚天成在全国大学生游泳锦标赛上打破50米自由泳的全国纪录。（朱旭明）

·浙江传媒学院·

【浙江传媒学院概况】 2013年，浙江传媒学院拥有下沙和桐乡两个校区，学校总占地85.73公顷，总建筑面积约61万平方米。其中：下沙校区占地52.4公顷，建筑面积45万平方米；桐乡校区占地33.3公顷，建筑面积16万平方米。有全日制在校生1万余人。2013届毕业生就业率93.26%，签约率72.01%。学校初步形成以传媒类和艺术类专业为主干，文学、艺术学、经济学、工学、管理学等多学科交叉渗透、协调发展的学科专业体系；开设本科专业34个，其中艺术类专业16个，播音与主持艺术和广播电视编导2个专业为国家特色专业，有“新闻传播学”“戏剧与影视学”“通信与信息系统”“交互媒体技术”省级重点学科4个；与杭州师范大学签订联合培养艺术专业硕士协议，并从2014年开始联合招收和培养艺术硕士专业学位研究生。学校图书馆馆藏各类纸质图书文献110万册、电子图书93.5万余册、音像视听资料5.2万件，已成为中国区域性广播影视资料中心。学校教职员工总人数1164人，其中正高级职称教师97人、副高级职称教师247人。有享受国务院特殊津贴教师7人、省“151人才工程”各层次培养人才85人，省高校中青年学科带头人15人，省教学名师9人，省教学团队4个，省科研创新团队2个。

【学科建设与科研发展】 浙江传媒学院根据学校学科建设和科研工作会议的相关精神，先后修订《浙江传媒学院科研工作定量考核办法（试行）》《浙江传媒学院科研成果奖励办法（试行）》等一系列制度，完成省级重点学科中期检查工作，明确校级重点学科的建设要求。全年获批科研项目80余项，其中国家级项目4项、省部级以上项目34项，首次实现国家自然科学基金管理学部项目“零突破”。2人获教育部高等学校科学研究成果三等奖；1人获浙江省哲学社会科学优秀成果二等奖，3人获三等奖；1人获浙江省科学技术二等奖。学校成立“新闻与传播研究院”“戏剧与影视研究院”“话语与传播研究中心”，进一步拓宽科研领域。

【“人才强校”战略推进】 浙江传媒学院推进“人才强校”战略，以教师质量工程为抓手，师资队伍建设取得新进步。全年引进专任教师44人，其中具有正高级职称2人、副高级职称6人、博士研究生21人。续聘兼职特聘教授、客座教授22人，新聘兼职特聘教授、客座教授14人。在教师海外发展工程中，加大教师国际化培养力度，2人入选国家留学基金委公派出国留学项目，1人入选省151人才出国进修项目，11人由学校全额资助选派出国研修。在教师国内多样化培养工程中，派出25名教师分赴浙江广电集团等单位挂职实践。加大访学资助力度，9人赴国内知名院校访学。学校高层次人才队伍建设工作中，新增省中青年学科带头人7人，“省新世纪151工程”第三层次培养人选1人，7人获省中青年学科带头人学术攀登项目立项。出台《浙江传媒学院青年教师助讲培养制度试行办法》，成立教师教学活动中心，加强岗位培训。获得马克思主义理论和工商管理2个学科副高评审权，学校累计有9个一级学科副高职称评审权。学校初步试行人事业务平台，完善人事电子档案工作。

【教育教学改革深化】 浙江传媒学院启动2013版本科专业人才培养方案编制工作；申报经济学、秘书学、数字出版等专业；17个项目获得课程教学创新实验区第二批项目立项；2部、3册教材进入教育部第一批“十二五”时期本科国家级规划教材书目；144门课程获得第二批达标课程立项。成功申报第一个国家级实验教学示范中心（电视编辑与导播实验教学中心），国家级大学生校外实践教育基地建

1月2日，美国瓦尔普莱索大学回访浙江传媒学院暨桐乡市2013年新春音乐会上演 （王 莹 供稿）

设项目和省级校外实践教育基地建设项目，正式启动浙江传媒学院——杭州文化广播电视集团国家级校外实践教育基地建设项目。学生竞赛取得新成绩，获2013年国家级大学生创新创业训练计划立项项目15个，电子信息学院学生团队获全国大学生电子设计大赛国家级一等奖，国际文化传播学院学生获2013年“外研社杯”全国英语演讲大赛季军及最佳语音奖。出台《浙江传媒学院硕士专业学位研究生教育管理办法（暂行）》，积极落实“双导师制”培养模式。与杭州师范大学签订联合培养艺术硕士专业学位研究生的战略协议，为申报艺术硕士专业学位点创造条件。

【国际及中国台港澳校际交流合作】 全年浙江传媒学院与海外及中国台港澳地区开展交流与合作项目40项，承办国际会议3个，选派42批次、62人次至欧洲、美洲、大洋洲、东南亚和中国台港澳地区高校进行考察、交流、培训、访学或参加国际会议。参与汉语国际推广工作，孔子学院工作正式启动，进展顺利。学校与澳大利亚科廷大学和英国法尔茅斯大学等8所境外高校签订9个合作协议，派遣242名学生赴境外合作院校进行交流学习；与英国考文垂大学中外合作办学本科项目、英国波尔顿大学中外合作办学硕士项目获得省教育厅批准；与英国考文垂大学、桐乡三方产学研平台第二期合作项目顺利推进；正式组建国际教育学院，20名留学生在该校进行攻读学历和交流学习；学校继续通过境外合作院校等各种渠道，努力引进高水平外籍教师，共30名外籍教师在学校执教。

【校园文化品牌建设】 浙江传媒学院通过网络、广播、微博、微信等多种形式，开展“我的中国梦”“浙传先锋——十佳大学生”“国防教育”等主题教育活动，全面提高学生思想政治素质。学校以文明寝室建设为契机，探索学生管理的新型模式。提升发展性资助服务水平，学生事务中心正式建成投入使用。学校选送的作品获浙江省第十三届“挑战杯”大学生课外学术科技作品竞赛一等奖1项、二等奖6项、三等奖3项，学校获“最佳进步奖”；2名辅导员获得全省高校优秀共产党员和优秀党务工作者称号；1名学生获省高校“十大成才先锋”称号；1个基层党组织、2名教师党员入选“浙江省创先争优群英谱”；播音主持艺术学院党总支获浙江省高校先进基层党组织称号；校团委获浙江省先进团委称号；桐乡校区1号楼公寓团总支获浙江省活力团支部（团总支）称号；校团委“双网互动”工作模式入选团省委《浙江省高校“文明寝室创建”活动典型案例选编》。

【桐乡校区发展】 浙江传媒学院桐乡校区全面融入桐乡经济社会文化发展，学校和桐乡市合作得到进一步深化，教职工住房、人才补贴、教师子女入学、学生公寓建设等项目得到实质性推进。桐乡市政府为桐乡校区文化项目的建设和发展在经费上给予大力支持。举办“凤鸣大讲堂”20余期，建立桐乡市工业设计基地，承办桐乡市新年音乐会等活动。学校集合全校之力解决民生问题，完善桐乡校区交通方案，推进桐乡教职员工公寓建设项目。 （王 莹）

·杭州师范大学·

【杭州师范大学概况】 2013年，杭州师范大学占地面积122.67公顷，校舍面积97万平方米，校固定资产总值18.3亿元，教学仪器设备总值6亿元，图书馆藏书239万册。下设17个学院、2个基础教学部、1个直属附属医院（市二医院）和1个独立学院（钱江学院）。有全日制在校生1.8万人（包含音乐学院本科生830人、研究生154人，不含钱江学院本科生7326人），其中本科生1.6万人、研究生1897人。有教职工2284人，其中专任教师1327人。专任老师中教授等高级职称人员887人，具有博士学位的622人，共享院士9名。有本科专业69个，其中国家特色专业5个、教育部专业综合改革试点3个、省级重点专业11个、省级重点建设专业4个、省级优势专业11个。有国家级精品课程1门、国家级精品资源共享课程建设项目4门、国家精品视频公开课建设项目1门、省级精品课程27门。建有省部共建教育部重点实验室、省级基础课教学实验示范中心等一批重点实验室。承担包括国家重大科学研究计划（973系列）、国家"863"计划、"十一五"时期国家科技攻关项目、国家自然科学基金重点项目和国家社科基金重大项目在内的一批科研项目。

杭州师范大学校友马云（右）出席阿里巴巴商学院开学典礼
（王丽琦 供稿）

【学科建设总体实力增强】 杭州师范大学开展"学术研究类、应用服务类、传统特色类"三大类学科建设工程，优化学科结构、提升学科实力。加强"攀登工程"管理，全年新立项6项，资助金额2亿元；完成对37个项目的考核。在全面开展"攀登工程"一期自评的基础上，向市委、市政府争取"攀登工程"二期，进展顺利。"治未病与健康管理"服务国家特殊需求博士人才培养项目顺利通过国务院学位委员会批准，2014年正式招生，标志该校形成学士、硕士和博士三级完整的人才培养和学位授予体系。在教育部开展的第三轮学科评估中，学校生物学和艺术学理论列第1位，生态学、中国史、中国语言文学、教育学和心理学列前5位，共15个学科列前10位。22个参评学科列全省参评高校（含浙大）前5位。

▶▶资料：攀登工程

在杭州市委、市政府支持下，杭州师范大学在2009~2015年期间，通过向银行贷款、政府贴息的方式，筹集12亿元专项资金，启动一项重在提升学校内涵建设工程，取名"攀登工程"，寓意勇攀内涵建设高峰。

【科研创新和管理】 2013年，杭州师范大学高水平科研立项获得持续突破，科研总经费超1亿元。推进科研经费阳光监管工作，科研项目公开率80%以上。通过省保密局保密资质检查，获国家三级保密资格证书；通过国家国防科工局的国防武器科研生产监督检查，完成武器装备科研生产许可证、武器装备科研生产质量认证。人文社科领域，全年获国家社科基金项目20项，其中重大招标项目1项，立项数创学校历史新高，列全省高校（不含浙大，下同）第1位。获教育部人文社科基金项目19项，其中重大项目1项。获省哲学社会科学规划项目17项，立项数均列全省高校第5位。获教育部第六届高校人文社科优秀成果奖三等奖2项，省第十七届哲学社会科学优秀成果奖12项，其中二等奖4项。"美育与文化传播协同创新中心"被列入省第二批"2011协同创新中心（培育）"。理工医等领域，全年获国家自然科学基金项目70项，其中重点项目1项、优秀青年基金项目1项，学校连续3年获国家自然科学基金项目重点项目，连续两年获得优秀青年基金项目。获省自然科学基金项目54项，其中重点项目8项、杰出青年项目1项，立项数列全省高校第1位。新增教育部工程研究中心1个、省重点实验室1个。高水平论文数持续增加，化学学科进入ESI全球前1%行列。

【教育教学和人才培养】 杭州师范大学推进教师教育改革，探索"职前职后一体化"的教师教育培养模式。实施电子商务和服务外包类人才培养改革试点，培养符合区域经济社会发展的应用型人才。增设专业4个，本科专业升至67个。加强课程建设，初步完成7门公共基础课程改革。全年学校共21个专业、88名学生分别到浙江大学等6所高校参加交流访学。新增教育部综合改革试点专业3个、国家精品资源共享课4门、精品视频公开课1门，7名教师入选教育部教指委委员。临床医学专业通过教育部专家组认证。获国家级实验教学示范中心1个、国家级和省级大学生校外实践教育基地各1个、国家级大学生科技创新项目25项，成为首批本科教学工程国家级大学生创新创业训练计划实施高校。获全国“挑战杯”大学生课外学术科技作品竞赛一等奖1项、二等奖1项。2013届本科毕业生就业率97.16%、考研及出国率13.1%，研究生就业率96.86%。2013级本科生一本生源录取率53.6%，生源质量进一步提高。

【师资队伍水平提高】 全年杭州师范大学新增国家青年“千人计划”人选2人、省“千人计划”人选5人、市“521计划”人选3人、市创新团队1个。引进海内外优秀中青年人才61人，其中学科带头人8人、学术骨干6人。新增教育部新世纪优秀人才支持计划人选1人、省高校“钱江学者”特聘教授7人、省“151”人才工程三层次人才7人、省高校中青年学科带头人29人。师资队伍职称结构进一步优化，具有博士学位的教师比例增至46.5%，具有硕士学位以上的教师比例81.5%，高级职称教师839人，占52%。出台《规范事业编制管理暂行规定》。建立人才考核评估机制，加强对人才的绩效考核。

【资源整合及社会服务能力增强】 杭州师范大学制订实施《服务杭州行动计划》，整合校内外资源，深入推进校企、校政、校地、校际合作。巩固科技创新、人才提升、社会建设与管理等六大合作平台建设，合作经费超过9000万元，合作项目数突破580项。成立复杂科学研究中心、文创产业研究院，与杭州市重点发展产业对接。成立杭州市社会建设和社会管理研究中心，为市有关部门提供咨询服务。成立省老年服务与管理教育培训中心，服务全省老龄事业。与三替集团有限公司合作共建三替家政学院，开展家政服务人才培养培训。致力于服务杭州基础教育，与余杭未来科技城、临安青山湖科技城开展教育合作。发挥学校教师教育优势，做好附属教育集团工作。继续加强“国培计划”“名师名校长工程”“新陶行知”培养等品牌建设，积极开展各类培训。继续推进与浙江大学等高校的合作与帮扶。教育基金会运转良好，全年新增项目9项，新增捐赠款约240万元，资助奖励200余万元。

【国际交流与合作】 杭州师范大学加强与海外合作院校联系，利用国外优质教育资源，拓展在校学生的国际交流项目，全年出国（境）交流学习学生数445人。留学生教育规模进一步扩大，全年有1017名国（境）外学生到校学习交流。学历生发展迅速，人数增加到121人。首次启动中国政府奖学金生的招生与培养工作。通过全英文授课专业建设和外籍专家到校讲学等，不断提升课程国际化和师资国际化程度。全年外来引智项目经费总额209万元，比上年增加1倍。美国中田纳西州立大学孔子学院各项工作进展顺利。

【仓前校区一期建成】 杭州师范大学仓前校区一期工程A区块建成，工程占地51.33公顷，于9月交付使用。中心区行政中心、图书馆、师生活动中心、会议

9月，杭州师范大学仓前新校区正式启用。图为仓前校区一期主入口　（王丽琦　供稿）

中心等开工建设。二期工程建设计划、建设时序和投资计划等已获市政府原则同意。同时，按计划有序推进仓前科技园二期和临床医学院教学综合楼建设。暑期，学校历时70余天、动用3500余车次，共组织13个学院、27个机关部门和单位，完成30余个实验室、75万册图书、900余台计算机的搬迁任务、1.1万名学生迁入仓前校区。办学布局调整和仓前新校区启用的各项工作有序进行，学校办学空间进一步拓展。（王丽琦）

·浙江水利水电学院·

【浙江水利水电学院概况】 2013年，浙江水利水电学院成功升格更名，下设二级学院8个、教学部2个和继续教育学院1个。有本科专业6个、专科专业36个。有全国水利职业教育示范专业5个、省重点专业1个、省级特色专业6个、省级教学团队2个。有国家级精品课程8门、省级精品课程28门。有国家级财政支持实训基地2个、省级示范性实训基地4个。有全日制在校生7933人，其中本科生397人。有教职工620人，其中专任教师428人。教师中正高级职称58人、副高级职称158人，具有高级职称的教师占师资总量的47.7%；具有博士、硕士学位教师259人，其中博士学位教师31人，硕士以上学位教师占师资总量的60.5%。教师中有全国模范教师1人，浙江省优秀教师1人、省级教学名师4人、省级教坛新秀4人、全国水利职教名师3人、省“新世纪151人才工程”第二层次培养对象1人、第三层次培养对象11人、省高校专业带头人培养对象21人。

学校本科起步建设顺利推进。初步完成学校中长期发展规划、各专项规划和二级教学单位规划的修订工作。启动全校规章制度的梳理和修订工作，提出机构设置方案。制订本科人才培养方案，招收首批本科学生400人，开始本科教育教学。完成全校标识系统改造、机构法人变更、学报和校报更名、印章更换等工作。

【升格更名浙江水利水电学院】 1月18日，在四川成都举行的全国高校设置评议委员会第六届二次会议上，经专家投票，浙江水利水电专科学校升格更名为浙江水利水电学院的申请顺利通过。4月18日，教育部正式以教发函〔2013〕36号文件函复浙江省人民政府，同意学校升格更名为浙江水利水电学院。6月3日，浙江省人民政府以浙政发函〔2013〕5号文件通知省教育厅、省水利厅，批准在浙江水利水电专科学校基础上建立浙江水利水电学院。9月17日，省委发出关于建立中共浙江水利水电学院委员会、纪律检查委员会及干部任免的通知，任命符宁平为中共浙江水利水电学院委员会委员、书记。9月23日，省人民政府发文，任命叶舟为浙江水利水电学院院长。

【学院60周年庆】 2013年，浙江水利水电学院举办学院成立暨建校60周年系列纪念活动。全年共举办学术活动22场次和书画、摄影、文艺等文化活动10场次，整理编纂《校友名录》《大事记》《师生回忆录》《学术论文汇编》等书稿，编制学校宣传片和宣传册，改建校史馆，成立教育基金会，设立500万元“教师发展基金”、300万元“泽南助学基金”、300万元“大学生道冶创新创业基金”。11月2日，学校举行纪念大会，省委书记夏宝龙对建校60周年作批示，原全国政协副主席钱正英、中国工程院副院长潘云鹤为学校校庆题词。上千名嘉宾、校友代表、师生代表共同见证学院成立揭牌的历史时刻。原国家教育部副部长、中国高等教育学会会长周远清，中国工程院院士王浩、王超，中国塑性工程学会副理事长、秘书长陆辛应邀到校做讲座、报告，营造校庆期间学校良好

11月3日，浙江水利水电学院举行成立揭牌仪式（杨 健 供稿）

的学术氛围。"学术校庆"成为学校60周年校庆最重要的特色之一。

【教育教学改革】 浙江水利水电学院推进人才培养模式培育、课程建设、学生职业能力提升3项教学改革工程建设。获批本科专业5个，构建全程能力训练与测评认证体系，统筹实施实验实训室项目建设，全年新增签约校企合作单位15个；组建专业学生的大众合作班10个；SWH-CDIO工程教育模式试点改革持续推进，搭建"四大能力平台"，试点范围扩大到3个本科专业和6个专科专业，提出SWH-CDIO人才培养模式顶层设计（即1个理念、1个愿景、1个能力大纲、8条评判标准）和实施评价指标体系。构建精品课程、资源共享课程、上网课程、校企合作课程等课程建设结构；继续推行教、学、做一体，项目制的教学模式改革，明确"知识+技能+态度"三位一体的课程考核标准；推进SWH-CDIO试点专业三级项目（课程）实施，全程融渗式培养学生的职业核心能力；完成首批试点学生CVCC认证，学校被教育部评为全国职业核心能力（CVCC）开发先进单位。完成部分专业教学资源库建设；立项省教改项目4项、省课堂教学改革项目10项；立项3门国家精品资源共享课建设项目；新增上网课程 42门，建设校企合作课程 91 门。2013届毕业生初次就业率96.99%。

1月9日，省教育厅发文公布浙江省示范性中外合作办学项目，学校申报的中新合作计算机信息管理项目被认定为全省8个"浙江省示范性中外合作办学项目"之一。

【科研和社会服务水平提升】 浙江水利水电学院成立6个校级研究所，设计学科建设体系，拟订学科建设规划。获得国家自然科学基金项目和浙江省科技厅项目直接申报资格，全年立项课题121项，项目总经费1227万元，其中纵向项目58项，项目经费371万元。全年发表论文240篇，其中核心期刊论文64篇、检索论文47篇。获批专利37项。3项科研成果获得浙江水利科技创新三等奖，1项科研成果获省教育科学研究优秀成果奖三等奖。继续教育举办各类培训班69期，培训9000余人，产值1000余万元。建成并向水利单位推广浙江水利数字图书馆，为水利基层用户文献传递1500余次，传递文献5000余篇。校监理公司完成产值3700余万元，合同额9000余万元，特别是以5000万元中标全国单体面积最大的瓯飞围垦工程监理标，创下浙江省有史以来最高水利工程监理费纪录。

【大学生竞赛成绩优异】 2013年，浙江水利水电学院学生各类竞赛成绩优异，在15项科技竞赛中获省三等奖及以上奖项60余项。其中，获省大学生挑战杯二等奖2项、三等奖3项和最佳进步奖，创下历史最好成绩；高职高专挑战杯特等奖2项、一等奖3项、二等奖1项、三等奖3项；省大学生职业生涯规划大赛一等奖1项、二等级1项、三等奖2项；全国大学生电子设计竞赛国家二等奖3项，省三等奖2项，获得的国家奖项数为历史之最，并列本次比赛全省高职高专组第1名；全省第十届大学生程序设计竞赛一等奖1项，二等奖3项；全省第十二届大学生多媒体作品设计竞赛一等奖1项、二等奖1项、三等奖5项。

【校园文化建设】 浙江水利水电学院新校史馆落成开馆，反映学校各个阶段的发展历程，对学校优良的办学传统和特色文化进行充分展示。成功承办"世界水日""中国水周"主题活动，编印4期《浙江水文化》，参与《浙江通志》运河卷、海塘卷编写工作，弘扬水文化。开展榜样和成才教育等主题教育，积极开展科技、文化"双节"活动120余项，邀请高雅文化进校园，推出"我的中国梦"校庆摄影、书画、征文比赛。开展"水韵大讲堂"文化艺术系列专题讲座、"青春我唱响水院好声音"校园十佳歌手大赛等系列精彩活动，丰富校园文化，获浙江省大学生艺术展演艺术社团一等奖1项。学校被省文化厅等授予"浙江省优秀传统文化教育普及活动先进集体"称号。

【学生思政教育巩固】 浙江水利水电学院深化"立德修身"德育工程，积极开展励志成才和"中国梦"主题教育。推进实践育人工作，800余名学生参加暑期社会实践活动，1个团队获得"2013年省级百优团队"称号，1支小分队获得"省级先进团队"称号。深入开展文明寝室建设系列活动，积极推进文明寝室建设，8个寝室被评为"省大学生文明寝室"。完善思政理论课实践教学环节，做好创新创业学院工作，学生个性化发展有新收获，10个项目被列为2013年省大学生新苗人才计划项目。（杨　健）

·杭州职业技术学院·

【杭州职业技术学院概况】 2013年，杭州职业技术学院下设友嘉机电学院、金都管理学院、达利女装学院、临江学院、信息电子系、新通国际学院、青年汽车学院、普达海动漫艺术学院、继续教育学院和人文社科部。有在编教职工501人，其中教授139人。开设招生专业27个，全日制高职班210个，有在校生8911人。2013届毕业生2923人。学校成功申报省级专业带头人7人、市级重点实训基地（产品设计与首版制作、新媒体动漫）2个；9名教师被聘为省第二届高职高专教学指导委员会专家，4名教师被推荐为省高校教育教学评估专家。成功申报市文创专项、文创人才队伍建设项目各1项、省级教学改革项目5项、省级课堂教学改革项目10项。全年学校共承办全省中职技能大赛10项、高职技能大赛3项。获全国职业院校技能大赛一等奖3项，二等奖3项，三等奖1项；获省级一等奖9项、二等奖22项，三等奖25项。截至12月末，学校顺利完成安全生产、企业职工、就业创业等政策性培训，共计开班289个，培训1.95万人。承办完成4个国培项目培训。

【科研立项与科研成果】 2013年，杭州职业技术学院申报各类纵向课题370 项。市厅级及以上课题立项60项，其中省部级以上7项，各级政府科研经费资助86.9万元。横向课题38项，签约合同金额209.86万元。市厅级以上课题（项目）结题65项，获市厅级以上优秀成果奖1项。全年发表论文146 篇，其中一级论文33篇、核心论文46 篇；获国家知识产权发明专利3项，实用新型专利18项，软件著作权6项。

【骨干校和国家级平台建设】 2013年，杭州职业技术学院全面推进骨干校建设工作，完成“校企共同体建设”等4个项目和“数控技术”等3个重点专业的中期检查。校企共同体入选“全国骨干校建设典型案例”，并参与“全国高职2013年度人才培养质量报告”编写工作。高等职业教育“数字校园学习平台”专业教学资源库全面建成投入使用。“全国高职专业建设与职业发展管理平台”为全国第一批立项骨干校建设项目验收和全国央财支持普惠专业项目（1816个专业）验收提供数据和技术支持，注册用户超过980万人，全国推广成效显著。12月，“两大平台”顺利通过教育部、财政部验收。

【特色专业做优】 杭州职业技术学院按照“特色、需求”和“先做强再做大”原则，进一步明确专业定位，基本形成适应区域产业发展、产学结合紧密、重点突出的专业布局。制订2013级人才培养方案，落实《专业负责人管理办法》，遴选校级名专业带头人培养对象15人，申报省级专业带头人7人。组织开展4个市级重点（特色）专业、8个省级特色专业建设自查工作。汽车检测与维修专业以92分的高分通过中央财政支持的“提升专业服务产业发展能力”项目省级验收，并参加“高等职业学校提升专业服务产业能力经验交流会暨全国高职高专校长联席会议2013年年会”成果展示。

【“学生双证书”培养】 杭州职业技术学院从校企共同体机制体制改革创新出发，创新“校中厂”“厂中校”建设与运行模式，进一步满足“教学做”一体的教学要求。依托杭州市公共实训基地，出台《公共实训基地维管二级管理及考核办法（试行）》，进一步规范维管工作。推进学生顶岗实习全

杭州经济职业技术学院校园一角　（郎伟良 摄）

过程网络管理，有效提升毕业综合实践的教学质量和管理水平。重视毕业生所获得的技能等级证书与专业培养目标的一致性，2013届毕业生“双证书”通过率85.57%。

【师资队伍建设】 杭州职业技术学院完成14个教师学生工作经历工程资助项目终期验收，立项教师学生工作经历工程度资助项目13项。举办5个班次校本培训，培训专业负责人等160余人次。选派40余名教师和管理人员赴德国、新加坡培训，引进专业教师21名。选拔校级“双师教学团队”10个、校专业带头人15人、校教学名师30人、企业名师12人、技术能手29人、青年教师助讲培养对象54人。入选省“151人才工程”第三层次1人、省级专业带头人9人、市“131人才工程”第二层次2人和第三层次6人。拥有市学术带头人1人、市教学名师3人、西湖“鲁班奖”1人、访问学者（工程师）8人。9名教师被聘为省第二届高职高专教学指导委员会专家，4名教师被聘为省高校教育教学评估专家。12人晋升副高级专业技术职称，5人晋升高级专业技术职称。兼职教师资源库总量为586人。

【学生创业成果】 2013年，杭州职业技术学院完成国务院委托的国家级子课题《高职院校创业教育理论与实践研究——以杭州职业技术学院为例》，被评为优秀子课题组，并获得优秀研究报告奖一等奖1项、优秀教材奖1项、优秀论文一等奖1项、二等奖2项。全年组织开展9个专业学生创业能力培养专题研讨，推进学生创业能力培养融入专业人才培养体系。举办创业沙龙活动7期，组织开展创意集市大赛、大学生创业工商及项目申报辅导等活动。完成对2个学生创业企业“护犊资金”项目的审核与资助工作。“护犊资金”获杭州市“美丽生活现象奖”。成功申报“杭州市大学生创业园”，成为杭州高校中唯一以学校命名的市级大学生创业园，并获50万元资助。

【招生、就业形势良好】 2013年，杭州职业技术学院计划招生3358人，实际招生3363人，其中自主招生369人、单招单考招生1055人、省内普高第三批招生1417人、外省招生405人、获全国职业竞赛奖项的免试直升生9人、“3+2”转入108人。新生实际报到率95.8%。全年学校举办就业指导专题讲座28场、中小型招聘会23场。2013届毕业生初次就业率97.09%。学校被授予“2013全国职业院校就业竞争力示范校”称号。

【开发区产学研发展学院成立】 12月30日，杭州经济技术开发区产学研发展学院经政、校、企三方共同努力，在杭州职业技术学院举行签约暨揭牌仪式。高科技制造业代表中高控股集团公司、汽车制造业代表众泰控股集团公司、电子与信息产业代表中国松下电化住宅设备机器社、新型社区代表白杨街道、现代服务业代表开发区资产经营集团有限公司，作为第一批战略合作单位与学院签约。杭州经济技术开发区产学研发展学院是以政府为主导、以学校为主体、开发区主流企业参与共建的学院，计划通过3~5年努力，建设杭州经济技术开发区“高技能人才培养基地”“终身职业教育基地”“素质与创业教育基地”和“先进区域、企业文化传播中心”，为区域经济、社会发展和人才培养提供服务。（邵素云）

·浙江金融职业学院·

【浙江金融职业学院概况】 2013年，浙江金融职业学院在校学生8600余人，教职员工约500人，其中教授43人、副教授107人、博士19人、省“新世纪151人才”人选22人、省高职高专专业带头人10人。拥有国家级优秀教学团队1个。学院设有金融系、投资与保险系、会计系等教学系部7个，开设金融管理与实务、会计、国际贸易实务等专业23个，其中金融管理与实务、会计、国际贸易实务为省优势专业，8门课程入选教育部“国家级精品资源共享课立项项目”，37部教材入选教育部“十二五”时期规划教材。建有校外实训基地200余个和校外紧密型产学合作基地100余个。

【科研及社会服务能力提升】 浙江金融职业学院明确以科研平台建设为核心，突出金融和高等职业教育研究两大优势，在高等教育类14种核心期刊发表论文数连续7年居全国高职院校首位。国家社科基金课题取得“零的突破”。学院全年举办各类培训班67期，培训4399人。举办国家级高职院校骨干教师培训班1个、中职学校骨干教师培训班2个。先后与德清市人民政府、高等教育出版社、中国金融出版社、嘉兴银行等签订战略合作协议，与广安职业技术学院签订对口支援协议。由学院参与组建的杭州资信评估公司、浙江众诚资信评估有限公司实现评级数量和营业收入“双增长”。

【内涵建设深化】 浙江金融职业学院进一步深化课程改革，深化微观教学改革，提升教师教学能力和职业教育水平，加强教学质量控制。学院1个金融专业国家教学资源库项目基本完成资源建设并进入全面合成阶段；2个提升专业服务产业发展能力项目顺利通过省级验收；4个2010年省特色专业建设项目已完成建设任务并报送验收；8门课程入选教育部“国家级精品资源共享课立项项目”；37部教材入选教育部“十二五”时期规划教材。在浙江省首届高校微课教学比赛中，学校3名教师的总成绩位列全省高职组第1名。

11月16日，浙江金融职业学院承办浙江省第四届高职高专院校“挑战杯”创新创业竞赛决赛　　（吴国平　供稿）

【师资结构优化升级】 浙江金融职业学院出台《“金晖学者”岗位制度实施办法》。重视“双师”教师队伍建设，完成省级各类人才工程的推荐和考核工作，1名教师入选教育部“全国高校优秀中青年思想政治理论课教师择优资助计划”，10名教师入选浙江省高职（高专）专业带头人，其中8位教师的8个项目被列为专业带头人领军项目，全年学院获得浙江省高校优秀中青年骨干教师出国研修项目（地方合作项目）立项2人，参加省教育厅组织的专业带头人和优秀青年教师出国（境）4人，推荐省高校B类访问学者3人和B类访问工程师8人。全年新增教授2人、副教授14人，师资结构进一步优化。

【国际交流及与中国台湾高校合作】 全年浙江金融职业学院输送干部教师出国（境）考察交流、培训学习、访学研修110余人，拓展教师国际化视野；加强与国（境）外高校的互动交流，接待国（境）外高校代表团及人员到访10余批次，与5所国（境）外高校签订合作备忘或项目协议，成功申报与澳大利亚阳光海岸大学的国际金融、国际会展策划与管理2个中外合作办学项目，其中国际金融专业中外合作办学项目顺利招生，并输送学生到澳大利亚学习；推进与中国台湾高校的学生交流研修项目，输送8名学生赴中国台湾相关高校研修学习。

【学生素质教育推进】 浙江金融职业学院加强学生思想政治教育，开展公民素质教育，深化文明寝室建设，做好高校公寓标准化配置工作，顺利通过省教育厅验收。开展“育人工作品牌项目培育”和“学习困难学生培养”工作。成功承办浙江省第四届高职高专院校“挑战杯”创新创业竞赛、浙江省大学生投资理财技能大赛。《培育“金手指”成就新“银领”——浙江金融职业学院“金手指”工程》获得2013年全国高校辅导员工作精品项目。学校600余人次在国家、省、市级学科、文体、素质拓展等190个项目中获奖，其中包括2013年全国大学生银行技能大赛团体总分第1名，浙江省大学生辩论赛冠军等。

【招生计划完成】 2013年，浙江金融职业学院招生工作顺利完成，招生人数2896人，在校生规模约8700人。新生报到率96.34%，是学校近6年省外招生以来报到率最高的一年。学校自主招生文化课测试的考生生源充足；单考单招录取分居全省同类院校前列；普通文、理科生源连续蝉联同类学校之首；省外整体招生录取分数居浙江省在省外招生同类院校前列。学校2013届毕业生就业率97.53%，签约率94.76%。2014届毕业生订单工作圆满完成，2014届院系两级订单总人数为947人。

【金融学院示范校作用】 浙江金融职业学院先后当选为全国高职高专党委书记论坛副主任单位、全国金融职业教育教学指导委员会副主任单位，成功举办2013年全国高职高专党委书记论坛、全国金融职业教育教学指导委员会成立大会等。全年国内各级各类学校共40余批200余人次到学院交流访问。连续7年发布《社会责任报告》。作为唯一一所高职院校代表，学院在第22次全国高校党的建设工作会议上，做题为“‘以千日成长’工程为抓手，推进立体化育人体系建设”的经验介绍。学校图书馆做好“跨界”服务，为学院承担的“省社科联普及示范基地”、5个省厅单位的“非物质文化遗产传承教育基地”组织各种活动，与中国人民银行杭州中心支行等单位共同主办2013年浙江省“反假货币宣传进高校”活动，收到良好效果。学院货币陈列与鉴别实验基地积极承担社科普及任务，被评为“浙江省先进社科普及基地”。

【校友会和基金会功能拓展】 2013年，浙江金融职业学院完善暑期基层校友会会长读书会制度，新成立余杭、常山等县级校友会9个，举办年度校友新春联谊会和校友攀高登山活动；成功举办一年一度校友大会，成立校友发展中心，组织“校友话人生”“校友创业论坛”“校友会长话就业”“校友明理讲堂”等校友文化育人系列活动50余场次。开展调研和走访活动，校领导分别带队走访浙江省各地市金融机构约100个次，召开应用型金融人才培养咨询恳谈会10余场。发挥广大校友在行业的影响和作用，帮助学生实习和就业，设立“夕阳红”教师基金等。以浙江省金融教育基金会成立20周年为契机，募集资金，基金规模达2000万元，资助科研项目，加大评奖评优、捐资助教、帮困助学、助研兴教等力度，深入开展金融调研，探索应用型金融人才培养，助推浙江省金融教育事业发展。

【工商银行创新创业竞赛决赛】 11月16日，由共青团浙江省委、省教育厅、省科学技术协会、省人力资源和社会保障厅、省学生联合会联合主办，浙江金融职业学院、浙江经贸职业技术学院共同承办，工商银行协办的浙江省第四届高职高专院校“挑战杯”工商银行创新创业竞赛决赛在学院开幕。团省委书记周艳出席开幕式并讲话。来自全省42 所高职高专院校师生代表队、部分团市委、高职高专、中职院校领导，以及企业界、新闻界相关人员约2000人参加开幕式。创新创业竞赛涵盖产品创意设计、生产工艺革新与工作流程优化、创业计划、社会调研4个类别， 经过前期复赛，全省共有42所高职院校的151项作品、500余名选手会师决赛。比赛共产生特等奖15个、一等奖44个，浙江经贸职业技术学院、宁波职业技术学院和浙江金融职业学院等13所高校因比赛成绩优秀获大赛优秀组织奖。

【全国高职高专党委书记论坛】 11月29~30日，2013年全国高职高专党委书记论坛在浙江金融职业学院举行。中国高教学会名誉会长周远清出席论坛并做学术报告，教育部思政司思政处处长江嵩参加论坛并做主题报告、教育部职成司高职高专处处长林宇在论坛上做高职教育发展形势报告。全国80余所高职示范校和骨干校的党委书记、院长、副书记、党务干部约200名代表参与论坛，围绕着“党建引领育人”主题，共商高职党建工作。（吴国平）

·浙江警官职业学院·

【浙江警官职业学院概况】 浙江警官职业学院是一所主要培养监狱戒毒人民警察、安全防范和应用法律人才的司法警官院校，隶属浙江省司法厅。2013年，学院有在校生3508人，教职工479人，其中高级职称教师99人。教师中博士学位16人、硕士学位121人，占教师总数的63%。设有教学系部6个、培训机构3个。建有专业16个，其中国家示范建设专业5个、全国（省）政法干警招录培养体制改革试点专业6个，建有国家和省部级精品课程33门、国家级资源共享课程4门。学院有“司法部杭州培训中心”“浙江省司法行政培训中心”“浙江省安全技术防范行业协会培训中心”“浙江省高级人民法院司法警察培训基地”等培训平台，形成监狱戒毒干警培训、司法行政专业培训、社会服务培训3个培训体系。

【学院专业建设】 2013年，浙江警官职业学院2门中央财政支持建设专业通过省级验收，成功申报行政执行专业（强制隔离戒毒方向）并正式招生；与浙江工商大学合作开展法律专业“专本衔接”改革试点，搭建法律人才成长平台；4个专业群努力探索订单式培养、项目化教学改革，基本完成专业人才培养目标的调整和优化。开展2012届毕业生就业状况调研，形成专业人才培养质量分析报告。完善修订学院专业建设等级评价制度，出台评价具体实施办法，开展首次专业建设质量评价。加强课程建设管理，4门课程成功申报国家级精品资源共享课程，2门课程成功申报司法部精品课程；遴选教师参加全国首届高校微课比赛并获二等奖，1门课程获教育部“网络课程比赛”三等奖。5本教材被评为“司法行政干部业务培训优秀教材”，1本教材获教育部“十二五”时期职业教育国家规划教材立项，出版5本特色教材。强化学生职业技能培养，首次开展速录师、计算机（微机）维修工等工种鉴定；组织学生参加高职高专院校技能大赛，法律文秘专业速录团队获全省、全国“文秘速录”比赛团体一等奖。加强实践教学条件建设，成功申报2013年度中央财政支持的职业教育实训基地建设项目1个，获中央财政资金300万元；成功申报浙江省提升地方高校办学水平专项建设项目1个，获省财政支持270万元；洽谈引进外资180余万元，促进校园“一卡通”建设。积极推进科技强考标准化考场建设。

【警务行业应用性研究】 浙江警官职业学院全年获得各类厅局级、行业协会立项科研项目59项，比上年增长50%，完成各级各类课题63个，增长18%。获国家社科基金项目、省科技项目、教育部青年基金项目各1项，其中《大数据技术：数据驱动下的警务模式与控制犯罪问题研究》实现学院在国家社科基金项目科研课题上“零的突破”。实施行业服务重大项目研究，牵头制定《关于创建智能化现代文明监狱的指导意见》被省司法厅采用并正式发文；编制智能化现代文明监狱建设考核评价指标体系草案，撰写调研报告，“强制隔离戒毒执行模式改革研究”和“循证矫正工作研究”两项重大项目取得部分研究成果。服刑人员法律咨询服务、监所民警职业健康咨询服务、监狱信息技术咨询服务3个服务平台正式运行，《服刑人员再犯风险评估》软件系统由省监狱管理局向全省监狱系统推广应用。推出第三批24个行业服务科研项目，与行业基层单位合作开展热点难点问题研究。与省第五监狱共同开展分监区建设标准研究和实践；与省女子监狱共建罪犯心理矫治实践教学基地；与省第二监狱合作开发“监狱民警执法业务知识考核软件”，研制完成并投入使用；与金华监狱合作开发“监狱民警职业理论考试软件”和“监狱人民警察职业技能考核体系”；与省未成年犯管教所合作开展人员定位、重要劳动工具和危险品定位、人数清点等研究工作，共同开展“监狱物联网相关技术规范和参考标准”的制定；与行业单位共同编著出版《强制隔离戒毒工作》系列丛书。全年外来科研服务到款100.2万元，比上年增长11.3%。

【警官职业培训转型升级】 浙江警官职业学院全年举办培训班152期，培训学员1.26万人次，培训总收入2276万元，培训的层次、领域、规模较上年都有提高，取得良好的社会效益与经济效益。其中，举办司法部等全国性高层次专项业务培训班13期，学院在全国司法行政系统教育培训工作格局中的地位、作用和影响力得到进一步巩固和加强。实施培训模式改革，改革军转干部培训课程和管理，培训成效得到省人保厅、财政厅肯定。实施分层分类警衔晋升培训改革，探索菜单式培训教学模式，模块化设计培训教学内容，增强培训针对性和实效性。

【学生工作与文化创新】 浙江警官职业学院加强学生思想政治教育，把政法干警核心价值观教育、“浙江精神”、浙江改革开放成就等主题融入思政理论日常教学和校园文化活动当中。创新警务化管理理念和制度，突出服务主线，为贫困学生、台风受灾学生解决生活困难。调研筹备“学生事务中心”建设。落实“阳光招生工程”制度，完成1444名新生招生录取工作；2013级中央政法委改革试点班96

浙江警官职业学院毕业表演　　（张宇灿 供稿）

名新生顺利报到入学，高质量完成2013年省试点招录工作，179名学生报到入学。学院平均初次就业率99.21%，其中签约率96.58%。以社团文化艺术节、校园毕业生文化艺术节两大校园文化传统品牌为载体，开展丰富多彩的校园文化活动；1个社会实践团队获全省“百优团队”称号，获省第四届“挑战杯”高职高专创新创业竞赛二等奖1名；学院被中华青年联合会、联合国劳工组织联合授予“大学生KAB创业教育基地”，2名教师获得KAB创业教育（中国）项目讲师资格。

【师资与干部队伍建设】 2013年，浙江警官职业学院教师技术职务晋升工作有序进行，4人晋升教授、4人晋升副教授。10人获省高职高专院校专业带头人称号，成功申报领军项目7项。正式实施教职工个体综合考核制度，对教职工工作业绩进行月考核。支持教师进行国内外进修培训，6名教师赴国外考察培训，2名专业带头人赴中国台湾培训，10名教师参加国培项目，4名青年教师进行国内访学，95人次参加各类专业培训和学术研讨会。开展暑期岗位练兵活动（行业培训），46名教师赴监狱、未成年犯管教所顶岗实习或到企业挂职锻炼。加强党风廉政建设，与“重要部门、重要岗位、重点部位的工作人员签订廉洁自律承诺书，执行领导干部个人重大事项报告制度；出台《学院公务活动“十不准”》，开展“正风肃纪”专项行动，通报违反警容风纪和工作纪律的行为。

【第三届教职工代表大会召开】 3月16日，浙江警官职业学院召开第三届教职工代表大会暨第二届工会会员代表大会第一次全体会议。会议审议和通过院长黄兴瑞做的《实施品牌发展战略 进一步提高行业服务能力》工作报告、第一届工会委员会工作报告和经费审查工作报告等，听取关于教职工个体考核办法的说明，选举产生学院第二届工会委员会和工会经费审查委员会。该次出席会议的正式代表80人、列席和特邀代表18人。

（陈洪勋）

·浙江经贸职业技术学院·

【浙江经贸职业技术学院概况】 2013年，浙江经贸职业技术学院有全日制在校学生9000余人。有教职员工约500人，其中硕士及以上学历297人、副高级及以上职称教师138人。学院设有信息系、财会系、国贸系等系部7个，开设高职专业28个和中外合作专业4个，其中省级优势专业2个、省级特色专业9个。有国家级精品课程2门、省级精品课程15门。初步构建起校内10大实验实训基地，全年新增基本型校外实训基地65个、紧密型校外实训基地10个，新增校内生产性实训基地2个，校外实训基地累计201个。全年完成招生3139人。组织申报国家、省（部）级和省厅级科研项目40余批，获省级科研成果1项。学院教职工共主持国家级科研项目2项、省厅级及以上项目185项，获财政资助科研经费192.25万元，学院包括院级项目在内的各类项目配套资助经费250.85万元。

【科研工作成果】 浙江经贸职业技术学院“农民专业合作社营销及管理骨干培训”等2个项目被国家科技部列入国家“星火计划”，实现国家级科研项目的突破。在浙江省第十七届哲学社会科学优秀成果奖评选中，论文《社会资本、融资结网与企业间风险传染——浙江案例研究》被评为基础理论研究类一等奖，是该奖项设立以来，高职院校首次在该奖项中有所收获。学院1名教师入选浙江省青年科学家培养计划，成为首批获得浙江省青年科学家称号的科学研究人员。全年学院285名教职工公开发表科研成果474项。其中：出版专著、教材29部；公开发表论文445篇，包括SCI等四大检索收录16篇，公开发表在一级核心期刊的论文24篇。

▶▶资料：星火计划

“星火计划”是中共中央、国务院批准实施、面向农村经济主战场的指导性科技开发计划，是中国国民经济计划和科学技术计划的一个重要组成部分，是实施科教兴农的重要措施。

【教育教学成果】 2013年，浙江经贸职业技术学院加强中央及省财政支持专业、省级重点专业、优势专业、特色专业等项目建设和改革。启动高职课堂教学方法改革工程，多载体、多层次摸索课堂教学模式和方法创新，完善教学质量监控体系建设。全年有《商品信息采集与处理》等37本教材被确定为国家“十二五”时期规划教材，实现国家规划教材的大突破。天然产物生产与实训技术、JAVA语言程序设计2门课程被教育部确定为国家级精品资源共享课程，税务等4个专业被推荐为供销合作社特色专业，《连锁企业门店营运管理》等6门课程被推荐为供销合作社精品课程。学院学生在各级各类竞赛中发挥出色，共获得国家级一等奖11项、二等奖7项、三等奖2项，省级一等奖35项、二等奖48项。

【师资水平整体提升】 浙江经贸职业技术学院坚持“以教学为主，以教师发展为核心”，促进教师队伍建设持续发展。2013年，学院10名专业带头人被确定为第二轮省级专业带头人培养对象，6名教师被聘为浙江省第二届高职高专教育专业教学指导委员会委员。职称工作进展稳定，正高级职称教师申报6人、通过5人，副高级职称教师申报27人、通过19人，至年末，学院有正高级职称教师32人、副高级职称教师106人。引进（录用）教职工22人（含人事代理转正7人），其中副教授1人、中级职称教师5人。

【学生职业技能竞赛】 浙江经贸职业技术学院坚持“以生为本”，提升学生综合素质，增强学生管理工作的实效性。举办主题征文、女生文化节、校园主持人大赛、高雅艺术进校园等具有示范性、导向性、创新性的活动。承办“2013年全国职业院校技能大赛”高职组农产品质量安全检测和中华茶艺技能竞赛。举办中华茶艺技能竞赛特色体验万人品茗活动，腾讯微薄对该活动进行现场直播，89万人次参与话题讨论，发布留言400余万条，学院社会影响力进一步扩大。承办浙江省第四届高职高专院校“挑战杯”竞赛，取得组织工作和竞赛成绩双丰收，共获得特等奖1个、一等奖7个、二等奖1个、三等奖4个，团体总分全省第1名，1个项目获公开答辩最佳风采奖；学院被授予最佳组织奖。

【学生就业与“社偕”计划】 浙江经贸职业技术学院出台促进就业举措，举办就业指导服务月、网上就业推荐会等活动，毕业生就业质量进一步提升。2013年，毕业生一次性就业率98.06%，签约率94.4%。4月，学院接受教育部“全国高校毕业生就业总结宣传工作”专家组实地调研，学院人才培养工作和就业创业工作得到专家组肯定，顺利通过就业50强最终评选。5月，教育部授予学院“2012~2013年度全国毕业生就业典型经验高校”称号。学院设立100万元专项资金，实施“大学生社偕”计划（鼓励和支持大学生投身到农民专业合作社工作或自主创业的计划），鼓励毕业生面向基层就业；针对浙江农村合作经济发展的人才需求，逐步建立现代农业“社偕”培养模式，促进大学生成为现代农业的“社偕”。在《2012届浙江省高校毕业生职业发展状况及人才培养质量调查报告》中，学院位列全省高职高专院校第5名，在“母校满意度”调查指标中，学院排名第3位。

【服务“三农”能力提升】 浙江经贸职业技术学院进一步提升学院服务系统、服务行业、服务“三农”的能力，组织开展春季调研和暑期社会服务月等传统社会服务项目。学院以系统为依托，以服务“三农”为重点，开展涉农培训等社会服务，全年组织开展培训26期，累计培训1694人次。发挥新农村人才培养基地的示范与辐射作用，完成两批中高级农村“两创”实用人才650人培训任务。以农产品经纪人培训鉴定等项目为依托，开展培训鉴定34期，累计2969人次；开展职业资格鉴定培训2636人。学院被全国供销总社授予“全国供销社行业国家职业技能培训与鉴定突出贡献奖”。12月17日，以省级农民大学、市级农民学院、县级农民学校为主体的“三位一体”农民教育培训体系——浙江农民大学正式成立。浙江经贸职业技术学院作为农民大学校区之一，以农村实用人才和新型职业农民培训为重点，开展多层次培训，为培养高层次农民贡献力量。（鲁霜慧）

·浙江经济职业技术学院·

【浙江经济职业技术学院概况】 2013年，浙江经济职业技术学院下设二级学院7个，成人教育学院1个。开设专业29个，其中国家骨干示范专业4个、国家教学资源库建设专业1个、中央财政资助专业7个、省示范专业、省特色和优势专业14个。学校有国家级精品课程9门，其中7门升级为国家级精品资源共享课，有省级精品课程19门。学校有全日制在校生7980人，2013届毕业生2504人，一次就业率98.72%，招生就业保持省内前列；专任教师中正高级职称教师36人、副高级职称教师 117人，全校有10人次进入教育部职业教育教学指导委员会和行业专业教学指导委员会委员，其中3人为副主任委员。拥有教育部《高等职业学校专业目录》修订工作综合组专家1名。建有校外实训基地249个，产学合作企业458个。学院全年签订横向项目合同获经费134.2万元，教学技术设备推广收入155万元；授权发明专利1项，实用新型4项。学校省部级以上课题立项9项、省教育厅新世纪教改课题立项6项、课堂教改项目10项。

学校以优秀等次通过国家示范性骨干校验收，被省教育厅推荐评选全国职教先进集体，获中央综治委和教育部评选的全国平安校园建设优秀成果三等奖，获得“国家首批示范职业技能鉴定所”“全国模范职工之家”“浙江省优秀传统文化教育普及活动先进集体”“浙江物产集团特殊贡献奖”等称号，在教育教学改革、管理水平提升、社会服务等方面取得显著提升和发展。

【浙江物产管理学院成立】 2月，世界500强企业浙江物产集团的企业大学——浙江物产管理学院正式在浙江经济职业技术学院成立，与学校实行“两块牌子、一套班子”的双轨制运作机制。以“明道、取势、优术”为校训，为浙江物产集团2万余名员工开展定时、定制、定质的培训，订单开发了“高管领导力提升、中级经理核心管理能力、卓越员工、新员工、专业能力”等八大系列培训项目及培训课程，自主开发15门培训课程，受训人员1591人；建立网络学院，上传108门学习课程，平台注册用户数达2690人。校企共投入6000万元建设培训大楼及其软硬件设施，为系统化、常态化服务物产集团和开发区企业员工知识更新及技能提升搭建更好的平台。

【学院内涵建设成果显现】 2013年，浙江经济职业技术学院完成中央财政支持的4个重点建设专业和非中央财政支持的7个平台项目的骨干示范校建设任务，形成成果材料3536项，并以“优秀”等次通过财政部、教育部联合验收。电子商务专业国家教学资源库、报关与国际货运、金融管理与实务等项目按照预定目标完成各项建设任务，顺利通过教育部和财政部验收。学校投入1000万元推进教育部首批教育信息化试点单位建设，围绕完善优质网络平台建设，构建智能化教学环境。依托教育信息化平台，学校有7门国家级精品课程升级为国家级精品资源共享课，已建设120门微课程，有87门课程上线使用，学校获“2013年CERNET浙江省高校网络信息化先进集体”。22部教材获得“十二五”时期职业教育国家规划教材选题立项。学校12人获得浙江省高等学校C类国内访问学者资助，14人入选省级各类专家库，新增10名省级专业带头人；派遣5人参加教育部职业院校教师素质提高计划出国境培训，获得资助经费12.5万元，先后派出专业教师44人次赴境内外学习职教先进经验，开阔视野，提升教育教学水平。全年新增教授4人、副教授9人。

【系统化人才培养改革工程】 全年浙江经济职业技术学院共立项创新创业综合实践项目489项，立项经费223万元，参与学生3.04万人次，合作企业382个，参与项目指导企业导师587人次。学校组织开展以“技能成就梦想”为主题的技能文化月系列活动，开展技能竞赛、校企论坛、技能展演三大板块49项技能活动。学校学生获得全国职业院校技能竞赛一等奖2项、二等奖1项、三等奖3项；获得浙江省大学生科技竞赛一等奖7项，二等奖16项，三等奖22项。省财政支持的实训基地建设项目完成2014年申报，获批7个项目建设资金850万元。

【文化素质教育推进】 浙江经济职业技术学院围绕“学”“诚”“敬”“新”4个主题，开展各类活动近300次，参与学生1200余人。举办“绿韵文化讲坛”系列活动，邀请多名素质教育专家到校为师生做专题报告，与宁夏职业技术学院联合承办第三届高等职业教育“文化育人”高端论坛暨工作会议。学校作为高职院校代表受邀参加教育部2012年度哲学社会科学重大委托项目“当代中国大学精神研究”课题研究。成为教育部职业院校文化素质教育指导委员会副主任委员单位。

【国际及中国台湾院校交流】 浙江经济职业技术学院与国（境）外7所优秀职业院校建立合作关系，全年组织44名教师参加出国（境）教育教学交流培训，组织36名学生赴新加坡管理发展学院、中国台湾地区等研修学习，接待75名来自德国、英国、澳大利亚、新加坡以及中国台湾地区的专家到校考察交流，招收20名留学生进修学习。承办联合国教科文组织亚太地区第二届教育创新计划创业教育会议，并多次派人参加国际职教研讨与磋商会议。

【物流科技创业园建设】 开发区管委会和浙江经济职业技术学院共建的现代物流科技创业园建设稳步

推进，2013年新入驻企业9个，经营规模800万元，吸纳员工120人，正在办理工商注册的企业4个。

【社会服务能力增强】 浙江经济职业技术学院完善物产管理学院平台建设，开展服务区域经济和社会发展各项工作。以开发区职工素质教育基地为依托，服务开发区职工素质教育“蓝领成才”培训工程。完成汽车修理工（中级）培训鉴定158人；成功承办浙江物产集团和浙江省人力社保厅共同举办“中大元通杯”汽车维修工职业技能竞赛和2013年杭州经济技术开发区汽车修理工技能大赛；向开发区企业提供300余个学历教育名额。提供社会考点服务，累计考试考生2.15万人次，考场2000余个次。先后两次承办省教育考试院全省汽车招生汽车专业操作技能考试，服务考生1238人。为浙江省中职学校提供教师能力研修培训，开设文秘、商务英语、物流管理专业，完成53人教学培训工作。开展自学考试物流管理专业大专层次的实践性课程培训与考核，累计培训考核1558人次，开展各类培训累计16.6万人次。学校技能鉴定所获得首批“国家示范鉴定所”，并顺利通过国家人社部开展的质量管理体系认证。

【教育援疆工作推进】 2013年，浙江经济职业技术学院牵头省内5所院校开展职教援疆工作，派遣干部担任新疆阿克苏职业技术学院副院长，指导阿克苏职业技术学院开展自治区示范院校建设。结合骨干校建设，4个骨干校专业先后组织骨干教师赴阿克苏职业技术学院开展专业建设、课程开发、教育教学改革的指导，并向该校捐赠教师自主开发的汽车实训设备和计算机软件，帮助开展实训室建设。学校职教援疆成效得到新疆维吾尔自治区主席努尔·白克力肯定。（康粟丰）

·浙江育英职业技术学院·

【浙江育英职业技术学院概况】 2013年，浙江育英职业技术学院有民航与旅游分院、继续教育分院、信息技术与应用系、工商管理系、经济贸易系、艺术设计与人文系、基础部、体艺部8个教学单位，开设专业25个。学院通过自主招生考试录取空中乘务专业新生247人，全年录取高职新生2700余人，继续教育分院13级新生注册学籍278人，在校生超过7000人。2013届毕业生2024人，就业率96.05%。

【教师队伍建设成效明显】 2013年，浙江育英职业技术学院选送三批、76名教师到中国台湾参加为期15天的培训。遴选国内访问学者、访问工程师、省、市中青年学术带头人、市教学名师项目培训11人，遴选省市境外考察和国培省培等各类人才培训项目152人次。引进副高级以上职称教师6人，13名教师晋升副教授，7名教师被确定为“双师”，教师结构进一步改善。教师被推荐受到上级表彰或嘉奖30余人次。教师汪迎春获“杭州市第二届师德标兵”称号。教师黄汶俊在2013年教育部职业院校艺术设计类专业工作年会的第四届青年教师讲课竞赛中获“金教鞭奖”。

【人才培养新成绩】 5月，在浙江省第十届大学生程序设计竞赛中，浙江育英职业技术学院裴翔云获专科组唯一特等奖。7月，裴翔云再获全国软件专业人才设计与创业大赛一等奖。10月，在省教育厅主办的第五届浙江省大学生职业生涯规划大赛中，学生获得一等奖1项、二等奖3项、三等奖2项，名列全省第2位。11月，在省经信委、省教育厅等主办的2013年浙江省企业岗位大练兵技能大比武——会展策划师暨首届“东方文化园杯”会展技能竞赛中，学校获得二等奖1项，三等奖1项，优胜奖4项。在团省委、省教育厅、省科学技术协会等联合主办的浙江省第四届高职高专院校“挑战杯”创新创业竞赛中，学校获特等奖1项、最佳风采奖1项、一等奖1项、二等奖2项、三等奖3项，学院首次获优秀组织奖。至年末，2013年学生参加各项院级以上（校外）赛事获奖428人次。

【专业内涵建设加强】 浙江育英职业技术学院深化“工学结合、校企合作”，加强与行业合作，取得实效。10月，学院艺术设计与人文系承办第三届中国（杭州）大学生创意生活节——2013年亚洲大学生生肖文化创意设计大赛作品赛马会。11月，艺术设计创新创业实训基地获得中央财政资助，成为学院首个获得中央财政资助的项目。学院与行业合作的“浙江会展网”正式上线。成立校企合作实习实训中心，加强大三学生顶岗实习管理和学院社会培训服务工作。

12月12日，浙江省会展行业协会和浙江育英职业技术学院战略合作签约暨浙江会展网启动仪式举行　（段曹钢 供稿）

【体育竞技比赛获佳绩】 4月18日，浙江育英职业技术学院召开体育与艺术部成立大会。5月25～26日，由浙江省教育厅和浙江省体育局联合举办的浙江省大学生田径精英赛开赛，学院代表队获得金牌4枚、银牌1枚、铜牌3枚。6月6日，在省教育厅和省体育局主办的2013年浙江省大学生武术套路锦标赛中，学院武术队8名队员参加专科组16个项目比赛，获得金牌12枚、银牌4枚、铜牌1枚。6月6～9日，在2013年浙江省大学生游泳锦标赛暨首届大学生救生比赛中，学院获得银牌3枚、铜牌8枚，以及综合团体总分第2名、男子团体总分第2名、女子团体总分第4名。11月7～11日，在浙江省第三届田径锦标赛中，学院田径队获得金牌9枚、银牌6枚、铜牌7枚，以及综合团体总分和男子团体总分第1名、女子团体总分第2名。9个项目13人次打破锦标赛纪录。

【招生、就业新突破】 2013年，浙江育英职业技术学院通过自主招生考试录取空中乘务专业新生247名，全年录取高职新生2700余名。继续教育分院2013级新生注册学籍278人，在校生超过7000人。2013届毕业生2024人，学院连续9年就业率98%以上。在浙江省教育评估院发布《2012届浙江省高校毕业生职业发展状况及人才培养质量调查报告》中，学院毕业生在“职业发展状况”中“受雇工作情况”项目的“满意度”排全省高职院校第4位，“工资一年后的薪酬”满意率排全省前3位，在“创业”项目中满意率排全省前4位，在“职位胜任度及创业前景”项目上与另一所学校并列第1位。

【团工作及志愿服务】 2013年，浙江育英职业技术学院团委获“浙江省基层活力团委”称号，为杭州市属高校唯一获该荣誉的高校。学院无偿献血志愿服务再次创下在杭州高校日献血量最高纪录，获得杭州市无偿献血贡献奖。浙江省高教学会保健医学分会授予学院“2012年度高校健康教育工作先进集体”称号。暑期“三下乡”小分队活动、服务杭州西湖国际博览会和休闲博览会等志愿活动均获省、市表彰。

【国际及中国台湾高校合作】 2013年，浙江育英职业技术学院先后与中国台湾龙华科技大学、中国台湾万能科技大学、马来西亚泰来大学等签订合作办学协议。学院选送赴台湾短期交流学生27人。学院分三批选送76名教职工到台湾龙华科技大学和圣约翰科技大学进行为期15天的培训，学习台湾技职教育先进理念、实践和经验。10月9日，学院与台湾龙华科技大学合作的“文化创意龙华班”开班，学院“两岸创意人才培养计划”正式启动。中国台湾龙华科技大学校长葛自祥出席开班仪式。按照双方共同拟定的教学计划，龙华科技大学人文暨设计学院将每学期派教师到学院授课。“文化创意龙华班”学生三年中将有一年时间赴中国台湾学习。

【会展战略合作签约暨浙江会展网上线】 12月12日，浙江省会展行业协会和浙江育英职业技术学院战略合作签约暨浙江会展网启动仪式在学院举行。浙江省会展协会会长王昌友，学院党委书记、院长洪致平等领导出席。浙江会展网由浙江省会展行业协会主管，浙江育英职业技术学院主办，是浙江首个高校和行业合办的会展行业网站。学院负责网站的构建、信息收集和维护运行等，为学生实习实训服务，为会展行业服务。

（段曹钢）

人 物

·新闻人物·

李 湘 男，1963年11月25日出生，中科院化学所有机化学博士，美国伯克莱大学博士后，浙江省第五届“科技新浙商”。现任杭州中肽生化有限公司董事长、美国多肽科学有限公司董事长。2013入选国家“千人计划”。

李湘在有机合成、精细化工、生物制药领域有很强的专业技术背景，拥有“高通量多肽合成技术”等数十项国家发明专利，主持过省部级项目3项，获得新药证书1项、省（市）科技奖励3项，是一位集学术创新、技术研究开发和市场开拓为一体的知识型、技术型、市场型企业家。有其担任董事长的杭州中肽生化有限公司经过13年的蓬勃发展，已经成为国内最大、最专业的多肽研制中心，具备精湛的多肽药物设计能力，是全球十大制药公司的多肽优先合作伙伴，产品远销美国等30多个国家，2013年销售收入超过1亿元。

陈功祥 男，1961年9月1日出生，日本京都大学生物化学博士，美国肯塔基大学应用微生物博士后，浙江大学教授、博士生导师。现任杭州创新生物检控技术有限公司董事长兼总经理。2013年入选国家“千人计划”。

陈功祥拥有7项国际专利，发表多篇科研论文，其中有10余篇发表于所从事领域的国际顶级杂志。杭州创新生物检控技术有限公司是专业从事体外诊断试剂研发、生产、销售于一体的高新技术医药企业，经过12年的发展，现已拥有强大的科研开发团队和先进的技术创新能力，建立了快速诊断系列和微生物培养系列开发技术平台，并结合市场连续开发多种新产品，2013 年实现产值3000 余万元。

俞 瑾 女，汉族，1985年8月10日出生于福建南平，中共党员，毕业于厦门大学法律专业，开发区检察院侦查监督科干警。2013年11月24日，俞瑾在第三届全国检察机关侦查监督业务竞赛中获“全国侦查监督业务标兵”称号。

俞瑾工作扎实、作风严谨，从事侦查监督工作3年，承办审查逮捕案件360余件，涉案人员500余人，立案监督6件、6人，发出《纠正违法通知书》4份，其承办的案件未出现无罪案件。俞瑾先后获得“杭州市侦查监督十佳检察官”“浙江省侦查监督十佳检察官”、第一届“杭州市优秀女检察官”等称号，被杭州市人民检察院记个人三等功1次、被浙江省人民检察院记个人二等功1次。

统计资料

表29

开发区主要经济指标

指标名称	单位	2009年	2010年	2011年	2012年	2013年
国内生产总值	亿元	312.15	359.97	420.60	451.91	471.71
其中：第一产业	亿元	1.41	1.25	1.30	1.24	1.11
第二产业	亿元	247.91	285.16	332.20	350.49	358.04
其中：工业增加值	亿元	240.05	276.82	324.10	337.54	344.94
第三产业	亿元	62.83	73.55	87.20	100.18	112.55
工业总产值	亿元	1 083.58	1 328.62	1 511.35	1 468.44	1 527.57
其中：外商及港澳台投资企业	亿元	938	1 153.91	1 283.62	1 231.31	1 278.8
工业销售产值	亿元	1 090.42	1 331.8	1 511.67	1 516.69	1 566.88
其中：外商及港澳台投资企业	亿元	940.76	1 150.53	1 288.18	1 281.64	1 318.1
工业营业收入	亿元	1 068.6	1 330.49	1 512.42	1 520.12	1 538.51
其中：外商及港澳台投资企业	亿元	925.8	1 142.76	1 285.69	1 264.5	1 281.75
工业利润总额	亿元	88.71	107.48	109.75	102.05	115.63
其中：外商及港澳台投资企业	亿元	80.56	94.16	93.03	87.97	99.18
万元工业增加值综合能耗降幅	%	5.16	4.04	9.83	6.20	2.07
全社会单位GDP电耗降幅	%	—	—	3.50	4.10	1.50
社会消费品零售总额	亿元	27.97	31.74	37.99	44.66	53.26
固定资产投资额	亿元	150.28	173.5	202.29	243.69	289.18
其中：工业性投资额	亿元	33.75	44.65	51.48	60.57	117.50
进出口总额	亿美元	57.38	79.85	87.32	83.70	87.20
其中：出口总额	亿美元	35.35	47.79	52.61	52.53	58.45
财政总收入	亿元	69.08	80.21	92.64	105.04	114.23
其中：地方财政收入	亿元	26.26	33.36	43.28	47.92	50.90
引进外商投资企业	个	46	51	38	44	45
外商投资总额	亿美元	12.96	18.59	18.54	26.92	13.52
合同外资	亿美元	9.66	9.72	10.44	10.56	13.95
实到外资	亿美元	5.90	6.08	6.42	6.51	6.77

续表29

指标名称	单位	2009年	2010年	2011年	2012年	2013年
辖区总人口	万人	39.71	39.36	40.17	40.43	41.02
户籍人口	万人	11.37	10.76	10.18	9.70	9.48
暂住人口	万人	17.45	20.93	27.94	28.82	29.94
从业人数	万人	18.30	19.60	21.50	21.50	22.05
其中：工业企业从业人员	万人	11.29	13.00	14.81	13.71	13.74

表30

开发区财政收支情况

项目	单位	2012年	2013年	增长(%)
一、财政总收入	亿元	105.0	114.2	8.7
其中：地方财政收入	亿元	47.9	50.9	6.2
上划中央四税收入	亿元	57.1	63.3	10.9
二、财政总支出	亿元	78.8	83.7	6.1

表31

开发区固定资产投资情况

指标名称	单位	2012年	2013年	建区起累计
固定资产投资额	亿元	243.69	289.18	1 788.66
其中：基础设施投资额	亿元	29.28	58.73	332.81
工业项目投资	亿元	60.57	117.50	729.52
服务业投资	亿元	145.92	113.45	—
其中：房地产投资	亿元	130.44	100.62	—
施工项目数	个	289	419	—
其中：本年新开工项目	个	102	134	—
开工面积	万平方米	304.16	219.89	3 735.48
竣工面积	万平方米	261.08	332.48	2 676.57

表32

开发区人口情况

指标名称	单位	2012年	2013年
户籍人口	万人	9.70	9.48
其中：下沙街道	万人	3.20	3.30
白杨街道	万人	6.49	6.18
暂住人口	万人	28.83	29.94
其中：下沙街道	万人	9.12	9.29
白杨街道	万人	19.70	20.65
人口增长情况			
出生人数	人	1 057	971
死亡人数	人	147	154
人口自然增长数	人	910	817

续表32

指标名称	单位	2012年	2013年
出生率	‰	10.9	10.2
死亡率	‰	1.5	1.6
人口自然增长率	‰	9.4	8.6

说明：白杨街道户籍人口含大学生和企业集体户

表33

开发区城市建设情况

指标名称	单位	2012年	2013年
已开发土地面积	平方千米	45.42	45.94
年末实有道路长度	千米	236.22	248.46
年末实有道路总面积	平方千米	6.70	6.94
年末实有渠道总长度	千米	74.08	83.67
年末实有桥涵数	座	117	117
年末实有下水道长度	千米	691.71	701.30

说明：不含前进工业园区

表34

开发区前进工业园区主要经济指标

指标名称	单位	2012年	2013年	2013年止累计
一、城市建设				
固定资产投资	万元	139 858	655 812	1 161 997
其中：基础设施投资	万元	43 166	100 413	397 592
工业性投资	万元	96 692	555 399	764 405
已开发土地面积	万平方米	236.8	110.6	643.5
实有铺装道路总长度	千米	0.5	0.9	26.4
二、招商引资				
外资项目批准数	个	6	12	46
合同外资	万美元	44 267	43 136	149 271
实际使用外资	万美元	16 512	18 294	53 557
内资项目批准数	个	1	5	32
实际使用内资	万元	135 282	312 300	650 684
三、工业经济				
规模以上工业销售产值	万元	175 869	76 531	690 021

表35

开发区重点高新技术企业

序号	企业名称	序号	企业名称
1	杭州华银教育多媒体科技股份有限公司	5	杭州中能汽轮动力有限公司
2	艾博生物医药（杭州）有限公司	6	中肽生化有限公司
3	杭州九源基因工程有限公司	7	浙江康莱特药业有限公司
4	杭州世宝汽车方向机有限公司	8	浙江蓝天环保高科技股份有限公司

续表35

序号	企业名称	序号	企业名称
9	浙江史密斯医学仪器有限公司	44	怡得乐电子（杭州）有限公司
10	杭州纸友科技有限公司	45	杭州易沙网络科技有限公司
11	浙江杭康药业有限公司	46	信雅达（杭州）计算机服务有限公司
12	浙江禾田化工有限公司	47	杭州钱江弹簧有限公司
13	杭州爱知工程车辆有限公司	48	杭州专用汽车有限公司
14	杭州和利时自动化有限公司	49	杭州佳鹏电脑科技有限公司
15	杭州神林电子有限公司	50	泰瑞机器制造（中国）有限公司
16	杭州士兰明芯科技有限公司	51	杭州天裕光能科技有限公司
17	浙江诺倍威生物技术有限公司	52	克雷登热能设备（浙江）有限公司
18	杭州士兰集成电路有限公司	53	三花丹佛斯（杭州）微通道换热器有限公司
19	杭州安费诺飞凤通信部品有限公司	54	中高柴油机重工有限公司
20	杭州立昂微电子股份有限公司	55	志诚动力科技（杭州）有限公司
21	杭州九阳小家电有限公司	56	杭州荐量兽用生物制品有限公司
22	杭州下沙恒升化工有限公司	57	安瑞医疗器械（杭州）有限公司
23	杭州天明电子有限公司	58	杭州英华技术服务有限公司
24	杭州百富电子技术有限公司	59	杭州海的动力机械有限公司
25	杭州澳亚生物技术有限公司	60	杭州欧实科技有限公司
26	杭州精信电子科技有限公司	61	杭州泰明顿摩擦材料有限公司
27	杭州下沙生物科技有限公司	62	杭州精功机电研究院有限公司
28	杭州电缆股份有限公司	63	杭州联川生物技术有限公司
29	杭州藤仓橡胶有限公司	64	浙江正泰中自控制工程有限公司
30	浙江中财型材有限责任公司	65	浙江保灵药业有限公司
31	浙江三花汽车零部件有限公司	66	浙江浪潮精密机械有限公司
32	杭州天明环保工程有限公司	67	杭州金指码实业有限公司
33	浙江华人数码印刷有限公司	68	杭州美卡乐光电有限公司
34	杭华油墨化学有限公司	69	杭州信多达电子科技有限公司
35	浙江爱生药业有限公司	70	英格斯模具制造（中国）有限公司
36	永正传感（杭州）有限公司	71	杭州诺泰制药技术有限公司
37	浙江惠松制药有限公司	72	联德机械（杭州）有限公司
38	杭州电力设备制造有限公司	73	杭州全盛机电科技有限公司
39	杭州奥普卫厨科技有限公司	74	杭州路格科技有限公司
40	杭州光韵达光电科技有限公司	75	杭州铭众生物科技有限公司
41	拜耳作物科学（中国）有限公司	76	杭州欧忆光电科技有限公司
42	史陶比尔（杭州）精密机械电子有限公司	77	杭州沃镭科技有限公司
43	杭州富尔顿热能设备有限公司	78	杭州协合医疗用品有限公司

附　录

·先进名录·

【2013年度开发区满意单位】

杭州市公安局经济技术开发区分局
开发区总工会
杭州市质量技术监督局经济技术开发区分局
开发区国家税务局

【2013年度开发区先进单位】

开发区党工委、管委会办公室
开发区人事劳动社会保障局
开发区政法委
开发区机关党委
开发区海关
杭州市工商行政管理局经济技术开发区分局
杭州市公安消防支队经济技术开发区大队
杭州市地方税务局开发区税务分局

【2013年度开发区文明单位】

开发区人民检察院
开发区青少年宫
杭州优科豪马轮胎有限公司
杭州和达文化创意产业园管理有限公司
白杨街道社区卫生服务中心
中国农业银行新加坡杭州科技园支行

【2013年度开发区文明社区】

白杨街道多蓝水岸社区
白杨街道海天社区

【2013年度开发区市直机关五星级党组织】

开发区监察局党支部
开发区管委会办公室党支部
开发区人事劳动社会保障局党支部
开发区城市建设发展中心党总支

【2013年度开发区市直机关先进基层党组织】

开发区财政局党支部

【2013年度开发区星级文明规范市场】

杭州恒大陶瓷建材交易市场（新认定四星级）
杭州下沙商贸城（延续确认四星级）
开发区高沙农贸市场（延续确认三星级）
开发区云水苑农贸市场（延续确认三星级）
开发区七格农贸市场（新认定二星级）
开发区金沙数码港（延续确认二星级）

【2013年度开发区浙江省工商企业信用AAA级“守合同重信用”单位】

浙江八方物流有限公司（延续确认）

【2013年度开发区浙江省工商企业信用AA级“守合同重信用”单位】

中日龙电器制品（杭州）有限公司（新认定）
杭州长治建筑劳务有限公司（新认定）
杭州白天鹅床上用品有限公司（新认定）
松下家电研究开发（杭州）有限公司（新认定）
浙江广艺后勤服务有限公司（新认定）
杭州健杰建筑劳务承包有限公司（新认定）

硕维科技（杭州）有限公司（新认定）
杭州环翔固体废物处置利用有限公司（新认定）
松下电化住宅设备机器（杭州）有限公司（新认定）
浙江华东科技检测有限公司（新认定）
杭州天裕光能科技有限公司（新认定）
浙江卓凡展览有限公司（新认定）
杭州金沙数码科技有限公司（延续确认）
杭州华新电力线缆有限公司（延续确认）
杭州易沙网络科技有限公司（延续确认）
杭州雄龙电子技术有限公司（延续确认）

【2013年度开发区浙江省著名商标企业】

龙驰及图形
龙驰幕墙工程有限公司（新认定）
富尔顿
杭州富尔顿热能设备有限公司（新认定）
纸友及图形
杭州纸友科技有限公司（延续确认）
八方
浙江八方物流有限公司（延续确认）
杭华及图形
杭华油墨化学有限公司（延续确认）
吉粒芬
杭州九源基因工程有限公司（延续确认）
孔凤春及图形
杭州孔凤春化妆品有限公司（延续确认）

【2013年度开发区杭州市著名商标企业】

Chitick 中自
浙江正泰中自控制工程有限公司（新认定）
乔农坊及图形
杭州下沙酒厂（新认定）
三彩
卓尚服饰（杭州）有限公司（新认定）
Verage
杭州杰码箱包有限公司（延续确认）
浮力森林及图形
杭州心隆食品有限公司（延续确认）

【2013年开发区获浙江省科技进步奖三等奖项目】

轮胎破坏机理及耐磨特性研究应用
杭州朝阳橡胶有限公司 青岛科技大学

【2013年开发区获杭州市科技进步奖一等奖项目】

改性淀粉粉体连续流态管道化绿色工艺关键技术开发与产业化应用
杭州纸友科技有限公司 杭州市化工研究院 国家造纸化学品工程技术研究中心

【2013年开发区获杭州市科技进步奖二等奖项目】

轮胎破坏机理及耐磨特性研究应用
杭州朝阳橡胶有限公司 青岛科技大学

【2013年开发区获杭州市科技进步奖三等奖项目】

TRX2800J塑料管件专用注塑机
泰瑞机器股份有限公司

·企业表彰·

【2013年度开发区特殊贡献奖企业】

中策橡胶集团有限公司
玫琳凯（中国）化妆品有限公司
东芝信息机器（杭州）有限公司

【2013年度开发区优秀企业家】

沈金荣	中策橡胶集团有限公司
麦予甫	玫琳凯（中国）化妆品有限公司
八重樫昭德	东芝信息机器（杭州）有限公司
顾江生	顾家家居股份有限公司
孙百弘	杭州顶益食品有限公司
堀内计志	杭州松下家用电器有限公司
姜广勇	杭州九阳小家电有限公司
松浦邦雄	杭州矢崎配件有限公司
黄　准	杭州安费诺飞凤通信部品有限公司
华建飞	杭州电缆股份有限公司

【2013年度开发区工业销售产值十强企业】

中策橡胶集团有限公司
东芝信息机器（杭州）有限公司
玫琳凯（中国）化妆品有限公司
杭州顶益食品有限公司
杭州松下家用电器有限公司
顾家家居股份有限公司
杭州中缆股份有限公司
杭州顶津食品有限公司

康师傅(杭州)饮品有限公司
杭州益维汽车工业有限公司

【2013年度开发区财政贡献十强企业】

玫琳凯(中国)化妆品有限公司
中策橡胶集团有限公司
杭州顶益食品有限公司
顾家家居股份有限公司
杭州九阳小家电有限公司
杭州矢崎配件有限公司
杭州和昇塑料制品有限公司
杭州加多宝饮料有限公司
杭州中萃食品有限公司
杭州顶正包材有限公司

【2013年度开发区自营出口十强企业】

东芝信息机器(杭州)有限公司
中策橡胶集团有限公司
杭州矢崎配件有限公司
松下电化住宅设备机器(杭州)有限公司
杭州松下家用电器有限公司
泰尔茂医疗产品(杭州)有限公司
杭州松下马达有限公司
顾家家居股份有限公司
杭州松下住宅电器设备(出口加工区)有限公司
国际香料香精(浙江)有限公司

【2013年度开发区综合效益奖企业】

玫琳凯(中国)化妆品有限公司
杭州安费诺飞凤通信部品有限公司
田中电子(杭州)有限公司
杭州九阳小家电有限公司
博世包装技术(杭州)有限公司
浙江康莱特药业有限公司
杭州和利时自动化有限公司
顾家家居股份有限公司
杭州松下住宅设备(出口加工区)有限公司
杭州奥普卫厨科技有限公司

【2013年度开发区鼓励做强做优企业】

获产值、贡献双增长工业企业

玫琳凯(中国)化妆品有限公司
顾家家居股份有限公司
杭州九阳小家电有限公司
杭州味全生技食品有限公司
杭州奥普卫厨科技有限公司
杭州优科豪马轮胎有限公司
杭州士兰集成电路有限公司

获大企业大集团首次突破规模档次奖企业

杭州顶津食品有限公司
杭州九阳小家电有限公司
玫琳凯(中国)化妆品有限公司
统合电子(杭州)有限公司
史陶比尔(杭州)精密机械电子有限公司
杭州优科豪马轮胎有限公司
浙江康莱特药业有限公司
杭州味全生技食品有限公司
杭州奥普卫厨科技有限公司
卓尚服饰(杭州)有限公司
杭州益维汽车工业有限公司
杭州禾康包装材料有限公司

【2013年度开发区鼓励做大做强企业】

获贡献保持增长工业企业

顾家家居股份有限公司
杭州矢崎配件有限公司
博世包装技术(杭州)有限公司
杭州和昇塑料制品有限公司

获新产品企业奖企业

浙江三花汽车零部件有限公司
杭州金鱼家电有限公司
杭州金州高分子科技有限公司
杭州恒业电机制造有限公司

【2013年度开发区支持技术改造企业】

获技术改造奖企业

怡得乐电子(杭州)有限公司
杭州安费诺飞凤通信部品有限公司
杭州世宝汽车方向机有限公司
杭州益维汽车工业有限公司
杭州松下马达有限公司
泰尔茂医疗产品(杭州)有限公司
杭州藤仓橡胶有限公司

获污染物治理奖企业

杭州朝阳橡胶有限公司
杭州旭化成纺织有限公司
杭州得力纺织有限公司
杭州优科豪马轮胎有限公司
杭州神钢建设机械有限公司
杭州华丝夏莎纺织科技有限公司
杭州利群环保纸业有限公司
杭州藤仓橡胶有限公司
杭州锦锋实业有限公司
真珠乐器（杭州）有限公司
浙江福发纺织有限公司
盛康橡胶（杭州）有限公司
杭州爱知工程车辆有限公司
浙江华人数码印刷有限公司
联德机械（杭州）有限公司

获安全生产标准化奖企业

杭州电缆股份有限公司
浙江蓝天环保高科技股份有限公司
杭州富尔顿热能设备有限公司
杭州利群环保纸业有限公司
伊莱克斯（杭州）家用电器有限公司
杭州和昇塑料制品有限公司
杭州娃哈哈非常可乐饮料有限公司
统合电子（杭州）有限公司
杭州爱知工程车辆有限公司
杭州锦锋实业有限公司
杭州中肽生化有限公司
浙江爱生药业有限公司
国际香料香精（浙江）有限公司
浙江五丰冷食有限公司
杭州娃哈哈饮料有限公司
杭州俊杰包装有限公司
杭州娃哈哈宏振包装有限公司
鸿泰精密工业（杭州）有限公司
浙江杭康药业股份有限公司
宏讯电子工业（杭州）有限公司
杭州丘比食品有限公司
大田大明光学（杭州）有限公司
杭州神林电子有限公司
杭州金陵科技有限公司
田中电子（杭州）有限公司
杭州万事达装饰用品有限公司
超群机电制造（杭州）有限公司
杭州杭联热电有限公司
浙江八方物流有限公司
杭州下沙商贸城有限公司
杭州沙星酒店有限公司
杭州下沙实业有限公司
杭州娃哈哈乐维食品有限公司
杭州娃哈哈营养食品有限公司
杭州士兰集成电路有限公司
杭州禾康包装材料有限公司
杭州旭化成纺织有限公司
杭州娃哈哈百立食品有限公司
杭州华春化纤染织有限公司
杭州专用汽车有限公司
浙江正泰中自控制工程有限公司
中日龙电器制品（杭州）有限公司

获新增注册资本企业奖企业

杭州中粮包装有限公司
摩菲伊肯控制技术（杭州）有限公司

【2013年度开发区支持市场开拓企业】

获企业上市奖企业

顾家家居股份有限公司
杭州澳亚生物技术有限公司

获参加展销会奖企业

顾家家居股份有限公司
杭州凯利不锈钢厨房设备有限公司
史陶比尔（杭州）精密机械电子有限公司
杭州金鱼家电有限公司
杭州华银教育多媒体科技股份有限公司
浙江康莱特药业有限公司
杭州九阳小家电有限公司
浙江爱生药业有限公司
杭州顶园食品有限公司
杭州味全食品有限公司
杭州和利时自动化有限公司

获首次区内采购奖企业

杭州益维汽车工业有限公司
杭州澳亚生物技术有限公司
杭州松下住宅电器设备（出口加工区）有限公司

获新设销售分公司奖企业

顾家家居股份有限公司

杭州中萃食品有限公司

获出口信用保费补贴奖企业

中策橡胶集团有限公司

顾家家居股份有限公司

泰瑞机器股份有限公司

杭州下沙生物科技有限公司

杭州九源基因工程有限公司

杭州京泠医疗器械有限公司

获出口增长奖企业

杭州佩臻进出口有限公司

杭州捷创进出口有限公司

杭州拓磊进出口有限公司

杭州润沙进出口有限公司

杭州汉沙进出口有限公司

杭州捷格进出口有限公司

杭州九捷国际货运代理有限公司

数源移动通信设备有限公司

宏讯电子工业（杭州）有限公司

中策橡胶集团有限公司

顾家家居股份有限公司

伊莱克斯（杭州）家用电器有限公司

【2013年度开发区鼓励节能减排企业】

能源计量示范企业

杭州顶津食品有限公司

杭州朝阳橡胶有限公司

浙江蓝天环保高科技股份有限公司

杭州娃哈哈非常可乐饮料有限公司

杭州娃哈哈饮料有限公司

杭州娃哈哈百立食品有限公司

杭州杭联热电有限公司

绿色企业

杭州九阳小家电有限公司

循环经济示范企业

杭州优科豪马轮胎有限公司

顾家家居股份有限公司

杭州朝阳橡胶有限公司

杭州九源基因工程有限公司

杭州松下家用电器有限公司

通过清洁生产审核验收企业

杭州士兰集成电路有限公司

杭州顶津食品有限公司

杭州松下马达有限公司

杭州旭化成纺织有限公司

杭州得力纺织有限公司

杭州锦锋实业有限公司

杭州松下厨房电器有限公司

松下电化住宅设备机器（杭州）有限公司

浙江禾田化工有限公司

杭华油墨化学有限公司

杭州德全建材有限公司

杭州天马思宏染织有限公司

杭州丽伟电脑机械有限公司

杭州康特尔电梯部件有限公司

杭州申菱电梯配件制造有限公司

杭州佐帕斯工业有限公司

杭州天创水务有限公司

杭州富丽建材有限公司

杭州东芝家电技术电子有限公司

杭州铃木燃气具部品有限公司

通过电平衡测试验收合格企业

杭州松下厨房电器有限公司

怡得乐电子（杭州）有限公司

浙江新华数码印务有限公司

杭州康特尔电梯部件有限公司

浙江康莱特药业有限公司

杭州佐帕斯工业有限公司

杭州大德克塑料有限公司

杭州皇冠制罐有限公司

杭州味全生技食品有限公司

杭州锦锋实业有限公司

超群机电制造（杭州）有限公司

杭州申菱电梯配件制造有限公司

杭州东芝家电技术电子有限公司

杭州铃木燃气具部品有限公司

联德机械（杭州）有限公司

怡得乐实业（杭州）有限公司

田中电子（杭州）有限公司

杭州钱江弹簧有限公司

杭州益维汽车工业有限公司

超额完成节能、减排目标任务企业

杭州杭联热电有限公司
杭州朝阳橡胶有限公司
杭州九阳小家电有限公司
杭州顶津食品有限公司
浙江三花汽车零部件有限公司
杭州松下马达有限公司
泰尔茂医疗产品（杭州）有限公司
怡得乐电子（杭州）有限公司
杭州利群环保纸业有限公司
杭州神钢建设机械有限公司
浙江蓝天环保高科技股份有限公司
杭州电缆股份有限公司
国际香料香精（浙江）有限公司
浙江五丰冷食有限公司
杭州澳亚生物技术有限公司
杭州顶园食品有限公司
杭州味全食品有限公司
浙江康莱特药业有限公司
杭州中萃食品有限公司
杭州下沙生物科技有限公司
杭州松下家用电器有限公司
松下电化住宅设备机器（杭州）有限公司
杭州德全建材有限公司
杭州皇冠制罐有限公司
浙江新华数码印务有限公司
浙江中财型材有限责任公司
旭化成医疗器械（杭州）有限公司
康师傅（杭州）饮品有限公司
杭州中粮包装有限公司
希赛瓶盖系统（杭州）有限公司
艾博生物医药（杭州）有限公司
浙江华威建材集团有限公司
杭州九阳欧南多小家电有限公司
康师傅（杭州）方便食品有限公司
杭州电子科技大学
杭州优科豪马轮胎有限公司
杭州士兰集成电路有限公司
杭州旭化成纺织有限公司
浙江福发纺织有限公司
杭州得力纺织有限公司
杭州益维汽车工业有限公司
中日龙电器制品（杭州）有限公司

·文件法规·

【关于大力实施创新驱动战略加快建设杭州东部科技港的实施意见】

（杭经开管发〔2013〕117号）

为深入贯彻落实“创新强市”战略，全面推进科技创新、促进转型升级、增强综合实力，加快建设“东部科技港”，按照市委、市政府《关于实施创新强市战略完善区域创新体系发展创新型经济的若干意见》精神，结合开发区实际，特制定意见。

一、总体思路

1. 指导思想。以科学发展观为统领，坚持“自主创新、重点跨越、支撑发展、引领未来”的方针，紧紧围绕“杭州东部科技港”的发展定位，加快构建区域创新体系，大力营造创新环境，大力集聚创新要素，大力发展创新型经济，提升开发区综合竞争力，为实现开发区创新发展奠定坚实基础。

2. 基本原则。一是坚持以企业为主体。着力优化企业创新创业的整体环境，激发企业创新创业的积极性和创造性，不断吸引集聚、培育壮大创新型企业，带动创新型经济的加快发展。二是坚持重点突破、以点带面。着眼长远发展，立足现状，结合实际，找准制约创新发展的薄弱环节，分步实施、重点突破、以点带面，全面提升区域创新能力。三是坚持创新驱动发展战略。突出产业延伸、产业融合，以先进适用技术推动传统产业高端化发展，以集聚人才、项目、平台等创新要素培育高新技术产业。

二、发展目标

3. 总体目标。以创建省级、国家级高新产业园为抓手，以先进国家级高新区为标杆，打造杭州“东部科技港”，努力建设成为浙江省高新技术产业集聚区和杭州市创新发展示范园区。

4. 主要目标。争取2013年创建省级高新技术产业园，2015年通过省级高新技术产业园考核认定，2016年创建国家高新技术产业开发区。一是增加创新投入。企业研究开发费用（R&D）占企业主营业务收入的比例达到2%，本级科技财政支出占本级财政经常性支出的比重稳步提高，达到7.7%以上。二是提升创新能力。市级以上研发机构达到150个以上，国家级高新技术企业达到150个以上，三年新增企业专利申请量和授权量分别为3700件和3000件。三是提高创新绩效。高新技术产业产值比重（市口径）达到50 %，企业新产品产值率达到40%以上。四是优化创新环境。创新人才、创新平台、创新服务、科技政策、科技金融、创新体制机制等体系健全完善，形成崇尚创新创业的良好氛围。

三、发展重点

5. 重点产业和重点企业。根据《国家重点扶持的高新技术领域》，立足开发区现有产业基础和高校的创新资源优势，重点发展“4+4+X”的高新技术产业，即：大力发展电子信息及信息软件、先进装备制造、汽车及零部件、生物医药等四个主导产业，加快发展节能环保、新能源、新材料、高技术服务业等四个新兴产业，积极发展低能耗、无污染的其他科技型产业。重点引进和培育国家级高新技术企业。

6. 重点项目和重点平台。重点支持培育一批技术领先、产业化前景好、经济效益高的科技研发项目。根据开发区重点功能区开发建设的总体要求，将杭州东部湾总部基地、新加坡杭州科技园、杭州东部产学研示范园、杭州东部高新产业园、江东汽车零部件产业园、江东创新产业园等六大功能区作为发展科技型产业、创新型经济和高新技术产业的主平台、主阵地。

四、工作重点

全面推进科技创新，努力实现“创新型企业源动力，创新平台承载力，优质服务培育力，科技人才创造力，科技投入拉动力，科技招商集聚力，科技政策引导力，体制机制保障力”的八力合一，形成比较优势和竞争优势，全面推进“东部科技港”和“东部人才港”建设。

（一）提高企业自主创新能力

7. 提升企业科技研发及产业化能力。引导和支持企业加大科研投入，鼓励企业设立研发（技术）中心、工业设计中心、院士专家工作站、博士后工作站等研发机构，支持龙头骨干企业建立企业研究院、集团研发总部。支持企业承担重大科技项目，鼓励企业通过产学研合作、引进消化再创新等方式加快高新技术项目产业化，产生一批先进技术和先进成果，争创一批国内首台套产品，形成一批对产业有推动作用的新产品。

8. 支持企业实施知识产权战略。引导企业提升专利产出能力，提高发明专利比重，重点培育一批拥有核心专利、市场竞争力强的专利试点（示范）企业，实施一批引领行业发展的专利产业化项目。开展企业专利零突破行动，减少一批“零专利”的规上工业企业。支持企业占领技术标准制高点，主持和参与制定国际、国家、行业、地方产品技术标准。通过实施知识产权战略，使企业成为知识产权研究、申请、应用、保护、产业化与回报的主体。

（二）整合提升创新平台

9. 实现创新平台功能提升。统筹有序推进重点功能区开发建设工作，提高创新平台吸引集聚、培育发展各类创新型企业的空间承载力，为发展创新型经济拓展新的空间。促进现有创新平台从单一的孵化向加速、产业化功能延伸，探索利用闲置厂房等空间资源建立加速器、产业化基地，加快形成孵化、加速、产业化的功能布局。

10. 加强创新平台内涵建设。树立“空间有限、发展无限”的理念，以培育高成长性的创新型企业为目标，加强创新平台内涵建设，着力提高创新平台的空间使用绩效。对政府投资建设的平台，由“物业经营性”考核向“企业培育性”考核转变，尤其要注重高成长性企业的培育。对社会资本建设的平台，以企业质量为标准，加大对平台承接高成长性企业的引导和激励。坚持特色化发展、制定入园企业标准、建立退园机制、加强对入驻企业的动态管理。不断加强平台内涵建设，打造一批特色鲜明、服务优良、空间利用合理、效益明显的高品质创新平台。

（三）加强创新创业服务

11. 成立创新创业服务中心。进一步加强创新创业服务，通过整合服务、购买服务等多种形式，助推科技型企业发展。成立创新创业服务中心，整合各类资源、创新服务内涵和外延、提升服务深度和质量，满足初创孵化、加速成长、成熟产业化三个阶段的科技型企业对于服务的需求。

12. 实施规范化专业化服务。充分发挥创新创业服务中心的作用，规范各创新平台所提供的入驻服务、物业服务、政策咨询等基础性服务，实行基础服务标准化、规范化；落实创新创业专业化服务和个性化服务，及时帮助企业解决发展中的难题，创造适合科技人才创业、科技企业成长的优质服务。

（四）打造创新人才高地

13. 实施百名领军人才计划。通过建立海外引才联络站、聘请“引才顾问”等方式，加大招才引智力度，大力引进培育“国家千人计划”“国家特支计划”“省千人计划”和“市521”计划入选者等领军型创业人才。

14. 实施千名高技能人才计划。充分发挥开发区高技能人才培训中心的平台优势，通过合作办学、合作办班、联合培养等多种形式，培养企业所需的高技能人才。

（五）加大科技创新投入

15. 加大财政科技投入。建立本级财政科技投入适度超前、稳定持续的增长机制，确保科技经费占财政经常性支出的比重持续稳步增长。将财政科技投入的重点从“扶企业、给资金”转向“扶企业、搭平台、造环境、强服务”。

16. 鼓励企业加大科技投入。发挥本级科技创新政策的引导作用，积极鼓励企业争取国家、省、市各类科技创新政策，引导企业在研究开发、引进人才、科技成果产业化等方面加大投入。

17. 引导社会资本参与科技投入。完善科技金融政策，建立通过财政资金带动社会资本投入的多渠道投融资体系，完善贷款贴息、担保补助、保险补助、上市融资、创业引导基金、风险补偿基金等政策，鼓励金融机构为科技型企业开展形式多样的融资业务。

（六）实施科技招商计划

18. 加强科技招商考核。强化科技招商，加快土地招商向楼宇招商、平台招商转变。将科技招商目标列入管委会年度考核指标，切实增强开发区创新发展后劲。

19. 提高科技招商水平。按照“专、精、特、深”的要求，组建科技招商队伍，提高科技招商能力；制定科技招商产业目录，明确科技招商方向；制定科技招商考核办法，调动招商主体的积极性。

（七）加大政策扶持力度

20. 营造良好的政策环境。在用足用好国家、省、市有关创新政策的基础上，进一步健全完善开发区支持创新创业的政策。形成扶企业、扶人才、扶平台、扶项目、扶产业的良好政策体系，加快创新资源、人才、项目、企业的集聚。

21. 加强政策资金的管理。完善政策的资金管理办法和实施细则，提高政策的可操作性；加强对各类政策资金的评估、监督和评价，提高政策应用实效。

（八）完善科技创新体制机制

22. 成立科技工作领导小组。成立开发区科技工作领导小组，由委主要领导任组长，分管委领导任副组长，各相关部门主要负责人为成员。领导小组下设办公室，负责领导小组日常工作，办公室设在经发局（科技局）。

23. 设立创新专项资金。设立科技创新专项资金，主要用于开发区科技政策兑现、上级科技政策配套资金、科技平台投入、创新服务、科技招商、科技金融。

24. 健全协调推进机制。充分发挥科技工作领导小组牵头抓总的作用，明确各部门的工作职责，强化“总—分—总”的协同服务。对重点产业、企业、项目、平台涉及的具体问题，根据职能由经发局牵头汇总并负责日常协调，重大事项提交领导小组专题研究（科技创新例会制度）。根据协调结果，明确责任主体和完成时限，确保顺利推进。

25. 弘扬创新创业文化。进一步营造激励创新、鼓励创业、宽容失败的社会氛围，倡导和崇尚创新创业精神，形成尊重知识、尊重创新、尊重人才的浓厚氛围；加强对创新创业的经验推广和典型宣传，打响“东部科技港”品牌；积极开展境内外宣传和推广，提升“东部科技港”的知名度和影响力。

【杭州经济技术开发区关于加快推进“腾笼换鸟”促进产业转型升级的实施意见】

（杭经开管发〔2013〕159号）

为加快开发区闲（空）置土地、闲置厂房的开发利用，遏制利用工业用地、工业厂房进行投资行为，根据《闲置土地处置办法》（中华人民共和国国土资源部令第53号）、《浙江省人民政府关于加快“腾笼换鸟”促进经济转型升级的若干意见（试行）》（浙政发〔2012〕49号）精神，结合开发区实际，制定本实施意见。

一、总体思路

1. 重要意义。实施“腾笼换鸟”就是要把开发区因规划调整，或企业自身原因而产生的闲（空）置土地、闲（空）置厂房等经济发展紧缺的重要资源，通过各种方式置换出来，盘活闲（空）置土地（厂房），拓展发展空间，提高资源利用率和产出率。

通过“腾笼换鸟”，腾出高污染、高能耗、低产出、低效益企业所占用的资源和空间，换上先进制造、科技创新、现代服务业之鸟，换上循环经济、集约经营之鸟，促进开发区产业转型升级。

2.基本原则。坚持城市规划和产业规划相结合，坚持盘活存量与优化结构相结合，坚持政府推动与市场调节相结合，坚持依法行政与共赢发展相结合。

二、企业类型

1. 规划调整型。单元控制性详细规划由工业用地调整为商业用地、科研用地或由三类工业用地调整为一类、二类工业用地所涉及的企业。

2.闲（空）置土地型。按规定动工开发日期满一年未动工开发的国有建设用地；已动工建设但建设用地面积不足建设用地总面积1/3，或者已投资但投资额不足总投资额25%的国有建设用地，中止开发建设满一年的国有建设用地。不属闲置土地，但按规划参数要求未经批准中止开发建设满一年的国有建设用地。

3.两高两低型。不符合产业发展导向、环境保护等要求，高污染、高能耗、低投入、低产出的企业（项目）。

4.闲置厂房型。拥有整体厂房面积超过1000平方米以上且可用于对外出租，或已出租面积达1000平方米以上但承租企业年主营业务收入不及1万元/平方米的企业。

三、处置方式

1. 限期建设。对违背国有土地有偿使用合同约定在一定期限内开工、竣工、投产的，责令业主限期建设。对国有土地有偿使用合同未约定的，通过签订补充协议，明确建设期限和违约责任。否则根据土地合同（或招商协议、投资协议）等相关条款协商收回。

2.限期整改。按照《国有土地使用权出让合同书》《投资协议》《进区协议》等相关协议，加强工业用地项目评价考核工作，对达不到相关考核指标要求的，限期整改。限期整改达不到要求的，相关部门暂不办理土地复核验收、暂不办理房产证，并追究相关违约责任。

3.并购重组。引导企业与企业之间通过股权产易式、现金购买式和承担债务式等多种形式，开展并购重组。并购重组须报开发区管委会备案，并购重组后所投资的新项目必须满足开发区对新进项目的准入要求。

4.依法收回。除《闲置土地处置办法》第八条规定情形造成土地闲置按延长动工开发期限、协议有偿收回、置换土地等方式处置外，国土部门按下列方式处理：未动工开发满一年的，按照土地出让或者划拨价款的20%征缴土地闲置费，土地闲置费不得列入生产成本；未动工开发满两年的，无偿收回国有建设用地使用权。

5.淘汰出局。加强对“不符合国家产业政策、节能减排要求”的“高污染、高能耗、低产出、低效益”企业的用电总量和排污总量控制，加大安监、质监、环保等部门执法力度，依法予以限期整改。限期整改达不到要求的，吊销生产许可证和排污许可证，并予以公布。

6.鼓励搬迁。结合开发区“两港八园”的建设，优先引导八大功能区内的“腾笼”企业实施搬迁。对“腾笼”搬迁企业在执行省、市政策的基础上，开发区视情再给予企业一定的奖励。

7.规范出租。引导和鼓励闲置厂房业主将闲置厂房出租给符合开发区产业发展导向的优质项目，引导和鼓励闲置厂房业主将闲置厂房配合开发区“两港八园”建设改造成特色产业园。

四、保障措施

1. 加强领导。建立开发区“腾笼换鸟”工作推进领导小组，程锋任组长，王永芳、马佳骏任副组长，领导小组下设办公室，办公室设在经发局，毕建华任办公室主任，董玮、汪新君任办公室副主任，经发局、国土分局、招商局、财政局、人劳局、规划分局、建设（环保、房管）局、工商分局、质监分局、国税分局、地税分局、下沙街道、白杨街道、资产经营公司为成员单位。

2.分工协作。领导小组办公室总牵头，重点研究协调推进“腾笼换鸟”工作的重大事宜，分解细化各成员单位工作任务，各成员单位按照各自职责做好相关工作，加强沟通联系，及时共享信息，强化联动执法，有序推进工作开展，形成工作合力。

3.简化审批。涉及“腾笼换鸟”相关的审核事项，各部门要尽快进行梳理，对其管理权限法律、法规没有明确规定的，一律从简办理，切实增强政府社会管理和公共服务能力。

4.强化考核。“腾笼换鸟”工作纳入管委会对各部门、街道的目标责任制考核，领导小组办公室制定考核办法，加大对“腾笼换鸟”工作的考核力度。

【杭州经济技术开发区关于加快工业经济发展的若干政策（2013年）】

（杭经开管发〔2013〕155号）

为加快产业转型、集聚发展，集约节约利用资源，鼓励企业做强做优，调整优化产业结构，着力转变经济发展方式，促进工业经济持续快速健康发展，特制定本政策。

一、鼓励做强做优

1. 综合“十强”“十佳”企业情况，根据“规模强、贡献大、增长快”的原则，择优选定10个企业，授予企业主要经营者“优秀企业家”称号，并予以表彰。

2. 凡当年工业销售产值、区财政贡献、自营出口额分别排名前十位的企业，授予企业单项“十强企业”称号，并颁发奖牌。

3. 凡当年工业销售产值3亿元以上（含），综合效益水平排名前十位的企业，授予企业“十佳企业”称号，并颁发奖牌。《综合效益水平评价办法》另行制定。

4. 凡当年工业销售产值5亿元以上（含）且区财政贡献800万元以上（含）的企业，工业销售产值同比增长15%以上（含）且区财政贡献同比增长10%以上（含），给予企业经营团队奖励50万元。对列入开发区大企业大集团三年培育计划（2013~2015年）的企业，给予“大企业大集团”专项政策扶持。

5. 凡上年度对区财政贡献保持增长，且符合以下条件的企业，给予企业经营团队奖励，具体标准为：当年对区财政贡献1500万元（含）~2500万元，且同比增长20%以上（含），奖励60万元；当年对区财政贡献2500万元以上（含），且同比增长15%以上（含），奖励100万元。

6. 凡企业当年被认定的国家级、省级新产品，给予企业每个新产品一次性奖励20万元、10万元。《区级新产品的认定与奖励办法》另行制定。

二、支持技术改造

7. 凡获得杭州市技改财政资助的技改项目，按规定配套资金后，再按经市财政局确认的“审定设备投资额”的1%给予企业奖励；符合开发区重点扶持产业的技改项目，且总投资5000万元以上（含），再给予企业1%奖励；上述单个项目的奖励额度最高不过超过500万元。对未列入杭州市技改财政资助的技改项目，开发区设立区级技改项目，在项目计划实施期（原则为两年）内完工，经审定后按该项目实际发生设备投资额的6%~10%给予企业资助，单个项目资助最高不超过500万元。《区级技术改造项目认定管理办法》另行制定。

8. 企业对现有污染物治理设施实施技术改造升级，并通过环保部门验收的环保项目，奖励方式及金额按照《杭州经济技术开发区生态区建设专项资金使用管理实施细则》执行。

9. 企业增设或改造安全设施和应急装备的，并经安监部门组织专家认定，按该项目当年实际投资总额的10%~20%给予企业奖励，奖励额度最高不超过100万元。

凡当年新认定为一级、二级、三级（国家级、省级、市级）安全生产标准化的企业，分别给予企业经营团队奖励20万元、15万元、10万元。

10. 凡当年新增实际利用外资300万美元以上（含）的企业，且符合增资后注册资本投资强度达35万美元/亩以上（含）、当年每亩工业销售产值达1000万元以上（含）条件的，按当年新增实际利用外资的2‰~6‰给予企业经营团队奖励。

三、支持市场开拓

11. 自被认定为杭州市上市培育对象后次年起，三年内按其对区财政贡献的增长部分给予企业一定的扶持奖励，奖励额度累计不超过100万元。鼓励企业加快上市进程，按完成企业改制、取得上市申报材料受理函、完成股票发行上市且募集的资金主要投资在开发区三个阶段，分期给予企业 50万元、150万元、200万元奖励。

12. 上年度工业销售产值亿元以上企业参加由开发区相关部门组织或推荐的国内外展销会，按国外、省外、省内展会，分别给予企业每次10万元、5万元、3万元补贴，最高不超过50万元。

13. 凡当年企业首次通过采购区内非关联企业生产的设备或产品用于生产经营活动，年累计采购额达500万元（含）至2000万元、2000万元（含）至5000万元、5000万元（含）以上的，分别给予10万元、25万元、50万元奖励。

14. 上年度工业销售产值亿元以上企业在外新设立销售分公司（纳入开发区统计并纳税的），根据企业规模业绩给予每个不超过5万元的补贴，最高不超过100万元。

15. 初次参加出口信用保险的企业、市级以上（含）高新技术企业参加出口信用保险的，分别给予企业10%的保费补贴，上述补贴可累计。对出口额每新增1000万美元，奖励5万元。对于区内企业开展应对国外反倾销、反补贴、保障措施和贸易投资壁垒工作表现突出，以及出口增长较快的给予一定的奖励。

四、鼓励节能减排

16. 当年认定的市级能源计量示范单位、省级绿色企业、省级循环经济示范企业、当年通过清洁生产审核验收企业，分别给予企业经营团队奖励2万元、3万元、3万元、5万元。

17. 当年通过电平衡测试验收合格的企业，按企业实际支付的测试费用给予50%的补贴。

18. 鼓励企业采取合同能源管理方式，当年签订合同实施的单个项目，年节能量在200吨标准煤以上（含），给予企业100元/吨标准煤奖励。

19. 列入市（区）重点用能、重点减排的企（事）业，当年（或在规定时间内）超额完成开发区下达的节能、减排目标任务的，分别给予企（事）业经营团队奖励5万元。

五、其他

20. 开发区设立安居工程补助专项资金，专项用于企业管理团队在区内购买商品房及企业职工租房补助，具体实施按照《杭州经济技术开发区企业安居工程补助实施细则》执行。

21. 对区域经济发展有重大推动作用，或规模贡献特别巨大的企业，可以实施“一企一策”予以奖励和扶持。

六、附则

22. 本政策适用于在开发区范围内注册、纳税，并正常开展生产经营活动的规模以上工业企业。

23. 政策期内企业发生生产安全伤亡事故，发生环境污染事故，以及未能完成节能目标任务的，按相关规定执行。

24. 企业获得开发区其他同类财政资助（奖励）的（含一企一策），按就高不就低原则，不重复资助（奖励）。

25. 本政策由杭州经济技术开发区管委会负责解释。

26. 本政策自2013年1月1日起执行。

【杭州经济技术开发区科技型企业认定管理办法】

（杭经开管发〔2013〕214号）

第一条 根据开发区《关于大力实施创新驱动战略加快建设杭州东部科技港的实施意见》和《关于推进科技创新创业的若干政策》文件精神，提升开发区企业科技创新能力，规范科技型企业认定管理工作，特制定本办法。

第二条 本办法所称的科技型企业是指在开发区登记注册、纳税，符合开发区产业导向，拥有较强的科技创新能力，知识产权明晰，开展具有一定技术含量和创新性产品的研究、开发、生产和经营业务的企业。

第三条 科技型企业认定须符合以下条件：

（1）具备健全的管理制度和财务制度。

（2）产品或提供的技术服务属于《国家重点支持的高新技术领域》和杭州市高新技术企业产品或服务范围。

（3）拥有自主研发或受让获得的知识产权。

（4）有良好的防治环境污染的措施和设备，“三废”排放符合国家规定的标准。

在符合以上条件的基础上，企业同时还需具备以下条件之一：

（1）企业在职员工人数不少于10人，其中大专以上学历的科技人员占比不低于30%，从事研究开发的科技人员占比不低于10%。

（2）企业上年度研发投入占主营收入的比例应符合以下要求：主营收入低于200万元的企业，当年研发投入费用总额不低于10万元；主营收入在200万元至1000万元的企业，比例不低于5%；主营收入在1000万元至1亿元的企业，比例不低于4%；主营收入在1亿元以上的企业，比例不低于3%。

（3）企业上年度高新技术产品（服务）收入占企业当年主营业务收入的50%以上。

（4）企业设有常年运行的研发机构，具备基本的科研仪器设备，主营收入、低于200万元的企业，科研设备原值不低于20万元；主营收入在200万元至1000万元的企业，不低于50万元；主营收入在1000万元至1亿元的企业，不低于100万元；主营收入在1亿元以上的企业，不低于200万元。

第四条 科技型企业认定须向科技局提出申请，并提交以下材料：

（1）《开发区科技型企业认定申请书》、企业承诺书；

（2）企业法人营业执照、税务登记证复印件；

（3）企业章程、管理制度和财务制度；

（4）企业员工社保清单、大专学历以上科技人员名单及学历证明；

（5）企业上年度财务审计报告，当年成立的企业提供最近月份财务报表；

（6）知识产权证明材料（授权证书或受理通知书）；

（7）企业研发投入费用清单、科研仪器设备清单、费用发票等相关凭证；

（8）企业销售发票清单、部分销售发票复印件；

（9）其他相关证明材料。

企业提交书面材料的同时，登陆“开发区科技型企业认定管理系统”，进行注册并填写相关信息。

第五条 经科技局组织相关部门认定同意后，由开发区管委会发文公告。

第六条 新引进的市级及以上高新技术企业须到开发区科技局进行备案；新引进的科技型企业须到开发区科技局进行预登记。

第七条 经认定的科技型企业，为开发区科技管理工作的重点服务对象，享受《杭州经济技术开发区关于鼓励科技创新创业的若干政策》中涉及科技型企业的相关奖励条款，优先推荐申报各级科技计划项目和国家重点支持的高新技术企业，优先享受科技金融服务和支持。

第八条 科技局负责对科技型企业进行年度考核。企业须按时上报季度统计报表，并于每年1月31日前提交年度考核表。未按要求提交报表的企业，原则上不推荐申报科技计划项目和享受科技政策；连续两年未达到科技型企业认定条件的，取消其科技型企业的资格。

第九条 经认定的科技型企业因变更经营范围、合并、分立、转业、迁移或歇业的，须向科技局报备，并办理相关手续。

第十条 本办法由杭州经济技术开发区管委会负责解释，2013年10月22日正式施行。

·报道选摘·

实施重点功能区开发三年行动计划
杭州经济开发区力推“两港八园”建设

一边是长安福特等大项目厂房施工紧锣密鼓进行，一边是汽车零部件产业园等产业招商又取得可喜进展。记者从杭州经济技术开发区获悉，近日开发区启动实施重点功能区开发建设三年行动计划，为促进产业集聚发展开好新局。

今年以来，杭州经济技术开发区加快推进产业、城市、社会“三大转型”。作为全市工业经济的主平台，开发区坚持主攻工业、做强实体，把建设“创新驱动、集聚领先的示范园区”作为第一要务，确立以“打造两港、建设八园”作为主抓手，加快产业转型升级。

所谓“两港”，就是打造“东部人才港”和“东部科技港”。一是大力实施人才战略，设立人才专项资金1亿元，加大人才引进和培育力度，引进和培育国千、省千、521人才等领军型人才及高层次人才创办企业。二是大力实施创新驱动战略，设立科技创新专项资金2亿元，不断加大创新投入，建立完善科技投入激励机制，充分调动企业的积极性，加快提升区域创新能力。

所谓“八园”，就是要建设八大重点功能区。即杭州东部高新产业园、江东汽车零部件产业园两大先进制造业园区；杭州东部湾总部基地、金沙湖中央商务区、现代物流专业市场集聚区三大实业发展园区；新加坡杭州科技园、杭州东部产学研创新示范园、江东创新产业园三大科创园区。进一步拓展发展空间，构建投资平台，推动科技创新，促进产业发展，完善城市功能，提升可持续发展水平。通过规划，开发区整合了14.35平方千米的产业空间，其中近期可启动10平方千米开发建设，努力形成江北、江东“一体发展、两翼齐飞”的产业新格局。

按照重点功能区开发建设三年行动计划，开发区以“一园一品”为导向，通过资源整合、优势互补和错位发展，实现统筹协调推进，加快重点功能区开发建设，力争三年初见成效、五年形成规模。如位于江东的汽车零部件产业园，根据开发区八个重点功能区建设的总体部署，按照“率先发展”的要求，今年切实加大产业园的招商力度，细化制定招商工作计划，紧盯产业园项目。目前，园区已与首批14家汽车零部件企业展开商务谈判，其中1家已经完成谈判，其他项目也正在加快谈判进程，为首批项目下半年启动建设奠定基础。

（摘自2013年4月4日《杭州日报》）

大引擎驱动、大产业培育、大平台构筑、大环境优化
杭州经济开发区力推“四大工程”推进“三大转型”

在刚刚落幕的2013浙江·杭州国际人才交流与合作大会上，杭州经济技术开发区（下称“开发区”）又一次成为众人关注和青睐的焦点。大会第一天，就

当场签约项目20个，签约资金2.5亿元，并且还达成了34个合作意向项目。

这是开发区启动“大引擎驱动、大产业培育、大平台构筑、大环境优化”四大工程以来，交出的一次“小考“成绩”单。

目前，以“创新驱动、集聚领先、产城整合”为目标，开发区实施的“四大工程”开局良好。作为“四大工程”重中之重的“东部人才港”“东部科技港”及八大重点功能园区建设进展顺利。“四大工程”正强有力地推动杭州经济技术开发区产业、城市、社会“三大转型”。

新的起点迈开新的征程

开发区成立于1990年，1993年4月经国务院批准成为国家级开发区。

建区20多年来，一代代开发区人励精图治，艰苦奋斗，勇于创新，使昔日的围垦滩涂之地成为如今杭州市产业发展的高地，对外开放的窗口，创业创新的平台。目前开发区已形成了装备制造、电子信息、食品饮料、生物医药等优势行业，已经具备了雄厚的产业基础和良好的发展优势。

特别是进入21世纪以来，开发区深入实施“城市国际化、产业高端化、环境品质化”战略，加快推进从“建区”向“造城”、从“依江发展”向“跨江发展”的战略转型，经济社会各项事业保持良好的发展势头，综合实力多年位列浙江省开发区之首、国家级开发区第一方阵，并相继获得了中国75个城市开发区投资环境最佳开发区、跨国公司最佳开发区及国家低碳产业园区等荣誉称号。杭州经济技术开发区所在的下沙副城正日益成为宜业、宜学、宜居的现代化城市。

为了加快把开发区建设成为创新驱动、集聚领先的示范园区，功能完善、产城整合的杭州副城，富裕富有、魅力彰显的和谐社会，杭州经济技术开发区立足新起点，把“四大工程”作为实现新一轮跨越发展的主要载体，并于今年7月正式拉开了建设大幕。

大引擎驱动，主打“两港”品牌

不久前，已在美国硅谷创立了生物科技公司的董黎明博士带着乙型-丙型肝炎二联分子诊断试剂盒开发项目回到中国，最终选择在杭州经济技术开发区落脚。他说，他1988年就去了美国。今年准备回国创业时，他先后考察了国内11个省，走访了15个城市。他之所以选中杭州，是因为杭州经济技术开发区的投资环境遥遥领先。他表示，他已决定将美国公司现有的成熟产品、外包服务及市场渠道带入国内，并在杭州经济技术开发区开发新的丙型肝炎病毒检测药盒。

无独有偶，作为国家千人计划专家、美国德拉华州沛辉集团董事长和首席科学家，马昕博士不久前也带着新型高效太阳能发电储电一体化分布式发电系统及关键应用太阳能增程电动车项目进驻开发区。而他落脚杭州经济技术开发区的原因与董黎明完全一致。

大引擎驱动，就是要以创新驱动为引领，以高科技项目为支撑，以高层次人才为动力，构建创新体系，发展创新型经济。为此，开发区提出了着力建设“东部人才港”和“东部科技港”两大品牌的战略构想。

今年5月，刚刚辞去了阿里巴巴集团CEO职务的马云带着新成立的菜鸟网络科技有限公司，正式落户开发区。

菜鸟网络总部在深圳，有一批国内企业巨头作为合作伙伴，其中包括银泰集团、富春集团、复星集团，还有快递业务龙头三通一达及顺风。菜鸟网络的目标是建成一个“中国智能骨干网”。任何一个电商包裹24小时内送达。为此，“菜鸟”将引领及带动电子商务企业集聚、网络服务企业集聚、创意设计企业集聚、包装配送服务企业集聚，最终实现由物流节点发展成为产业新城。

马云和菜鸟的落户，为打造“东部人才港”和“东部科技港”品牌增添了新的砝码。

据悉，为打造“东部人才港”，开发区设立了高达3亿元的人才专项资金，重点加强高端人领军型人才创新创业工作，力争5年内引进和培育“国千”“省千”“521”等领军型人才100名以上，销售收入超过1000万元的高层次人才创办的企业达到100个以上；为打造“东部科技港”，设立了6亿元科技创新专项资金，加快平台建设，整合创新资源，提升创新能力，力争到“十二五”末，创新平台达到150万平方米以上，国家级高新技术企业达到150个，高新技术产业比重达到50%以上，积极争创国家级高新技术产业区。

大产业培育，着力实现集聚发展

康师傅、中策橡胶、松下、九阳、娃哈哈、加多宝、玫琳凯……

说起开发区的企业，真是大牌云集。这些大企业大集团，早已成为开发区经济中的中流砥柱。据统计，开发区年销售收入超过1亿元企业达到171个，实现销售总产值1447亿元，产值占比达96%。

没有高度的产业集聚，就没有完整的产业体系。实现产业集聚发展是国家级开发区提高综合竞争力的重要途径。因此，开发区高度重视优势产业培育、大产业培育，努力实现产业的高端化、集聚化发展。

以培育大企业、推进大项目为重点，切实加大扶优扶强力度。从今年起，开发区开始实施大企业“572”培育计划，进一步强化重点企业针对性扶持，支持优势企业不断壮大经济规模、提高质量效益，确保到2015年年销售5亿元以上的工业企业达到70个以上，工业销售规模达到2000亿元以上。

今年上半年，在开发区2013年度经济工作会议上，娃哈哈启力食品、优科豪马轮胎等一批发展势头强劲的工业企业得到了从数百万元到上千万元的奖励。其中，坚持招商引资“生命线”理念不动摇，实施大项目带动战略，强劲推进招商引资工作。近年来，开发区相继引进了长安福特、西子航空、东芝开利、华东医药、横滨胶管、统一食品、加多宝饮料等工业大项目和菜鸟网络科技、达内科技、新浪微米等一批新一代信息技术产业项目，这些大项目达产后可实现千亿元以上的产能规模。

目前，开发区正在利用长安福特等大项目的龙头带动作用，突出产业链招商，努力实现汽车产业集聚发展。下一步，开发区将充分利用各种资源，创新招商方式，加快引进高科技含量、高附加值、高成长性、高产业带动性的龙头旗舰型项目。在此基础上，按照“产业集聚、企业集群”的思路，依托主导产业和龙头企业，进一步拓展产业链，形成完整的产业发展体系，努力打造“双千亿”的汽车产业集群和“五百亿”以上的装备制造、电子信息、现代食品、生物医药以及新一代信息技术产业集群。

开发区进一步强化产业投入，今年前9个月，开发区共完成了产业性投资127.8亿元，同比增长57.4%，其中完成工业投资74.7亿元，同比增长70.5%。一些大企业对大项目投资热情更是踊跃。如中策橡胶、华电下沙、江东统一和江东顾家4个项目就累计完成工业投资12.4亿元。还有66个在建技改项目中，计划当年完成投资2000万元以上的有15个，累计投资额达13.1亿元。今年，开发区计划完成170亿元以上的产业性投资目标，从目前的势头看，这一目标可顺利完成。

构筑大平台，在加快“八园”建设上下功夫

今年4月，建筑面积达5万平方米的开发区服务外包大楼建成并投入使用，如今，这里已经成为开发区乃至整个杭州市发展服务外包产业的重要平台和载体。目前，在杭州经济技术开发区，类似的产业平台遍及全区。

开发区要实现可持续发展，重中之重要拓展产业发展空间、构建产业投资平台、促进高端项目集聚、推动产业快速发展。

针对发展空间受限的实际，开发区高度重视产业空间拓展工作，通过“内部挖潜”，整合产业空间14.5平方千米，规划了八大重点功能区，分别是1个总部功能区（杭州东部湾总部基地）、2个高端工业功能区（江东汽车零部件产业园和东部高新产业园）、3个创新产业功能区（新加坡杭州科技园、东部产学研创新示范园和江东创新产业园）、2个现代服务业功能区（金沙湖中央商务区和现代物流专业市场集聚区）。

围绕“三年初见成效，五年形成规模”的目标要求，开发区全面启动了重点功能区开发建设三年行动计划，专门成立了领导小组，制定八大功能区的实施方案，并分别成立了指挥部，扎实推进功能区开发建设的各项前期工作。目前，东部湾总部基地、东部高新产业园、江东创新产业园、金沙湖中央商务区等4个园区概念规划和产业定位基本明确，江东汽车零部件产业园、东部高新产业园等2个园区招商引资工作成效明显，东部产学研示范园、江东创新产业园、新加坡科技园等3个创新园区建设不断加快，现代物流专业市场集聚区各项前期工作稳步推进。同时，以八大功能区为重点的投融资方案以及建设管理模式初步形成。

上半年，八大功能区完成征地67.93公顷、农转用报批28.33公顷、拆迁3万余平方米，落实用地规模指标116.67公顷，完成基础设施投资5.2亿元，各项要素保障不断强化，为功能区的快速发展奠定了扎实基础。下一步，开发区将强势推进基础建设、招大引强、产业培育等各项工作，力争通过三年努力，完成固定资产投资400亿元以上、合同外资30亿美元以上、实到外资20亿美元以上，实到内资160亿元以上，努力把重点功能区建设成为“科技创新的先导区、产业集聚的核心区、功能提升的示范区、转型发展的引领区”。

大环境优化，"美丽东部湾"显露英姿

为加快推进由"建区"到"造城"的战略转变，全面实现产业、城市、社会"三大转型"，开发区根据杭州市的总体部署，坚持以产业整合为目标，深入实施"美丽东部湾"建设三年行动计划，努力打造生态良好、配套发展、幸福和谐的"美丽东部湾"。

根据三年行动计划，开发区正着力抓好空间布局优化和重大项目建设，加快完善城市功能，进一步提升城市品质和形象。围绕实施快速路网、商贸配套和社会民生项目，推进168个基础设施和公共服务项目建设，完成投资200亿元以上，努力形成要素集约、产业集聚、功能完善、生态良好的副城格局。

加快交通设施建设，力争江东大桥西接线、绕城南入口开工建设，全力配合地铁延伸段建设，实现德胜东路高架、之江东路、金沙大道竣工通车。加快商贸配套项目建设，重点围绕37个项目、325万平方米商业平台，有序推进龙湖天街、银泰商城等22个项目的续建与开工，确保希尔顿酒店等15个项目建成投用，全面提升商贸配套水平。

深入实施"十大民生工程"，促进基础教育均衡优质发展；深入推进公共卫生建设，实现邵逸夫医院下沙院区、下沙街道社区卫生服务中心正式营运，加快东方医院二期、白杨街道社区卫生服务中心建设，进一步提高医疗保障水平。加快保障房建设，进一步强化安居保障，为人民群众营造安居乐业的一流环境。

（摘自2013年12月13日《中国经济时报》）

全力破解难题 实现为民惠民 下沙民生工程接"地气"百姓幸福指数连攀升
盘点杭州经济开发区2013年度九大民生专项行动

老下沙人秦师傅一家子赶在新年前搬进了亮堂堂的新家，楼上楼下大多还是曾经的左邻右舍，住得可舒心了。

大北社区居民李阿姨的主妇任务很重，如今她带着小孙子在社区里就能买到产地直采的新鲜蔬菜以及禽蛋等农副产品，生活方便多了。

沿江大型居住区的小居民我乐乐九月份上小学后，每天依然可以睡足十小时才起床，从出门到学校只要十分钟，上学很便利。

……

年末的下沙新城，生活、工作、学习在这里的男女老少们怡然自得。

这是一座新城，从无到有，从小到大，从盐碱地上成长起来才20多年时间。

这又是一座不一般的新城。这里聚集着世界500强的名企大鳄，云集着五湖四海的创业者；拥有全省最庞大的高校师生群体，也有每年递增的学龄儿童；世代居住于此的下沙人逐步"农转非"，更多"新下沙人"将自己与家人的幸福和这座新城紧密相连……

难怪有人说，想满足下沙人的愿望难度实在太大，因为群体组成太复杂，各种心理诉求太分散，众口太难调。

杭州经济技术开发区管委会在建设和发展地方经济的同时，每年都会投入大量力量，从各群体的实际需求出发，落实民生项目，尽可能尽快地帮助他们实现梦想。今年，根据党的群众路线实践教育活动的要求，围绕"转型发展出成效，人民群众得实惠"的总体目标，开发区的民生工程更接"地气"，切实把成效体现在惠民生、促发展上。

2013年的最后一天，就让我们来盘点这一年在下沙热土上发生的种种变化，分享来自杭州美丽东部湾的幸福声音。

【百姓安居工程】

建设11个保障性安居项目"马上有"新房住

声音：有事没事时我总喜欢去看看新大楼，听说我们"马上有"新房住咯！——湾南社区居民

甘其食，美其服，安其居，乐其俗。

降低居住成本，让更多专业人才、有志青年来下沙创业发展，开发区近年来在保障性安居工程方面投入很大。

2013年，被视为开发区继续推进保障房建设的重要年，承载了众多人的"马上有"新房住的愿望。

开发区全年共有11个保障性安居工程项目在建，包括开发区紫元地块人才专项用房、大学城北人才专项用房、大学城北地块公共租赁房3个公共保障房项目，以及下沙集镇供销社拆迁安置房、下沙社区、新元社区、松合社区、头格社区、东方社区、中沙社区、湾南社区拆迁安置房等8个农转居拆迁安置房，总建筑面积达182.4万平方米。

作为一座新城，下沙当地人为城市发展作出的牺牲很大，开发区建设农转居拆迁安置房时就特别考虑各社区居民原来居住的地理特点和生活需求，量身定制55平方米、82平方米、110平方米和138平方

米四种户型，满足各个家庭的需要。

如今，大学城北人才专项用房、湾南社区拆迁安置房进入分户验收阶段，下沙社区、新元社区和松合社区的拆迁安置房则已具备回迁安置条件，等候居民回迁。

【公共配套工程】

新建市场开通直通车“菜篮子”拎得更轻巧

声音：买菜吃饭是件大事情，现在不出社区就能买到便宜又新鲜的蔬菜瓜果，真是很方便！——大北社区居民

有房住，更要住得舒心

城市化进程中公共配套设施的“短板”问题，也是开发区在2013年大力解决的民生热点。

今年8月底，沿江单元区块的海天农贸市场正式开业，上下两层营业面积，102个农副产品摊位，解决了沿江大型居住区居民的买菜难题。上个月底，4号大街物美商圈的时代山市场也正式投入使用。另外，金隅农贸市场、精欧净菜超市、下沙农副产品综合市场预计明年就能投入使用。

在开张新市场的同时，开发区也在考虑如何将农副产品更加快捷地运送到居民手中，尤其是距离农贸市场较偏远的社区。比如，在去年开通铭和社区“菜蓝子”直通车的基础上，今年又新开通了大北、高教两个社区，居民不出社区就能买到产地直销的优质蔬菜瓜果和禽蛋肉类等农副产品，价格还便宜不少。

“菜蓝子”工程仅是开发区加快公共配套建设的一个缩影。各种商贸综合体、大型超市、社区中心正在加快开工、建设和投用，道路、市政、幼儿园、中小学、社区卫生服务机构、公厕、环卫等设施也在加快规划与建设。比如，今年新建了公厕5座，建成投用中心区环卫用房、开工建设沿江及大学城北公共服务中心和残疾人综合服务大楼。

【教育强基工程】

建造好学校引进好教师“有学上”更要“上好学”

声音：学校很漂亮，老师很亲切，上学不用走很多路，我每天都想去上学！——江湾小学学生

今年九月，一大批的下沙小朋友高高兴兴地跨进新校大门。让家长们放心的是，学校不仅造得漂亮，任课的老师也非常有水平，关键还有一点，这些学校对于学区内住户来说离家很近，接送方便。

下沙的教育一直很出色，因为头顶“全省最大高教园区”的光环，而近年来下沙的基础教育也越来越被业内称赞。

这一年，开发区先后完成使用江湾小学、星辰幼儿园和月雅河幼儿园，并上建设学正中学、世茂小学、城北小学、城北幼儿园等4个中小学、幼儿园项目，并继续稳步推进大学城北小学、幼儿园，前进小学、幼儿园建设。

让开发区的每个孩子都“有学上”只是初步的目标，“上好学”才是最终目标。

这一年，开发区还成立开发区教师进修学校，加强师资教育培训，提升教育队伍能力，同时以学科教研大组建设为载体，聘任15位学科兼职教研员，提升了整体师资队伍水平。仅2013年，开发区教师参加杭州市课堂教学比武活动就有两人获市一等奖，参加市班主任技能比武就有4人获一等奖，令同行刮目相看。

【医卫利民工程】

建立15分钟卫生服务圈，百姓看病越来越方便

声音：年纪大了，经常会有小痛小病，好在社区就有好医生，就像请了个健康管家——退休独居老人

15分钟卫生服务圈，就是让开发区百姓在离家15分钟内就能享受到便捷优质的医疗。

这是开发区为辖区居民建立的一个安心健康网络。为此，开发区启动了医卫利民专项工程，成立了开发区卫生、食药分局，新建了医院、社区卫生服务站点，不断优化全区医疗资源，积极推进公共医疗卫生网络建设，切实加强公共卫生安全。

这一年，杭州市下沙医院，已于8月28日正式运营，百姓从此可就近享受邵逸夫医院专家的服务；

这一年，下沙街道社区卫生服务中心新大楼已于7月1日正式运营；

这一年，朗琴和中沙两个社区卫生服务站投入使用；

这一年，东方医院二期建设和白杨街道社区卫生服务中心项目，明年可提供更多医疗资源；

这一年，开展“中医药进社区”行动，引进的“方回春堂”中医门诊部已开业，两个街道社区中心及下属站点按目标责任书要求，中药饮片、中成药及中医诊疗设备已配备到位，并已具备多种非药物中医疗法。

全区医疗卫生服务机构布局日趋合理，“15分钟卫生服务圈”逐渐形成。

这一年，推进优质医疗资源共享。两个街道社区卫生服务中心依托市红会医院等医疗资源，在年底前建立区域医学影像会诊中心、心电会诊中心和慢

病联合诊疗中心，进一步提升服务能力。

这一年，拟定了新一轮“建设健康开发区三年行动计划”，重点开展了健康教育进企业、进社区、进工地、进学校、进机关等“五进”活动110余场次，发放宣传资料7万余册，受益群众近2万人次。依托社区卫生服务机构，切实开展公共卫生服务项目，做好6180名老年人、1124名孕产妇、7631名婴幼儿等重点人群的健康管理工作。

这一年，推行市民卡智慧医疗诊间结算模式，通过利用现代信息技术，便捷付费方式，优化医疗服务流程，减少患者排队次数，力争排队等候时间不超过15分钟，有效缓解居民排长队、看病烦、手续繁等问题。

【公交便民工程】

机场大巴开通 德胜高架延伸 下沙出行更便捷

声音：相比住在市中心吸尾气，我更喜欢住下沙来，出行选择又多又方便——高校教师

商务人士有打“飞的”的需求，高校教师有来住新老校区的需求，大众人群有公共交通需求……

独享杭州最美东部湾的下沙人，在走过2013年后发现了出行变得越来越方便。

这一年，下沙至萧山机场大巴专线开通，降低了本地的商务人士以及外地客商“飞的”成本。

这一年，区内7条公交线路得以优化，地铁站点有了接驳线。

这一年，建成20处公共自行车服务点，新增800辆公共自行车投放，主要集中在公建单位、公交接驳、商贸集聚区、居住区周边、大型企业或企业集聚区域以及高校生活区周边。

这一年，街头新增50座公交候车亭，亭主要位于海达南路、下沙路、金沙大道、2号大街等路段。

这一年，建成600个公共泊位，已投入使用400个。

这一年，地铁1号线继续向东延伸建设。

这一年，之江东路通车，德胜快速路全线贯通。

另外，为解决开发区居民“打车难”问题，开发区还在地铁文泽站试点推广出租车专用候车区域，打造“平安公交”线路。

【就业促进工程】

企业有人雇 求职者有活干 技术老手培养新徒弟

声音：有活干，生活有奔头，这是件很幸福的事！——景园社区居民

一边是企业有招工需求，一边是求职者盼着找份好工作，为他们牵线的“红娘”责任很重。

这一年，开发区组织5场以上省内外院校与区内企业之间的校企对接会、8场以上校企恳谈会、5场各类形式的用工对接洽谈会，积极搭建校企对接平台，鼓励有用工需求的企业主动与社区、中介机构联系对接，推荐有就业意愿和就业能力的人实现就业。

这一年，开发区依托综合性人力资源市场、杭州市人力资源信息网和各类招聘会资源，搭建网上、网下和交流平台，每周在市场组织2次现场招聘活动，全年组织80场小型专场招聘会和2场广场招聘会以及30场以上校园系列招聘活动，录入岗位信息2000条，推出各类就业岗位10万个。

这一年，开发区进一步扩大大学生创业实训的范围，增强创业实训的实效性和有效性，建立长效机制。三年内新增大学生创业企业330家，带动就业3300人以上。

这一年，开发区深入实施“蓝领成才”计划，加快培养一批叉车、电工、装配、焊工、数控等专业的高级技能人才，引导40家以上企业开展师傅带徒弟等自我培养高技能人才。

这一年，开发区尝试建立全区就业困难群体就业“信号灯”预警机制，按照红色、黄色、绿色信号标识，对全区就业困难群体分类管理，确保“出现一个发现一个，发现一个帮扶一个，帮扶一个解决一个”。

这一年，开发区集中走访100户就业困难家庭、100家区内重点企业，畅通对接沟通渠道，着力解决基层企业和群众反映的100个问题和矛盾。

【提效惠民工程】

构建高效行政服务体系，办事更方便快捷

声音：开发区各个部门工作效率非常高，这也是我最终选择来下沙创业的一个重要原因——海外归国创业人才

时间就是生命，时间就是效益。

开发区综合服务环境的竞争力日趋重要，如何吸引投资者的目光，如何提升辖区企业、群众的满意度？

开发区一直在进行行政审批改革，以更好地服务企业和群众，更快地完成行政审批，更人性化地办理事项，提升开发区投资创业、居住生活的政府环境，真正给辖区企业提供“便捷、高效、规范、优质”的政府服务。

这一年，投资项目立项采用部门协调合作的方式，实行立项、规划、土地等“同步审批”，将项目立

项从最长的20个工作日缩减至2个工作日。

这一年，通过统一的审批系统对一次性告知和预审情况进行留痕操作，工业项目审批涉及的区内9个审批部门的32项事项全部进驻，最大限度优化了联合审批、并联审批机制，提高审批效率的同时，也使投资项目综合管理审批系统成为阳光权力的实现平台。

这一年，开发区11家审批职能部门、4家配套服务机构都在中心设置窗口，管委人进驻率100%，事项入驻率81%，并全面启用了“行政审批专用章”，提高进驻审批事项的授权率，不断完善行政服务中心投资项目审批“一条龙”、工商登记“一条龙”、经贸管理“一条龙”的审批服务体系。

这一年，入驻行政服务中心的审批（服务）事项合并、调整或撤销82项，其中入驻窗口事项新增52项，涉及医保、市民卡、公积金等多项公共服务。

【平安和谐工程】

编织无缝安全网，提升居民幸福感

声音：同样是打工，在下沙上班和居住，就让我安心放心，这种感觉在我去过的其他地方是没有的！——邻里中心住户

下沙的外来人员非常多，能吸引他们长时间留在这里，甚至买房定居，除了企业开出的丰厚待遇外，与这个新城给人的安全感不无关联。

这一年，开发区全面启动110社会应急联动机制，提升公共救援服务和110社会应急联动处置能力。

这一年，新建高清探头167个，已建探头的正常运行率达到98%，推动流动人口信息社会采集，排查各类矛盾纠纷，在以人为本、自愿调解的前提下，化解了多起矛盾纠纷和积怨。

这一年，进一步拓宽了来信、来访、来电等诉求渠道，特别是拓宽网上信访渠道，方便群众反映诉求，快速高效解决问题，提高工作效率。

这一年，进一步提高社区“12345”的知名度，便利居民群众就地反映问题，做到“件件有着落，事事有回音”。

这一年，开发区大力推行“平安交通”创建，实现五个100%；即“两客一危”车辆卫星定位系统安装率达到100%、“两客一危”车辆二级维护达到100%、驾驶员落实安全教育要求达到100%、客运站场落实“三不进站六出不站”工作要求达到100%，三类以上班车及包车客运车辆安装安全带达到100%，实现事故总起数和死亡人数3人及以上的道路运输事故起数、死亡人数下降。

【环境优化工程】

天上地下同治理，进军国家级工业生态示范园

声音：水和空气，你我都需要，保护环境，你我也都有责任！——生产企业代表

企业排污，必须刷卡，如果卡内额度用完，当月就必须停工停排。

开发区今年对生产企业的排污紧箍咒卡得很严格。

作为工业经济的主平台，开发区在抓生产抓经济的同时，并不放松对环境的保护和优化。

这一年，重点开展“清水治污”排查大行动，理清河道污染的难点问题、水质改善的重点问题、截污纳管的节点问题以及老百姓关注度高的焦点问题，形成“一河一个治理方案”。截至12月初，累计完成纳管企业进网水质检测1071家次，对其中水质不达标的174家次企业进行督促整改，完成13个截污纳管工程整治项目，建立并实施“河长制”。

这一年，完成了20个重点企业污染治理设施的提升改造，完成20家企业污染物排放在线监控设施建设，提升环保管理能力。

这一年，完成了海创园等9个项目改造，浙大中自等7个项目正在实施改造，完成旧厂房改造面积29.78万平方米。

天更蓝，水更清，城市面貌更美好。开发区全力打造天清地净、绿色低碳、创新集聚、活力智慧、富庶祥和的美丽东部湾，目前已经通过国家生态工业示范园区省级预验收，近期已上报国家三部委进行最终验收。

（摘自2013年12月31日《每日商报》）

索 引

说 明:

一、本类目设主题索引、资料和表3个分目。

二、主题索引采用分析索引方法,中文标目按第一个字汉语拼音(同音字按声调)顺序排列;第一字相同,按第二个字音序排列,依次类推。数字、英文字母开头的标目则按数字和英文字母顺序排列。

标目后的阿拉伯数字表示内容所在页码。数字后的英文字母a、b分别表示从左到右第一、二栏。标目后有多个页码的,则表示相关信息在这些页码中均出现。副标目或说明语缩后两个汉字放在主标目下面。

本年鉴的"特载""专记""大事记""统计资料""附录"均未做主题索引。

三、表格按序号排列,仅标注所在页码,不标注分栏。

四、资料按标题第一字汉语拼音(同音字按声调)顺序排列;第一字相同,按第二字音序排列,依次类推。所在位置标注方法同上。

·主题索引·

0~9

英文

A

B

C

D

E

F

G

H

J

K

L

M

N

R

S

T

Y

Z

·资料·

·表·

机械加工检测技术习题集

班级：________

姓名：________

学号：________

机 械 工 业 出 版 社

目　录

第一单元　极限与配合

一、填空题

1. 在制造业中，互换性指制成的同一规格的一批零件或部件，不需作任何______、______或______________，就能进行装配，并能满足机械产品的使用性能要求的一种特性。

2. 零、部件具有互换性，应同时具备两个条件：(1)__________________________就能进行装配；(2)装配以后能满足__________________。

3. 零件的几何量误差主要包括__________________、__________________________和______________________。

4. 互换性按其程度和范围的不同，可分为____________________________与______________________两种。其中_________互换性在生产中得到广泛应用。

5. 分组装配法属于______互换性。

6. 孔通常指工件的圆柱形__________________，也包括____________________________________。

7. 轴通常指工件的圆柱形__________________，也包括____________________________________。

8. 以加工形成的结果区分孔和轴：在切削过程中尺寸由大变小的为____，尺寸由小变大的为____。

9. 尺寸由________和________两部分组成。

10. 公称尺寸的大小是设计者根据零件的使用要求，通过_____________、_____________或_____________的方法确定的。

11. 一切________________上对应点之间的距离称为________，它是通过测量获得的尺寸。由于测量误差的存在，提取组成要素的局部尺寸并非被测尺寸的________。

12. 尺寸要素允许的尺寸的两个极端称为______尺寸。

13. 某一尺寸减其____________所得的代数差称为偏差。根据某一尺寸的不同，它可分为____偏差和____偏差两种，而____________又有______极限偏差和______极限偏差之分。

14. 零件的尺寸合格时，其提取组成要素的局部尺寸应在____________________________和__________________之间，其____________在上极限偏差和下极限偏差之间。

15. 标注极限偏差时，上极限偏差应注在公称尺寸的________，下极限偏差注在公称尺寸的________，与公称尺寸在同一底线上，且上极限偏差必须大于下极限偏差。

16. 在零件图中注写极限偏差时，上、下极限偏差小数点必须__________，小数点后的位数也必须______，零偏差也必须标注在相应的位置上，不可省略。

17. 孔的上极限偏差用符号____表示，轴的下极限偏差用符号____表示。

18. 尺寸公差在数值上等于____________________减____________________之差，它是尺寸允许的__________，因而用__________定义。

19. 当上极限尺寸等于公称尺寸时，其____极限偏差等于零；当零件的提取组成要素的局部尺寸等于其公称尺寸时，其______偏差等于零。

20. 在极限与配合图解中，表示____________的一条直线称为零线，在此线以上的偏差为____，在此线以下的偏差为____。

21. 确定公差带的两个要素分别是____________和______________。前者由__________确定，后者由__________确定。

22. ______尺寸相同并且相互结合的孔和轴______________之间的关系称为配合。

23. 按孔和轴的公差带相对位置关系不同，配合可分为____________配合、________配合和________配合三种。若孔的公差带在轴的公差带之上时为________配合；孔、轴公差带相互交叠时为________配合；孔的公差带在轴的公差带之下时为________配合。

24. 配合公差为组成配合的____公差和______公差之和，它是允许______或________的变动量。

25. 配合精度的高低是由相互结合的____和____的精度决定的。

26. 配合公差和尺寸公差一样，其数值不可能为____。

27. 配合公差是对配合的________程度给出的允许值。配合公差越大，则配合时形成的间隙或过盈可能出现的差别越______，配合的精度越______。

28. 标准公差指标准极限与配合制中列出的用以确定__________________的任一公差，其数值与两个因素有关，它们是__________________________和__________________________。

29. 同一公差等级对所有公称尺寸的一组公差被认为具有______的精确程度，但却有____的公差数值。

30. 国家标准共设置了________个标准公差等级，其中________级精度最高，________级精度最低。

31. 在公称尺寸相同的情况下，标准公差等级越高，标准公差数值越_______。

32. 在标准公差等级相同的情况下，不同的尺寸段，公称尺寸越大，标准公差数值越____。

33. 在同一尺寸段内，尽管公称尺寸不同，但只要标准公差等级相同，其标准公差数值就________。

34. 标准公差等级 IT01 与 IT10 相比，________的精确程度较低。

35. 基本偏差一般指靠近__________的那个极限偏差，它确定了__________的位置。

36. 基本偏差代号用______________表示。孔和轴各有________个基本偏差代号。

37. $\phi45^{+0.039}_{0}$ mm 的基本偏差数值为________，$\phi50^{-0.050}_{-0.112}$ mm 的基本偏差数值为________。

38. 配合制有________制和__________制两种。

39. 基孔制是基本偏差为________的孔的公差带与________基本偏差的轴的公差带形成各种配合的一种制度。

40. 基孔制配合中的孔称为__________。其基本偏差为______极限偏差，代号为______，数值为____；其另一极限偏差为______极限偏差。

41. 基轴制配合中的轴称为__________。其基本偏差为____极限偏差，代号为______，数值为____；其另一极限偏差为____极限偏差。

42. 基准孔的____________________尺寸等于其公称尺寸，而基准轴的______________尺寸等于其公称尺寸。

43. 孔、轴的公差带代号由_____________代号和________________数字组成。

44. 配合代号用分数形式表示，分子为________________________，分母为__________________________。

45. $\phi8m5$ 表示：公称尺寸为______ mm，基本偏差是____，标准公差等级为______级的基____制__________配合的轴。

46. $\phi30F6/h5$ 表示：公称尺寸为______ mm，基本偏差：孔是____、轴是______；标准公差等级：孔为______级、轴为______级的基______制的______配合。

47. $\phi45^{+0.039}_{0}$ mm 的孔与 $\phi45^{+0.034}_{+0.009}$ mm 的轴组成________制的________配合。

48. 基准孔与基准轴的配合，其配合种类为________配合，配合的最小间隙为____。

49. 线性尺寸的一般公差规定了四个等级，即__________、__________、__________和__________。

50. 选择配合制的原则：在一般情况下优先采用__________，其次采用__________，如有特殊需要允许采用__________。

51. 滚动轴承内圈与轴的配合采用________制，滚动轴承外圈与孔的配合采用________制。

52. 选用标准公差等级的原则是：在__________使用要求的条件下，尽量选取______的标准公差等级。

二、判断题（“√”表示正确，“×”表示错误，填在题末的括号内）

1. 完全互换性的零、部件装配的效率一定高于不完全互换性。（　）

2. 为了使零件具有互换性，必须使各零件的几何尺寸完全一致。（　）

3. 为使零件的几何参数具有互换性，必须把零件的加工误差控制在给定的公差范围内。（　）

4. 尺寸公差等于上极限尺寸减下极限尺寸之代数差的绝对值，也等于上极限偏差与下极限偏差之代数差的绝对值。（　）

5. 公称尺寸是设计时确定的尺寸，因而零件的提取组成要素的局部尺寸越接近公称尺寸，其加工误差就越小。（　）

6. 零件的提取组成要素的局部尺寸就是零件的真实尺寸。（　）

7. 某一零件的提取组成要素的局部尺寸正好等于公称尺寸，则该尺寸必然合格。（　）

8. 零件的提取组成要素的局部尺寸位于所给定的两个极限尺寸之间，则零件的该尺寸为合格。（　）

9. 偏差是某一尺寸减其公称尺寸所得的代数差，因而它可以为正值、负值或零。（　）

10. 某尺寸的上极限偏差一定大于下极限偏差。（　）

11. 凡内表面皆为孔，凡外表面皆为轴。（　）

12. 相互配合的孔和轴，其公称尺寸必须相同。（　）

13. 只要孔和轴装配在一起，就必然形成配合。（　）

14. 间隙配合中，孔的公差带在轴的公差带之上，因此孔的公差带一定在零线以上，轴的公差带一定在零线以下。（　）

15. EI⩾es 的孔、轴配合是间隙配合。（　）

16. 凡在配合中可能出现间隙的，其配合性质一定属于间隙配合。（　）

17. 孔和轴的加工精度越高，则其配合精度也越高。（　）

18. 标准公差数值与两个因素有关，即标准公差等级和公称尺寸分段。（　）

19. 不论公差数值是否相等，只要公差等级相同，则尺寸的精度就相同。（　）

20. 公差等级的数值越大，则尺寸精确度越高。（　）

21. 在同一尺寸段内，公差等级数值越小，则标准公差数值越小。（　）

22. 基准孔的上极限偏差大于零。（　）

23. 基准轴下极限偏差的绝对值等于其尺寸公差。（　）

24. 基孔制是先加工孔、后加工轴以获得所需配合的制度。（　）

25. 一般情况下，应优先采用基轴制。（　）

26. 选用公差带时，应按常用公差带、优先公差带、一般用途公差带的顺序选取。（　）

27. 一般公差指在车间通常加工条件下可保证的公差，它主要用于低精度的非配合尺寸。（　）

28. 未注公差尺寸指在图样上只标注公称尺寸，不存在极限偏差的尺寸。（　）

29. 国家标准规定极限与配合的标准温度是 20℃，因此使用条件偏离标准温度，应予以修正。（　）

30. 一般情况下，优先选用基孔制主要是从加工和检验的工艺性方面来考虑的。（　）

31. 采用基孔制配合一定比采用基轴制配合的加工经济性好。（　）

三、选择题（将正确答案的序号填写在括号内）

1. 具有互换性的零件应是（　）。

A. 相同规格的零件　　B. 不同规格的零件

C. 相互配合的零件　　D. 形状和尺寸完全相同的零件

2. 某种零件在装配时需要进行修配，则此种零件（　）。

A. 有完全互换性　　B. 具有不完全互换性

C. 不具有互换性　　D. 无法确定其是否具有互换性

3. 对公称尺寸进行标准化是为了（　）。

A. 简化设计过程　　B. 便于设计时的计算

C. 方便尺寸的测量　　D. 简化定值刀具、量具等的规格和数量

4. 上极限尺寸（　）公称尺寸。

A. 大于　　B. 小于

C. 等于　　D. 大于、小于或等于

5. 下极限尺寸减其公称尺寸所得的代数差为（　）。

A. 上极限偏差　　B. 下极限偏差

C. 实际偏差　　D. 基本偏差

6. 极限偏差是（　）。

A. 加工后测量得到的　　B. 设计时确定的

C. 上极限尺寸与下极限尺寸之差

D. 极限尺寸减其公称尺寸所得的代数差

7. 当上极限偏差或下极限偏差为零时，在图样上（　　）。

A. 必须标出零值　　B. 不能标出零值

C. 标或不标零值皆可　　D. 视具体情况而定

8. 关于尺寸公差，下列说法中正确的是（　　）。

A. 尺寸公差只能大于零，故公差值前应标“+”号

B. 尺寸公差是用绝对值定义的，没有正、负的含义，故公差值前不应标“+”号

C. 尺寸公差不能为负值，但可为零值

D. 尺寸公差为允许尺寸变动范围的界限值

9. 当孔的上极限偏差小于轴的下极限偏差时，此配合的性质是（　　）。

A. 间隙配合　　B. 过渡配合

C. 过盈配合　　D. 无法确定

10. 关于配合公差，下列说法中错误的是（　　）。

A. 配合公差反映了配合的松紧程度

B. 配合公差是对配合松紧变动程度所给定的允许值

C. 配合公差等于相互配合的孔公差与轴公差之和

D. 配合公差等于极限盈隙的代数差的绝对值

11. 确定尺寸精确程度的公差等级共有（　　）。

A. 12　　B. 14

C. 18　　D. 20

12. 基本偏差是（　　）。

A. 上极限偏差　　B. 下极限偏差

C. 实际偏差　　D. 上极限偏差或下极限偏差

13. 公差带的大小由（　　）确定。

A. 基本偏差　　B. 标准公差等级

C. 公称尺寸　　D. 标准公差数值

14. 确定不在同一尺寸段的两尺寸的精确程度，是根据（　　）。

A. 两个尺寸的公差数值的大小　　B. 两个尺寸的基本偏差

C. 两个尺寸的公差等级　　D. 两个尺寸的实际偏差

15. 国家标准规定优先选用基孔制配合是（　　）。

A. 因为孔比轴难加工

B. 为了减少孔和轴的公差带数量

C. 为了减少定尺寸孔用刀具、量具的规格和数量

D. 因为从工艺上讲，应先加工孔，后加工轴

16. 孔、轴公差带的相对位置反映（　　）程度。

A. 加工难易　　B. 配合松紧

C. 尺寸精确　　D. 公差大小

17. 采用基孔制，用于相对运动的各种间隙配合时，轴的基本偏差应为（　　）。

A. a～h　　B. h～r

C. s～z　　D. a～u

四、简答题

1. 尺寸公差与极限偏差之间有何关系？(写出计算关系式)

2. 配合分哪几类？各是如何定义的？各类配合中，孔、轴的公差带相互位置怎样？

3. 什么是配合公差？试写出三种配合性质的配合公差的计算公式。

4. 分析图 1-1 所示零件中哪些是孔类尺寸，哪些是轴类尺寸？

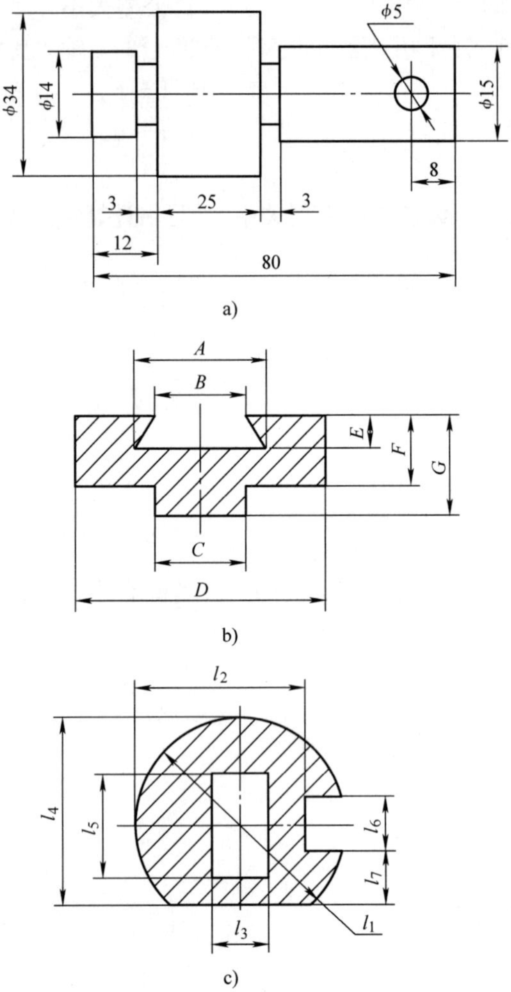

图 1-1

5. 标注尺寸公差时可采用哪几种形式？请举例说明。

6. 采用线性尺寸的一般公差有什么好处？

7. 为什么一般情况下优先采用基孔制？

8. 说明下列公差带代号和配合代号的含义。

（1）ϕ50f7

（2）ϕ25m6

（3）ϕ80D9

（4）ϕ15K7

（5）ϕ30H7/s6

（6）ϕ200G6/h5

五、综合题

1. 根据表 1-1 中的数值，填写各空格处的内容。

表 1-1 （单位：mm）

公称尺寸	配合件	极限尺寸		极限偏差		公称尺寸与极限偏差标注	公差 T
		上极限尺寸	下极限尺寸	ES (es)	EI (ei)		
ϕ20	孔	ϕ20.033	ϕ20				
	轴	ϕ19.980	ϕ19.959				
ϕ40	孔	ϕ40.025	ϕ40				
	轴	ϕ40.033	ϕ40.017				
ϕ60	孔	ϕ59.979	ϕ59.949				
	轴	ϕ60	ϕ59.981				

2. 计算出表 1-2 中各空格处的数值，并按规定填写在表中。

表 1-2 （单位：mm）

公称尺寸	上极限尺寸	下极限尺寸	上极限偏差	下极限偏差	公差	尺寸标注
轴 $\phi40$	$\phi40.105$	$\phi40.080$				
孔 $\phi18$			+0.093		0.043	
孔 $\phi50$		$\phi49.958$			0.025	
轴 $\phi60$			−0.041	−0.087		
孔 $\phi60$				−0.021	0.030	
孔 $\phi70$						$\phi70^{+0.018}_{-0.012}$
轴 $\phi100$	$\phi100$				0.054	

3. 计算下列孔和轴的极限尺寸和公差，并分别绘出尺寸公差带图。

（1）孔 $\phi50^{+0.039}_{0}$ mm

（2）轴 $\phi60^{-0.060}_{-0.134}$ mm

（3）孔 $\phi100^{+0.006}_{-0.048}$ mm

（4）轴 $\phi160mm\pm0.080mm$

4. 用比例 500∶1 绘制公差带图，通过公差带图确定配合性质，在公差带图上标出极限过盈、间隙值，并计算其数值。

（1）孔 $\phi50^{+0.039}_{0}$mm 与轴 $\phi50^{-0.025}_{-0.050}$mm 相配合

（2）孔 $\phi250^{+0.013}_{-0.033}$mm 与轴 $\phi250^{0}_{-0.029}$mm 相配合

（3）孔 $\phi10^{+0.015}_{0}$mm 与轴 $\phi10^{+0.037}_{+0.028}$mm 相配合

5. 计算下列各组配合的极限过盈、间隙及配合公差。

（1）孔 $\phi55^{+0.030}_{0}$mm，轴 $\phi55^{-0.030}_{-0.049}$mm

（2）孔 $\phi80^{+0.030}_{0}$mm，轴 $\phi80^{+0.039}_{+0.020}$mm

（3）孔 $\phi90^{+0.054}_{0}$mm，轴 $\phi90^{+0.145}_{+0.091}$mm

（4）孔 $\phi105^{+0.108}_{+0.054}$mm，轴 $\phi105^{0}_{-0.054}$mm

6. 分析图 1-2 中孔、轴配合属于哪一种配合制及哪一类配合性质。

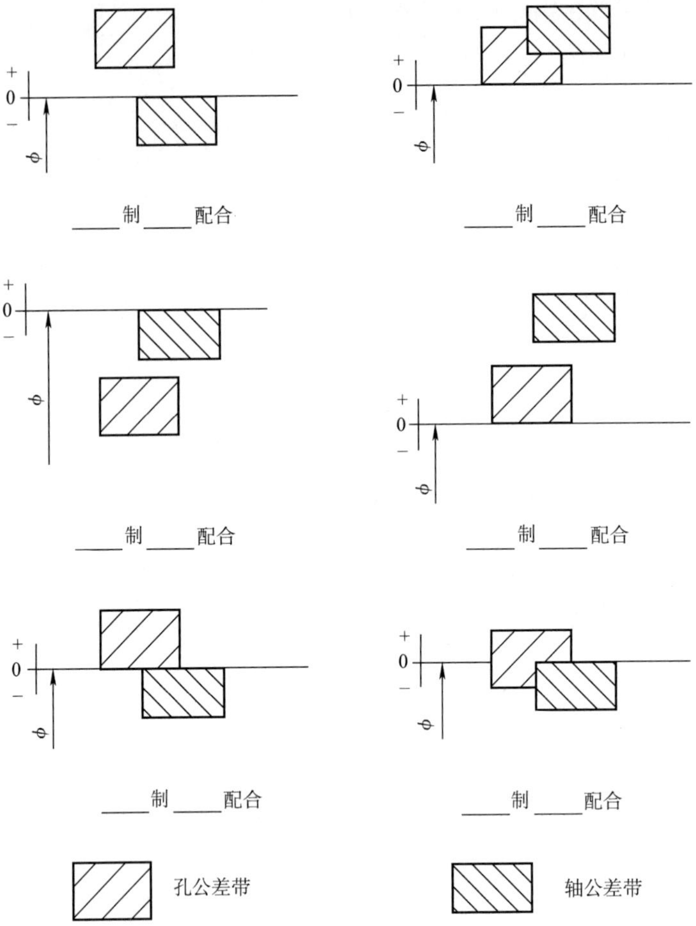

图 1-2

7. 已知表 1-3 中的数值，试计算出各空格处的数值。

表 1-3 （单位：mm）

公称尺寸	孔			轴			X_{max}或Y_{min}	X_{min}或Y_{max}	T_f
	ES	EI	T_h	es	ei	T_s			
ϕ50		0				0.062	+0.204		0.124
ϕ25			0.013	0			−0.015	−0.037	
ϕ65		0				0.030		−0.032	0.076
ϕ80	+0.009		0.030	0			+0.028		
ϕ45		0			+0.070		−0.045	−0.086	

8. 下列尺寸标注是否正确？如有错误请改正。

（1）$\phi20^{+0.015}_{+0.021}$mm （2）$\phi25^{+0.033}_{0}$mm

（3）$\phi40^{-0.025}$mm （4）$\phi45^{-0.041}_{-0.025}$mm

（5）$\phi80_{+0.046}$mm （6）$\phi50^{+0.042}_{+0.017}$mm

（7）$\phi30^{-0.008}_{+0.013}$mm （8）$\phi60^{+0.025}_{-0.025}$mm

9. 公称尺寸为 ϕ45mm 的基孔制配合。已知孔、轴的公差等级相同，配合公差 T_f=0.078mm，配合的最大间隙 X_{max}=+0.103mm。试确定孔、轴的极限偏差及另一极限盈隙。

10. 某孔、轴配合，公称尺寸为$\phi50$mm，孔的标准公差等级为IT8，轴的标准公差等级为IT7。已知孔的上极限偏差为+0.039mm，要求配合的最小间隙是+0.009mm。试确定孔、轴的极限偏差；确定其配合制；判断其配合性质。

11. 某孔为$\phi20^{+0.013}_{0}$ mm与某轴配合，要求$X_{max}=+0.011$mm，$T_f=0.022$mm，试求出轴的上、下极限偏差。

第二单元　技术测量的基本知识及常用计量器具

、填空题

1. 以确定被测对象的量值而进行的实验过程称为________。

2. 一个完整的测量过程应包括__________、__________、__________和__________四个方面。

3. 我国的法定计量单位是以________________________为基础确定的。

4. 在机械制造中，常用的长度单位为________，它与长度基本单位米的关系是 1mm=______ m，与精密计量单位微米的关系是 1mm=______ μm。

5. 3/4 英寸（in）=________毫米（mm）。

6. 15.875mm=________英寸（in）。

7. 计量器具按结构特点可分为___________、___________、___________和__________________四类。

8. 量仪与量具在结构上最主要的区别是：前者一般具有________系统，而后者没有此系统。

9. 量仪按原始信号转换原理的不同，可分为____________、____________、____________和__________________四种。

10. 间接测量法指测量与被测量之间有已知__________的其他量，再经过________得到被测量的测量方法。

11. 综合测量能同时测量零件上的几个__________，从而综合评定零件是否__________，因而它实质上属于__________。

12. 绝对测量是由计量器具标尺上__________被测量的实际数值，而相对测量指示的值只是被测量对标准量的________。

13. 标尺间距指沿着标尺长度的同一条线测得的______________________的距离。

14. 分度值是对应两____________________标记的两个值之差。

15. 测量范围指计量器具所能测量的被测量的__________到__________的范围。

16. 示值误差是计量器具的________与________________之差。

17. 从产生测量误差的原因来分析，主要包括________误差、________误差、________误差和______误差。

18. 根据测量误差出现的规律，可将其分为________误差和________误差。

19. 系统误差是指在相同条件下多次重复测量同一几何量时，误差的______和________均不变，或按____________变化的测量误差，前者称________系统误差，后者称________系统误差。

20. 组合量块时，为减少量块的组合误差，应尽量减少量块的数目，一般不超过________块。选用量块时，应从消去所需尺寸的______________开始，逐一选取。

21. 量块的制造精度分为____级，量块的检定精度分为______等。量块按“等”使用比按“级”使用可________测量精度。

22. 游标卡尺的读数原理是利用______标尺间距和________标尺间距______来进行小数读数的。

23. 游标卡尺按分度值可分为______ mm、______ mm 和______ mm 三种。尺身的标尺间距都是______ mm。

24. 如游标卡尺游标尺上刻线 20 格的长度等于尺身 19 格的长度，此时游标尺上的标尺间距为______ mm，则此游标卡尺的分度值为________ mm。

25. 游标深度卡尺用于测量______、________的深度，__________的高度。

26. 测微螺旋量具是利用____________________，对尺架上两测量面间分隔的距离进行读数的外尺寸测量器具，它比游标量具测量精度______，使用________，主要用于测量__________精度的零件。

27. 千分尺一般由________、____________、____________和____________等组成。

28. 千分尺测微螺杆的螺距一般为______ mm，当微分筒转一转时，测微螺杆轴向移动是______ mm。微分筒圆周上刻有______等份，此千分尺的分度值是______ mm。

29. 常用的千分尺的测量范围为_______ mm、_______ mm 和_______ mm 等多种。

30. 两点内径千分尺可以用于测量______ mm 以上的内径。

31. 螺纹千分尺主要用于测量螺纹的______尺寸。使用时应根据________的大小选用规格相适应的测头，使 V 形测量头与________________部分相吻合，锥形测头与________________部分相吻合。

32. 杠杆千分尺是由____________和____________两部分组成，前者的分度值是________ mm，后者是________ mm 或________ mm 两种，示值范围为________ mm。

33. 机械式量仪是借助________、________、________或________的传动，将测杆的微小____________经传动和放大机构转变为度盘上指针的______，从而指示出相应的数值。

34. 指示表的分度值为________mm，其示值范围通常为________mm、________mm和________mm三种。

35. 杠杆指示表的分度值为______mm，其示值范围为______mm。

36. 内径指示表是由__________和____________组成的，它主要用相对法测量______、______及其几何形状误差。

37. 直角尺主要用于检验________或________，测量__________和________误差，检查机床仪器的精度和划线。

38. 游标万能角度尺是测量各种工件_________的计量器具，按其游标分度值不同可分为______和______两种。

39. 游标万能角度尺按其尺身的形状可分为______和______两种，前者的测量范围为______，后者的测量范围为______。

40. 分度值为2′的游标万能角度尺，游标上______格的弧长对应于尺身上______度的弧长。

41. 正弦规是利用______原理采用______测量方法测量精度较高的小角度零件的量具。

42. 水平仪是用于测量工件表面相对水平位置倾斜______的常用计量器具，它可测量各种导轨和平面的______度、______度、______度和______度误差，还可调整、安装各种设备的水平或垂直位置。

43. 水平仪的主要工作部分是管状水准器，不管它处于何种位置，______总是趋向于玻璃管圆弧面的______位置。

44. 分度值为0.02mm/1000mm的水平仪，表示气泡移动1格时，在______mm距离上的高度差为______mm，若以倾斜角度表示，则角度值为______。

45. 水平仪按其工作原理可分为______水平仪和______水平仪两类，前一类又有______水平仪、______水平仪和______水平仪三种。

46. 分度值为0.01mm/1000mm的合像水平仪，刻度窗口1格表示1000mm长度上的高度差为______mm；微分盘刻度1格表示1000mm长度上的高度差为______mm。

二、判断题（“√”表示正确，“×”表示错误，填在题末的括号内）

1. 在机械制造中，只有经测量和检验合格的零件，才具有互换性。（　）
2. 测量误差主要是人的失误造成，与量具、环境无关。（　）
3. 金属直尺、游标卡尺、千分尺等属于通用量具。（　）
4. 量块、水平仪、指示表等属于常用量仪。（　）
5. 能从量具或量仪上直接读出被测量的数值大小的方法是绝对测量法。（　）

6. 用游标卡尺测量轴颈尺寸，既属于直接测量法，又属于相对测量法。（ ）

7. 由于绝对测量法被测量的全值可以从计量器具的读数装置中直接获得，因而在相同的测量条件下，绝对测量法比相对测量法的测量精度高。（ ）

8. 综合测量一般属于检验，如用螺纹通规检验螺纹的作用中径是否合格就属于综合测量。（ ）

9. 标尺间距和分度值是两个截然不同的参数。标尺间距大，计量器具的读数精度高，可减小读数误差；分度值小，则计量器具的测量精度高。（ ）

10. 测量精度和测量误差是两个相对的概念，精度高，则误差小；反之精度低，则误差大。（ ）

11. 定值系统误差和变值系统误差的主要区别在于：前者的大小和符号均保持不变，而后者按一定规律变化。（ ）

12. 量块使用时组合的块数一般不超过 4～5 块，其目的是尽量减少量块组合产生的累积误差。（ ）

13. 分度值为 0.02mm 的游标卡尺，游标尺上 49 格的长度与主标尺 50 格的长度相等。（ ）

14. 游标卡尺可测量内、外尺寸，高度，深度以及齿轮的齿厚等。（ ）

15. 游标卡尺适用于中等精度的测量和检验。（ ）

16. 游标卡尺是利用尺身和游标标尺间距之差来进行小数部分读数的。差值越小，游标卡尺的测量精度越高。（ ）

17. 测量力过大或过小均会增大测量误差。（ ）

18. 必要时允许用电刻法或化学法在游标卡尺的背面刻蚀记号。（ ）

19. 游标深度卡尺不但能测量孔的深度，还可直接测量孔径的大小。（ ）

20. 游标齿厚卡尺可用于测量直齿、斜齿圆柱齿轮的固定弦齿厚。（ ）

21. 螺旋测微量具是利用螺旋副原理制成的一种较精密的量具。（ ）

22. 千分尺是用来测量孔径、槽的深度的量具。（ ）

23. 千分尺的制造精度可分为 0 级和 1 级两种，0 级精度较高。（ ）

24. 两点内径千分尺的刻线方向与千分尺的刻线方向正好相反。（ ）

25. 深度千分尺用于测量孔、槽的深度及台阶的高度尺寸，测量范围有 0～50mm 和 25～100mm 两种。（ ）

26. 螺纹千分尺用来测量螺纹大径。（ ）

27. 杠杆千分尺也可用作相对测量。（ ）

28. 指示表的大指针转过 1 格，表示其测杆移动 0.01mm，故指示表的分度值为 0.01mm。（ ）

29. 指示表的示值范围最大为 0～10mm，因而指示表只能用来测量尺寸较

小的工件。 （　　）

30. 指示表的测头开始与被测表面接触时，只能轻微接触其表面，以避免产生过大的接触力，并保持足够的示值范围。 （　　）

31. 用指示表测量长度尺寸时，采用的是相对测量法。 （　　）

32. 为了合理保养指示表等精密量仪，应在其测杆上涂防锈油，以防生锈。 （　　）

33. 杠杆指示表的体积小，测头的位移方向可以改变，因而其测量精度比普通指示表高。 （　　）

34. 由于游标万能角度尺是万能的，因而它能测量出 0°～360°之间任何角度的数值。 （　　）

35. 游标万能角度尺测量角度在 50°～140°之间，应装上直尺。 （　　）

36. 使用正弦规时，所垫量块组的高度应为 $h=L\sin\alpha$。 （　　）

37. 用分度值为 0.02mm/1000mm、边框长为 200mm 的框式水平仪测量机床导轨，当水平仪的读数为 1 格时，表示机床导轨在水平仪两侧的高度差为 0.02mm。 （　　）

38. 正弦规的中心距越大，零件角度越大，则测量精确程度越高。 （　　）

三、选择题（将正确答案的序号填写在括号内）

1. 检验与测量相比，其最主要的特点是（　　）。

A. 检验适合大批量生产

B. 检验所使用的计量器具比较简单

C. 检验只判断被测几何量的合格性，无需得出具体的量值

D. 检验的精度比测量低

2. 下列量具中属于标准量具的是（　　）。

A. 金属直尺　　B. 量块

C. 游标卡尺　　D. 光滑极限量规

3. 我国法定长度计量的基本单位是（　　）。

A. 公尺　　B. 尺

C. 米　　D. 毫米

4. 25.4mm=（　　）in。

A. 1　　B. 0.9646

C. 622.3　　D. 0.0408

5. 关于量具的特点，下列说法中错误的是（　　）。

A. 量具的结构一般比较简单

B. 量具只能与其他计量器具同时使用

C. 量具没有传动放大系统

D. 量具可分为单值量具和多值量具两种

6. 量仪分为四大类的标准是（　　）。

A. 量仪的结构复杂程度　　B. 量仪的测量精度

C. 量仪的数据显示方式　　D. 量仪原始信号的转换原理

7. 关于相对测量方法，下列说法中正确的是（　　）。

A. 相对测量的精度一般比较低

B. 相对测量方法只能采用量仪来进行

C. 采用相对测量方法计量器具所指示出的是被测量与标准量的偏差

D. 测量装置不直接和被测工件表面接触

8. 关于综合测量方法，下列说法中错误的是（　　）。

A. 综合测量能同时测量工件上几个几何量的数值

B. 综合测量能得到工件上几个有关几何量的综合结果

C. 综合测量一般属于检验

D. 综合测量的效率比单项测量高

9. 关于主动测量方法，下列说法中错误的是（　　）。

A. 它是在加工过程中对工件的测量

B. 测量的目的是发现并剔除废品

C. 它常用在生产线上

D. 它能最大限度地提高生产率和产品合格率

10. 用游标卡尺测量工件的轴颈尺寸属于（　　）。

A. 间接测量　　B. 相对测量

C. 动态测量　　D. 绝对测量

11. 利用游标卡尺测量孔的中心距，此测量方法为（　　）。

A. 直接测量　　B. 间接测量

C. 动态测量　　D. 主动测量

12. 测量误差按特点和性质可分为（　　）。

A. 系统误差、人员误差

B. 绝对误差、相对误差

C. 器具误差、环境误差、方法误差

D. 系统误差、随机误差

13. 关于随机误差的特点，下列说法中错误的是（　　）。

A. 误差的大小和方向预先是无法知道的

B. 随机误差完全符合统计学规律

C. 随机误差的大小和符号按一确定规律变化

D. 随机误差的分布具有单峰性、对称性、有界性和抵偿性

14. 在检查千分尺时，使测微螺杆和测砧的测量面贴合，发现微分筒的零线与固定套管中线没有对齐，由此而产生的测量误差属于（　　）。

A. 随机误差　　B. 系统误差

C. 粗大误差　　D. 相对误差

15. 在精密测量中，对同一被测几何量做多次重复测量，其目的是减小（　　）对测量结果的影响。

A. 随机误差　　B. 系统误差

C. 相对误差　　D. 绝对误差

16. 关于量块的特性，下列说法中错误的是（　　）。

A. 量块是一种精密量具，测量精度高，应用范围广

B. “级”是量块的制造精度，“等”是量块的检定精度，按“级”使用比按“等”使用精度高

C. 利用量块的研合性，能将不同尺寸的量块组合成所需的各种尺寸

D. 量块是成套使用的

17. 关于“级”和“等”的概念，下列说法中错误的是（　　）。

A. 量块按制造精度分为5级，按检定精度分为6等

B. 按“级”使用是根据量块的标称尺寸

C. 按“等”使用是根据量块的提取组成要素的局部尺寸

D. 按“级”使用比按“等”使用测量精度高

18. 量块不能用于（　　）。

A. 测量表面粗糙度

B. 检验其他计量仪器

C. 长度测量中作为比较测量的标准

D. 精密机床的调整

19. 关于量块的使用方法，下列说法中错误的是（　　）。

A. 在组合前先用航空汽油或苯洗净表面的防锈油，并用麂皮和软绸将其擦干

B. 使用时不得用手接触测量面

C. 使用前应在纱布上磨一磨，使表面无油污

D. 使用后一定拆开组合的量块，再用航空汽油或苯洗净擦干，并涂上防锈油

20. 分度值为0.05mm、游标系数$\gamma=2$的游标卡尺，其游标尺的标尺间距为（　　）mm。

A. 0.05　　B. 0.95

C. 1.95　　D. 1

21. 关于游标卡尺，下列说法中错误的是（　　）。

A. 游标卡尺的读数原理是利用尺身标尺间距与游标标尺间距之差来进行小数读数

B. 由于游标卡尺标尺标记不准，因而在测量中易发生随机误差

C. 使用游标卡尺测量时，应使量爪轻轻接触零件被测表面，保持合适的测量力

D. 游标卡尺结构简单，使用方便，在一般精度的测量中，使用极为广泛

22. 如图 2-1 所示，游标卡尺的读数是（　　）mm。

A. 1.25　　B. 1.5

C. 10.5　　D. 10.25

23. 如图 2-2 所示，游标卡尺的分度值 i 是（　　）mm。

A. 0.95　　B. 0.05

C. 0.02　　D. 0.98

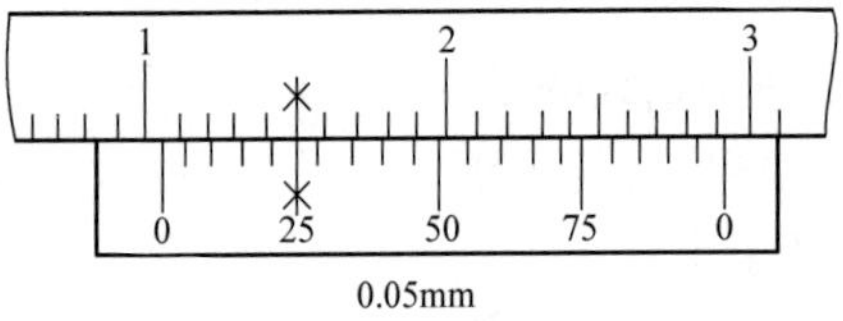

图　2-1

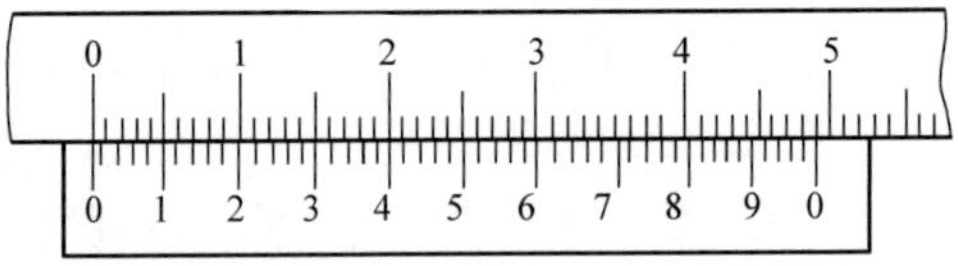

图　2-2

24. 用游标卡尺测量 8.08mm 工件的尺寸，选用分度值 i 为（　　）mm 的游标卡尺较适当。

A. 0.01　　B. 0.02

C. 0.05　　D. 0.1

25. 千分尺上棘轮的作用是（　　）。

A. 校正千分尺　　B. 便于旋转微分筒

C. 限制测量力　　D. 补偿温度变化的影响

26. 千分尺的分度值是（　　）mm。

A. 0.5　　B. 0.01

C. 0.05　　D. 0.001

27. 若千分尺测微螺杆的螺距为 0.5mm，则微分筒圆周上的标尺为（　　）。

A. 50 等分　　B. 100 等分

C. 10 等分　　D. 20 等分

28. 关于千分尺的特点，下列说法中错误的是（　　）。

A. 使用灵活，读数准确

B. 测量精度比游标卡尺高

C. 测量范围广

D. 螺纹传动副的精度很高，因而适合测量精度要求较高的零件

29. 若0～25mm的千分尺的两测头正常接触时，读数如图2-3所示，用它测量工件后，读数为24.18mm，则工件的提取组成要素的局部尺寸为（　　）mm。

A. 24.20　　B. 24.16

C. 24.18　　D. 无法确定

30. 如图2-4所示，千分尺中（　　）mm的读数是正确的。

A. 19.73　　B. 19.23

C. 20.23　　D. 20.73

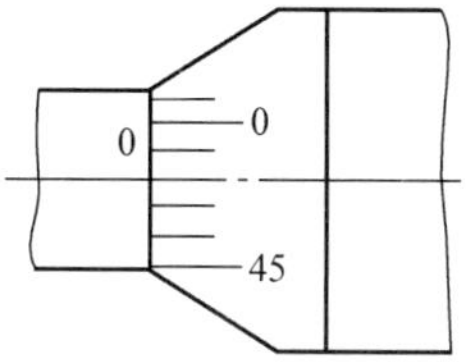

图　2-3

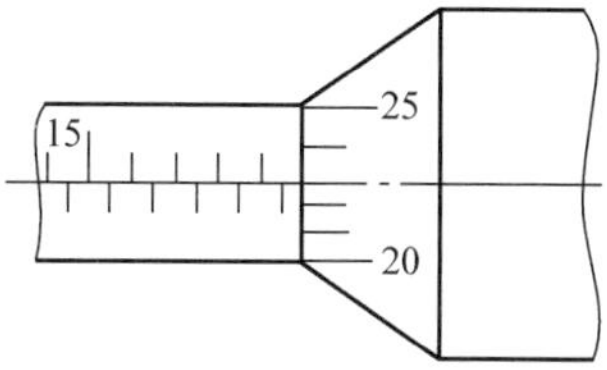

图　2-4

31. 利用指示表测量工件的长度尺寸，所采用的方法是（　　）。

A. 绝对测量　　B. 相对测量

C. 间接测量　　D. 动态测量

32. 指示表的作用是（　　）。

A. 调整测量时间　　B. 进行比较测量

C. 测量转速　　D. 测量温度

33. 指示表的测杆移动1mm，其大、小指针分别转了（　　）。

A. 大指针转了10格，小指针转了1格

B. 大指针转了100格，小指针转了1格

C. 大指针转了1格，小指针转了100格

D. 大指针转了1格，小指针转了1格

34. 有关杠杆指示表的使用问题，（　　）说法不正确。

A. 适用于测量凹槽、内孔的圆跳动误差等

B. 测头可扳动180°

C. 尽可能使测杆轴线垂直于工件尺寸线

D. 不能测量平面

35. 在完整的Ⅰ型游标万能角度尺上，如把直尺和卡块取下来，可测量范围为（　　）。

A. 0°～50°　　B. 50°～140°

C. 140°～230°　　D. 230°～320°

36. 关于正弦规，下列说法中错误的是（　　）。

A. 正弦规测量角度是采用间接测量的方法

B. 正弦规测量角度必须同量块和指示量仪（指示表）结合起来使用

C. 使用正弦规只能测量外圆锥角，而不能测量内圆锥角

D. 正弦规有很高的精度，可作精密测量用

37. 水平仪不用于（　　）测量。

A. 倾斜角　　B. 平面度误差

C. 直线度误差　　D. 圆度误差

38. 普通水平仪处在水平位置时，气泡应在（　　）。

A. 玻璃管的中间位置

B. 气泡偏离玻璃管的中间位置

C. 玻璃管的最低点

D. 直到看不见气泡为止的位置

四、简答题

1. 什么是绝对测量？什么是相对测量？两者之间有何区别？

2. 测量误差产生的主要原因有哪些？

3. 试述内、外卡钳的用途。

4. 塞尺的用途是什么?

5. 说明分度值为 0.02mm 的游标卡尺的读数原理。

6. 使用游标卡尺时通常应注意哪些问题?

7. 使用千分尺时通常应注意哪些问题?

8. 直角尺有哪些用途?

9. 说明分度值为 $2'$ 的游标万能角度尺的读数原理。

10. 用 0.01mm/1000mm 分度值的合像水平仪测量，应该如何读数?

五、综合题

1. 测得两根钢管的内径分别为 9.525mm 和 15.875mm，试确定它们各为几英寸规格的钢管。

2. 用 83 块一套的量块，组合尺寸 32.95mm 和 137.785mm。

3. 确定图 2-5 所示游标卡尺的分度值 i 及所确定的被测尺寸的数值。

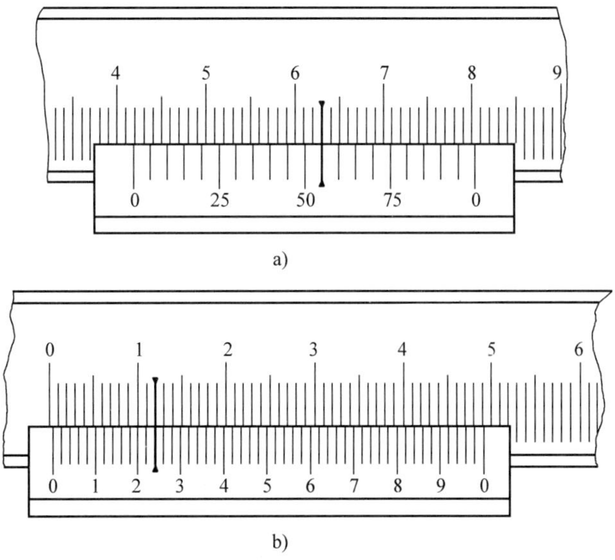

图 2-5

4. 现有三种游标卡尺，它们的标尺标记情况如下：

①主标尺每小格 1mm，游标尺 20 格与主标尺 39mm 长度对齐。

②主标尺每小格 1mm，游标尺 50 格与主标尺 49mm 长度对齐。

③主标尺每小格 1mm，游标尺 10 格与主标尺 19mm 长度对齐。

试问：

（1）三种游标卡尺的分度值各是多少？为什么？

（2）下面所列尺寸分别用哪种游标卡尺测量较妥当？为什么？

5.05mm；　3.34mm；　4.2mm

5. 确定图 2-6 所示千分尺表示的被测尺寸的数值。

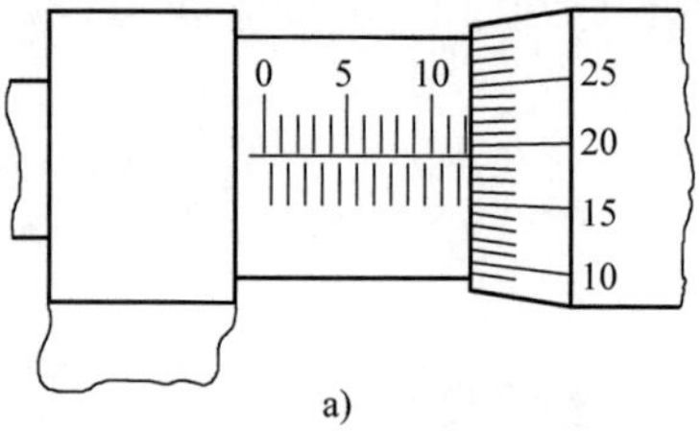

a)

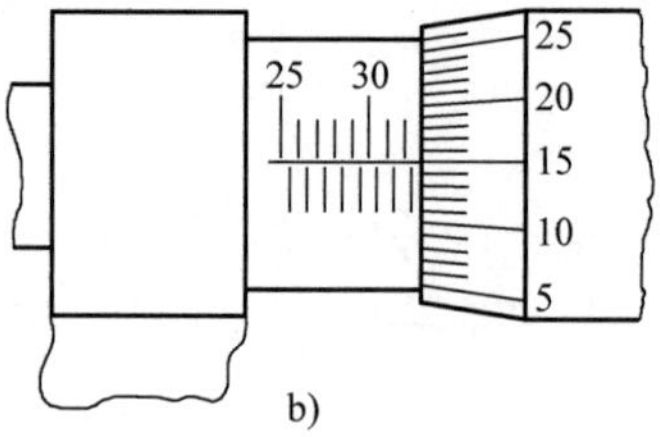

b)

图　2-6

6. 确定图 2-7 所示游标万能角度尺表示的被测角度的数值。

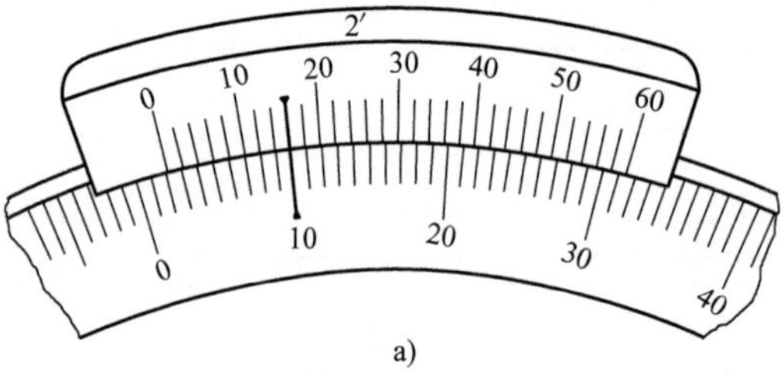

a)

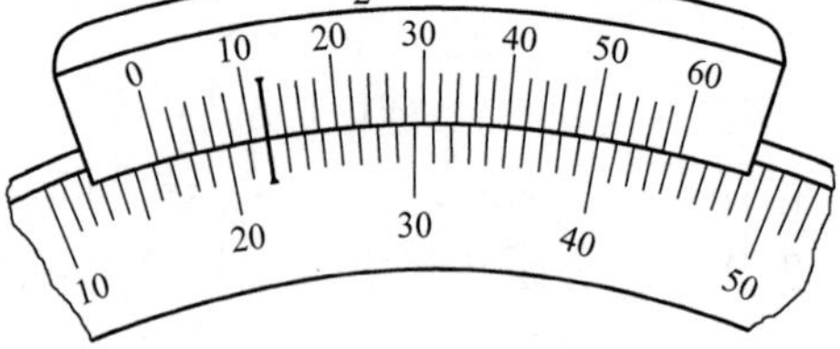

b)

图　2-7

7. 用中心距为 200mm 的正弦规测量一圆锥形零件，如所垫量块高度刚好等于 10mm，试求该零件的角度是多大?

8. 用分度值为 0.02mm/1000mm（4″）的水平仪测量长度为 1200mm 导轨工作面的倾斜程度。如气泡移动 2.5 格，试求导轨工作面对水平面的倾斜角度及导轨两端的高度差。

9. 用分度值为 0.01mm/1000mm 的光学合像水平仪测量长度为 1400mm 的导轨工作面的倾斜程度。如 mm/m 刻度窗口的读数为 1 格，微分盘上的格数为 12 格，试求导轨两端的高度差。

第三单元　几何公差

一、填空题

1. 零件上实际存在的由无数个点组成的要素称为________要素。

2. 在图样上给出了几何公差要求，需要测量的要素称为________要素；用于确定被测要素的方向或（和）位置的要素称为________要素。

3. 被测要素按功能关系可分为________要素和________要素两种。

4. 单一要素与零件上的其他要素______功能关系，而关联要素与零件上的其他要素________功能关系。

5. 国家标准规定，几何公差有________公差、________公差、________公差和________公差四种类型。

6. 形状公差有________项，平面度公差用符号________表示，圆度公差用符号________表示。

7. 方向公差有________项，平行度公差用符号________表示，垂直度公差用符号________表示。

8. 位置公差有________项，对称度公差用符号________表示，同轴度公差用符号________表示。

9. 跳动公差分________和________两种。

10. 无论基准符号的方向如何，基准字母都应________书写。

11. 几何公差带包括________、________、________和________四个要素。

12. 几何公差带的形状取决于被测要素的______________、______________及______________。

13. 几何公差带的大小通常指公差带的________、________或________的大小。

14. 位置公差的公差带位置是________的。

15. 形状误差是被测提取要素对其________要素的变动量；方向误差是被测提取要素对一具有确定方向的________要素的变动量；位置误差是被测提取要素对一具有确定位置的________要素的变动量。

16. 形状公差一般只用于______要素。而方向公差、位置公差和跳动公差适用于______要素。

17. 当被测要素为__________或__________时，箭头应指在该要素的轮廓线或其延长线上，并与尺寸线明显错开。

18. 当被测要素为__________、__________或__________时，箭头应位于相应尺寸线的延长线上。

19. 对被测要素进行数量说明时，附加要求应写在公差框格的________；对被测要素进行解释性说明时，附加要求应写在公差框格的________。

20. 最小条件指________对于其____________的最大变动量为最小。

21. 几何误差有______种检测原则：______________、______________、______________、______________和____________。

22. 最小包容区域是包容被测提取实际要素且具有____________或________的区域。

23. 直线度误差可用____________、________________等计量器具检测。

24. 平面度误差可用__________和__________等计量器具检测。

二、判断题（“√”表示正确，“×”表示错误，填在题末的括号内）

1. 规定几何公差的目的是限制几何误差，从而保证零件的使用性能和互换性。（　）

2. 尺寸公差用于限制尺寸误差，其研究的对象是尺寸；而几何公差用于限制几何误差，其研究的对象是几何要素。（　）

3. 测量时由提取要素来代替，而拟合要素是作为评定提取要素误差的依据。（　）

4. 由加工形成的在零件上实际存在的要素即为被测要素。（　）

5. 在被测要素中，给出形状公差要求的要素都为单一要素。（　）

6. 零件上对基准要素有功能关系并给出方向、位置或跳动公差要求的要素称为关联要素。（　）

7. 基准要素可以简称为基准。（　）

8. 同轴度不适合用于被测要素是平面的要素。（　）

9. 线轮廓度不适合用于被测要素是平面的要素。（　）

10. 公差框格在图样中可以随意绘制。（　）

11. 无论基准符号的方向如何，基准字母都应垂直书写。（　）

12. 基准符号中，涂黑的和空白的基准三角形含义不同。（　）

13. 形状公差的公差带位置是固定的。（　）

14. 位置公差的公差带位置是浮动的。（　）

15. 形状公差是为了限制形状误差而设置的。（　）

16. 由于形状公差带的方向和位置均是浮动的，因而确定形状公差带的因素只有两个，即形状和大小。（　）

17. 几何公差带的形状与被测要素的几何特征有关，只要被测要素的几何特征相同，则公差带的形状必然相同。（　）

18. 当基准要素是轮廓线或轮廓面时，基准三角形放置在该要素的轮廓线或其延长线上，并与尺寸线明显错开。 （ ）

19. 要素的位置公差可同时控制该要素的位置误差、方向误差和形状误差。 （ ）

20. 各种形状误差的最小包容区域的形状与各自的公差带形状相似，其宽度或直径由被测提取实际要素本身决定。 （ ）

21. 用水平仪测量机床导轨直线度误差的方法属于直接法。 （ ）

22. 用旋转法评定平面度误差时，各测量点的旋转量至旋转轴的距离成正比。 （ ）

23. 用最小包容区域法评定比其他方法准确，若没有特殊说明，则应按此方法评定的误差值作为仲裁的依据。 （ ）

24. 用指示表测量径向圆跳动误差时，指示表的最小差值即为该表面的径向圆跳动误差。 （ ）

25. 径向全跳动公差能控制被测表面的圆度误差和其提取中心线与基准轴线的同轴度误差。 （ ）

三、选择题（将正确答案的序号填写在括号内）

1.（ ）为基准要素。

A. 图样上规定用于确定被测要素的方向或（和）位置的要素

B. 具有几何学意义的要素

C. 指中心点、线、面或回转表面的轴线

D. 图样上给出位置公差的要求

2. 几何公差的基准符号中基准字母（ ）。

A. 按垂直方向书写

B. 按水平方向书写

C. 书写的方向应和基准符号的方向一致

D. 按任一方向书写均可

3. 几何公差带的形状取决于（ ）。

A. 公差项目

B. 该项目在图样上的标注

C. 被测要素的理想形状

D. 被测要素的形状特征、公差项目及设计要求

4.（ ）为形状公差。

A. 被测提取要素对其拟合要素的变动量

B. 被测提取要素的位置对一具有确定位置的拟合要素的变动量

C. 被测提取要素的形状所允许的最大变动量

D. 关联被测提取要素对基准在位置上允许的变动量

5. 形状公差包括（　　）公差。

A. 平面度　　B. 垂直度

C. 全跳动　　D. 对称度

6. 方向公差包括（　　）公差。

A. 同心度　　B. 平行度

C. 圆柱度　　D. 圆跳动

7. 位置公差包括（　　）公差。

A. 同轴度　　B. 倾斜度

C. 圆柱度　　D. 圆跳动

8. 测量圆柱体轴线的直线度误差，其几何公差带的形状为（　　）。

A. 两平行直线　　B. 一个圆柱

C. 一个球　　D. 两组平行直线

9. 测量机床导轨的平面度误差，其几何公差带的形状为（　　）。

A. 两平行直线　　B. 一个圆柱

C. 两平行平面　　D. 两个同心圆

10. 圆度公差的几何公差带形状为（　　）。

A. 两同轴圆柱　　B. 一个圆柱

C. 两个同心圆　　D. 一个球

11. 测量径向圆跳动误差时，指示表测头应（　　），测量轴向圆跳动误差时，指示表测头应（　　）。

A. 垂直于轴线　　B. 平行于轴线

C. 倾斜于轴线　　D. 与轴线重合

12. 最小条件指被测提取组成要素对于其（　　）为最小。

A. 拟合要素的最大变动量　　B. 基准要素的最大变动量

C. 拟合要素的最小变动量　　D. 基准要素的最小变动量

四、简答题

1. 几何公差分为哪几类？每种类型包括哪些项目？各用什么符号表示？

2. 几何公差代号由哪几部分组成？

3. 几何公差带由哪些部分组成？

4. 几何公差带的形状通常有哪几种？

5. 几何公差带的位置有哪两种情况？

6. 说明下列每组中的两个公差带的区别和联系。
（1）圆度和圆柱度。
（2）圆度和径向圆跳动。
（3）圆柱度和径向全跳动。
（4）轴向全跳动和端面对轴线的垂直度。

7. 几何误差的检测原则有哪几种？

8. 评定平面度误差的最小包容区域有哪几种？

五、综合题

1. 指出图 3-1 中的被测要素、基准要素、单一要素和关联要素。

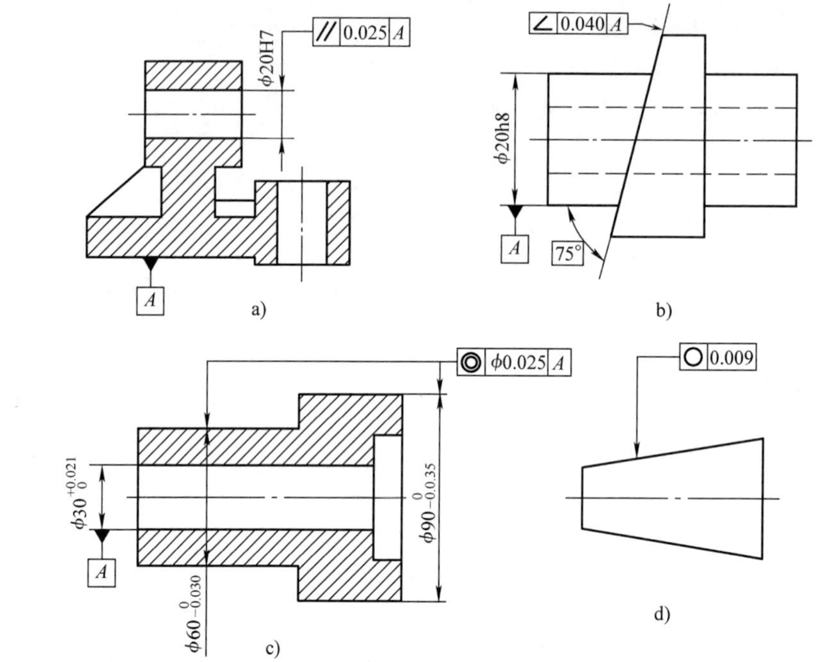

图 3-1

2. 改正图 3-2～图 3-6 中的错误（几何公差项目不允许变更）。

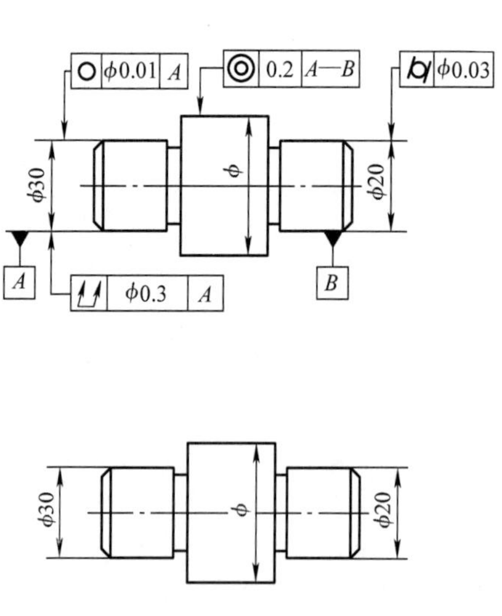

图 3-2

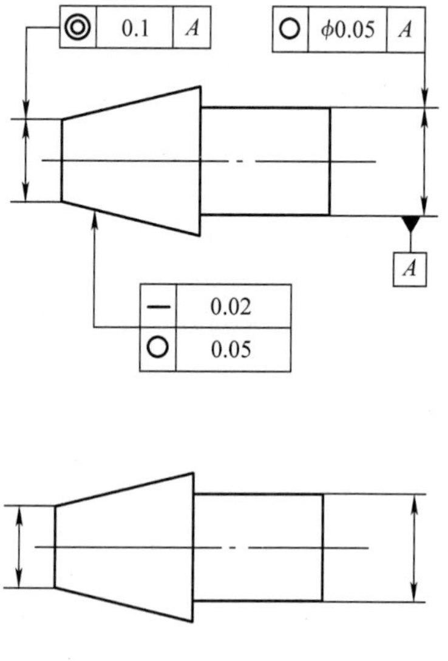

图 3-3

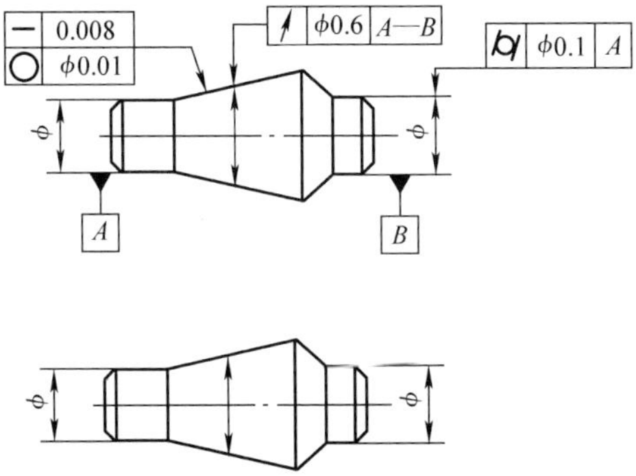

图 3-4

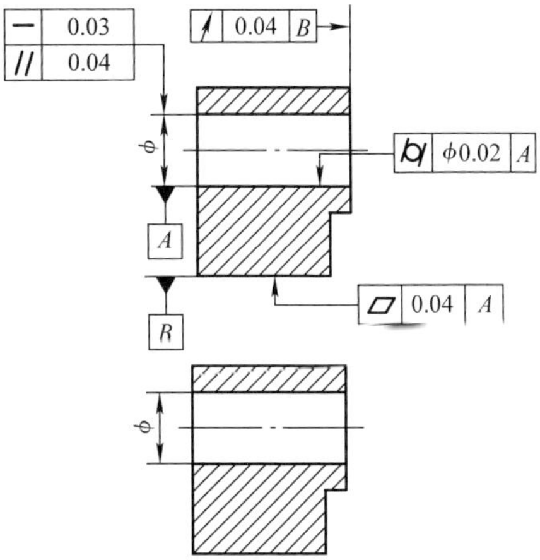

图 3-5

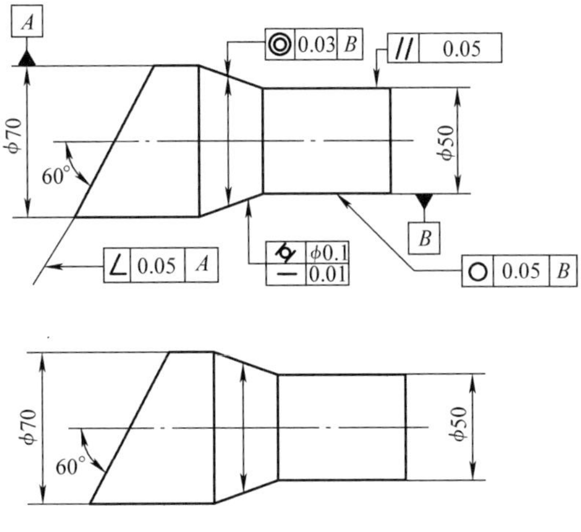

图 3-6

3. 试说明图 3-7～图 3-11 所示各图样上标注的几何公差代号的含义。

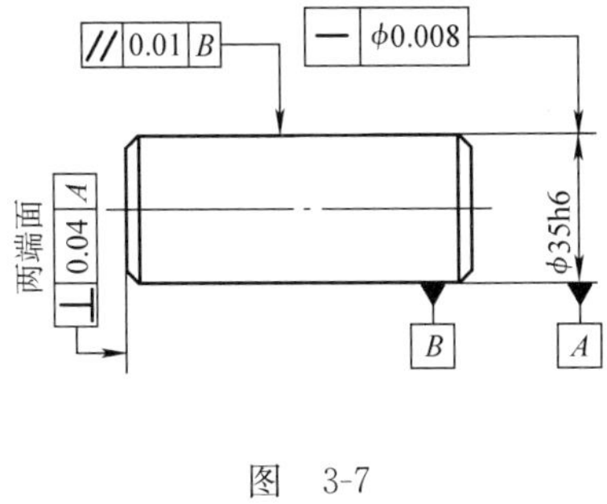

图 3-7

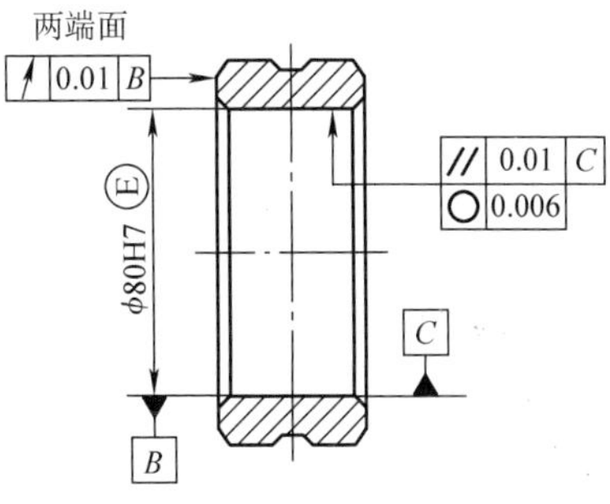

图 3-8

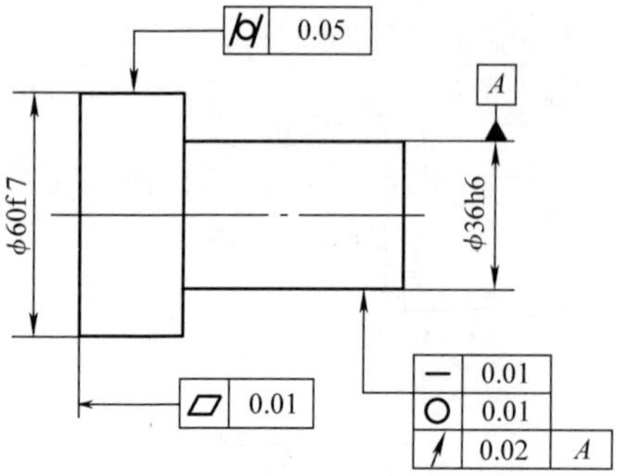

图 3-9

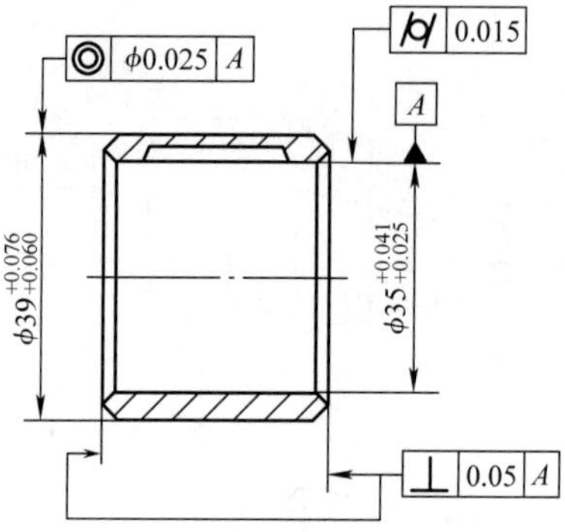

图 3-10

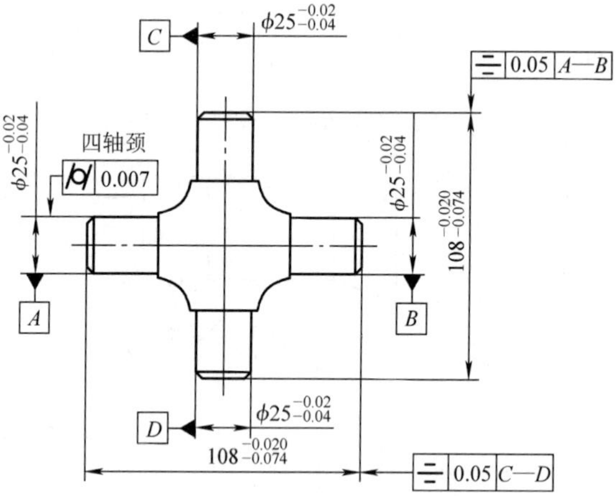

图 3-11

4. 将下列几何公差要求用几何公差代号标注在图 3-12 所示的零件图上。

（1）对称度公差：120°V 形槽的中心平面必须位于距离为公差值 0.040mm，且相对距离为 $60_{-0.030}^{\ 0}$ mm 的两平面的中心平面对称配置的两平行平面之间。

（2）平面度公差：两处表面 b 必须位于距离为公差值 0.010mm 的两平行平面之间。

5. 将下列几何公差要求用几何公差代号标注在图 3-13 所示的零件图上。

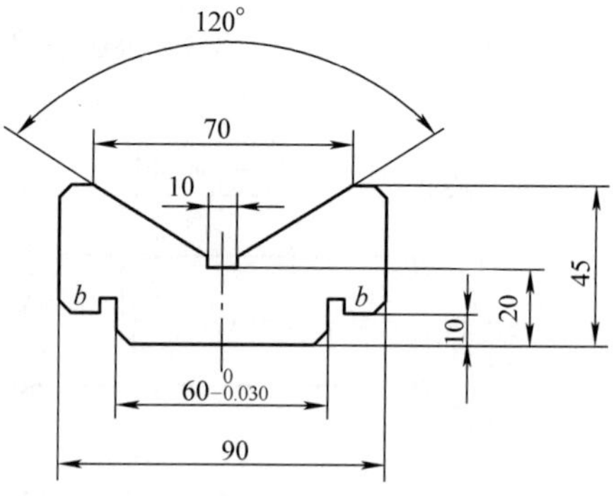

图 3-12

（1）左端面的平面度公差为 0.01mm。

（2）右端面对左端面的平行度公差为 0.01mm。

（3）ϕ70mm 孔的轴线对左端面的垂直度公差为 ϕ0.02mm。

（4）ϕ210mm 外圆的轴线对 ϕ70mm 孔的轴线的同轴度公差为 ϕ0.03mm。

（5）4×ϕ20H8 孔的轴线对左端面（第一基准）及 ϕ70mm 孔的轴线（第二基准）的位置度公差为 ϕ0.15mm。

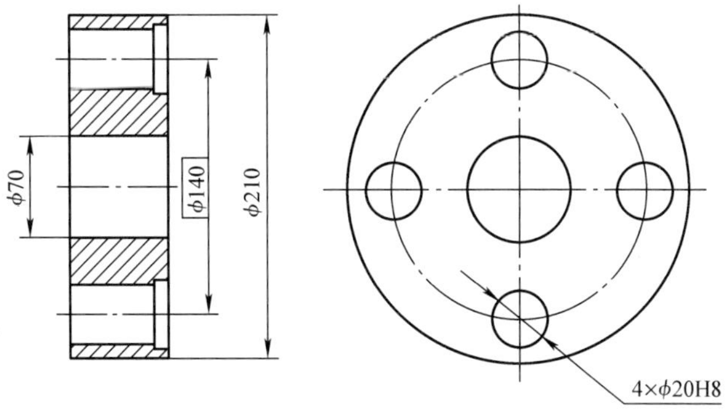

图 3-13

6. 说明图 3-14 和图 3-15 两图样中几何公差代号的含义。

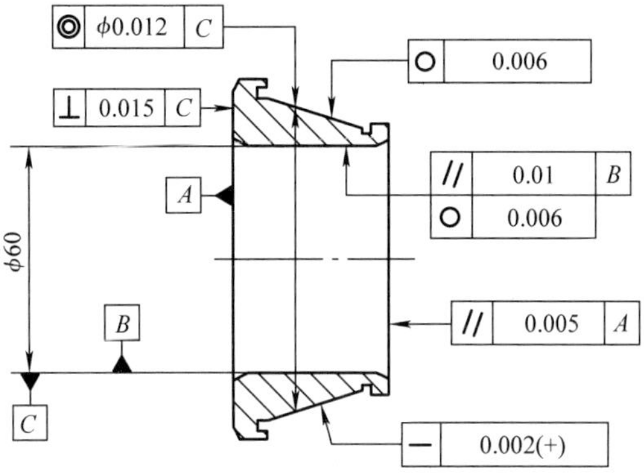

图 3-14

7. 机床导轨全长 1600mm，全长上的直线度公差为 0.012mm，用分度值为 0.02mm/1000mm 的水平仪和跨距为 200mm 的桥板分 8 段测量导轨在垂直平面内的直线度误差，测量结果见表 3-1。

表 3-1

测点序号	0	1	2	3	4	5	6	7	8
水平仪读数/格	0	+1	+2	−0.5	+2	0	−1	0	+1.5

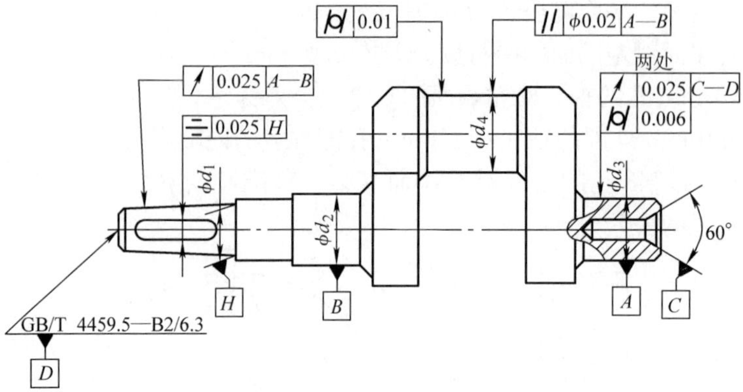

图 3-15

要求：1）绘制出该导轨的直线度误差曲线图。

2）分别用最小包容区域法和两端点连线法求出该导轨在垂直平面内的直线度误差。

3）判断直线度误差是否合格。

8. 图 3-16 所示为对一被测平面进行布点测量后获得的数据（单位为 μm），试利用旋转法确定其平面度误差。

0	−5	−15
+20	+5	−10
0	+10	0

图 3-16

第四单元　公差原则及其应用

一、填空题

1. 尺寸公差和几何公差在一般情况下是彼此__________的，应该分别满足__________；但在一定条件下，它们又可以______________。

2. 公差原则就是确定__________和__________之间相互关系的原则。

3. 最大实体状态是假定提取组成要素的局部尺寸处处位于_________且使其具有__________时的状态，即假定提取组成要素的局部尺寸在_________范围内具有_________最多的状态。

4. 最大实体尺寸是确定要素_______________的尺寸。对于内尺寸要素来讲，等于其_____极限尺寸；对于外尺寸要素来讲，等于其_____极限尺寸。

5. 对于内尺寸要素，最大实体实效尺寸等于最大实体尺寸与几何公差之_____；对于外尺寸要素，最大实体实效尺寸等于最大实体尺寸与几何公差之_____。

6. 边界是由设计者给定的具有理想形状的_______________。

7. 国家标准规定，公差原则包括__________和__________。

8. 独立原则是图样上给定的每一个尺寸和几何要求均是_______的，应分别满足_______。它是尺寸公差和几何公差相互关系遵循的_______原则。

9. 相关要求是图样上给定的尺寸公差和几何公差_________的要求。

10. 包容要求应遵守的边界是_______________。它主要用于为了保证__________，特别是配合公差较小的_______________。

11. 采用包容要求的尺寸要素应在其尺寸的极限偏差或公差带代号之后加注符号_____。

12. 最大实体要求是尺寸要素的非拟合要素不得超越其_______________边界的一种尺寸要素要求，即提取组成要素不得超越其__________，其提取组成要素的局部尺寸不得超出_______________。

13. 最大实体要求主要保证装配的_________。

14. 采用最大实体要求的符号是_______。当它用于注有公差的要求时，应标注在导出要素的_______________之后；当它用于基准要素时，应标注在公差框格内的______________之后。

15. 可逆要求应用于最大实体要求时，在图样上用符号_____标注在_______之后。

二、判断题（“√”表示正确，“×”表示错误，填在题末的括号内）

1. 公差原则就是处理尺寸公差和几何公差关系的原则。（ ）

2. 孔的最大实体尺寸就是其上极限尺寸。（ ）

3. 最小实体状态是指假定提取组成要素的局部尺寸在极限尺寸范围内具有材料量最少的状态。（ ）

4. 轴的最大实体尺寸应等于其最大实体尺寸。（ ）

5. 相关要求即形状公差与位置公差相互关联的公差原则。（ ）

6. 采用包容要求后，图样上不标注几何公差，此时被测要素的几何公差按未注几何公差来处理。（ ）

7. 最大实体要求的实质就是用尺寸公差来补偿几何公差。（ ）

8. 采用最大实体要求时，当被测提取组成要素的局部尺寸偏离最大实体尺寸时，允许其几何误差值超出其给出的公差值。（ ）

9. 最大实体要求的几何公差与包容要求含义是相同的。（ ）

10. 最小实体要求的实质是用尺寸公差控制几何公差。（ ）

三、选择题（将正确答案的序号填写在括号内）

1. 关于独立原则，下列说法中错误的是（ ）。

A. 采用独立原则时，被测提取组成要素的局部尺寸和几何误差分别由尺寸公差和几何公差控制

B. 采用独立原则时，被测提取组成要素的局部尺寸和几何误差分别检测

C. 独立原则一般用于对尺寸公差无严格要求，对几何公差有较高要求的场合

D. 独立原则是尺寸公差和几何公差相互关系遵循的基本原则

2. 当最大实体要求应用于被测要素，被测要素的几何公差能够得到补偿的条件是（ ）。

A. 被测提取组成要素的局部尺寸偏离最大实体尺寸

B. 被测提取组成要素的局部尺寸偏离最大实体实效尺寸

C. 被测提取组成要素的局部尺寸偏离最小实体尺寸

D. 被测提取组成要素的局部尺寸偏离最小实体实效尺寸

3. 最大实体尺寸是（ ）。

A. 确定要素最大实体状态的尺寸

B. 确定要素最小实体状态的尺寸

C. 确定要素最大实体实效状态的尺寸

D. 确定要素最小实体实效状态的尺寸

4. 最大实体边界是（ ）。

A. 最大实体状态的理想形状的极限包容面

B. 最大实体实效状态的理想形状的极限包容面

C. 最小实体状态的理想形状的极限包容面

D. 最小实体实效状态的理想形状的极限包容面

5. 最大实体要求应用于基准要素时，图 4-1 标注中（　　）是正确的。

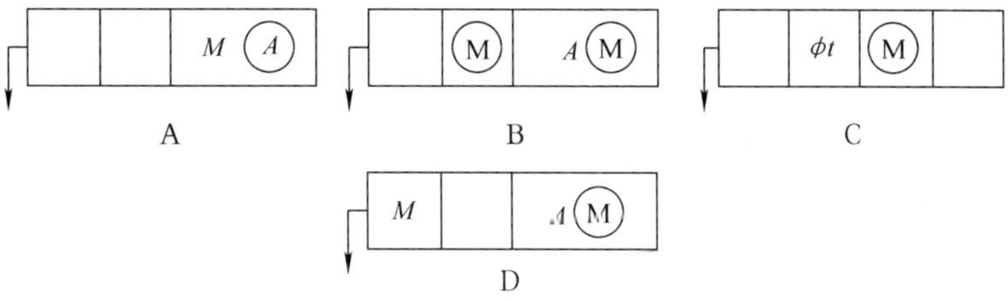

图　4-1

6. 图 4-2 中标注的含义为：该轴必须处处都为（　　）mm 的理想包容面内。当轴的提取组成要素的局部尺寸处处都为 ϕ20mm 时，形状公差为（　　）mm。

A. ϕ20　　　　B. ϕ19

C. ϕ19.987　　　　D. 0

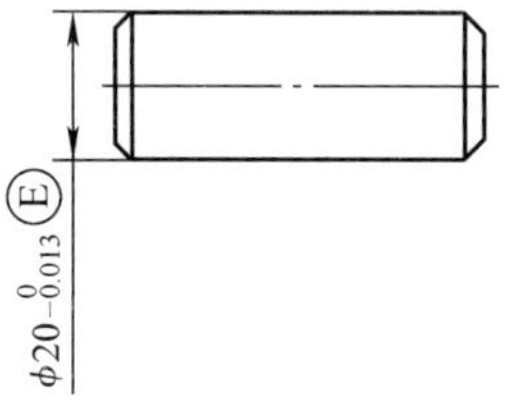

图　4-2

7. 图 4-3 中的同轴度公差标注：

（1）图 4-3a 遵守（　　），图 4-3b 遵守（　　），图 4-3c 遵守（　　）。

A. 独立原则　　　　B. 包容要求

C. 零几何公差　　　　D. 最大实体要求

（2）当被测要素的提取组成要素的局部尺寸均为 ϕ30mm 时，图 4-3a 的同轴度公差为（　　）mm，图 4-3b 的同轴度公差为（　　）mm，图 4-3c 的同轴度公差为（　　）mm。

A. 0　　　　B. ϕ0.01

C. ϕ0.02　　　　D. ϕ0.031

（3）当被测要素的提取组成要素的局部尺寸为 ϕ30.021mm 时，（　　）。

A. 图 4-3a、b、c 都可继续获得补偿

B. 图 4-3b、c 都可继续获得补偿

C. 图 4-3c 可继续获得补偿

D. 都不能获得补偿

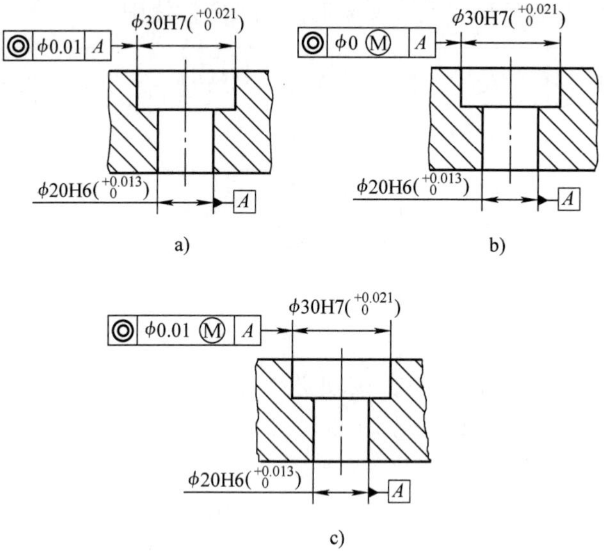

图 4-3

四、简答题

1. 什么是最大实体尺寸？什么是最小实体尺寸？它们与上极限尺寸和下极限尺寸有什么关系？

2. 什么是独立原则？它应用于什么场合？

3. 什么是包容要求？为什么包容要求多用于配合性质要求较严的场合？

4. 什么是最大实体要求？采用最大实体要求的优点是什么？

五、综合题

1. 现有一轴，其尺寸公差和几何公差标注如图 4-4 所示，试按题意要求填空。

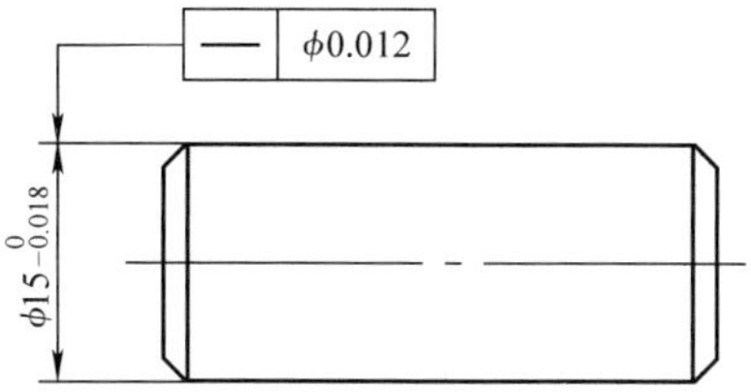

图 4-4

(1) 此轴所采用的公差原则（或要求）是____________，尺寸公差与几何公差的关系是____________________。

(2) 轴的最大实体尺寸为______ mm；轴的最小实体尺寸为______ mm。

(3) 当轴的提取组成要素的局部尺寸为 ϕ15mm 时，轴线的直线度公差值为______ mm。

(4) 当轴的提取组成要素的局部尺寸为 ϕ14.982mm 时，轴线的直线度公差值为______ mm。

2. 现有一孔，其尺寸公差和几何公差标注如图 4-5 所示，试按题意要求填空。

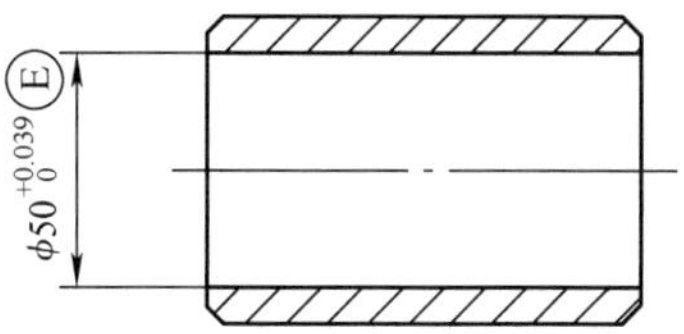

图 4-5

(1) 此孔所采用的公差原则（或要求）是______________，尺寸公差与几何公差的关系是____________________。

(2) 此孔应遵守的边界为______________________边界，其边界尺寸为______________________尺寸，尺寸数值为____________ mm。

(3) 孔的提取组成要素的局部尺寸必须在________ mm 至________ mm 之间。

(4) 当孔的提取组成要素的局部尺寸为最大实体尺寸________ mm 时，允许的轴线直线度公差值为________ mm。

（5）当孔的提取组成要素的局部尺寸为最小实体尺寸________ mm 时，允许的轴线直线度误差值为________ mm。

3. 现有一零件，其尺寸公差和几何公差标注如图 4-6 所示，试按题意要求填空。

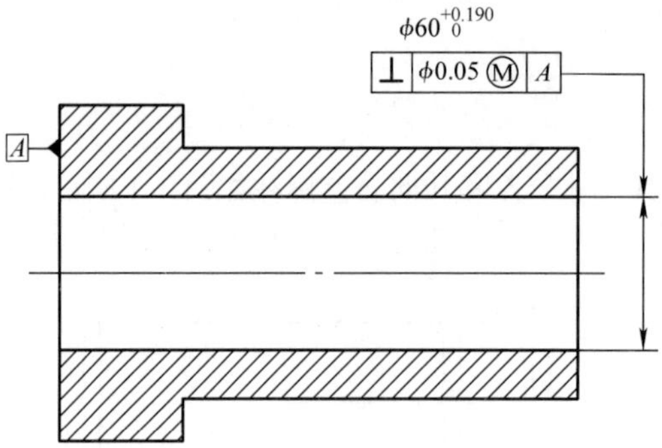

图 4-6

被测要素采用的公差原则是______________，最大实体尺寸是________ mm，最小实体尺寸是________ mm，最大实体实效尺寸是________ mm，垂直度公差给定的值是________ mm，垂直度公差的最大补偿值是________ mm。设孔的横截面提取组成要素的局部尺寸处处都为 $\phi60$mm 时，垂直度公差值是________ mm；当孔的提取组成要素的局部尺寸处处都为 $\phi60.100$mm 时，垂直度公差值是________ mm。

4. 如图 4-7 所示，要求：

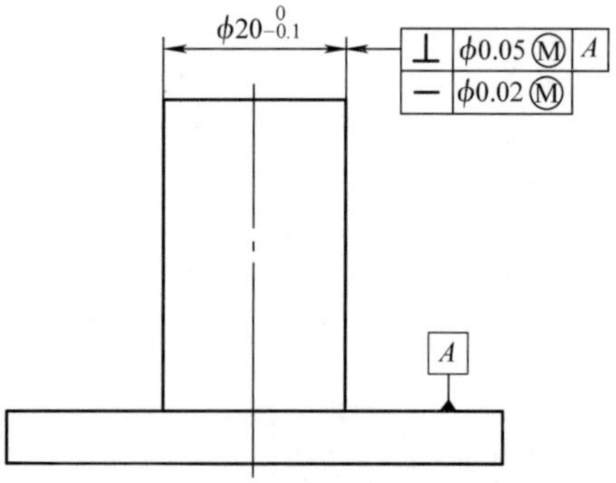

图 4-7

（1）指出被测要素遵守的公差原则。

（2）求出单一要素的最大实体实效尺寸、关联要素的最大实体实效尺寸。

（3）被测要素的形状、方向公差的给定值大小、最大允许值大小。

（4）若被测提取组成要素的局部尺寸处处为 $\phi19.97$mm，轴线对基准 A 的垂直度误差为 $\phi0.09$mm，判断其垂直度的合格性并说明理由。

第五单元　表面粗糙度

一、填空题

1. 加工表面上具有的较小间距和微小峰谷所组成的微观几何形状特征称为______________________。

2. 法向实际轮廓指与加工纹理方向______的截面上的轮廓。

3. 取样长度用符号______表示，评定长度用符号______表示。

4. 取样长度过长，有可能将___________的成分带入到表面粗糙度的结果中；取样长度过短，将不能反映待测表面粗糙度的______。

5. 评定基准是在__________________上量取的一段长度。

6. 评定长度可以包括______________取样长度，一般情况下，ln=______。

7. 评定表面粗糙度的高度参数有________________________________和________________________。

8. 轮廓算术平均偏差指在一个取样长度内，______________________的算术平均值。

9. 轮廓最大高度指在一个取样长度内，_____________和_____________之和。

10. 轮廓算术平均偏差用符号______表示，轮廓最大高度用符号______表示。

11. 标准规定，在表面粗糙度的高度评定参数中，优先选用______________________________。

12. Ra 的数值越大，零件表面就越______；反之，表面就越______。

13. Rsm 反映了轮廓表面峰谷的疏密程度，其数值越大，峰谷越________，密封性越________。

14. 表面粗糙度用去除材料的方法获得，Rz 的上限值为 6.3μm，下限值为 1.6μm，传输带、评定长度及评定规则按默认，其代号为______。

15. 表面粗糙度用铣削的方法获得，加工余量 2mm，Ra 的上限值为 12.5μm，下限值为 6.3μm，传输带、评定长度及评定规则按默认，其代号为______。

16. 表面结构要求一般注在______________________，符号的尖端必须______________________。

17. 表面粗糙度参数的选用原则，应在满足零件__________的前提下，尽量选用较______的表面粗糙度值。

18. 表面粗糙度的检测方法有：________________、________________、________________和________________。

二、判断题（"√"表示正确，"×"表示错误，填在题末的括号内）

1. 表面粗糙度可理解为微观的平面度或圆度。（　　）
2. 在间隙配合中，由于表面粗糙不平，会因磨损而使间隙迅速增大。（　　）
3. 表面粗糙度值越小，越有利于提高零件的耐磨性和耐蚀性。（　　）
4. 表面越粗糙，取样长度应越小。（　　）
5. 表面粗糙度的取样长度一般即为评定长度。（　　）
6. 评定表面粗糙度时，一般应在纵向轮廓上进行，因为纵向轮廓上的高度参数值要小些。（　　）
7. 取样长度过短不能反映表面粗糙度的真实情况，因此越长越好。（　　）
8. 指出评定长度的概念是考虑到被测表面粗糙度的不均匀性。（　　）
9. 基准线有两种，一般以轮廓的最小二乘中线为基准线，但在轮廓图形上，常用轮廓的算术平均中线代替最小二乘中线。（　　）
10. Ra 值因测量点少，不能充分反映表面状况，所以应用很少。（　　）
11. 在 Ra，Rz 两个参数中，Ra 能充分地反映表面微观几何形状高度方面的特性。（　　）
12. 轮廓支承长度率 $Rmr(c)$ 能反映表面的耐磨性，一般情况下 $Rmr(c)$ 的值越大，零件表面的耐磨性越好。（　　）
13. 由于表面粗糙度的高度参数有两种，因而标注时在数值前必须注明相应的符号 Ra、Rz。（　　）
14. 标注时，表面粗糙度符号的尖端，应从材料外指向并接触表面，表面粗糙度代号中的数字及符号的注写方向应与尺寸数字方向一致。（　　）
15. 一般情况下，尺寸精度和形状精度要求高的表面，表面粗糙度值应小一些。（　　）
16. 用比较法评定表面粗糙度能精确地得出被检测表面的表面粗糙度值。（　　）
17. 用比较法检测表面粗糙度的高度参数值时，应使样板与被测表面的加工纹理方向保持一致。（　　）

三、选择题（将正确答案的序号填写在括号内）

1. 在评定和测量表面结构时，通常是用（　　）轮廓。

A. 纵向　　　　B. 法向

C. 标称　　　　D. 任意

2. 表面粗糙度是（　　）误差。
   A. 宏观几何形状　　　　B. 微观几何形状
   C. 宏观相互位置　　　　D. 微观相互位置
3. 在 *X* 轴方向上判别被评定轮廓不规则特征的长度称为（　　）。
   A. 基本长度　　　　B. 评定长度
   C. 取样长度　　　　D. 轮廓长度
4. 关于表面粗糙度两个高度参数的应用特点，下列说法中错误的是（　　）。
   A. 对零件的某一确定表面只能采用一个高度参数
   B. *Ra* 参数能充分反映表面微观几何形状高度方面的特征，因而标准推荐优先选用
   C. *Ra* 参数因受计量器具功能的限制，不宜用作过于粗糙或不太光滑表面的评定参数
   D. *Rz* 参数对某些表面上不允许出现较深的加工痕迹和小零件的表面质量有实用意义
5. 表面 $(2.5)\sqrt{Ra\ 3.2}$ 中 2.5 表示（　　）。
   A. 加工余量　　　　B. 表面粗糙度的上限值
   C. 表面粗糙度的下限值　　　　D. 纹理呈两相交的方向
6. 对于表面结构代号 $(3.5)\sqrt{\begin{matrix}铣\\ Ra\ 12.5\\ Ra\ 6.3\end{matrix}}$，下列说法中错误的是（　　）。
   A. 传输带、评定长度及评定规则按默认
   B. 采用的高度参数为轮廓算术平均偏差 *Ra*
   C. 允许的表面粗糙度 *Ra* 的最大值为 3.2μm，最小值为 1.6μm
   D. 加工余量为 3.5mm
7. 标注表面结构代号时，尖端应指向并接触（　　）表面。
   A. 材料外　　　　B. 材料内
   C. 材料内或材料外　　　　D. 任意
8. （　　）是正确的说法。
   A. 工作面的表面粗糙度值应大于非工作面的表面粗糙度值
   B. 摩擦表面的表面粗糙度值应大于非摩擦表面的表面粗糙度值
   C. 一般情况下，尺寸公差越小，表面粗糙度值越大
   D. 在满足表面功能要求的情况下，尽量选用较大的表面粗糙度值
9. 评定表面粗糙度值的选用方法一般多采用（　　）法。
   A. 试验　　　　B. 计算
   C. 类比　　　　D. 任意

四、简答题

1. 什么是表面粗糙度？它对零件的使用性能有哪些影响？

2. 什么是取样长度？为什么评定表面粗糙度时必须确定一个合理的取样长度？

3. 什么是评定长度？试说明评定长度的作用。

4. 简要说明表面结构要求在图形符号中的注写位置的含义。

5. 试说明两种极限判断原则。

6. 采用比较法检测表面粗糙度时，为了使结果尽量准确，应怎样选用样板？

五、综合题

1. 说明下列表面结构代号的含义。

(1) Ra 3.2

(2) Ra 6.3

(3) Rz 12.5 / Rz 6.3

(4) 磨 / Ra 0.4 / Ra 0.2 (0.5)

(5) Ra max6.3

(6) Ra max0.4 / Ra max1.6

2. 解释图 5-1 中所标注的表面结构代号的含义。

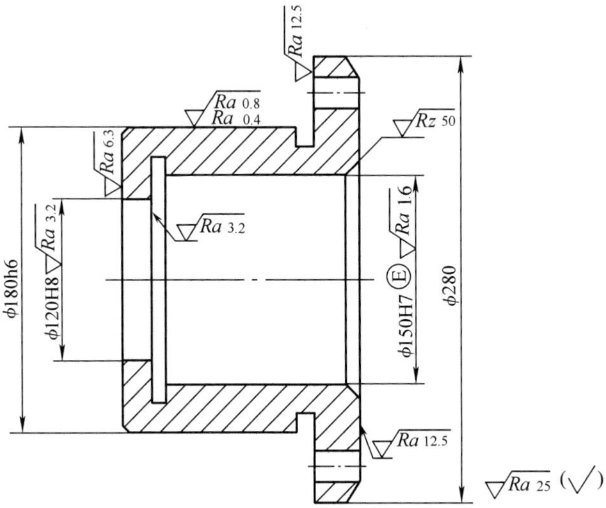

图 5-1